海外中国
研究丛书

刘 东 主编

[荷] 许理和 著

李四龙 裴 勇 等 译

佛教征服中国

佛教在中国中古早期的传播与适应

THE BUDDHIST CONQUEST OF CHINA

The Spread and Adaptation of Buddhism in Early Medieval China

江苏人民出版社

图书在版编目（CIP）数据

佛教征服中国：佛教在中国中古早期的传播与适应/
（荷）许理和著；李四龙，裴勇等译. --南京：江苏人民出
版社，2017.3（2022.6重印）
（海外中国研究丛书/刘东主编）
书名原文：The Buddhist Conquest of China
ISBN 978-7-214-19673-6

Ⅰ.①佛… Ⅱ.①许… ②李… Ⅲ.①佛教史-研究
-中国-古代 Ⅳ.①B949.2

中国版本图书馆 CIP 数据核字（2016）第 238192 号

书　　　名　佛教征服中国：佛教在中国中古早期的传播与适应
著　　　者　[荷]许理和
译　　　者　李四龙　裴　勇　等
责 任 编 辑　府建明　卞清波　李　旭
特 约 编 辑　佘江涛　夏维中
装 帧 设 计　陈　婕
责 任 监 制　王　娟
出 版 发 行　江苏人民出版社
地　　　址　南京市湖南路 1 号 A 楼，邮编：210009
照　　　排　江苏凤凰制版有限公司
印　　　刷　江苏凤凰扬州鑫华印刷有限公司
开　　　本　652 毫米×960 毫米　1/16
印　　　张　36.5　插页 4
字　　　数　496 千字
版　　　次　2017 年 3 月第 2 版
印　　　次　2022 年 6 月第 5 次印刷
标 准 书 号　ISBN 978-7-214-19673-6
定　　　价　98.00 元

（江苏人民出版社图书凡印装错误可向承印厂调换）

序"海外中国研究丛书"

　　中国曾经遗忘过世界,但世界却并未因此而遗忘中国。令人嗟讶的是,20 世纪 60 年代以后,就在中国越来越闭锁的同时,世界各国的中国研究却得到了越来越富于成果的发展。而到了中国门户重开的今天,这种发展就把国内学界逼到了如此的窘境:我们不仅必须放眼海外去认识世界,还必须放眼海外来重新认识中国;不仅必须向国内读者迻译海外的西学,还必须向他们系统地介绍海外的中学。

　　这个系列不可避免地会加深我们 150 年以来一直怀有的危机感和失落感,因为单是它的学术水准也足以提醒我们,中国文明在现时代所面对的绝不再是某个粗蛮不文的、很快就将被自己同化的、马背上的战胜者,而是一个高度发展了的、必将对自己的根本价值取向大大触动的文明。可正因为这样,借别人的眼光去获得自知之明,又正是摆在我们面前的紧迫历史使命,因为只要不跳出自家的文化圈子去透过强烈的反差反观自身,中华文明就找不到进入其现代形态的入口。

　　当然,既是本着这样的目的,我们就不能只从各家学说中筛选那些我们可以或者乐于接受的东西,否则我们的"筛子"本身就可能使读者失去选择、挑剔和批判的广阔天地。我们的译介毕竟还只是初步的尝试,而我们所努力去做的,毕竟也只是和读者一起去反复思索这些奉献给大家的东西。

　　　　　　　　　　　　　　　　刘　东

目　录

序言

　　如果要撰写一部研究中国佛教形成时期的专著，究竟应该由受过佛学训练的汉学家，还是由了解中国的印度佛教学者来撰写，这是难以断言的。这两种方式都有明显的缺陷，如若试图选择其中某一种方式撰稿，就必须准备经受可能同时来自这双方的严厉批评。然而，构成这项研究中心议题的那些部分，即士大夫佛教的形成以及佛教与中国中古（medieval）主流思想的融合，基本上属于中国研究的领域。鉴于我有意要把自己及读者的注意力，定位于成长中的僧人阶层（the growing Buddhist church）在中古中国社会中的地位和角色，因此本书主要面向汉学界，希望能对汉学界有一定的益处。另一方面，如果本书能在某些方面激起专治印度佛教、历史或社会科学的学者的兴趣，我将备感欣慰。

　　此项课题宏大而又复杂。而且，以西方语言叙述中国佛教的成长和适应过程，时间跨度较大，这种尝试不言而喻不能称为全面的或结论性的。当前的研究只是对正在展开的工作提供一个初步的报告。这个领域的研究者越来越多，正在出现新的研究方法。未来的研究成果无疑将会淘汰本书的许多内容。

　　许多人直接或间接地为本书的准备工作做出了巨大努力。首先,我要向已故的戴闻达(J. J. L. Duyvendak)教授表达感激之情。他那深刻的见地和广博的学识,尤其是他一再坚持作为全部历史研究先决条件的文献准确性,启发了所有那些有幸受业于他的研究者。

我还应感谢诸位评议员、莱顿汉学研究院院长及其工作人员,他们在诸多方面(在这篇序言中无法列举)给予帮助和建议,使我受益匪浅;戴密微(P. Demieville,巴黎)教授在那些令人难以忘怀的时日里,也曾潜心校读我这份研究的中国佛教教义部分,认为现在本书对此有所涉及,但还不够深入,希望不久能作更为广泛的研究;还有备受尊敬的朋友白乐日(Et. Balazs,巴黎)和龙彼得(P. van der Loon,剑桥),他们在社会史、文献学方面提供了行之有效的建议;还有我的同行芮沃寿(A. F. Wright,斯坦福)和胡维之(L. Hurvitz,华盛顿),他们的研究成果给予我极大的帮助;还要感谢程德昆(Cheng Te-k'un,剑桥)教授的关心及其提供的考古学信息。尤其还要感谢诸多古代和现代的远东学者。我从未有幸与他们晤谈,但对他们的敬意并不因此有所减损。我和所有中国的佛教学者一样,深深感激汤用彤教授(北京),他的著作已经成为非常珍贵的研究工具和指南,还有塚本善隆教授(京都)以及这一领域内的其他诸位东方大师。

我还非常感激荷兰教育部,他们的慷慨资助使我得以购买那些必不可少的文献,并出版本书;还有荷兰纯学术研究组织(the Netherlands Organization of Pure Research)以及曾在 1955、1956 和 1958 年数次提供我赴巴黎研究机会的法国国家科研中心(Le Centre National de la Recherche Scientifique)。此外,我衷心感谢我的妻子自始至终帮助打印全部手稿、编辑索引,为这项研究提供了诸多便利条件。

最后,对于博睿公司(E. J. Brill,Leiden)和爱克塞瑟公司(Excelsior,the Hague)在如此之短的时间内完成本书印制工作,谨致诚挚的敬意。

许理和

1959 年 4 月 5 日,莱顿

第二版序言

　　这一版补入了铅印汉字,正文部分实际上与十三年前的初版完全一致。影印复制的方法限制了修订与扩充的余地,也排除了增加最新研究成果的可能性。不过,我并不认为所谓第二版应与第一版有什么实质性的区别。我还是相信,研究中国佛教的初期发展,应基于详细分析中国人对外来教义的回应,并详细分析他们遭遇这种教义时的具体历史状况——这正是本书力图完成的工作。但是,与现在的论述相比,有些方面值得再作更为全面的探讨。通过进一步研究早期佛典翻译,我相信,与第二章第一部分所讲的内容相比,我们还可以更多地了解汉代佛教。我们也可以借此收集到大量有趣的资料,既包括术语、翻译技巧和风格方面,也可以由此包括各种"翻译流派"(schools of translation),以及早期佛道互动的过程。

　　另一个更值得全面探讨的方面是一些实物资料即造像,总的来说也即考古资料。描述早期的造像活动应与我们所了解的中国佛寺建筑发展及其中外原型联系起来。佛教曾是外来文学之影响的载体,因此,我们还应更多地关注它对中国俗文学所造成的前所未有的冲击。在此领域内,既有成功渗透的例子(如吸收佛教文献上的术语、"散文"体裁的早期发展和大量"劝善文"的佛教渊源),也有如佛教文学风格(史诗、无韵诗和字句重复)未能引发创造性回应而不受影响的例子,这两方面值得同等关注。

在宇宙论、宇宙结构学和对物质世界的认识等方面,我们发现,大约在公元 400 年初步显露了也许可被称为"中国佛教亚文化"(Chinese Buddhist sub-culture)的端倪,这个事实也应受到重视。这标志着中国的前科学(proto-science)明显开始一分为二(dichotomy):印度的"四大"与阴阳五行说;"四洲"说与汉代以来的中国传统观念;宇宙周期、宇宙周期性毁灭和再生与中国相续不断、循环运动的观念;佛教多元化的有情世间、国土世间与中国以地球为中心的世界观……凡此种种均可同时出现,并行不悖。这一文化移植过程到唐代达到了顶峰,大量复杂的外来观念被孤立地借用,并没有对"官方的"(如在早期中国百科全书中表述的)世界观产生任何影响。我们如果把公元 7 世纪的佛教《法苑珠林》前几卷与《太平御览》相应的章节作比较,两者之间似乎没有任何共同之处,虽然都在描述我们这个物质世界。这种"佛教亚文化",最初很可能是在公元 5 世纪初那些有教养的僧人能接触的资料基础上发展起来的,理应被当作中国中古思想史(intellectual history)的主要事实。

读者也许会觉得我在描述这一同化过程时过多地讲述了中国方面。这些读者是正确的:同化过程应是双方彼此的同化。对"供给"的一方还应多些强调,亦即对外国传教者有意无意回应中国公众及其需求的方式应多作说明。鸠摩罗什是一个清楚的例子。

毋庸讳言,将来新的一版会有诸多名家和同行善意批评的痕迹,他们或在评论或在书信中点评本书。部分归因于他们的批评,是否把"前现代大众运动"(premodern popular movements)称为"革命的"(revolutionary),我开始有些犹豫;在谈及这最初几个世纪的政治结构与寡头组织时,我也应该彻底抛弃"(半)封建"([semi]feudal)和"贵族"(gentry,译者注:在正文中我们译作"士大夫")这些术语。

我对所有的批评者都深表谢意,但我要特别提到北京大学周一良教授。他虽然肩负更为紧迫的工作,但还是不辞辛劳地通读了整部书稿,作了大量的订正,并于1964年在北大友善地交还给我。真正的学问可以跨越任何仍然间隔我们的障碍,我将此铭记于心,直到现在。

许理和
1972年2月,莱顿

第一章　绪　论

一、"中国佛教"

我们当前试图描述形成于公元 4 世纪、5 世纪初中国南部和中部的佛教,研究这种特定形态的佛教的主要方面。

在一开始我们就必须表明:早期中国佛教是一个自生系统(sui-generis),是一种独立发展的结果;并且,仅仅与这种发展所赖以产生的文化环境相联系,以及在盛行于这一时期的中国世界观的背景下,它才能够被研究和理解。因而,在恰当地描述这种教义的纯理论问题之前,我们不得不对在中古中国社会初期对佛教的形成起一定作用并促成其传播的各种文化和社会因素给以应有的关注。

在此项研究中,将要求我们更多地关注的正是这些社会方面。一有可能,我们就会努力将这一方面的中国佛教(至今仍受到忽视)与同期理论领域的发展联系起来。

作者相信,宗教运动尽管是非世俗的,却不可能仅作为单纯的"思想史"(history of ideas)来研究。然而,此处对社会环境的强调却并不仅仅基于这种信念。它可以从佛教本身的性质中合乎逻辑地推导出来。佛教不是并且也从未自称为一种"理论",一种对世界的阐释;它是一种救世之道,一朵生命之花。它传入中国不仅意味着某种宗教观念的传播,而且是一种新的社会组织形式——修行团体即僧伽(Saṅgha,或译"僧团")的传入。对于中国人来说,佛教一直是僧人的佛法。因僧团在中国的存在所引起的作用力与反作用力、知识分子(intelligentsia)和官方的态度、僧职人员的社会背景和地位,以及修行团体与中古中国社会逐步整合(integration),这些十分重要的社会现象在早期中国佛教的形成过程中起到了决定性的作用。

如果社会方面的研究实际上是研究文化的同化(acculturation),那么其对"纯粹的"宗教形成来说就更为真实。由于缺少材料,我们将无法对这种形成作进一步的追踪。因为尽管包含在佛教译籍中的文献乍看起来数量众多,但要研究教义范围内典型的中国现象,我们不得不依靠相当少量的本土文献。那些观念将给印度佛教研究者以十分初步的、陌生的,甚至几乎经常是与佛教无关的印象。这种情况不足为奇,因为文化的同化暗含着选择。从一开始,外来教义的全体就被缩减为一些要素,通过与已有的中国观念和实践或真实或假想的结合,这些要素易于同化和融入。这种频繁而持续的选择和混合的结果,与中国信徒忠实地抄写、记忆和背诵的外来经典的内容截然不同。那些经典仅仅是中国佛教徒借以自由地沉思的原始材料,这批卷帙浩繁的早期汉译佛典(研究印度佛教史首要的原始资料)也很令人失望,几乎没有告诉我们任何有关中国佛教徒重新诠释佛教的途径。

必须表明:在此早期甚至中国僧人本身也从来没有面对过作为一个有机整体、一个统一原则的一个学派或另一个学派的佛教。一个印度学派(公元7世纪的瑜伽行派,Yogācāra Buddhism)作为整体移入中国是更晚的现象。因为这种教义已然呈现在他们面前而被迫采取折中方式的中国僧人,不得不将其见解建立在不同时代和学派的各种繁复难解的大小乘经、律、论、符咒、传说之上。

被介绍到中国来的教义的异质性,当然伴随着对这些经典所赖以产生的文化环境的几乎完全的无知。最严重的一个问题是语言的性质:仅有很少的几个阿阇梨(ācāryas)能用汉语自由表达,而在公元 4 世纪以前似乎还没有中国人知道任何梵语知识。[①]因此,这些教义之所以为中国僧人所接受,仅仅是因为:一方面通过随意的、脱漏的和经常是几乎无法理解的译文这种改变了原样的中介,一方面通过因使用中国术语而增加的误导,而这些术语已经有了确定的哲学涵义并因而拥有了广泛的非佛教意蕴。所有这些因素都必定影响到佛教的完全汉化(即使是在僧人中间),影响到以中国姿态出现、为中国心灵所理解、转化成中国思想方式的佛教的形成。

正如通常所说的,人们倾向于称这种教义为纯粹的"早期中国佛教"。但是如果我们考虑到我们所处理的材料的性质及其局限性,那么此名称尽管方便,却显然是一个粗糙的概括。实际上,与所有中古中国文学作品一样,这些早期的原始材料(下文将提到)均由文人学士(literati)撰著,也是为他们而写,并且仅涉及早期中国佛教诸多广泛复杂现象的一个部分、一个层面。其中所包含的佛法实义,对哲学和道德主题的精深思考,表达时所运用的精练而文饰的、过于华丽的语言,这些因素决定了流行范围必然被限制在一个特殊的、十分重要却又相对狭小的佛教人群中:有文化的上层阶级,以及受过文化教育、能够参与这个阶级文化生活的僧人。

一个令人沮丧的事实是:我们对这一时期汉传佛教的其他同等重要的事项几乎一无所知。帝国各个区域民众佛教(Popular Buddhism)的最早发展,地方形形色色的民众信仰派别的生长,教义在无文化人群中传播的方式,僧人个体的社会地位,寺院在农村社区中的社会和经济功能,以及诸多研究早期中国佛教极其重要的主题,都几乎未曾提到。从很难处理的材料中搜集出来的蛛丝马迹,即使是拿来推测也显得过于模糊和琐碎。民众佛教的最早阶段没有留下任何文字材料或者自己的经典,也没有像道教那样掀起过任何波澜壮阔的宗教或准宗教性的群众运动,并因其强烈和危险程度而被中国官方史学家记录下来。②

因此任何对于中国早期佛教的研究范围都不可避免地因原始材料的性质而被缩小。除非再有一次如敦煌那样的意外发现,借以清楚地说明公元 4 世纪僧团和信徒的生活和实践,否则我们必须面对现实——我们仅有纷然杂陈在面前的残章断简:有教养的僧人和崇佛的有文化的官吏的学术思考,不断成长的寺院和官方之间相互冲突的论战文字,僧俗文人之间精深问答和激烈争论的记录残篇,程式化的名僧传记,简练的序言,卷帙浩繁的目录学材料,一些书信和诗赋。

这个事实,一旦被认识到,就必然地指向对我们来说也许是唯一的方法和途径,即从社会角度研究早期中国佛教。如果僧团从一开始就似乎有意识地将自身朝向统治阶级(僧伽不得不劝说中央或地方当局或者帮助和保护僧人,或者至少容忍它的存在),那么,有了这个被肯定了的事实,我们将不得不把注意力首先集中到僧团以及佛法在中古中国社会上层和最上层中渗透的进程。我们将不得不去考察其在此范围内所引起的各种回应,去明确考查盛行于领导层中的崇佛和反佛的态度及其实际行动,并且通过这一角度去追踪理论的形成演变,而此种理论的形成演变必然烙下渗透着赖以发生的特殊环境的印记。我们将会看到,这个对于中古中国史至关重要的过程,其开端是怎样被确定在大约公元 4 世纪初,并且从那时以降佛教怎样在中国文化的众多领域证明它自身影响的存在。

正是在这种为获得认可而进行的斗争中,作为早期中国佛教形式的这种佛教知识分子(intelligentsia)的信仰获得了其特有的形式。通常,新宗教——尤其是外来的——从来没有作为完全代替旧信仰的新教义被接受,而中国佛教形成了一个极端的例子:它增加及融合了同期中国思想的主流,即对中国人来说以"玄学"著称的儒家学说和不可知论及对本体的思索(西方人误称为"新道家")。③正如上文所说,这适合于有教养的僧人和上层在家信徒。另一方面,中国知识阶层中对佛教的拒斥促使佛法的捍卫宣传者努力在佛教理论和中国传统思想之间寻求妥协,因而加剧和刺激了融合进程,并去主动挖掘护教的理据。以后我们将会谈论这个难题,即此一进程是否和在多大程度上是有意识地运用这些护教的理据。

一方面出于篇幅上的实际考虑,我们将注意力主要集中到中国佛教在当时晋朝统治下的南方即今天中国中部和南部的发展。从大约公元310年起,整个北方就置于异族统治之下,其中某些地区在其统治下大大推动了佛教的繁荣。但正是由于这些"异族"统治者与佛教的紧密联系,在北方佛教中,既作为社会现象又作为教义理论,形成其特有的形式,并走出一条它特有的道路,结果产生了一幅与佛教信仰进入中国中部和南部贵族社会所呈现出来的完全不同的景象。另一方面,中国佛教的独立,作为在南方教义彻底"汉化"(sinicization)的主要原因之一,在北方则还远远没有完成。尤其是在长安——位于横贯欧亚大陆的丝绸之路的中国部分联结"西域"(敦煌和克什米尔之间广阔区域的统称)的佛教中心,问题十分突出。这种情形的结果是,对于北方佛教的充分描述不能被单独限制在中国,而必须对所知的同期有关中亚和西北印度佛教的发展全部加以阐明,同时还要捎带论及包含在内的所有棘手问题。不管是从编年学还是从地理学的观点来看,我们都应限制此项研究的范围,故而决定把重点主要集中在中国南方士大夫佛教的发展,仅当为了更好地理解南方的情况,在一些必要的时候才对北方加以注意。

二、"士大夫"和"士大夫佛教"

当谈及中古中国社会有文化的上层阶级时,我们并不是毫不犹豫地决定用颇有争议却又使用方便的"士大夫"(gentry)* 这一术语,并给以

---

* gentry,英文原意为"有贵族称号的阶级",简而言之指"贵族"。许理和先生在第二版序言中曾自责不应使用 gentry 这个词,我们猜想这主要是由于该词对英语读者容易造成(转下页)

上所描述的这种类型的佛教贴上"士大夫佛教"（gentry Buddhism）的标签。④

必须提醒英语读者不要必然地将 gentry 这一术语与大土地所有者联系起来。我们将 gentry 确定为那些被授权在地方上供职的个人，这便暗含着他们有机会获得传统的文化教育，使之能取得从事官宦职业的资格，并也因而暗含着他们是名门望族，能负担其年轻的男性成员投入几年的文化学习。

有理由去推测实际上所有士大夫家庭多少也是土地所有者。在中国，取得土地所有权是人们通常喜欢的投资方式。然而，在整体上把取得土地所有权看作是士大夫独一无二的收入来源却是错误的。那些极力将士大夫描绘成封建贵族的人没有认识到，他们所认为的属于整个上层阶级的那些特征仅适用于相当小部分的士大夫，即被称作"门阀"的大家族。他们是帝国实际的主人，是在整个中古时期垄断国家所有政治和经济权力的古代封建集团：琅琊和太原的王氏家族，阳夏的谢氏家族，燕陵的庾氏家族，还有许多其他的家族。这些家族拥有祖先留下的规模相当可观的封邑和庄园，由奴隶、各类农奴和欠主人地租的劳力、在地方户籍中登记在主人名下的归附者来耕种。我们知道，大约在公元 3 世纪

（接上页）误解。gentry 也可以引申为"有文化的、有教养的社会成员"，这里我们译作"士大夫"，比较符合当时的中国社会状况。本书主要讲述慧远以前中国佛教的发展，其间有文化的知识分子阶层（士大夫并包括出身于士大夫家庭的僧人）起了中坚骨干的作用；另外本书也涉及政府与僧人阶层的关系，谈到政府（主要指王室及其主要的权臣）对佛教的回应。我们在下文把许理和先生的 Court Buddhism 统一译作"王室佛教"，以与"士大夫佛教"相应。在我们看来，"王室佛教"代表了早期中国佛教发展史上的政府行为，而"士大夫佛教"则代表了早期中国佛教发展史上的社会行为，这两类与外来佛教的互动关系构成了佛教得以扎根于中国社会的文化上的同化过程；同时一起推动了民间社会对信仰的理解，导致了民众佛教（Popular Buddhism）的兴起与发展。本书对这种民众佛教未作具体的展开，但许理和先生对此无疑也表示了相当的热情。如果深入考察佛教在中国社会史上的地位与作用，或者试图重新认识佛教在中国的历史分期，这种民众佛教是维持佛教在中国社会绵延传承的真正原因，是其晚期尤其是明清时期社会生活的重要组成部分，成为各项民俗的重要依据。我们也不妨将晚期社会里的这种民众佛教改称作"民俗佛教"。当然有关这方面的研究已远远越出了许理和先生本书的讨论范围。——译注

初,已有几个超过一万人口的庄园,并且由于秘密到封建领地寻求避难的流民没有登记注册(无名),这些庄园的人数还应有所增加。他们主要是些"流离之家",即因战争、豪族蚕食和沉重赋役而被迫放弃土地的小农家庭,他们的赋税与徭役因可征税土地的不断丧失而自然地成比例持续增加。但是,这些大家族的数量是有限制的。在王伊同对中古中国门阀制度进行广泛研究之后所作的家族谱系表上,这些大族不超过 68 个⑤,并且,这些大致属于同代的大族集团成员,仅占帝国阶层体制内众多受过文化教育的各级官员的一小部分。

事实上,士大夫绝不是一个单一的群体。它被分成许多界限分明的等级:从形成最高等级的、操纵上层运作及维护严格特权的古代家族(旧门、高门或豪族)直到众多有文化但相对贫穷的家族,以及很少被承认与旧的士族同类但必须填充地方上较低职位的新贵。把中低层官员(当然属于大多数)视为封建土地所有者中的精英,这显然有失偏颇。即使其家族拥有数量相当可观的领地,但由于频繁的职务调动,通常又离原籍很远,无法携带足够的货币,且从公元 4 世纪初开始,中国北方的外族统治者实际上把南渡的大臣们从他们的世袭领地上赶走,这些因素就使得大批官员主要或专门依靠官俸,以及其他各种借职务之便而较少具有官方性质的发财门道。⑥

整个士大夫阶层的基本特征是始终接受或多或少的标准化了的传统文化教育(这一时期没有连带任何文化考试),以获取(并不必然导向)从事官宦职业的资格。因而我们将把"士大夫"(gentry)和"知识分子"(intelligentsia)二词基本上作为同义术语来使用。与我们的主题相关,二者唯一的区别是:"知识分子"包括有教养的僧人,而根据定义专指那些在官僚统治机构供职或被授职的"士大夫"一词自然不包括他们在内。但因此却产生了另一个问题。

6

三、有教养的僧人

我们将看到,公元 3 世纪末和 4 世纪初出现了整个中国新型知识精英(intellectual élite)的形成过程。其中包括有教养的僧人,他们能够通过结合佛教教义与中国传统学术,成功地发展出特定形态的佛教,并在上层阶级中传播,从而被我们称为"士大夫佛教"。

公元 4 世纪和 5 世纪初,有文化的中国僧人所受的文化教育能使他们分享当时的士文化(抛开获得的途径不谈),甚至深刻地影响了那种文化,我们能否就此不论其特殊的社会地位与作用而把他们归属于士大夫?难道我们就不能假定:这些在士大夫阶层传播佛法并为之营建良好的弘法条件的博学的"法师",实际上也是士大夫成员,也是潜在的官员?他们生于良家富族,已经受过一般的传统教育,但由于某种原因没有选择仕途而是成了一位"居士",一种新型的"隐士"即义学僧,虽说还与自己那个阶层的成员保持联系,但在他们中间宣扬这种能脱离红尘的教义。

抑或他们完全是新贵?生于没有文化的家庭,在寺内或寺外获得一定程度的文化教育,与有文化的信徒达到同一水准,并因此在传教活动中能把士大夫包容进来。更确切地说:到底中国僧人知识分子(clerical intelligentsia)最初来自士大夫阶层因而是后者的一部分,抑或他们是"知识无产者"(intellectual proletariat)因而属于与士大夫相对的阶层呢?

为了寻求答案,我们不得不转向《高僧传》(约公元 530 年释慧皎编纂)。尽管此书有明显的缺陷,却仍然是研究早期士大夫佛教最重要的原始材料。⑦

首先要说明的事实是,许多此期名僧据说在出家前都生活于相当贫困的环境中。慧远求学时买不起蜡烛和其他生活必需品⑧;道恒生活极为贫困，以绘图和刺绣谋生⑨；僧肇在书肆作抄写员⑩；慧叡被掳走，成为奴隶又被一个商人赎回⑪；昙邕本为苻坚麾下的一位指挥官，从公元 383 年淝水之战中逃脱后成为一个僧人⑫；居士卫士度出身"寒门"⑬；昙戒据说极度贫困⑭；僧度出身"寒微"⑮；竺法旷以耕田来养活自己和继母⑯。 7

但是大家要注意，贫穷是僧人的品行之一。正如中国正史中的地方官传记一样⑰，《高僧传》显示出根据传统的固定模式将传主的生活模式化的倾向。理想的僧人总是贫穷的，事实上他们自称"贫道"，这在印度似乎没有对应的称呼。他埋没了自己最初的生涯，直到一位有影响的居士或法师发现其非同寻常的才能。他的知识和智慧迅速增长，并似乎与他寒微的外表形成对照。他能在短时间内一字不差地记住数量惊人的经文。他练就神通，诸如先知、降伏猛兽以及与鬼神或其他非人交流。他事先知道自己的死期，死时伴随着祥瑞和其他超自然的事件。因此，我们必须注意，不要把通常对僧人贫穷的描述看得比作为中国传统诗歌常见主题之一的学者淳朴的田园生活更重要。

然而，即便我们抛弃传奇色彩和华丽辞藻的文饰，也必须弄清文献中说某某有教养的僧人出身贫穷究竟意味着什么，是流民家庭的赤贫还是小官吏的拮据？卫士度出身"寒门"，但经常在世俗传记文学中使用的"寒门"一词明确指相对寒微的士大夫家庭。同样，竺僧度据说出身于贫困家庭，他却在出家之前与衣冠之家杨德慎的女儿定了亲。根据同一传记，"生活贫困"的昙戒是棘阳令卓潜的弟弟。

至少在此三例中是清楚的：有关家庭贫困的描述显然是夸大其词的。因此我们不得不去关注一些素朴而相对贫穷的士大夫家庭（或以前的）成员。

第二，说明这一点也比较重要：大量僧人显然是作为孤儿被送进寺院。⑱这个事实表明孤儿的无助状况（如果孩子生于富家，当然不属这种情况）与出家之间的因果联系。

第三，在此有一个潜在的论据十分重要：在《高僧传》里立传的中国僧人中,有80%以上不知道他们的俗姓(非法名的姓),并且,在大量的例子中连原籍也都不知道。如果他们中许多出自名门望族,情况是否还仍然如此,这就相当成问题了。事实上,《高僧传》曾拿出一整段记载僧人道宝,似乎仅仅因为他是丞相王导(267—339)的弟弟。

第四,在出现于《高僧传》的80名公元4世纪的中国僧人中,我们发现只有11名似乎属于士大夫家庭;仅有6名被明确说明与某官员或学者有关:

(1) 帛远及其弟弟;

(2) 帛法祚(约300年前后)是儒士万威达(别处未提及)的儿子;

(3) 竺(道)潜(286—373)是叛臣王敦⑬(266—324)的兄弟;

(4) 释道宝是丞相王导㉑(267—330)的弟弟;

(5) 昙戒是棘阳(河南)令卓潜㉑的弟弟(别处未言及);

(6) 僧略是郎中令傅遐㉒的儿子(别处未言及);

(7) 竺法雅(公元4世纪上半叶)"少善外学,长通佛理"㉓;

(8) 支遁(314—366),南部士大夫中最大的佛教传播者,出家前已与豪族成员有交往,著名的是与王濛(309—347)㉔;

(9) 释道安(312—385),生于儒学家庭㉕;

(10) 释慧远(334—416),公元346年随舅父去许昌和洛阳,在那里接受了七年文化教育㉖;

(11) 释慧持(337—412),慧远之弟,善研史和著文㉗。

这份列举了据悉属于士大夫阶层的僧人之特例的简表,实际上包含了所有公元4世纪中国佛教史上最为显耀的名字。这个事实可以使我们更为清楚地解说佛教征服中古中国社会上层和最上层的途径。

佛教在士大夫阶层中的传播几乎全然是中国人的事务,外国传教者几乎无法参与进去。在整个公元4世纪,它由人数有限的最有名望的中国僧人完成,他们的名字反复出现于同期文献中。帛远、竺道潜、支遁、竺法雅、释道安、释慧远和释慧持等无疑是在士大夫阶层传播佛教的过程中扮演领导角色的大师;上表表明他们实际上全部出生于士大夫家庭。可以这样说,他们是僧团的文化和社会先锋,由学识渊博和十分受人敬仰的"士大夫僧人"(gentlemen-monks)组成,自由出入于因其出身和教育而拥有的各种场合,与此同时,又能够以中国学者的权威和"清谈"名士流光溢彩的雄辩来宣扬他们对佛法的认识。中国传统学术作为联结士大夫与僧团及其教义的中介而发挥作用,这是一个有助于更好地解释早期士大夫佛教的特殊性的原因。

然而,我们上面提到的材料似乎表明,出身士大夫家庭比较特殊,而大多数最有名望的僧人(甚至那些生平被认为值得收入《高僧传》中的)出身卑微。有教养的僧人因相对摆脱了阶级的差别而与中国其他的知识分子有所区别,相对于中古中国社会还存在阶级压迫来说,这是一个相当有趣的事实。⑳

在此,中国僧伽与印度佛教传统取得了一致。那些削发为僧的人成为"属于释子的苦行者"(śramaṇāḥśākyaputrīyāḥ),对于他们而言,一切世俗差别包括等级都不复存在了。㉑世间等级的存在被认为是纯粹世俗的、社会的制度,是自遥远的过去就已开始的一种世袭的必需的劳动分工。它不像在婆罗门教中具备宗教的意义或辩护的理由。有一篇著名的文章把所有的阶级差别都消失了的僧伽比作大海,五条大河各自消隐而融入大海之中。㉒

我们因而可以推断出:寺院,一旦成为学术和文化中心就必然对有才能的出身低贱的人产生极大的吸引力,他们一旦进入寺院就能够分享到某种程度的士大夫生活。有充分的证据证明,公元 4 世纪的寺院发挥了作为世俗学术和教育机构的第二功能。公元 323 年,11 岁出家的道安至少部分教育是在寺院中获得的。㉓昙徽以同样的年龄皈依道安,道安令其研习外典,"两三年中,学兼经史"㉔。道安的另一个弟子也是少年出家,由于他在后来的生涯中以《老》《庄》《易》专家而著称,我们只能认定他是在寺院中研习这些著作(并阐释它们)的。㉕这同样适用于出家后

"通六经及三藏"的僧略③和 11 岁出家后受师之命投入外典研究的道融。⑤僧济⑥是慧远弟子,于慧远指导下在同时也讲授儒家诗礼的佛教中心庐山研究内外典。⑦

我们可以得出结论:新的知识精英——有教养的僧人是一个相当异质(heterogeneous)的群体。公元 4 世纪,寺院的实际领导者几乎无一例外地是来自士大夫阶层的出家人;但大多数有教养的僧人来自社会底层。这意味着中国文化史上的一种新现象:作为印度传统一部分而传入中国的佛教出家修行的观念已经创造出一种新型的社会组织形式,在那里,中国中古时期严格的等级界限渐渐消失,出身不同的人均能从事智力活动。作为学术和文化中心的寺院,其形成与这种出家修行生活密切相关。

四、早期资料

并无全部或部分专门适用于我们主题的汉语文本。有关佛教传入士大夫阶层和士大夫佛教发展的情况,不得不从大量纷纭复杂的材料中去搜集。同期的材料来源十分匮乏,大多数情况下我们不得不依靠梁代或唐初即公元 6、7 世纪作者的撰集。

与我们的主题有关的早期佛教文献可以分为两类:史传著作和具有护教和传教性质的文章。

史传著作

(1)《高僧传》(《大藏经》№2059)14 卷,是考察早期僧团史的最重要文献。约于公元 530 年由慧皎(497—554)编纂,包括公元 1 世纪中期到公元 519 年间 257 个主要的和 243 个附加的杰出僧人的传记。作为一部史学著作也作为一部文学作品,《高僧传》因其高质量、高品位成为所有后来僧传的典范。然而,它必须被批判地使用。作者大量引用了早期传说和故事集,历史事实经常被嵌入大量充满神异的材料中,所以只要有可能,就必须用来自非佛教材料中的客观事实加以核实。对于有关《高僧传》的所有材料——其作者、来源和当代东西方对其研究的述评,读者可以参考芮沃寿(A. F. Wright)的杰作《慧皎〈高僧传〉》,载于 *the Silver Jubilee Volume of the Zinbun-Kagaku-Kenkyūsho*,京都大学(京都,1954),第 383—432 页。

(2)《出三藏记集》15 卷(《大正藏》№2145),僧祐(435—518)撰,公元 515 年首次问世,并由作者在逝世前修订过。⑧在慧皎于《高僧传》后记中提及的作为其材料来源的 18 篇著作中,唯有此部被完整地保留下来。如书名所示,它基本上是对汉语佛典的形成和内容的描述,作者综合了来自各种旧有经录的线索,著名的有公元 374 年道安编纂的《综理众经目录》。在最后三卷中,僧祐提供了 32 位名僧的传记,他们主要是译注者。慧皎在编纂《高僧传》的相应部分时吸收了这些传记,甚至大部分是全文引用。当时的一些有价值的信息经常能在僧祐其他章节的序跋中发现。第 12 卷有现已散佚的中国佛教文选《法论》的内容目录,这部书于公元 465 年稍后由学者陆澄⑨编纂,计 103 卷。

(3)《比丘尼传》4 卷(《大正藏》№2063),公元 517 年宝唱编纂。记 ¹¹载了 65 位比丘尼的生平,时间跨度是从公元 4 世纪中期到公元 516 年。

(4)《名僧传》,是慧皎编纂《高僧传》所用的主要材料来源之一,亦由宝唱撰著。原本后经慧皎增补扩充,现已佚失。自公元 510 年开始编辑,至公元 519 年完稿。大量摘抄现保留在日本僧人宗性的《名僧传抄》中。宗性是在公元 1235 年从奈良东大寺《名僧传》及其《弥勒如来感应抄》中摘抄出来的。宗性因兴趣而选择摘抄了主要关于菩萨慈悲力这一主题的内容,以致这些作品作为史料的价值有所减损。《名僧传抄》已收在《续藏经》(东京)Ⅱ.2.7.1 中。宗性所有的摘录已由春日礼智收入《淨土教史料としての名僧传指示抄名僧传要文抄并に弥勒如来感应抄第四所引の名僧传について》,并加以探讨,见《宗教研究》卷 12(1936),第

53—118 页；参见芮沃寿所引上书，第 408 页起。

早期护教及传教文献

佛教对士大夫阶层的渗透导致护教和传教文献的出现，其中具有代表性的范例被保留下来。展示士大夫佛教最鲜明特性的这些文章，通常很少有文学或哲学的价值，只是作为研究当时佛教对中古中国思想及社会产生影响的文献，它才具有巨大的价值。

争论的要点并不是印度佛教和中国佛教的相同之处。在印度佛教中，大量基本观念被简单地认为是显而易见的：诸如业（karma）、轮回、世间苦无常和作为解脱方法的修行观念、以"劫"（kalpa）来表达宇宙的循环生成和无数世间界（lokadhātu）的存在、业报等。所有这些在当时都属于一般的印度世界观。然而在中国，这些却是陌生的，并经常与中国思想中已经确立的传统观念相违。中国信徒不得不作出自己的回应，并从总体上作出创造性的回应。

另一方面，在印度佛教中，有完全区别于其他思想学派的理论。这些有自身特质的理论，如无我（anātmya），完全被公元 5 世纪以前的中国僧俗人士所误解。中国人（并非毫无理由地）只能将轮回理论看作是对"神不灭"的证明。因此，我们看到十分奇怪的情形：在公元 4 世纪、5 世纪初，中国佛教徒为灵魂（"无常身"［satkāyadṛṣṭi］的一种奇特形式）不灭而辩护，以此回应主张形体死后灵魂"灭"或"化"的传统主义者的攻击。⑩

中国护教文献中的论证通常已成陈规：我们发现同一问题的相同答案互相重复。标准形式是假想对手之间的对话；另一方面，关于理论主题的书信往来也扮演了重要角色。

作者中间通常由有学养的居士履行"传教护法"的职责，但他们不是通过自己的体会来证明佛教理论和修行生活的优越性（相当缺乏佛学知识使他们不可能这样做），而是靠竭力调和佛教观念、实践以及已有的中国观念。很难弄清，这些护教文字在多大程度上代表了作者自己的思想和信念,以及是否真实反映出他们对外来理论的理解程度。一般而言,我们可以假设:此类文献中的极度混乱通常是引进和同化过程中的产物,只是没有被作者本人自觉意识到。甚至那些中国僧人,由于上文已经提及的原因,对原初的和"纯粹"的(从印度人的视角看)佛教要旨也仅能有一些模糊的观念,以致当他们在某种文化背景下传教和护教之时,只能向自己的同伴或对手展示他们自己所理解的那种含糊不清的佛教。

然而,有清楚的迹象表明:至少在某些情况下,有人有意识地把调和或圆融(syncretism)作为一种策略,借助于中国的传统哲学和文学这个中介,向有文化的中国大众澄清、诠释这种外来的理论。慧远(334—416)在解释业、轮回和灵魂不灭的意义以及保护沙门权利的各类文章(见下文标号[6]、[8]、[9]、[10]、[11]、[12]、[13]各条)中,大量引用和提到《老子》、《庄子》、伪《文子》、《易经》和其他经典文献。但是在他与鸠摩罗什⑪的现存通信中,甚至一次也没有提到任何中国经典或者使用任何通行的中国哲学术语(作为例外仅出现过一次"阴阳")。⑫俄国汉学家斯库斯基(J. Ščuckij)在其论文《中国佛教中的道教徒》(Ein Dauist im Chinesischen Buddhismus)中已经注意到这个奇怪的事实(W. 温克里希[W. A. Unkrig]译,《汉学》[Sinica]卷 15,1940,第 114—129 页)。

在做道安弟子之时,慧远就被师傅特许用《庄子》来解释某些佛教术语的涵义⑬,道安只允许他的得意门生"格义",即借助从中国传统哲学中提炼出来的观念来解释佛教术语,主要是解释"名数"(numerical categories)。要特别说明的是,这种方法是为了"衣冠士子"即有学养的居士而被创造出来的,由道安本人与竺法雅⑭一起开创,但他后来又放弃了这种方法。⑮

人们甚至也许会想到牟子的话,当被问及为什么只引用中国文献而不是引用佛经来支持其论点时,他答道: ₁₃

> 吾以子知其意,故引其事。若说佛经之语,谈无为之要,譬对盲者说五色,为聋者奏五音也。⑯

带有护教和传教性质的大部分文章都被包含在论文集《弘明集》（《大正藏》№2102,约于公元 515—518 年间由僧祐编辑)⑩和《广弘明集》（《大正藏》№2103,公元 664 年由道宣编辑）中。下面的论文和文献是这类早期文献中最重要的代表。

(1) 牟子《理惑论》,《弘明集》卷 1,第 1 页中—第 7 页上。

这组护教文章包括 1 篇假托以自传体方式出现的序言,38 个短篇对话和一个结论性的段落,于此假托的对手承认了佛教的优越性。余嘉锡（在下文要提及的他的一篇关于牟子的文章中）称,此文最初的标题是《治惑论》,因唐代的避讳,"治"变成了"理"。据《牟子》的序言,此文撰于公元 2 世纪末,作者是帝国最南端（交州的苍梧）的一名喜爱佛教的中国士大夫;它的可靠性几乎是一个无法解决的问题。文本（如果只有一个版本的话）的早期历史完全模糊不清;在公元 5 世纪下半叶以前,此文没有在任何一处被提及或引用过,是陆澄（425—494）最早把它收录在他编辑的中国佛教文选——《法论》（公元 465 年稍后编撰;目录表保存在《出三藏记集》卷 12,第 82 页下第 29 列起）中。从那时起,《牟子》便广泛流传。一些重要的学者已将《牟子》当作伪书丢在一边,如梁启超⑳认为此书是东晋或刘宋时期伪造的;常盘大定㉑认为它是沙门慧通（约 426—478）编造的。第一个否定今本可靠性的是胡应麟（生于 1551 年）,在其《四部正伪》㉒中,他推断此书是由六朝时期晋或宋的学者伪造的（参看伯希和,载于《通报》卷 19,1920,第 279—280 页）。除他们之外,更多的学者则相信此书的可靠性,并把它当作研究早期中国佛教史不可估价的原始资料,如孙诒让㉓、余嘉锡㉔、胡适㉕、汤用彤㉖、马伯乐（Henry Maspero)㉗均已在《牟子》中出现的佛陀生平故事和《太子瑞应本起经》（《大正藏》№185,译本第 222—229 页）所写的故事之间找到了可靠的对应关系,而且他们因此确定此书的写作年代为公元 3 世纪上半叶的后 25 年间;伯希和在该文注译本序言中也有同样看法。㉘最后,福井康顺通过对《牟子》的广泛研究,对大多数此类理论和观点加以比较和重新检验㉙,

他的结论是此文大约成于公元 3 世纪中期。这里不拟重复有关《牟子》可靠性的各种彼此相左的争论，它是一个十分复杂的问题，这些彼此相左的观点都可以进一步找出各种言之凿凿的论据加以论证，这个显著的事实大大加深了问题的难度。包含在"序言"中的史料构成了有利于支持今本可靠性的最重要的事实，它们与《后汉书》和《三国志》中对相同事件的解释完全一致，而且没有原文互引的任何迹象。其中涉及了两个人（豫章和交州的两位地方官），在"序言"中虽未提及姓名但说他们是兄弟；马伯乐独创性地证实这些地方长官分别以朱符和朱皓的名字出现在《三国志》和《后汉书》中。这些材料没有述及他们的家庭关系，但是姓氏的一致，再加上《牟子》序言所提供的线索，使得他们是兄弟的说法变得较为可信。

就我个人而言，无法苟同伯希和乐观地以此论证《牟子》的可靠性。"制作伪书的人一般在行文结构上较为松散"，而"该文的序言则结构谨严"（所引上书，第 264 页），但这只适用于如伯希和所提到的那些拙劣的伪书（同上，第 265 页）。如果几位现代学者都能够将"序言"中的事件与《三国志》《后汉书》中的相关文字联系起来，我们就没有足够的理由说：公元 4、5 世纪的佛教学者反而不能从这些众所周知的资料中挖取各种材料，去换一种方式来建构一种明确的叙述。

但不管怎样，大约在公元 5 世纪中叶《牟子》确已存在；而且它是有关早期中国佛教护教文字中最详尽且饶有趣味的范例之一。因而我们将使用这篇论文，并很高兴把有关可靠性的考订留给其他的研究者。以我们的一孔之见，这篇论文的写就大大晚于公元 2 世纪甚至是 3 世纪——这个作品具有系统的、高度发达的论证过程（仅在很晚的其他文献中才有这种类型的范例），而通常把它的产生年代指向公元 4 世纪或 5 世纪初。我可以指出如下许多年代错误：（1）在第五节，"对方"谈及大量佛典，无疑是泛指方等部（vaipulya）佛经，但中国人知道这些佛经，最早的范本是法护（Dharmarakṣa）于公元 286 年所译的《二万五千颂般若经》

14

(*Pañcaviṃsatisâhasrikâ*，即《光赞经》)。(2)第 15 节暗引了《六度集经》(*Vessantara-jātaka*)的内容，这是收在约译于公元 247—280 年间的《六度集经》中的最早汉译本。(3)有充分的证据说明，牟子对佛教传入的描述明显受到无名氏所作的《四十二章经》(《出三藏记集》卷 6，第 42 页下)序言的影响，并且尽管无法确定这篇序言的确切日期，但首句("昔汉孝明皇帝夜梦见神人")却清楚地证明其成书于汉代之后。《牟子》的作者似乎已经知道这一点，并且在重复"序言"首行时，他已注意到省略"汉"这个字！(4)在第 35 节，对方说已经去过于阗并且与佛教僧人和(其他宗教的)沙门交谈过。除了根据当时中国和中亚的政治形势这个故事完全不可能发生之外，于阗作为一个佛教中心是否早在公元 2 世纪已在南部中国为人所知，这也是很成问题的。

15　　　不只一人评论这篇序言。常盘大定认为(所引上书，第 95 页起)"牟子"是一个假托的人物，是由后来的作者(据他说此人是慧通，见上文)杜撰出来的，他将他与从其他资料中得来的某些事件和特征联结起来，并以此方式提供了一个带有历史背景的人物。我相信这种观点被这样的事实所支持，即序言明显不是自传体而具有赞颂的性质。谁能相信一个中国学者在撰写他自己著作时把他自比孟子"拒杨朱墨翟(的反动观点)"？谁能相信他会说自己学识广博，因而受职荆州？还有谁能相信他自称"文武兼备，有专对才"？事实上，序言是对文人的仕宦生涯的理想化描述，他过着一种远离尘嚣的隐居生活，一再辞去身上的各种职务，最终受道德原因的驱使而接受了一项光荣使命，以研究和冥思了其余生，但在他母亲亡故之时，又放弃这项使命。

　　(2)《正诬论》，作者不详，《弘明集》卷 1，第 7 页上至第 9 页上。

　　这是对一系列反佛言论的拒斥，这些言论源自一份已经失佚的辩论文章，却部分地融合在这篇论文中。文中提到"京洛"(第 8 页中第 22 列)，这样就可把日期确定在公元 316 年迁都建康以前。但是在最后的一段中提及周仲智的死；仲智是大臣周嵩的字，据《晋书·周嵩传》(卷

61,第 2 页右—第 3 页左),他约在公元 324 年被处死,因而这个日期应是此文的下限。

(3)《明佛论》,宗炳(375—443)撰,《弘明集》卷 2,第 9 页中—第 16 页上。

这是一篇十分重要的文章,部分是对话形式。在后记中,作者称他的文章以慧远的思想为基础,他曾与慧远在庐山共住五十天。⑧但是,《明佛论》是慧远死后很长时间才写就的:在给何承天的第一封信的末尾(见下文标题[5]),第 19 页上第 6 列,宗炳说他正在撰写此文,因而成文可定为约公元 433 年。此文已由李华德(W. Liebenthal)节译。⑨

(4)《喻道论》,孙绰(约 300—380)撰,《弘明集》卷 3,第 9 页中—第 16 页上。

(5)宗炳(见上文)与何承天(370—447)之间的五封书信,支持或反对慧琳《白黑论》⑩中的思想。《弘明集》卷 3,第 17 页下—第 21 页下。这些书信大约写于公元 433 年,参见汤用彤所引上书,第 422 页。

(6)《沙门不敬王者论》,慧远(334—416)撰,《弘明集》卷 5,第 29 页下—第 32 页中;《大正藏》№2108,《集沙门不应拜俗等事》卷 2,第 449 页上第 1 列—第 451 页中第 10 列。这是一篇保护僧人不向君王敬礼的重要文章,为回应桓玄反对僧权的政策而作。此文由 1 篇序言、5 个章节(最后一个几乎与该主题无任何联系,是对神不灭的详细论证)和 1 个跋(《大正藏》№2108 中没有收录)组成,跋中注明此文成于公元 404 年,时值"天子蒙尘"即桓玄篡权的短暂统治时期(公元 404 年 1 月 2 日—8 月 18 日)。有关梗概可见《高僧传》卷 6,第 360 页下第 19 列起;通过第五部分总结性的语句可以推知今本的此部分是不完整的。此书部分已由李华德译出⑪;在《中印研究:李华德纪念专辑》(*Liebenthal Festschrift*,*Sino-Indian Studies* vol. V)中,胡维之(Hurvitz)已将此文全部译出,题为《早期中国佛教中的"各就其位":慧远论僧人免行俗礼》("Render unto Caesar" in Early Chinese Buddhism—Hui-yuan's Treatise on the

16

Exemption of the Buddhist Clergy from the Requirements of Civil Etiquette)。

(7)《更生论》,罗含(公元 4 世纪下半叶)撰,《弘明集》卷 5,第 27 页中第 3 列。继史学家孙盛反驳轮回转世之后,罗含在这篇文章中回应这些反驳。李华德⑩推测公元 390 年可能是最迟的日期。当然,我们必须进一步追溯。孙盛传记中⑬说他充当陶侃(死于公元 334 年)的参军。那时他已成年(参看其传记开头的词句"及长博学善言明理"等),再者先前他已在殷浩手下供职。我们因而可以推测他不会生于 304 年之后。⑭孙盛 10 岁时,他越过"扬子"(无疑是在公元 310—315 年间,其时北方州县被匈奴征服,大批移民迁往南方),据此可以推出他生于公元 300—305 年间。连同他卒于 71 岁⑮这一事实,证明这次交往不会晚于公元 376 年,并且最可能的日期可以定在公元 373 年以前,那时罗含和孙盛均在桓温将军(312—373)麾下供职。⑯

(8)《沙门祖服论》,慧远(334—416)撰,《弘明集》卷 5,第 32 页中—第 33 页中。何无忌(? —410)反对沙门祖服,慧远作出应答。何被称为镇南将军,这一事实证明这封信写于他获此职的 409 年 ⑰与 410 年他亡故之前⑱。

(9)《明报应论》,慧远(334—416)撰,《弘明集》卷 5,第 33 页中—第 34 页中。就业报轮回问题复信桓玄。李华德译本,见《美国东方学会学报》(*JAOS*),以及《日本学志》(*Mon. Nipp.*),参见上文注释㉖。

(10)《三报论》,慧远撰,《弘明集》卷 5,第 34 页中。文章一部分基于《阿毗昙心论》(? *Abhidhṛamahṛdayaśāstra*)。在慧远的邀请下,僧伽提婆(Saṅghadeva)于公元 391 年在庐山译出此论(《大藏经》№ 1550)。李华德译本,参见上文注释㉖。

(11)桓玄(369—404)与王谧关于沙门不敬王者的通信(8 封),《弘明集》卷 12,第 80 页下—第 83 页中,写于公元 402 年初。

(12)桓玄和慧远关于同一主题的通信(参见《高僧传》卷 6,第 360

页下第 4 列),《弘明集》卷 12,第 83 页下—第 84 页中,3 封信写于公元 402 年。

(13) 慧远致桓玄《论料简沙门书》,《弘明集》卷 12,第 85 页下,约写于公元 402 年(参见《高僧传》卷 6,第 360 页中第 18 列)。

(14)《支道林(即著名的支遁,314—366)法师与桓玄论州符求沙门 *17* 名籍书》,日期是公元 399 年 5 月 25 日。《弘明集》卷 12,第 85 页下。当然,就《弘明集》而言,这封信不可能是支遁写给他的。但却没理由认为这是伪造的 :信本身没有提到支遁或桓玄。它甚至这样开头:"(我们)京邑沙门等顿首",而随后我们则自称"贫道等"。

(15)《奉法要》(李华德错误地将题目译为"呈示法的本质" [Presenting the Essentials of the Dharma],见他的《肇论》[*The Book of Chao*]第 156 页注 678),是郗超(336—377)对居士佛教(lay Buddhism)的概括。《弘明集》卷 13,第 86 页上—第 89 页中。见第三章附录。

(16) 戴逵(？—396)、慧远和周续之(377—423)关于戴逵《释疑论》的通信;正文后附有 8 封信。《广弘明集》卷 18,第 221 页下—第 224 页上。周氏作为庐山慧远在家弟子之一,写信时不可能超过 19 岁。在 402 年与他同修念佛的雷次宗(《高僧传》卷 6,第 353 页下,第 18 列)生于 386 年,因此他加入庐山在家信徒团体时年方 16 岁,这不是不可能的。

总而言之,基本资料来源由史籍、护教文章和关于教义问题的信件组成;后两类由上述所列 16 个小标题下的 40 篇材料组成。其中大部分作于公元 380—433 间。在上述 16 篇论文或文集中仅有 7 个(第 5、8、9、10、12、13、14)全部或部分由僧人撰写(抛开《牟子》的著作权问题不谈)。有一篇佚名,所有其他的文章和书信则都由居士撰写。我们未列出附加的材料源。大量中国俗文学作品,有时在某些段落里虽只有几个字,却包含了与我们主题相关的线索。这些书名见参考书目。

注　释

①　我们知道第一位精通梵语的是公元 4 世纪末的翻译家竺佛念(参见第 202 页 [译者注:正文及注释中所提及的页码均指本书边码,下同]);此前一些中国僧人和居士如聂道真、聂承远(参见第 68 页)和帛远(第 76 页)似乎已作为外国翻译家的助手获得了某种程度的语言训练。另一方面,一些外国传教者精通汉语(如康僧会、支谦、法护和鸠摩罗什)。但这个时代最杰出的中国法师和注家(如支遁、道安、竺法汰和慧远等)都不懂梵文。参见高罗佩(R. H. van Gulik)撰《悉昙:论中国和日本的梵语研究史》(*Siddham, an Essay on the History of Sanskrit Studies in China and Japan*),那格浦尔(Nagpur),1956,尤其是第 12—14 页。

②　至少不在南方。在"胡人"统治的北方,我们发现某些带有佛教色彩的革命运动的痕迹,参见谢和耐(J. Gernet)撰《中国五至十世纪的寺院经济》(*Les Aspects économiques du Bouddhisme*),巴黎(Paris),1956,第 278 页,以及下文第 183 页。

③　"玄学"和"新道家"二词,参见下文第 87、289 页。

④　参见蒲立本(B. G. Pulleyblank)撰《士族社会:对艾博华近作的评论》("Gentry Society": Some Remarks on Recent Work by W. Eberhard),《东方和非洲研究学报》(*BSOAS*)卷 15,1953,第 588 页起。

⑤　王伊同《五朝门第》("南朝重要家族集团的社会、政治和经济情况")第 2 卷,金陵大学中国文化研究所印行,成都,1943。

⑥　参见弗兰克(H. Franke),《汉学》(*Sinologie*),第 112—113 页及其所引文献。

⑦　关于该书,见下文第 10 页标题(1)。

⑧《高僧传》卷 6,第 358 页上第 6 列。

⑨　同上,卷 6,第 364 页中第 27 列。

⑩　同上,卷 6,第 365 页上第 9 列。

⑪　同上,卷 7,第 367 页中第 1 列。

⑫　同上,卷 6,第 362 页下第 15 列。

⑬　同上,卷 1,第 327 页下第 8 列。

⑭　同上,卷 5,第 356 页中第 26 列。

⑮　同上,卷 4,第 351 页第 6 列。

⑯　同上,卷 5,第 356 页下第 8 列。

⑰　参见弗兰克(H. Franke)《中国朝代史论丛》(*Some Remarks on the Interpretation of Chinese Dynastic Histories*),《荷兰东方学报》(*Oriens*)卷 3,莱顿(Leiden),1950,第 113—122 页;关于所谓的"贫困",尤其从第 121 页起。

⑱　如法显,《高僧传》卷 3,第 337 页中第 21 列;道邃,同上,卷 4,第 350 页中第 3 列;道安,同上,卷 5,第 351 页下第 4 列;法旷,同上,卷 5,第 356 页下第 7 列;道恒,同上,卷 6,第 364 页中第 26 列;僧彻,同上,卷 7,第 370 页下第 3 列。

⑲　同上,卷 1,第 327 页上第 13 列和第 327 页中第 29 列。

⑳　同上,卷 4,第 347 页下第 12 列。

㉑ 同上，卷 4，第 350 页下第 12 列。

㉒ 同上，卷 5，第 356 页中第 25 列。

㉓ 同上，卷 6，第 363 页上第 29 列。

㉔ 同上，卷 4，第 347 页上第 18 列。

㉕ 同上，卷 4，第 348 页中第 8 列。

㉖ 同上，卷 5，第 351 页下第 3 列。

㉗ 同上，卷 6，第 357 页下第 20 列。

㉘ 关于僧伽其他重要方面，如"政治中立"，至少有公元 4 世纪末的一个佛教中心作为代表。参见下文第 216 页。

㉙ 参见《法宝义林》(*Hōbōgirin*)"Busshi"条。

㉚ 佛教关于种姓起源的基本文献是《起世因本经》(*Agaññasutta*)，《长部》(*Dīrgha*)卷 27，第 21 页起。《佛陀的对话》(*Dialogues*)卷 3 第 77 页起。关于海洋和河流的寓言，可参见《增一阿含》(《大正藏》№125)卷 21，第 658 页下第 10 列。也可参见佛陀悟道前夜五梦之第四梦，他在梦中看见四只不同颜色的鸟，象征四种姓，从不同方向飞来落在佛陀脚上，变成白色的鸟；《增一部》(*Anguttara*)卷 3，第 240 页＝《法言日知》(*Gradual Sayings*)卷 3，第 176 页；《大事》(*Mvst.*)卷 2，第 136 页，琼斯(J. J. Jones)译本卷 2，第 131 页。

㉛《高僧传》卷 5，第 351 页下第 3 列。

㉜ 同上，卷 5，第 356 页中第 3 列，亦作昙徽。此处可能有年代错误，据《高僧传》，他的生卒年是公元 323—395 年；他出家(据《高僧传》是公元 333 年)时，道安年仅 21 岁，还没有成为佛图澄的弟子。

㉝ 同上，卷 5，第 356 页中第 17 列。

㉞ 同上，卷 6，第 363 页中第 3 列。

㉟ 同上，卷 6，第 363 页中第 22 列。

㊱ 同上，卷 6，第 362 页中第 12 列。

㊲ 同上，卷 6，第 361 页上第 23 列；汤用彤《佛教史》，第 359—360 页。

㊳ 见伯希和(P. Pelliot)，《通报》(*TP*)卷 19，1920，第 266 页注②。

㊴ 参见伯希和，《通报》卷 19，1912，第 392 页；《通报》卷 19，1920，第 266 页注①。

㊵ 关于死后灵魂再生理论，见津田左右吉《神灭不灭的论争に就いて》，《东洋研究》XXIX(1942)，1 pp. 1-52，2 pp. 33-80；板野长八《慧远の神不灭论》，《东洋研究》XIV. 3，东京，1943，pp. 1-40；朱伯昆《晋南北朝时期无神论者反对佛教中灵魂不死信仰的斗争》，《北京大学学报》第 2 期，1957 年，第 29—60 页；李华德(W. Liebenthal)《释慧远撰著中的佛教》(Shih Hui-yüan's Buddhism as Set Forth in His Writings)，《美国东方学会学报》(*JAOS*)卷 70(1950)，第 243—259 页，及其优秀的研究论文《中国思想中的神不灭论》(The Immortality of the Soul in Chinese Thought)，《日本学志》(*Mon. Nipp.*)卷 8(1952)，第 326—397 页(有关这一主题的汉语文献目录，见该书第 338—340 页)，以及塚本善隆对魏收《释老志》的评注(胡维之[Leon

Hurvitz]译),载于《云冈》(*Yünkang*),vol. XVI,suppl. 第 33 页起。我们将在下文讨论"神"的问题及其在玄学和中国早期佛教中的作用。

㊶《大正藏》№1856;慧远和鸠摩罗什之间写于公元 405—409 年间的 18 封往来书信,于公元 470—600 年间收录于《大乘大义章》(亦作《鸠摩罗什法师大义》),3 卷,参见下文第 226 页起。

㊷《大正藏》№1856,卷 1(第二封信),第 123 页下第 1 列。

㊸《高僧传》卷 6,第 358 页上第 11 列;约公元 357 年。

㊹ 同上,卷 4,第 347 页上第 18 列,参见汤用彤《佛教史》第 234—238 页。

㊺ 同上,卷 5,第 355 页上第 25 列。

㊻《牟子》第 26 节,《弘明集》卷 1,第 5 页下第 4 列;伯希和译本,《通报》卷 19(1920),第 316 页。

㊼ 参见伯希和《通报》卷 19(1920),第 269—271 页。

㊽ 见梁启超《牟子理惑论辨伪》(《佛学研究十八篇》第二部分),第 11—12 页。

㊾ 见常盘大定《支那に於ける佛教と儒教道教》,第 89—100 页。

㊿《四部正伪》卷 3,收入《古籍考辨丛刊》(顾颉刚编),第 46 页。

51 见孙诒让《籀高述林》卷 4。

52 见余嘉锡《牟子理惑论检讨》,《燕京学报》第 20 期,1936 年,第 1—23 页。

53 见胡适《与周叔迦论牟子书》,《胡适论学近著》卷 1,第 151—154 页。

54 见汤用彤《汉魏两晋南北朝佛教史》,第 76—77 页。

55 见 Le songe et l'ambassade de l'empereur Ming;étude Critique des Sources,载于《法兰西远东学院院刊》(*BEFEO*)卷 10,1901,第 95—130 页。

56 见 Meou-tseu ou les Doutes Levés,《通报》卷 19,1920,第 255—286 页及"附注",同上,第 429—433 页(包括对常盘大定上述观点的批驳)。

57 见福井康顺《道教の基础的研究》(东京,1952),第 332—436 页。

58 这可能指他于公元 402 年居于庐山,他参加了阿弥陀佛像前的集体"发愿",参见《高僧传》卷 6,第 358 页下第 19 列和下文第 218 页。

59 见《日本学志》(*Mon. Nipp.*) 卷 8,1952,第 378—394 页。

60《白黑论》没有收入《弘明集》和《广弘明集》,但见于《宋书》卷 97 第 6 页左起;李华德译本,见《日本学志》卷 8,1952,第 354—365 页。

61 见《美国东方学会学报》卷 70,1951,第 243—359 页;修订本见《日本学志》卷 8,1952,第 354—365 页。

62 见《日本学志》卷 8,1952,第 343 页,译文注④。

63《晋书》卷 82,第 6 页左。

64 据《晋书》卷 82,第 7 页左,当庾亮任荆州刺史时,即公元 334—338 年,其幼子放年仅七八岁;因此庾放生于公元 332 年前。

65《晋书》卷 82,第 7 页右。

66 参见《晋书》卷 92,第 19 页右。

67《晋书》卷 10,第 6 页右。

⑱《晋书》卷 85,第 7 页右—左。

⑲ 正如汤用彤《佛教史》第 352 页中所说,还有另外的重要史料,经常在我们的注中出现。但因产生于北方,未列入本章的书目中。如僧肇于公元 404、414 年在长安所作的四五篇论文:《物不迁论》,约撰于公元 410 年;《不真空论》,约撰于公元 410 年;《般若无知论》,约撰于公元 405 年;《答刘遗民》(前面附庐山慧远的居士弟子刘程之公元 408 年所写的信);《涅槃无名论》(其真实性可疑,但无论如何出于公元 5 世纪上半叶;参见汤用彤《佛教史》第 670 页和石峻《读慧达肇论疏述所见》,北京图书馆《图书季刊》,新编第五之一,1944,二者都否定了它的真实性;李华德《肇论》[The Book of Chao]第 167—168 页,认为这是原本,但有后来羼入的痕迹;横超慧日在《肇论研究》中对各种支持其真实性的见解和争论进行了考查,京都,1955,第 190 页起)。所有权威都认为题为《宗本义》的导论是伪作。文章是在 6 世纪上半叶被归到《肇论》名下(《大正藏》No1858)。《肇论研究》第 1—109 页收有塚本善隆及其合作者所作的日译本(认为原作者生于 374—414);在李华德《肇论》中,译文译得很随意,有时甚至是错误的(《华裔学志》[Mon. Ser. Monography]卷 13,北京,1948)。

第二章 历史概观（公元 1—4 世纪初）

　　公元 4 世纪的中国佛教,尤其是一种特定形态的士大夫佛教(当时兴盛于中国长江以南地区,并且是我们这一研究的主题),是中国知识分子在皈依佛教之初实际上就已开始的某种发展进程的决定性阶段。我们不知道它是什么时候发生的。正如我们前面所说,中国"上层阶级"佛教最初的形成,"士大夫僧人"(gentlemen-monks)的活动及其开始渗透到有文化的上层社会生活和思想中去,可以最早回溯到公元 3 世纪末、4 世纪初。我们也有几个理由假设:在整体上这场运动不会比这个时间早太久。

　　但是,这并不意味着:如果对中国佛教更早时期的发展情况不加考察,对它的孕育时期,即 3 世纪以前的情况近乎无知,我们也能研究这一主题。当时佛教开始植根于中国土壤,作为一种外国人的教义它忍气吞声,很难引人注意,或者披着道教的外衣被人们当作通向长生不死的一种新的途径。在这一章,读者会接触中国佛教肇始阶段的主要事实。其他学者对此主题已有许多论述,这真是一件令人费解的事情:在中国佛教中没有一个时期比这个时期被研究得更加充分,然而我们对它却还是几乎一无所知。一有可能,我们就会涉及或解释此领域前辈学者的意见和结论。我们从汤用彤先生处受益最多,在《汉魏两晋南北朝佛教史》中,他以其大师风范探讨了这个时期。这篇概观仅作为后几章历史方面的导引,只包括佛教在两个多世纪持续发展的大致轮廓。某些方面,如被比拟成道术的中国最早的禅法(dhyāna),以及有关最早的佛典译本的极为复杂的目录学问题,仅被附带提到;比起这种导论性的章节,充分叙述这些主题需要多得多的篇幅。

一、汉代佛教

世俗史籍中的佛教

为获取有关中国佛教肇始阶段(翻译活动除外)的可靠资料,我们不得不主要依靠中国世俗历史文献,这是一个不幸的状况。我们将会看到,佛家有关教义传入中国的记录明显地带有传说性质。这种状况是不幸的,因为再没有一种文献比这更不能适合这个目的。只要宗教事务与政治、朝廷没有直接关系,中国历史学家便对之不感兴趣,对外国人在中国的宗教实践则更少关心,这已是一种规律。

这意味着,出现在早期中国史籍中有关佛教的少量段落,是由史传作者在其叙述中偶然作出的评论。在写于公元 4 世纪记载后汉历史的《后汉纪》中,除了片言只语,没有一个段落意在讲述佛教本身的内容。公元 65 年的一道诏书偶然提到佛教,就是其中一例,这个敕令因与王子的行为有关而被《后汉书》的作者记入史册。在另一例中,有一道批评皇帝淫逸行为的奏疏间接提到佛教。第三例是对一位中国官员建造佛寺所作的极为有趣的描述,但此处是为了强调这位官员劳民伤财不计后果才被史学家安插了这些情节,这份记载本身绝不意在描绘佛殿。关于刘英在公元 65 年从事佛事活动的整段文字,围绕着他自愿赎回想象中的惩罚以及王室对这种善举的反应这些中心事件而展开;如果当年的赎罪行为没被皇帝诏书公开,官方历史对刘英的宗教狂热当然还会保持沉默。果真如此,汉代佛教对我们来说就会晚开始整整一个世纪,即从公元 2 世纪中期开始!

我们随后必须注意:不要过高估计这些段落的重要性。它们当然不能表明中国佛教的开端,无论如何也不能代表所记载的那个时期佛教传播的状况。佛教与外部环境偶然相连,而这些文献又偶然地记录下这些情况,只是在它们表征这种偶然性的时候才有其重要性。我们在此能作的一个重要结论是:即便在这个相当早的时期,佛教就以这种或那种方式与社会上层阶级发生了联系,这一点可以由中国史籍所提到的这些事实加以证明。

佛教传入诸传说

佛教传入中国及其最早的历史,后来成了备受佛教伪书青睐的主题。这些传说大多明显具有宣传作用:讲述佛教成功进入皇宫以及中国皇帝迅速皈依的故事,或者声明佛教在汉地早已存在,所有这些有助于提高僧团的威望。

我们将以另一种角度来看待这个主题(见第五章)。这里我们对这些传说仅作点评,它们伪造的性质并不很显著,并且实际上有时还作为史实被现代学者接受。我们主要把范围限定在这些传说的具体数目、来源和以前研究者的结论上。

20 (1)以室利防(śramaṇa)为首的大批僧人携大量经本到达秦始皇(前221—前 208)的都城。不愿接纳佛教的始皇帝立即将他们投入牢狱。但到晚上,监狱被一个高 16 英尺(丈六)的金人打开,他们被救了出去。受此神迹感动的皇帝叩头谢罪。

梁启超(1873—1929)是少数几位同意这个传说的现代学者之一,值得注意的是,他在处理早期中国佛教时有另外一种过分指摘的态度。他认为室利防可能是阿育王所派的一位传教者,当然这个观点已站不住了。[①]这个故事出现很晚,首次出现在公元 597 年《历代三宝纪》[②]

里,它还记载室利防编纂了一部包括他携至秦宫的经书在内的经录《古(经)录》。③

(2) 当公元前 120 年开挖巨大的人工湖——昆明池(在陕西)时(这是可信的史实),人们在深处发现了一种黑色物质。④皇帝向一位古怪的名学者东方朔询问来历,后者回答说:"不知,可问西域胡人。"当被问及这一问题时,他们回答说:"世界终尽,劫火洞烧,此灰是也。"我们发现这已成了一种故事模式,例如在公元 3 世纪末的无名氏《三辅故事》里。⑤

福兰阁(O. Franke)把它看作公元前 2 世纪下半叶长安有僧人存在的证据。⑥在考查福兰阁的文章时,马伯乐⑦追溯了这个轶事的各种早期版本,他得出结论说:它首次出现在曹毗(公元 3 世纪下半叶)《志怪》中⑧,但行文有所不同:由于东方朔不知道答案,皇帝便认为不必要再问别人。后来,当外国僧人于明帝(58—75 在位)时到达洛阳,其中的一人才给出了上述解释。相同的描述在《高僧传》中也被发现了,是竺法兰(参见下文标题[6])揭示了黑色物质的性质。⑨这个故事明显地基于明帝感梦和第一位传教者到达洛阳的传说,因而它不可能晚于公元 3 世纪。汤用彤(《佛教史》,第 9 页)指出了这个传说的第三种说法,宗炳在《明佛论》中间接提到了这种说法:据说是东方朔自己解决了问题。⑩

(3) 记载拓跋魏历史的《魏书》之作者魏收(506—572)在《释老志》中记述了著名探险家张骞,他于公元前 138 年被派往月氏国,"及开西域"。在他回国之后报告了印度的佛教,中国"始闻有浮屠之教"⑪。这个传说以更为肯定的方式由道宣在其公元 664 年的《广弘明集》中再次述及。⑫这故事当然不足为信——我们将会看到,记述后汉历史的《后汉书》的编纂者(因此早于 446 年)甚至强调张骞在报告西域时从未提到佛教。张骞(公元前 2 世纪下半叶)也在明帝感梦的最早说法中扮演了重要角色 ²¹(参见下文标题[6]——此事被假设发生在约公元 64 年,故有重大年代错误)。然而,魏收述及此传说是在《高僧传》之后,而《高僧传》并未出现张骞,所以在有关张骞的两个佛教传说之间似乎不存在任何联系。

(4) 公元前 120 年,汉大将军霍去病在皋兰(Kara-nor)[13]缴获了在最早的史料中被称作"休屠王祭天金人"的著名金像,有时这被认为是佛像。这个无疑错误的解释似乎不是来源于佛教,它已出现在公元 3 世纪的注家张晏的注解中。[14]但在相对较后的材料中逐步出现了佛教因素:雕像被携至中国并安置在甘泉宫,十余英尺(丈余)高,汉武帝(前 140—前 87)祭祀它时不用动物,仅是在它前面礼拜烧香,"此则佛道流通之渐也"。[15]

(5) 刘峻(卒于 521 年)在注释《世说新语》时引用了《列仙传》序言,这部道家仙人传记集被认为是刘向(前 80—前 8)所作。在这篇文章中,编者自称搜集了总共 146 位仙人的传记:"其七十四人,已在佛经。故撰得七十二。"[16]因今本《列仙传》中没有这段引文,所以有了不同的结论。福兰阁(所引上书)一方面不相信今本是刘向所作,认为今本写于公元 3 或 4 世纪,但是,另一方面,他又认为这段早期的引文可以作为证明公元前 1 世纪佛教存在于中国的可靠证据。马伯乐指出被误作刘向撰著的《列仙传》肯定是汉代的著作,因为它两次为应劭《汉书音义》(公元 2 世纪下半叶)引用。不存于今本并不意味着它是后来羼入的。我们现有的文本有诸多讹误和脱漏,并且原本的序言仅有一部分被保留下来。马伯乐确信这些段落存于原本《列仙传》中:ce serait, avec le mémorial de Siang Kiai, la plus ancienne mention connue du Bouddhisme dans la littérature profane(参考译文:最早涉及佛教的世俗文献是襄楷奏书)[17]。汤用彤(《佛教史》,第 14 页)指出这个传说在公元 5 世纪初已为宗炳所知,但《颜氏家训》的作者颜之推(531—595)却认为这段文字是被羼入的。[18]

我们发现从公元 5 世纪以降另一个十分重要的传说,即刘向在天禄阁发现了 60 卷梵文佛经,它是秦始皇统治时期为逃避暴君的焚书令而被隐藏下来的[19];宗炳所说文献佚失的假说(将在第五章论述)也许受到了这一传说的影响。

(6) 一个很有名的传说讲述了明帝(58—75 在位)时"官方"引进佛 22
教的情况,人们只是到现在才认识到这个传说的伪造性质。据说明帝因
感梦而派遣一批使者(最早的说法是由张骞率领,他死于公元前 2 世纪
末)赴月氏国迎请佛教经典。派遣的日期有四种说法:公元 60、61、64 或
68 年。三年(或据一种说法为十一年)后,使团携《四十二章经》原文(或
译本)而归。他们由第一批外国传教者陪同,他们的名字从 5 世纪末以
降被称作摄(亦作"迦叶")摩腾(? Kāśyapa Mātaṅga)和竺法兰
(? Dharmaratna)。皇帝为他们建造了第一座寺院,即洛阳白马寺。

马伯乐和汤用彤专门对这个传说的许多版本作了详细分析,致使两
位学者得出了结论:我们必须考查这个虔诚的传说;我们不拟重复他们
的论点。⑳他们最终的结论并不相同:汤用彤仍然正面假设此传说背后核
心史实的可能性(《佛教史》第 24—26 页);相反,马伯乐则全部拒绝,因
为他认为这是一个虚构的、充满年代错误的、带有传教性质的传说,它似
乎是在公元 3 世纪源出于佛教界,在整个 4 世纪进一步发展,并在 5 世纪
末获得了确定的形式。㉑

关于明帝感梦和出使月氏的所有说法均源于一处——《四十二章经
序》,此文在 6 世纪末被收入《出三藏记集》。㉒此文产生的年代相当可靠。
由首句"昔汉孝明皇帝"可知,它一定出于汉之后。而且,由于《魏略》(公
元 3 世纪中叶)的作者用一大段篇幅记述佛教以及最初向中国使者传播
的情况,却对这个传说未置一词,我们可以推知它大概产生于公元 3 世
纪中期,产生年代的下限以《志怪》(公元 3 世纪下半叶,参见上文标题
[2])中间接提到明帝时传教者到达的时间为准。

(7) 这个主题在更晚些时候演化出第一批佛教传教者与道教大师之
间斗法的传说。据推测,公元 69 年,在皇帝的支持下于宫中双方展开斗
法,结果是皇帝皈依佛教,几百名中国人出家为僧,以及在洛阳城内和附
近建成十座寺院。这个传奇故事被详细地记载在伪书《汉法本内传》(佚
失)中,其中的一些段落被保留在后来的佛教论文里。原文也许写于 6

世纪初。㉓明帝遣使的传说逐渐消除了最明显的年代错误,并在叙述历史时平添诸多"可信的"细节,与此相比,所有现代学者一致认为:《汉法本内传》实在是一部相当拙劣的伪作。

从西北输入

事实上,佛教何时传入中国,已不可得知。它可能从西北慢慢渗入,经由横跨欧亚的丝绸之路上的两条支线在敦煌进入中国,并且从那里穿过河西走廊进入"关中"和华北平原,那里正是后汉都城洛阳坐落的地方。这种渗入可能发生于公元前 1 世纪上半叶(中国势力在中亚巩固的时代)和公元 1 世纪中叶(佛教的存在首次在当时的中国资料中得到证实)之间。

汉地外国人的佛教

佛教首先必须依赖那些原本携有佛教信仰的外国人维持其存在,他们包括商人、难民、使节和人质。如上所述,官方历史没有述及汉地外来群体和个人的活动。儒家世界观只承认一种四夷与中央王国之间的关系:他们是蛮荒之地边民,受皇帝恩德光辉的吸引,前来进献当地出产的贡物,以为归顺的标志。诸如此类的大量"贡物"都记载在汉代的年表中;纵观中国历史上这些与中国朝廷交易的标准形式,我们完全可以推知除了政治职能以外,这些早期的使节还有商业方面的作用。

在后来的佛教传记文献中,我们发现了某些材料,这允许我们稍微多讲一些汉代佛教这一方面的作用;尽管这些材料出现的时间稍晚(公元 2 世纪末和 3 世纪初),它们却描绘出早已存在的一种状态。我们知道几位重要的大师(ācāryas)并不来自境外,而是生于中国境内非汉族的移民家庭,或者他们以居士身份即以传教之外的目的来到中国,之后才出家为僧。安息人安玄是一名商人,公元 181 年到达洛阳之后加入他那著名的同胞安世高所领导的僧团。㉔月氏人支谦的祖父已在灵帝(168—

190 在位)时带领几百位同胞在中国定居。⑥公元 3 世纪上半叶著名的法护出生于已累世生活在敦煌的月氏家庭。⑥竺叔兰是印度人的儿子,其父达摩尸罗(Dharmaśiras)逃离原籍,在公元 3 世纪上半叶的某个时候全家定居河南,在中国生下了竺叔兰。⑦我们发现公元 2 世纪末在洛阳的译者中有康孟详,其先祖是康居人。⑧康僧会于公元 3 世纪初生于交趾(汉帝国的最南端),是康居商人的儿子。⑨

因此,"非官方"的材料可以表明:佛教在相当早的时候就已存在于散居在中国的外来家庭、群体和聚居区中。实际上我们有充分的理由可以假设:在中国文献初次提到佛教之前,佛教的存在已是事实。⑩它还可以被一个十分显著的事实进一步证明,而迄今为止这个事实似乎仍被这一领域的学者所忽视:根据《出三藏记集》卷 13(支谦传;《高僧传》卷 1 内容稍有不同)中的文字,大量佛经梵本在公元 3 世纪初已在中国流通: 24

> 越以大教虽行,而经多胡文,莫有解者,既善华戎之语,乃收集众本,译为汉言。⑪

支谦在中国收集的佛经均为短篇,只有一部长度超过两卷,而且性质极不相同。他或者在其南迁以前在洛阳,或者更可能是在吴都建业收集到这些佛经,据说他是于公元 222 年在建业开始他的翻译工作的。文献所记载的译经数目变化很大,从 27 部(上文所引支谦传)或 30 部(据《出三藏记集》道安经录)一直到数量最多的 129 部(《历代三宝纪》卷 5 和《大唐内典录》卷 2)。稍后我们将回到支谦和他所翻译的佛经上。这里重要的是要表明:如何通过上述段落去判断汉末佛教仍然主要是外来人口(既指新移民也指有外国血统的人)的宗教,而印度或中亚的佛经抄本也主要是在他们中间流通。

中亚的汉人:景卢和班勇

在某种程度上,佛教在中国的传播也许是被这样的事实刺激或推动,即在公元前后的几十年间,有相当数量的中国官员在中亚佛教国家积极推行文治武功。这些官员中的大多数至少已经知道这种宗教的存在。

根据一个至少可回溯到公元 3 世纪初的传说,一位赴月氏宫廷的中国使者、博士弟子景卢(在后来各种不同说法中也称景虑、秦景、秦景宪、景匼)在公元前 2 年由月氏太子指导学习佛经经义。这个说法首先出现于《魏略·西戎传》有关印度的一段极为混乱的文字中。《魏略》约于公元 3 世纪中期由鱼豢编纂,为裴松之《三国志注》(公元 429 年问世)引用。有关内容如下⑪:

> 昔汉哀帝元寿元年(前 2 年)博士弟子景卢受大月氏王使,伊存口授浮屠经。

如果我们接受上面的说法,就无疑是说景卢是从一位前来中国的月氏使者那里获得指导,地点在中国,最可能的是在都城。沙畹在他注译《西戎传》时尤其注意到这段文字,他根据这个传说及后来两个平行的说法,主张作如下改动⑫:

> 博士弟子景卢受大月氏王使,王令太子口授浮屠经。

如果沙畹对《魏略》的修订是正确的,情况则完全发生了变化:地点是月氏皇宫,月氏王(Kushana King,鉴于贵霜王朝纪年极不明确,因此无法确指他是哪位)命令其子向景卢揭示一部或多部佛经的含义,而景卢则成了被中国朝廷派往西域的使者。

沙畹的结论无疑是有独创性的,但它毕竟是建立在各种可能性之间的相当主观的选择上。"存"也许是"太"和"子"合在一起而出现的错误,但"伊"几乎无法被解释为"令"的误写;但它可能因为与"使"意义相同而出现错误。必须说明,汤用彤在对比沙畹所依据的各种版本还要多的故事版本进行详细比较之后,得出了相反的结论:地点在中国,伊存是月氏使者。此种说法也许基于现存的由伊存传授的佛经,它在《魏略》编纂时仍然存在。鉴于月氏族在后汉时期传播佛教中所起的重要作用,解释或背诵佛经的是月氏人，了解这一点是十分重要的。[⑨]

　　建立在假设之上的假设——所有这些都十分可疑。在《汉书》的年表中没有在公元前 2 年月氏出使中国或中国出使月氏的蛛丝马迹；事实上，我们有充分的理由对整个传说的历史表示怀疑。一位中国使者获得月氏太子的口头指点，或是一位月氏使者向中国学者传授佛经，这已经都不太可能了；如果这个传说在沉默了两个多世纪以后变成了七种说法，而这些说法都不太容易捉摸，且其中无论是中国学者的名字还是月氏的作用以及事件发生的地点都不能确定的话，我们就无法再把它作为历史研究的可靠材料来使用。

　　另一个例子是班勇，他是在中亚度过 30 多年的征西大将军班超（32—102）的幼子。公元 107 年班勇远征匈奴，公元 123 年他成为西域长史，接着在中亚一带连年征战。公元 127 年他失宠入狱，之后很快死去。[⑩]即便在公元 107 年最初受职之前，他似乎已与其父生活在中亚，公元 100 年班超派他入宫，他也许劝过皇帝允许班超回朝。[⑪]当时班勇在安息使者的陪同下去洛阳，这也许十分重要。[⑫]在《后汉书》的西域部分，编纂者范晔（卒于 445 年）表明前汉文献中没有提到印度有佛教的存在："两部汉地理志"（即《史记》和《汉书》）对此未置一词，张骞（公元前 2 世 ²⁶ 纪下半叶）仅谈到气候的湿热和战争中使用大象。

　　　　班勇虽列其奉浮图不杀伐，而精文善法导达之功靡所传述。[⑬]

　　此处评点班勇的话很可能出现在某份关于中亚事务的报告或奏疏中；由于班勇的著作没有保留下来，我们无法继续多讲。[⑭]除了上面所考查的十分可疑的景卢的故事之外，他是我们所知的唯一可能了解中国以外的佛教的一位汉代官员，或者他至少已经知道它的存在及其最根本的道德原则。

楚王英：公元 65 年彭城的佛教

　　大约在公元 1 世纪中期，佛教已经渗入淮北地区、河南东部、山东南部和江苏北部。我们容易解释帝国这一区域存在外来群体：这个区域最重要的城市彭城是一个繁华的商业中心[⑩]；它实际上坐落于陆上丝绸之路从洛阳向东延伸至东南地区的大路上，而外国人习惯于从西面到达这座城市。此外，在西北方向它与山东南部琅琊相连，在东南方与吴郡、会稽相连——这些都是海上贸易中心，它们经由番禺（广东）与印度支那和马来亚（Malaya）的贸易港连接。我们不能排除佛教同样沿这条路线传入的可能性，尽管梁启超推测汉代佛教主要发源于南方并从这些海商中心传入中国，却无法由可靠的证据支持，因而也难以站得住脚。[④]

就是在此区域，公元65年在光武帝之子楚王刘英（25—58）府内，我们发现了存在（无疑是外国的）僧人和中国居士所组成的僧团的最早的迹象。刘英自公元39年被封为楚侯（公元41年封王）；公元52—71年他居于彭城，这是包括今山东南部和江苏北部的王国的首府。据《后汉书》中他的传记称，他对道教（黄老）[⑫]极感兴趣并且同时"为浮屠斋戒祭祀"[⑬]。因此在最初间接提到佛教的中国史籍中，我们已经发现这种"佛教"与对黄老道术的研究和实践密切相关，据称黄老之术可使人达到肉身不死。大约在公元1世纪中期它在皇宫和诸王子中间相当流行。[⑭]汤用彤已经正确地指出：不仅在楚王刘英（65年）而且也在桓帝（166年）的例子中，佛教：（1）与黄老崇拜在一起，（2）与祭祀相关，为了禳灾求福而去祭祀鬼神和精灵，这在汉代道教 * 实践中扮演了极其重要的角色。[⑮]事实上，在后来史籍中经常被用来指称这种仪式的"淫祀"一词，有时也被

---

* 道教的兴起通常认为是在东汉末年，以当时的五斗米道与太平道为形式。现在从楚王英祭祀"黄老"来看，这一传统观点很有讨论的余地。试问：何谓道教？楚王祭黄老，这种做法绝不是黄老之学的做法，史籍还很难找到材料说战国末期到汉初的黄老之学有祭祀的风气，所以这里楚王祭祀的"黄老"很大程度上是在民间方术基础上发展起来的，也许是战国"方仙道"演化下来的一支，我们既不可说它是道家的做法，也很难就说它是后来的道教。这里，原书用的是Taoism，通常作"道教"解，但作者注明指"黄老"。看来许理和先生是把这个"黄老"当作后来的"道教"了。我们在翻译时不得已用"黄老之术"或"黄老道术"含糊其词，待以后学界有定论之后再作更正。此处译作"汉代道教"是考虑到这个"汉代"可以不专指楚王刘英的时代。——译注

用在佛教上。⑥对于刘英及其府内的中国信徒,"佛教"的斋戒和祭祀仪式 27
也许不会超出当时各种道术的变形;这个佛教和道教因素的奇特混合物
在整体上反映了汉代佛教的特征。

公元 65 年明帝下令给所有犯死罪的人以赎罪的机会。对中央政府
的忠诚明显可疑(我们将会看到,五年后他因密谋叛乱而遭贬谪)的刘
英,似乎很欢迎这个机会,借此采取一些防范措施。他派了一位侍臣带
着三十匹黄白丝绸去洛阳赎回他应受的罪。明帝在一道诏令中答道:

> 楚王诵黄老之微言,尚浮图之仁祠,洁斋三月,与神为誓,何嫌
> 何疑,当有悔吝? 其还赎以助伊蒲塞、桑门之盛馔。⑰

这个诏令的文本被发往各个王国,以使所有王侯都以刘英的善举为
榜样。然而,楚王的运气并没有持续多长。有许多传闻说他竭力谋求独
立,并让方士(Taoist Masters,或译"道师")捏造谶文和对他有利的预
兆,还给很多人封爵并私下任命文武百官。公元 70 年他被斥为"大逆不
道",判处最为严酷的死刑。不过,皇帝最终对他从宽处理,变死刑为较
轻的刑罚;刘英被贬,与大量门客一起迁至安徽南部靠近丹阳的泾县,在
那里他仍被给予相当宽厚的待遇。第二年(71 年),刘英到达丹阳后不久
便自杀了。

公元 193—194 年间彭城地区的佛教

在刘英迁走之后,彭城作为佛教中心也许延续了下来。此后一个多
世纪的情况,我们无法得知。在为其他各种材料所支持和证实的《三国
志》中,有一段文字表明公元 2 世纪末该地区有十分繁荣的佛教群体
存在。

公元 193 年,臭名昭著的军阀笮融投靠徐州"刺史"(实际上是有自
治权的首领)陶谦,被委任转运广陵、下邳和彭城三郡(都在现在的江苏)
的粮食。他保持这份安稳而又流油的肥差并没有多长时间。公元 194 28

年初,在他的主公死后,笮融带领约一万随从和一支三千骑兵的私人军队开至广陵,在一次宴会上谋杀广陵太守。之后不久,他攻克豫章(今江西南昌),杀死郡守并取而代之。公元 195 年,笮融被前扬州刺史刘繇(151—195)击败;他逃入山中,不久即被杀死。⑧

在笮融掌管广陵、下邳和彭城地区的粮食运输时,挪用了这三郡的财政收入:

> 乃大起浮图祠⑭,以铜为人,黄金涂身,衣以锦彩,垂铜⑩九重,下为重楼阁道,可容三千余人,悉课读佛经⑪,令界内及旁郡人有好佛者听受道,复其他役以招致之,由此远近前后至者五千余人户⑫。每浴佛⑬,多设酒饭,布席于路,经数十里,民人来观及就食且万人,费以巨亿计。⑭

这段文字十分重要,不仅因为它最早描述了中国寺院,而且主要因为它是一个极为罕见的例子,这份历史记载使我们得以窥见相当早期的民众佛教。文中的描述,尤其是提到的数字,无疑被夸大了。但是,建筑的庞大规模、盛大的酒席和大规模的施舍仪式,是以可能多数由僧人组成的大型佛寺的存在为先决条件的。这里没有提及翻译活动,我们也不知道当时持诵和研究哪种经典。在节日场合给参加者提供酒,这个事实表明在笮融寺院中所实行的并不是纯粹的佛教。这些建筑也许在下邳。⑮

笮融显然从来也没有成为中国佛教文献中慷慨施主的理想典型;相反,在一篇公元 4 世纪初的排佛文章中⑯,作者很有说服力地把他当作佛教徒中道德败坏的典型。在佛教资料中,他实际上从未被提到过。

滥觞时期的洛阳佛教

更加为人所知的是中国汉代另一个重要的佛教中心:都城洛阳。

公元 2 世纪中期以前的可靠材料无法确切地证实当时洛阳存在佛

教，但这并不意味着在更早的时期那里不存在佛教（见本章开头的评述）。因而，我们不能同意马伯乐把"洛阳僧团"全部作为"彭城僧团"的分支的说法。㊽地理位置不允许这样的假设。沿着从中亚开始的商路，从西北逐渐渗入的佛教本应穿过中国北方两个最大的城市长安和洛阳，却没有在那里安置下来，而仅是在中国东部的一个地方流行之后，再反传到西部，至公元 1 世纪末才到达洛阳，这绝对是不可能的。

29

洛阳的寺院作为内设译场、聚集著名的安息和月氏高僧的有组织的宗教团体，在公元 2 世纪中期以前的可靠文献中没有出现过。但根据地理位置，即使没有经典依据，我们也有理由假设：它至少应与彭城的教团同期，甚至可能比后者更早。不过，这方面也不是完全没有经典依据。

首先，重要的事实是，在上面所引用的《后汉书》的文字中，"伊蒲塞"和"桑门"等词出现于帝国法令的正文中。这仅能说明这些印度（或中亚）佛教术语在宫中被知道和理解，并对拟定诏书的洛阳皇帝或朝中的文人来说已有某种特别的意义。如果这种解释正确，我们可以得出结论，佛教大约在公元 1 世纪中期出现于洛阳，并且明显不是在公元 1 世纪末从佛教中心彭城传入都城的。

第二，另一个同样的例子也说明：张衡（78—130）的《西京赋》，这是汉代最有名的文学作品之一，在中国纯文学作品中第一次提到佛教。在描写长安的奇美时，尤其在描绘秀色可餐的后宫佳丽时，赋中写道：

> 展季㊾桑门，谁能不营㊿？

这段引文中有"桑门"一词出现，当然与上下文内容极不相干，因为这个词是用来描写长安的，所以是显然不能从字面上理解的一种类比。

根据《后汉书》卷 89 中的传记，张衡著《西京赋》一文始于永元年间（89—104），十年后完成⓫；当时他已经住在洛阳。这个相当微不足道的词的重要性，在于它能说明约公元 100 年张衡活跃于洛阳时就似乎已经知道"桑门"一词，并且像当时一般的文人那样引入诗文。这再一次说明；约在公元 1 世纪末、2 世纪初，佛教在都城已有了相当大的影响。

《四十二章经》

我们必须提到《四十二章经》，通常这被看作是第一部汉文佛经，也许出现在同一时期即公元 1 世纪末、2 世纪初。据后来的传说，它由两位印度传教者摄摩腾(? Kāśyapa Mātaṅga)和竺法兰(? Dharmaratna)带到洛阳，并由后者于公元 67 年译出。此书的来源已像传奇那样变得模糊不清；然而，从它最初的形式来看，显然很早就出现了，因为早在公元 166 年襄楷奏书中就已被引用。尽管如此，它的真实性还是反复受到质疑。⑩

它是由 42 个独立章节组成的短篇著作。现在仍然悬而未决的问题是：它是由梵文原本译出的还是中国人自己编纂的？而从风格上看它也许是模仿《孝经》或《道德经》的。⑫

原作内容显然属于小乘，在各种不同的修订本中，仅有被收入《高丽藏》的一种，在总体上看来似乎与原本相符；其他所有版本都充斥着后来羼入的内容。⑬甚至在《高丽藏》中也显露出后来修改过的迹象：最早引用《四十二章经》的引文与今本不一致。⑭

公元 2 世纪下半叶洛阳的僧人阶层及其史料

公元 148 年，来自安息的传教者安世高到达洛阳，这标志着开始了一个频繁活动的时代。不幸的是，我们对公元 2 世纪下半叶兴盛于都城的佛教团体认识得相当片面：正史甚至没有提及它的存在，而我们在佛教文献中得到的线索几乎是专门关于佛典翻译的活动。诸如《高僧传》和《出三藏记集》中的译者传，所提供的传记材料也不充分，而且由于在这些公元 6 世纪初的人物简介中穿插了大量的传说，我们亦须小心地使用这些材料。但是，在《出三藏记集》中，也包括了虽说数量少，却是早期的甚至是与这些传记资料同期的题记与序言。

　　在目录学领域,情况也没有好多少;对目录材料的评估成为一个严肃的问题。只要一涉及汉代佛教,后来的经录总显得没有意义;甚至在这些经录中最为审慎的公元 730 年的《开元释教录》(《大正藏》№2154)中,被归为汉代译经的数目也是最早经录所提到的二到六倍。

　　现存最早的经录是公元 6 世纪初的《出三藏记集》;它的目录部分(卷 2 到卷 5)实际上是对更早的经录即公元 374 年道安撰《综理众经目录》的扩展。⑥因此,道安的经录实际上被并入了《出三藏记集》。由于僧祐通常区分了哪些著作是由道安提到的,哪些是他自己加入的,我们也就很容易清楚地了解道安经录的内容及组成。

　　道安的著作具有很大的学术价值,为当时这个仍然处于初级发展阶段的学科作出了重要贡献。他通过此书为后来所有的经录作者提供了一个范例。然而,这部经录的高质量及其相对较早的产生年代,使所有后来的权威都将道安的表述当作毋庸置疑的事实。尤其在处理汉代译经问题时,我们决不能忘记:这里与别处一样,我们必须处理归属问题。道安也许受更早的经录作者拟出的一些译本目录的影响。⑥但著作的大部分是他自己编撰的。从他在经录中的表述和后来对他在此领域活动的说明,我们很清楚地发现,在将某种经归于某个作者时,他不仅将他的判断建立在外在的标准(题记、译注和序言)上,而且经常特别关注他所处理的作品在风格上的特征。仅在很少的例子中归属问题才能被同代或接近同代的材料证实。⑥在所有其他情况中,我们不得不依靠道安和僧祐所作的归属,但必须反复重申,它们不可能被毫无保留地接受。在处理中国佛教最早的年代问题时,我们将根本不去考虑那些由后来的经录所提供的过分膨胀的经目和看似确切的编年材料。

　　从公元 2 世纪中期到 3 世纪最初十年期间,许多来自不同国家的外国法师和译师活跃于洛阳。最早的文献提到大约十位大师,他们据说在这一时期译出了相当数量(据道安经录有 51 部)的佛经。一些被保留下来的早期题记包含了有关翻译工作进行方式的有趣细节。大师或者有翻译所用的原本或靠记忆背诵。如果他有足够的汉语知识(这种情况很少出现),他就口头翻译(口授),否则要通过通晓两种语言的中间人作初步的翻译(传译)。中国助手(僧人或居士)记下译文(笔受),之后译文要接受最后的校定(正义或校订)。在进行翻译期间,可能也包括其他场合,大师对所译经典的内容给以口头解释(口解)。这种解释经常可能被混入正文;"译者注"出现在大多数汉译本中,并且至少在汉代译经就形成了一种正文和注释无法分清的混合物。⑯但是,有时注解被当做另外的注疏而单独保存下来。⑰许多佛教早期注释全部或大部分是基于在翻译某种佛经时所作的口头解释。翻译工作的物质基础由被称作"劝助者"的居士提供。约公元 179 年有两位此类虔诚的捐助者的名字在一份题记中被保留下来。⑱

据我们所知,这种集体工作最初在佛教中心洛阳广泛展开。纵观整部中国佛教史,它成了翻译佛经的标准模式,但有意思的是,这种充分发达的翻译机制,可被证实早在后汉就已经出现。

后汉时期洛阳有多少寺院,坐落于何处,现已不可得知。洛阳白马寺在传统上被视为中国佛教的发祥地和汉代主要佛教中心,可在公元 289 年以前的同期文献中无法证实它的存在⑲;据称它约建于公元 65 年,这个特别的名称与明帝感梦的伪说和摄摩腾、竺法兰到达洛阳有密切联系。尽管传说的出现(公元 3 世纪下半叶?)本身为洛阳白马寺的实际存在预设了前提,但却不能保证此寺确实建于汉代。名字也许是后来的发明,并且在后期文献中被称为白马寺的建筑,可能就是一篇旧题记所提到的公元 208 年修订《般舟三昧经》的"佛寺"。⑳此外,在同一篇题记中,还提到了许昌寺。正如马伯乐明确论证的(参见本章注㊱),此寺很可能原来坐落于许昌某座古代大殿中。许昌是著名的佛教徒楚王刘英的侄子龙舒的领地,也许彭城地区的佛教因此与洛阳僧团之间存在着某种关联。许昌寺也许只是二流的寺院,不甚重要,只有《般舟三昧经》的题记提到过它。

我们几乎无法知道任何关于洛阳佛教教团的实际规模和内部组织。最基本的戒规也许由最初的传教者口头传授,而且,相对于少量的僧人和沙弥,这就足够了。总之,在早期经录属于汉代的译典中,没有提到戒律。[72]在最早的文献中,我们已经发现有关各种僧人阶位的基本术语:桑门(śramana)、比丘(bhikṣu)、沙弥(śramaṇera)、阿阇梨(ācārya)。"菩萨"(Bodhisattva)一词既被用于僧人也被用于居士信徒,这证明了中国人对这个称呼一往情深,并对其真实意义还相当无知。

洛阳的传教者是一个相当异质的(heterogeneous)群体。其中有两位安息人:僧人安世高和优婆塞安玄;三位月氏人:支娄迦谶(? Lokakṣema)、支曜和支娄迦谶的弟子支亮;两位康居人:康孟祥和康巨;三位印度人:竺朔佛(亦作佛朔)、竺大力和昙果。

安世高

在这些大师中最早到来的和最著名的是安息人安世高,他无疑是中国佛教史的第一人。或许正是他开启了系统的佛典翻译,并组织了第一个译场。以此而言,他确实极为重要:他的翻译尽管质朴,却标志着一种文学活动形式的开始,而从整体上来看,这项活动必定被视为中国文化最具影响的成就之一。

他的名字并不清楚:除了第一个字"安"代表安息的族名阿萨克(Arsak),即帕提亚(Parthia)的阿萨克王国(the Arsacid Kingdom),看起来像是意译而不是音译。师觉月(Bagchi)认为,世高就是 lokottama 的说法没有任何证据的支持。[74]但这也许是一个敬称,在后来的传记中他通常被称作安清,字世高,"字"在此显然不能从中国的"字号"意义上来理解。"清"和"世高"这两个名字在公元3世纪中期的文献中可以得到证实。[75]但更早的材料仅述及"有菩萨者出自安息字世高"。[76]

根据一个很早的传说[77],世高本为安息太子,为了投身于宗教生活而放弃继承王位。之后,也许是为了避难,他迁向东方[78],于公元148年定

33

居洛阳,在那里度过了二十多年。

关于他的生平我们只知道这些;在《出三藏记集》和《高僧传》中,记载了他在中国南方徒步旅行的故事,但只能被归到传奇的范围之内。[⑦]在西方的文献中,安世高从来没能与哪位安息王子对上号。[⑧]马伯乐已经指出这种尝试的无用;在阿萨塞德斯族(the Arsacides,约前 250—公元 224)统治下的安息国不是一个统一的国家而是一个众多小国的联合体,安世高也许是这些小封建领主中某个统治家族的成员。[⑧]

哪些和多少译典能被可靠地归于安世高及其合作者,仍然是个未被解决的问题。后来的经录归于他的译典数目从约 30 种到 176 种不等。在最早的可靠材料道安 374 年的经录中包括了 34 种,但其中 4 部是否可以归为安世高还无法确定。在剩下 30 部中有 19 部被保留了下来[⑧],但这里面只有 4 部可以根据早期的题记或序跋可靠地归属于这位中国佛教的先驱。[⑧]无论这 4 部还是其他 15 部也许可以归于他及其学派的译典,都没有表现出任何受大乘佛教影响的痕迹。

从所译经典的性质来判断,他的学说似乎有两个主题:

(1)中国文献中通称为"禅"(dhyāna)的精神修炼系统,或许概括为"佛教瑜伽"一词更合适一些[⑧],包括以下作为先行准备的修行方法:导向心念集中的数息(ānāpānasmṛti,安般,数息观),观想身体的无常、集蕴而生、不净和痛苦遍满,想象内外各色影像等;

(2)解释诸如六入(āyatana)、五阴(skandha)、四神足行(ṛddhipāda)、五力(bala)、四意止(smṛtyupasthāna)等名数(numerical categories)。有关这些概念分类的短经在他名下的译典中占了很大一部分。

上面提到的一些"禅修"方法,特别是"数息观",表面上很像某种道家导引术。我们反复强调,道教中的这种身心修养方法,对于公元 2 世纪佛教这方面内容的流行起到了很大的作用。在早期译文中大量使用道家词汇翻译佛教术语,进一步证实道家的影响。但道家术语系统的重要性被过高地估计了:源自道家的术语,实际上在中国早期佛教词汇中

34

无疑只占极小的比例,大部分术语找不到任何汉语词源,它们也许是由最早的翻译者即兴创造出来的。

安世高译本以及泛指的古译本在几个方面是十分有趣的:对于佛教通史而言,这些翻译的大致日期经常成为印度原本存在或当时某种文本发展阶段的时间下限;对于中国佛教初期历史而言,翻译所选的文本的性质以及翻译所用的术语,均揭示了汉代佛教的某种基本特征。从文学观点来看,它们在中国文学中形成了一种新的和外来的因素,其风格上的特征严重偏离、甚至经常抵触中国文学的创作原则;从语言学角度来看,这些译本大多充满了方言表达及其句法结构,所以如果我们比现有考察更为详尽地去研究它们,也许会找出有关公元 2 世纪中国北方口语中非常有趣的情况。

作为翻译作品,它们的质量通常是最差的。有些令人奇怪的是:后来的中国佛教目录学家,尤其是作为古译本专家的道安,竟将安世高及其学派的作品称许为杰作和翻译艺术的典范。我们很难明白他们的欣赏建立在什么标准之上,如果这确实不只是中国人对古人、先祖和原典表达尊敬的传统方式。大多数古译本实际上只是对原文的自由发挥和摘录,到处充满了模糊不清和仍未标准化的术语表达,并被套上了一种模糊至极的语言,甚至在我们拥有同一种佛典的印度原本或后来较为忠实的汉译本后,这种语言仍然有不少难以捉摸的地方。

安玄与严佛调

与安世高一道工作的安息人安玄是一位优婆塞,他于公元 181 年以商人身份来到洛阳,且因立过并不突出的"功"而获得骑郡尉的中国军衔⑥,并与一位来自临淮(安徽)名叫严佛调("佛"亦作"浮"或"弗")的中国人一起共事,后者是我们所知的第一个中国僧人。⑦安玄与严佛调合作翻译了《法镜经》(*Ugradatta paripṛcchā*,《大正藏》No 322);康僧会(公元 3 世纪中期)证实了这种归属。⑧有些令人惊奇的是:这部经是对菩萨生涯的概括说明,因此在整体上属于大乘。

尽管如此,严佛调自视为安世高的弟子,他在安世高去世后所写的《沙弥十慧章句序》(《出三藏记集》卷 10,第 69 页下)中高度赞扬了安世高的德行。[⑧]他似乎很早就皈依了佛教。[⑧]因此,大、小乘的共存,作为早期中国佛教的整体特征,已经反映在公元 2 世纪"三位难继者"[⑧]即两位安息人和他们的中国合作者的译著中。

³⁵ **支娄迦谶**

大乘佛教主要由第二代译家来展现,其中最杰出的是月氏人(Indo-scythian)支娄迦谶,他于公元 168—188 年间到达中国,比安世高晚 20 年。在他的合作者中,我们发现有一名印度人竺朔佛,还有三位中国居士,即洛阳的孟福、南阳(河南)的张莲和南海(广东)的子碧(显然不是真名)。

这里,我们再次面对道教影响的痕迹。汤用彤很偶然地在两块公元 181—183 年的汉代碑文(不幸的是相当残缺)中发现了其中两位助手的名字。碑文记载,他们是元氏县(河北)当地某道教派别的信徒。两者之一名郭稚,字子碧,有祭酒职衔。[⑩]

在研究支娄迦谶时,我们又一次不得不面对早期和晚期的归属问题。僧祐提到 14 部著作;道安提到 12 部,其中 9 部被标明是假设性的归属,其余 3 部中有 2 部被保留下来:

《大正藏》№224 《道行般若经》

($Aṣṭasāhasrikā\ prajñāpāramitā$)10 卷[⑫]

《大正藏》№417/418 《般舟三昧经》

($Pratyutpannabuddhasaṃmukhāvasthitasamādhisūtra$)[⑬]

根据公元 4 世纪初的材料,他也在公元 185/186 年间首先翻译了《首楞严三昧经》($sūraṃgamasamādhisūtra$)。[⑭]

这部《般舟经》和《道行经》的翻译基于竺朔佛从印度带来的写本。

这三部经都是最基本的大乘经典；在公元 3 世纪和 4 世纪间，它们几次被重译，并且更重要的是它们在当时影响很大。这些著作的汉语初译本被归属于支娄迦谶和竺朔佛似乎十分明确；然而，像众多早期译本一样，《道行经》和《般舟三昧经》的原文也许在后来的修订中已经遭到了篡改，尤其后一部经的两种译本还存在着尚未解决的校勘问题。[5]根据公元 4 世纪初同一份材料，其他两种现存的大乘经典也由支娄迦谶译：《阿阇世王经》（*Ajātaśatrukaukṛ-tyavinodana*，《大正藏》№626）、《伅真陀罗所问如来三昧经》（*Drumakinnararājaparipṛcchā*，《大正藏》№624）。后一部出现在道安经录的失译部分[6]，它已经存在于公元 3 世纪上半叶。

支娄迦谶被公认为是将大乘佛教传入了中国。对我们当前的研究主题来说，他节译 *Aṣṭasāhasrikā*（即《道行经》）标志着一个至关重要的过程的开始：当佛教在公元 3 世纪末、4 世纪初开始渗透到有文化的上层阶级的生活和思想中去的时候，最主要的是大乘般若类基本经典（《般若经》《维摩诘经》）所论述的"一切皆空"的理论在士大夫中间流行，主要是因为这与当时盛行的"玄学"思辨有明显的亲和力。由安世高及其学派所开创的"禅数学"在整个中国早期佛教史中仍保持着重要地位，但影响范围当然主要局限在僧团内部。对修习瑜伽感兴趣的、有文化的俗家信众，我们发现是些暂时住在寺院里的在家师兄弟，而不是豪门深宅里的"清谈"名士。

其他早期译家

以后的材料也谈到了与支娄迦谶同期的康居国译者康巨，他最初出现在《高僧传》里。[7]

公元 190 年，大权在握的军阀董卓火烧洛阳，并将傀儡皇帝挟持到长安。僧团在这场劫难中幸存了下来，而且我们发现在公元 2 世纪末、3 世纪初还有另一群翻译家在工作。支娄迦谶的弟子月氏人支亮[8]和支亮的居士弟子支谦(别名支越,字恭明)在传播大乘佛教。支谦后来成为长江下游地区最杰出的翻译家。支亮可能将支娄迦谶翻译的《首楞严三昧经》传授给他,支谦后来对之进行了修改润色。还有一个印度人昙果(? Dharmaphala),据说他来自迦毗罗卫(Kapilavastu),并与同胞竺大力(? Mahābala)及康居人康孟祥一道合作。这个译经小组给我们提供了佛本生故事的现存最早的汉译本:《中本起经》(《大正藏》No 196)、《修行本起经》(《大正藏》No 184)。⑨

我们无法弄清在汉朝覆灭和魏建立(220年)前的最后十年中的洛阳僧团。一些领袖人物逃到南方:支谦约在公元220年转到吴都建业;安世高的三名中国在家弟子——南阳的韩林、颍川的皮业和会稽的陈慧,约在这个世纪中期将安世高的《安般守意经》注疏传给了来自交趾的已汉化了的康居传教者康僧会。⑩

洛阳僧团在魏国时期(220—265)仍然继续存在,但它再未获得先前有过的辉煌。公元3世纪的佛教活动中心发生了转移,首先移到长江下游的建业,然后再移到长安。

公元166年的祠祀及襄楷疏

没有证据可以证明佛教僧团与洛阳朝廷之间有什么联系。在我们将要讨论的著名的襄楷疏中,实际上间接提到了在皇宫中举行的某种准佛教仪式,但在这里,我们显然不得不处理这些掺杂了佛教因素却基本上属于道教的仪式,这是早在刘英府内就已存在、已有数百年历史的一种祠祀。我们没有理由假设:举行这种仪式是由于洛阳佛教僧团对皇宫的直接影响。

37 我们所讨论的事件发生在公元166年。那一年像许多先帝一样,十分喜爱道教的桓帝亲自在濯阳宫的一个装饰得极尽奢华的祭坛前祭拜老子,祭器均由金银铸成,整个仪式是在用于一年两次祭天的圣乐的伴奏下进行的。⑪这不是什么例外的情况,至少在公元165、166年间有两次祭祀是由皇帝下令在相传是老子诞生地的苦县(河南鹿邑)举行。^⑩但《后汉书》的作者范晔,在别处提到这位皇帝当时同时祭祀了老子和佛陀^⑱,这个表述已为当时一份十分有趣的文献所证实:学者襄楷公元 166 年向皇帝呈送的奏书。

襄楷是隰阴人(山东南部),特别精通天文阴阳之术。进京不久,他即向皇帝呈递了一篇一千四百多字的奏书,其中对近来的不祥征兆给以全面的解释,说这些征兆表明了上天不满于朝廷现状。襄楷是士大夫的代言人。全文矛头直指宦官,他们是汉代帝王为了平衡儒家士大夫的势力和特权而越来越倚靠的"第三种力量"。在奏书的末尾,襄楷述及皇帝沉迷于淫乐(这些话几乎让他身陷囹圄):

> 又闻宫中立黄老浮屠之祠。此道清虚,贵尚无为,好生恶杀,省欲去奢。今陛下嗜欲不去,杀罚过理,既乖其道,岂获其祚哉。或言老子入夷狄为浮屠。
>
> 浮屠不三宿桑下,不欲久生恩爱,精之至也。天神遣以好女,浮屠曰:"此但革囊盛血。"遂不眄之。其守一^⑲如此,乃能成道。今陛下淫女艳妇,极天下之丽,甘肥饮美,单天下之味,奈何欲如黄老乎?^⑳

襄楷疏在几方面均有启发性。首先,他提到桓帝一起祭祀黄老和佛陀,同时很清楚地表明此处我们不必去处理"王室佛教"(Court Buddhism),而是要对付稍具佛教因素的王室道教(Court Taoism)。其次,它首次间接提到所谓的"化胡"说,根据此说,佛陀不过是老子的应化(关于这一传说,见第五章)。第三,奏书两处引用了《四十二章经》,这证明:(1)襄楷精通此经的内容;(2)提供了此经原本存在的下限;(3)表明原本和现存最古的本子之间有较大的差异,如果襄楷引文准确的话。

在奏书的开头,襄楷也提到了《于吉神书》,即 170 卷古本《太平经》,曾由道士于吉传给山东南部琅琊的弟子宫崇。顺帝(126—144 在位)时,宫崇携带此书进京,把它献给皇帝。在公元 2 世纪的最后十年中,《太平经》成了作为道教黄巾大起义意识形态的基本经典。⑯我们知道襄楷本人也生于道教极为兴盛的同一地区(山东南部),这也再次证明后汉时期道教与佛教之间的密切联系。

与汉代官僚组织的联系

尽管我们对于洛阳佛教教团与其周围环境之间的关系几乎一无所知,但寺院并非一块外来文化的孤立飞地,这是很显然的。它依赖于中国在家信徒,并且包括他们在内,其中有些属于有文化的阶层。由于材料的缺少,我们无法谈论他们的社会背景;他们最可能是些较低等的士大夫以及低级官员的家庭成员,这些人大概出于对道教的爱好而多少与佛教有所接触。作为外国阿阇梨(ācārya)的弟子,这些有文化的居士似乎已经参加了宗教的修行生活;作为助手,他们记下自己所理解的阿阇梨口授给他们的佛教经典;作为译典的修订者和编辑者,他们赋予它们中国人能够接受的形式,偶尔也在正文中介绍自己的观点和解释。关于他们的生活我们无法知道得更多,但是也许可以假设,正因为他们是居士,他们便成为外国僧人与有文化的中国公众之间的纽带。尽管他们本已是朝廷的下级官员,他们与僧伽的关系却是私人和非官方的。

另一个问题是首都的佛教教团与官僚组织是否有官方联系,比如与作为外交部门的大鸿胪之间。这个机构在汉代很重要:负责照顾、管理外国使节,以及制定针对外国元首的礼节。大鸿胪卿属于九卿之一,在后汉时期拥有 55 名官员。⑯

“寺”的词源

有一个事实也许表明都城的僧人与这个机构有某种联系:“寺”字专门用来指称“佛教修行场所”。我们只能部分接受马伯乐的说法⑯(1921

39

年已由大谷胜真提出，但在同一篇文章中因为另一个稍有不同的解释，他放弃了这个观点⑩）。根据他的说法，"寺"字是几乎与之同音的"祠"字的通假，而"祠"乃祭拜之地，在某些早期世俗经典中（但据我所知从未在佛典中），它确实与"寺"字一同出现。尽管"祠"是中国对修行场所的原始称谓，但马伯乐的说法仍然无法解释：这个狭小的、有明确适用范围（在汉代文献中几乎专指政府机构）的"寺"字，怎样获得如此鲜明的佛教内涵，以至于它甚至完全取代了"原初"的"祠"字，而后者据其原有的祭祀涵义似乎更为适合。在另一篇文章中，马伯乐述及"寺"作为"佛教修行场所"之义，最早出现在《般舟三昧经》（208 年）的无名氏题记中⑪；但是，在一个属于安世高的古译本中，我们发现它已经在这种意义下使用。⑫不管是否有更早的称呼，仅就"寺"字而言，似乎可以说"修行场所"的意思是从"政府机构"这个通常用法中演化出来的，进一步说，是源于作为"外事机构"的"鸿胪寺"这个名称。

　　不幸的是，在汉代文献中我们所提到的部门并不称作"鸿胪寺"，我在后来早于公元 6 世纪的文献中没有发现这个词成为这个机构的官名，但这也不能完全证明上述解释是无效的。"鸿胪寺"一词也许早在它作为官名之前就已通用，而且我们很难发现"寺"字从其他方面可能产生"修行场所"的意思。

音译"系统"

　　然而，还有一个情况，即佛教音译系统的起源问题，也涉及外交部门与佛寺的联系。

　　佛典翻译者（尤其是记录译文的中国文人）从一开始就不得不面对译音的问题，即用汉字来表示印度专有名称及佛教术语的读音，因为汉字作为象形的书写符号，比起拼音书写系统，它不适于完成此项工作。为了避免混淆和误解（当然，如果所有汉字不加区别地使用，危险必定会很大），传译者似乎已在使用一组便于在音译时使用的有限的符号。由于明显的原因,那些很少出现在规范书面汉语中的字(譬如"萨、阗、鞬、勒、伊、昙"等)受到优先考虑。但另一方面,相当常用的字如"山、尸、于、门、车、沙"等也经常出现于佛教译文中。我们几乎无法谈及最早的"音译系统"。以汉字语音转写外来词,被任意分成许多音节,其中的每个音节都被翻译成这些符号中的某一个字。每个汉字音节可以有多种方式(zlän:善、膳、鄯、禅、馓、缮;b'uât:钹、铍、飔、跋),并且可以代表许多外语音节(b'uā,婆或陂:va,vā,pā,bā,pha,bhā,vat,vajra,ava,upa,sphā 等)。个别词的音译仍未标准化(buddha:b'jləu. d'uo 浮屠、浮图,b'jləu. d'əu 浮头,b'juət [-ð]佛)。但是,即便在最早的音译中,以及以后高度发达和标准化的音译系统中,我们发现了同样显著的倾向——为了方便音译而采用数量有限的文字,这些没有含义的符号乃是一套便利的语音记号。

但是,有个值得说明的事实是,这种原始的音译系统根本不是佛教的发明,它完全可以回溯到西汉的世俗文献。我们发现《汉书》和《后汉书》在讲述西域(《西域传》)时使用过音译,这两部书的《西域传》总共包括大约两百个译过来的外来词(主要是地名)。在这些文件中不只一次被用于音译的文字,80%以上(即 93 个字中的 77 个)组成了常见于"佛教"音译的符号。大量相当特殊的字都为世俗或佛教音译所采用,这不能仅仅说是巧合。我们只能认为:佛教传译者使用了当时翻译外来语音的基本系统。对此我们无法拿出一个令人满意的解释,在外交部门的活动中或许能发现有关它们产生的可能的线索。

汉代负责管理对外事务和中国领土上外国人的行政机构是鸿胪寺,我们对这种行政工作的详情不甚了解。不过,工作人员中间必然有几位翻译人员[①],而且在行政工作范围内对外来名称初步做一些规范化的音译,这也是相当可能的,特别是由于在公元前 2 世纪的最后几十年间,中国初次扩张大陆领土,并在西域建立军事和行政中心。也许还要表明,在所有这些中心里汉族居民还雇用了数目可观的翻译人员;前汉时期在中亚不少于 23 个中国辖区内,已被证实设立了(汉族?)"译长"。[⑱]中国政府方面所形成的音译系统(最可能在外交部门)是怎样开始被佛教译者使用的,这仍然不很清楚。

后汉的领土扩张

　　在地图一中,所有上文提到与佛教有关的地理位置(佛教活动中心和僧人、居士的出生地或定居地)均已被标明。地图二标明后汉主要的交通路线和贸易中心。比较两张地图,也许可以说明佛教的渗入是如何沿着这些向东的通途展开的。我们一定要记住,地图一是建立于极为残

41

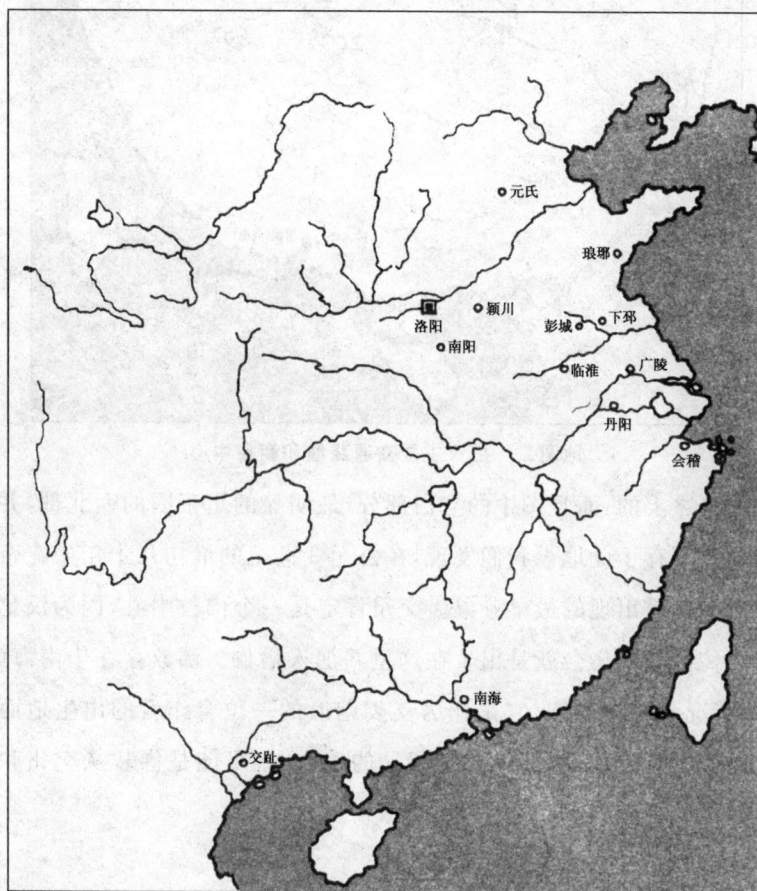

地图一　后汉佛教(25—220)

42

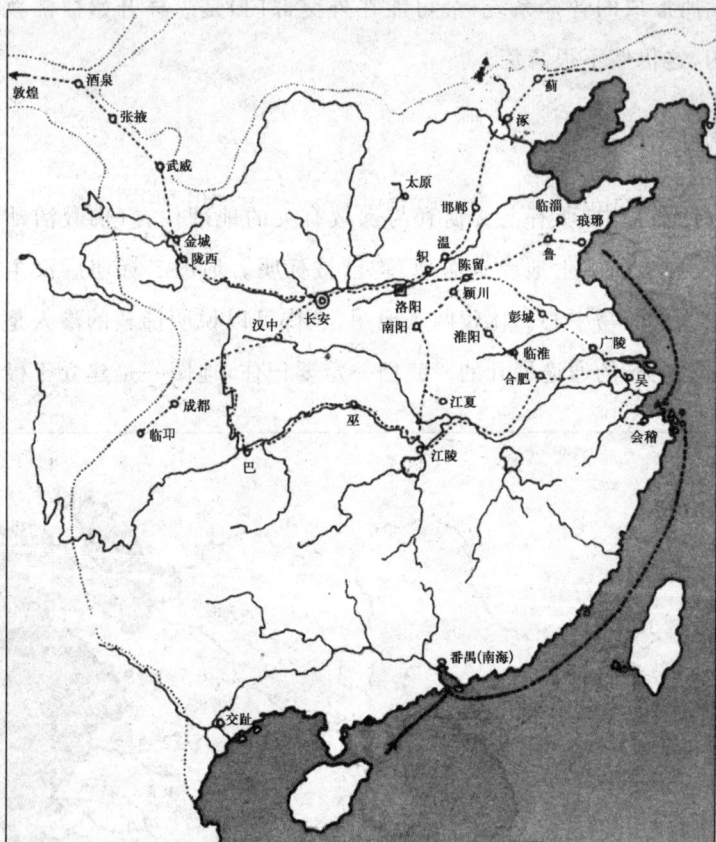

地图二　后汉主要交通路线和商业中心

缺的材料之上的，而且图中的空白部分，最明显的是帝国的西北部，并不表明佛教不存于此地。我们发现，在公元 3 世纪的最初几十年中在帝国南端已有佛教出现的最早迹象。交州肯定是一个佛教中心，因为汉化了的康居传教者康僧会就是出生在这里并加入僧伽。佛教存在于南海（广43　州）的情况不那么确定，它是作为支娄迦谶的一位合作者的出生地而出现于图中。当然，南海作为海外贸易的中心，很可能是佛教从交州和经由海路进入中国的第一站。

二、三国时期(公元 220—265/280 年)

政治与社会变革

  汉帝国至少早在公元 2 世纪中期就已经开始逐渐分裂。当时私党派系之间互相倾轧、宫内宦官与士大夫之间剧烈冲突、地方政权纷纷独立,这些都在日益削弱中央政府的权力。公元 184 年,以道教为指导思想或披着道教的外衣,全国各地同时爆发了大规模的革命运动"黄巾起义",汉帝国几近彻底崩溃。对这场起义的残酷镇压,以及为了清除宫内阉党、废除他们所庇护的皇帝而发动的军事干预(189 年),标志着军阀混战和政治混乱时期的开始。在北方所有权力都逐渐转到大军阀和"朝廷保护者"曹操(155—220)手中。通过建立保证军队粮食基本供应的屯田制,减轻赋税,恢复国家对食盐的控制,鼓励向边地移民,这位杰出的政治家、将军和诗人成功地控制和巩固了整个中国北方。在实现最终目标即统一全国和建立新王朝之前,曹操便溘然长逝。在南方同时形成了两个独立的政权。汉代皇族后裔刘备(161—222)在蜀即今天的四川称帝;在武昌,凭借长江天堑,"吴侯"孙权伺机背弃曹操。公元 220 年 12 月 11 日,汉朝最后一位傀儡皇帝正式将皇位禅让给曹操之子曹丕,后者借此成为帝国"法定"的主人和魏国(220—265)的开国皇帝。五个月后,刘备在成都宣布成为汉帝。自公元 222 年以后,孙权与魏国公开发生冲突,并于公元 229 年五月自立为吴帝,并将都城从武昌迁到建业(今天的南京)。

  在北方,曹操(魏国的实际建立者)作出很大努力以巩固中央政府的权力,他的主要举措包括:建立新的以"唯才是举"原则选拔的官员队伍,以各种方式去控制拥有土地的大家族。这项后为第一位魏帝沿用的政 ⁴⁴ 策实在不合时宜。社会结构已经发生了如此激烈的变革,以至于所有意欲重新建立秦汉统治者理想的中央集权制的企图注定都要失败。在致使国破人亡的经年内战中大族设法存活了下来。他们一直依靠在私人武装牢固保护之下的不动产而过活,甚至还可以通过侵占土地以及收留无数无家可归的小农和流民(他们希望成为这些大族的家丁或佃户),来扩张他们的领地。这个被某些作者称为社会"重新分封"(refeudalization)的过程,为保留中古中国的特征创造了条件。但结果并不是一个由受封的豪门贵族世袭统治的实际上独立的地区所组成的"封建国家"。随着北方的统一,国家官员的特权(在理论上说从未消失过)卓然有效;就是这些特权本身成为相对少数的上层士大夫家族手中的工具,这些家族成员占据着最高文武职位并因而垄断了全部国家政权。

在这种情况下,曹氏家族无法长期保持他们的福运。受曹操专权威胁的大家族很快转而支持掌握大权的将军司马懿(179—251),他于公元249年通过宫廷政变而成为国家的实际统治者。大家族的权力因曹操父子所建立的官吏选拔系统而不断加强。这个体制意味着可以从各级政府监管下的当地士大夫中迅速选拔候补官员。因其简单,它非常契合曹操大胆施行的具有试验性质的政策。公众对候选人德才情况的意见,必须由候选人当地的一位被称作"中正"的地方官搜集。这位地方官根据所搜集到的材料,对候选人的能力作一简短的"品状",然后候选人可被定为"九品"之中的某一品。这份评语将会决定他的一生。不出所料,这个系统成为大家族弄权的有力工具,他们借此获得了对整个帝国官僚机器的长久控制。

公元265年,这位将军的孙子司马炎推翻魏国末代统治者而建立晋朝(265—420)。蜀国已于263年灭亡,征服吴国和统一帝国只是时间问题。在来自西部和北部晋军的攻击下,吴国于公元280年灭亡。

吴国在早期中古史上的地位十分重要,它标志着中国南部开始全面"汉化"。当时那里还是由"南蛮"分散居住的边地,大量绵延的处女地靠原始的"火耕水耨"即燃烧植物和冲刷土地的方法被开发为耕地。与联

接中亚的"纯粹"内陆的魏国相比,吴国自然直接朝向南方和沿海。建业
的朝廷接受来自"岭南"(广东、广西和印度支那)的物产,使用那里的劳
力;它也有规律地接受南方扶南、林邑国商人和使者的来访,并把自己的
使节最远派遣到柬埔寨南部。建业作为大的政治和文化中心在南方的
崛起,铺开了通向未来之路。大约在吴国灭亡后 30 年,北方省份在匈奴
军队的驱逐下,有大批王室和士大夫迁往南方,这使建业再次成为中国
流亡政府的所在地,成为主要的文化中心。

思想领域的变革

发生于公元 2 世纪末、3 世纪初的巨大社会和政治变革伴随着思想
领域的剧烈运动,并已为这种运动所部分预示。

在汉代大部分时间内,一种包藏着法家思想的儒家学说已经成为罢
黜其他学说而为政权服务的官方哲学。它已为统治阶级提供了调整人
们行为以及与统治者关系的标准的道德礼仪规范。正如在都城由国家
任命的太学"博士"所表述的,它要求未来的官员具有被认为是对完成其
使命必不可少的标准道德原则:孝敬、正直、忠君。儒家经典成为是由超
人的圣人讲述的、万世不移的圣典。在皇帝主持下举行的神学会议努力
对经典作出权威和正统的解释。他们的解释为阴阳五行的宇宙观所支
配,导致了数目惊人的庞大分类系统和所有现象之间的相互关系,即一
种彻头彻尾的繁琐哲学。

在公元纪年之初,更为理性的"古文经学"向诸多传统注解的可靠性
提出了挑战,自称他们的理论是建立在原初的、未经篡改的古本基础之
上,它已开始产生某种影响,于公元 1 世纪在抵制后世所谓"今文经学"
的思想这方面取得了很大的成绩。但是那个时代的所有理论家都同意
采纳儒家规范作为政府唯一的行为规范:复兴黄金时代的制度,严格遵
守社会礼仪及义务,强调作为社会基础的家庭,依靠德政而不是刑政或
法治。

公元 2 世纪下半叶,汉帝国的中央集权开始崩溃,儒家学说大大失去了先前的崇高威望,它显然没能力挽狂澜,使国家免遭分崩离析,也没能维持那些与中央政府共命运的群体的地位。失望沮丧的士大夫开始寻求其他的方式和途径。因此,我们发现各种思想学派得以迅速恢复,如同在公元前 3、4 世纪一样,它们努力去替代或调整业已失败了的理论。

46　　法家学说(主张政府应"行赏论罚""因事而备")在其重建过程中明显表现出对秩序与和平的渴望,这预示了曹操专权,并为其铺平了道路。不过,我们也同时发现人们重新开始对道家哲学产生兴趣。这种哲学主张回到没有法律或限制性伦理的素朴的原始社会中去,强调通过放任天性以及与自然的冥合,来达到个人的逍遥。甚至墨家和古代刑名家也开始重新产生影响。

在公元 3 世纪中期,情况再度发生变化。曹操的法家政策宣告失败。司马集团在意识形态上的胜利意味着,强调传统、社会道德和礼仪的儒家学说乃是至高无上的。然而,已经赢得胜利的是儒家的古文经学,今文经学家的宇宙论不再占据中心位置。儒学再度蜕变为一种社会和政治思想体系,扬弃了其中过于空洞和繁琐的形而上学,在整个 3 世纪,儒家学说的这块真空地带被一系列思想和观念所占据,不过这些思想或观念从未发展成儒家之外的或反对儒家的"学派"。中国哲学中的这种新趋向被称作"玄学"。它的起源通常与何晏(?—249)及早慧的天才王弼(226—249)的名字联系在一起。玄学基本上依据《易经》哲学,并融合了从早期道家思想(主要是《老子》和《庄子》)中吸取的一些观念,但所有这些都被作了全面的重新阐释。关于何晏在玄学"产生"中所起的作用,我们了解不多。王弼的《周易注》和《老子注》是三部最具权威的玄学著作中的两部,第三部则是郭象(252—312)的《庄子注》,作者在书中把向秀(约 227—272)在此前所作的大部分或全部注释都收录进去。郭象的著作一直是这种思想(像中国哲学大多数情况一样,从未形成十分确定的体系或理论)最全面最清楚的阐释。玄学在我们准备讨论的整个时代中,一直是有文化的士大夫的主导思想。这样说并非毫无道理:玄学本质上是有闲的士大夫阶层的一种精致哲学(并在多数情况下是一种智力游戏),他们的兴趣已从日常的实际事务中,转到诸如"本无"与"末有"之间的关系、圣人有情无情、音乐的性质、语言表达思想的程度以及其他高度思辨性的主题等知识论和本体论问题。我们将会看到,"谈虚无"的流行成了在早期中国士大夫佛教发展过程中最重要的因素。

吴国佛教(公元 220—284 年):译家与译典

公元 221—229 年孙权定都武昌;公元 229 年他迁都建业。我们发 47
现,大约在公元 225 年三位佛教翻译家在武昌活动,公元 229 年后不久,其中两人似乎已移至新的都城。这个简单的事实也许可以说明公元 3 世纪上半叶南方佛教最显著的方面:它的影响能触及社会的上层和最上层即朝廷和王室。

吴国佛教中两个最重要的人物月氏优婆塞支谦和康居僧人康僧会都生于中国,两人也都接受过中国文化教育。一个翻译家和一个传教者,可这与洛阳的第一位先驱是多么的不同啊! 在那里,我们发现大师在文化上孤立无援,他在分崩离析的中国、一个陌生人的世界里努力去阐述"胡人"学说的要义。但是,在这里我们遇见的是已汉化的文人,如支谦"博览经籍,莫不精究,世间伎艺,多所综习"[⑮],又如康僧会"明练三藏……辩于枢机,颇属文翰"[⑯]。

公元 224 年到达武昌的两位印度大师是维祇难(Vighna)和竺将炎(亦作"律炎")。[⑰]最早为《高僧传》证实的一个说法是,维祇难生于婆罗门家庭;他在皈依和出家之后成为《阿含经》(Āgamas)专家。[⑱]有关他同伴的内容无法知道更多。在武昌与他合作过的人中,我们发现了著名的支谦,下面我们将会谈到他的生平和活动。他们一起初步翻译了《法句经》(Dharmapada[Udānavarga]),这是一部由法救(Dharmatrāta)编纂的佛教韵文集。此译本依据有五百偈的印度原本,分成 26 品,大致与巴利文《法句经》(*Dharmapada*)一致。⑬这部《法句经》一直是中国最通行的佛典之一,似乎在维祇难到达之前就有一种已为中国人接受的更早的译本。有一种说法将此经的一个译本归于安世高名下,这似乎是不确切的,但"世近葛氏传七百偈"在很早的《法句经序》中就被提到。⑭《序》没有说明作者的名字;但实际上可以确定它是由支谦写的。⑮这份很重要的文献说明了维祇难、竺将炎及其中国助手当时的活动,同时包括一些对与翻译印度原典相关的问题的评论。它证明翻译家们已经知道一切佛典翻译中固有的基本困难:要么是忠实准确却缺少中国味的翻译,要么是牺牲准确而追求行文简练及词句典雅,去塑造一种适合于有文化的中国公众之口味的"汉语读者的佛教"(Buddhism for Chinese Readers)。在中国评论家那里,这两者经常与"质"(同时含有素朴平易与粗鄙通俗之义)和"文"(主张优美及形式上的魅力)的传统区别联系起来。⑯下面的文字十分有趣,因为它既表明印度译者对此书的态度,也表明中国合作者对此的反应:

48

> 仆初嫌其词不雅,维祇难曰:"佛言'依其义不用饰,取其法不以严'。其传经者当令易晓,勿失厥义,是则为善。"座中咸曰:"老氏称'美言不信,信言不美'⑰;仲尼亦云'书不尽言,言不尽意'⑱。明圣人意深邃无极。"⑲

对于支谦来说,维祇难说这些似乎是徒劳无益。以后一段时间,他在建业和竺将炎对《法句经》进行了一次更为全面和更加典雅的翻译,计 39 篇 732 颂。这个本子在藏经里被归在维祇难名下(《大正藏》№210)。

支谦

支谦,又名支越(字恭明)⑳,是灵帝(168—188 在位)时定居洛阳的月氏人之孙。他 12 岁时就学习了"胡书"并掌握了六种外语。㉑在洛阳他成为同胞支亮的居士弟子,支亮本人是支娄迦谶的学生[⑰];因而他属于月氏人在洛阳所传的占主导地位的大乘佛教一派。

公元 220 年前不久他去了南方,首先到武昌,公元 229 年后再到建业。就是在此他开始翻译数量可观的佛典,据说这些佛典的原本很可能就在建业由他自己收集起来的。这暗示着佛教在公元 3 世纪初存在于扬子江下游地区,当然这一事实并不令我们惊奇。传统的观点认为,公元 247 年到达建业的康僧会最先在扬子江以南地区传播佛教(作为一名居士,支谦可以从事有价值的译经工作,但却不能被授权去从事传教活动)。这个说法似乎并没有以事实为基础。或从北方的淮河流域或从长江沿岸的武昌,佛教本已渗入建业地区。还有另外一个事实证明,在康僧会到达建业之前几年,这座新都城就有僧人存在。

在《十二门经序》(约 350 年)[⑱]中,道安述及这部经的古代写本是由一个叫竺道护的僧人在一位东垣(河南西北)富绅所拥有的经典中发现的。写本的题记曰:"嘉禾七年(238 年)在建业周司隶舍写。"司隶(司隶校尉)是大城市守军的首领,这是个相当重要的官职。可惜,历史的记载未提到任何公元 3 世纪上半叶充当此职的姓周的人。如果道安所抄写的题记是真的,并且我们没有发现任何理由去对他的真实性提出质疑,那么即可说明,当时不但有僧人(无疑监督抄写工作)在建业,它的影响还已达到上层阶级,而且在最高政府官员中已经发现了施主(dānapatis)。

根据《出三藏记集》和《高僧传》中的支谦传,他可能拜谒过吴主孙权(229—252 在位):

> 后吴主孙权闻其博学有才慧,即召见之,因问经中深隐之义。越应机释难,无疑不析。权大悦,拜为博士,使辅导东官,甚加宠秩。[⑲]

《高僧传》还说支谦与著名儒士、《吴书》的编者韦曜(原名韦昭,约 200—

273)共同分享了这个职位：

> 但生自域外，故吴志不载……⑱

这个故事也许不像它看上去那样虚假，尽管实际上《三国志》和所有同期文献都未有任何所谓支谦做过朝廷官员的记载。正如汤用彤考证的（《佛教史》第 131 页），这里的太子指孙登，册立于公元 229 年，卒于241 年。据孙登的传记说⑱，他周围有一大群学者和宫廷教师，他对待他们非常友好且不拘礼节；因此，太子殿被通称为"多士"（暗指《书经》的一个篇名）。但是，支谦几乎不可能与当时还只是初出茅庐的韦曜一起共事；后者在公元 242—250 年间担任太子孙和的宫廷教师⑱，而据说支谦在孙登死后即公元 241 年或稍后已离开都城。

此外，支谦的传记中还有一段引自孙权后继者孙亮（252—257 在位）《与众僧书》的引文，在那里孙亮表达了对支谦之死的遗憾。⑱如果这封信是真的，它就是佛教与建业王室之间联系的另一个证据。

这样，公元 241 年或稍后，支谦隐居于穹窿山（今江苏吴县西南），在那里他与一位名叫竺法兰（? Dharmaratna）的法师为伴。这一细节未见于《高僧传》中，而在所有其他方面《高僧传》忠实地转录了《出三藏记集》的说法。将此省略的原因，也许是由于根据慧皎《高僧传》卷 1 所提出的众所周知的明帝感梦的传说，竺法兰是大约在公元 67 年到达洛阳的两位印度法师之一。这样，支谦约在公元 3 世纪中期与竺法兰有联系的说法，只能让人们认为慧皎犯了一个明显的年代错误。另一方面，僧祐《出三藏记集》（比《高僧传》略早）根本没有提到这两个最早的印度传教者的名字，因而没有理由怀疑这段文字的真实性。支谦"从竺法兰道人更练五戒，凡所游从皆沙门而已"，对于其中这位竺法兰，我们无法知道得更多⑱，他不可能是约五十年以后居于大约同一区域的中国法师于法兰。⑱支谦没有返回都城，他可能在孙亮在位时即公元 252—257 年间就已经死了。

50

在公元 220—252 年间(孙权在位时),支谦翻译了数量相当可观的经典[⑧];实际上,他是公元 4 世纪末中国南方唯一重要的翻译者。

在公元 6 世纪初归于僧祐名下的 36 部译典中,有 23 部被保留下来。[⑬]这些经典的大部分属于大乘。在首次被译成汉文的佛经中,最重要的无疑是现在仍然存在的支谦所译的《维摩诘经》(*Vimalakīrti*[*nirdeśa*]*sūtra*,《大正藏》№474),它是在中国最受尊崇的经典著作中的佛教文学典范。在公元 3 世纪初、7 世纪中期这段时间内,它被七次译成汉语,并且在公元 7 世纪前至少有九种注释本。《维摩诘经》在有文化的士大夫的佛教中扮演了十分重要的角色,这部经既因其高超的文学性,也因其深邃而颇具哲理的内容,吸引了那些有文化的士大夫。支谦也率先翻译了后来在远东佛教中扮演极其重要角色的净土宗的基本经典——《阿弥陀经》(*Sukhāvatīvyūha*,《大正藏》№362)。

我们还必须提到他所翻译的《太子瑞应本起经》(《大正藏》№185),它仍是此类经典中最流行的一部,它的另一种译本是公元 2 世纪末所译的《修行本起经》(《大正藏》№184)。

支谦的译文十分流畅。所有文献都显示了他的语言精熟和风格优雅,但也常常有人对他常见的一些方法略有微词,如过于文饰、逐字直译成汉文(包括专有名词)、删节原文中冗长的叙述和无休止的重复。[⑬]他极力主张要以一种合乎有文化的大众的形式传布佛法,这也表现在他对当时存在的译文的修订上。因此,他对支娄迦谶的《首楞严三昧经》(*śūraṃgamasamādhisūtra*)作了一个"删定本"[⑱],重译了支娄迦谶以前所译的《道行般若经》(*Aṣṭasāhasrikā prajñāpāramitā*)[⑩],增订了维祇难译《法句经》,对康孟祥译《修行本起经》作了新的修改,也许还对《四十二章经》作了润色。[⑪]

此外,据说支谦还首创了中国佛教唱赞(梵呗),就是在乐器伴奏下演唱的诗偈,它被安插在念诵(转读)佛经的时候。在他的传记中提到了出自他手的《赞菩萨连句梵呗》[⑫];公元 6 世纪初时它还存在。[⑬]下面我们 *51*

将会看到,公元 5 世纪中叶以前还有一种未经证实的说法(当然是伪说),把中国佛教梵呗的始作俑者当作陈思王曹植(192—232,见下文)。

康僧会

公元 247 年,即支谦离开建业后的几年,著名的康居僧人康僧会到达这座都城。他生于帝国南端交州的首府交趾(靠近现在的越南河内)。他的家族好几代都一直居于印度;从他作为商人的父亲开始才定居于这座重要的商业城市。

当时,交趾已成为一个中国文化的中心。在公元 2 世纪最后几十年里,大量中国官员和文人从中部和北部省份逃到这个繁荣且相对和平的地区,在这个实际上自治的区域里他们已然成为中国的精英。除了中国人之外,其他外国人也很多。公元 2 世纪印度和东罗马的旅行者取道扶南(湄公河下游地区)、林邑(Champa)、日南和交州。⑩公元 226 年,一位来自东罗马的名叫秦伦的商人曾到过这里。⑯公元 243 年曾派使臣晋见孙权⑯的扶南王,在几年前还曾差命他的一个亲属组团出使印度。⑯因此,在这个介于中国和印度文明中心之交界的中间地带,知识分子必定受到了来自两方面的影响。在交趾,中国文化的影响无疑占据了主要地位:从公元 204 年开始成为交州太守的士燮(177—266)是南方中国文化最大的保护人。但另一方面,我们会看到这位太守和他的兄弟们(他们的家族从公元 1 世纪开始一直居于此地)是如何受到非中国的环境影响;无论他们去哪儿,他们都会像真正的富翁一样,有演奏长笛和铃鼓的乐手们作随从,还有几十名走在他们的四轮马车两侧并燃香的"胡人"。另一位交州太守张津在非中国的行为上也许走得更远:"舍前经典训,废汉家法律,尝著绛帕头,鼓琴烧香,读邪俗道书,云以助化。"⑯

康僧会在幼年时便成为孤儿。父母死后他出了家,这是证明公元 3 世纪初交趾存在有组织的佛教团体的一个事实。他怀着极大的敬爱之情两次提到自己最初的一些师傅,但我们对他们一无所知,似乎在他去北方之前他们已经死了。[18]康僧会当然懂梵文,据说他因博通三藏而受到高度赞扬(也许只是一种不必在意的表面的称赞)。但另一方面,他"博览六经,天文图纬,多所综涉",这说明他接受过中国文化教育,而且这个表述的真实性还可以由他的著述的性质加以证实。所有这些都证明,在帝国最南端一种受中国观念强烈影响的混合形式的佛教已经形成,同时也证明,在那个区域里外国僧人和少数有文化的中国人之间存在着某种联系。著名的护教文章牟子《理惑论》也许正是这种高度汉化了的佛教的产物,尽管在我们看来(参见上文第一章),它显然不是产生于文中自称的公元2世纪末,但也许不会晚于公元4世纪。

到达建业后不久(247年),康僧会似乎已经开始与皇宫和占统治地位的家族进行接触。遗憾的是,在《出三藏记集》卷8和《高僧传》卷1[19]中,对他生平的概述因其中的传说成分而变得模糊不清。据这些传记,他曾被皇帝下令逮捕并被带到宫中受审。当让他拿出能证实这种新宗教的具体证据时,他当场演示了佛舍利的奇妙作用,因此孙权为他在这座南方都城建立了第一座佛寺建初寺。吴国的第四位也是最后一位皇帝孙皓(264—280在位)对佛教没有持与他祖父同样的尊崇态度,但他企图毁坏所有佛寺的计划,却经康僧会捍卫佛教生存权的雄辩后被迫放弃。这些传记包括了据称是这场讨论的记录,如果它是真的,将是一个极为有意义的文献。例如它首次提及善恶业报轮回的教义在性质上与中国的"感应"(stimulus and response)观念有关,天通过明显的吉凶预兆自动反映统治者的德行和罪恶。但整个故事似乎是伪造的。

孙皓排斥佛像的倾向仍未动摇,人们在皇宫花园破土动工时发现了一尊佛像,他把它移到小便池,并且在侍卫的欢呼声中自行表演了他所谓的"灌佛"。在立即遭受了一场神秘而痛苦的疾病后,这位昏君为佛陀的威力慑服。他受了五戒,扩建了建初寺并让所有的侍卫拜佛。公元

280 年,吴国被晋朝征服。同年,康僧会卒。

很难说这个传说是否有历史依据。我们一定要注意两个事实:第一,确实存在对佛教的迫害,尽管是在孙皓继位前几年发生的。它不单针对佛教,而是在总体上反对各种"淫祀"。据孙綝(231—258)传记,这位将军

> 侮慢民神,遂烧大桥头伍子胥庙[⑬],又坏浮屠祠,斩道人。[⑭]

53 孙琳的激烈举措似乎是针对民众佛教的膜拜。建初寺未被提到。第二,康僧会在孙权在位的最后几年中,实际上很可能与皇宫有着某种程度的联系。我们已提及让支谦在宫中任职的说法。孙权,尤其在其晚年,似乎笃信道士及其方术。公元 241 年孙登力劝他"修黄老之术,笃养神光"[⑮]。大约在公元 3 世纪中期,有一个神人自称王表,周旋民间,语言饮食,与人无异。公元 251 年孙权召他进宫,命人在苍龙宫外为他造屋,并不时派侍卫给他送酒食等礼物。王表常与皇帝谈论未来将会发生水旱灾害等事,并且据说他的话经常是真的;就是这位"神人"在公元 251 年建议孙权更年号为太元。达官显贵们经常去拜访他"请福"。公元 252 年孙权去世,王表逃离建业。[⑯]此处我们发现了与康僧会对应的道教式形象。根据后者的传记,他也使用神通影响统治者,并且同样感到被迫"不及妙义,唯叙报应近验"[⑰]。根据这些事实,康僧会作为一个"佛教术士"被召到宫中,实际上也不是不可能的,这也是在公元 4 世纪佛教大师身上经常发生的事。

康僧会作为一名译者的活动相当有限。藏经里把两部譬喻集(avadānas)归于他的名下:《六度集经》(《大正藏》№152)[⑱]和《杂譬喻经》(《大正藏》№206)[⑲]。但后一部在最早的经录中未被提到。道安另外提到一部称作《吴品》的著作,共 5 卷 10 品,也许它是《道行般若经》的另一种译本,在僧祐时它已佚失。[⑳]

康僧会所传佛教是着重禅法的北方安世高、安玄和严佛调一系的继

续。他同会稽的陈慧合注的《安般守意经》,成为这一系的基本经典,当然它尽管被称为"经",却并不具有经的性质,其内容与僧伽罗刹(Saṅgharakṣa)《道地经》(*Yogacārabhūmi*)和《大毗婆沙论》(*Mahāvibhāṣa*)中讲述"安般""数息观"(ānāpānasmṛti)的内容基本一致。⑬今本《安般守意经》(《大正藏》№602)混合了一些古注,包括陈慧和康僧会的解释以及道安(312—385)所加的注解。康僧会还为安玄和严佛调所译的《(大乘)法镜经》作注,他为这两个注所作的序言被保存了下来(参见注⑭),其中包括对他生活中几起事件所作的有意思的评论:他父母如何在他年幼时死去,他师父(在交趾)死时他如何极度悲伤,多年的战争和混乱几乎使他无法实践宗教生活,在遇到三位安世高系的专家时他何等喜悦。

从佛理的角度来看,最有价值的文献无疑是康僧会本人对由六个部分组成的《六度集经》(《大正藏》№152)中五个部分所作的导读,其中《般若波罗蜜多经》一章已经散佚。⑮

他在第五部分详细描述了入定的四个阶段,比其他四个部分总和还长,这个事实充分表明了他与"禅法"一派的联系。

早期注疏

其他两个很早的注释被保存了下来。从其中所包含的佛经引文可以看出,注释成于公元 3 世纪中期,其所出之地是吴国。《阴持入经注》(《大正藏》№1694)完全属于安世高所建立的小乘禅法,此注的序言极力赞扬安世高的德行。通常此部作品被归为"陈氏"或陈慧所作,即与康僧会合写《安般守意经注》的同一人,但序言中作者却自称为"密"。我们对其身份及其老师的身份一无所知;许多注释均以"师云"开头。"师"可能指康僧会,因为在注中所引的 13 部著作中,我们发现了一部《安般解》,也许指上面所提到的康僧会《安般守意经注》。必须注意这里谈论的著作——一部对小乘经典的注释——为了阐述这部"佛经"的内容,多次提及大乘佛典;事实上,我们发现三篇引文引自《大明度经》,一篇引自《维摩诘经》,二者都是支谦所译。⑭

在第二部注可以看到同样的情况,有的引自支谦《大明度经》(《大正藏》№225)卷 1 中的无名氏注释。它们很可能是与上文所提到的著作属于同一学派的作品:相同的经典(既有大乘也有小乘)被引用,并且大部分注释由"师云"开头。术语和风格显示这里的"师"或是一个中国人或是一个完全汉化的外国人。⑮对保留下来的三个中国最早的佛教注释进行详细研究,将对我们了解最早阶段中国佛教的理论层面做出重要的贡献。

从包含在这两部注释中的引文来看,下面的著作似乎是约公元 3 世纪中期南方佛教最基本的经典:

1.《安般守意经》(《大正藏》№602)、《阴持入经》(《大正藏》№603)、《道地经》(*Yogācārabhūmi*,《大正藏》№607)、《法镜经》(《大正藏》№332),所有这些都是洛阳安世高一系的早期作品。

2.《屯(亦作"纯")真经》,亦即《伅真陀罗所问如来三昧经》(*Drumakinnararājaparipṛcchā*,《大正藏》№624),可能由支娄迦谶译。

3.《大明度经》(《大正藏》№225)、《维摩诘经》(《大正藏》№474)、《老母经》(*Mahallikāpariprcchā*,又称《老女人经》,《大正藏》№559)、《慧印(三昧)经》(*Tathāgatajñānamudrāsamādhi*,《大正藏》№632)和《了本生死经》(《大正藏》№708),均为支谦所译。

4.《法句经》(*Dharmapada*,《大正藏》№210),其中的文句也称为"偈";维祇难译,竺将炎和支谦增订。

5.《中心经》(又称《忠心正行经》,《大正藏》№743),公元 3 世纪初失译,在《历代三宝纪》(作于公元 597 年)及后来的经录中被错误地归在公元 4 世纪末的译者竺昙无兰(*Dharmaratna*)名下。⑯

魏国佛教(公元 220—265 年)

尽管佛教在南方都城发展的主流脉络是明晰的,但由于缺少原始材料,我们对北方帝国佛教中心的历史却谈不上清楚了解。我们根本无法知晓汉末最后 10 年到公元 3 世纪中期这段时间的情况,对以后 20 年的情况也所知甚微,一点点线索仅见于相当晚期的史料中。说起佛经的翻译(必须记住:这是我们对早期中国佛教唯一可以充分了解的方面),魏国似乎没有译经活动。最早的目录学家(道安和僧祐)未列出任何这一时期的译者或译著。《高僧传》和后来的经录提及几个外国法师:印度的达磨迦罗(Dharmakāla,在更早的史料中被奇怪地音译成昙柯迦罗)、康居的康僧铠(? Saṅghavarman)、两个安息人昙[无]谛(? Dharmasatya)和安法贤(? Dharmabhadra)。⑩他们均于公元 250 年或稍后到达洛阳,当时那里可能仍是北方佛教的重镇。仅有一些不很重要的译典被归于他们名下。

唯一也许不只严格限于训诂学意义的显著事实是,突然出现有关戒律的几篇文章,它标志着毗奈耶以文字形式传入中国的开始。正如马伯乐正确评述的那样⑪,属于僧人受戒仪式的一些律典已为中国人所知,至少在那之前,人们通过口头传诵已知道梗概。《高僧传》记载:在昙柯迦罗到达前,受戒仪式仅包括削发剃度,这似乎是不正确的。但是,很可能毗奈耶的口头传诵和正规的受戒仪式,在当时由于都城里缺乏有资格主持这种仪式的外国阿阇梨,已经废止不用,这个假设可以由史料的完全阙如加以证实,在大约 40 年的时间内竟没有关于翻译活动的记载。缺少有能力的宗教领袖,也许导致了如《高僧传》中所描述的那种混乱状态:

> 亦有众僧未禀归戒,正以剪落殊俗耳,设复斋戒⑫事法祠祀⑬。

无论如何,约公元 3 世纪中期这些著作的翻译可以证明,当时在洛阳佛教圈内需要一种更为严格和详尽的宗教生活规范。公元 250 年昙柯迦罗译出了大众部(Mahāsāṅghikas)的《波罗提木叉》(Prātimokṣa,即《僧祇戒本》);之后不久康僧铠可能据俗语(Prākrit)原本翻译了《昙无德

56

律部杂羯磨》(《大正藏》№1432),这部著作的另一种译本是由昙谛于公元255年完成的《羯磨》(《大正藏》№1433)。⑱

没有可靠的证据可以证明:洛阳僧团和那里有文化的上层阶级之间有什么联系。留存下来的这一时期的翻译没有显示出受中国文学传统影响的痕迹;另一方面,在魏国大哲学家、诗人、词赋作家的著作中,至今未见一处间接提到佛教的存在。鱼豢对佛教所作的混乱、难以读懂的解释,无疑基于公元3世纪的史料,这清楚地表明官员们对佛教的历史和内容全然无知。

后来的佛教文学间接提到一些佛教与魏国王室之间的联系,但这些听起来都很难令人置信。

其中有个说法提到,曹操写给学者孔融(公元2世纪末)一封回信,据说信中他谈到佛教信仰。⑲这封信没有收在像《弘明集》一类的佛教文集中,而且它从来没有在佛教论战文字中被引用过;尽管在公元5世纪中期最初提到这封信的时候,这篇文章看来已经存在,但对它的内容,我们无法知道更多。因此,曹操的信很可能被贬为伪作或者弄错了作者。

第二种说法是,曹操的四子、大诗人曹植(192 —232)不仅是一位佛法的热忱崇拜者,而且还是佛教唱赞(梵呗)的创始人。在他生命的最后几年中,当他被送往东阿(山东)时,曾经走访了鱼山,并且在那儿受天音吟唱的启发而创作了三千多首梵呗,其中只有有影响的42首得以传世。这个说法显然是假的。据悉与其父一样对道术持怀疑态度的曹植,当然不会对佛教有很浓的兴趣,因为当时佛教与道教十分接近。魏塔克(Whitaker)夫人在近作中表明,这个说法最早的形式(最早发现于公元5世纪刘敬叔所作的神异故事集《异苑》中,其中有两种说法,此为其一),明显起源于道教。认为起源于佛教的最早说法同样见于《异苑》,它那特有的形式暴露了较晚的形成日期,仅仅是出于传教的目的而把一个道教故事作了改编,这位著名诗人陈思王的名字被用来增加

僧人阶层的威望。⑩曹植成为道教宣传故事的主角并不是第一次。在
《抱朴子》卷 2 中，葛洪（约 250—约 330）给出一段所谓引自曹植《释疑 57
论》的引文，其中曹植宣称自己完全相信道教真人的神奇力量。⑩尽管
《释疑论》可能是曹植的一篇佚作（据《隋书·经籍志》记载他有 30 卷
著作，现仅有三分之一保存下来），但它的内容与他著名的《辨道论》中
对此类道术的批评和讽刺（该文被收入《广弘明集》）截然相反。⑩因此，
葛洪所引的《释疑论》似乎更可能是道士伪造的，旨在使这位著名诗人
成为道教的支持者。

传说魏明帝（227—240 在位）在洛阳建立了大型佛寺，这第三种说法
在公元 6 世纪中期以前的文献中（最早是魏收［502—572］《魏书·释老
志》）没有出现过，其实也没有任何价值。⑩

三、西晋（公元 265—317 年）

政治背景

帝国重新统一后的几十年内，司马家族的权力稳定不动。晋朝第一
位统治者武帝在位期间（265—290）是一个相对有序而繁荣的时期，是三
国混战与即将到来的黑暗时期之间的短暂间隔。征服吴国之后（280
年），帝国重新统一于一个中央政府之下，当时统治者的地位似乎强大得
足以实施各种重要的改革，诸如通过包括边地胡族在内的全部人口的
"户调"而引入新的税制。晋朝所采取的其他措施，证明了大族的影响力
以及统治家族力图把这些对立的集团势力限制在某种范围内的野心，然
而却同时承认了后者的特权并使之制度化，如限制政府官员可拥有的地
产数量，以及地方官员可以私人雇用家丁和佃农的最大数目⑩；另一方面
也可证明这些披着儒家外衣的士大夫不断地增长他们自己的影响：作为
未来官员接受文化教育的太学（The Great Seminar）自公元 224 年重建
以来，完全是一种失败⑩，这种汉代制度的重要性很快被"国子监"

(Academy for young noblemen)所代替,该高等学府在它建立后两年即公元278年就被扩大和重建。[16]

洛阳朝廷相应的力量和声望,也明显地表现在公元265—290年间中国与中亚、东南亚诸国之间频繁的联系中。我们知道在公元271、283、285、287年等几年中有来自西域,主要是鄯善(Lop nor)、于阗、龟兹(Kuchā)、焉耆(Qarašāhr)和大宛(Ferghana)的使者和贡物,在公元268、284、285、286、287和289年等几年中有来自林邑(Champa)、扶南(湄公河下游地区)等南方国家的使臣。[17]公元285年,一位中国使臣被派往大宛国册封国主为"王"[18];大约同时,武帝似乎很满意与鄯善、于阗、龟兹和疏勒等国的友好关系,并向这些国家的国王授予中国封号。[19]同等重要的事实是,公元290年外国使臣接连不断的往来突然停止。从那时直到西晋王朝惨淡终结,年表中未提到中国与周边国家之间的任何一例官方往来。

武帝之死致使帝国完全陷入分裂,最终导致北方半壁江山的陷落。我们仅能大概地追踪武帝死后20年时间内所发生的事件,这个分裂的过程经历了三个不同的阶段:

1. 朝廷内互相倾轧的集团之间的斗争。武帝在位的最后几年,杨氏集团的几位成员(通常是皇后的近亲)开始操纵朝廷政事。公元291年,杨氏集团跟由司马家族和以摄政者贾皇后为首的贾氏家族组成的联合集团之间发生了一场冲突。杨氏家族被铲除,标志贾氏专权的开始。但经过一场成功的政变(300年),司马家族幸存的后裔对贾皇后施以同样的手法,并取而代之。

2. 废除皇帝,一位司马氏王子的篡权,导致了诸侯国之间史无前例的内战,这些诸侯实际上是握有重兵的帝国重要地区的独立军事首领,在他们的军队中有一部分是从非汉族的边疆地区招募来的。司马氏兄弟间的战争至少持续了六年(301—307)。它导致国家的崩溃、人口锐减、王室成员被大量屠戮。最终出现了分裂的显著迹象:中央政府的解体、各州县军事实力的失控、饥荒蔓延、匪盗横行、农民革命运动风起云涌。

3. 在有案可稽的中国历史中,首次由边境外的势力填补(政权的)空白。经过多年筹划,已完全汉化了的匈奴王刘渊(？—310),于公元 290 年成为五胡"大单于",后又改称"汉王"(304 年),开始去征服被他称为祖先的汉族皇帝的领土。匈奴大军从山西西部、南部的大本营出兵,在当地土匪头领和中国叛军的支持下,逐步攻克中国北方大部分地区。洛阳、长安两都的相继陷落(311、316),中断了汉人在北方将近三百多年的统治。在西北地区,凉州(甘肃)成为由张氏家族("前凉",314—376)世袭的独立王国。公元 304 年,益州郡守(四川北部)建立了包括四川和云南大部分地区在内的成国(304—347),于公元 306 年称帝。然而,在整个中古时期,只有帝国东南部即前吴国地区,仍然是"合法的"、不断更替的汉族王朝的"堡垒"(这个词相当委婉)。西晋末年,当匈奴人侵者及其同盟劫掠一个又一个城市时,许多地方官员弃官南逃,大都市里幸存下来的士大夫(据说他们中有 3 万人在公元 311 年洛阳陷落时惨遭胡兵屠杀)也纷纷南逃。司马睿自公元 307 年以南方大督军的身份屯兵建业,许多被迫流亡的杰出士大夫归附于他;公元 317 年,建业改称建康,他在那里定都称帝(东晋,317—420)。

总论西晋佛教

公元 265—300 年,佛教在中国北方突然兴盛,这直接与北方和中亚佛教中心的紧密联系相关。我们已经提到接连不断到达中国朝廷的使节。而武帝(265—290)时中国权力在西域重新确立,则进一步由在中亚出土的官方文献所证实。⑩国家相对的繁荣和政治稳定有利于国际贸易和交通的发展;在中国北部和东北部的主要城市中,有重要的外国商人区,这些商人对能与本国的商号和同事保持定期的书信往来感到满意。敦煌地区(甘肃西部)是通向中国的大门,也是一个汉胡人口杂居的商业中心,自从约公元 3 世纪中期改进耕作和灌溉技术之后,它变得越来越繁荣,经济上也日益独立。[⑩]

公元 3 世纪下半叶的中国佛教是这种发展的标志。据载有佛教活动的地方均是坐落于丝绸之路东路的主要城市:敦煌、酒泉、长安、洛阳、陈留。我们没有有关佛教在农村人口中传播的记录,这些材料本身通常局限于对这些城市的译经活动的概括说明。事实上,据我们所知,早期中国佛教从一开始就明显表现出是一种城市现象(urban phenomenon)。在这些城市中有外国人聚居区,僧团能从中找到施主和信徒。约公元 3 世纪中期,中亚各国再次成为可以进入的地区,第一批从中国去那里寻找佛经的佛教旅行家们前往探险。来自中亚绿洲的传教者和经本大量涌入,导致了一场规模巨大的译经活动。在敦煌建立了一座实际上是长安僧团支脉的重要的佛寺,因而该地区也可归入中国佛教之内。

约公元 300 年,局势发生了变化。战争和混乱充斥了整个世纪,西行之路被封锁。公元 300 年前后发生了三件极为重要的事情:首先,佛教逐渐渗入到很多中高层、最高层的士大夫集团中,包括在位的司马家族。这个过程可能始于公元 3 世纪的最后 10 年。其次,在向南迁移以及于建康建立东晋之时,这种混合型的上层佛教被移植到长江下游地并很快在南方都城士大夫的心智生活(intellectual life)中起到了决定作用;作为我们的研究主题,这些富有特色的观念和实践,将在以后的章节中频频出现。第三,我们发现佛教渗入到后赵匈奴大单于石勒(319—333)的宫廷中。这是特殊类型的"北方"佛教形成的标志,它开启了一种在许多方面(甚至包括最具学术性、艺术性的诸般追求)都与历代非汉族王朝的统治者密切相关、并受其监管的国家宗教(state church)。公元 589 年帝国重新统一后,这种受国家支持的北方佛教对僧团的发展产生了很大的影响。

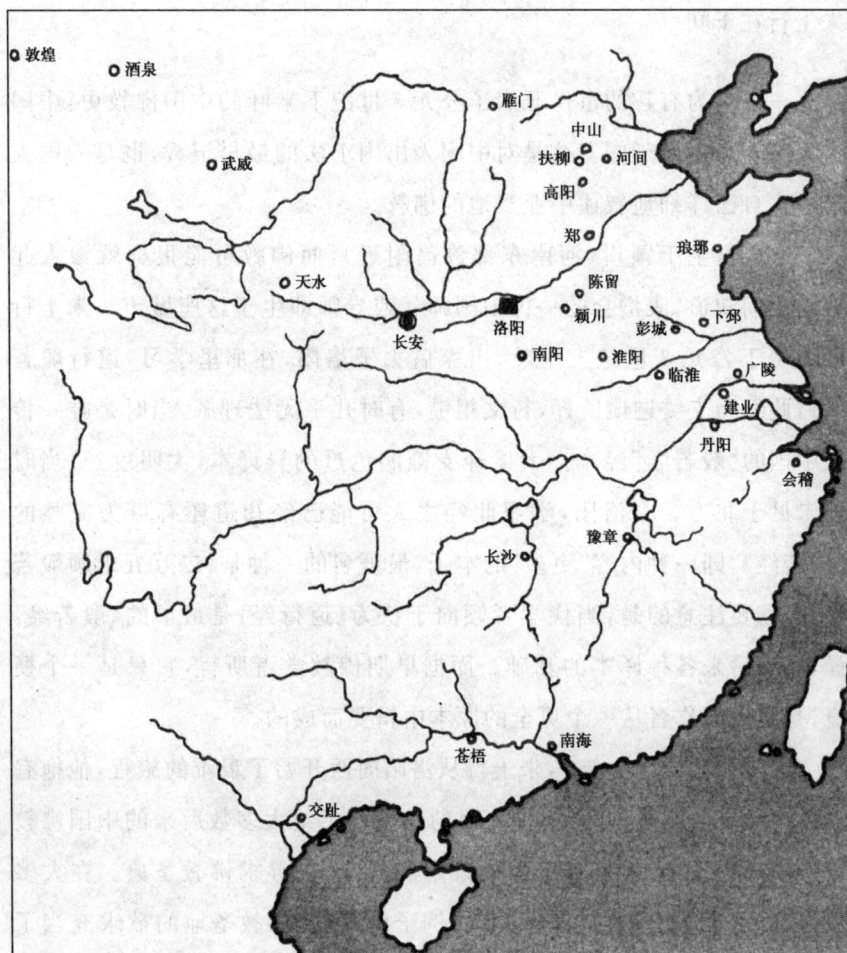

60

地图三　公元 3 世纪初叶至末叶的佛教

因此，这里十分清楚地展现了发展的主要线索。研究公元 4 世纪的佛教史，不论对南方的还是北方的，我们都有不断出现的大量材料可 *61* 资利用。但是，约公元 290 年以前的教团史仍有 90％只是译经史。译者传记、题记和经录条目相当详细（尽管不总是可靠）地说明了中国佛教典籍的形成，但其中很少具有较高历史价值的材料。

朱士行在于阗

一个极为有趣的事件开启了公元 3 世纪下半叶的中国佛教史:中国僧人朱士行出游于阗。这是对中国人出国求法的最早记载,也是中国人第一次自己详细地叙述中亚当地的佛教。

朱士行生于颍川(河南东部许昌附近),而佛教可能很早就渗入此地。我们知道,康僧会的一位中国师父或导师即生于这座城市。朱士行大约生于公元 3 世纪上半叶,出家后去了洛阳,在那里学习《道行般若经》,此经为支娄迦谶所译,行文粗糙,有时几乎无法理解,当时是唯一传入中国的"般若学"经本。大概经支谦润色过的异译本《大明度经》当时仍未见于北方。在洛阳,学习此经之人可能已经知道还有更为完整的《般若经》,即一种内容"更多"的本子,最著名的一种是《二万五千颂般若经》。需要注意的是,当代学者倾向于认为《道行经》是最早的《般若经》译本,为后来各种译本的基础。而据早期佛教学者所言,它只是一个梗概,是由佚名作者从一个更全的原本中辑要而成的。[18]

可能在公元 260 年[19],朱士行从洛阳向西开始了艰难的旅程,他抱有具体而又十分明确的目的,这些目的也激励了绝大多数后来的中国佛教探险家,为了对宗教有较全面的理解和实践,去寻求佛教圣典。在大多数情况下,当然也在大多数著名的例子中,朝拜佛教圣地的欲求充当了次一类角色。具有浓厚的敬拜、渴望和奉献之义的"香客(朝圣者)"一词几乎不能被用来指称这些出游的僧人,用标准的中国术语来说,他们是去"求法"的。

朱士行无须走得很远,他在丝绸之路南路最大的王国于阗成功地发现了《二万五千颂般若经》的梵本[20]。于阗作为佛教中心,它的名声很可能已经传到中国的首都,尽管我们不知道在朱士行西行以前是否有于阗传教者或译经家在中国活动。对于阗的早期历史,像对大多数中亚王国的历史一样,我们仅了解片鳞只爪。在汉文和藏文文献中,有关建立国家和佛教传入的记载(据传这些事件发生于公元 1 世纪上半叶),其大部分内容也只是一种传说[⑩];于阗佛教第一份可以确定日期的文献是著名的俗语(Prākrit)《法句经》(Dharmapada)写本,其主要部分由兰斯(Durtreuil de Rhins)和格雷纳(Grenard)于 1892 年在于阗发现,似乎可以推定为产生于公元 2 世纪。[⑩]少量记载明确日期的可信材料散见于中国史书中有关西域的章节。于阗在中亚南部绿洲国家中的霸权可能始于公元 1 世纪下半叶。当时,它以军事实力击败强国莎车(Yarkand),并将势力扩张到从精绝国向西到疏勒国这一丝绸之路南路的十三国。[⑩]在中国出征西域期间,于阗的重要性可由下述事实证明,即它成为公元 77—91 年汉大将军的总部[⑩],同时,在公元 2 世纪汉朝经不断努力才防止了于阗势力的进一步东扩。[⑩]魏国统治期间(220—265),于阗似乎保持着它的统治地位,控制了整个南路的西部。[⑩]

朱士行西行的记载[⑩](最早的说法是公元 4 世纪初年),在中国文献中初次提到于阗存在着大乘佛教。其他后来发生的事件充分证实了大乘佛教在于阗的兴盛。公元 291 年翻译《二万五千颂般若经》的无叉罗是于阗人;几年后(296 年)携同一部经典的另一种梵本到达长安的祇多罗也是于阗人。大约在公元 5 世纪初,支法领在那里发现了《华严经》的删节本(《大正藏》№278)。[⑩]公元 401 年曾在于阗度过三个月的法贤,描绘了由成千上万僧人组成的大型僧团,其中大部分属于受统治家族支持的大乘佛教。[⑩]因此,很可能在朱士行到达之时或公元 260 年后不久,相对于小乘占统治地位的北方中心龟兹,于阗已是中亚大乘佛教的重镇。

根据他的传记,这位中国僧人遇到于阗小乘支持者的反对,他们欲图阻止他把大乘经典传到中国,甚至竭力劝说国王禁止将这种有害的"婆罗门书"传到中国。朱士行担心国王颁布禁令,就请求允许让这些书经受火的考验。请求获许,经本被扔进熊熊燃烧的柴堆之上,却完好无损地出现于灰烬之中。被击败的诸声闻(śrāvakas)最后十分沮丧。

如果这个传说有历史依据,将会清楚地表明:约在公元 3 世纪中期,

63

小乘佛教在于阗也占有绝对优势,而大乘仍是被人轻蔑的少数人的信条。⑩但这整个故事很值得怀疑,某种圣书火不能焚毁(就像佛舍利永不可摧,它们象征其中的佛法常住于世)在中国佛教传记中是很常见的主题。据传《二万五千颂般若经》的另一种抄本,在公元4世纪初中国的另一场大火中奇迹般地保存了下来⑩;后来的《首楞严三昧经》也同样如此⑩,还有几部经典在公元431年蒲坂(山西)大火中亦保存完好。⑩大体而言,于阗"神判"这个传说是公元69年汉明帝时僧道斗法的再现,后者出现在公认是佛教伪书的《汉法本内传》(上注㉓)中。

尽管如此,这个传说可能出现得很早;它很可能是由一个叫法益的僧人所传,他曾在朱士行死后去过中国,并把目睹到的法师火化时同样十分奇异的现象记录下来。⑩

据说朱士行79岁卒于于阗。

苍垣的僧人阶层与《二万五千颂般若经》的翻译

我们拥有数量相当可观的有关朱士行译本在中国进一步演变的准确资料。在于阗,朱士行抄写了一个由90章(parivarta)、60多万"字"(此处无疑是在"音节"意义上使用的,即大约2万偈颂)组成的梵本。⑩据慧皎说,写在桦树皮叶(bhūrjapattra)上的原始抄本在公元6世纪初仍然保存在豫章(今江西南昌)的寺院中。⑩公元282年,朱士行派他的于阗弟子弗如檀(Puṇyadhana?,亦作"不如檀""分如檀")⑩携梵文写本来到中国,另一种说法是和其他九个僧人一起前往。⑩在洛阳停留三年、在许昌停留二年之后,弗如檀带着珍贵的经本最后到达陈留附近的苍垣(河南开封西北部)水南寺。就是在这里,公元291年于阗人无叉罗(亦作"无罗叉")和汉化了的印度优婆塞竺叔兰开始着手翻译此经,根据第一品的内容取名《放光经》(佛陀开示《二万五千颂般若经》的绪言)。口译由两个中国居士记下。"时苍垣诸贤者"即杰出的信徒和施主据说都鼓励和支持这部经的翻译,在中国佛教思想的形成过程中,它起过比其他任何经典都更重要的作用。

　　大约在公元 376 年,道安对《放光经》和由法护新出的本子(即《光赞 ⁶⁴
经》)作了比较,并对二者作了略解,它的序言被保存了下来。道安在文
中描述了《放光经》对中国文化阶层的巨大影响,并间接提到一件极为重
要的事(如果我们的解释正确的话):

> 　　并《放光》寻出,大行华京,息心居士翕然传焉。中山支和上遣
> 人于苍垣断绢写之,持还中山。中山王及众僧城南四十里幢幡迎
> 经。其行世如是。㉘

　　佛教似乎至少早在公元 3 世纪上半叶就已植根于中山(今河北中部
定县);活跃在公元 250—350 年间的几位僧人都出生于中山。㉙但是,至
于"支"这个称谓,却没有一个带这个族姓或法姓的中国或外国法师居住
在中山。㉚

　　但是更重要的是中山王的身份问题,道安提起过他的虔敬行为。根
据史料,似乎有理由假设,他就是晋王室王子司马耽,公元 277 年之前称
济南王,当年被封为中山王。㉛我们知道他实际上住在中山,因为同年皇
帝为使王子们长久地驻在他们的封地,更多是由于对他们不满,而下诏
令他们离开都城。㉜据《晋书》记载,他死于公元 292 年 10 月 9 日㉝,即编
译《放光经》后不久。这部经的翻译从公元 291 年 6 月 28 日一直持续到
12 月 31 日㉞;在苍垣抄写经文和在中山受到隆重欢迎,很可能是在《放
光经》译成和这位慷慨的施主死亡之前的九个月间。此事具有很大的历
史意义:它是佛教对中国王室发生影响的首次表现。

　　苍垣佛教中心在《放光经》传译史上的作用仍未结束。几年后流通
的抄本因频繁、粗略的传抄而充满了错别字、衍文和脱漏。对这部基本
经典的完整而权威的版本的需求,促使竺叔兰和几个中国僧人对正文进
行第二次修订。这项工作体现了中国传统学术的小心谨慎,修订基于五
种不同的中文译本和梵文原本。它是在苍垣的另一个寺院(水北寺)中

进行,用了五个月时间完成(303 年 12 月 10 日至 304 年 5 月 22 日)。⁰
《高僧传》增加了一个重要的细节,因无叉罗的初译本未分卷和品,也没
有标题,修订者就将正文分为 20 卷并加上小标题。⁰ 今本《放光经》(《大
正藏》№221)还可以表现出这些特征,因而很可能与公元 303—304 年间
的修订版是一致的。

一个多世纪内,这个译本一直是对适合于中国人的般若义最清楚全
面的解释。直到公元 5 世纪的头十年鸠摩罗什译出《小品般若波罗蜜
经》(《八千颂般若经》,Aṣṭasāhasrikā p'p',《大正藏》№ 227,公元 408
年)、《摩诃般若波罗蜜经》(Pañcaviṃśatisāhasrikā p'p',《大正藏》№
223,公元 403/404 年)以及对后者的中观学注释《大智度论》后,使得以
前的译家在这一领域的译典变得过时了,《放光经》和支娄迦谶译出的
《道行经》才一并废弃不用。但与此同时,中国佛教已经成型,在公元 4
世纪的佛教知识分子中本土的思辨学派也已经兴起,他们基本上都是基
于对旧译《般若经》,主要是《放光经》和《道行经》的不同解释。这里我们
必须注意的显著事实是:支谦润色《道行经》后相当"中国化"的异译本
《大明度经》,在公元 4 世纪的中国佛教中似乎并未发挥任何作用,尽管
如上所述,它在公元 3 世纪上半叶最早的中国注释中经常被引用或
提到。

法护

西晋时期,中国北方的古代佛教重镇洛阳被长安代替,这个王朝草
创后不久,僧团就在那里进入了一个史无前例的大发展时期。所有这些
活动的中心是鸠摩罗什之前最大的译家——月氏人法护(活动于约
266—308 年间)。

法护大约在公元 230 年生于敦煌,他的家族已在那里生活了几代。
他随一位被称为竺高座(听起来更像敬称,同样的称呼后来也被给予 4
世纪初在建康的龟兹人尸梨蜜罗,Śrīmitra)的印度法师在敦煌出家。⁰ 这

是首次把佛教和敦煌一起提到，尽管从地理位置上可以推出佛教可能早就在那里存在了。

根据当时似乎流行的做法[⑬]，法护采用了他师父的"竺"姓（代表印度）作为法姓，但在某些文献中他仍被称为支（代表月氏）法护。[⑭]

法护的一生，成为中华帝国边疆地区的非汉族个人被彻底同化的另一个例子。像康僧会一样，法护可能也出身于能负担其子女接受中国文化教育的富裕商人家庭；除了佛教知识以外，他"博览六经，涉猎百家之言"[⑮]。像朱士行一样，之后他着手去西域国家收集佛教经典。据说在周游中亚（或许也有印度）期间，他能用 36 种语言进行阅读。这当然是夸大其词：36 这个数显然源于（并不特指）"三十六国"，根据各种汉代史料，它们在武帝时[⑯]（前 140—前 87 在位）一并出现于西域地区，因此，这 36 种语言也仅指"中亚地区的所有语言"。

当携带大量经本返回中国时，他取道敦煌回长安，边走边译。在长安，他不久就被称为"敦煌菩萨"，开始进入大规模活动时期。[⑰]道安提到法护所译作品 154 部，僧祐提到 159 部（《出三藏记集》法护传记中给出的 149 部似乎是 159 部的误写，不知何故《高僧传》在他名下有 165 部之多）。[⑱]在增加的这个数字中，有略少于半数的经典被保存下来（僧祐提到的 159 部中有 72 部）。后来的经录通常在归属问题上更为精确（《历代三宝纪》作 210 部，《开元释教录》作 175 部等）。道安的目录无疑是可靠的，在他的目录中不少于 29 个条目带有翻译日期，这样至少在这些例子中可证明，他所做的归属是基于早期的题记。他也许还有更早的法护译著的目录，它据说是由译者本人编纂的[⑲]，或者更可能是由法护的一个最亲密的合作者中国居士聂道真而作，后者把全部精力主要投入到他老师的工作中去。[⑳]

如果道安经录中提供日期的译作，就整体而言代表了法护的工作，那么我们或许可以得出结论，他活动最多的时期是在公元 284—288 年间（57 卷中有 30 卷译于公元 286 年）和公元 291—297 年间（36 卷中有

26卷译于公元291年)。但是,比这些零散现象更重要的是,许多有日期的文献资料(题记和序言)主要保存在《出三藏记集》中,那里包括了许多有关法护译经时所处环境的有价值的资料。㉒

根据他的传记,法护因在使中国人皈依佛教方面比其他任何人贡献都多而受到称颂。㉒这也许有些夸大其辞,但毋庸置疑,正是他使当时还相当微不足道的长安僧团成为中国北方重要的佛教中心,也因此为后人的工作打下了基础——在他死后约70年,道安禀承余绪,并由鸠摩罗什及其学派弘扬光大。同时,他似乎极大地推进了洛阳和敦煌僧团的活动。最后,公元4世纪初南方佛教的一些最杰出人物也与长安直接有关,而且我们完全有理由说:南方都城里十分发达的玄学化佛教,实际上是在长安和洛阳、法护学派及其周围的义学僧(intellectual monks)以及士大夫信徒中已经发展起来的观念和实践的直接延续。

也许因为以前的西行,他似乎仍然与西域的佛教中心保持着联系。公元284年,当他还在敦煌时,一位名叫(侯)征若的从罽宾来的优婆塞带给他一个僧伽罗刹(Saṅgharakṣa)《道地经》(Yogācārabhūmi)的抄本,他与这位印度客人合译了出来。㉓

就在同一年,一位龟兹使者提供给他一个《不退转法轮经》(Avaivar-tikacakrasūtra,亦称《阿维越致遮经》)写本。㉔公元286年,他在长安获得了于阗僧人祇多罗提供的《二万五千颂般若经》的梵本㉕。公元289年,在洛阳从一个"西域沙门"那里获得一个不全的《文殊师利净律经》(Paramārthasaṃvṛtisatyanirdeśa)的抄本㉖。公元300年,从一个罽宾僧人那里得到《贤劫经》(Bhadrakalpāvadāna)㉗的抄本。

除此以外,法护似乎经常从一个佛教中心走到另一个佛教中心。大约在公元265年,他从敦煌来到了以后他将长期居住的长安。我们发现,在公元284年,他在敦煌与一群中外合作者共同翻译了两部重要著作㉘;公元289、290年他在洛阳㉙;公元294年他在酒泉(甘肃中部)译经,这表明他再次处于回敦煌或去敦煌的路上。㉚法护学派与其家乡敦煌的联系尤其紧密。大约在公元 280 年,他的中国弟子法乘已从长安来到敦煌,在那里建起一座大寺,在当地大力宣传佛教教义⑫;法护走访敦煌时无疑住于此寺中。像在长安他住持的寺院一样,它可能也是一个翻译中心。道安提到的 59 部佚名的译著作为"凉土异经"很可能是敦煌法乘一派的作品。⑬

我们的原始材料只提到作为翻译家的法护。像上面提到的那些被记录下来的事实,也揭示了他生活和工作的其他方面,即游方传教者的工作、僧团的组织和监督者的工作。

根据他的传记,法师在公元 304 年或稍后带领弟子从长安逃到东部,当时司马氏家族诸王子之间的战争达到了高潮,长安成了专权者司马颙和无权的惠帝的临时都城。他没有越过渑池(洛阳附近),在那里染疾病亡,时年 77 岁。正如汤用彤所说的(《佛教史》,第 161 页),法护可能死于公元 308 年之后,这一年他翻译了《普曜经》(*Lalitavistara*),可能仍在长安。⑭但是,我们不能同意汤用彤认为法护根本未向东去,而可能返回其出生地敦煌的结论。汤的假设基于这样两个事实:(1) 洛阳的东部地区在这些特殊的年代里遭受战争的涂炭,因而不可能被选为避难之地;(2)《光赞经》文本在敦煌地区保存下来,大概可以表明他在晚年退隐到那里。

在公元 311 年被匈奴大军完全摧毁之前的最后七年中,洛阳确实接连处于战争和劫掠之中。但佛教活动在一定程度上仍然继续着。约公元 306 年,印度僧人、医生和术士耆域(Jīvaka)来到洛阳,甚至据传他对京城佛教建筑的华丽装饰和雄伟表示惊奇和不满。⑮根据一个相当晚的说法,洛阳兴圣寺大约建于那一年。⑯最晚在公元 310 年,未来的匈奴国师佛图澄也到达洛阳。⑰但不管怎样,没有什么可以表明洛阳是法护东去的最后一站。

至于《光赞经》(《二万五千颂般若经》的法护译本)直到公元 4 世纪下半叶仍然藏于凉州,这个事实无法证明什么。正如我们看到的,敦煌

68

法乘的寺院是长安僧团的支脉,仅有理由假设法护译本的抄本保存在那里和长安。《光赞经》在公元286年译于长安,并且我们已经注意到法护本人很可能在公元294年走访过敦煌。在匈奴入侵的动荡年代,当包括佛典和世典在内的众多经典流失之时(公元311年洛阳陷落时,经历了中国历史上的第三次"焚书"),《光赞经》完全从中国消失,但仍在相对安定的敦煌地区流通。但在大约公元340年,至少有部分《光赞经》仍可能在河南北部和山西被人研究。[㉒]

根据法护的传记,他在长安的学派总计有几千名弟子,其中某些经过长途跋涉来到他门下学习,而且既有士大夫子弟,也有平民子弟。尽管这看起来像一系列常见的赞语,但有相当数量与法护学派相关的文人存在,却是无可置疑的。我们发现这些人紧紧围绕在他周围。这里我们再次注意到有文化的居士在修行生活尤其在译经工作中起到的重要作用。当时的题记提到了法护在长安、洛阳、敦煌和酒泉的25位弟子和助手的名字,他们之中至少有7位是居士。他最亲密的助手是中国学者聂承远,后者作为"笔受"(记录口译之人)出现在六个题记中。他还对由法护初译的《超日(明)三昧经》进行润色加工[㉓],并且尽管不是出家人,他和他的儿子聂道真却因做出杰出贡献而被立传收入《高僧传》中。[㉔]后来的经录将大量译作归于聂道真(《开元释教录》作24部,《历代三宝纪》作54部),但这些在道安或僧祐经录中没有提到过。[㉕]

在法护非中国的合作者中,我们发现有几个印度人,一二个龟兹人,一个月氏人,一个于阗人,也许还有一个康居人。[㉖]我们知道大约有二十多个施主和居士的名字。最有趣的是:在一个跋中罗列了来自敦煌的非中国出身的施主名单(284年)。在这些人中,只有一个明确是中国人,这证明佛教在中华帝国西部边疆这片世界性区域中在一定程度上仍然是外国人的宗教。[㉗]另一个值得注意的事实是,我们发现在被提到的长安施主中有两位中国僧人——竺德成和竺文盛。这两个典型的中国人名字使我们意识到,仅仅考察生活在中国的印度(竺)居士是完全不够的。[㉘]他们可能是在物质上赞助译经工作的富裕家族的成员(或曾是富家)。僧人私人拥有钱财似乎已经司空见惯。据说法护本人曾经借给想考验他是否慷慨的长安"甲族"首领 20 万现金,后者被法护如此轻松对待钱财的态度深深打动,与百名家族成员一起皈依了佛教。[⑧] 这个故事听起来像 *69* 是虚假的,但他的特殊意义在于证明:僧人掌握大量钱财并非罕见。

法护的译典与中国大乘经典

法护一派的译本在翻译技巧的发展中形成了一个重要的阶段。他的译本比此前的任何译本都更为精确,其中所用的中国佛教术语更为全面和专业化。对准确性的注重使他的翻译经常是晦涩难读。总的说来,它们仍然缺少鸠摩罗什译作自然流畅的特性,在这个方面无人能及鸠摩罗什。但必须说明的是:佛经翻译的文雅和准确必须主要归功于文本的中国润色者。这当然指鸠摩罗什而言。法护译本的生硬可能是因为他懂两种语言因而较少依赖他的中国助手。

在法护所译的大量经典中,最重要的一本是首次作为全译本的《正法华经》(《大正藏》№263)。由于《法华经》是对所有信仰者打开成佛之路的一佛乘教义,由于它强调佛陀的永恒和无所不知,以及它大量非凡的想象和寓言,很快成为中国佛教中最受尊敬和最为基本的经典之一。作为一种神秘的启示,它在大乘佛典中占有特殊地位[⑧],这个观点由公元 6 世纪下半叶的天台宗完全表达了出来,从那开始,《法华经》的教义被认为是佛陀教义的最高体现,是佛陀第五时说法最完全的开示。

我们知道有关法护汉译《法华经》全本[⑧]所处的环境以及中国公众对之首次回应的一些有趣细节。[⑧] 翻译是在三周的短时间内(公元 286 年 9 月 15 日—10 月 6 日)于长安进行的;法护对两种语言的驾驭能力也可以通过他"手执胡本口宣"表现出来(据传他是第一个这么做的译者)。他由三位中国助手(笔受)协助,通常我们发现是聂承远。梵文原本可能保留在长安,可能在公元 7 世纪初仍然存在。[⑧] 译文由两名非中国的专家——印度僧人竺力和龟兹优婆塞帛元信加以修订;第二次修订是在公元288年3月。公元290年此经已在洛阳流通,并在那里引起人们极大的兴趣。11月18日,一群中国居士拿新的抄本去见法护(他至少从公元289年春开始居住在洛阳白马寺)⑳,与他探讨经典的根本宗旨。仅在几天之后,在11月3日这个两周一次的布萨日,举行了一次特殊的集会,夜以继日地解释和背诵经典;在那个场合中,经文第三次被修订。㉑

法护译完《法华经》时,完成了五部大乘经典的系列翻译工作,这五部经比任何其他经典都注定要对早期中国佛教的形成产生更加深刻的影响,它们是《般若经》《首楞严三昧经》《维摩诘经》《法华经》和《阿弥陀经》。法护对这些著作(其中四部以前已有旧译)全部做了新译,这一事实表明他一再地努力满足与适应中国公众的兴趣和要求。因此,除《法华经》外,他删节了《维摩诘经》,重译了《首楞严三昧经》《阿弥陀经》以及《二万五千颂般若经》。

后来所译的《光赞经》是基于于阗来的祇多罗(他处作"祇多密")所提供的原本㉒;经文由法护和祇多罗于公元286年译出。如上所述,《光赞经》(《大正藏》№222)在公元4世纪初劫掠中原的战争中佚失了。在凉州——可能在法护学派的敦煌支脉——它仍在流通,公元376年,正是在那里,道安得到了这部经的抄本。㉓像大多数法护的译本一样(根据公元3世纪中国的标准),它是字面直译,极不流畅,而后来道安需要在无叉罗《放光经》的帮助下才能把它弄清楚。㉔

西晋其他译家

除无叉罗、竺叔兰和法护外,还有其他几个译者活跃于北方。我们对此所知甚少,在最早的文献中他们几乎未被提到。因此,道安仅提到公元290—306年间由一个身世不详的僧人法炬翻译的四部经典,和其他两部由法炬和法立共同翻译的经典。㉕僧祐提到法立做了大量的翻译,却在它们被传抄和流通之前已于永嘉之乱中丢失,慧皎《高僧传》中也提到这个说法。^㉘后来的经典仍然将法炬而不是法立作为归属不清的重要对象:在公元 6 世纪末的《历代三宝纪》中有不少于 132 部著作归在他的名下,而在某种程度上更为准确的《开元释教录》中,这个数字减少到 40 部。^㉙当然,有些作品很可能是在相当晚的时期内被重新发现的,但僧祐却对法炬保持沉默,这让人迷惑。道安的经录,作为我们研究最早期佛教的宝贵指南,大约问世于公元 380 年。尽管道安是在公元 374 年编纂于襄阳,到他公元 385 年死前又增加了一些新条目,但还是没有把西晋末年翻译的任何作品包括进去。在公元 4 世纪的最初几十年间,如此众多的经典丢失或是难以接触到,这一事实可能是他为什么没有为其经录增加更新内容的主要原因。

在公元 3 世纪末的其他次要译者中,我们仅提到安息人安法钦(都为道安和僧祐所忽略)。根据《历代三宝纪》和后来的文献,他在公元 281—306 年间翻译了五部著作,包括记载阿育王传说的《阿育王传》(《大正藏》№2042)。我们下面将会看到,此书在早期中国佛教中起过十分特殊的作用。

最后,我们提一下佛教在南端的活动情况。西晋建立前不久,公元 256 年,一个月氏人支疆梁接据说在交趾翻译了《法华三昧经》。他和他的中国助手道馨仅在后来的文献中才出现。他的六卷译本几乎不可能正是僧祐提到的同名的一卷失译本。^㉚支疆梁接可能与公元 281 年(亦作 266 年)在广州(今属广东)翻译《十二游经》的疆梁娄至是同一人,但这个说法很不确定。^㉛

士大夫佛教的形成

我们发现在公元 3 世纪末、4 世纪初,出现了形成僧人知识精英(intellectual clerical élite)的最初的明显迹象。他们由中国或本地化了的外国僧人组成,去创造或弘扬一种完全汉化了的佛教教义,这些教义从那时以降开始渗入到中国上层社会。尽管约公元 290 年以前可以运用的资料如此缺乏，以至于要对此作出无可置疑的论述将是不明智的行为，但有几件在公元290—320年间发生的事情却是极为重要的。

在最早的佛教传记如《出三藏记集》和《高僧传》中，僧人在公元290年以前与有文化的中国上层阶级产生联系的例子微乎其微，可以忽略不计；而在公元3世纪末、4世纪的僧传中，这样的事例数目却在不断增加。如果说这是由于中国佛教第一阶段传记材料缺乏，也许并不能成立，因为世俗文献也呈现出同样的情形。事实上，尽管中国中古早期文献仅有一小部分被保留下来，但这部分数量仍相当可观，而且也许被认为在全部文献中是具有代表性的。至于公元300年以后，《晋书》（以及这部史书在公元7世纪编纂时所依据的尚存的更早的历史残卷）包含了相当数量的有关士大夫和王室佛教的资料；但在有关王朝前半阶段的章节中，甚至间接提到佛教的文字都极少。同样，在《三国志》及裴松之的注中，或在主要记载公元3世纪士大夫言行的《世说新语》中，佛教均很少被提到。公元3世纪有关哲学、理论和艺术方面的文献也同样如此，在那里我们无法发现有关受佛教影响的清晰可辨的痕迹。尽管作者们当时可能知道佛教的存在，却并未提及佛教以及这方面的内容，这证明佛教尽管在社会的某一部分或某一层面迅速传播开来，仍没有渗透到士大夫的生活中去，它仍然处于他们的活动和兴趣之外。

另一个甚至更为重要的，但为人忽视的观点隐藏在我们的目录学文献里。早期士大夫佛教的一个最具特色的产物是大量的护教论战文字（主要由短篇论文和书信组成），这是在有文化的僧人、支持或反对佛教的文人和政府权威之间的争论以及多少有些对抗性的交往过程中形成的。许多流传至今的此类作品，我们已在前面列举过（第一章）；此外，我们仍能通过陆澄《法论》（公元465年后不久编，目录保存在《出三藏记集》卷12）目录获得这种文字的数量和形成的大致情况。到目前为止，这类纯粹的中国佛教的大型文选，至少有103卷，可能不仅包括公元4世纪初以前的文献。我认为，这清楚地证明我们所谓的士大夫佛教最初开端于公元 3、4 世纪之交,即开始于司马家族王室成员之间的混战和匈奴入侵中国北方的几十年间。似乎在此以前的中国佛教,尽管明显有信徒的热忱支持、数量庞大的经典翻译,却仍然只是后汉时期洛阳佛教的扩展,是一种可被容忍的"异端",受到多少已经汉化了的外国人、部分没文化的人群以及相对少量的不知社会背景但肯定不属于中高层官员的文人或准文人的支持。

最后,我们可以举出桓玄《答王谧书》(402 年)中的一段有趣的文字,其中这位作者明确提到:最高层践履佛法在当时来说还只是相当晚近的现象:

> 曩者晋人略无奉佛,沙门徒众皆是诸胡,且王者兴与不接,故可任其方俗,不为之检耳。今主上奉佛,亲接法事,事异于昔。[50]

桓玄讲述佛教只是晚近才成为上流社会的宗教,这并不是他反对僧权的情绪所致。这可以由佛教学者习凿齿(卒于约 383 年)给道安的一封信加以证实,该信也有同一种说法:

> 且夫自大教东流四百余年矣,虽蕃王[51]居士,时有奉者,而真丹宿训,先行上世……[52]

在为早期中国佛教进行分期时,可以很容易地提到这样几个关键日期:大乘经典在公元 2 世纪末传入;道安在长安的活动时间(379—385),或鸠摩罗什到达长安及随后中观学经典的传入(402 年)。然而,这种主题可以通过一种纯粹文献学的方法展开,即把宗教史作为一种文本史(a history of texts)。如果我们试图把早期中国佛教的形成作为中国中古社会和文化史的一个层面来加以描述,我们就只能得出结论:大约公元 300 年是个特别的转折点。佛法渗入最上层士大夫中,实际上决定了中国佛教此后几十年的发展进程:它为佛教征服中国铺平了胜利之路。 73

在公元 3 世纪最后几十年中有几个因素刺激了这种发展。在思想领域,玄学占统治地位;随着活跃在这一时期的向秀和郭象的出现,它已进入最后的创造阶段。在士大夫圈内对哲学和形而上学的问题及争论有着极浓厚的兴趣。正如公元 2 世纪道教徒在佛教禅定、冥想的修炼中发现过一种新的更有效的长生不死途径，公元 3 世纪末一些文人也在这种外来的"空"的教义中，找到了一种新颖而又十分相似的思维方式。毋庸讳言，他们对这种教义的解释，因各自的文化背景、对主题的片面选择以及表达这些教义所用的特殊语言，附会了不少内容，也夹杂了不少曲解。大乘概念如"智"或"明"（prajñā）、"空"（śūnyatā）、"寂"（śānti）和"方便"（upāya），自然而微妙地与玄学中"圣"（saintliness）、"虚"（emptiness）、"无"（non-being）、"静"（tranquility）、"无为"（non-activity）、"自然"（spontaneity）和"感应"（stimulus-and-response）相对应。对于有文化的阶层来说，大乘佛教，主要是般若义，很可能正是由于这种似曾相识而对他们产生了吸引力：因为大乘佛教所处理的差不多是同样的一些基本概念，然而它却能把这些概念置于一个全新的角度，赋予它们另一种更深的涵义，罩上一种超世俗的光环。因此，佛教似乎就与下述中国思想吻合，强调恒常不变的天道是万有存在的源动力，实际上也赋予万有以自然属性。但在佛教中，这个概念——宇宙的法则或是业报轮回的过程——被赋予了一种不同的涵义：它是一种宇宙内普适的道德的原则，也有机械的和不变的意义，但这是个人的思或行的结果，也取决于每个人自己的思或行。同样，佛教不仅将在道德上无差别的天道转变为一种超世间的非人格的正义的载体，还通过"再生"教义由这个概念推出它的逻辑结论，如中国人通常所说的"神不灭"。"空和圣智""业报轮回"和"灵魂不死"，这些是公元 4 世纪、5 世纪初最基本也最有争论的佛教学说，我们可以假定这些也是最初吸引有文化的中国公众之注意的因素。

当然其中也有信仰的一面。对于早期中国佛教这一方面的内容，我们无法知道更多。单纯的信仰和崇拜在民众信仰方面可能扮演了很重要的角色，但这方面几乎没有任何资料可以利用。在公元 4 世纪那些信仰佛教的不落俗套的士大夫中,既包括僧人也包括居士,我们很少听到他们对佛陀无量慈悲的激赏。他们的佛教明显带有理性和知性的意味,他们的理想不是臣服于超人救世主的伟力,而是首先要实现庄子"齐万物为一"的境界,追求以禅定一般的无为状态来"观照"万物的圣智,在他们中间,这种智慧大致等于把涅槃(nirvāṇa)、般若(prajñā)、奢摩他(samatā)、真如(tathatā)和菩提(bodhi)等所有这些概念混在一起以后的模糊概念。我们在其他章节会充分梳理这种混合型佛教(hybrid Buddhism)的特征,当中国知识分子一边拿着《道德经》,一边在佛教形而上学的密林里开始探寻自己道路的时候,这种混合型佛教便开始形成了。 ₇₄

大约在公元 3 世纪末,士大夫们的注意力突然转向这种外来的教义,在某种情况下他们还可能被诱使披上僧衣"出家",这里可能主要有意识形态上的考虑。

当然,意识形态不是唯一的因素。这是一个风雨如晦的时代,凡在战争和政治混乱时期,政治生涯总是充满艰辛和危险。寺院不仅给逃税者和无家可归的游民提供避难所,也为"隐士"——这些努力躲避官宦生涯的文人提供栖身地。对这种行为的传统动机(隐藏才能、保持操守、安享与自然合一的田园生活),僧团赋予一种新型的意识形态上的合理性:沙门的高贵生活既像隐士一样远离世俗的束缚,同时也为救度众生而修行。因此,我们经常发现与"隐居"观念一致的寺院修行生活。同样,从世俗史籍中记载的许多事例来看,政府发布"招贤令"时,往往伴随着统治者或大臣努力邀请甚或强迫名僧(出家的文人)还俗从政。

其次,正如我们已经指出的,统治阶层中的所有较高职位都被大族集团所垄断。在这种情况下,政治生涯不会给贫穷和相对不重要的士大夫成员带来更好的前景,对于他们来说上层社会的大门始终是关闭的。其中许多人可能已转而投向很快便成为学术和文化中心的寺院,在那里他们逐渐发挥出自己的文学、哲学和艺术才能。

最后,公元 4 世纪初大批人口南迁,而僧人阶层在那里可能处于同样重要的地位。如果对支谦和康僧会活动的传统记载至少有一点真实性的话,我们就必须假定佛教在建业地区已跟吴国朝廷之间存在着一种紧密的联系。公元311年洛阳被匈奴攻克时,康僧会去世和吴国覆灭才过去31年,当年朝臣、王室与佛教的各种关系很可能还在这座古都存在着。从公元307年开始,司马王室定都于此,公元317年建立东晋帝国,建康的朝臣和官吏仅部分地由北方逃难者组成。此外,佛教在祖籍南方的名士中的流行,也可能促进了它在东晋建立后不久的传播。

75　　　一旦僧人和士大夫开始接触,佛教在许多领域便明显地表现出突如其来的影响。僧人加入了"清谈",作为传教者、国师、谋士和朋友出入皇宫和大族庄园。僧人们阐释儒家礼制的意义,注释《老子》和《庄子》,回答有关文学创作、政治策略和风俗习惯的问题,与有影响的世俗人士保持经常的书信往来,借以表达他们对佛法和其他问题的看法。我们发现他们编纂了重要的传记、目录和地理著作,其中罗列了大量丰富多彩的中国文学和历史知识。作为"有闲的文人",他们丰富了作为学者教育之组成部分的艺术。他们创作五言诗、四言赞、内容精详的序、铭、论和极富文采的赋,他们中间还有几人是以书法家闻名于世。

同时,有文化的大众对新传来的教义产生了极大的兴趣。他们成为僧团的保护人,修建寺庙,供应钱粮、土木、塑像和各种宗教用品,有时还支付翻译经典的费用。对于大族家庭成员出家为僧,我们只知道有限的几例。他们中大多数或作为感兴趣的局外人,或成为正式的佛教居士,即"在家"积极参加各种社会生活,同时还愿意接受居士五戒(不杀生、不偷盗、不邪淫、不妄语、不饮酒),并在每两周一次的布萨日另增三条戒律。去寺院拜佛、烧香、听经或与义学僧交谈,已是他们的常事;另一方面,著名的法师还往往被邀请到寺外讲经或参加辩论,经常在皇宫中说法。虔心向佛的居士有时甚至长年住在寺中,参加法事,帮助译经。君王或大臣有时雇用僧人充当世俗事务的顾问,甚至建议他们还俗为官。公元4世纪,佛教题材开始在当时的艺术和文学中出现,士大夫画家不仅在寺庙中绘制壁画,也将佛教故事画到携带方便并可挂在书房的卷轴上。动听的梵呗开始被引入中国音乐艺术的领域。

所有这些发生在从初次有士大夫佛教记录的西晋末年到公元 5 世纪初这一个多世纪的时间里。这个过程及其最具特色的内容,将在本书下面的章节中进行讨论。对前面这个时期的历史考查,将在介绍完我们仅知的几位公元 3 世纪末的僧人和士大夫之后便告结束,他们因其各项活动和社会关系而成为士大夫佛教的先行者。

帛远与帛法祚

在这些僧人中最重要的无疑是帛远,他更经常地是以他的字"法祖"著称于世。[85]他出身于一个有文化的家庭。其父为河南北部的儒士万威达,这是一位拒绝省府所提供的各种官职的"隐士"。帛远的弟弟即后来成为僧人的帛法祚,在这方面延续了家族传统,他拒绝接受都城太学"博士"的任命。两兄弟更多地为佛教所吸引,而经过深思熟虑后,万威达允许他们出家。

在当时法护学派昌隆的长安,帛远建立了一个精舍,根据他的传记,在那里"受学僧俗弟子近千"[86]。我们无从知道帛远的师父是谁,从他们的法姓判断,可能是一个龟兹人或是已用此名的中国阿阇梨。把两兄弟的法名——法祖、法祚跟法护的一位助手帛法巨的法名联系在一起,就变得很有趣。[87]我们很少发现法名的"字",但至少在另一个例子中,师父和弟子的个人称呼之间有联系:支谦(参见上文第 48 页)字恭明,据说是字纪明的支亮的弟子。[88]帛远翻译过几部经典,因而似乎知道一些梵文,这个事实表明他的学派与法护学派有关连;他的活动时期(惠帝在位,290—306)与法护活动时期的后半部分一致,特别是当时法护翻译了《首楞严三昧经》,而据说帛远还为之作注。[89]

据传帛远是第一位与大族,尤其是与王室、权臣有个人关系的中国法师。公元 304 年声名狼藉的河间王、丞相司马颙(?—306)从都城劫

持无权的惠帝,与其他最高层大族成员一起在长安建立自己的政权。司马颙是帛远的朋友和崇拜者,常常与他:

> 每至闲辰静夜,辄谈讲道德。[58]

其他的著名人物也加入这场"清谈":

> 于时西府初建,俊乂[59]甚盛,能言之士,咸服其远致[60]。

帛远离开长安后不久,发现朝野形势正变得越来越危险。这时,他与高层的关系再次变得明朗。他西行来到于公元 304 年被任命为秦州(甘肃东部)刺史的张辅的军营中。这层关系导致了下文所描述的他的惨死。这位刺史为这位"士大夫僧人"的能力所触动,勒令他还俗为之效命。帛远因拒绝这一建议而终被鞭笞致死。[61]

帛远传记的其他内容似乎是伪造的。例如,对自己遭暴打而死的预言,帛远死后羌族部落把他的遗物葬在窣堵波(stūpas),并去进攻张辅在天水的驻地替他报仇。此事也见于《出三藏记集》和《高僧传》。

也许是基于史实的另一个说法,谈及他与道士王浮关于佛教和道教之高下的争论。据说几次被对手击败的王浮当时伪造了《老子化胡经》,见第六章。

我们对帛远的弟弟帛法祚的生平和活动所知甚少。似乎他也跟随兄长西行,并与梁州(四川北部)太守张光有联系。当张光听说帛远因拒绝还俗而被处死,也以同样的手法施于帛法祚,遂出现了同样的结果:公元 306 年或稍后法祚被杀。[62]他是《放光经注》和《显宗论》的作者。《显宗论》在公元 594 年的《众经目录》中仍被提到。[63]它是我们的材料所提到的第一份中国人的佛教论文。

刘元真与竺道潜

我们已经提到有文化的居士在早期中国佛教中所起到的重要作用。似乎在公元 3 世纪末,中国学者刘元真作为佛法讲师活跃在洛阳,他是一位年轻贵族叛臣王敦(266—324)之弟的师父。王敦的弟弟是西晋前期南方士大夫佛教最著名的人物之一竺道潜(字法深,286—374)。从他富有才华的弟子所讲所传的佛教来看,他可能将佛教和玄学杂糅在一起阐释。这一点被著名佛教学者孙绰所写的"刘元真赞"[⑧]证实,其中赞扬了他的神秘洞察力、精练的语言和说法的智慧。像大多数这种类型的诗作一样,它并没有带来任何有关此人的具体线索。刘元真在公元 4 世纪初的佛教界可能很有名:在支通(314—366)写给"高丽道人"(更无法知悉的)的一封信中,竺道潜作为"中州刘法师弟子"而被举荐。[⑨]在公元 446 年一个著名的法令中,拓跋魏太武帝下令处死所有僧人,铲平所有佛教建筑和雕像,佛教被描绘成一种奇怪的赝品,据说是由刘元真和一个叫吕伯强的人从《老子》《庄子》以及一些"西戎空谈"中捏造出来的。[⑩]对于这位法师,我无法发现更多材料,可能他和公元 289 年的一份题记上提到的洛阳施主刘元谋之间有某种家族上的联系。[⑪]但两人均姓"刘"和每人名字的开头都是"元"字,只是极为平常的事,所以这也只能是一种猜测。无论如何,他并非当时投身于佛教研究的唯一的中国在家学者。我们发现,在公元 290—306 年间还有一位来自汲郡(山西西南)破落文人家庭的居士卫士度,他摘编了支娄迦谶的《放光经》。[⑫]

78

竺叔兰、支孝龙与康僧渊

另一位有印度血统,但在中国出生且完全汉化了的著名居士是竺叔兰。我们已经提到过他在苍垣翻译《放光经》时的作用。竺叔兰出生于洛阳的印度人家庭。《出三藏记集》所提供的其家族史的详细材料,似乎是从一个较晚的出处中得来,而且可能是伪造的。[⑬]竺叔兰通晓中文和梵文,还广泛阅读了中国文学和历史。尽管受过佛教教育,并且有两位出家为僧的舅舅做榜样,他还是走向了放荡淫逸、沉湎酒色的生活。他经常饮酒四五斗,然后睡倒在路边。在一次醉酒后,他闯进洛阳地方官衙门,在那里大吵大闹,后被人发现投进监狱。以这种十分不正规的方式,他与著名清谈家也是当时的豪饮者洛阳地方官乐广（？—304）建立了联系，[⑳]这位长官对这位犯人的敏捷反应、连珠妙语留下了深刻印象。[㉑]

竺叔兰翻译了《维摩诘经》，可能也新译了《首楞严三昧经》。[㉒]竺叔兰的酗酒和不良行为，屡遭佛教传记作者谴责，并常常在其传记里插进一个他转向虔敬生活的几乎不可能的故事，却也反映了早期中古文化的另一个重要方面：自发性、反礼教、怪诞、忽视并摆脱通常所谓的行为规范，这在当时是被称为"达"的一种理想。我们在这里看到：一个入籍的印度佛教徒凭借（或养就）一种不见容于习俗的生活方式，契合了公元 3 世纪在某个士大夫圈内十分盛行的放达的理想境界（典型的例子当然是竹林七贤），并因此赢得了统治阶级的尊敬。

另一个例子是来自淮阳（河南东部）的专善研究般若义的中国僧人支孝龙。他的传记用通常形容清谈家才能的标准用语来描写他：

> 少以风姿见重，加复神采卓荦，高论适时。[㉓]

支孝龙与都城两个最著名的知识精英保持着密切联系。其中一位
79 是陈留的阮瞻（？—约 313），即著名的阮籍（210—263）的大侄子。像他家族中大多数成员一样，他也很古怪，以妙语连珠和擅长琵琶而闻名。[㉔]另一个是颍川的庾敳（262—311），也是当时最有名家族的成员。他是郭象的朋友，并与郭一样是老庄权威。[㉕]

像稍早或较晚的其他士大夫群体一样，支孝龙和他的朋友被世人称为"八达"。这个名称暗示了它可能是公元 4 世纪初据说与此同名的某个名人群体的原型：

> 初至，胡母辅之与谢鲲（280—322）、阮放（？—330）、毕卓、羊曼、桓彝（275—327）、阮孚散发裸裎闭室酣饮以累日。逸将排户入，守者不听，逸便于户外脱衣露头于狗窦中窥之而大叫。辅之惊曰："他人绝不能耳，必我孟祖也。"呼入，遂与饮，不舍昼夜。时人谓之八达。[㉖]

我们不知道像支孝龙这样的"士大夫僧人"是否参加过这种集会，我

们几乎无法去作这样的假设。必须小心：不要先入为主地将这些有悖常情的举止，看成是由堕落的士大夫成员组织的活动。由于这一缘故，它从未遭到中国人甚至僧人的谴责。怪诞的行为以及各种各样的对道德礼节的极端忽视，借用一切手段包括酒、毒品和性来激发神秘的自由情感，这在极端矫揉造作、具有严格等级差别和复杂社会行为规范的中古士大夫生活中起了十分真实的效用。如果从这个角度来看，僧人们从开始渗入士大夫圈子的时候起，就间或跟这些因素联系起来，而未曾发出反对这些罪恶的呼声，这事实就不像乍看上去那样令人惊异了。带有道教背景的怪诞行为最终渗入到中国僧人的生活里，而士大夫的怪诞和个人自由的观念也融入了那些游方僧人和术士的观念里，他们游离于或超越于俗世的规范和准则，结果就有了"疯和尚"，这种形象后来在中国佛教史上经常出现。

最后，我们必须提到另一个汉化了的外国僧人康僧渊，他的名字表明他是康居人。他与竺叔兰和支孝龙一样，善于研究《般若经》(《放光经》和《道行经》)。有关他在北方的活动只知道这些。公元 326 年后的某个时候，他去了南方都城（建康），在那里他成为士大夫佛教中最有影响的人物之一。

到目前为止，我们的历史考察，除了译经活动以外，还包括我们所知道的僧团在中国最初活动的主要历史事实。在最后几页，我们还初步考察了新的且十分重要的一步发展。在下面的章节中，我们将努力从各方面对帝国各个区域内的这种发展继续加以考察，直到公元 5 世纪最初几年最终完成这一发展过程。

80

注　释

① 梁启超《佛学研究十八篇》第二章"佛教之初输入"，第 1—2 页；也参见羽溪了谛《西域之佛教》（贺昌群汉译，上海，第 2 版，1933），第 32 页；小野玄妙《佛书解说大辞典》卷 12，第 18 页。这些学者反复引用 Terrien de Lacouperie 的观点，似乎受其影

响。室利防的传说作为信史出现在他的《中国早期文明的西方渊源》(*Western Origin of Early Chinese Civilisation*,London1894),p. 208b(§231),但它已于1882年被比尔(S. Beal)当作传说弃之不用(《中国佛教文学》[*Buddhist Literature in China*,pp. 1 - 2])。

②《历代三宝纪》卷1,《大正藏》№2034,第23页下;法琳《破邪论》,《广弘明集》卷11,第166页上第4列;《法苑珠林》卷12,《大正藏》№2122,第379页上第6列。这些史料均提到道安和朱士行的经录。道安的经录中未出现室利防(参见下文注⑥),直到它被编入《出三藏记集》。《历代三宝纪》中经常引用的所谓《朱士行经录》是一个晚期且很不可靠的作品,也许可以用来代替佚失的公元3世纪原本。在早于《历代三宝纪》的经录中,它从未被提到,并且由于《历代三宝纪》作者本人称从未见过,它可能从未作为一件独立的作品存在过。参见林屋友次郎《经录研究》,东京,1941,第241—281页;常盘大定《(后汉由り宋齐に至る)译经总录》,东京,1938,第77—86页。有关室利防,也见汤用彤《佛教史》第7—8页。

③《历代三宝纪》卷15《失经录》,《大正藏》№2034,第127页中;参见《大唐内典录》卷10,《大正藏》№2149,第336页中第12列;《开元释教录》卷10,《大正藏》№2154,第572页下第5列;《贞元释教目录》,《大正藏》№2156,第897页中第5列;师觉月(Bagchi)《经典》(*Canon*),序言第32—33页;林屋友次郎,所引上书,第222页起。这部书从未被引用或提到过,甚至作为伪书可能也从未存在过。

④见《汉书》卷6第15页右。德效骞(H. H. Dubs)等译《前汉史》卷2,第63页。

⑤《二酉堂丛书》本,第5页左(张澍辑佚,1821)。

⑥福兰阁(O. Franke),《中国佛教年代问题》(Zur Frage der Einführung des Buddhismus in China),《东方语言学术通讯》(*MSOS*)卷13,1910,第295—305页。

⑦《法兰西远东学院院刊》卷10,1910,第629—636页,尤其是第631页起。

⑧《初学记》卷7,12页右中被引用。

⑨《高僧传》卷1,第325页上第19列。

⑩《明佛论》,《弘明集》卷2,第12页下第8列。

⑪《魏书》卷114,第1页右:"及开西域,遣张骞使大夏,还传其旁有身毒国,一名天竺,始闻有浮屠之教。"魏鲁男(J. R. Ware)《魏收论佛教》(Wei Shou on Buddhism),《通报》卷30,1933,第110页,胡维之译本第28页。汤用彤《佛教史》第9—10页;小野玄妙《佛书解说大辞典》,卷12,第18—19页。

⑫《广弘明集》卷2,第101页上第19列:"及开西域,遣张骞使大夏,还云,身毒天竺国有浮图之教。"

⑬《史记》卷110第18右;《汉书》卷94上,第19页左—第20页右,以及卷55,第7页左;"屠"字,颜师古(581—645)给出一个明确的发音ch'u("储"而非"屠")。休屠(匈奴部落或所在地方的名称)被沙畹证明就是凉州即今天的甘肃武威,《司马迁史记》(*Mem. Hist.*),卷1,第58页。另见羽溪了谛《休屠王の金人に就いて》,《史林》卷3,1918,第4分册,第31—46页;白鸟库吉《匈奴王子休屠王的疆域及其祭天所用金人》(On the Territory of the Hsiung-nu Prince Hsiu-t'u wang and his metal statues for Heaven worship),见《东洋佛教研究部纪念集》(*Mem. of the Research Dept. of the Tōyō Bunko*)第 5 号,1930,第 1—79 页;德效骞《前汉时期的金人》(The "Golden Man" of Former Han Times),《通报》卷 33,1937,第 1—41 页,尤其在第 10 页起;该书跋,第 191—192 页;魏鲁男《再论金人》(Once more the Golden Man),《通报》卷 34,1938,第 174—178 页;塚本善隆的评论,《云冈》(*Yünkang*) vol. XVI, supplement,第 27 页。

⑭ 颜师古《汉书》卷 55,第 7 页左注引:"张晏云佛徒祠金人也。"

⑮《世说新语》卷 1 之下第 16 页左注引《汉武故事》;《魏书》卷 114,第 1 页右,魏鲁男,所引上书,第 107—109 页;参见《法苑珠林》卷 12,《大正藏》№2122,第 378 页下;《广弘明集》卷 2,第 101 页上第 16 列。

⑯《世说新语》卷 1 之下第 16 页右注。

⑰ 注⑦所提到的评论,第 635 页。

⑱《颜氏家训》卷 17(书证篇),第 37 页(《诸子集成》本)。不管怎样,在公元 5 世纪初佛教徒出于传教目的已经使用这段文字,参见宗炳《明佛论》,《广弘明集》卷 2,第 12 页下第 8 列:"刘向《列仙》叙七十四人在佛经。"在《法苑珠林》卷 12,《大正藏》№2122,第 379 页上,以及卷 100,第 1028 页下,我们发现一个基于《文殊师利般涅槃经》的更为详细的解释,根据此经,文殊师利菩萨于佛灭后 450 年在雪山(Himālayas)向五百仙人(tirthikas,此处汉译为"仙人"颇有道教意味)说法。《法苑珠林》编者道世后来证实"雪山"就是葱岭(帕米尔高原),结论认为这里提到的"仙人"是葱岭以东中亚国家的居民,他们的名声在与这些国家建立关系的前汉时期就已传到了东方。

⑲ 师觉月《经典》(Canon),第 33 页;马伯乐文,《法兰西远东学院院刊》卷 10,1910,第 114 页;戴密微文,《法兰西远东学院院刊》卷 24,1924,第 6 页注①;林屋友次郎,所引上书,第 231—232 页。

⑳ 马伯乐 Le songe et l'ambassade de l'empereur Ming, étude critique des sources,《法兰西远东学院院刊》卷 10,1910,第 95—130 页;汤用彤《佛教史》第二章,第 16—30 页。

㉑ 马伯乐,所引上书,第 129—130 页。

㉒《出三藏记集》卷 6,第 42 页下第 15 列起。

㉓《汉法本内传》描写了公元 520 年王室支持下发生在洛阳的一场佛道之争,其中首次提到这事(《续高僧传》卷 23,第 624 页下第 26 列;《广弘明集》卷 1,第 100 页下第 10 列;也参见下文第 273 页),这种说法似乎出于北方。参见马伯乐文,《法兰西远东学院院刊》卷 10,1910,第 225—227 页和第 118—120 页;伯希和文,《通报》卷 19,1920,第 388—389 页。该书分 5 卷,内容提要存于《续集古今佛道论衡》(《大正藏》№2105,第 397 页中—第 401 页下)和《广弘明集》卷 1,第 98 页下第 11 列起;《法苑珠林》卷 18,第 416 页下,卷 60,第 600 页中,卷 55,第 700 页中也有引用。在概要的结尾,《广弘明集》编者评论说有些考证者认为《汉法本内传》是没有任何历史依据的晚近作品,但他指出《吴书》中也包含公元 69 年佛道之争这个传说,借此为它的可靠性辩护。这不足为奇,因为所谓的《吴书》(《大正藏》№2105 和《广弘明集》卷 1 中

也有引用)是另一个更晚的佛教伪说,是从《高僧传》和《汉法本内传》的某些章节中捏造出来的(参见下文注⑮)。

㉔《高僧传》卷 1,第 324 页中第 27 列。

㉕《出三藏记集》卷 7,第 49 页上第 23 列;卷 13,第 97 页中第 14 列。

㉖《高僧传》卷 1,第 326 页下第 3 列。

㉗《出三藏记集》卷 13,第 98 页中第 11 列。

㉘ 同上,卷 13,第 96 页上第 20 列。

㉙ 同上,卷 13,第 96 页中第 1 列;《高僧传》卷 1,第 325 页上第 13 列。

㉚ 以其发源地命名的外族疆域已经出现于前汉时期的中国版图上。因此,《汉书·地理志》(《汉书》卷 28 下第 5 页右)提到一个月氏道,是安定郡(现在甘肃)21 个县之一,以及上郡(陕西)的龟兹县(同上,第 6 页右)。根据所有这些注者,这些是月氏和龟兹游牧民族的定居地(尽管这些月氏可能是甘肃西部的"小月氏",而不是经过长途跋涉约于公元 2 世纪中期定居在巴克特里亚[Bactria]的"大月氏");另见卜德伯(P. A. Boodberg)《关于中国边疆史的两个札记》(Two Notes on the History of the Chinese Frontier),《哈佛亚洲学报》(HJAS)卷 1,1936,第 283—307 页,尤其在第 286—291 页。关于甘肃的龟兹县和陕西的"阿克苏"(Aqsu),见德效骞《古代中国的罗马城》(A Roman City in Ancient China),载于《中国社会》(The China Society)(伦敦,1957),讨论了甘肃中部可能存在"骊靬"(Alexandria)(参见《汉书补注》,增订本,卷 28 下之一第 16 页右)。由于这些西方早期游牧民族的出现,无疑有一些微小却可靠的佛教影响的痕迹出现在前汉文学艺术中。沙畹 Cinq cents contes et apologues,卷 1,第 14—15 页,已使人注意到《淮南子》中佛教主题的出现;艺术领域另一个显著的例子是,在滕县(山东南部)出土了可能是公元 1 世纪中期的浮雕上的两只六牙大象(参见劳干[Lao Kan]《汉代浮雕上的六牙象》[Six-tusked elephants on a Han bas-relief],《哈佛亚洲学报》卷 17,1954,第 366—369 页;关于浮雕图,同上,以及 Corpus des pierres sculptées Han,北京,1950,卷 1,第 113 页)。当然,这影响可能是很间接的,并且这些主题的出现并没有暗含任何关于佛教起源和原始意义的内容。

㉛《出三藏记集》卷 13,第 97 页下第 8 列;参见《高僧传》卷 1,第 325 页上第 27 列。

㉜《三国志·魏志》卷 30,第 366 页下注引《魏略·西戎传》。参见烈维(S. Lévi),《亚细亚学报》(J. As.),1897,卷 1,第 14—20 页,以及 1900,卷 1,第 447—468 页;沙畹,《通报》卷 6,1905,第 541、543、547 和注;福兰阁(O. Franke),Beitrage aus chinesischen Quellen zur Kenntnis der Tuerkvoelker und Skythen in Zentral-Asia,载于 Abh. der koenigl. preuss. Akad. der Wiss.,柏林,1904,第 91 页起;伯希和文,载于《通报》卷 19,1920,第 390,注⑳汤用彤《佛教史》,第 49—51 页;布桑(L. de la Vallée-Poussin),L'Inde aux temps des Mauryas et des Barbares, Grecs, Scythes, Parthes et Yue-tchi,巴黎,1930,第 346—347 页。

㉝ 沙畹 Les Pays d'Occident d'après le Wei-lio,《通报》卷 6,1905,第 519—576

页,尤其在第 380 页起。伯希和在《法兰西远东学院院刊》卷 6(1906,第 376 页)中提出修正:"博士弟子景宪使大月氏,王令太子口授浮图经。"

㉞ 汤用彤《佛教史》,第 51 页。

㉟《后汉书》卷 77,第 11 页左起。沙畹译《班勇传》,见《通报》卷 7,1906,第 245—255 页;也参见沙畹文,《通报》卷 8,1907,第 218 页。

㊱《后汉书》卷 77(《班超传》),第 9 页左。

㊲《东观汉记》,《后汉书》卷 77,第 9 页左注引。

㊳《后汉书》卷 118,第 18 页右。另为范晔所引(同上,第 10 页右):"修浮图道不杀伐。"

㊴ 范晔《后汉书》有关西域的整个章节(卷 118),实际上主要基于班勇公元 125 年的奏书,参见同上,第 4 页左;沙畹文,《通报》卷 8,1907,第 145 页。

㊵ 有关汉代的交通路线,见孙毓棠《汉代的交通》,载于《中国社会经济史集刊》卷 7 之一,1944;劳干《论汉代之陆运与水运》,载于《中央研究院历史研究所集刊》(CYYY)卷 15,1947,第 69—91 页;宇都宫清吉《汉代社会经济史研究》,东京,1955,尤其在第三章《西汉时代の都市》。

㊶ 梁启超,所引上书,第 7—10 页。

㊷ 正如马伯乐所说(《亚细亚学报》,1934,第 90 页注①),当"黄老"一词出现在汉代时,最好把它当做早期道教众神之主神的"黄老(君)",他尤为黄巾军所尊崇,而不应当指黄帝和老子两个人,这似乎是后来对这一术语的学术上的解释。

㊸《后汉书》卷 72,第 4 页左。

㊹ 汤用彤《佛教史》,第 54 页。

㊺ 同上,第 55、100—101 页。

㊻《高僧传》卷 9,第 385 页下第 4 列;《晋书》卷 95,第 12 页左(王度和王波给匈奴单于石虎的奏章,约公元 335 年)。当佛教大约在公元 3 世纪中期遭到孙琳迫害时,这种情况通常在反"淫祀"的运动过程中发生。同样,在公元 446 年魏国下令根除佛教的诏书中,我们发现佛教崇拜被定性为"事胡妖鬼"(《魏书》卷 114,第 6 页右;魏鲁男《魏收论佛教》[Wei Shou on Buddhism]),《通报》卷 30,1933,第 140 页;胡维之译本,第 66—67 页。

㊼《后汉书》卷 72,第 5 页右;《后汉记》卷 10,第 4 页左;《东观汉记》卷 7,第 6 页右;《资治通鉴》卷 45,第 526 页左(作"仁慈"而不是"仁祠")。沙畹文,《通报》卷 6,1905,第 450 页起;伯希和文,《法兰西远东学院院刊》卷 6,1906,第 388 页注②;马伯乐《洛阳佛教社团的起源》(Les origines de la communauté boudhiste de Loyang),《亚细亚学报》,1934,第 87—107 页,尤其在第 88—89 页;汤用彤,所引上书,第 53—55 页;福井康顺《道教の基础的研究》,第 99—106 页;马伯乐 Essay sur le Taoïsme,ch. III,Le Taoïsme et les débuts du Bouddhisme en Chine,载于 *Mélanges posthumes* 卷 2,1905,第 185 页起。

㊽《三国志·吴志》卷 4,第 515 页左;《后汉书》卷 103,第 11 页左;马伯乐文,《法兰西远东学院院刊》卷 10,1910,第 103—105 页。

㊾ 浮图祠：这里的"祠"明确指"寺"，参见第39页。

㊿《吴志》："垂铜九重，下为重楼阁道。"词藻更为华丽的《后汉书》中作："上累金槃，下为重楼。"大谷胜真在《支那に於ける佛寺造立の起原にいて》（《东洋学报》卷11，1921，第69—101页，尤其在第90页）中提出，"垂"应读作"金"。但这样的改正使句子的语义结构变得相当不清楚；"垂"似乎处于动词位置。"槃"，即"盘"（通常称作"承露盘"），是安装在塔顶中轴的凸缘，它的印度原型，我们发现存于菩提伽耶（Bodhgayā）的大菩提寺（the Mahābodhi Temple）。此处圆盘明显被认为是"垂"在中柱上的。

(51) "悉课读佛经"：此句起到"每……"不见于《后汉书》。

(52) "五千余人户"："人户"可能是"人口"之误（福井康顺，所引上书，第93页）。

(53) 这是在中国史料中初次提到在传说的佛诞日即农历四月初八举行每年一度的"浴佛（灌佛会）节"。在浴佛节上设一尊佛像，最好是一尊悉达多太子像，一边迈出第一步，一边说出作为第一声"狮子吼"的著名诗偈，在诵经声中用"五香水"洗浴佛像。这种仪式是为了纪念在佛诞生后诸天龙众立即为他洗浴洁身（参见公元2世纪末、3世纪初《修行本起经》卷1，京都，XIV.3，p.226B 1）。在现存于汉文《大藏经》的几部经典著作中，描述了这种仪式，其中包括《灌洗佛形像经》卷1（《大正藏》№695，法炬译，约公元300年），《摩诃刹头经》卷1（《大正藏》№696，圣坚或法坚译，约公元400年），尤其是《浴像（佛）功德经》的两个版本（《大正藏》№697、№698，在公元8世纪初分别由宝思惟[Ratnacinta]和义净译出）中。令人不解的是，引文中似乎暗示了笮融不止一次地举行过这种（每年一度）仪式（"每浴佛辄多设饮饭"），但根据他的传记，他不可能在那里呆上一年。这也许只是由于历史学家有乏精确，或者极力强调笮融的铺张浪费。另一方面，可能在公元2世纪末"浴佛"仪式还没有成为仅在四月初八举行的一年一度的节日。在《大正藏》№698，它被描绘成一种日常的祭拜活动，并与印度习俗相一致，义净在《南海寄归内法传》卷4（《大正藏》№2125，第123页下第1列）中对此作了详细描述（高楠顺次郎译本，第147页）。

(54) 有关中国史料，参见注㊽；最早的史料（李贤[651—684]《后汉书注》所提到的，同上引文）是袁晔在公元3世纪初编纂的《献帝春秋》。参见伯希和，《法兰西远东学院院刊》卷6，1906，第394—395页；注㊿中所提到的大谷胜真论文第85—91页；汤用彤《佛教史》第71—73页；福井康顺，所引上书，第93—99页；马伯乐文，《亚细亚学报》，1934，第92页。

(55) 马伯乐，同上引文；福井康顺，同上，第95—96页。

(56)《正诬论》（公元4世纪上半叶），《弘明集》卷1，第8页下第13列。作为佛教徒的《正诬论》作者很快宣称笮融触犯了四条最基本的佛戒（不杀生、不妄语、不偷盗、不饮酒），因此说他是一个可耻的罪人。慧叡可能写于公元428年的一篇佛教论文《喻疑论》（李华德译，A Clarification，《中印研究》[*Sino-Indian Studies*]V.2，1956，第88—89页），似乎间接提到了笮融的佛教，他说（《出三藏记集》卷5，第41页中第10列）："汉末魏初，广陵彭城二相出家，并能任持大照。""广陵相"一定指笮融，尽管严格地说，当时此职由另一个地方官赵昱担任（参见福井康顺，所引上书，第98—99

页,他认为此人应是赵昱)。公元194年的彭城相实际上似乎是与笮融熟稔的薛礼;我们对他所谓的尊佛无从得知(参见汤用彤《佛教史》第73页)。

(57) 马伯乐《洛阳佛教团体的起源》(Les origines de la Communauté Bouddhiste de Loyang),《亚细亚学报》,1934,第87—107页;参见*Mélanges posthumes*卷2,第188—189页。马伯乐的说法仅基于一个事实,即公元208年的一份题记(《出三藏记集》卷7,第48页下第9列;《般舟三昧经记》,时期见马伯乐,同上,第95页注②)。我们发现,洛阳许昌寺的名称与刘英舅父之孙即公元58年成为许氏家族首领的许昌侯的名称相一致。据马伯乐称,许昌寺最初是许昌宫,许昌侯在刘英亡故和楚王国废除后,将此宫赠给了他叔父先前的依附者,即与之一起迁到洛阳的彭城沙门,同时为纪念此举冠之以施主的姓名。马伯乐的解释简单而令人信服。我们完全可以推出,寺名与中国第一位著名佛教徒的侄子的名字相一致,这并不是出于巧合。并不熟悉马伯乐文章的汤用彤(所引上书第68页)也证明:此处的许昌可能指河南中部的同名城市,但所有早期史料都说此地名是在公元221年从许县演变为许昌,并且没有理由假设这个后记比实际的时期要早。但是,当马伯乐仅从一位贵族和一些中国东部僧人建立的一座无疑很不重要的寺院,就推导出整个洛阳佛教的兴起时,他便走得太远了。他忽略了两个最重要的因素:地理情况和都城里的外国人。当马伯乐用彭城的"佛教的道教徒"(Bouddhisme Taoïsant)与后来洛阳僧团的十分相似,作为他立论的其他证据时,他显然是弄错了("……我并不认为,这是由于偶然的、令人惊奇的误解,在一个世纪的时间里,在两个地方……有一种如此奇特的混和,是由于一系列不可思议的错误"[… ie ne peux croire que ce soit par hasard que cette confusion bizarre se montre à un siècle de distance dans deux endroits, …un mélange aussu étrange, et reposant sur une série d'erreurs et d'incompréhensions monstrueuses],同上,第106页)。如果这个"佛教的道教徒"显示了显著的地区差异,这的确令人十分惊奇。早期中国佛教的形成几乎是一个全国范围内的进程,有文化人口的思想和信仰是相当同质的(homogeneous),并且每一地,彭城、洛阳(正如我们看到的,也在敦煌和帝国南端)同样的因素组成了同一特质的混和体。

(58) "展季",也作"展获",均以公元前6、7世纪鲁国地方官柳下惠而闻名,他的德行极高;参见《论语》XV.13和XVIII.2、8;《孟子》II.B 9、2。

(59) 《文选》卷2(《万有文库》本第45页):"展季桑门,谁能不营。"查赫(E. von Zach)译*Ubersetzungen aus dem Wen-hsüan*, Batavia, 1935, p. 5:"Selbst Chan Huo oder ein Asket (śramana) muessen von ihnen bezaubert werden。"

(60) 《后汉书》卷89,第1页右。

(61) 梁启超,所引上书,卷1,第5—7页;常盘大定《汉明求法说之研究》,见《东洋学报》卷10,1920,第25—41页;《译经综录》,第481—485页;望月信亨《佛教大辞典》,第1811页上;境野《支那佛教精史》,第57页。

(62) 《四十二章经》和《孝经》的相似,已被《历代三宝纪》(《大正藏》№2034卷4,第49页下)佚名作者注意到了。梁启超(同上引文)认为,它与《道德经》类似。我们也可以认为此"经"在文风上与《论语》有某些类似,也由短小的独立段落组成(大部分由“佛说”开头)。此书没有经的特征,正如汤用彤所指出的(所引上书第 31 页),最早的史料(《序》收于《出三藏记集》卷 6,第 42 页下第 22 列,作于公元 3 世纪? 以及《旧录》,同上,卷 2,第 5 页下第 17 列,可能是支愍度的经录,作于公元 4 世纪中期)仅讲它是“佛经四十二章(摘要?)”和“孝明皇帝四十二章”。

(63)《大正藏》№784;费尔(L. Feer)译 *Le Sūtra en Quarante-deux articles*, *Textes Chinois*, *Tibétain et Mongol*, 1878;比尔, *Catena of Buddhist Scriptures*, 伦敦, 1871, 第 188—203 页;哈勒兹(de Harlez), *Les quarante-deux Lecons de Bouddha*, *ou le King des XLII Sections*, 布鲁塞尔(Brussels), 1899。哈克曼(H. Hackmann)注译 Die Tekstgestalt des Sūtra der 42 Abschnitte,载于《东方学报》(*Acta Orientalia*)卷 5,1927,第 197—237 页。马伯乐译《出三藏记集》卷 6 中的“序”,载于《法兰西远东学院院刊》卷 10,1910,第 99—100 页;并参见伯希和文,《通报》卷 19,1920,第 258 页起和第 293 页注(302);汤用彤《佛教史》第三章,第 31—46 页;汤用彤《四十二章经版本》,载于《哈佛亚洲学报》卷 1,1936,第 147—155 页。

(64) 见汤用彤《佛教史》,第 38—39 页。

(65) 对道安经录最全面的研究,是林屋友次郎《经录研究》(东京,1941,1343 页)。作者追溯了中国佛教经录的最初形成,复原了道安经录,详细讨论了此书的形式和内容。道安在公元 374 年完成了他的《综理众经目录》(参见伯希和文,《通报》卷 12,1911,第 675 页),但有几处表明他后来作了补充(林屋友次郎,所引同上,第 351—362 页)。经录可能有两种版本,一卷本的定本和通常称为《(安公)旧录》的两卷本最初的稿本,这两个版本在公元 6 世纪初都还存在(同上,第 363—381 页)。但常盘大定(《译经综录》,第 90 页)认为,这个“道安旧录”是同一著作的另一个名称。《综理众经目录》包括 600 部经目,起于支娄迦谶和安世高的译经,终于公元 3 世纪末的译者。公元 300 年后的译经没被列入。道安似乎未对“古译”和“今译”作出区分。我们知道第一个作出这种区分的是僧祐(《出三藏记集》卷 1,第 4 页下—第 5 页中)。

(66) 参见林屋友次郎,所引上书,第二部分,第 213—330 页。

(67) 下面是记载后汉译经和译者情况的最早文献:

(1)《出三藏记集》卷 10,第 69 页下第 19 列,严浮(亦作“佛”)调《沙弥十慧章句序》,作于公元 2 世纪下半叶:最早提到安世高及其作为弘法者和译者在洛阳的活动。

(2) 同上,卷 7,第 47 页下第 4 列,《道行经后记》(佚名)。题记日期标为公元 179 年 11 月 24 日,抄写于“正光二年”,可能是“正元二年”(255 年)之误,参见汤用彤第 67 页。这里描写了竺朔佛和支娄迦谶及中国助手翻译《道行经》的情况,其中包含中国施主的名字。

(3) 同上,卷 7,第 48 页下第 9 列,《般舟三昧经序》,公元 208 年的题记(参见马伯乐文,《亚细亚学报》,1934,第 95 页注②)。这里重复了描写支娄迦谶和竺朔佛翻译此经情况的原先的题记,其中也作公元 179 年 11 月 24 日(光和二年十月八日,参见标号[2]),这多少令人有些迷惑。可能两经的翻译是在同一时代进行的,以至于庆祝两经译完的活动是在同一天举行的。在两经的题记中,我们确实发现了相同的助手的名字(孟福,字元士;张莲,字少安)。

(4) 同上,卷7,第50页上第6列,《法句经序》(公元3世纪上半叶,参见下文第47页起)可能为支谦所作。提到了两位在其他地方无从查考的汉代译者(蓝调和葛氏),还有安世高、安玄和严佛调(这里写作"弗调")。

(5) 同上,卷6,第42页下第29列,康僧会《安般守意经序》(作于公元3世纪中期),尤其在第43页中第17列起的《安世高赞》。

(6) 同上,卷6,第46页中第20列,康僧会《法镜经序》,尤其在第46页下第3列起,描写安玄和严佛调的活动。

(7)《大正藏》№1694《阴持入经注》,注序由一位名叫"……蜜"的人所写(参见下文第54页),作于公元3世纪下半叶的《安世高赞》。

(8)《出三藏记集》卷7,第49页上第17列,支愍度(约300年)《合首楞严经记》,说明支谶对此经的翻译以及支亮的传授。

(68)《大正藏》№602,《安般守意经》。

(69) 归于安世高或安玄名下的这一类相当早的注释现有保存于《大正藏》№1508的《阿含口解》(《十二因缘经》)。关于这部小经及其奇妙的"内""外"十二因缘(nidānas),见《佛书解说大辞典》卷1,第4页(赤沼智善述)。有关经典的背诵或口头解释,以及基于这一类解释而成的最早的佛教注释,见汤用彤《佛教史》第114—119页。

(70) 施主孙和、周提立在《道行经后记》(《出三藏记集》卷7,第47页下第7列)中被提到。

(71)《出三藏记集》卷7,第51页中第12列(公元289年5月14日)和第50页中第8列(同年12月30日)的题记。但公元266年在长安已有另一个白马寺(《出三藏记集》卷7,第48页中第23列:"于长安青门内白马寺中……"),并且似乎约在同期还有一个同名的寺院,由一个公元3世纪的安世高(《高僧传》卷1,第324页上第18列,引用公元4世纪庾仲雍《荆州记》)建立在荆城(湖北中部的钟祥西南方),这个安世高的传记似乎与公元2世纪与之同名的著名的安世高的传记混同了(参见大谷胜真,注(50)中所提到的文章的第78—80页)。根据"古"白马寺的位置(雍门外,城墙西),我们应当注意,魏时(可能是公元255年,参见上注(67)标号[2])洛阳城墙西有一座"菩萨寺"(《出三藏记集》卷7,第47页下第7列)。

(72)《出三藏记集》卷7,第48页下第14列。

(73) 参见伯希和文,《通报》卷19,1920,第344—346页(注64)。

(74) 师觉月《经典》(*Canon*),第8页注①。

(75)《出三藏记集》卷6,第43页中第17列(康僧会《安般守意经序》):"有菩萨者安清字世高。"

(76)《出三藏记集》卷10,第69页下第25列(严佛调《沙门十慧章句序》):"有菩萨者出自安息字世高……"也见《大正藏》№1694和《出三藏记集》卷7,第50页上第6列。

(77)《大正藏》№1694,同上:"安侯世高者普见菩萨也,捐王位之荣,安贫乐道。"也见《出三藏记集》卷6,第43页上第1列:“(康僧会)安息王嫡后之子,让国与叔,驰避本土。”

(78) 这可能从康僧会的话中推出(同上):“驰避本土。”

(79)《出三藏记集》卷13,第95页上第28列起;《高僧传》卷1,第323页中第13列起;大谷胜真,所引上书,第78页起;师觉月《经典》(*Canon*)第9—10页,注①。也见下文第208页。

(80) 维格(Léon Wieger),*Historie des Croyances Religieuses*,1922,第351页。

(81) 马伯乐 Essay sur le Taoisme,载于*Mél. posth.*,卷2,第189页。

(82)《大正藏》No13、No14、No31、No36、No48、No57、No98、No105、No109、No112、No150a、No150b、No397、No602、No603、No605、No607、No792、No1557。道安犹豫地归到安世高名下的一部经现在保存着(《大正藏》No32)。必须表明:据《开元释教录》卷13,第616页中第26列,道安和僧祐所列《安般守意经》的两个版本实际上是相同的本子,其中一个由另一个的第一卷组成(参见大谷胜真《安世高の译经に就いて》,《东洋学报》卷13,1924,第546—583页)。

(83)《大正藏》No14《人本欲生经》(*Mahānidānasūtra*);《大正藏》No602《大安般守意经》(?*Ānāpānasmṛtisutra*);《大正藏》No603《阴持入经》(?*Skandha-dhātv-āyatana-sūtra*);《大正藏》No607《道地经》(*Yogācārabhūmi*)。

(84) 参见戴密微 La Yogācārabhūmi de Saṅgharakṣa,《法兰西远东学院院刊》卷44,1954,第340页。

(85) 首次出现在《出三藏记集》卷7,第50页上第5列(《法句经序》,公元3世纪初):“安侯世高都尉弗调,译胡为汉……”,以及《出三藏记集》卷6,第46页下第3列(康僧会《法镜经序》,公元3世纪中期):“骑尉安玄……”关于安玄的传记,见《出三藏记集》卷13,第96页上第8列起;《高僧传》卷1,第324页中第25列起。我们不清楚梁启超(所引上书,卷1,第9页注②)为何怀疑安玄的真实存在,他认为安玄就是安世高。

(86) 作为译者首次在《出三藏记集》卷7,第50页上第6列中被提到(《法句经序》,公元3世纪初);传记的注释,见《出三藏记集》卷13,第96页上第16列;《高僧传》卷1,第324页下第4列;此外,见马伯乐文,《法兰西远东学院院刊》卷10,1910,第228—229页;伯希和文,《通报》卷19,1920,第344—345页注(64)。采用师父的族姓作“法姓”(见下文,第189、281页)的习惯尚未出现;甚至作为僧人,严佛调仍用他的俗姓。但他的名(或字)佛调或佛陀提婆(Buddhadeva),显然是一个佛教称呼,可能是他在出家时被授予的。

(87)《出三藏记集》卷6,第46页中第19列。

(88) 严佛调著作的标题是不清楚的。“十慧”可能指《安般守意经》中所说的“十黠”,即构成“安般”(ānāpānasmṛti)的六种行为(数息[gaṇanā]、相随[anugama]、止[sthāna]、观[upalakṣaṇā]、还[vivartanā]、净[pariśuddhi]),以及在这些修行中证得的四智。在古译佛教术语中出现的“黠”字,实际上已经出现在公元1世纪初的音韵书《方言》卷1第1页右中,“黠”同“慧”(黠:g'at>γat;慧:g'iwəd>γiwei),流行于“关东"和赵、魏地区，即山西和河南北部。但题目中的"沙弥"（sa. mlăr＞sa. mjie ＝ śrāmaṇera，可能经龟兹的 samāne 或 sanmir，或经于阗的 ssamanä）一词令人费解，我也想知道这个"沙弥十慧"的出现（在作者的序言中没有作出特别说明）是否想解释性地罗列"沙弥十戒"。

⑧⑨ 参见《出三藏记集》卷 6，第 46 页下第 3 列（康僧会《法镜经序》）："年在龆龀，弘志圣业。"但这并未区分指安玄还是严佛调。

⑨⑩ 难继：初次出现时是用于安世高、安玄和严佛调，见《出三藏记集》卷 7，第 50 页上第 6 列（《法句经序》，公元 3 世纪初）。参见《出三藏记集》卷 8，第 52 页下第 12 列（道安《摩诃钵罗若波罗蜜经抄序》），其中支娄迦谶和安世高被称为"难系"。

⑨⑪ 汤用彤（《佛教史》第 69—70 页）引用公元 181 年"三公碑"侧文曰："处士房士孟□卿，处士河□□元士。"《般舟三昧经》题记（公元 208 年，《出三藏记集》卷 7，第 48 页下第 12 列）提到"河南洛阳孟福字元士"，这人也出现在同期《道行经》的题记中（同上，第 47 页下第 5 列），因而汤用彤建议把上引第二句复原作"处士河南孟元士"。大多数古代碑铭集都包括"三公碑"的正文，但很少有侧文的拓本或抄本。据杨殿珣编《石刻题跋索引》（上海，1941），第 584 页，侧文发现于沈涛（1842 年）《常山贞石志》卷 1，我无法看到这些。然而，在陆增祥《八琼室金石补正》卷 5，第 26 页左和第 32 页左中，它与常山的批注一起被复录下来。

汤用彤所引的第二段碑文是"白石神君碑"的阴文（183 年），翁方纲收录于《两汉金石记》卷 11，第 16 页右。此处，我们发现"祭酒郭稚子碧"，他完全有可能与《道行经》题记中提到的"南海子碧"是同一人。关于道教职衔"祭酒"，参见第六章注㉞，但较早的碑文日期使之完全不可能指黄巾军中的高层领导。在汉代，"祭酒"这个荣誉职位是授予当地士大夫成员，大多数是有学问的人，以便作为地方政府的顾问。他们不担任正式官职，这个头衔主要用来"褒奖贤人"。见严耕望《汉代地方行政制度》，《中央研究院历史语言研究所集刊》卷 25（1954），第 135—236 页，尤其在第 154、177 页。

⑨⑫ 《出三藏记集》卷 2，第 6 页中第 10 列；佚名题记，见同上，卷 7，第 47 页下第 4 列起（参见注 67 标号[2]）；道安《道行经注》序，见同上，卷 7，第 47 页上第 12 列。据道安称，翻译基于竺朔佛携至洛阳的手稿（同上，第 47 页中第 16 列；"齐诣京师"；"齐"字的使用似乎暗示他有原稿而不是靠记忆背出来的文字）。标题"道行"是第一卷（Sarvākarajñatācaryā）原名的意译。最早的经录还提到另一个汉代一卷本《道行经》（或仅为部分），归于竺朔佛或支谶名下，这是佛教目录学研究者中最为关注的一个事实（参见 境野黄洋, Matsumoto Tokumyo 释义，《般若学文献》[*Die Prajñāpāramitā-literatur*]，1932，第 18—19 页）。

⑨⑬ 《出三藏记集》卷 2，第 6 页中第 12 列；佚名题记，同上，卷 7，第 48 页下第 9 列起（参见注㉖标号[3]）。

⑨⑭ 在支愍度所作此经四个版本的辑要本序中，初次提到完成日期（参见注㉖标号[8]）约 300 年。《出三藏记集》卷 2，第 6 页上第 1 列；卷 7，第 49 页上第 14 列。表明这个日期是公元 186 年 1 月 16 日（中平二年十二月八日）。此书在公元 6 世纪初

已佚失。

(95) 此经第一个汉译本经文的历史很复杂,诸多研究这一主题的日本学者意见分歧很大。林屋友次郎(《经录研究》,第544—578页)考查了前辈专家(主要是境野和望月)的见解,通过对两种版本的仔细对比,得出结论:三卷本(《大正藏》№418)是支娄迦谶的原译,一卷本(《大正藏》№417)是从更早更全的本子中摘要出来的。除此之外,还有一个可能也是汉代的短小的古译本(《大正藏》№419,《拔陂菩萨经》)。主要记述阿弥陀佛崇拜和“现在佛悉在前立三昧”(pratyutpanna-buddha-saṃmukhāvasthita-samādhi)的《般舟三昧经》,在公元4世纪末、5世纪初的庐山慧远社团的念佛者中发挥了重要的作用。参见戴密微文,《法兰西远东学院院刊》卷64,1954,第353页注④和下文第220页起。

(96)《出三藏记集》卷3,第18页上第1列。僧祐(同上,卷2,第6页中第13列)提到它是支娄迦谶的作品,但说明“已佚”。在道安之前,这部译经已被支愍度归于支娄迦谶名下(同上,第49页上第12列)。至于今本(《大正藏》№624)的可靠性,众说纷纭。境野(《中国佛教史讲话》,东京,1927,卷1,第44—45页)否定是支娄迦谶所译;林屋(《经录研究》,第625—627页)支持此种说法。

(97)《高僧传》,第324页下第7列。

(98) 支愍度,《出三藏记集》卷7,第49页上第24列;卷13,第97页中第23列;《高僧传》第325页上第19列。参见《高僧传》同上引文中道安对他的称颂。

(99)《高僧传》卷1,第324页下第10列。《中本起经》的印度原本是由昙果从迦毗罗卫(Kapilavastu)携来的(这里“迦毗罗卫”是音译,无疑基于布拉克里特语文本;参见伯希和文,《亚细亚学报》,1914,第383页,他建议读作kavilawai)。有关最早的中国佛陀传的问题,参见伯希和文,《通报》,1920,第263—264页,但他假设一个很早的但现已佚失的汉语佛本生故事是为了一时之所需被创造出来,用以支持《牟子》确实是公元2世纪末的作品(我们认为这是部伪书)。今本《中本起经》被插入一些印度特有名称的译名,显示出一些后来篡改的痕迹(如第149页上15列:“[蚍]蚍晋言宝称”;第156页上第9列:“[须达]晋言善温”;第157页上第15列:“[瞿师罗]晋言美言(应作‘美音’)”。这些只能是后人羼入的,但必须注意:在最后两例中,正文本身在“善温”和“美音”初次出现后继续使用。《修行本起经》既没被僧祐在自己的著作中提到,也没被道安的著作提及。但这很可能有误,因为后来所有的经录在谈及此经时都提到了道安的经录。

(100)《出三藏记集》卷6,第43页中第27列(康僧会《安般守意经序》)。

(101)《后汉书》卷7第13页左—第14页右;《后汉记》卷22第12页右;《东观汉记》卷3第8页左。

(102) 见本书第434页注①。

(103)《后汉书》卷7第15页右,史传作者论桓帝:“设华盖以祠浮图老子。”同上,卷118第10页右(西域传):“后桓帝好神数祀浮图老子。”

(104) 在古译佛经中,有时用道教的术语翻译“三昧”(samādhi),参见马伯乐Essaisur le Taoïsme,载于*Mél. posth.*,卷2,第141页起和第196页;汤用彤《佛教史》,第 110—111 页。

⑩⑤《后汉书》卷 30 下第 18 页左,参见伯希和文,《法兰西远东学院院刊》卷 6,1906,第 387—389 页;汤用彤《佛教史》第 55—57 页。

⑩⑥ 参见伯希和文,《通报》卷 19,1920,第 407 页注㊱。汤用彤(《佛教史》第 57—61、104—114 页和《读太平经书所见》,载于《国学季刊》卷 5,1935)发现,在这部道家经典中有大量受佛教影响的文字。但对我们这种研究来说,道教经典通常是很不扎实、很不可靠的材料。正如福井康顺通过对《太平经》各种版本的精细研究(《道教基础之研究》,第 214—255 页)认为,《太平经》像诸多其他道教经典一样,也是经过了几个世纪的增改,收在道藏里的是各种版本最终的混和物;我们也无法保证汤用彤所提到的文字是出现在公元 2 世纪的原本。

⑩⑦《后汉书》卷 35,第 7 页左—第 8 页右。后在唐代,这种机构部分作为收集各种有关外国消息和绘制地图的政府顾问机构(参见戴何都[des Rotours],*Traité des fonctionnaires*,第 110 页、第 199 页注②)。我们完全可以证实当时的鸿胪寺与僧团之间的紧密联系:直到公元 842 年所有佛教和道教寺观都在鸿胪寺管辖之下(同上,第 348—385、388、390 页)。从另一份史料,我们得知这个机构的一位中国官员通晓梵文,并在公元 676—678 年间参加了佛经翻译(名叫杜行颛,参见《大正藏》No 2152,第 368 页下第 20 列,《大正藏》No 2154,第 564 页上第 27 列)。

⑩⑧ 马伯乐,《亚细亚学报》,1934,第 97—98 页。

⑩⑨ 大谷胜真在上面(注㊿)提到的文章中,尤其在第 70—73 页;也见望月信亨《佛教大辞典》,第 1711 页上。

⑩⑩《出三藏记集》卷 7,第 48 页下第 9 列。

⑪⑪《(佛说)四谛经》,《大正藏》No 32,第 814 页下第 3 列。

⑪⑫《汉书》卷 19 上,第 8 页右,提到在鸿胪寺的官员中有一位译官令和一位译官承。因此有必要注意,"鸿胪"这个奇怪的官名的传统解释是"转音"(transmitting the sounds),"鸿"被训为"声","胪"被训为"传"(参见颜师古《汉书》注引应劭[公元 2 世纪中期]疏,同上引文)。

⑪⑬《汉书》卷 96 上(西域传),第 4 页右、6 页左、7 页右、7 页左、8 页右、8 页左、16 页左、20 页左;卷 96 下,第 8 页左、9 页右、9 页左、14 页左、14 页右、15 页右、15 页左、16 页右、16 页左、17 页右。我尚未能发现有关汉代这些译者官方地位的情况。在《汉书》卷 96 中,他们仅出现在中亚受中国大将军管辖的国家。

⑪⑭《高僧传》卷 1,第 325 页上第 20 列。

⑪⑮《出三藏记集》卷 13,第 96 页中第 4 列;《高僧传》卷 1,第 325 页上第 17 列。

⑪⑯《出三藏记集》卷 13,第 96 页上第 25 列;《高僧传》卷 1,第 326 页中第 24 列。"律炎"的读法首次在《高僧传》中被发现。"将炎"一定是错了,可由同代的《法句经序》(《出三藏记集》卷 7,第 50 页上第 10 列,第 50 页上第 25 列)和道安经录证实(同上,卷 2,第 6 页下第 12 列)。

⑪⑰《高僧传》卷 1,第 326 页中第 14 列。

⑪⑱ 参见烈维 *L'Apramāda-varga;étude sur les Recensions des Dharmapadas*,

《亚细亚学报》,1912,第 203—204 页,尤其在第 207—223 页。

⑲《出三藏记集》卷 7,第 49 页下第 20 列起;"序"已由烈维译出,所引上书,第 205—207 页,比尔节译了《法句经》(伦敦,1878),第 29 页。在《大正藏》№210 中,我 们无法解释,它被插在卷 21 和卷 22 之间(《大正藏》№210,第 566 页中),但这里"序" 显出公元 4 世纪、5 世纪初修改过的痕迹,《出三藏记集》中的"译胡为汉",这里作"译 梵为秦"(第 566 页下第 2 列)。有关这里提到的葛氏的身份,我们无法得知。另一 个不为人知的名字,出现在"序"中:"惟昔蓝调,安侯世高,都尉,弗调,译胡为汉,悉 得其体……"(第 50 页上第 6 列)。汤用彤(第 65 页)认为"蓝调"一词是正文的讹误, 但这样作缺乏理由。这两个字经常在佛教音译时出现,他们很可能指早期译者的名 字,像上面提到的从未出现于任何其他史料的"葛氏"。

⑳ 参见汤用彤,所引上书,第 130—131 页。

㉑ 参见《论语》Ⅵ.16:"子曰:质胜文则野,文胜质则史,文质彬彬,然后君子。"有 关译经正确方法的类似警句,见《出三藏记集》卷 7,第 49 页中第 28 列。

㉒《道德经》第 81 章:"美言不信,信言不美。"

㉓《易经·系辞上》(注疏本卷 7 第 30 页左):"子曰:书不尽言,言不尽意,然则 圣人之意其不可见乎。"

㉔《出三藏记集》卷 7,第 50 页上第 12 列;烈维译,载于《亚细亚学报》,1912,第 206—207 页。他译"佛言依其义不用饰,取其法不以严"为:Le Bouddha a déclaré que si on s'appuie surve le sens, il n'est pas besoin d'ornements; si on prend sa loi, ce n'est pas pour la parure。我不知道这样的名言是否能归于佛陀。考虑到"佛言"和"其"一 般的意义,像我这样的翻译也许会更好一些:"As to the Buddhavacana……"

㉕ 传记在《出三藏记集》卷 13,第 97 页中第 13 列,在《高僧传》卷 1,第 325 页上 第 18 列(康僧会传)中更短。支愍度《合首楞严经记》中最早的传记资料,收在《出三 藏记集》卷 7,第 49 页上第 12 列中。两个人名"谦"和"越"出现了一个小问题。最早 的名称支愍度在《出三藏记集》第 49 页上第 12 列中作:"支越字恭明";同上,卷 8,第 58 页中第 21 列作:"优婆塞支恭明";道安,同上,卷 6,第 45 页中第 20 列作:"高士河 南支恭明";道安,同上,卷 8,第 52 页下第 13 列作:"支越";序题下作者名,同上,卷 7,第 51 页下第 17 列作:"支恭明";孙亮的信(真实性可疑)在《出三藏记集》卷 13,第 97 页下第 17 列作:"支恭明"。"支谦"出现在僧经录卷(《出三藏记集》卷 2,第 7 页上 第 25 列,卷 5,第 37 页下第 3 列,以及卷 13,第 97 页中第 13 列)他的传记中作:"支 谦字恭明,一名越。"这里,我们与通行的用法保持一致,仍用支谦一名,尽管最早的 史料无一例外地称他为"支越"或"支恭明"。

㉖《出三藏记集》卷 13,第 97 页中第 22 列;《高僧传》卷 1,第 325 页上第 22 列。

㉗ 支愍度《出三藏记集》卷 7,第 49 页上第 24 列;《出三藏记集》卷 13 和《高僧 传》卷 1,同上引文。

㉘《出三藏记集》卷 6,第 46 页中第 8 列。

㉙ 同上,卷 13,第 97 页下第 5 列。据一个后来的说法,吴国统治家族在迁都建 业以前就已对佛教发生兴趣。《佛祖统记》卷 35(公元 1258—1269 年编;《大正藏》No

2035,第 331 页下第 9 列)说,公元 229 年,孙权的宠妃潘夫人在武昌建慧宝寺。但在有关这个时代的史料中却没有提到过。

⑬《高僧传》卷 1,第 325 页上第 27 列。

⑬《三国志·吴志》卷 14,第 593 页右。公元 242 年他作为尚书郎已活动于都城,在此之前已与支谦建立联系并不是不可能的(《三国志·吴志》卷 20,第 633 页左)。

⑬《吴志》卷 20,第 633 页左和卷 14 第 595 页右。

⑬《出三藏记集》卷 13,第 97 页下第 17 列;未见于《高僧传》。

⑭《出三藏记集》第 97 页下第 14 列;未见于《高僧传》。参见伯希和文,《通报》卷 19,1920,第 393 页,注⑳。

⑬ 于法兰的年代不清。据他的传记(《高僧传》卷 4,第 349 页下第 22 列起),他来自河北北部的高阳,他在那里很快出了名。像在支谦传里提到的竺法兰一样,他隐居在山上。"后来"他南行安居在浙江东部剡县的山上。这最有可能发生在公元 4 世纪 20 年代,当时很多高僧逃离北方。与他同代的人常常把他和可能是他同代人之一的庾元规(庾亮,289—340)相比。他与学生于道邃欲走南路去印度,没有成功,死于印度支那的象林。在于法兰移居剡县前(参见《高僧传》卷 4,第 350 页中第 13 列,他的传记),于道邃在北方成为他的弟子时年仅 15 岁,与他老师死于象林时年仅 30 岁。由此可以认为,于法兰单独越过长江(310/320)到他死亡相距不到 15 年,所以我们说,于法兰在南方活动应在公元 310/320—325/335 年之间。也参见《法苑珠林》(《大正藏》№2122,卷 28,第 492 页上;卷 54,第 694 页下)所引公元 5 世纪末《冥祥记》,据称于法兰在公元 280—290 年间仍然"秘密"活动在北方一座寺院(vihāra)里,但这个说法似乎是假的。

⑬ 支愍度(约公元 300 年,《出三藏记集》卷 7,第 49 页上第 29 列)指出:支谦作为译者的活动年代是"黄初(220—226)至建兴(225—253)年间";僧祐具体指出(同上,卷 12,第 97 页下第 10 列)是"从黄初初年(220)以降"。在最早的史料中,译作数目有各种说法,或 27(僧祐,同上)或 49(《高僧传》卷 1,第 325 页中第 2 列)。支愍度可能有支谦译经的古录(参见《出三藏记集》卷 7,第 49 页中第 1 列。他说:"自有别传记录亦云出此经。"),但只大略说有"数十本",或据高丽本"数十卷"。

⑬《大正藏》№54、№68、№76、№87、№169、№185、№198、№225、№281、№362、№474、№493、№532、№533、№556、№557、№559、№581、№632、№708、№735、№790、№1011。道安没提到其中一部(《大正藏》№68)。

⑬ 对支谦译法的评论:支愍度在《合首楞严经记》(《出三藏记集》卷 7,第 49 页上第 26 列)中说:"以季时尚文,时好简略,故其出经颇从文丽,然其历辞析理文而不越,约而义显";道安在《般若经抄序》(同上,卷 7,第 52 页下第 13 列)中说:"巧则巧矣,惧窍成而混沌终矣";僧肇在《维摩诘经序》(同上,卷 8,第 58 页中第 9 列)中说:"恨支(谦)竺(法护)所出,理滞于文,常惧玄宗,堕于译人。"最严厉的是慧叡在《思益经序》(403 年,《出三藏记集》卷 8,第 58 页上第 4 列)中说:"恭明前译颇丽其辞,仍迷其旨,是使弘标乖于谬文,至味淡于华艳。"

⑬ 支愍度,《出三藏记集》卷 7,第 49 页中第 1 列;参见汤用彤《佛教史》第 134 页。

⑭ 《(大)明度(无极)经》,《出三藏记集》卷 2,第 7 页上第 8 列。关于卷 1 注解,见第 54 页。用"度"(渡[过])来翻译 pāramitā("波罗蜜多",从 parama 衍化而来),实际上是从"彼岸"(pāram)和"到"(itā)误导出来的译名,参见沙畹 *Cinq Cents Contes et Apologues*,卷 1,第 2 页。"度无极"实际上是重复的翻译。但把"波罗蜜多"训为"到彼岸",当然它有它的印度渊源。参见《俱舍论》(*Abh. Kosa.*)Ⅳ,第 231 页,以及拉摩 (Lamotte),《大智度论》(*Traité*),第 701 页;其中也提到了藏文中对"波罗蜜多"的多种译法:pha. rol. tu. phyin. pa。有一个奇怪的译名,显然是由于道安的印度助手一知半解的解释,出现在道安《摩诃钵罗波罗蜜经抄序》中,见《出三藏记集》卷 8,第 52 页下第 25 列:"摩诃,大也。钵罗若,智也。波罗,度也。蜜,无极。"似乎这个词被拆成 pāra+amita,即"遥远的彼岸"和"无法企及"两部分,却忽略了构成 pārāmitā 的两个短 a 的意义。

⑭ 如果支谦译过这一版本,就不能证明《四十二章经》是基于印度原本;他可能仅润色了当时已有的汉译本。把这种译本归于支谦,这说法很值得怀疑。参见伯希和,《通报》卷 19,1920,第 393 页。

⑭ 《出三藏记集》卷 13,第 97 页下第 12 列=《高僧传》卷 1,第 325 页中第 3 列。

⑭ 《出三藏记集》卷 12,第 97 页中第 2 列。

⑭ 参见《后汉书》卷 88,第 8 页左("大秦"条)和第 10 页右("天竺"条);《梁书》卷 54,第 1 页右("海南诸国"序)。

⑮ 参见沙畹文,《通报》卷 10,1909,第 202 页注②。

⑯ 沙畹文,同上,《法兰西远东学院院刊》卷 3,1903,第 430 页及注。

⑰ 伯希和文,《法兰西远东学院院刊》卷 3,1903,第 271、275—279、303、430 页;沙畹,同上,第 430 页及注。

⑱ 《三国志·吴志》卷 4,第 518 页右,参见胡适《与周叔迦论牟子书》,《论学今著》卷 1,第 151—154 页;福井康顺,所引上书,第 109—110、391—395 页;劳干《论汉代之陆运和水运》,《中央研究院历史语言研究所集刊》卷 15,1947,第 69—91 页,尤其是第 90—91 页。胡适和福井认为,这些烧香的胡人是州官雇来的印度或中亚的僧人,这可能是正确的,"胡"字说明了这一点。南方土著通常被蔑称为蛮。福井根据与法显和其他求法者所描述的佛教仪式的某种类似,确认此文中的佛教仪式的作法,我们还无法苟同。关于张津,参见《三国志·吴志》卷 1,第 482 页左注。

⑲ 参见康僧会《安般守意经序》(《出三藏记集》卷 6,尤其在第 43 页中第 24 列)和《法镜经序》(同上,尤其在第 46 页下第 9 列)。康僧会在到建业前已经在中国生活或周游,这不是不可能。据汤用彤(《佛教史》第 136 页),他的《安般守意经》写于公元 229 年以前,即最晚在他公元 280 年死前 51 年。正如汤用彤所说(同上),由于康僧会可能在中年写此序,他死时至少应有 90 岁,这并非全无可能。只是应被记在中国传记文献中的事实在任何地方都没有提到。然而,汤用彤的论点是不可靠的,康僧会在谈到安世高的活动时称"京师"洛阳,而在公元 229 年(孙权于此年称帝

建立吴国)以后"都城"不再是洛阳而是建业。同样,往前追溯,在无名氏《阴持入经注》(《大正藏》№1694,参见下文第 54 页)序中洛阳也被称作"都城",此作出于公元 3 世纪中期,当然是出现于南方。更为清楚的是在无名氏《正诬论》(参见上文第 15 页)中,使用了"京洛"(京城洛阳)一词,尽管其中的内容证明,这篇论战文章写于南方,时间是在公元 324 年后,至少是在迁都建康后 7 年、洛阳落入匈奴人侵者手中 13 年之后。

⑩《出三藏记集》卷 13,第 96 页中第 1 列;《高僧传》卷 1,第 325 页上第 13 列在某种意义上更为全面,沙畹译 Seng-houei,载于《通报》卷 10,1909,第 199—212 页。更有传奇色彩的是,后来的佛教伪书《吴书》讲述了康僧会在吴国皇宫中传教的活动。该书可能是在原本《吴书》(公元 3 世纪 50 年代至 70 年代中期韦曜等人编)佚失后,大约在公元 6 世纪下半期出现。参见马伯乐文,《法兰西远东学院院刊》卷 10,1910,第 108—109 页。(佛教的)《吴书》在《续集古今佛道论衡》(《大正藏》№2100,第 402 页上第 9 列起;马伯乐译,载于《法兰西远东学院院刊》卷 10,1910,第 109—110 页,以及《法苑珠林》卷 55,第 700 页下)中被大量引用;在《广弘明集》卷 1,第 99 页下第 13 列中有摘要。因为韦曜据称与支谦有联系(参见上文第 49 页),《吴书》被选作佛教伪书的母本,这不是不可能。孙权的皇宫总管阚泽(卒于公元 243 年,《吴志》卷 8 第 543 页左)高度赞扬佛教教义殊胜,他在伪《吴书》中扮演了重要角色,这可能与另一个后来的(公元 13 世纪)传说有关。这个传说与这位官员于公元 242 年在四明山(浙江)建立德润寺(《佛祖统记》卷 53,《大正藏》№2035,第 463 页中第 25 列)有关,这种说法可能源于寺名"德润"恰是阚泽的字这个缘故。

⑪ 有关此祠,参见卢弼《三国志集解》卷 64,第 28 页左,北京,1957。

⑫《吴志》卷 19 第 629 页右,参见《梁书》卷 54,第 5 页左。

⑬《吴志》卷 14,第 593 页左:"修黄老之术,笃养神光。"

⑭《吴志》卷 2,第 497 页。

⑮《出三藏记集》卷 13,第 97 页上第 11 列;《高僧传》卷 1,第 326 页上第 18 列。

⑯ 沙畹译,*Cinq Cents Contes et Apologues*,卷 1,第 1—347 页。

⑰ 在《高僧传》卷 1,第 326 页上第 21 列中首次提到;沙畹译,所引上书,第 347—428 页。

⑱《出三藏记集》卷 2,第 7 页上第 28 列;同上,卷 13,第 97 页上第 14 列中称为"道品";《高僧传》卷 1,第 326 页上第 20 列中称为"小品"。

⑲ 僧祐在他的传记及其他几个作品中提到了康僧会对此经所作的注(《出三藏记集》卷 13,第 97 页上第 13 列),在他的传记章节中只提到《六度集经》和《吴品》(同上,卷 2,第 7 页上)。

⑳ 这些介绍性的章节,沙畹在 *Cinq Cents Contes et Apologues* 卷 1 中,只翻译了第一(dāna,第 2—3 页)、第二(sīla,第 97 页)和第四(vīrya,第 213—214 页),第三(kṣ ānti)和第五(dhyāna)没有翻译(参见同上,第 154 页注①和第 267 页注①)。应该与康僧会《安般守意经序》(《出三藏记集》卷 6)一起研究的第五(dhyāna)章,是公元 3 世纪中国佛教最重要的文献之一。

⑯ 出自《大明度经》(《大正藏》№1694)的引文：第 10 页中第 13 列；第 13 页中第 22 列；第 21 页中第 19 列；出自《维摩诘经》的引文：第 15 页上第 18 列。

⑯ 如汤用彤(《佛教史》第 134 页)所说，这些注解由支谦本人所加，这不是不可能的。支谦本身也是一个注家，道安和僧祐提到了他作的《了本生死经》注，《出三藏记集》卷 6，第 45 页中第 21 列，以及卷 13，第 97 页下第 13 列；《高僧传》卷 1，第 325 页中第 4 列。

⑯ 参见汤用彤《佛教史》，第 138 页。

⑯ 这些译者没有一人被道安或僧祐提到，除了安法贤没有出现在早于《历代三宝纪》(597 年)的史料中以外，他们最早都出现于《高僧传》卷 1，第 324 页下第 15 列起。由于所有后来的文献目录都提到(已佚)的《魏世录》(约公元 419 年释道流和竺道祖编，参见伯希和文，《通报》卷 22,1923,第 102 页)，我们可以推出：这是《高僧传》所依据的史料基础。僧祐没有引用或提及道流或道祖的四个目录(《魏世录》《吴世录》《晋世(杂)录》和《河西录》)，似乎是忽略了它们的存在。

⑯ 马伯乐文，《法兰西远东学院院刊》卷 10,1910,第 225 页起；参见伯希和文，《通报》卷 19,1920,第 344 页注㉔。

⑯ "设复斋戒"："复"似乎是写"设"字的衍字(这两字的繁体几乎相同)。

⑯ 《高僧传》卷 1，第 324 页下第 28 列："亦有众僧未禀归戒，正以剪落殊俗耳，设复斋戒事法祠祀。"

⑯ 《昙无德律部杂羯磨》(Karmavācanā 相当于巴利文 Kammavācā，参见《翻译名义大集》[Mahāvyutpatti]，第 866 页下第 6 列)，是问答形式的"行为"(karman)规范，是僧人受具足戒(upasaṃpadā)举行仪式时用于唱颂的基本文本。各种语种的版本，见贝利(H. W. Bailey)，The Tumshuq Karmavācanā，《东方和非洲研究院学报》(BSOAS)卷 13,1949/1950，第 549 页起。"昙无德"是 dharmaguptaka 的音译，指的很可能是俗语 dhammauttaka，参见师觉月《经典》(Canon)第 79 页。康僧铠和昙谛的译著，标志了昙无德(Dharmagupta)所建立的法藏部(化地部[Mahīśāsaka]的一支)经典传入中国，传统上认为此律的建立甚至可以追溯到佛的大弟子目犍连(Maudgalyāyana)。后来，这种经典更多的内容被译成汉语，当然包括全部毗奈耶(《四分律》，《大正藏》№1428，被分成四部分是此律的特征，公元 5 世纪初佛陀耶舍译)，汉译《长阿含经》(Dīrghāgama，《大正藏》№1，佛陀耶舍译)和被称为《舍利弗阿毗昙论》(Sāriputrābhidharmaśāstra，《大正藏》№1548，昙摩耶舍和昙摩崛多译)的对法可能也属于此部作品。参见拜劳(A. Bareau)，Les sectes Bouddhiques du Petit Véhicule，1955，第 190 页起。

⑯ 陆澄(约 465 年前后)《法论目录》中提到，《出三藏记集》卷 12，第 83 页上第 2 列，第 85 页上第 12 列，参见《弘明集》卷 14，第 96 页上第 3 列；汤用彤，第 125—126 页；魏塔克(K. P. K. Whitaker)，Tsaur Jyr and the Introduction of Fannbay into China，《东方和非洲研究院学报》卷 20,1957，第 585—597 页，尤其在第 589 页。

⑰ 魏塔克(见上注)；此外，汤用彤，第 133—134 页；《法宝义林》(Hōbōgirin)"Bombai"条，第 95—96 页；《高僧传》卷 13，第 415 页上第 13 列；《法苑珠林》，《大正

藏》№2122，第 576 页上。

⑦ 《抱朴子》卷 2（论仙），《诸子集成》本，第 4 页。

⑰ 《广弘明集》卷 5，第 118 页下第 21 列起；丁晏《曹集铨评》(1865)，北京重版，1957，第 155—159 页。

⑰ 《魏书》卷 114 第 3 页右；魏鲁男（Ware）《魏收论佛教》(Wei Shou on Buddhism)，《通报》卷 30，1933，第 121—122 页；胡维之译，第 46 页。

⑭ 《晋书》卷 26（食货志）第 8 页右，参见杨联陞(Lian-sheng Yang)《晋代经济史札记》(Notes on the Economic History of the Chin Dynasty)，《哈佛亚洲学报》卷 9，1945—1947，第 107—185 页，尤其在第 115—116、168—169 页。

⑮ 《魏志》卷 13，第 176 页右注引《魏略》；《宋书》卷 14，第 17 页左起。

⑯ 《晋书》卷 3 第 9 页右；卷 24 第 8 页左—第 9 页右。

⑰ 《晋书》卷 3，第 5 页左、6 页左、12 页左、13 页右、13 页左、14 页左。

⑱ 《晋书》卷 97（大宛章）第 8 页右；参见沙畹和斯坦因（M. Aeurel Stein）《于阗古国》(Ancient Khotan)，牛津，1907，附录 A，第 545 页。

⑲ 在尼雅(Niya)遗址发现的官方文牒残片，见 Document N., XV. 93 a. b.，原文和译文见沙畹在斯坦因所引上书里，附录 A，第 537 页。沙畹的解释（据此文件中列举的题目均属一人，即焉耆王龙会）是不正确的；王国维用另一份材料（《流沙坠简、补遗考释》，p. 2b—3b)补齐了这封残缺的官方信件其余的空白之处，它似乎或是由“晋守侍中大都尉奉晋大侯亲晋鄯善焉耆龟兹疏勒于阗王”联合发布的公告，或是中国皇帝颁给他们的诏书。另一个有趣的事实在中国编年史中没有提到，但在斯坦因于中亚发现的官方文牒残片中却提到了，即在公元 268 年中国政府进行了一场针对高昌(Turfan)的军事远征，参见马伯乐，Les Documents Chinois de la Troisiene Expédition de Sir Aural Stein en Asia Centrade，伦敦，1953，第 60 页。

⑳ 关于斯坦因和斯文·赫定(Sven Hedin)在尼雅和楼兰所发现的西晋文献的原文和译文，见沙畹在《于阗古国》(Ancient Khotan)（参见注⑱）里，第 537—545 页；沙畹，Documents Chinois Découverts par Aurel Stein，牛津，1913，第 155—200 页；康拉迪(A. Conrady)，Die Chinesischen Handschriften und Kleinfunde Sven Hedins in Lou-lan，Stockholm（斯德哥尔摩），1920；马伯乐，所引上书（参见注⑤），第 52—78 页；王国维和罗振玉《流沙坠简》，第二次修订版（1935 年前不久，日期不详）。

㉑ 《晋书》卷 26（食货志）第 4 页左；杨联陞《晋代经济史札记》，《哈佛亚洲学报》(HJAS) 卷 9，1945—1947，第 154—155 页。这里的改革归功于精明强干的敦煌长官皇甫隆（约公元 251 年任职）。

㉒ 在公元 4 世纪已有几个《八千颂般若经》和《两万五千颂般若经》的汉译本，并且完全被认为多少是从同一个原本扩充而来的。这种令人迷惑的译本的复杂多样性，被有关印度还有其他版本的传言弄得更加复杂。中国的义学僧，锲而不舍的文献目录学家，竭力通过各种方法去辨明这些文本之间的渊源关系。最早的解释是：《道行经》是《二万五千颂般若经》(Pañcavim satisāhasrikā) 的略本。支遁（314—366)：“偿闻先学共传云，佛去世后，从大品（二万五千颂）之中抄出小品（八千颂）。”

《大小品对比要抄序》,《出三藏记集》卷 8,第 55 页中第 16 列)同样,道安说:"佛泥曰后,外国高士抄(大品,二万五千颂)九十章为《道行品》(即八千颂)。"(《道行经序》,《出三藏记集》卷 7,第 47 页中第 15 列)我不知道与此相应的印度原本的情况。另一方面,在对佛经进行"摘要"很流行的时候,与现代学术观点相反,中国人自然地认为:小品是某个更为全面的大品的附产物。但是,支遁提出另一种解释(同上,第 56 页上第 23 列):"惟昔闻之曰,夫大、小品者,出于本品,本品之文有六十万言。今游天竺,未适于晋。今此二抄亦兴于大本,出者不同也,而小品出之在先。然斯二经虽同出于本品,而时往往有不同者。或小品之所具,大品所不载;大品之所备,小品之所阙……"对于支遁所说"本品"的特征,我们有个小的疑点:他在某种程度上知道某个篇幅更长的大乘经典,即《十万颂般若经》。60 万(字)显然是错的;其他地方这个数字是指二万五千颂的印度原本(参见上文第 63 页)。在中国当时还不知道一个相当晚的传说:最大篇幅的《般若经》是龙树在龙宫(the realm of Nāgas)里发现的(多罗那他[Taranatha]*Rgya-gar chos-'byun*,瓦莱塞[M. Walleser]意译《西藏和中国史料中的龙树生平》[The Life of Nagarjuna from Tibetan and Chinese Sources],《大亚细亚学报》[As. *Maj.*],Hirth Anniversary volume,第 1—37 页,尤其在第 10 页,也参见拉摩[Et. Lamotte]《大智度论》[*Traité*],第 941 页);这个传说首次出现在被错误地归为鸠摩罗什的《龙树菩萨传》(《大正藏》№2047,第 184 页下)里。吉藏(549—623)在《大品经游意》(《大正藏》№.1696,第 67 页下第 29 列)认为,《大品般若经》与《光赞经》(《大正藏》№222,法护译)原本相同,这显然是错的。《光赞经》只是(支遁时仍不知它存在的)《二万五千颂般若经》的节选本,而且吉藏的说法可能基于同样不完全的《大智度论》卷 67(《大正藏》№1509,第 529 页中第 23 列):"卷有多有少,有上、中、下、光赞、放光、道行。"如果《大智度论》确实依据印度原本,此处译者仅替换了三个著名的汉译《般若经》名字,但最后很可能是鸠摩罗什羼入了这些字。无论如何,注意到这一点很重要:在支遁的话里,我们发现在公元 4 世纪上半叶存在《十万颂般若经》(*Satasāhasrikā p'p'*)的暗示,这要比玄奘在公元 660—663 年间翻译此经早上三个世纪。

⑱ 据《出三藏记集》《高僧传》和其他史料中的朱士行传记,他于公元 260 年去于阗。但最早的文献(《出三藏记集》卷 7,第 47 页下第 11 列,无名氏《放光经后记》)提到,他出家受戒是在公元 260 年。这样,他出游于阗应在 260 年后。这也许是正确的,可以解释为什么朱士行迟至出发后 22 年即公元 282 年才寄回他的《二万五千颂般若经》抄本。

⑱ *Pañcaviṃsat(isāhasri)kā Prajñā pāramitā*,《二万五千颂般若经》(原书略作 25000p'p')。

⑱ 根据藏文的说法,在一些基本点上与玄奘解释相一致,于阗的佛教是在于阗王 Vijayasaṃ-bhava(基本上是种传说)统治时期由一位称作毗卢折那(Vairocana)的罽宾僧人传入的。参见柔克义(W. W. Rockhill)《佛陀的一生》(*The Life of the Buddha*),伦敦,1884,第 230 页起;达斯(Babu Sarat Chandra Das)《关于于阗的佛教和其他传说》(Buddhist and Other Legends About Khotan),载于《孟加拉亚洲学报》

(*Journal of the Asiatic of Bengal*),1886,卷1,第193—203页;烈维,*Notes Chinoises sur L'lnde*,卷5,《法兰西远东学院院刊》卷5,1905,第256页起;斯坦因《于阗古国》(*Ancient Khotan*),第151页起;同上,附录E(第581页起);托马斯(F. W. Thomas)《西藏有关于阗记载摘要》(*Extracts from Tibetan Accounts of Khotan*);羽溪了谛(汉译本《西域之佛教》),第202页起。

⑱ 关于它的发现史和 Ms.Dutreuil De Rhins 的文献情况,见烈维,《亚细亚学报》,1912,第213—215页和贝利(H. W. Bailey),The Khotan Dharmapada,《东方和非洲研究院学报》卷11,1943—1946,第488页起。

⑱ 《后汉书》卷118,第5页左。

⑱ 《后汉书》,卷77(《班超传》),第3页右和第7页左。

⑱ 同上,卷118,第15页左起。

⑲ 《三国志·魏志》卷30,第366页左注引《魏略·西戎传》。在于阗和鄯善之间的尼雅,发现了汉语和卢(kharoṣṭhī)文献,这清楚地表明了它如何成为东西方影响的交会点;参见马伯乐,*Documents Chinois*,第53页。一方面,通过大量佛塔遗迹和佉卢文献中出现典型的僧人、居士名字(Budhamitra,Dhamṇapāla,Puṃṇadeva,Anam-dasena),可以证实佛教的兴盛;另一方面,我们发现,除了早期俗语作为当时中亚的方言之外,汉语在当地统治者的诏令(参见注⑰)中,甚至在尼雅王室成员之间的私人通信中也被使用(沙畹,*Document Chinois*,第940—947页)。

⑲ 《放光经记》,《出三藏记集》卷7,第47页下第11列。《朱士行传》(主要依据此后记),《出三藏记集》卷13,第97页上第18列;《高僧传》卷4,第346页中第10列。

⑲ 《出三藏记集》卷2,第11页下第9列;同上,卷9,第61页上第1列,以及卷14,第104页上第19列。

⑲ 《高僧法显传》,《大正藏》No 2085,第857页中,比尔(Beal)译本第25—27页;翟理斯(Giles)译本第4—7页。

⑲ 这实际上是羽溪(所引上书,第212页)和望月(《佛教大辞典》,第222页下)的意见。

⑲ 《高僧传》卷10,第389页中第16列(参见《法苑珠林》卷18,第417页中第12列引用公元5世纪末《冥祥记》)。

⑲ 《冥祥记》,为《法苑珠林》所引,同上。

⑲ 《冥祥记》,为《法苑珠林》所引,同上。

⑲ 《高僧传》卷4,第346页下第12列。在《喻疑论》中,我们首次发现了有关朱士行在于阗与小乘论者发生冲突乃至神判的传说。这篇《喻疑论》是慧叡于公元428年前后所写的论战文章(《出三藏记集》,第41页下第26列,李华德译,载于《中印研究》[*Sino-Indian Studies*]卷2,1956,第94—95页)。此文的行文几乎与《高僧传》一样;两者显然是依据相同的史料(这个故事是由法义[Fa-i]讲述或写成的?),如果《高僧传》的作者没有直接抄袭《喻疑论》。法义所讲的朱士行在于阗火化的故事在孙绰《正像论》中间接提到过,此论的残篇被《高僧传》卷4,第346页下第13列引用。神

判和朱士行火化的传说,也出现在公元 5 世纪末《冥祥记》中,参见《法苑珠林》卷 28,第 491 页上。

⑲ 《出三藏记集》卷 7,第 47 页下第 13 列。

⑳ 《高僧传》卷 4,第 346 页下第 6 列。

㉑ 这个名字有多种音译,如"弗如檀"《出三藏记集》卷 7,第 47 页下第 14 列后记、"不如檀"《出三藏记集》传记和相似的"分如檀"(道安《出三藏记集》卷 7,第 48 页上第 4 列)。境野黄洋把它还原为 Puṇyatāra(所引上书,第 102 页),是完全不可能的。我们可能在 Puṇyadhana 和 Pūrṇadharma 之间犹豫不决;在后一种情况下,尾音-t 通常译成外来的 r(参见卡尔格兰[Karlgren],《通报》卷 19,1920,第 108—109 页)。Pūrṇadharma 的解释在意义上更接近汉译名"法饶",但-dharma 通常译成"昙"。

㉒ 《出三藏记集》卷 13,卷 97 页上第 29 列。

㉓ 同上,卷 7,第 48 页上第 15 列。

㉔ 中国法师康法朗(公元 3 世纪下半叶)来自中山;出游西域后,他返回中国,再次同几百名弟子安居于中山(《高僧传》卷 4,第 347 页上第 28 列起;关于他西行,也见《法苑珠林》卷 105,第 988 页上所引《冥祥记》)。中山也是唱导师帛法桥(约公元 260 年生,《高僧传》卷 13,第 413 页中第 25 列)的出生地。据《高僧传》卷 9,第 387 页上第 8 列,佛图澄的著名弟子竺法雅也是中山人,但别处(卷 4,第 347 页上第 18 列)说他生于向东几百里的河间(河北)(参见芮沃寿《佛图澄》,《哈佛亚洲学报》卷 11,1948,第 367 页和第 349 页注㉒)。也参见《法苑珠林》卷 28,第 492 页上,以及卷 54,第 694 页下(引用公元 5 世纪末《冥祥记》),谈及公元 280—290 年间中山一座秘密寺院(vihāra),不过这也可能是伪说。

㉕ 境野黄洋(所引上书,卷 1,第 107 页)主张,这个"支法师"是支孝龙。据《高僧传》,在公元 303—304 年修订《放光经》期间,他与竺叔兰一起研读(参见第 64 页)。这是不可能的。据《高僧传》(卷 4,第 346 页下第 7、23 列),支孝龙本人参加了在苍垣的修订工作,而道安明确称"中山支法师"派人去苍垣作抄写工作。

㉖ 在公元 3 世纪末、4 世纪前几十年,有几个人被封为中山王。公元 311 年,刘渊的继承者刘聪,篡夺了仍在扩张的匈奴帝国的王位,成为匈奴大单于,他将这一头衔授予侄子刘曜(《晋书》卷 102 第 2 页右);公元 323 年,同样的职位授予匈奴将军刘岳(《晋书》卷 103 第 8 页左),但一年刚过,他遭流放,可能还被他的竞争对手匈奴军阀石勒(《晋书》卷 103,第 10 页右,关于这次战斗,参见《高僧传·佛图澄传》卷 9,第 384 页上第 28 列起,芮沃寿译本第 343 页)杀掉。当石勒推翻刘氏,登上"后赵"王座时,于公元 331 年让侄子石虎作中山王(《晋书》卷 105,第 7 页右)。但这三人几乎没有一人是道安所指的人。与佛图澄交往甚密的石虎可以排除在外,正式引入道安说过的一部新译佛经在这部佛经印行之后 40 年左右,这是绝无可能的。佛图澄见石勒(311 年)前,已在《放光经》十分流行的洛阳呆过,而且抄经者被派往苍垣的事实,证明此事发生在译者刚刚完成任务之时。匈奴的刘氏家族成员似乎没人与佛教有联系,刘曜也不例外;刘岳担任此职期间几个月内抗击石勒,可能从未居于中山。

㉗ 《晋书》卷 3,第 9 页左。

㉕《晋书》卷4,第2页右。

㉖《出三藏记集》卷7,第47页下第16列。

㉗据《出三藏记集》卷7,第47页下第23列,竺法兰与僧人竺法寂(详情不知)一起修订《放光经》。在《高僧传》卷4,第346页下第7列中,支孝龙据说参加了修订,而竺法义未被提到(参见汤用彤《佛教史》第166页)。这也许是抄写错误,但支孝龙当时似乎实际上已在苍垣。在他的传记中(同上,卷4,第346页下第23列),据说他在《放光经》问世不到十天内,就立即研读了正文,其后便能解释经义。参见注㉕。

㉘《高僧传》卷7,第47页下第16列。

㉙《高僧传》卷1,第327页下第13列,参见师觉月《经典》(Canon)第83页注②。"高座"一词("法"的解释者)在公元2世纪末《中本起经》中,已经以这种意义出现过,《大正藏》No196卷2,第157页下第7、8列。

㉚公元3世纪中期神秘的竺法兰(上文第49页;中国人?)和竺法护是我们所知最早的例子。中国僧人像严佛调(上文第34页),甚至与法护同代的朱士行在出家后仍保留了俗姓。

㉛无名氏题记,《出三藏记集》卷7,第50页中第6列,卷8,第56页下第16列,以及卷9,第63页中第14列;支愍度,《出三藏记集》卷7,第49页中第8列。

㉜《出三藏记集》卷13,第97页下第23列;参见《高僧传》卷1,第326页下第6列。

㉝《汉书》卷96上,第1页右;《三国志·魏志》卷7,第97页右注引谢承(公元3世纪上半叶)《汉书》(作《后汉书》)。

㉞《出三藏记集》卷7,第50页下第27列,卷8,第57页下第20列,卷9,第63页中第14列;参见《高僧传》卷1,第327页上第12列。

㉟《出三藏记集》卷2,第7页中第7列—9页下第4列;传记,《出三藏记集》卷13,第98页上第2列;《高僧传》卷1,326页下第13列。

㊱《历代三宝纪》和其他史料提到的所谓《(竺)法护(众经)目录》是否曾经存在过,这实在无法确定。它从未被引用过。在《出三藏记集》卷9,第63页中第11列中提到《护公录》,但这部书未列在《出三藏记集》法护的著作中,而且这个《护公录》很可能指道安或僧祐自己经录中有关法护译经的目录。

㊲关于这个经录,见林屋,所引上书,第296页起。

㊳(1)无名氏《须真天子经记》,公元266年,长安,《出三藏记集》卷8,第48页中第22列。

(2)道安《合放光光赞略解序》,有关《放光经》的传译(公元286年译于长安),《出三藏记集》卷7,第48页上第1列;道安《摩诃钵罗若波罗蜜经抄序》,同上,卷8,第52页中第8列起。

(3)无名氏《普曜经记》,公元308年,长安;同上,卷7,第48页中第27列。

(4)无名氏《贤劫经记》,公元300年,长安(?);同上,第48页下第2列。

(5)支愍度《合首楞严经记》,引《勇伏定经》题记(《首楞严经》),公元291年译,长安,同上,第49页上第22列。

(6) 王僧孺(465—522)《慧印三昧及济方等学二经序赞》。复录《济方等学经》题记,日期不详,酒泉(?)同上,第 50 页下第 27 列。

(7) 无名氏《阿维越致遮经记》,公元 284 年,敦煌;同上,第 50 页中第 1 列。

(8) 无名氏《魔逆经记》,公元 289 年,洛阳;同上,第 50 页中第 6 列。

(9) 无名氏《圣法印经后记》,公元 294 年,酒泉;同上,第 50 页中第 4 列和第 51 页上第 27 列。

(10) 无名氏《文殊师利净律经记》,公元 289 年,洛阳;同上,第 51 页中第 8 列。

(11) 无名氏《正法华经记》,公元 286 年译,长安;公元 288 年修订(? 汤用彤认为应是"九年"而不是"元年"),长安;《出三藏记集》卷 8,第 56 页下第 16 列。

(12) 无名氏《正法华经后记》(描写公元 290 年在洛阳对此经的抄写和口解);同上,第 56 页下第 25 列。

(13) 无名氏《持心经记》,公元 286 年,长安,同上,第 57 页下第 19 列。

(14) 无名氏《渐备经十住胡名并书叙》(可能是道安作),引用《渐备一切智德经》后记,公元 297 年,长安;同上,卷 9,第 62 页中第 5 列。

(15) 无名氏《如来大哀经记》,公元 291 年,长安,同上,第 63 页中第 13 列。

(16) 无名氏《修行道行经》后记,公元 284 年,敦煌;《大正藏》№606,卷 7,第 230 页中(未见于《出三藏记集》)。戴密微译,《法兰西远东学院院刊》卷 64,1954,第 348—349 页。最早的文献目录(主要依据各类题记)在《出三藏记集》13,第 97 页下第 20 列和《高僧传》卷 1,第 326 页下第 2 列。

㉒《出三藏记集》卷 13,第 98 页上第 3 列;《高僧传》卷 1,第 326 页下第 45 列:"经法所以广流中华者,护之力也。"

㉓《大正藏》№606,卷 7,第 230 页(参见注㉒标号[16])。"侯"可能是一个职位而不是名字的一部分;参见戴密微《法兰西远东学院院刊》卷 44,1954,第 348 页注①。

㉔《出三藏记集》,第 50 页中第 3 列(参见注㉒标号[7])。

㉕《出三藏记集》卷 7,第 48 页上第 2 列和卷 9,第 62 页下第 1 列(注㉒标号[2]和[14])。后者作者不详,但它的内容证明是道安所作;参见汤用彤《佛教史》第 198 页。

㉖《出三藏记集》卷 7,第 51 页中第 8 列(参见注㉒标号[10])。

㉗ 同上,第 48 页下第 2 列(注㉒标号[4])。

㉘ 参见注㉒标号(7)和(16)。

㉙ 参见注㉒标号(10)(公元 289 年 5 月 14 日)、(8)(公元 289 年 2 月 30 日)、(12)(公元 290 年 11 月 3 日)。

㉚ 参见注㉒标号(9)。

㉛ 参见《高僧传》卷 4,第 347 页下第 5 列起,法称传。

㉜ 道安在经录《凉土异经录》中列举了 59 部作品,收录在僧祐《出三藏记集》卷 3,第 18 页下第 3 列;当时(公元 6 世纪初)这些作品中只有六部被保存下来。参见林屋,所引上书,第 1038 页起。

㉝ 本书第 102 页注①标号(3)。《普曜经》(Lalitavistara)可能在长安译出,因为题记署名中法护的笔受是沙门帛法巨,作为法护的助手,他的名字也出现在法护公

元 297 年译于长安的《渐备一切智德经》题记中,见《出三藏记集》卷 7,第 48 页中第 27 列(注㉒标号[14])。

㉞《高僧传》卷 10,第 388 页上第 25 列。

㉟ 法琳《辩正论》(626),《大正藏》No 2110,卷 3,第 502 页下第 11 列。

㊱《高僧传》卷 9,第 383 页中第 18 列;芮沃寿,《哈佛亚洲学报》卷 11,1948,第 337 页。

㊲ 道安,《出三藏记集》卷 7,第 48 页上第 19 列(注㉒标号[1])和卷 9,第 62 页中第 25 列(注㉒,同上)。

㊳ 道安和僧祐在《出三藏记集》卷 2,第 9 页下第 5 列提到;他的传记,同上,卷 13,第 98 页上第 23 列;《高僧传》卷 1,第 327 页上第 3 列。法护最初更全的原本(《出三藏记集》卷 2,第 8 页下第 15 列)也是两卷本;聂承远似乎仅减少了重复的数目而增加了一些润饰。他的译本(《大正藏》No 638)被保存下来。

㊴《高僧传》卷 1,第 327 页上第 1 列。

㊵ 参见林屋文,所引上书,第 285—290 页。

㊶ 印度人:竺力在长安,征若在敦煌;龟兹人:帛元信在长安,可能还有帛法巨(尽管此人作为汉语译文的笔受;如果他是外国人,他也一定完全被汉化了);月氏人:支法宝在敦煌;于阗人:祇多罗(Gītamitra);康居人:康殊(也是笔受)。

㊷ 参见戴密微文,《法兰西远东学院院刊》卷 44,1954,第 348—349 页,以及注㉒标号(16)。我无法区分这些名字和解释这些数字;汤用彤《佛教史》第 158 页,句读如下:"贤者李应荣、承索乌子、剡迟时、通武、支晋、宝等三十余人……"

㊸《出三藏记集》卷 8,第 56 页下第 21 列(注㉒标号[11])。他们作为施主的作用,通过"共劝助欢喜"表现出来。

㊹ 传记《出三藏记集》卷 13,第 98 页上第 11 列;《高僧传》卷 4(法成传)第 347 页中第 25 列。

㊺ 鸠摩罗什在与慧远的通信中,对《妙法莲华经》和其他大乘经典的基本区别,见《大乘大义章》,《大正藏》No 1856,卷 1 第 126 页下第 5 列;卷 2 第 133 页中第 19 列。关于《般若经》和《法华经》义理的关系,关于一乘教(ekayāna),见僧叡(又作慧叡)《小品经序》《法华经后序》和慧观《法华宗要》,分别在《出三藏记集》卷 9 第 54 页下第 22 列、第 57 页中第 24 列和第 57 页上第 4 列。鸠摩罗什及其学派成员似乎都很清楚《法华经》的特质,他们认为它的内容与《大智度论》卷 100(《大正藏》No 1509,第 754 页中第 20 列)中的"秘密义"(guhyadharma)一致,而与其他经典有所不同,甚至相冲突。

㊻ 据我们所知,法护时代以前还有很不完整的失译《萨昙芬陀利经》(《大正藏》No 265,一卷本),它等于法护和鸠摩罗什译本卷 10—12,即现今梵文本第 11 章。根据羼入的译注,它似乎产生于后汉或三国。

㊼ 注㉒标号(11)和(12)中所提到的文献。

㊽ 参见阇那崛多(Jñānagupta)译《添品妙法莲华经》序,《大正藏》No 264,第 134 页下。

㉔ 参见注㉒标号(10)(公元 289 年 5 月 14 日)、(8)(公元 289 年 2 月 30 日)、(12)(公元 290 年 11 月 3 日)。

㉕《出三藏记集》卷 8,第 57 页上第 1 列。

㉑ 道安,《出三藏记集》卷 7,第 48 页上第 2 列,以及卷 9,第 62 页下第 1 列(祇多罗);僧祐,《出三藏记集》卷 2,第 12 页上第 19 列;祇多蜜(此处被错误地放在东晋译者中),参见汤用彤第 159 页。

㉒ 注㉒标号(2)所提到的文献。

㉓《出三藏记集》卷 7,第 48 页上第 11 列。

㉔《出三藏记集》卷 2,第 9 页下第 19 列—第 10 页上第 3 列。

㉕《出三藏记集》卷 13,第 98 页上第 27 列。

㉖《大正藏》№2034,卷 6 第 66 页下—第 68 页上;《大正藏》№2154,第 499 页中第 2 列起。参见师觉月《经典》(Canon),第 136—147 页。

㉗《出三藏记集》卷 4,第 30 页中第 26 列(《大正藏》№2146,卷 1 第 121 页中第 12 列;《大正藏》№2147,卷 1,第 153 页上第 4 列;《大正藏》№2148,卷 1 第 184 页下第 8 列;《大正藏》№2149,卷 9 第 319 页下第 18 列)。

㉘ 有关支疆梁接,见《大正藏》№2034,卷 5 第 56 页下;《大正藏》№2149,卷 2 第 227 页上第 23 列;《大正藏》№2151,卷 1 第 352 页中第 23 列;《大正藏》№2154,卷 2 第 491 页中第 24 列;《大正藏》№2157,卷 3 第 788 页下第 22 列;小野玄妙,所引上书,卷 12,第 47 页。据《大正藏》№2151 和 №2154,他的《法华三昧经》在(伪)《朱士行录》和公元 5 世纪初竺道祖《魏世录》中被提到。族姓"支"指译者的月氏血统。他名字的音译不甚清楚,它被译作(正)无畏。师觉月(Canon 第 308 页)主张,Kālaśiva 头两个音节 Kāla 是以鼻音化的"南方"音译出的,如我们在公元 5 世纪初译者中发现了畺良(疆梁)耶含(Kālayaśas,译作"时称",《高僧传》卷 3 第 343 页下第 11 列;《大正藏》№2149,卷 4 第 260 页上第 15 列)。烈维(《亚细亚学报》,1934,第 16 页)指出,在"疆梁娄至"这个名字中,同一个音素被译成"真",建议将之读作 Kalyāna。关于"疆梁娄至",伯希和、师觉月作 Kālaruci;烈维作 Kalyānaruci,意译为"真喜",见《大正藏》№2034,第 65 页上;《大正藏》№2149,卷 2,第 236 页上第 8 列,第 243 页中第 6 列;《大正藏》№2151,卷 2,第 354 页上第 26 列;《大正藏》№2154,卷 2,第 497 页中第 18 列;《大正藏》№2157,卷 4,第 794 页下第 6 列;伯希和,La Théorie des Quatre Fils du Ciel,《通报》卷 22,1923,第 97—126 页,尤其在第 100 页起;师觉月《经典》(Canon)第 114—116 页;烈维,同上引文;小野玄妙,所引上书,卷 12,第 58 页。"支疆梁接"和"疆梁娄至"可能基于相同的印度名字,很少出现在佛经音译中的"接"字可能是"娄"字之误。但正如师觉月所说,这些人中仅有一个人带有族姓"支",这些名字的音译相当不同。

㉙ 表面上的例外是《牟子》(参见第一章第 13 页起)和无疑是伪造的"曹操信",见上文第 56 页。

㉚《弘明集》卷 12,第 81 页中第 7 列。

㉛ 蕃王,意为"受封的皇亲"或"边远地区的统治者",如在译文中。此处可能指

像石勒、石虎和苻坚之类的非汉族统治者。

㉖《弘明集》卷 12,第 76 页下第 23 列。

㉖ 帛远传,《出三藏记集》卷 15,第 107 页上第 24 列,《高僧传》卷 1,第 327 页上第 12 页;帛法祚传,《高僧传》卷 1,327 页中第 29 列。高丽本《出三藏记集》此章的整个后半部分,包括帛远与王浮讨论的传说、帛法祚和卫士度的生平,均抄自《高僧传》。其他无疑代表原本的各种版本,仅包括关于在帛远遗物上建塔及其译本的一些结论性话。也见下文第六章注㉝。

㉖《出三藏记集》卷 15,第 107 页中第 3 列 =《高僧传》卷 1,第 327 页上第 18 列。

㉖《出三藏记集》卷 7,第 48 页中第 1 列(注㉒标号[3])。

㉖ 支愍度,《出三藏记集》卷 7,第 49 页上第 24 列;同上,卷 13,第 97 页中第 23 列 =《高僧传》卷 1,第 325 页上第 19 列。

㉖《出三藏记集》卷 15,第 107 页注㉝(应读作"首楞严"而不是"音楞严");《高僧传》卷 1,第 327 页中第 28 列。

㉖《出三藏记集》卷 15,第 107 页中第 5 列 =《高僧传》卷 1,第 327 页上第 20 列。

㉖《出三藏记集》校勘作:"俊乂其盛";高丽本《高僧传》作:"後又……";所有其他版本均作:"俊又……"

㉖《出三藏记集》和《高僧传》,同上引文。

㉖《出三藏记集》卷 15,第 107 页中第 9 列;《高僧传》卷 1,第 327 页中第 6 列。

㉖《高僧传》卷 1,第 327 页下第 4 列。在《出三藏记集》中,他的名字总被写成"法作";根据他兄长法名上用"祖"字,他的名字更应用"祚"字。马伯乐(《法兰西远东学院院刊》卷 10,第 224 页注③)把他的名字错写为"法祚",主张帛远的兄弟就是出现在佛图澄传中的佛图澄弟子法祚(《高僧传》卷 9,第 384 页下第 9 列;芮沃寿译本第 348 页)。但一个名叫"法祚"的也两次出现在同一传记中(第 384 页中第 2 列、第 386 页下第 7 列,芮沃寿译本第 343、364 页)。然而,这个僧人根本不可能是帛远的弟弟:他的出现仅在佛图澄死(公元 349 年 1 月 13 日)前几天,而根据传记这个日期是在帛远之弟被杀 40 多年之后。

㉖《高僧传》卷 1,第 327 页下第 5 列;法经《众经目录》卷 6,《大正藏》№2146,第 148 页中第 12 列。

㉖《高僧传》卷 4,第 347 页下第 14 列。

㉖《高僧传》卷 4,第 348 页上第 12 列。

㉖《魏书》卷 114 第 6 页左;魏鲁男(Ware)译本第 141 页,他对"刘元真"和"吕伯强"名字的解释("i. e., our Jack Robinson and John Doe")是荒谬可笑的;胡维之译本第 67 页。

㉖《出三藏记集》卷 7,第 51 页中第 13 列;注㉒标号(10)。

㉖《出三藏记集》卷 2,第 10 页上第 19 列;《高僧传》卷 1,第 327 页下第 7 列。

㉖ 竺叔兰传,《出三藏记集》卷 13,第 98 页中第 3 列;《高僧传》卷 4,第 346 页下

第 1 列略简。他的印度名字的原来形式不详；假设恢复成 Suklaratna（师觉月《经典》[*Canon*]，第 121 页，注①），甚或是 Saṅgharakṣa（Matsumoto，《般若学文献》[*Prajñāpāramitā-Literatur*]，第 23 页），都不令人信服。《出三藏记集》很详细地叙述了竺叔兰的祖父、父亲和叔叔，但这部史籍中诸多因素均有机地与显然是传奇性质的记载联系起来，即在竺叔兰临终的一刹那，他的后代坠落地狱，这是中国佛教圣徒传中的共同主题，也详细地出现在竺叔兰的传记中。僧祐可能是从诸如《冥祥记》这样的神异故事集中搜取材料的；这个事实暴露了它较晚的日期：即在竺叔兰父亲名字达摩尸罗（Dharmaśiras）后面，解释为"齐言法首"，"齐"指朝代名，统治期间从公元 479—501 年。在《出三藏记集》其他传记中，此类注解通常写作"此云"。

㉘ 参见《晋书》卷 43，第 12 页右—13 页左，乐广传。

㉑《出三藏记集》卷 13，第 98 页中第 19 列。

㉒《出三藏记集》卷 2，第 9 页下第 12 列。竺叔兰翻译《首楞严三昧经》，道安未在经录中提到。这个归属也许是支愍度的经录作的（公元 4 世纪上半叶），他在《合首楞严经记》中提到过，《出三藏记集》卷 7，第 49 页中第 8 列。

㉓《高僧传》卷 4，第 346 页下第 13 列："少以风姿见重，加复神采卓荦，高论适时。"

㉔ 传记见《晋书》卷 49，第 3 页右—4 页右。

㉕ 传记见《晋书》卷 50，第 4 页右—5 页右。

㉖《晋书》卷 49，第 14 页左—15 页右。

81

第三章　建康及东南佛教

（约公元 320—420 年）

一、导论

"永嘉之乱"与南渡（公元 304—317 年）

　　司马家族诸王子间的内战（八王之乱）及其所导致的政治真空、北部和中部郡县的全面混乱和灾难，以及在社会深层即将爆发剧烈震荡的征兆，似乎都预示着晋王朝的最终灭亡。但在公元 4 世纪初，这种事件"正常的"发展进程却被一股新兴势力打断，这便是移进中原的外族部落的崛起。他们当时居于中原北部和西北地区，经过两个多世纪的融合，其人口数量已相当可观。几代君王都允许甚至鼓励他们的融入，这种情况在今天的山西和长安地区最为显著；在公元 299 年的文献中，定居在长安地区的外来人口数量估计在 50 万左右，大约占总人口的一半。①

　　在通过此种方式定居于汉地的各族部落中，匈奴族最重要也最危险。从鄂尔多斯地区（the Ordos region）开始，匈奴最远渗入山西南部；而最初属于中亚匈奴联盟的羯族则聚集于山西东南；蒙古族先祖鲜卑族的两支经东北（辽宁）和西北（甘肃）侵入；从鄯善和甘肃西部来的吐蕃族先祖氏族和羌族则从西部进入，成批地居住在甘肃东部、陕西和四川。

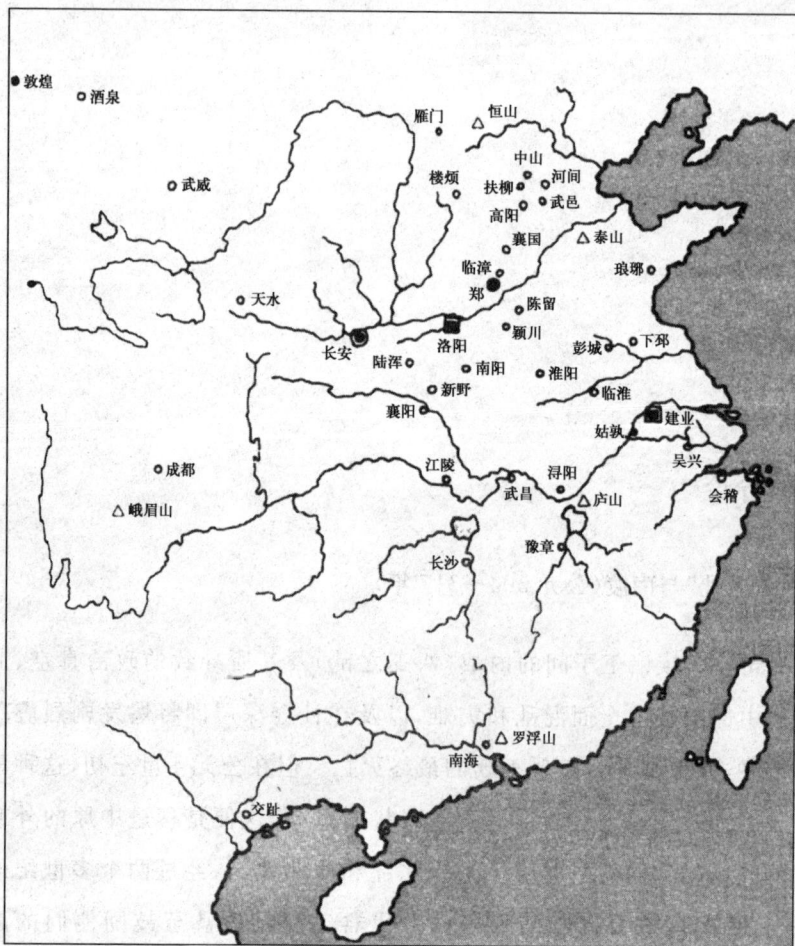

地图四　公元1世纪中叶至4世纪末叶的佛教

　　对于这些外族人在汉族人群中的生活方式及其对这种新环境的适应程度等，我们所知甚微。我们难以想象他们在一个以农耕为主的国度里竟能延续原有的游牧和畜牧生活方式，这些外族人中有不少可能已经经过某种程度的汉化，甚至在他们移入汉地之初就已开始了这种汉化。一进入汉地，他们便成为受压迫的少数民族。有些文献可以让我们一窥这些受压制的外族人生存之艰难,他们受汉人的蔑视,地方政府无情地剥削他们,让他们充当士兵和劳役,甚至把他们出卖为奴,借此聚敛财富。重要的是,即使在这种处境中,很多在汉地的外族部落却将原有的部落组织形式保存了下来。率先在中国北方逐渐建立起独立国家的匈奴和羯族,继承着祖先的制度,《晋书》卷 97 列举了不下 19 个迁入的匈奴"部",他们"皆有部落,不相杂错",每一个部都处于一个贵族家族的统辖下,其成员担任所有重要的世袭职位。②

因此很明显,一旦某个有能力的领导者能够将不同的部落(未必是同族)统一在他的领导下,并且把原有的部落制度与汉地的政权组织因素相结合,从而使现有的外族飞快地变成强大的军事权力中心,它们就很容易成为这个国家内极为危险的因素。事实上,这种情况在公元 3 世纪的最后几十年间已经发生了。当时,一位完全汉化了的匈奴贵族刘渊已经成为山西五个匈奴部落的首领,而这个职位受到中央政府的正式任命。此前,刘渊是洛阳皇宫里的侍从(作为人质),在那里他有一些有影响的朋友,其中有一个叫王弥,此人后来作为刘渊的一位将军,在征服北方的过程中起了十分重要的作用。匈奴国家的重建是在大批中原贤才和叛逃贵族的帮助下展开的,他们在这个混乱危险的时代里投靠了刘渊。

在匈奴人中间,民族主义十分强烈;他们所发动的各种各样的爱国运动,直接导致了冒顿帝国的重建。冒顿是公元前 2 世纪著名的匈奴领袖,刘渊自称是他的后嗣。③到公元 3 世纪末,中央帝国的政治分裂为刘渊开辟了更为广阔的前景。而刘渊大肆宣扬恢复汉王朝的大业,赞颂匈奴王族与汉王室之间的和亲政策。

另一要点是,驻扎在汉地的匈奴军队在司马氏家族内战中已经完全熟悉了中国的军事战略战术。这些军阀在互相倾轧中曾毫不犹疑地依赖刘渊的帮助,他们还经常用外族雇佣兵和奴隶来增援兵力。在公元 304 年的一场战役中,刘渊率部击败司马滕(其军队主要由鲜卑和乌桓士兵组成),这不仅增加了匈奴的战斗力,也使他们看到了中央政府的极度虚弱和时局的动荡。

　　但最重要的是,匈奴在征服的决战阶段极大地依赖于当时中国内部的革命运动,即在这一时期帝国各地不断兴起的农民起义。由于缺少有力的领导和严密组织,这些运动尽管猛烈且波及区域广大,却都只能是昙花一现,只造成了轻微的震荡。不像匈奴经过多年筹备凭借十分坚固的军事基础而发动的战役,它们只是些自发的农民起义,由暴民、"仙人"或冒险的地方官员所领导,这些官员极力去诱导这些释放出来的能量,使之达到个人目的。这些民众领袖也有像刘渊一样要去"中兴汉室"的①。显然,匈奴及其同盟在他们于公元304年开始的大举进攻中鼓动并利用了这种运动。公元306年,刘渊的旧友和同党王弥向他提供爆发于山东并迅速蔓延到河北、河南的大规模起义的情报,这当然不是巧合。公元307年,王弥公开联合刘渊的力量,而我们可以推定,在此之前他已得到了刘渊的支持。同年(307年),一场由羯族首领石勒和汉人汲桑所领导的汉"夷"混杂的起义在山东和河南爆发,两位领导人很快加入到刘渊的麾下。

　　此后几年纷纭复杂的事件,中国史学家通常称之为"永嘉之乱"(307—312),其结果是西晋的覆灭和匈奴征服中国北方大部分地区。对此我们不作详细考察。公元310年,刘渊卒世,其弟刘聪即中国历史上的阿提拉(Attila),继续征战。公元311年匈奴攻克洛阳,大肆屠戮,饥荒蔓延中部郡县,长安两度被攻取和破坏(311、316),西晋末代皇帝被俘,不久后被杀。

　　洛阳的陷落(311年)彻底瓦解了晋朝的抵抗,在四支匈奴军队包围该城市前不久,这座大都市的权贵(诸大臣和皇宫侍从)"十之八九"出逃,而大部分逃向南方。同年,长安失陷,这使王朝气数悉尽,长安地区一片荒芜,城内存活下来不足几百户人家。国都陷落和皇帝被杀的消息传遍整个国家,并在中亚的商业中心引起震动。当时的恐惧和骚动,可以通过康居商人那奈·温达克(Nanai Vandak)的信反映出来,公元 313 年 6、7 月间,他致书撒马尔罕(Samarkand)的雇主:

> ……阁下,据说末代皇帝已因饥馑而逃离莎拉(Saraγ,洛阳)。他那坚固的居所已被焚毁,城池也已毁弃。莎拉已不复存在,那加帕([∂] Ngap [a],邺)也已不复存在! ……他们劫掠尼尼摩(N'yn'ymh)和那加帕,但这些匈奴人昨天还是该皇帝的臣民! ……阁下,如果我要细说弥漫全中国的恐慌,那将是一篇血债累累的故事。您的财产在此劫难中也已荡然无存……⑤

公元 319 年,刘聪的继任者刘曜迁都长安,由此胜利完成了刘渊要在汉朝古都建立中央政权的使命。同时,他将国号由"汉"改为"赵"。然而,这种象征"吉祥"的行动却很可能间接导致了十年后匈奴帝国的灭亡,因为都城西迁给石勒在东部巩固自己的地位创造了时机。

像其他在中国北方建立的"蛮夷"帝国一样,赵也同样遭受了内部的倾轧与冲突,这很容易瓦解国家结构。这就产生了一种必然性,要求本质上属于匈奴贵族家族内部事务的统治方式去适应统治这个官僚体制帝国的需要,适应匈奴首领及其统治之下的其他外族首领间持续的竞争,以及适应这些统治者和汉族士大夫间的微妙关系。统治者必须在各级行政部门任用他们,同时又着力削弱这些士大夫的权力和影响。结果,中国北方最初几个外族帝国均很短命,同时也极不稳定,在其存在的短短几十年中,几乎专门依仗军事暴政和领土扩张作为维持权力的唯一手段。

羯族将军石勒已于公元 319 年在西北建立了一个极为重要的以襄国(今河北南部邢台附近)为都城的王国。在与刘曜作战十年后,他于公元 329 年灭掉"前赵"称帝。由石氏家族统治的"后赵"(329—350)王朝,在中国历史上以极度恐怖而闻名,尤其是在石勒的后继者石虎(333—349)统治时期。"后赵"于公元 350 年戏剧性地走向灭亡,当时石虎收养的一位汉族孙子发动了一场汉族叛乱,引发了一场史无前例的种族仇杀,不仅石氏家族而且所有羯族人都落入他们的虎口。

东晋的建立与大族

在征服北方时,长江中下游地区即古代吴国辖地成为南渡大族的避难地,正如一个世纪以前后汉末年战乱时期所发生的一切那样(参见上文第 36 页)。琅琊王司马睿从公元 307 年起作为“安东将军”和扬州及江南督军,驻扎于孙权的旧都建业(今南京附近)。北方人口的大批移入大约始于公元 310 年,特别是在公元 311 年洛阳陷落后,大批无家可归者涌向南方。由于北方的匈奴统治者仍旧忙于各种征战和巩固新夺取的领土,又加上长江巨大的天然屏障弥补了南方的军事虚弱,他们逐渐成为在这片相对和平的环境下建立新政权的核心群体。

新都(更名为建康)的中心人物、流亡士大夫中无可争议的领袖和朝廷的实际组织者,是琅琊王氏家族的王导(276—339)。⑥他很快便实行了独裁统治。他在公元 310—317 年间吸收北方流亡者中的贤达,并获取南方当地士大夫头面人物的支持,遂为新政权打下了基础;这些头面人物的祖先曾是吴国的高官,他们在当地声名显赫,最初曾极不友好地对待这些威胁到他们特权地位的新兴势力。⑦

公元 318 年,司马睿称帝(元帝,318—322)。在南方恢复晋朝,事实上(尽管不是“正式的”)标志了南北方分裂时代的开始。当时极为仓促地完成了官僚机器的组建。公元 318 年任命的官员不下 20 万。⑧

整个东晋(317—420)时期都由门阀专权。在公元 3 世纪最后几十年仍然占统治地位的司马氏家族,历经无休无止的战事,权力逐渐衰落,朝廷事实上也成了由几个大家族领导成员把持的寡头政治,他们无休无止地争权夺利,互相排挤倾轧。皇帝只是一个徒有虚名的权威。在东晋15 个皇帝中,仅有 6 个在位时间超过六年,而且他们中许多在被当时的领导集团推上皇位时,还只是个孩子。在都城以外的边远州县,司马家族的影响更是微不足道。被封为"王"的皇帝近亲,被身为"督军"、控制帝国大片领土的地方军阀所控制。这些"王"中仅有一位(司马道子,参见下文)在东晋政治史上发挥了重要作用。

因此,公元 4 世纪和 5 世纪初的历史可以分成几个十分明确的时代,每个时代均以某家族的专权为标志。

领导家族	皇帝	
一、约公元 310—325 年 王氏专权(王导 王敦)	元 帝	公元 301(317)—323 年
	明 帝	公元 323—326 年
约公元 325—345 年 庾氏专权(庾亮 庾冰 庾翼)	成 帝	公元 326—343 年
	康 帝	公元 343—345 年
公元 345/346 年　何充打破 庾氏专权,提升桓氏和褚氏	穆 帝	公元 345—346 年
二、公元 346—373 年 桓氏专权(桓温)	司马奕	公元 366—371 年
	(废帝)	
公元 373—385 年 谢氏专权(谢安)	简文帝	公元 371—373 年
	孝武帝	公元 373—397 年
公元 385—403 年 司马道子、桓玄之争	安 帝	公元 397—403 年
三、(中经:公元 403/404 年桓玄篡权及其建立王朝的失败;刘裕驱逐桓玄恢复晋室)		
公元 404—420 年 刘氏专权(刘裕)	安 帝	公元 404—419 年
	(继续)	
	恭 帝	公元 419—420 年
(公元 420 年刘裕废黜恭帝,建立刘宋王朝[420—479])		

此表不仅适用于这一时期的政治史。正如我们将会看到的,早期士大夫佛教史,尤其是都城及其东部地区的早期士大夫佛教史,与统治家族的兴衰密切相关。因此,我们将按照这个编年表来描述东南佛教。但在此之前,必须对与士大夫佛教发展最密切相关的公元 4 世纪士大夫文化作一简要回顾。

名教与玄学

两种思想流派在中古中国有文化阶层的心智生活(the intellectual

life)中占有主导地位。

　　其中之一与政府的实际问题紧密相关,着重强调社会义务、礼仪、法律和品评人物(Characterology,是品评个人才能的方式,用以有效地分配他们所应"分"得的职能,协调"名""实"关系)的重要性。这种儒家和法家的观念及规范的混合体,通常被称为"名教"(有关"名"的理论)。它代表了中古中国哲学较为保守和现实的倾向。另一思想流派以对本体论问题的极大兴趣为特征:追问这个变化的世界所依赖的永恒不变的基质,断言所有时间或空间上有限的现象,以及任何"可以名状"的东西,一切运动、变化、差别,或曰"万有"(all being),是由一个无限、不可名状、不动不变和无分别因而可被称为"无"(non-being)的基本原则所创造、证明和支撑的。这里基本的问题是这种"本无"和"末有"之间的关系,也称为体(substance)用(function)关系,其中暗含着:"有"和"无"尽管不同,却不是一对特定的对应物。借该派基本经典之一《道德经》中的话说是"此两者,同出而异名"(《道德经》第一章),并且这种统一是"玄之又玄,众妙之门"(同上),而这类思辨因此也被通称为"玄学"(the Study of Mystery,Dark Learning),它代表了中古中国思想中较为抽象、脱俗和观念化的倾向。

　　我们不能简单地把名教和玄学看作是两种对立的思想流派。在许多时候,两种思想倾向似乎可以并存,其中一个作为另一个的形而上学补充。有时我们发现被解释为基本真理的玄学本体论学说中的"体",同时兼有靠现实证明的名教世俗学说的"用"⑨,这预示了大乘佛教真俗谛(saṃvṛti,paramārthasatya)——两种层次真理观念的出现。最后,在中国中古早期哲学最全面清楚的表述即向秀(或郭象)的《庄子注》中,名教和玄学被完全调和并混同在一起。

　　值得注意的是,玄学有时仍被看成是一种道家学说的复兴。我们应记住,玄学既是被文人即政治家和朝廷命官所创造的,也是为他们而创造的,它显然不是由道士、隐士或穴居修行者创造的。⑩像嵇康(223—

262)这样的追求长生和极端反对礼俗而更接近道家精神的思想家,其学说几乎无法归于玄学范围内,而这一时代最优秀的道家哲人葛洪(约250—330)则明确地反对玄学和清谈。[11]

正始年间(公元 240—249 年)

玄学发展的第一阶段,与大批活跃在公元 3 世纪上半叶后半期的士大夫的名字联系在一起:钟会(225—264)、何晏(? —249)和王弼(226—249)。[12]他们思想的出发点总体上也是中国哲学的出发点,即圣王观念。88 圣王通过自身的智慧和超自然的省察力,遵循某种宇宙法则,能不加任何干预或有意影响而使整个世界的事物自然而平稳地运行。他们利用《易经》而对圣王观念作出特别论证。《易经》是一本古代的卜筮用书,包括象征各种境遇的六十四卦和对这些卦爻的带有神秘色彩的说明及其附录。《易经》的研究在公元 3 世纪上半叶甚为流行。

在汉代较早的儒家中,即在繁琐哲学充斥的时代,带有圣王观念的《易经》注释中充满了宇宙论的思辨。圣王能"先天(即命定过程)而天弗违",同时他又"后天而奉天时"[13];自然过程和圣王的地位均用阴阳五行观念加以描述和解释。当公元 3 世纪汉代的繁琐哲学逐渐被强调掌握经典本义或"理"的新注释流派取代时,这些篇章便被赋予了新的意义。由于圣王被描述成通过对自然的所有发展(演化)性质的洞察来指导人世,因此,他们试图把这种基本原则(能使圣王预言事物过程)解释成作为一切变化和差异根据的不变的统一,或解释成作为一切运动根源的静止条件。因此,在玄学中,对于包含在《易经》中的有关圣王问题的新的研究方法,自然地引发了对本体论问题的研究。本体论和政治哲学之间从未完全失去过联系。

有关这种永恒不变的基质的观念在《易经》本文中可以发现,如《系辞传》中有一段文字讲到:"易有太极,是生两仪(阴阳)。"[14]而在汉代,这个太极被解释为无形无象的"元气",它在万物生成之前就已存在,因此可以推出原初混沌中的和谐统一与后来的变异之间在时间上的关系,新的解释把这种时间上的关系变为逻辑上的关系。这样,"太极"(the Great Ultimate)便被证明为存在于变化世界中的不变本质,正如"一"(the Unity)永远存在于各种不同的数字中[⑮]。

公元 3 世纪上半叶各种古代哲学派别的复兴都伴随着吸收综合不同派别因素的一般倾向。儒家政治理论与重新兴起的法家观念的融合,导致了名教的产生,并且此时的《易经》注释者在古代道家哲人——著名的老子和庄子的著作中找到了支持他们观点的依据。当体用观念(一多、动静)被证明为与完全产生于另一思想派别即古代道家的有无观念一致时,便跨出了决定性的一步。《易经》的思辨内容和道家哲学的某种因素(大量被重新解释)的融合,通常构成了玄学的基本特征;"有"和"无"成为这种理论的最基本概念。实际上,在当时的文献中,玄学家的主要兴趣被描述成"论有无""谈虚无"和其他此类带有俏皮意味的描述。"有""无"被史家看作是何晏和王弼思想的特质:

> 天地万物皆以无为本,无也者,开物成务[⑯],无往不存者也。阴阳恃以化生,万物恃以成形……[⑰]

公元 4 世纪的《易经》注者韩伯也在他对"一阴一阳之谓道"的注解中说:

> 道者何? 无之称也,无不通也,无不由也,寂然无体,不可为象。必有之用极,而无之功显。[⑱]

任何文字、概念和符号都无法表达组成"天地之心"的"寂然至无"[⑲],这一点被再度强调,因为所有概念必须有所限定,它们被"定"或"系"于论者对特定对象的见解上,而"玄"尽管暂时可用像"道""无"或"大"这样的词来称谓,却因包容一切而无法用概念来限定,如王弼在《道德经》第一章注中所云:

（经文：“同谓之玄，玄之又玄。”）……玄者，冥也，默然无有也，
始母之所出也，不可得而名，故不可言。同名曰玄，而言谓之玄者，
取于不可得而谓之然也。谓之然则不可以定乎一玄而已，则是名则
失之远矣，故曰玄之又玄也。⑳

王弼《道德经》第 14 章注：

欲言无邪，而物由以成；欲言有邪，而不见其形（参见他对《道德
经》第六章的注释）。

王弼《道德经》第 25 章注：

（经文：“吾不知其名，字之曰道，强为之名曰大。”）吾所以字之
曰道者，取其可言之称最大也……大有系则必有分，分则失其极矣。
故曰强为之名……

　　这种对“言不尽意”的强调乃是玄学的特征；语词和实在的关系（在
名教和玄学中同等重要）引发出各种关于“言”能否完全表达“意”或“理” *90*
的学说和争论。两派都从以阐述基本问题为中心的经典中寻找依据，像
主张“言不尽意”的王弼一派引用《易经》中的著名段落：“书不尽言，言
不尽意。”㉑

　　而相反的观点则可以用相同的《易·系辞》中的另一段文字来反对
他们：“圣人立象以尽意……系辞焉以尽其言。”㉒

　　语词是内部实在的不完全的表述和深层根源的外部显现，这一观点
具有深远的影响。孔子其人其学也以此种方法被阐释。孔子作为圣人，
他向内体会了作为终极实在的“无”㉓，向外则阐发了各种方便的学说，即
一套回应时代实际需要的社会法则。这个观点不仅可以在《易经》和道
家哲人那里找到支持，而且在一段有争议的《论语》篇章中亦可找到依
据。㉔这种“内圣”观念和经典学说的开放特点，在士大夫佛教的发展中起
到了极为重要的作用，后者与大乘佛教的方便（upāya）观念融合在一起。

向秀、郭象《庄子注》

玄学发展的下一阶段是对上述两种思潮进行调和,即将王弼和其他"贵无论"者所宣传的不可知论与"崇有论"者所主张的更为现实的有关"名教"的理论调和在一起。⑤在由向秀(约221—约300)所作、由郭象(卒于312)编辑完成⑥的著名的《庄子注》中,其所包含的世界观本质上是这两种不同观点的妥协或综合。这种做法必然意味着对原有道家经典进行全面的重新阐释,而且对《庄子》的新注无疑是对阮籍(210—263)和嵇康(223—262)这些反儒反礼教士大夫的理论的反动。对于阮、嵇这些人来说,庄子永远是代表他们所追求的绝对自由、无政府和享乐主义理想的大圣人。⑦向、郭注成了在大乘佛教将要对中国思想产生影响之前玄学发展最后阶段的经典表述。

向、郭完全是以名教为出发点:名教的基本概念是"分"(share,allotment)。⑧各类事物在能力、技能、爱好、倾向、思想和欲求上有自身先天的"分",这种"分"决定了它们有某种确定的生活地位、环境和使命。没有一种事物与其他事物是相同的,因此所有的"分"都是不同的。理想的生活方式是每种事物都带着它自己的自然之"分",并在自然赋予它们的限度之内处于完满的和谐之中。这是向、郭对道家无为思想的解释。"无为"这里仅仅意味着严守"个人的"本性去平静而"自然"地生活,不要特意去打破一个人应有的"分"的界限。

圣人(通常被描述成理想的统治者即圣王)则能通过超自然的智慧与所有事物的"分"和谐相处。这意味着他本人处于所有有差别的事物之上。⑨像天道、自然本身一样,他作为所有"分"的根源和总体,能普遍地包容一切。因此,圣王处于一切判断、见解、性情和道德标准之上。因为所有这些都是有限的观念,只在某种情况下对某个个体有效。像"善""真""美"和"此"等观念,仅代表与它自己特有的"分"一致或属于它自己特有的"分"的每一个体;而对于圣人来说,所有这些差别都被消除了,他们的心思也完全是空白的。

（原文："枢始得环中，以应无穷。"）

注：夫是非反复，相寻无穷，故谓之环。环中，空矣；今以是非为环而得其中者，无是无非也。无是无非，故能应夫是非。是非无穷，故应亦无穷。[⑩]

（原文："类与不类，相与为类，则与彼无以异矣。"）

注：既遣是非，又遣其遣。遣之又遣以至于无遣[㉝]，然后无遣无不遣而是非自去。[㉛]

这种与"天"或"自然"之不动和超然的统一被称作"冥"，意即"混沌模糊，消除一切"。既然圣人（王）处于任何可思议的范围之外，他的活动就不是有意识地去推动世界，而是一种"应"：自然地回应触及他的"感"。

是以无心玄应，唯感之从，泛乎若不系之舟，东西之非己也。[㉜]

因此，他仍然不受被称作"迹"的外在活动的影响，所谓"迹"是圣人内在本质"所以迹"的不断变化的外在显现。[㉞]这个特性在《庄子注》的许多章节中有详细的描述。

然而，什么是支撑一切变化并由圣人在其内在本质中实现的"天"或"自然"呢？作为永恒基质（substrate）的"无"这个概念（即王弼的基本假定），在此基本上遭到了拒绝。基质根本不存在，多样性底下除了多样性自身的原则外并无任何东西。因此，所有事物都是"一"。这是一个极大 ⁹²
的悖论。向、郭本体论就建立在这个悖论之上。这使他们当然被归为"崇有"（exaltation of Being）派。"有"（作为总体）根本不可能被"创造"出来，因为"无"被定义为不能产生任何东西，同时任何其他的创生方式都预设了"有"的存在。[㉟]所以结论是："万有"是自然生成的，是自生地、自发地成其所是。这种生成的过程被称为"独化"，即没有任何基质或创生的力量[㊱]："造物者无主而物自造。"[㊲]"天"或"天地"没有不变的体："天地者万物之总名也，天地以万物为体。"[㊳]每一个体事物都有它的道，都有一

种"然",这是"道"的本质。㊳因此,圣人并不具有任何"本无"的特征,但他却能神秘地"与物冥"。㊵

在政治和社会思想领域,向、郭的结论与他们的本体论思想是一致的。他们拒绝在"无"范畴内的"清静"、放纵和玄览。世俗事务(仕宦生涯)是且一定是人类活动的唯一领域,并且在这个领域中,可以实现自然的"无为"理想,只要所有的人在生活和行动时都能完全与他们自然的能力和限度保持一致。㊶

在"分"这个概念中,无疑有一种强烈的决定论或宿命论的倾向。向、郭没能给出任何原因说明为何不同的"分"都有其本然,为何一些人生来就是王者而其他人却是乞丐,一些人是智者,另一些却是愚人。他们的决定论明显反映了具有严格等级差别的中古士大夫的社会理想:

> 天性所受,各有本分,不可逃,亦不可加。㊷
>
> 夫时之所贤者为君,才不应世者为臣。若天之自高,地之自卑,首自在上,足自在下,岂有递哉。㊸
>
> 天地虽大,万物虽多,然吾之所遇,适在于是……故凡所不遇,弗能遇也;其所遇,弗能不遇也。凡所不为,弗能为也;其所为,弗能不为也。㊹

这里很明显,佛教可以用普遍的轮回理论(业报、轮回)填补一个最大的空白,即这种理论给"自然之分"这种看上去似乎任意的分类提供一种理论上的证明。对于早期中国佛教徒来说,这种"业"的普遍正义仍然是一种"自然之报",我们发现在《庄子注》中已在某种不同的意义上使用过这个术语。㊺

清谈

93   "清谈"㊻指公元3世纪以降在有文化的上层社会中盛行的有关哲学和其他主题的一种特殊的名理讨论。这种讨论产生于同一时期的同一个知识分子圈子,他们设立了重在品评人物才性的"名教"。当时,多少已形式化的对于个人品性和才能的品评,在政治生活中起着十分具体而实际的功用。公元 3 世纪初以降,"目"人成了负责选拔官吏的"中正"的任务,他们用一种简单的标准来描述个人的特殊才能和缺点(参见上文第 44 页)。"中正"对候选人的评判建立在其个人才性或公众评价上。另一方面,依据他们的品性或通过公开讨论(个人、特定家族成员、特定区域的人等),有手腕的官员能够影响公众意见,为他们的同党作宣传,揭露对手的缺点,甚至自炫自己的品德。在公元 4 世纪,我们仍能找出出于政治目的而"品评才性"的各种例证。

但是,与中古中国思想发展的主线相一致,这种名理讨论的主题很快就变得越发不具体和不切实际,变得越发理论化、哲学化和美学化;玄学逐渐产生了主导性的影响。公元 4 世纪初,清谈已经成为上层士大夫的一种精致和十分特殊的消遣方式。这种聚会成了一种沙龙,上流社会在那里举行多少带有哲学味道的辩论和文学比赛,应对妙语,用优美、深奥、简洁的词来表达某种概念,展现他们的才华。这种聚会的活动记录保存下来的不多:我们只能主要通过《世说新语》及其很有价值的注释⑩,了解一些最基本的情况(一些妙语、优美的评论和机警的对答、著名的"人物品评"及各种结论),或者用寥寥数语来描绘的聚会的一般过程和举行聚会的环境。

然而,在这个特殊时代却出现了一种当时极为流行的文学形式,此种形式很可能反映出辩论所进行的方式,即许多常常以理论、哲学为主题的小短文以对话的形式出现。公元 4 世纪以降,所有的佛教护教和传教文章实际上都采取主宾对话的形式,双方交替阐述自己的观点和主旨,最后"问者"宣布自己认输,表示信服,这绝不是偶然的。我们将会看到,僧人是如何在清谈中扮演重要角色的,佛教思想和理论是怎样很快地成为辩论的时髦话题的,而且这些文章连同十分复杂的对话及其经常使用的优美辞藻或其他修辞手法,很可能正是当时有文化的僧人和"能言善辩”者在聚会中所进行的此种辩论的文字表达。

94 如上所说，“品评人物”仍是清谈的主题之一，甚至在公元4世纪之后辩论者更多地将注意力放在哲学和美学主题时仍还如此。然而，这些后来的“品评人物”也极尽华丽文饰；他们似乎从政治方面抽身而进入了文学艺术领域。“目”人从职业化的例行公事演变为一种修辞艺术，并且似乎主要想展现勾画人物和洞察人性的能力，遂使该做法仍是清谈的基本因素之一。㊽举例如下：

王公（王导，276—339）目太尉：岩岩清峙，壁立千仞。㊾

时人目庾中郎（庾敳，262—311）：善于托大，长于自藏。㊿

王丞相（王导）云：“刁玄亮之察察，戴若思之岩岩，卞望之之峰距。”(51)

谢镇西（谢尚，308—357）道敬仁：“文学镞镞，无能不新。”(52)

刘尹（刘惔，约4世纪中叶）道江道群：“不能言而能不言。”(53)

桓玄（369—404）问刘太常曰：“我何如谢太傅？”刘答曰：“公高，太傅深。”又问：“何如贤舅子敬？”曰：“枦、梨、桔、柚，各有其美。”(54)

围绕这个中心议题，其他主题也随之产生，通常是时尚的妙语、机警的对答，以及用几个精练的词汇刻画场景的能力：

桓征西（桓温，312—373）治江陵城甚丽，会宾僚出江津望之，云：“若能目此城者有赏。”顾长康时为客，在座，目曰：“遥望层城，丹楼如霞。”桓即赏以二婢。(55)

顾长康从会稽还，人问山川之美，顾云：“千峰竞秀，万壑争流，草木蒙笼其上，若云兴霞蔚。”(56)

郭景纯（郭璞，276—324）诗云：“林无静树，川无停流。”(57)阮孚云：“泓峥萧瑟，实不可言。每读此文，辄觉神超形越。”(58)

王子猷（王徽之，卒于388年）诣谢公，谢曰：“云何七言诗？”子猷承问，答曰：“昂昂若千里之驹，泛泛若水中之凫。”(59)

但是,谈论又往往发生了更为哲学化的转向,而专注于受人欢迎的话题,诸如人性的本质、性和才的关系、礼仪问题、《易经》卦象的解释及其奥义、言意关系、圣人有情无情等,这些大多数明显属于玄学范畴。 ⁹⁵《世说新语》中包含了被称作"玄谈"(dark conversation)、"析理"(to analyze principles)、"谈理"(to discuss principles)或"谈虚无"(to talk about emptiness and non-being)等争论的生动记录。传统上认为,这种谈论的开始与正始年间有关,此时最大的玄学代表(主要是王弼和何晏)正处于活跃阶段(240—249):

> 殷中军为庾公长史,下都,王丞相为之集,桓公、王长史、王蓝田、谢镇西并在。丞相自起解帐带麈尾^⑩,语殷曰:"身今日当与君共谈析理。"即共清言,遂达三更。丞相与殷共相往反,其余诸贤,略无所关。既彼我相尽,丞相乃叹曰:"向来语,乃竟未知理源所归,至于辞喻不相负。正始之音,正当尔耳!"^⑪

> 殷中军、孙安国、王、谢能言诸贤,悉在会稽王许。殷与孙共论易象,妙于见形。孙与道合,意气干云。一坐咸不安孙理,而辞不能屈。会稽王慨然叹曰:"使真长来,故应有以制彼。"既迎真长,孙意已不如。真长既至,先令孙自叙本理。孙粗说己余,亦觉殊不及问。^⑫

我们将会看到,清谈的出现是佛教在上层士大夫中传播的最重要的因素之一。

二、第一阶段(约公元 310—346 年)

王氏、庾氏与何充的专权,主要政治事件

元帝(317—323 在位)和明帝(323—326 在位)期间,琅琊王氏家族的统治地位仍然不可动摇。此派由王导(参见上文第 85 页)及其堂兄王

敦(266—324)领导,王敦是一个强硬暴虐之人,他同王导一起帮助元帝在南方建立新政权并赢得地方士大夫的支持。在元帝统治时期,王家的权力达到顶峰,王导任丞相统揽全部朝政,王敦任大将军,成为军队的最高指挥官。这种形势被当时一句"王与马共天下"⑤的俗谚说得淋漓尽致。元帝依靠作为王氏家族敌人的士大夫头面人物,著名的如刁协和刘隗,做了一些微弱的努力以遏制其影响。公元322年,当王敦的权力达到高峰时,他们派兵将之作为"叛臣"进行讨伐。王敦驻扎在具有重要战略意义的武昌(湖北鄂城),他击溃了帝国的军队(323年),作为独裁者控制都城。他个人下令任命高级地方官员,并且没收了各地送往宫廷的贡物。公元324年第二次讨伐引发了一场战争,却因同年王敦之死而骤然中断。所有这些都严重动摇了王导的地位,他在这一事态中所扮演的角色,遭到公开的怀疑:事实上,如果没有强有力的堂弟的支持,王敦不太可能实现他的计划。王导仍是宫中把持朝政的重臣,但公元324年后,他的地位逐渐为庾氏家族及其同党的领导者庾亮(289—340)所取代。后者是明帝的妻舅,这种关系有助于他巩固自己的地位。公元326年明帝驾崩后,庾亮的妹妹作为皇太后充当4岁的成帝的摄政,她与王导、庾亮及王门同党卞壶一同执掌朝政,但"要事均由庾亮酌定"。⑥公元327年,士大夫首领苏峻试图打破庾氏权力,但遭失败(328年)。王、庾两派的斗争变得越发激烈;王导死(339年)前不久,庾亮甚至挑唆其他身处高位的士大夫发动反对王导的秘密军事行动,但这种挑唆遭到拒绝⑦,因为比起动荡分裂的统治来,他们更不喜欢一人独裁。直到公元4世纪中期前不久,最高的权力仍然掌握在庾氏手中。除庾亮(卒于340,在他最大的对手死后一年)外,最重要的代表人物是庾冰(296—344)和庾翼(卒于345)。后者于公元340年接替了庾亮最重要的职位:六州都督军、安西将军和荆州刺史。正如以前王敦所为,他也从武昌军事驻地控制都城局势,而庾冰于公元343年接替了他;同年庾氏将他们的傀儡康帝推上皇位,尽管有中书令何充(292—346)暗中密谋反对。

　　但从那年开始,何充时来运转。他曾是王导的旧党和门客,王曾劝说朝廷让何充继任他的内侍职位。[⑩]何充于公元 343—346 年间的活动完全可被看作是王氏一派改弦更张后的卷土重来。

　　公元 345 年庾翼一死,何充的机会就到来了。他将两岁的穆帝推上皇位,自己成为摄政者;他的侄女成为皇后。何充的权力一直持续到公元 346 年他死去。他的作用极为重要,在政治上说,这是由于他支持大 ⁹⁷将军桓温(312—373),后者在公元 345 年获取庾翼所有职位,并且控制其后数十年的局势;此外特别对我们当前的主题来说,这是由于他对佛教在南方的兴盛所做的贡献可能超过任何其他同期的政治家。下面我们将会看到:这个事实还会引起一些严重的政治后果。因此,我们可以把公元 346 年作为第一阶段的结束:这是东南地区士大夫佛教的初创阶段,其间佛教开始渗入并植根于社会的最高层。

南方都城与东南地区最初的"高僧"

　　南方都城佛教最初的兴盛,与当时由王导、王敦领导的琅琊王氏集团的专权密切相关,没有其他家族对公元 4 世纪的佛教教团给予如此之多的捐助。在同期的其他家族成员中也没有出现过如此之多的著名居士。

　　这个拥立皇帝的家族对这种新教义的喜爱态度,当然可以从王室的态度中反映出来。有意识地努力反对王氏专权的元帝,至少与当时的一位佛教大师有过联系。明帝在位(323—326)时,王导和王敦的权力达到极点,而这个皇帝似乎也是第一位毫无保留地同情与关心佛教的中国君主。依我们的观点来看,王氏家族支持佛教的态度(开始时是模糊的),连同这个家族在公元 4 世纪最初几十年间最显赫的地位,构成了在都城和东南地区权贵中传播佛教的成功关键和现实出发点。

　　琅琊王氏集团[⑪]和佛教的这种特殊关系,被其至少两位家族成员(都是两位首要人物的近亲)出家为僧这个事实进一步证实。这种例外的事实,在公元 4 世纪和 5 世纪初的其他任何大家族中都没有发生过。

释道宝

这些"士大夫僧人"之一是王导之弟释道宝,《高僧传》提到了他的出家受戒情况:

> 弱年信悟,避世辞荣,亲旧谏止,莫之能制。香汤澡浴,将就下发,乃咏曰:"安知万里水,初发滥觞时。"后以学行显焉。⑱

道宝皈依佛教的方式带有一种文学色彩,这正是这些早期"士大夫僧人"不断变换的活动场所的特征。宗教生活获得了一种新的意义:游方苦行者"出家"灭除"生老病死苦"的理想与退隐士大夫的理想已融合在一起,比起不安和危险的仕宦生涯来,士大夫们更喜欢"隐居"起来从事研究,享受艺术的创作乐趣。纯洁的苦行生活与传统上属于隐士理想生活的道德完善及生活质朴联系在一起。

竺道潜

比王导这位默默无闻的弟弟更为重要的是他的堂弟,也即王敦之弟,其法名(竺)道潜,字法深(286—374)。⑲像释道宝一样,他在年轻时就进入寺院,当时只有 17 岁(303 年),而其家族仍居于北方。他在著名而又神秘的刘元真(参见上文第 77 页)的指导下就学于长安。但他的法姓(竺)却说明他的师傅是位印度人。当时,在长安被匈奴入侵者攻克前的最后几年,法护学派仍然有巨大的影响。公元 308 年,这位"敦煌菩萨"可能仍在长安活动(参见上文第 67 页),而这个"竺"姓也许表明道潜是他的一个弟子。大约公元 309 年,他已因注释《法华经》和《大品般若经》及其语言特长而著称:

> 微言兴化,誉洽西朝,风姿容貌,堂堂如也。⑳

这时他已与为后来桓氏家族专权打下基础的桓颖㉑熟识。后来在南方都城,他的孙子桓彝也成为竺道潜的常客和崇拜者之一。因此,这些"士大夫僧人"的活动实际上可以追溯到西晋末年。当时的其他僧人,如帛远、竺叔兰和支孝龙,沿着同一路线,在同一区域活动(参见上文第 76 页起)。

他一定是在公元 4 世纪 20 年代到达建康,并很快成为那里最杰出的僧人,在皇宫和这座大城市的权贵中传法。他受到元帝(317—323 在位)和明帝(323—326 在位)的极高礼遇。他被称作"方外之士",特许穿着僧衣自由地在宫中活动。[72]他的成功与其堂兄王导、庾亮执掌大权的地位以及皇室的支持,有着十分紧密的联系。在他年老受到下一代批评时,他常常提请他们注意他过去所结交的高层关系:"黄吻年少,勿为评论宿士。昔尝与元明二帝、王庾二公周旋。"[73]

《高僧传》中也提到他与在公元 340 年作为护教者而发挥重要作用的王导同党何充之间的关系。竺道潜的传教活动和领导集团沉浮之间的紧密关系,可以由下述事实进一步证实:公元 340 年后不久他最后的保护者(庾亮)死去,同时反佛的庾冰开始控制朝纲,竺道潜遂携大批追随者和其他名僧离开都城,避走他方。竺道潜带弟子进入剡山(今浙江嵊县),我们在对吴和会稽地区最早的僧团活动的描述时曾两度发现他在这里活动。

竺法义与康法畅

王导的另一个门客是年轻的义学僧竺法义(出身不详,307—380),他是竺道潜的弟子,并和他一样是《法华经》专家。在《高僧传》他的传记中记载了引发他出家的事件,以及代表着此后佛教在一个新的知识氛围中发展的事件:他在 12 岁时遇到了竺道潜,后者为他对《论语》某个有争议的章节的富于见地的解释所打动,因而建议他出家为僧。[74]

当时,还有一位《高僧传》中对其辩论技巧倍加赞扬的清谈名士康法畅[75],《世说新语》中有一段文字对他作了详细的描述,提及他与庾亮"清

145

谈"⑩。他对"清谈",尤其是对当时名士的"人物品评"(参见上文第 94
页)的修辞艺术情有独钟,似乎也写了一本名为《人物(始义)论》的书。
根据保存在《世说新语》注中的几处引文来判断,这部书似乎已开始专注
于这种人物品评。⑦这些文字中也包括了他对自己才能的评判("自我品
评"是很平常的事),"悟锐有神,才辞道辩"。像所有这些僧人一样,康法
畅也是一个移民,从北方战场逃难而来。根据《高僧传》,他在公元 326
年后不久与两个皆为新型僧人知识分子杰出代表的同道一起越过长江。

支愍度

其中之一是义学僧支愍度⑱,关于他与南方士大夫之间的联系无从
详考。但他显然出身于有文化的家庭。他作为一个文献学家做了很重
要的工作,此外,作为一名独立思考的思想家,他的名字与一个最早的本
土佛教哲学学派联系在一起。支愍度编纂了我们所知最早的佛教经录
之一《经论都录》。像道安的经录一样(参见上文第 30 页),全本现已不
存在,但一些内容却被僧祐引用到《出三藏记集》有关经目的篇章中,无
论在哪里它们都可以用来填补道安经录的疏漏之处。在编纂《经论都
录》时,道安仍生活在北方,但他本人似乎从不知道这本书,它像所有这
类早期经录一样,都很快被公元 6 世纪更为全面的经录取代或因之弃置
不用。到公元 6 世纪末,它早已佚失不存了。⑲

支愍度从事文献工作的另一部分,是他对某种大乘佛教重要经典的
不同译本所作的合本:《维摩经》和《楞严经》,它们的序被保留了下来。⑳
尽管这种工作最初不是为文献学的目的而作,但它们在早期中国佛教中
起了特殊而又重要的作用。只要没有外国法师当场口解(我们还将看到
在南方直到公元 4 世纪末外国法师仍然很少),中国的注释者就只能通
过仔细比较当时存在的某部经典的各种汉译本,尽可能地找出与原义最
为相近的意思。㉑与一个已证实是始自公元 3 世纪初的习惯相一致,这些
版本中的一个被当作了母本。如果有歧义,就会逐句加上其他文本(子

本);小的差别未被列出。⑧这类著作没有一种被保存下来,但最早的经录提到了由中古时代僧人知识分子所编纂的另外几个合本。⑧

支愍度的心无义

此外,支愍度以早期中国佛教之一"宗"(或"家")的创建者而闻名。"宗"这个词容易令人产生误解,更为确切的是在最早的文献中经常提到的"义"(意见、解释或学说)这个词。所有这些"宗",事实上都是对作为大乘佛教主客现象虚幻本性、一切皆空(śūnyatā)学说所作的不同玄学阐释。虽然"法空"(sarvadharma śūnyatā)的说法不见于小乘(主要强调人无我,anātmya)教义,但这个法空却是大乘佛教最基本的教义。正是这个概念在高深的大乘经典中被一再解释,被称作"智度"(般若波罗蜜多),而《般若经》由大批不同时期形成的各种各样长短不一的经典(在最后形成阶段其篇幅从一个字节到十万颂或更多不等)组成,其中大部分或多或少是由两个基本版本加以扩充、删节或重新编辑而成。⑧总之,这类经典旨在向研究者揭示菩萨的般若智(prajñā)的性质,这种智慧是菩萨一生所获"六度"(pāramitā)的最后和最高阶段。

被称作"空"的万法之"自性"(svabhāva)不可名状,其内在的体认无法用任何语言描绘或定义。为了勾画出最高的真理"如"(tathatā),《般若经》使用了所有神秘文献的共同形式:否定和悖论。它的基本作用是要打破或消除所有的思想观念,因此,不会产生新的而且无疑是错误的思想形式。"一切皆空"在此实际上是在没有任何执著的情况下表述的。这里没有精致的逻辑分析方法的痕迹,此种方法会致使所有可能的断言成为荒谬,就像我们在中观派繁琐文献中发现的那样。同样的否定形式被运用到"假我"的所有构成因素:四大、六根、六境等,也被运用到这类经典所阐释的特殊观念:佛道、觉、涅槃和智慧。不再有任何观念、不"执著"任何物也没有任何"名称"。当执著于"空"这个概念本身这一最后的障碍也被破除时,瑜伽行者便与空(śūnyatā)、无作(apraṇihita)、妙 *101*

(sūkṣma)、无相(ānimitta)等无形无象的"法性"(dharmatā,诸法实相[?]sarvadharma-bhūta-lakṣaṇa)融为一体。但是,所有这些术语仅仅是些"字"(prajñapti,saṃketa),它们决不能生起任何意象、"爱取"和执著。所有这些从未被有系统或有条理地提出过。较早的《般若经》文献包含着庞杂的、没有定规的和令人生厌的重复,连续的否定也无休无止,也就是说,上面所提到的观念,在出现于龙树及其学派的繁琐论文并得到发挥之前,业已充斥于这些般若类经典。

在公元4世纪,中国人仅熟知这类经典的两种基本版本:八千颂和两万五千颂《般若经》,它们保存于各种汉译本中。中国佛教思想的第一个"宗"的兴起,主要基于公元4世纪最有影响的佛教经典《般若经》,并受到了三种因素的推动:(1)"空"的理论与某种玄学基本观念的明显相似;(2)这类经典混乱、冗赘且经常是神秘的表达方式,要求被以更易懂的语言加以系统化、重新阐释,并为歧义的解释留下空间;(3)在这些经典的早期随意而又相当粗糙的译本中,各种术语沿用了中国传统哲学术语如"有"、"无"、"道"、"自然"(spontaneity)、"性"(nature)等,这些术语会引发各种错误联想。这些"宗"中最早为人所知的就是所谓"心无义"(theory of the non-existence of mind [or mentation]),它的产生与支愍度这个名字联系在一起。

有关此宗的详细讨论,读者可以参看陈寅恪、汤用彤和李华德的研究[⑥];现存的与该宗和其他早期学说相关的资料极为贫乏,大多数的含义还模糊不清。总之,这些注释者的疑问是,这些经典中"一切皆空"的确切含义是什么?在公元3世纪末的《二万五千颂般若经》之汉译本《放光经》中,有一段中心的话说:

> 菩萨行般若波罗蜜者,不见菩萨亦不见字,亦不见般若波罗蜜,悉无所见亦不见不行者。何以故?菩萨空字亦空空,无有五阴……五阴则是空,空则是五阴。何以故?但字耳……其实亦不生亦不灭,亦无著亦无断。菩萨作如是行者,亦不见生亦不见灭,亦不见著

亦不见断。何以故？但以空为法……不见诸法之字，以无所见故无所入。⑧

对一些中国注释家来说，这个"空"是否属于"法"的性质，即一种客 *102*观状态，抑或"圣人之心"，即一种主观经验，这实在是个困扰的问题。这个"空"是一种本体论的事实，还是代表一种心的状态（或是一种非意识状态），即"圣人之心"内在的虚空？支愍度并不知道在最强调拒斥一切对立的二元性和差别的理论中，本不存在这样一组对应，他似乎选择了上面的第二种解释。他把"色"(rūpa，五蕴中的第一蕴)看作是存在于客观世界中的实体，而把"空"看作是圣人之心，就其远离所有有意识的思想、欲求和执著而言是"无"。在把真实存在归于外在世界的现象时，支愍度的理论似乎与以"崇有"名世的玄学倾向（参见上文第 90 页）有关；向秀、郭象认为圣人在与万有世界接触时保持内在"空寂"和无心，在这些方面，他的思想与向、郭的思想极为相似。⑧

"心无"义受到很大攻击甚至诽谤⑧，但它却至少持续到公元 5 世纪初。其后，它与其他早期的"宗"命运相同，被长安鸠摩罗什及其学派阐发的新思想涤荡殆尽。

南方的外国法师：康僧渊

大量外国僧人是否跟他们的中国合作者或弟子一起迁往南方，我们无法知道。但无论如何，与上面所提到的中国义学僧相比，外国人在南方都城所起的作用总归微不足道。我们发现，在我们的资料所提到的非中国出身的僧人中，公元 4 世纪上半叶仅有两位杰出的僧人，而且即便如此，其中之一康僧渊也已完全汉化。

康僧渊和康法畅、支愍度一起来到建康。根据他的传记，他是"胡人"出身（他的康姓，如果不是承袭老师的法名，即指康居的血统），却出生于长安；他"貌虽梵人，语实中国"⑧。但像其他大多数杰出的同道一样,他擅长注释大小品《般若经》译本。到达建康以后,他与后来在公元346—353年间成为头面政治家的殷浩(卒于356年)过从甚密,与之辩谈世典和佛经㉙,他还与庾亮和王导关系密切,后两位调笑他的胡人面孔,惹得他说出了一句著名的妙语。㉚与竺道潜一样,他大约于公元340年离开都城,最可能的原因是宫中领导集团的排佛态度(见下文)。这位"目深鼻耸"的外国清谈家退隐到了豫章山(浙江南部)的一座精舍里。在那

103

里,他身边很快就有了一大批弟子和崇拜者。《世说新语》中的有可能是当时人对田园生活所作的描述,表明了寺院生活和士大夫的"隐居"理想、宗教和对自然的崇尚已经融合在一起了:

> 康僧渊在豫章,去郭数十里立精舍。旁连岭,带长川,芳林列于轩庭,清流激于堂宇。乃闲居研讲,希心理味㉛,庾公诸人,多往看之。㉜

对于第一阶段士大夫佛教的理论层面,除了上面提到的支愍度的心无义之外,我们几乎一无所知。竺道潜本人可能与支愍度及其思想之间有着某种关联,而作为他的弟子之一,他可能是支愍度学说的宣传者。㉝至于其他的内容,我们只能等到第二阶段,那个时代包括支遁及其弟子在东南地区的活动,以及道安及其学派在襄阳的活动。但不管怎样,由建康最初一批"士大夫僧人"所传播的佛教,已经是佛教与玄学的混合物,并被向一群有兴趣但尚未完全理解的公众讲述。

尸梨蜜罗

在此融合过程中,出现了一位名叫尸梨蜜罗的非凡人物。如同一块中国士大夫佛教中的外来飞地,他是我们所知的这一时代在都城高层中活动、并受到极高礼遇的真正唯一的外国法师。㉞根据一个早期的说法㉟,他是一名为出家为僧而放弃王位的龟兹王子。在永嘉时代(307—312)的中国难民潮中,他移居南方,后被王导在建康"发现",并将其引见

进这座大都市的权贵中间。

　　他在那里参加清谈,被崇拜者称为"高座",通常因其口锋激烈(通过翻译)和举止优雅而受到尊敬。我们无法断定他积极宣传佛教或者他的盛名主要是出于宗教的沉思。相反,他被看成是令人尊敬的国宝,而关于他出现在南方都城的一些轶闻略微带有作为中古士族文化之特征的怪诞色彩。尸梨蜜罗不会说汉语,或假装不会说[⑰],但他经常能在主人们的谈话被翻译之前已经预知其中的意思,这种作为清谈理想之一的"默会"令他们惊奇不已。他还以一种更为擅长的手法使他们惊讶:作为一个陀罗尼(dhāraṇī)专家,他擅长持咒和法术。据他的传记,他的咒和法术从未失效过。[⑱]此外,他还翻译了三种咒语集。[⑲]他将唱诵艺术传给了他的(中国?)弟子觅历。[⑳]觅历可能编辑或伪造了比丘尼律,并因此被当作异端邪说而遭到支遁(314—366)和法汰(320—387)的攻击[㉑]。

　　在尸梨蜜罗的朋友和崇拜者中,我们发现有当时最有影响的人物:王敦、王导、王导的对手庾亮及其同僚卞壸,与竺道潜也有联系的桓彝、桓彝之子即未来的独裁者桓温和未来的简文帝。 *104*

　　关于他的情况,我们只知道这些。也许还有更多像他这样的人。《世说新语》描绘了王导府上的一次聚会,其中有段相当模糊的章节谈及了客人中的"胡人",他们并非不可能是外国僧人。[㉒]据我们所知,尽管不是被当作大传教者而受到尊敬,但尸梨蜜罗对佛教在士大夫圈内的传播有间接的贡献。富有权威和神通灵光的外国苦行僧是这个圈子的新成员,而因好奇而生的尊敬则为接受教义铺平了道路。根据他的传记,王导曾宣称:"外国有君一人而已!"尸梨蜜罗笑答:"我如诸君,岂得在此?"[㉓]对某种非中国事物的殊胜之处的惊奇,甚至对中国道德优越感的否定,在王导之孙王珉(351—398)为尸梨蜜罗所作的赞中也可看到:

　　　　然而卓世之秀,时生于彼,逸群之才,或侔乎兹,故知天授英伟,岂俟于华戎。[㉔]

尸梨蜜罗死于公元 335—343 年间，享年超过 80 岁。他被葬在他曾修持佛法的小山上。成帝（326—343 在位）下诏在此建刹蒙所（caitya），这是早期文献首次提到在位的皇帝有如此虔敬的行为。

王室佛教的肇始

但在这位皇帝即位之前，佛教似乎已经影响了他本人，这个事实肯定大大促进了教团及教义的威望。

我们已经提到元帝（307/317—323 在位）与权势显赫的大将军王敦之弟竺道潜之间的联系。除此之外，我们在早期文献中并未发现元帝喜好佛教的材料。法琳在《辩正论》（626 年）中提及皇帝在建康造瓦官寺和龙宫寺，并在那里安置来自当阳和都城的一千名僧人。[18] 这显然是错误的。瓦官寺约建于公元 364 年，它是在狂热的佛教徒哀帝统治时期，在僧人慧力的提请下由皇帝下诏建立的。[19] 关于元帝建龙宫寺的情况，我们所知甚少；在早期文献中未提到该寺。

我们有些材料清楚地表明：明帝（323—326 在位）是一名虔诚的佛教徒。法琳记载说，他曾在都城造皇兴寺和道场寺[20]，但这同样没有早期文献的证实。在公元 5 世纪初，道场寺是都城著名的寺院之一。求那跋陀罗约从公元 415 年到他于公元 429 年去世时居住在此[21]，而在此期间（417—418）法显翻译了《大涅槃经》。[22]

据《比丘尼传》，明帝也被认为是简文帝约于公元 371 年向其皈依的尼姑道容的崇拜者[23]。但是，道容的传记却包括了大量的传说和神异故事（hagiography），以至于我们无法过于依赖这些材料。实际上，据《法苑珠林》记载[24]，整个说法似乎是从公元 5 世纪末王琰的神异故事集《冥祥记》中抄袭而来。但有份很早的文献则盛赞明帝的虔诚。习凿齿（约死于 383 年）在他的《与道安书》（365 年）中说：

> ……肃祖明皇帝，实天降德，始钦斯道，手画如来之容，口味三

昧之旨,戒行峻于言隐。玄祖唱乎无生大块,既唱,万窍俱怒呼⑪,贤哲君子靡不归宗。⑱

这一类文献例证总是让人很难弄清:哪些可以被看作是事实陈述,哪些只是经过文饰的传说。习凿齿似乎谈到明帝画过一幅或几幅佛像,受过居士五戒,而且还是第一个这样做的中国皇帝。其他的描述则是些虚托之词,无法让我们想象这位虔诚的皇帝是在修持三昧,甚至可能是在体悟无生法忍(anutpattika-dharmakṣānti)。

对于这位皇帝的佛像崇拜,我们可以谈得稍多一些。据说明帝是一位很有才华的画家(绘画在这一时代是士大夫的一种爱好)。在保存下来的最早的画论谢赫(约 480 年)的《古画品录》中,他被排在第五位,并被认为:

> 虽略于形色,颇得神气,笔迹超越亦有奇观。⑪

据张彦远说,⑪他是王廙(王导的堂弟、元帝的一位将军,276—322)的学生,后者也画佛画(据我所知,他是第一位这样做的士大夫画家)。明帝的八幅卷轴还保存在公元 6 世纪上半叶隋朝的皇家收藏中。⑰皇帝所画的佛像挂在乐贤堂,并在他死后的 6 年即公元 332 年引发了一场争论。其后(明显崇佛)的彭城王司马纮(死于 342 年),建议皇帝下令给这幅画作赞,因为它的佑护之功使得这座厅堂在一场劫难中幸免于难。大司礼蔡谟(281—356)上谏说:"佛者,夷狄之俗,非经典之制。"这个谏言后来未被重视。⑪然而,私人的事业似乎未遭禁止,而且庾亮的远亲、诗人庾阐的《乐贤堂赞》也有部分内容被保存下来。⑬

早期文献提及王室在成帝(326—343 在位)统治时期支持佛教,其唯一表现是建造尸梨蜜罗墓塔(参见上文)。⑲在他在位后期,都城内已表现出佛教的衰落,并于公元 340 年后不久变得最为严重。僧团最初的大施主和保护人王导和庾亮都已过世,朝政由摄政的庾冰控制(参见上文第 96 页)。在此期间,佛教在士大夫圈内活动的中心已经转移到会稽地区

153

(今浙江)。竺道潜已从都城销声匿迹了：

> 中宗肃祖升遐(326 年)，王庾又薨(339、340 年)，乃隐迹剡山
> (会稽南部)，以避当世。追踪问道者，已复结旅山门。[18]

大约在同时，都城最著名的"士大夫僧人"、当时还是二十多岁的支遁(314—366，参见下文)，从都城来到这一地区，直到形势转好的哀帝在位之初(约 362 年)，才返回原处。[19]这些僧人及其弟子发现了一位狂热的信徒会稽王司马昱，即未来的简文帝(371—373 在位)。我们已经看到，大约同期的康僧渊也从都城移到豫章山上的精舍中，过着田园生活。

传记文献(《高僧传》和《出三藏记集》)没有说明这些大师突然不愿留在都城的原因。但我们如果转到其他文献(保存在《弘明集》中的一组材料)，这里所发生的一切就变得十分清楚。佛教已卷入都城两大领导集团间的冲突之中，确切地说，佛教于公元 340 年在最高层引起了激烈争论。

公元 340 年僧伽自主权的论争

公元 340 年，由庾冰和庾翼领导的庾氏集团的权力达到顶峰。我们已经说过(上文第 96 页)，庾氏专权是王导在其堂兄政变夭折之后逐渐失去威望的结果，也是与王导分享最高权力的对手庾亮策划阴谋的结果。我们已经强调了第一阶段士大夫佛教与王氏集团的联系，而庾氏领导人反对在朝廷中由其对手支持的佛法之不断增长的影响和声望，这是最自然不过的了。庾亮一直善待安置像竺道潜、康法畅和尸梨蜜罗等高僧，但他一死，作为年幼的成帝的摄政者的庾冰，就制定了反对僧伽权力的措施。他所主张的措施自然遭到了当时由王导的旧党和最亲密的支持者何充(参见上文第 96 页)所领导的前王氏集团的反对。何充一方面成功地削弱了庾氏的权力，另一方面积极鼓励和支持僧人阶层，尤其是在他公元 345 年最终取胜之后。

争议之点是僧团主张"不拜王"，即形成一个不臣服世俗政府权威的自治团体。我们将在另一章中探讨这种冲突的一般性质，此乃中国佛教最重要和最具代表性的特征之一。经过长期争论之后，庾冰的计划落空了。这类事件在公元 403 年再度发生，当时篡权者桓玄企图让僧团接受他的权威，然后又是王氏家族的一名成员成功地保护了僧人的权力，维持其作为非世俗团体的整体权利，这清楚地证明：僧团的浮沉（尤其是在都城）与占领导地位的士大夫家族和集团之间的政治斗争和冲突有着密切联系。

我们正在讨论的文献，即本章附录中的全部译文[⑫]，没有提到这场争论中庾冰同党的姓名。其中肯定包括在庾冰手下开始仕宦生涯的蔡谟（281—356），他的官职在庾冰掌权期间升至最高点。在作为一股政治力量的庾氏遭到排挤之后不久，他放弃了所有官职，在公元 350 年失宠，被贬为庶民。[⑬]我们已经提到蔡谟在公元 332 年的反佛态度，当时他把佛教描绘成"胡人鄙教"，此外他在道宣《广弘明集》中"灭佛法"的黑名单上也被列为佛教的大敌。[⑭]

文献中包括了四位何充同僚的姓名。我们对他们的了解，证实了我们的看法：他们实际上不得不去处理两大政治集团间的冲突。其中之一的谢广，我们无法确定。第二个人褚翜（275—341）[⑮]，在公元 340 年任尚书左仆射（其顶头上司是何充）之职，是王导的亲密合作者之一。在公元 327 年他已官至侍中[⑯]，何充与褚家关系密切，尤其是与康帝皇后的父亲褚裒交好。褚翜又是褚裒的叔父。有关褚翜同情佛教的内容，我们所知不多，但我们知道皇后及其父亲皆为佛教徒。

褚翜的同党、第二位尚书右仆射诸葛恢（284—345）[⑰]，也是王导最有力的支持者之一。自公元 321 年以来，他担任上述重职。

冯怀很少为人所知，在《晋书》中没有他的传记，但有关他的几句话却出现在引用了《冯氏谱》的《世说新语》注中。[⑱]据此可知，他出任了护国将军。《世说新语》证实了他的好佛以及他与佛教的密切关系，并表明他与名僧支遁在建康白马寺有过讨论。

庾冰基于儒家神圣的人伦关系,以世俗统治的一般性质为其出发点。他认为,"轨宪宏模,固不可废之于正朝"(初诏)。这个人伦世界既不应"体方外之事",也不应"使凡夫流傲逸宪度"(同上),并无哪位古代圣王曾经"以殊俗参治恢诞杂化者也"(重诏)。听命及尊敬政府是国家的根本基础:"为治之纲尽于此矣。"(同上)没有任何权力可以置于统治者的绝对权威之外:"王教不得不一,二之则乱。"(同上)

僧人也不能有例外,不能吁请特权。他们"皆晋民也"(初诏)。他们的佛教教义是无益的,"芒昧依稀未分",也没人能弄清佛是否真正存在(同上),"纵其信然,纵其有之,吾将通之于神明,得之于胸怀耳"(同上)。

每个人都可以自由信教,但宗教与实际事务必须分开:"修之家可矣,修之国及朝则不可。"(重诏)朝臣为了国家的利益(意味着要服从和听命),必须放弃他们个人的爱好。他们可以私下以讨论佛教为乐,但"论治则当重国典"(初诏)。

庾冰的话代表了全体排佛的士大夫。他们给我们一种印象,即佛教在开始渗入社会高层吸引统治阶级注意时,遇到了巨大的意识形态上的和现实上的障碍。

我们难免会感到,何充及其同党提出的相反论点显得相当薄弱。他们通常援引一些权威的历史先例:前朝皇帝从未决定限制僧人的自由,并且也没有理由偏离这一进程(初奏)。政府完全有理由鼓励佛教,因为它对国家十分有益。首先,它像儒家一样强调德行,信佛者是守法良民,因为"五戒之禁实助王化"(重表),严格遵守僧戒是对世俗礼仪法度的补充(三奏);其次,由于佛教的超自然力,僧人的"祝(对国家)必有益"(重表),而且僧人对皇帝有着令人感动的忠诚,他们在每一次佛事活动中,都首先为国家的安康祈祷,"欲福佑之隆,情无极已"(三奏)。采纳反对僧人的措施,意味着要破坏佛法。但佛教作为"修善之俗"对国家的安康十分重要。因此,应当保持佛教的现状(重表)。

何充对佛教的护持

打败对手之后,何充与同盟褚氏在都城中多方刺激佛教的发展。何 *109*
充与竺道潜和支遁关系密切;实际上,他是我们所了解的高级官员中第
一位真正的佛教徒。根据他的传记,他"性好释典,崇修佛寺,供给沙门
以百数,糜费巨亿而不吝也。亲友至于贫乏,无所施遗"[⑬]。根据《世说新
语》注所引孙盛(约 302—373)记述公元 4 世纪晋史的《晋阳秋》(已佚)[⑬],
"充在扬州征役吏民,功赏万计,是以为遐迩所讥"。

关于何充崇佛,有个颇为有趣的说法流传下来:

> 何次道(即何充)往瓦官寺[⑬]礼拜甚勤。阮思旷(即阮裕,约
> 300—360)语之曰:"卿志大宇宙,勇迈终古。"何曰:"何故忽见推?"
> 阮曰:"我图数千户郡,尚不能得;卿道图作佛,不亦大乎!"[⑬]

> 二郗(郗愔、郗昙)奉道,二何(何充及其弟何准)奉佛,皆以财
> 贿。谢中郎(即谢万)云:"二郗谄于道,二何佞于佛。"[⑬]

何充的弟弟何准也是热忱的佛教徒,他是一位没有接受官职的隐
士,"唯诵佛经,修营塔庙而已"[⑬]。他是穆帝皇后何氏的父亲。

在死前不久,在曾带领十几个尼姑一起越过长江的比丘尼明感的请
求下,何充在这座南方都城建立了第一座尼庵。何充给予她极高的礼
遇,将自己的一座府邸赠送给她,命名为"建福寺"[⑬]。此外,他还安置了
另一位避难者,即彭城来的尼姑慧湛,她于公元 344 年到达。[⑬]几年后即
公元 354 年,何充的侄女何皇后为尼姑昙备建立了另一座尼庵"永安寺"
(后称"何后寺")。[⑬]

她并不是这位幼帝周围唯一的女信徒(皇帝于公元 345 年继位时年
仅 2 岁,而于公元 361 年 18 岁时便夭折)。何充的同党褚裒的女儿褚皇
后是宫中最有势力的人物,她于公元 384 年死去之前,曾在五位皇帝在
位期间所发生的宫廷政变中扮演了很重要的角色。她是康帝(343—345

在位)的皇后,是穆帝(345—361 在位)和哀帝(362—366 在位)的摄政者,也替废帝司马奕(366—371 在位)摄政,并在公元 373—376 年为孝武帝(373—397 在位)摄政。

110　　为了给皇帝治病,褚太后于公元 361 年召见了以医术著称的僧人于法开。㉒公元 345 年她为尼姑僧基建延兴寺㉓;此外,她还下令在都城建青园寺㉔,该寺于约公元 430 年更名为龙兴寺。㉕法琳将这个著名寺院的建立归功于哀帝,在他在位期间,它实际上可能已动工了。㉖时运不济的司马奕在公元 370 年被独裁者桓温废弃,而当时"太后方在佛屋烧香"㉗(或据另一记载,是在"念经"㉘)。因此,何充及其同盟褚氏的活动似乎从几种不同的角度巩固了佛教在皇宫中的地位。我们必须注意尼姑的重要性。大约公元 4 世纪中期,王家对尼姑的赞助,成为她们对宫廷和朝政施加影响的开端,而这种影响大约在公元 5 世纪初已经显露出其危害性的一面。

三、第二阶段(约公元 346—402 年)

桓氏、谢氏与司马道子的专权,主要政治事件

公元 4 世纪下半叶是一个战争频仍的时代:对外试图从外来敌人手中夺回北方诸州,内部则有桓氏集团的军事专制,而且这个家族的将军们还企图篡夺王位。

何充在抵制庾氏集团的策略中,依赖一个具有军事优势的新家族。来自荆州的桓氏家族是有权有势的大土地所有者,但却无法炫耀其贵族身份。桓氏家族的名望始于将军桓彝(276—328),尽管后来试图将家谱追溯到汉代,但其仍然被看作是一个暴发新贵。㉙桓氏全力以赴地展开工作。早在公元 345 年,庾家的两位领导成员庾方之和庾爱之便被调到豫章㉚,之后桓温又在各方面拔除庾氏成员。㉛而在同年即公元 345 年,桓氏获得了几个文武官职,遂立刻成为帝国最有权势的人,并且直到公元 373

年死去时一直保持这一地位。也在这以后,当都城及东南一个新派系正在控制朝廷的时候,桓氏的权力在中部州郡却毫不动摇,而且桓温之子桓玄所领导的一次"回击"还引发了公元 404 年一次成功的政变,并建立了极为短暂的楚朝。

朝廷在褚裒、摄政者司马昱和王导侄子即著名书法家王羲之的支持下,首先试图依靠殷浩来反对桓温。殷浩注定要领导这场反击,来跟这位危险的将军作一番权力抗衡,他扮演了这一角色,但最终他完全失败,并于公元 353 年失宠。

两派都努力去赢得使自己万古流芳,也令反对者永远缄默的盛名,即去征服和"光复"北方,以此洗刷流亡士大夫的"国耻"。

111

公元 350 年,出现了一次非常难得的机会。石虎帝国已经崩溃,统治家族与 20 多万羯族人一起惨遭屠杀(参见上文第 85 页)。整个北方再次陷入混乱。不同民族的军阀、石氏的残余势力和西北鲜卑燕国的将军混战于后赵帝国的废墟之上。但有利的形势并未持续多久,真空很快被再次填补。在公元 350—352 年间,燕征服西北州县,定都于今北京附近,抛弃了表面上对晋的忠诚,建立了由鲜卑慕容家族统治的帝国。在前羯族帝国的其他地域,有两个将军家族日益显赫,它们均为吐蕃先祖(羌族)出身:蒲氏和姚氏。公元 350 年,蒲氏头领打败了对手(按神谕),并改姓"苻",自命为"大都督大将军大单于三秦王"。公元 352 年,他的儿子苻坚成为前秦国皇帝,其辖地包括中部州县和魏盆地,并以长安为国都。姚氏的头领姚襄暂时站到了晋朝一边。作为中国将军,他正伺机率部在北方掌权。

建康朝廷于公元 349/350 年的紧要关口对北伐犹豫不决,因而失去了军事进攻的唯一时机。在公元 350—352 年间,公元 4 世纪唯一的大将军桓温又竭力想获得中央政府的允许以攻打权势激增的苻坚。但是,朝廷对此有所忌惮而未答应他的请求。公元 352 年,中央政府试图采取对抗行动,桓温的对手殷浩受命北伐。这场行动完全失败,主要是因为殷浩的一个指挥官听信了羌人姚襄所传的不可靠情报。公元353年,姚襄突然攻打殷浩,并率部站到燕国一边,这位不幸的大将军率其残部撤回建康。这次溃败决定了殷浩及其派系在朝廷中的命运。胜者桓温要求惩治他,而朝廷不得不屈从。同年,殷浩被贬为庶人,流放到东阳(在今浙西)的信安,并于公元356年死在那里。"自此内外大权一归温矣"⑩。

公元354年,桓温亲率军队挺进北方,并计划在以后的几年里在那里与燕、秦作战。他在这些地区的汉民中的威信和声望不断提高,尤其是当他于公元356年驱逐了由姚襄率领的燕军,并胜利地夺取了被外敌占领近半个世纪的古都洛阳的时候。之后,对这场"解放战争"的描述,既证实了桓温在军中的威望,也证实了农民正被唤醒的民族主义:

> 居人皆安堵复业,持牛酒迎温于路者十八九,耆老(他们能回忆外族入侵以前的时代)感泣曰:"不图今日复见官军。"⑩

桓温立即试图利用自己在北方的声望,他建议将都城从建康迁到洛阳,但这项计划没有被似乎很清楚其用意的朝廷所采纳。桓温爱国表现的真正动机表现在下述事实中:当其计划失败之后,他立即放弃了北方,以至于苻坚能于公元357—376年间未遇任何抵抗便夺回北方州县。在公元360—373年间,桓温通过残酷迫害宿敌殷氏和庾氏来巩固其地位。但同时又出现了一个由谢氏家族组成的新派系,他们是桓温麾下的将军谢安、谢尚、谢奕和谢万。桓温最亲密的合作者和宫中代言人是郗超(336—377),关于他对佛教的虔信和熟知,我们将在下文详细述及。正是令人更为惧怕的郗超伙同桓温一起策划了桓氏的篡权。企图废黜幼帝司马奕的努力于公元371年告败。下一个傀儡皇帝简文帝(371—373在位)是位同情佛教的学者和清谈家,他也许被期望会把皇位让给桓温,但整个计划却因他在公元373年驾崩而告终。

朝中权力转到谢安及其派系手中。在这一派中,我们还发现了仍旧活跃的褚太后(参见上文第 109 页)。自公元 376 年起控制北方所有州县和中亚商路的前秦王苻坚,决定采取最后行动重新统一帝国。早在公元 379 年,具有重要战略意义的城市襄阳和顺阳(今湖北光化)便已陷落,另一支羌族军队也同时向淮河流域推进。但是,当公元 383 年发动大攻势,一百多万秦兵分成四路向南挺进时,最无法令人置信的事情发生了:在淮河南部支流淝水,秦军和晋军展开了一场战斗,在此期间在羌军及其盟军中又爆发了大恐慌。⑨接踵而来的大屠杀和混乱,实际上标志前秦帝国的结束。姚苌在废墟上取得了最后的胜利,建立了后秦(384—417)。

当谢安大获全胜返回时,形势再次发生变化。在军内已经形成了一个正控制都城及朝廷的新派系,由谢安的女婿王国宝及其堂弟、孝武帝(373—397 在位)的一位密友会稽王司马道子领导。他们共谋的结果是:谢安及其同党很快丧失了在都城的立足点,他退隐到长江北面戒备森严的广陵(近现在江苏江都),直到公元 385 年死去。

从那时起,东南与都城的政治权力被一同胁持朝廷的王国宝(及其侄子王绪)和司马道子(及其儿子司马元贤)联合垄断。一些小的团伙和集团簇拥在这两位专权者和被迫害的王室成员周围,以期在史无前例的腐败和压榨中分享利益。但是在晋中部的州县,雄心勃勃的地方官员和将军如王恭、殷仲堪、郗恢(桓温合作者郗超的亲戚)、王谧(王导的孙子)等,领导建立了对司马道子及其团伙的抵制。他们暗中得到了被胁持的皇帝和太后的支持。反击行动的中心在荆州(大致在今湖北),从公元 392 年起殷仲堪成为当地的刺史。在荆州首府,即桓氏家族的封邑江陵,他很快在地方豪绅桓玄(369—404)面前相形见绌。桓玄父亲就是在公元 373 年几乎成功地篡夺了晋朝皇位的著名的桓温。桓玄才能卓著,财力雄厚,他的同党和对手对之均感惧怕,尤其是司马道子还努力使之滞留在一个较低的职位上,并远离都城。桓玄野心勃勃,想恢复桓氏家族的光荣,完成其父未竟之事业。

公元 396 年,局势不断紧张:司马道子和王国宝杀害了孝武帝,扶植一位不能自理、必须经常由其亲属伺候的低能儿取代王位,他就是安帝(397—419 在位)。公元 397 年,一个军事联盟在王恭、殷仲堪和桓玄的领导下形成了。他们要求处死王国宝,而司马道子开始惧怕,让人把自己的同伙杀掉。桓玄的权力增大了。公元 398 年,他成功地夺取了江州刺史的职位。公元 399 年,他利用一场荆州相邻州县的洪水发动进攻,杀死了荆州刺史殷仲堪,吞并了后者的辖地。一年后(400 年),他被朝廷确认为江州和荆州刺史及八州督军。从此以后,他成为帝国的实际操纵者。中央政府仅继续控制着扬州(今浙江和江苏南部一带),而这些地方在非常之年还常遭军阀和道教"妖人"孙恩(参见下文)的劫掠。这场与孙恩的战争给桓玄于公元 402 年在都城进行军事干预提供了机会。这标志着我们所描述的东晋第三个也即最后一个阶段的开启。

总论公元 345—400 年间汉地佛教

我们已经看到,公元 4 世纪下半叶,在晋帝国中部和东部形成了两个势力范围。帝国首都、东部及东南部("东土"即今江苏南部和浙江一带)处于中央管辖之下,而中部州县主要是江州和荆州(大约相当于今江西和湖北),则大部分由半独立的地方要员和军事独裁者所控制。这个时代的佛教体现了此种状况的特点。在都城和东部,产生了与王室、大城市权贵和都城中的政治生活紧密相连的新佛教。但同时,其他很重要的教团也在地方士大夫的支持下于中部地区形成。这些团体只是间接地与王室有关。理论上说,它们更具独立性和创造性,同时也更为明显地受到北方的影响。公元 365—379 年间的襄阳(位于湖北北部汉江)、约公元 380 年后的庐山(位于江西北部的九江和星子之间)和荆州首府所在地江陵,这些中心的僧人领袖(襄阳道安、庐山慧远)和他们的许多弟子均来自北方。他们的理论观点试图结合南北佛教。北方佛教强调虔心修行、禅定和法术,直接延续旧译时代的经典;南方佛教相对思想化,是玄学与大乘观念的特殊结合物,以《般若经》《维摩诘经》为基础而深于本体论思辨。在都城和东部流行的南方佛教的教义,一再受到这些其他佛教中心强有力的影响。在其他地方,佛教还在继续传播,在孤立的四川和偏远的南部广东附近的罗浮山上也出现了最初的团体,佛教因素已渗入到这些道教胜地。

佛教在北方有自己的发展道路。在约公元 310—380 年间,除了后赵善于法术的国师佛图澄(卒于 349 年)及其学派的活动外,我们几乎不知道其他任何情况。关于公元 3 世纪两个主要的佛教中心长安和洛阳的命运,我们也所知不多。公元 379 年,当羌族首领苻坚命令道安从失陷的襄阳来到长安时,开始了一个北方佛教的新篇章。它的特点主要表现在:中亚和印度的传教者及经典和思想的持续涌入、大型的译经工程、国家的资助和监督,以及伴随着一种新的注释方法和翻译技巧,出现了一批(大小乘)佛经和论典。公元 5 世纪前几十年,一些北方佛教的因素逐渐为南方所知,尤其是在与鸠摩罗什学派关系密切的慧远的庐山。大

115

地图五　公元 4 世纪的东部佛教

约在公元 416 年,北方的政治形势引发了长安僧团的分裂和离散。从汉末以来,第三次发生僧人大规模移往南方的情况。新思想和新学说的宣传导致南方佛教的重新定位,并最终导致中国宗派的产生。

公元 4 世纪末、5 世纪初北方佛教的历史,是一个只能在专题研究中才能充分探明的极为复杂的主题。在这种研究中,不仅必须考虑长安和西北的情况,还要考虑佛教在中亚和印度的同期发展,以及佛教对东北鲜卑族拓跋魏帝国和包括高句丽、新罗在内的高丽王国的渗透。总之,要考虑外国君王对僧团、教义的态度和隐藏在这些态度背后的动机。因此,我们在下一章将只限于论述与同期发生在南方的事件直接相关的北方佛教的那些方面。

在这个长江流域,佛教已牢牢植根于上层士大夫圈内。我们看到信徒中既包括现任的大官和将军,也包括他们的反面,即那些归隐的文人,他们努力逃避纷乱危险的仕宦生涯。第一类人在都城和东南占绝对多数,第二类则主要集中于庐山这个中心,那里派生出了作为年轻的士大夫信徒聚会和避难场所的显著功能。

公元 314—366 年间的支遁(支道林)

公元 340 年或稍后,即在朝廷发生了有关僧人地位之争一年以后,几位僧人领袖从都城转到东部地区(今江苏南部和浙江),主要是会稽山和剡山地区(靠近今杭州湾南部的嵊县)。直到公元 4 世纪末,这里还是一个相对和平的地区,很少为叛乱和军阀混战所扰乱。佛教似乎在相当早的时期就已传入东部地区,因为据上面提到的传说(第 49 页),早在公元 3 世纪中叶前不久,支谦便已从都城回到江苏南部的山上。我们在《高僧传》卷 4 中发现了一系列高僧传记,他们于公元 4 世纪下半叶活跃于此,偶尔也去参访都城,间或也应皇宫之请去都城住上一段时间。像著名的竺道潜(参见上文第 98 页)一样,他们都属于新型的"士大夫僧人",擅长义学、玄学和清谈,精通高雅艺术和世俗文献。这些僧人中最著名的、最具代表性的是支遁（314—366），更以其字"道林"著称。

支遁原姓"关"，他的家族来自中国东部旧的佛教中心陈留，"世代信佛"。但据《高僧传》中另一种说法，他来自林虑，即现在河南北部的林县。出家受戒前，他在余杭山（浙江北部）的一座寺院中研习《般若经》；他于公元 338 年受戒。在这以前，他在最高层士大夫中只有一些旧友。他的传记提到，王濛（约 309—347）对他极为敬佩，并把这位年轻的玄学家比作王弼⑫，文中还提到了殷浩的叔叔殷融，以及隐居会稽的谢安，后者据说曾因支遁有学习和速览经典的捷才（作为此时代特征的理想）而赞扬这位新人。⑬

出家（338 年）后他去了都城，也在那里聚集了一大群有名的朋友和信徒，包括何充、王导的儿子王洽（323—358）和殷浩（？—356）等。但是，《高僧传》中对支遁早期生涯的记述十分混乱。⑬实际上，他的整个传记尽是些简短的事件，其中有些单独出现在《世说新语》或其他文献中⑬，而这些编年残卷的准确性又十分可疑。

无论如何，支遁第一次在都城没有住很长时间。在他的《八关斋诗序》中，他描述了曾在吴县（在今江苏南部）与何（充）骠骑和其他僧俗 22人一起举行斋戒仪式。⑬何充任骠骑将军一职是在公元 342 年，而公元343 年他任扬州刺史期间可能居于吴地。⑬当时，支遁已离开都城向东而去，并在那里一直待到公元 362 年。

在这些年间，他与一大群权贵过从甚密，他们或因私或因公而活跃于当地，同属于谢安同党，这些人是：公元 358 年以来就在吴兴的谢万、谢安（320—385）、王羲之（321—379）、许询、孙绰（约 300—380）和会稽王司马昱即未来的简文帝（320—372）。支遁最初居于吴，之后居于剡山，并在那里建立了两座寺院，拥有几百名弟子。⑬但他又是上面所提到的那些豪族府上的常客，而且支遁在《世说新语》中的那些轶闻也大多源于他在会稽和山阴附近的活动，后来许询在山阴所建立的寺院中有一个就可能是为支遁而建的。⑬

117

正是在这些生动的轶事中，我们看到，由于支遁活跃于当时著名的士大夫中间，所以他是一个不折不扣的"士大夫学者"。清谈流行以后，他"代表了"同代人，被他们描绘成：

> 林公曰："王敬仁（王修）是超悟人。"[⑱]

> 林公曰："见司州（王胡之）警悟交至，使人不得住，亦终日忘疲。"[⑲]

> 或问林公："司州何如二谢（即谢安、谢万）？"林公曰："故当潘安提万。"[⑳]

> 王长史叹林公："神心警悟，清识玄远。"[㉑]

我们发现他有一种怪异的举动：他总在寺里留几匹马，并对那些认为这样做不符戒律的人说："贫道重其神骏。"[㉒]他曾剪断从朋友处得来的仙鹤的翅膀，而当这些鸟显得悲哀时就让它们再长出来。[㉓]这位雄辩之士善于对答妙语，还做了一些赞美或尖刻的评论[㉔]。许多段落描述了他在清谈聚会中的活动，他在那里参加有关佛教和世俗题材的讨论。例如：

> 支道林、许询诸人共在会稽王斋头。支为法师，许为都讲。[㉕]支通一义，四坐莫不厌心。许送一难，众人莫不忭舞。但共嗟咏二家之美，不辩其理之所在。[㉖]

> 三乘佛家滞义，支道林分判，使三乘炳然。诸人在下坐听，皆云可通。支下座，自共说，正当得两，入三便乱。今义弟子虽传，犹不尽得。[㉗]

> 支道林、殷渊源俱在相王（即司马昱，未来的简文帝）许。相王谓二人："可试一交言。而才性[㉘]殆是渊源崤函之固，君其慎焉！"支初作，改辙远之，数四交，不觉入其玄中。相王抚肩笑曰："此自是其胜场，安可争锋！"[㉙]

> 支道林、许、谢盛德，共集王家。谢顾谓诸人："今日可谓彦会，时既不可留，此集固亦难常。当共言咏，以写其怀。"许便问主人有

《庄子》不？正得《渔父》一篇。⑬谢看题，便各事四坐通。支道林先通，作七百许语，叙致精丽，才藻奇拔，众咸称善。⑭

我们看到：当争论完全变成个人攻击时，他就成为双方公断人⑮，而在辩论中如被战胜，他也要大发脾气。⑯除了一些受尊敬和钦慕的内容之外，《世说新语》还包括几次他与高层士大夫成员间不太愉快的交往：这些插曲(主要是嫌恶他形貌丑陋、高傲与刻薄，尤其是其僧人地位)未出现于《高僧传》有关他的传记中。

> 诸人尝要阮光禄共诣林公。阮曰："欲闻其言，恶见其面。"⑮
>
> 王子猷诣谢万，林公先在坐，瞻瞩甚高。王曰："若林公须发并全，神情当复胜此不？"谢曰："唇齿相须，不可以偏亡。须发何关于神明！"林公意甚恶，曰："七尺之躯⑯，今日委君二贤。"⑰
>
> 支道林入东，见王子猷兄弟。还，人问："见诸王何如？"答曰： *119*
> "见一群白颈乌，但闻唤哑哑声。"⑱
>
> 王中郎与林公绝不相得。王谓林公诡辩，林公道王云："箸腻颜帢，绉布单衣⑯，挟《左传》，逐郑康成车后⑯，问是何物尘垢囊？"⑱
>
> 王北中郎不为林公所知，乃著论《沙门不得为高士论》。大略云："高士必在于纵心调畅，沙门虽云俗外，反更束于教，非情性自得之谓也。"⑱
>
> 王僧恩(一之)轻林公，(其父)蓝田曰："勿学汝兄(坦之)，汝兄自不如伊。"⑱

我们将会看到，尽管王坦之的文章中有排斥僧人的意味，但他仍与其他僧人保持着良好关系。而他个人对支遁的反感，可能会因为支遁是当时一位最大的《庄子》专家而有所加重。王坦之本人是一个坚定的儒者，是荀子和扬雄的钦慕者，他赞同在传统主义者中颇流行的看法：庄子所主张的追求无限自由和个人主义，以及对其学说的研究，应对这个时代的道德沦丧和政治腐败直接负责。⑱支遁对庄子第一篇《逍遥游》作注，似乎在其早年时期。据《世说新语》中的一段,他与何充的同党冯怀(参见上文第107页)在建康白马寺讨论过这一篇的涵义⑧,这很可能发生在公元340—343年他初次居住在都城期间。几年后,当他来到会稽时,又应内史王羲之的邀请讲解了这一篇的思想,同样赢得了王的尊敬。⑧那场论辩可能发生在公元353年,这一年支遁作为王羲之的常客⑥出现在后者府邸中举行的富有诗意的清谈聚会上⑧。王羲之通过他的《兰亭集序》使这些聚会流芳百世,而《兰亭集序》本身也成为古典文学的经典之作,并由于王羲之的书法而成为最著名的中国书法作品。⑩我们在下文会谈及支遁在玄学和佛教思想领域的活动,不得不对他的《庄子注》多着些笔墨。

公元362年哀帝登基时,支遁被皇帝召入都城,此后这成了一种惯例。他在那里一直呆到约公元365年,当时桓温的权势臻于极致。他似乎与这位独裁者本人并无牵涉,但桓温在都城的部属、更令人畏惧的郗超却是他的一位最有名的在家信徒。在都城,支遁于东安寺讲授小品《般若经》(即《道行经》):

> 白黑钦崇,朝野悦服。⑧

在哀帝死前不久,即公元365年,他想再次退隐到"东部"山上。他在皇宫中半官方的身份,使之显然需要得到皇帝的批准方可离开,因而接下来就是申请退职所需的常规官方程序。他向皇帝正式上书要求准许离开都城,这份珍贵文书的原文被保存在《高僧传》他的传记中。⑧实际上,在这份请求之前有一篇很长的前言,支遁在其中讲述了他对寺院生活的看法、君王和佛法间的关系,以及根据玄学的"无为"原则而实现一个完美政府的理想状态。

在这份上书的第一段,支遁强调出家生活的德行和清静:

> 遁⑧顿首言,敢以不才,希风世表。未能鞭后,用忝灵化。盖沙门之义,法出佛圣,雕纯淳⑧反朴,绝欲归宗。游虚玄之肆,守内圣之

则,佩五戒之贞,毗外王之化⑥。谐无声之乐,以自得为和;笃慈爱之孝,蠕动无伤。衔抚恤之哀,永悼不仁。

在这段把玄学、佛教道德、儒家伦理和优雅文辞融为一体的美文之后,支遁解释了僧人对君王的态度,以及君王对僧人的相应态度。在他的话中,我们还能听到公元 340 年那场争论的回音,当时支遁是第一次居留在都城,他与朋友何充当时提出的观点"十分接近":

> 秉未兆之顺,远防宿命;挹无位之节,履亢不悔。是以哲王御南面之重,莫不钦其风尚,安其逸轨,探其顺心,略其形敬,故令历代弥新矣。

之后是最为有趣的一段文字:支遁劝谏皇帝把佛教作为巩固自身和王朝统治的工具。如上所述,文章是在桓温的权力达到顶峰时写成,而尽管支遁与郗超交往,却似乎与反对桓氏一派的领袖谢安有着十分紧密的联系。⑮当然他不能公开讲明,但给皇帝的暗示(这通常被伪装成历史的典故)则是很清楚的。皇帝必须修炼品德,坚持真理,不去听从他人的逸言和危言耸听。眼下的情势正如孔子的时代,当时鲁国的权力已被三个大家族孟孙、叔孙和季孙掌握,而后者毫不犹豫地僭越王室或公卿特权去祭拜泰山(参见《论语》Ⅲ.6)。但皇帝必定仍然是唯一的圣王:只有他才有权祭天。他能从"个人行动"中阻止一些(非分的)事项,并通过德性修炼(在此当然指佛教)来产生某种神奇力量,借以维持他的地位。普遍的幸福将随之而来,并且"大晋"的命运也将永远得到保护。所有这些正是下面这段话的本质意义:

> 上愿陛下,齐龄二仪,弘敷至化。去陈信⑯之妖诬,寻丘祷⑰之弘议,绝小涂之致泥,奋宏辔于夷路。若然者,太山不淫季氏之旅,得一以成灵⑱;王者非圆丘而不禋⑲,得一以永贞……君君而下无亲举,神神而咒不加灵,玄德交被,民荷冥佑。恢恢六合,成吉祥之宅;洋洋大晋,为元亨之宇。⑳

121

但包括死刑在内,政府的行为如何能与佛教教义首先是"不杀生"的戒条和谐地统一在一起? 对这个基本的两难问题,有关统治者"无为而治"的中国观念提供了一个极为方便的解决办法。据说公元 343 年当匈奴王石虎正在亲手杀戮他的几个亲戚时,佛图澄便对他说:"礼不杀亲,以伪恩也。何有天子手行罚乎?"⑩法律必须运用,但符合正义的死刑对统治者没有恶业果报。在另一场合当这位匈奴暴君宣称不杀无以保持国家安定时,佛图澄对他说:"帝王之事佛,当在心体恭心顺,显畅三宝,不为暴虐,不害无辜。至于凶愚无赖,非化所迁,有罪不得不杀,有恶不得不刑。但当杀可杀,刑可刑耳。"⑩同样的问题构成了刘宋文帝与印度传教者求那跋陀罗在公元 431 年所进行的一场有趣的谈论的主题。⑩支遁在他的上书中也同样说:

> 常无为而万物归宗,执大象⑩而天下自往,国典刑杀,则有司存焉。若生而非惠,则赏者自得;戮而非怒,则罚者自刑。弘公器以厌神意,提铨衡以极冥量。所谓"天何言哉,四时行焉"。⑩

完全按正式程序,皇帝下令准许支遁离去。这座大都市的权贵为支遁开了告别会(《高僧传》对此有描述,更多的内容则在《世说新语》),显示出他的巨大声望,同时还令人高兴地说明了盛行于这个圈子中的对礼节的故意忽视:

> 支道林还东,时贤并送于⑩征虏亭⑩。蔡子叔前至,坐近林公。谢万石后来,坐小远。蔡暂起,谢移就其处。蔡还,见谢在焉,因合褥举谢掷地,自复坐。谢冠帻倾脱,乃徐起振衣就席,神意甚平,不觉瞋沮。坐定,谓蔡曰:"卿奇人,殆坏我面。"蔡答曰:"我本不为卿面作计。"其后,二人具不介意。⑩

《高僧传》则补充说:"其为时贤所慕如此。"⑩

支遁返回会稽。他于公元 366 年 52 岁时卒于剡山⑩。在都城的学者朋友们为他作传:郗超为之作序,著名的鸿儒史学家袁宏(328—376)

撰写铭赞,一个叫周昙宝的作诔,孙绰在他的短诗集《道贤论》中"品评"了他,把他比做《庄子》大注释家向秀。[⑳]当画家和"隐士"戴逵(卒于 396 年)经过会稽支遁墓碑时,他作为传教者和学者的名声仍然存在,戴逵写道:"德音未远,而拱木已积。冀神理绵绵,不与气运俱尽耳!"[㉑]

支遁的学说

像其年长的同时期人支愍度一样,支遁以早期中国佛教一"宗"的创始人而著称。如其他"宗"一样,它专门解释大乘经中空观及这个"空"与现象世界之间的联系,现象世界也即"色",这种解释也即"义"。与"支遁"这个名字相关的注释(义)被称作"即色义"(matter as such 或 identity with matter)。在他阐述这种义理的著作中[㉒],仅有一些残卷保存下来,其几乎一致的说法表达了基本一致的思想。如:

> 夫色之性也,不自有色。色不自有,虽色而空。故曰色即为空,色复异空。[㉓]

> 吾以为即色是空,非色灭空[㉔]。斯言至矣。何者?夫色之性,色不自色,虽色而空[㉕],如知不自知,虽知恒寂也。[㉖]

> 夫言色者,但当色即色,岂待色色而后为色哉?[㉗]

所有这些都不太清楚。这种思想似乎是说,色("五蕴"中第一蕴,即所有主客现象,因而也包括第二段中的"知")的存在是"即色"(as such)而存在,即它没有任何永恒不变的基质,也没有"色色"这种支撑性或创造性的原理。就此而言,支遁的理论是世俗思想和佛教思想的融合。向秀和郭象已经明确地否定了创生力量或者"物"背后永恒本体的存在——"物物者无物"[㉘],万物自发地自生。支遁的理论代表了佛教对此种思想的精致描述。根据佛教互为因果的原理,"色"和"知"(即诸蕴,它与向、郭的"物"不同,还包括一切精神现象)都不因它们自己而存在。实际上,它们既不能被说成是存在,也不是非存在;它们在因果过程中刹那生灭,系于除因果本身外没有任何其他实体的永恒因果链条之上。据支遁所言,这个因果律、这种有条件的状态就是"空"。因此,空并不是离开色的东西,是色能够显现的一种基质,它完全与色一致:"非色灭空。"

严格地说,比起大乘一切空的理论,支遁的解释更接近小乘的观点。他把"空"解释为全部"色"的条件(即因缘和合原理,hetupratyaya-sāmagri),这与把一切现象和观念包括因果本身均化为梦幻泡影的大乘空观有着相当的差别。支遁的理论因其不够彻底,在公元 5 世纪初受到僧肇的严厉批驳。根据这位中国第一的解空专家的理解,支遁仅看到了一切现象的条件和因果性,但没有认识完全的真理,即条件性和因果性本身也仅是没有任何潜在实在性的假名。㉒

所有这些只能给我们粗略勾画支遁学说,而比起这些隐晦的残章断简,可以提供更多信息的是保存下来的《大小品对比要抄序》㉒,这份重要的资料可以使我们更准确地解释支遁在玄学和早期佛教思想中的地位。

在序的开头,按照描述一部经典旨要的习惯做法,支遁首先把般若波罗蜜多界定为超验的智慧,圣人由此达到超越有无的"至无",即一种能实现万物合一的不可思议的神秘状态。

> 夫般若波罗蜜者,众妙㉒之渊府,群智之玄宗,神王之所由,如来之照功。其为经也,至无空豁,廓然无物者也。无物于物,故能齐于物;无智于智,故能运于智。㉒

然而,这种洞察并不充分,学人必须摈除所有观念,包括般若观念本身以及导向成佛的菩萨十地观念。因为所有这些都只是方便,是指导学人心念的暂时标记,一旦发挥了作用,它们就要被抛弃:

> 是以十住之称㉓,兴乎未足定号;般若之智,生乎教迹之名。是故言之则名生,设教则智存。智存于物,实无迹也;名生于彼㉕,理无言也。何则?至理冥壑,归乎无名。无名无始,道之体也。无可不可者㉖,圣之慎也。苟慎理以应动,则不得不寄言。㉗

　　所有这些从佛教角度详细论述的思想，我们都已在早期玄学思想家的著作中看到过：必须"得意忘象"（王弼），或者通过特别的佛法教义即圣人的"迹"而达到圣人的内在智慧即"所以迹"（向、郭）。这显然是一种融合的明证，即把佛教的"般若"（内智）和"方便"并用的方式，与圣人不变的内心和不断变化的教化这种中国式的区分，融合在一起。支遁所使用的术语更多地受到郭、向的影响。在这篇序中，我们甚至发现在各种组句中同样也有"所以"这种奇特的用法。这种表述方式是郭、向的哲学术语的特征，用来指称与外部表象相对的作为根源的"本质"（参见上注㉞：

125

> 亦明所以寄，亦畅所以言。理冥则言废，忘觉则智全。㉘

> 存乎存者，非其存也；希乎无者，非其无也。何则？徒知无之为无，莫知所以无；知存之为存，莫知所以存。㉙

　　在这种大乘佛法与玄学的混合物中，核心议题是圣人或至人。圣人同时也代表王者，却具有一种超人特性，乃智慧的人格化，这位宇宙之王通过仁爱说教引导万有臻于终极。他超然处于这变化的世界之外，通过其教化对这个世界作出回应。他干预这个变化世界的行为活动，决不影响他作为智和静的不动不变的"本体"。他的王国不是变动的，而是独立于一切现象存在和推理的绝对真理的王国。这个真理在中国哲学中可用一个基本概念"理"来表示。"理"这个概念在汉以前已被几个作者在不同的意义上使用过，但在这里（就我们所知是第一次）"理"却获得了一种新的和更为抽象的涵义，表明中国宇宙论和自然观已与佛教超验的"真理"即"真如"（tathatā）观念㉚融和在一起。这种佛教对中国思想的重大贡献，最先在下面这些十分重要的段落中得到证明：

> 故理非乎变，变非乎理；教非乎体，体非乎教。故千变万化，莫非理外。神何动哉？以之不动，故应变无穷……故教遗兴乎变，理滞生乎权。㉛

夫以万声钟磬,响一以持之;万物感圣,圣亦寂以应之。是以声
非乎响,言非乎圣明矣。[⑱]

徒知主圣之为教,而莫知所以教。[⑲]

理想状态是,所有情绪和意识的思虑都被排除之后的精神上的恬
淡,这就是圣人的"坐忘"。此处支遁的说法接近于支愍度的"心无义",
因为对他来说"无"或"空"可能也是一种内在体验:

尽无则忘玄,忘玄故无心。[⑳]

这种状态正如支遁所说的,是"有无自冥同,忘高故不下"[㉑]。这里所谓的
"理想状态"可用"冥神""无心"和"冥尽"这些术语来表示。

对支遁思想的评价构成了一个难题。至少在这里,佛教因素似乎被
限定为超越分别之有限性的绝对观念(absolutum),而与 tathatā(真如)
对应,它在玄学概念体系中可以表述为诸如"尽无""玄""真"或"理"等。
这个事实的重要性,代表中国思想开始进入一个新阶段。从早期中古思
想的背景来看,在古代"贵无派"和"崇有派"的争论中,通过引入能融和
两种互相冲突的观点的一种新的或更高级的观念,确实可以提供一个新
的出发点。这里"有"和"无"没有被作为一对相辅相成的概念,即一个是
另一个的作用或表现,而是作为既包容又超越的同一种奥义(arcanum)
的两个层面。正像支遁的一位著名的俗家追随者孙绰所说:"无为故虚
寂自然,无不为故神化万物。"[㉒]尽管这种"有""无"统一于更高层次上的
真理,在中国中古思想中并非没有先例,如王弼《道德经注》的某些章节,
似乎就预示了这种发展[㉓],但公元 4 世纪中期以降的佛教思想家却对此
着重加以强调和描述。我们不足以就此表明在思辨思想中已发生了转
向。基本的事实是:思辨思想,主要是玄学,到此时已成为一个新的群
体,即有文化的僧人的活动领域,在这些僧人中,支遁是一个著名的例
子。直到那时,玄学或者一般意义上的哲学,是由一些文人在发展参与,
也就是在那些有真才实学的官员,理想政府及其实现方式仍然是他们思

索的中心问题,尽管初看起来这些似乎是脱俗的。公元 4 世纪初,随着僧人知识阶层的兴起,玄学从世俗事务的束缚中转移到相对独立的僧人生活中,并且借此首次从社会和政治思想问题中分离出来,而与某些大乘佛教因素结合起来。这样与现实思想问题分离、强调精神价值和宗教体验,在中国历史上尚无先例,而它与寺院生活的理想、理论和实践直接 *127* 相关。在儒教国家中,宗教团体的自主权无论从社会的还是理论的角度来看,都是十分重大的问题。让形而上思想从社会和政治哲学中脱离出来,世俗文人和士大夫从未做到这一点,它产生也只可能产生于僧团所主张的一种反社会(asocial)而非政治的群体中。因此,形而上思想在中国的出现,既是一种社会现象也是一种精神现象,它与中国中古社会中僧团的地位和作用有机地联系在一起。

我们很难说清,像支遁这样的义学僧的著作在多大程度上可以被看成是僧人生活的典型产物。这些对于神秘寂灭之喜乐和排除思虑之解脱的描述,尽管也许是夸张和套话,却也是某种宗教体验的文学表达。在最早期中国佛教成为宗教生活最重要部分的“禅定”,其作用在公元 4 世纪的东南士大夫佛教中已变得不很重要。我们将会看到,那些彼时彼地擅长于禅修的法师们,在相当不同的环境中活动;他们与像支遁这样的“士大夫僧人”没有直接联系,且与有文化的在家信徒几乎没有任何联系。但冥想和入定属于出家人的一般修行方式,而且支遁似乎也关注过这种方法,因为他为中国佛教旧译时代的一部基本“禅定”经典《安般守意经》撰写了注释。[28]把“空”看作一种内在体验,就指明了这一点。这篇确乎属于他的解释明显出自郗超《奉法要》,后者是支遁的在家弟子,我们下文还会更多地详细讨论。郗超说:

> 夫空者,忘怀之称,非府宅之谓也。无诚无矣,存无则滞封;有诚有矣,两忘则玄解。[29]

在支遁的一首诗中,他本人把这种体验描绘成“即色自然空,空有交映,迹冥知无"[⑤]的状态,而类似的文字并不少见。这些情景一再被大量堆砌的华丽辞藻和陈词滥调弄得模糊不清,使我们可能永远也不会明白他们所隐藏或表达的真实的个人体验。

128　　像东南其他有名的士大夫僧人和居士一样,支遁的世界观无疑是彻底精神性的,它追求一种智慧甚于追求一种虔诚的教条,但也不完全缺乏后一方面。在《广弘明集》卷 15 中,我们发现了支遁所写的称颂几位佛菩萨的"赞",这是一种几乎没有什么实际内容和启发性的修辞作品。但其中之一却专门讲述佛教崇拜对象——西方极乐世界的阿弥陀佛。"赞"由一个简短的序开始,支遁在其中提到这位无量寿佛所居住的名为"安养"(Sukhāvatī)的西方极乐世界。那些在他的接引下往生的人们享受着永恒的极乐。对于支遁这位中国学者来说,"安养"似乎是一个理想社会、一个陶渊明式的世外桃源在佛教中的对应物:

> 国无王制、斑爵之序,以佛为君,三乘为教。[⑩]

然而,更有趣的是这篇序的最后一段:

> 此晋邦五末之世[⑫],有奉佛正戒,讽诵《阿弥陀经》[⑬],誓生彼国,不替诚心者,命终灵逝,化往之彼,见佛神悟,即得道矣。遁生末踪,忝厕残迹,驰心神国,非所敢望,乃因匠人图立神表,仰瞻高仪,以质所天。[⑭]

除了把阿弥陀佛信仰的出现与公元 3 世纪初的佛教学者卫士度(参见上文第 78 页)的名字联系起来的一个后出的传说外[⑮],这里是在早期文献中首次提到这种仪式,即信徒依靠阿弥陀佛的救助力量,并在其像前严肃地发愿往生极乐世界。同类借助佛像和观想的崇拜仪式,我们在大约公元 370 年的襄阳发现过,当时道安在那里聚集他的大量弟子于弥勒像前发愿往生兜率天[⑯]。公元 402 年慧远在庐山率俗家弟子 123 人也在阿弥陀像前采取了同样的形式。[⑰]

最后,我们可以说一下支遁对《庄子》第一篇《逍遥游》的解释(参见上文第 119 页)。此篇由十个寓言组成,全部用来描绘大与小的相对性,以及在道家真人最高的自由和那些患有"精神盲聋"、被实用观点和社会规范束缚因而不能"逍遥"之辈的狭窄之间的对比。道家真人的荣耀在于鄙夷俗世的"渺小之人":翱翔于天空中的大鹏对比嘲笑大鹏、盘旋于草木之间的蜩与学鸠;大隐之士许由对比尧帝、智者连叔和四处云游怀疑一切的肩吾;"其大若垂天之云而不能执鼠"的斄牛对比伏身等待猎物并最终死于网罗之中的神经紧张的黄鼬。

129

我们几乎不必怀疑:向秀和郭象在他们著名的注中完全误解或篡改了此章的基本涵义。对他们来说,每种存在,无论大或小、贵或贱、大鹏或学鸠,均有其自己禀受之"分":品格、才能和爱好。成功、幸福、秩序、最终理想政府的实现,都有赖于每个个体按自然"赋予"他们的能力和局限去生活的程度。圣人有自己的"分",愚人也有;如果他们各守本分,并不强调自己成为其所不是,则二者都将获得完全的"自由",都能"逍遥游"。

支遁以《庄子》专家而闻名。我们已经看到,他与人讨论《逍遥游》的意义,如在建康与冯怀讨论,在会稽与王羲之讨论(参见上文第 119 页)。而据《高僧传》的传记:

> 遁尝在白马寺与刘系之等谈《庄子逍遥篇》,云:"各适性以为逍遥。"遁曰:"不然,夫桀跖以残害为性,若适性为得者,彼亦逍遥矣。"于是退而注《逍遥篇》。
>
> 群儒旧学,莫不叹服。[30]

支遁的《逍遥游》注不幸已散佚。它未存于任何书目,但至少在公元7 世纪初,可能仍然存在。支遁的几个注曾被陆德明(陆元朗,550—625)在《庄子音义》中引用。此外,还有他的一段《逍遥论》,见于《世说新语》卷 1 之下第 19 页右注引。这些可以使我们对他的庄子新解有些许印象。支遁于此着重强调拒绝向、郭的见解。对他来说,其理想就是由《庄子》大鹏所象征的圣人,"乘天地之正,以游无穷"的圣人,此乃至足,不同于作为仅仅随个人本性、"足于所足"的粗陋幸福。[19]

我们必须从佛教思想背景来看支遁的解释。首先,向、郭的观念本质上是社会中的非道德观念,在这种社会中,只要每个人的行为与他"自然的"才能和爱好一致,那么过任何一种生活都是正当的,这显然与受普遍道德律约束的佛教观点相冲突。其次,根据向、郭哲学,根据"不为不能为之事,只能为能为之事",严格的决定论形式与有关人格可被提升以及支遁所说的"圣人"之圣可以通过心灵修养、道德和虔敬达到的佛教思想,无法取得一致。

130　　事实上,后者被视为佛教的特质。《世说新语》记载了简文帝这位支遁的保护者对佛教的一段(相当意味深长的)评语,开头就说:"佛经以为祛练神明,则圣人可致。"[20]

圣人(最完美的人)就是佛。佛并不是人(the Man),而是一种神话(the Myth)。在早期中国佛教徒的作品中,就像在说出世间部(lokottaravādin)及其同时代的印度大乘佛教徒的撰著中一样,佛是真理的体现,是彻底非人格化的智慧的抽象。常住于法身的佛在此与玄学中"体道"的圣人理想相融和。支遁以玄学语言对释迦牟尼佛一生所作的出色描述,现存于他的一篇"佛赞"的序中。[31]在某种程度上,它类似于早期佛教作者的其他哲理诗般的描述,恰似我们在《牟子》和孙绰《喻道论》中所见到的。[33]这篇序言主体部分的译文附于本章末附录中。由于原文辞藻华丽,文风晦涩,译文仅供参考。*

支遁最出色的俗家信众

《高僧传》支遁传中说,他有"僧众百余",可在我们的资料中却仅提及少数僧人的名字;我们将在下文转而讲述他们。但我们对他的俗家弟

_____

* 原著的英译现已还原为汉语原文。限于篇幅,兹不附录英译。——译注

子,则知道得稍多一些。在这些主要资料(《高僧传》和《世说新语》)中,记载了他与 35 人有过讨论,其中实际上尽是些士大夫中最知名的成员,在他滞留京城及"江东"的 25 年间,多少与他们有所接触。在大多数情况下,这些人与这位法师的联系可能还仅限于相当浮泛的社交活动,限于不太涉及意识形态内容的清谈。不过,有些士大夫领袖显然主要更倾心于佛法以及支遁所代表的生活方式。在这些情况下,和这位义学僧交谈并对他有所仰慕,也就同时意味着对佛法有浓厚的兴趣,也有一定的佛法知识。须作说明的是,其中大多数信徒同时也是政坛的风云人物。握有重权的大司马桓温不在这些信徒之列,他和法师之间的一些有限交往是相当表面性的⑥;正如上文所述,我们有一定的理由假设:支遁本人反对他铤而走险的独裁政策。另一方面,桓温最亲近的同党之一郗超(336—377),与支遁私交不错,是他忠实的信徒。支遁身边其他出色的施主(dānapatis),像他那样活跃于京城和东南地区的,还有何充(参见上文第 109 页)、殷浩(卒于 356 年)、孙绰(约 300—380)、王洽(323—358)、许询(生卒年不详,约 4 世纪中叶),以及那位显赫的会稽王司马昱,后者在他登基之前或在他短暂的执政期间(简文帝,371—373),跟支遁、竺道潜均有交谊。

殷浩在京城时便已结识了康居僧人康僧渊(参见上文第 102 页)。¹³¹但他专注于佛教研究却似乎是从其凄凉的晚年(353—356)开始的,当时由于政敌桓温的弹劾(参见上文第 111 页),他声名不佳,被贬为庶人,退隐于浙江西部信安县。《世说新语》说,他在此期间仔细研读了《般若经》的各家译本,从中发现了数百条含义不清的段落,想和支遁探讨(当时支遁驻在剡山,在信安东北方数百里)。但他从未能领会这位法师的阐释。⑧另外,还记载殷浩在信安"博览佛经",除了一些"名数"(numerical categories,诸如五蕴、十二因缘等),他对所有的内容都能理解,而且每遇到僧人就向他们请教。⑨他猝死于公元 356 年,被迫中止了严谨的佛学研究。尽管他对这些新发现的文献兴趣盎然,但他对这些佛经和佛法的批评态度却似乎一直没变。《世说新语》记载,他对佛教作此评价:"理亦在阿堵上。"㊿此外,我们知道他对《般若经》的文献形式很反感(凡熟悉这些译本的人均不会指责他)。在他看来,《大品》(无叉罗译《放光经》)过于冗长,《小品》(支谶译《道行般若经》)则过于简单。他更愿意读《维摩诘经》,这部经他是在读过大品《般若经》之后才熟悉的,他读的可能是支谦公元 3 世纪初的译本(《大正藏》№474)。㊿

《维摩诘经》是一部备受青睐的佛教经典,我们易于解释它在公元 4世纪中国知识界的流行。首先,这部经对佛理作了戏剧化的说明,各位主人公之间的对话(佛、声闻和菩萨分别复述他们与维摩诘的谈话内容,以及维摩诘和文殊师利等菩萨之间的谈话),通过场景的切换,被有机地串成一部框形小说(rahmenerzaehlung),用以对治各种佛学谬见。我们从中可发现大段大段的内容谈及佛陀和菩萨种种不可思议的力量,谈及大乘较诸小乘的优越性,谈及佛身的超验性,谈及"不二"这个概念,等等。另一方面,所有这些论题均被用来变现或例证全经的基本主题:菩萨的慈悲愿力,正像维摩诘那样自愿地为了众生而"示疾"。这部经因此可能被视为大乘佛法的简明读本——实际上也确是这样。㊿这可以解释《维摩诘经》成为远东地区最受尊奉、极具影响的佛典之一,但它从未成为后世中国诸宗派的宗经,而其他一些能围绕某个主题的佛经如《法华经》《大般涅槃经》《阿弥陀经》以及三论宗诸论,反而成为宗经宗论。

132   其次,《维摩诘经》本身的一些特点,也能吸引中古时代有文化的中国公众。最初译经均采用文学形式,而该经则对对话作了特殊的处理。由于主题之间层层递进,全经的叙事和个别的对话都有着一定的张力,而在其他佛典中不无遗憾地缺乏这种张力。对于 4 世纪的中国知识分子来说,吸引他们的还不仅仅是这种文学特点,该经主体部分讲述的整个情节(维摩诘和他客人间的谈话),势必能让他们联想起多少有些哲理味的辩论会。维摩诘这位吠舍离城的著名居士,受人尊敬、谈吐优雅,接近于他们以雄辩为能事的"清谈"名士的理想。维摩诘根据众生的根器和契机,广施各种"方便法门",类似于玄学圣人的"应物";把"默然无言"当作终极的"不二法门",接近于玄学中"言不尽意"的概念以及"冥会"的理想;常用一些别致的悖论或简短的哑谜式话语,与清谈时类似的谈吐相通。

由于诸多原因,《维摩诘经》不久便在士大夫佛教中成为最具影响的佛经之一。殷浩研读过该经。我们也已看到,支遁形成色与空根本上一致的观点,其主要根据出自该经的一段文字。支遁和许询在会稽王府邸讨论过该经的义理^⑧;同时,我们发现"默然无言"这一主题已经成了彬彬有礼的交谈中的隐喻^⑧,郗超在《奉法要》中几次提到它。维摩诘最终还成了名画家顾恺之(345—411)诸多名作的题材。^⑧所有这些似乎能说明在公元 4 世纪中叶这部经已为有教养的阶层所发现。

对于殷浩的佛教研究,我们只知道一些孤立的事实。但对王羲之的同党、羽翼孙绰(约 300—380),对于他的佛学或准佛学观点,我们却可以多说一些。孙绰善写短赋和赞,这是一种文学性、程式化很强的文体,相当于我们所谓的"人物品评"(characterizations)。他为高僧们作的一些小传,现作为引文得以传世,主要见于《高僧传》、《名德沙门赞》残篇、《名德沙门题目》和《道贤论》,后者是把当时一些知名的僧俗文人两两配对,予以点评和比较。^⑧

在学理上较为重要的,是他的一篇短文《喻道论》,现存于《弘明集》。^⑧由于通篇采用玄学语言,辞句精练,并融会了佛学和中国传统观念,这篇文章成了一种奇特的"佛教玄学"的典型。这种风格当时在士大夫圈内刚刚流行,孙绰想必是在和义学僧晤面交谈时濡染了这种风格。据《世说新语》(卷 1 之下第 18 页)记载,瓦官寺僧人彼此舌战时,孙绰也在场。

孙绰《喻道论》的基本主题是对出世的、非社会的佛教教义和注重社会道德的儒家思想进行调和,也即"方外"与"方内"本质上的一致。在第一部分,他批评了那些观念狭隘的庸俗文人,他们固守着"至德穷于尧舜,微言尽乎老易",因此对"方外之妙趣,环中之玄照"黯然无知。[58]

佛陀开示最高的真理。但何为佛陀?孙绰给出了一个宽泛但不失为正确的方便说法:"佛也者,体道者也。"就是指实现真理的人。但底下的段落把我们引回了玄学,"应感顺通,无为而无不为"。换言之,佛陀是无为而治的圣王,其"神通力"(transforming influence)无需主观的努力就能遍及任何地方,能不入俗世而应俗世之需。佛陀以其动与静、智慧与善行、涅槃与方便的两重性而成为宇宙之王:"无为故虚寂自然,无不为故神化万物。"就纯粹的佛理而言,这两句话已包含了早期士大夫佛教的本质。

还有一个无可改变的正义概念,即存在着"业报"的自然法则,这是相对于世俗统治的宇宙法则:"此王者之常制,宰牧之所司也。"但"业报"要比它的世俗摹本更准确无误、更恰到好处。为了证实这一点,遂从中国历史中摘录一些典故来验证"业报",而这在佛教护教或弘法的文献中比比皆是。鉴于在中国思想中历史先例的重要性,这个主题是不可或缺的。

孙绰借此获得他的主要结论:"周孔即佛,佛即周孔,盖外内名之耳。"借用向秀对圣人之"迹"和"所以迹"所作的区分,孙绰把佛儒之间的冲突归结为仅仅是方便法门上的差异。"迹",也就是儒家圣人和佛陀所讲的各种说教,它们因其讲述的情境及对治的对象不同而有所不同,但这些圣人的"所以迹"、他们说教的缘由和动因则是相通而一致的。这个一致的内在本性("所以迹")就是"觉"的状态,即"佛陀"。

这篇论文后半部还包括了长长的一段辩驳,作者试图证明佛教远不是弃绝孝道,而是充分完善了这种美德。

有趣的是,孙绰把这种调和不同教义的圆融精神(syncretism)运用到了道教,有如他用之于佛教。现收于《初学记》的《老子赞》中有段话,和他在《喻道论》中对佛陀的解说如出一辙,明显表现了这一特点:"李老无为而无不为,道一尧孔,迹又灵奇。"[59]

　　王洽(323—358)是王导的第三个儿子,于公元 4 世纪中期居住在江东,官拜吴兴(在今浙江北部)内史 *。他和支遁就教义本质(doctrinary nature)问题有过接触。陆澄在《法论》目录中曾提及他和支遁的一些书信,双方在讨论支遁那篇阐释色与空关系的《即色游玄论》。其中有份文献是王洽的一封信,现存于《广弘明集》。此类文字一如往常的书信,主要是些谦词和客套。王洽恳请这位法师能深入解释他的理论,以便自己从彼此矛盾的意见里理出头绪,因为"空有之谈纷然大殊,后学迟疑莫知所拟"。有趣的是,作为一位真正的中国学者,他要求"征之于文",因为尽管法师在他的《道行指归》中已详尽地说明了"色空",但对他来说仍未能澄明疑惑,他说:"然未详经文,为有明旨耶? 或得之于象外,触类而长之乎?"

　　许询是位清谈名士,为当时最知名的五言诗诗人。公元 4 世纪中期,他作为一名隐士居住在会稽。他属于谢安和司马昱的贵族集团,他们的物质支持能使他过上安稳的隐士生活——这在公元 4 世纪明显是一种时尚,我们还能举出其他的例子。在王濛(支遁的笃友之一)府邸举行的清谈聚会上,或者作为支遁的来宾作客于会稽西寺,他总能崭露头角。另一段文字(见第 118 页)表明:许询和支遁在司马昱府上曾就某个佛学问题(根据讨论内容来看,这个主题是关于《维摩诘经》的)作过学理上的争论。

　　在支遁的俗家追随者中,最重要的信徒和弟子无疑是桓温的心腹郗超(336—377)。他主要活跃在京城(在朝中独断专行),当时一定结识了支遁。在其传记中还特别提到了他对支遁的景仰。这也体现在他的《与亲友书》中,该信现存于《高僧传》,他在其中赞叹法师的道行。另一方面,支遁也相当尊重郗超,常以赞扬的语气谈起他。

　　从宗教的观点来看,郗超的家庭是非常有趣的,因为他的家庭同时

¹³⁵

---

* 《晋书·王洽传》作"吴郡内史"。——译注

受到了道教和佛教两方面的深刻影响。当然,这个家庭有可能同情道教更甚于佛教。类似的例子还有:琅琊王氏是相当虔诚的道教徒,同时也在早期士大夫佛教史上扮演了重要的角色。郗超的父亲郗愔(313—384)是道教天师道信徒,并且因其富甲天下,而无疑是这个道教社团里备受尊敬的成员。㉑然而,对道教的同情并没妨碍他在生病时向著名的僧人医师于法开咨询。㉒郗超的叔叔郗昙据称也虔信道教㉓,虽说他的名字显然与佛教有一定的关系("昙"即"法")。相当确凿的是,郗超的侄子有个地道的法名僧施,并于公元 377 年接替没有子嗣的郗超而成了一家之长。㉔据《高僧传》记载,郗昙的儿子郗恢(卒于 403 年)是道整和尚的朋友,这位道整就是当年前秦的官员、佛教护法赵正。㉕在此,我们又找到了一个佛教—道教"家传"的明证,这种"家传"可能是早期士大夫佛教得以传播的最重要因素之一。

据我们所知,在这些士大夫中,郗超是唯一写有相当数量佛学著作的信徒。我们所知的篇数不少于 14 篇,主要是些与僧俗讨论佛法事宜的书信;其中有些是论战性的,在为支遁辩护,而反对其他的理论家。㉖

他最重要的著作中有一篇题为《奉法要》,幸运地保存在《弘明集》卷13(第 86 页上—89 页中)。这份文献极有价值,由出色的俗家信徒撰写,属于士大夫佛教发轫时期佛理问答一类的著作,它多少能反映出当时这些人对佛教的理解或误解(这些内容至少被认为是重要的),他们选择了哪些主题作为佛法的要旨,通常阅读哪些佛经,他们如何把这些新获得的知识整合到中国人传统的世界观中。鉴于这份文献在早期中国佛教义学史上的重要性,《奉法要》的完整译文附于本章末的附录二。*

这里,还需提及另两位曾效力于桓温的名士罗含(约 310—380,《晋书》卷 92 有传)和孙盛(302—373,《晋书》卷 82 中有传)。罗含是有一定名望的玄学学者,孙盛则主要是以史学家而闻名,著有《魏世春秋》20 卷、

---

* 原著中英译现已还原为汉语原文。限于篇幅,兹不附录英译。——译注

《晋阳秋》32 卷。罗含写有一篇论轮回的短文《更生论》，该文和孙盛的质疑信以及罗含的复信（有关这些文献，参见上文第 16 页第 7）一起收于《弘明集》卷 5。我们知道罗含与僧人没有直接的联系，而孙盛显然认识支遁（《世说新语》卷 1 之下第 17 页右）。但我们难以把他们说成是佛教徒。罗含试图把《庄子》向、郭注中的"变化"过程和死后"神"不灭论调和起来。他的论点与佛教没有关系，世界被其认为是有限实体（limited entities）的总和，是既不会增益也不会减损的、独立自足的整体，因此必然像我们所说的那样"能量守恒"。生命（即"神"）不断地为死亡所吞噬，如若这些"神"不以某种方式幸存下来并以其他形式复活，那么世界上的"神"恐怕早已"耗尽"。对轮回说作此独特的"科学"论证，显然已把佛教的因素降到了最低的程度。作者似乎听说过一些轮回故事，但对轮回的佛学内涵竟毫无认识——甚至没有提及"业报"（karman）这个概念！轮回成了某种受欢迎的东西，却对此佛学概念所暗含的众生无边的苦难未置一词。

　　孙盛的质疑属于最传统、最常见的一种，认为身体一旦朽坏，"神"也一定随之消亡。孙盛可能属于反对佛教的阵营，但他不管怎么说还反对玄学。在《魏世春秋》的现存残篇中，他抨击了王弼⑩，从而显露出这种态度，而在他支持儒家、反对老子的文章《老子疑问反讯》中，情况则更为明显。这篇文章虽收于《广弘明集》卷 5，却丝毫没有受佛教影响的痕迹。

　　我们必须提到另一位隐士谢敷，他出生于会稽并终老于此。在其《续晋阳秋》的残篇中⑪，他"崇信释氏，初入太平山中十余年，以长斋供养为业"。他受到了郗超之父郗愔的资助。后者是位道教徒，是能在家中令佛道两教兼容并包的另一个例子。谢敷很可能与支遁有过私人交往，尽管没有文献提供佐证。在《法论》的目录上（《出三藏记集》卷 12），我们找到五封郗超写给谢敷的信，以及后者与一位名叫"支道人"（或作"友道人"）讨论佛法问题（识三本、三识）的书信。第一种解读认为，"支道人"可能就是指支遁（尽管陆澄在他的标题中常用"法师"而不是"道人"称呼支遁);第二种则认为"友道人"可能指竺法友,他是竺道生在东南地区的弟子。谢敷也乐于与著名的画家戴逵通信,这位同样受到郗超资助的隐士活像一位佛教徒,我们曾提及他所写的支遁墓志铭哀婉动人(参见上文第 122 页),这无疑也说明他属于支遁的朋友圈。[®] 这些文献现都已佚失。谢敷的著作仅存一篇注释《安般守意经》的序言(支遁也曾就此经作过注释),现收于《出三藏记集》[®];其他还有《文选》李善注引《答郗超书》的一句话:"至理深玄,非言象所喻也。"[®] 类似的说法充斥于早期中国佛教的各种文献,此种论调恰能说明:在支遁时代许多有教养的中国信徒想从佛教中寻找些什么,他们试图去界定不可言说的"玄"(mystery)、"道"(way),去界定不可命名的"名"(name);换言之,是要寻找一种新方法,以期准确地获得百余年来本土玄学思想中一以贯之的核心概念。

如果玄学名士起初是被佛教的哲学方面所吸引,那么,其他的信徒或者感兴趣的在家弟子则强调佛教在道德教化方面的价值。实际上,早期佛教徒在其解释教义的著作中,说明了两种不同类型的佛教,它们分别相应于中国世俗思想中偏重玄思的一路(玄学)和道德礼仪的一路(儒家)。郗超的《奉法要》(请见本章附录二)明显属于后一类型:其哲理性成分并不很重要,而佛教主要被说成是善恶因果报应的学说,主张慈悲、谦恭和清静。另一个主要欣赏佛教之道德作用的例子,是袁宏(328—376)在他《后汉纪》[®] 所作的一段简短描述,他是支遁的一位熟人,也是著名史学家。这里并没有谈及"空""无"等不可言说的奥义,而把佛教规定为"其教以修善慈心为主"。信徒主张"不杀生,专务清静"。佛教认为有业报轮回,"贵行善修道,以练精神",因为这些修行终将导致摆脱轮回、趋入佛境。

东南地区的僧团,竺道潜、支遁的同学及弟子

约公元 340 年以后,著名的竺道潜(286—374,参见上文第 98 页起)和他的许多弟子一起住在浙江北部剡山,并在此度过了人生的后 30 年。

他在"东土"的活动仅因哀帝(362—366 在位)的一次召见而中断,当时他羁旅京城,受命赴宫内讲述《大品般若经》。遁迹剡东仰山时,这位佛教名士多方向僧俗说教:

> 或畅方等(案:即《般若经》),或释老庄。投身北面者,莫不内外(案:内外指佛学和世俗学问)兼治。⑧

竺道潜融和了玄学和般若学,为此他肯定发展出了自己的义学。他的"理论"在后来的材料中被称作"本无异宗"(the Variant School of Original Non-being)。竺道潜只有一篇不甚出名的论文的残卷传世。在此,本无(fundamental non-being,"豁然无形,而万物由之而生者也")和现象世界的关系被说成是转瞬即逝的东西,色或"四大"(mahābhūta,地、水、火和风)被认为是从本无而"生"。⑧以后的作者(僧肇、玄奘)严厉批评这种理论全然不属于佛教,而是一种异端。我们在此不再论述它的意义和背景。除了一些纯属尝试性的解释,资料的极度匮乏也足以打消我们进一步解释的企图。 ¹³⁸

竺道潜的挚友和弟子们在生活方式上跟其声名显赫的老师极为相似。在剡山的僧团内,人们不仅研习佛教,也研习世俗的文学和艺术。

在此,我们发现了最早的名僧传记作家竺法济⑧,他编撰了《高逸沙门传》。据《历代三宝纪》卷 7 记载,该书仅有一卷,编于孝武帝(373—397 在位)期间。⑧《世说新语》注中有些大段的引文出自该书,它们讲述了名僧如竺道潜、支遁以及其他能代表"嘉遁"理想的人物的生平,书名中的"逸"字暗示了"自在(untrammeled)、逍遥(free)和脱俗(unconventional)"。慧皎在编撰《高僧传》时曾用过这本书,对此他在序中作了说明。该书现存的一条材料说支遁卒于洛阳,而且作者似乎连自己老师竺道潜⑧的俗姓也不知道,这两个事实令人不能过于相信该书的准确性和可靠性。

该地还有一位僧人名叫康法识⑧(其法名说明他不是竺道潜的亲传弟子),他不仅通于义学,而且书法精湛。事实上,他是中国历史上第一位"僧人书法家"。当时,书法多少已是大多数名士和政客用以消遣的高雅艺术。在最初一批著名书法家中,赫然列有以下显贵的名字:王导、王洽、庾亮、郗愔、郗超和桓玄。一俟佛法和僧人开始影响有教养的上层社会的生活,这种技术或艺术自然就会在寺院中流传。

据说,康法识曾与当时最负盛名的书法家之一康昕有过一番较量。康昕是位外国人,可能有康居血统;不过,他能以书法家身份活动证明他已完全汉化了。据我们所知,他并不是僧人。最早提到他的是书法家羊欣的《采古来能书人名》(撰于5世纪上半叶,王僧虔编于5世纪后半叶)和王僧虔的《论书》。㉝在这之前的著作中,康昕被称作"胡人"。我们在《论书》中发现康昕和康法识(此处作"识道人")被编在同一节内。㉞据我所知,这是在《高僧传》之外唯一提及康法识是书法家的地方。

抄写佛经本身就是一件有功德的宗教事业,佛教的经典常作如此说明。这就为书法开拓了新的领域,借此可以兼顾虔诚的体验和艺术创作的愉悦。康法识所写的佛经受到高度的评价。㉟据说谢敷(参见上文第136页)和现已不可考的谢静所写的佛经也受到了相同的礼遇。㊱

竺道潜有位弟子叫竺法友,法师特令他学习"阿毗达磨"(Abhidharma)㊲。这里指哪一种阿毗达磨,已经难以弄清。但我们理应想起那些包含了各类名相概念(当时称为"数")的摘抄和佛经,这些东西已由安世高及其学派译出。而对于小乘佛教里程碑式的巅峰之作,中国人要到公元4世纪末才有所了解,故不在我们现在考虑之列。

竺法友擅长记忆语句繁复、内容艰涩的文献。相传,竺道潜对他这位有学者头脑的弟子说过一段颇为有趣的话:

> 经目则讽,见称昔人;若能仁更兴大晋者,必取汝为五百之一也(即作为五百罗汉之一。相传在佛陀灭度以后,五百罗汉在王舍城聚会,通过背诵汇总佛陀生前的说教)。㊳

竺法友可能与谢敷(参见上文第136页)有一定的联系;后来他在剡山建

立了自己的寺院——法台寺。

竺道潜的弟子竺法蕴据说潜心于玄想式的理论活动,他擅长对《大品般若经》《放光经》作义学研究。他与后来文献⑱中的竺法温应是同一个人,据认为主张"心无义"(theory of the non-existence of conscious thought),这一学说早已由支愍度(参见上文第 100 页)首倡。我们已无从了解这两位理论家或他们的观念之间的联系。竺法温(或竺法蕴)的《心无论》现仅有一小段保存在两个略有不同的版本中,而安澄(参见注⑲)从可能是公元 6 世纪的无名氏著作(《山门玄义》)中辑出了这些残篇,后者曾引用了法温的著作。由此出现了这一观点:色"空"(无)在佛经里只是一种方便法门、一种善意的谎言,意在"内止其心",而有形有象的有(existence)必有其实体(reality),"无"(即"空")并不是客观事实(objective fact),而只是一种精神状态(mental state),表示"外色不存余情之内"⑳。

有关支遁弟子的资料就更少了。这两位法师无疑相互认识。根据《世说新语》中一则很有名的故事,以及《高逸沙门传》和《高僧传》,支遁曾遣使请求竺道潜出售仰山附近的一片山地(或者,更可能是请竺道潜所住持的山中寺院作为土地的真正主人出售这片土地)。竺道潜遣回来使,并附以著名的回答:

> 欲来辄给,岂闻巢由买山而隐?㉑

后来支遁致信一位"高丽道人"(首次提及与高丽国的佛教往来),赞誉竺道潜的德行和才能,并讲到他以前在京城的弘法活动,还描述了他当时在剡山讲经说法的生活。这封信的部分内容现存于《高僧传》的引文中。㉒最后,我们发现竺道潜和孙绰一起出现在支遁与北方一位名不见经传的僧人的讨论会上,这次讨论在京城瓦官寺举行,时间是公元 364/365 年,当时两位法师都在建康。㉓这就说明支遁和竺道潜彼此相知甚深,而且这两个士大夫佛教中心也可能经常有联系。

140

不过,我们对支遁的弟子所知甚少,除了他们的一些名字,就很少再有其他的材料。我们知道有位法师名叫法虔,是支遁的一位颇有天资的朋友,他略早于支遁亡故,即在约公元 365 年。支遁与他感情甚笃,并在他亡故之后抑郁神伤。《世说新语》甚至说这位密友的噩耗导致了他本人的死亡。这里又体现出中国传统文学的魅力:支遁因友人之死写就一篇哲理性的祭文《切悟章》,以传统的文学主题寄托他落寞的愁绪。竺法汰在他悼念自己最得意的一位弟子时,也曾有过类似的举动。㊽

支遁有位现已不知其名的弟子,是《首楞严三昧经注》的作者,其序言现存于《出三藏记集》。㊾这个《注》包括了支遁的注释,这位僧人在序中声明,他曾记下老师的一些口头解释,并作了一定的编辑整理。这篇序言以玄学语言对这部仍很有影响的佛经的主旨作了简要叙述。这位作者谦称自己的著作尚有缺陷,希望有朝一日能有方家弥补他的遗憾、纠正他的错误,在这些例行的说明之前,这位佚名的注释者赞叹支遁的慧力和洞见,并讲述了他平日说教的基本内容:

> 沙门支道林者,道心冥乎上世,神悟发于天然。俊朗明彻,玄映色空
> (参见上文第 123 页),启于往数,位叙三乘(参见上文第118 页)。 ㊿

元华寺诸师

公元 4 世纪,剡山还有一个士大夫佛教中心,它和竺道潜、支遁的中心有所不同,甚至有些抵触,却也与有教养的世俗阶层有着密切的联系。这个中心在元华寺,由高阳(今河北北部)于法兰及其弟子于法开、于道邃创建于公元 4 世纪初期。

文献上并没有提到他的弘法(有关其生平,参见第三章注⑩)。不过,他的两位著名的弟子都精于《般若经》,而于法开还兼习《法华经》,这可能是沿袭了其老师的治学路数。此外,于法兰传中谈及他在山林中修苦行和参禅时所表现出来的精进勇猛。最有趣的是他的最后一次出游。

141

当时他已定居在剡山的石城山,却觉得要获得更多更全的佛经,有必要亲临佛教的发祥地学习。约公元 325—335 年,他和于道邃结伴同去印度求法。他们取道交趾走南方的线路,这很不值得。在印度支那的象林,师徒俩双双病死,而于道邃时年仅 30 岁。和早些时候去过中亚的北方中山的僧人康法朗一样,他们也是中国最早一批仿效朱士行的"朝圣者"。大多数早期求法者并没有去过比中亚绿洲上的佛国更远的地方。据我们所知,于法兰和他的弟子是最早想去印度本土的"朝圣者"。

于道邃像支遁一样,是位地道的"士大夫僧人"。他不仅是《般若经》专家,还是位机智的辩论高手。他那优雅的清谈风格被其老师誉为"高简雅素有古人之风"⑱。而且,像更为有名的于法开一样,他是一位"善方药"的高明医师。这也似乎是该学派的传统。自中国佛教发轫之初,医术便与外国僧人的弘法事业结下了不解之缘⑲,但在中国僧人里面,于道邃和于法开却是最早被认为精于医术的僧人。

于法开(约 310—370)是于法兰最出色的学生。公元 362 年前后,他成功地逃脱了"廷尉"的魔爪(参见注⑬),不久便扩建了元华寺。此时因老师的离去,他已是该寺的住持。当时他是最负盛名的医师之一,文献中屡屡提及他行医治病的轶事。⑳佛教宣称自己实际上是一种"疗法",与此相应,他也曾为自己的行医正名:"明六度(pāramitā)以除四魔(四魔:烦恼魔[kleśas]、阴魔[skandhas]、死魔[death]和自在天魔[the god māra])之病,调九候以疗风寒之疾,自利利人,不亦可乎?"㉑

于法开声称他是在传播公元 4 世纪初印度神僧耆域(Jīvaka)的医术,后者曾于公元 306 年前后来过洛阳。㉒可他的诊断法和处方却完全是中国式的。但不管怎么说,这种知识有助于这位法师打开上层士大夫的大门,借孙绰的话来讲是"以数术弘教"("数术"通常有其他多种含义,主要指占卜,这里显然是说医术)。在他的俗家资助者中,我们发现有谢安、王坦之(他与支遁的关系不甚密切,参见上文第 119 页),以及多年以后的晋哀帝(362—366 在位)。

在元华寺和他以后建造的灵鹫寺,于法开提出了他自己的"理论",
142 并由此和支遁及其"色空义"(emptiness of matter)或"即色义"(matter
as such)发生了冲突。东南地区这两个主要的士大夫佛教中心之间的张
力,引发了法师之间和各自的信徒之间的激烈争论。在后来的文献中,
于法开的理论被称作"识含宗"(the School of Stored Impressions of
Consciousness)。这个理论照例体现在一些短小的论文中,其中《惑识二
谛论》的一段话至今还幸存于世:

> 三界为长夜之宅,心识为大梦之主。今之所见群有,皆于梦中
> 所见。其于大梦既觉,长夜获晓,即倒惑识灭,三界都空。是时"无
> 所从生,而靡所不生"。⑩

或许我们能觉察出这种理论的特殊之处。支遁强调:作为内在实体
的绝对,应当就在现象之中(即色),所以无需为了体悟绝对灭除现象(非
色灭空),这一立场明确地预示了中观学的教义,后者认为生死与涅槃、
俗谛与真谛不二。于法开的理论强调了中观思想的另一面——"幻化"
说,即认为万法本性皆为虚幻。为此他借用了"长夜"(梵语原文为
dīrgharātra,这里被文学化地译为"长夜",作为梵文动词 dīrgharātram 其
原意通常指"一大段时间")之喻:熟睡之时万法沉沦于昏沉的梦境之中。
于法开可能受到了中观学经典中一系列著名的比喻(upamāna,"喻",通
常为九个或十个)的启发,这些比喻通常用以说明万法虚幻的本性:"如
幻如梦,如响如光,如影如化,如水如泡,如镜中像,如热时炎,如水中
月。"⑩在"长夜"之中,"识"(这里可能指 vijñāna)变现整个梦幻世界,与
此相对,于法开讲述了"觉"的状态,"觉"的字面意思是"从梦中醒来"。
"觉悟"到真理,意味着从夜梦之中悟入"空"的实相之境(the realm of
reality)。

我们不应低估这一理论的中国特色,因为梦不仅是佛教,也是道教
最喜欢的话题。和"长夜"这个表达相似,作者也用了"大梦"这个词,它

无疑出自《庄子》第二篇著名的段落:

> 予恶乎知夫死者不悔其始之求生乎?梦饮酒者,旦而哭泣。梦哭泣者,旦而田猎。方其梦也,不知其梦也。梦之中又占其梦焉,觉而后知其梦也。且有大觉,而后知此其大梦也……丘也与汝皆梦也,是其言也。其名为吊诡……⑬

143

像所有早期佛教理论家一样,于法开承认人体内存在着恒常不变的"神",并为俗世染污。"神"是未来觉悟的基础,一旦净化就将摆脱肉体的桎梏,逐渐神秘地冥合于更高的境界,但它不会因此而灭尽。宗炳(375—443)的《明佛论》(约作于 433 年)受了于法开思想的影响⑭,认为法身(dharmakāya)是没有物质支持的"精神的纯粹存在"⑮。在早期中国佛教史上,于法开提出"觉悟了"的神,仅仅是对"我见"(ātmengrāha)这个基本概念作了另一种说明,而鸠摩罗什及以后的法师才逐渐用愈益"准确的"佛教观点来解释这个概念。支遁和于法开这两个学派之间的矛盾似乎由于地理位置的邻近而有所加剧。这两个佛教中心一度都在剡山的石城山,支遁在栖光寺,于法开在元华寺。我们知道于法开"每与支道林争即色空义,庐江何默(此人已难查考)申明开难,高平郗超宣述林解,并传于世"⑯。还有一段文字讲到支遁与于法开弟子法威之间的争论。法威受老师之托前往会稽山阴,当时支遁可能是在司马昱府邸讲解小品《般若经》。⑰支遁最重要的俗家支持者是郗超,而于法开则依靠他那一派系内的何默(此人在其他文献中不曾出现),可能还有王坦之,后者对支遁的反对很大程度上是出于个人的好恶,而不单纯是意识形态上的考虑。陆澄曾提及的郗超和于法开之间的通信⑱,无疑也和这场争论的主题有关,我们在前面翻译过的一段话可能就参考了这些材料。

竺法崇

稍后在公元 4 世纪下半叶,另一位义学僧竺法崇⑲也活动于剡山地区,他在葛岘山过着隐士的田园生活。他经常和已归隐的名士孔淳之[25]闲谈,而孔的生活又代表了一种隐士的生活理想。就像竺法崇和出现在他传记中的其他友人一样,他"性好山水",游于会稽山中,拒绝官府的任何征聘,而和竺法崇一起倾心于"人外之游"。他们用以描绘自己世外桃源般生活的诗歌(《高僧传》中有引)有力地证明了:寺院生活在士大夫圈

144

内具备了新的功能和意义。竺法崇还是一位重要的《法华经》专家。据我们所知,他是注释这部佛经的第一位中国人,但他的四卷本《法华义疏》[26]却和其他早期中国佛典注释一样早已佚失。

虎丘山与若耶山诸师

最后,我们必须提到京城东部地区的其他两个佛教中心:位于吴(今江苏南部苏州)西北侧的虎丘山,若耶山(今浙江绍兴南侧)。在这两地表现最突出的法师是竺道壹(约 330—440)。[27]他是竺法汰的弟子,曾在约公元 370—387 年间曾一度居住在京城。竺道壹出生于吴,像许多僧俗同时代人一样,他似乎更愿意生活在有山有水的乡间,而不是人声嘈杂的城里。当丹阳(南京东部)尹受朝廷之命前来征召时,他写了一封奇特的回绝信(参见下文),之后朝廷也就任其逍遥。

在若耶山的几年间,他和另一位博学的隐士帛道猷(参见下文)住在一起。郡守王荟(王导幼子)为之建造嘉祥寺,并让他当住持。这位博学的僧人,如同他众多优秀的同仁,"博通内(佛法)外(世间法)",讲经说法,立像奉佛[28],严守清规,各地僧尼遂慕名而来,他因此被人称作"九州都维那"。他可能就在那里发展了自己的理论,这在后世文献中被称作"幻化宗"(the School of Phenomenal Illusion)。从他的《神二谛论》现存残篇来看,他认为万法虚幻,是俗谛;而神作为智慧和觉悟的基础,绝不是"空"的,应当是"第一义",同时对这"神"而言,又没有任何东西可以觉悟。[29]由于没有进一步的资料,我们已难以考察这个理论在多大程度上和当时其他的义学(methods of exegesis)有所不同。竺道壹临终前回到了

故乡吴,在约公元 400 年死于虎丘山。

差不多同时,我们发现虎丘山有位转读 * 支昙籥⑱,他是中国最后一批有印度-月氏血统的僧人之一。我们对他所知甚少。他寓居京城。下文将会提到,在那个世纪的后 25 年间,他曾一度应征入宫,成为虔信佛法的孝武帝(373—397 在位)的老师。支昙籥引入了一种讽咏佛经的新方法,当时非常流行。他以六言梵呗制成曲调,歌唱佛经偈颂,直到公元 6 世纪初仍还传世。⑲

我们发现,自约公元 365 年起,若耶山上有竺法旷(327—402)。⑳他的家世带有北方血统,出生于江苏北部相当早的佛教中心下邳,后寓居于吴。在去会稽定居于若耶山之前,他已和谢安有所接触。他把药物驱邪和佛教信仰很有趣地结合在一起。后一方面的特点表现在:他精通《法华经》和《大阿弥陀经》,无论去哪里,都要背诵这两部佛经。在若耶山时,他在寺内供奉阿弥陀佛像(由一位名叫竺道邻的僧人艺术家造立),可能是用来作为观想的对象。另一方面,他会许多有疗效的"神咒",在东部省份的一场瘟疫中,他治愈了许多病人。在若耶山,他与支遁的俗家信徒特别是郗超和谢敷交往。孝武帝年间(373—397)他应召入京,并于公元 402 年死在京城。

若耶山还有一位有趣的人物叫帛道猷㉑,这位和尚是个"隐士",也是东部地区(会稽附近的山阴)的本地人,我们在说竺道壹时已讲到过他。他的传记中说,他是位书法家,在山林中过着田园生活。他曾邀请竺道壹去若耶山,两人四处游荡,"以经书自娱"。这些话表明:当时寺院生活的理想多少已被改变,甚至已被世俗化。在帛道猷给竺道壹的邀请信

145

---

* 原著用 psalmodist 一词,意为"赞美诗作者"。根据《高僧传》卷 13"籥特禀妙声,善于转读",把它译为"转读"。在南北朝时,已有人把佛教的偈颂制成曲调来歌唱,主要有诵经和歌赞两种,做这种工作的称为"经师"。另外还有一种叫唱导。经师以持诵佛经为主,唱导以歌唱事缘为主。所以根据《高僧传》,也可把它译为"经师"。但从现存各类文献来看,"转读"似乎是一种更为专业化的工作,译为"转读"应当更为确切。请参看周叔迦《法苑丛谈》"漫谈变文的起源",中国佛教协会编,第 124—125 页。——译注

中，这一点表现得更为清楚，现存于《高僧传》中：

> 始得优游山林之下，纵心孔释之书，触兴为诗，陵峰采药，服饵
> 蠲痾，乐有余也。但不与足下同日，以此为恨耳。因有诗曰：连峰数
> 千里，修林带平津。云过远山翳，风至梗荒榛。茅茨隐不见，鸡鸣知
> 有人。闲步践其径，处处见遗薪。始知百代下，故有上皇民。⑭

游方僧人

与这些"士大夫僧人"毗邻而居，但由于修行和教义的双重原因，他
们四处云游，我们可以称其为"游方僧人"。那些居住在山洞或孤清的山
房中的"山中老人"，延续了禅修、方术和萨满的传统。《高僧传》中的一
些段落能让我们窥测这些法师的生活：他们有一小群弟子陪伴，倾心于
禅定和苦行；同时他们又声称有神通，能在老虎和当地山神中说教传法，
激发人们的信心。

禅师帛僧光经常连续七天打禅入定*。53 年间，他一直在石城山隐
丘寺隐居，他死于约公元 397 年，享年 110 岁。他的肉身因苦行的净化
而没有腐烂，数十年过后仍以打禅入定的姿势安坐着。⑯

当时还有一位通禳灾息祸术的禅师竺昙猷，他和帛僧光一样，常与
猛兽、山神和道教鬼仙相处。公元 376—397 年间，他一度被朝廷征去禳
除"妖星"。五天斋仪过后（或许是唱诵陀罗尼，文献中没有详细说明），
出现了一位"青衣小儿"，告诉他灾祸将去。他约于公元 390 年死于山室
之中。⑯

类似的神异故事还说到青州（山东）禅师支昙兰，公元 4 世纪末他居
住在剡山，后来又移居始丰（靠近现在浙江西部天台山**）⑰。

所有这些，均明显属于另一层面的中国佛教。这种佛教并没有和玄

---

* 佛教中所谓"打七"。——译注
** 原书有误，天台山位于浙江东部。——译注

学及士大夫的理想相结合,却结合了道教和其他民间俗信,这种结合从一开始就一直是"文盲阶层"(the illiterate population)的佛教或准佛教信条。它与有教养的俗家信徒没有直接联系,也没有玄学或清谈的影响,抑或学理的、文学的或艺术的成分,只有神迹、苦行、入定和禅悦,而在公元 4 世纪那些长于交游的僧人如支遁、竺道潜的传记中,则明显缺少这类东西。

在外族统治下的北方,萨满的因素即使在上流社会也是极为重要的,这种因素完全主宰了由佛图澄以及其他石勒、石虎身边的传教者所倡导的王室佛教,即使在汉化程度更高的前秦、后秦(苻坚和姚兴)朝廷中,也较为强调僧人和符咒的神通力。

南方的佛教无疑更具有创造性。公元 4 世纪,南方进入佛教玄思所谓"义学"的黄金时代,而从这个世纪的最后十年开始,北方却一直以大量的译经为其特征(实际上自汉代开始这成了北方独特的现象,不过,生于北方却在南方活动的支谦乃是唯一重要的例外)。后来在公元 5 世纪的最初几十年间,长安鸠摩罗什这一派的"义学",无疑非常辉煌兴盛,对后世中国佛教的发展极为重要;但像僧肇这样的思想家所运用的一些概念,其起源迄今仍是个问题。他们当然会受到鸠摩罗什翻译或口头解释的新佛典的影响和启发,但他们的一些基本想法或概念,连同他们讨论的方式,就像道安在襄阳所作的发展一样,仍然构成了早期佛教玄学的一种延续,并且无疑把这种玄学从南方移植到了长安。

总的来说,这些基本想法与思维模式,保持了中国士大夫佛教的特色,它们最初出现于公元 4 世纪中叶东南地区佛教理论家的著述之中,我们已在上文简要讲述了他们的生平活动。同时,其他的佛教力量也在 *147* 京城建康展开。就在皇帝和中央政府的周围,开始发展出一种带有南方特色的王室佛教,并一再牵涉进领导集团、朝廷派系之间的各种阴谋,且在公元 4 世纪末已具有相当的政治实力与影响。这将导致下一世纪最初几年内僧人阶层与以独裁者桓玄为代表的世俗政权之间的新一轮冲突。

这时,较少政治色彩的理论家和传教者正按照"中国的"理路开展义学研究,并提出和宣扬他们的各种"理论"。就像他们东部地区的同仁一样,这些人偶尔也来京城大寺院小住一段时间讲经说法。都市佛教(metropolitan Buddhism)的义学发展一再受到中原地区其他佛教中心的影响与刺激。

公元 4 世纪下半叶都城与皇宫的佛教

毋庸讳言,对于无数的都市僧人,我们只了解其中一小部分的名字。竺道潜、支遁、于法开等僧人常住在外省,但偶尔也去京城弘法。除此之外,还有两位优秀的僧人有相当一段时间住在建康,对都市佛教的发展起了重要的作用,这就是竺僧敷(约 300—370)和竺法汰(320—387),他们都来自北方。

竺僧敷⑩于公元 4 世纪 20 年代抵达建康,他是来自北方的难民。《高僧传》说他一到就住在瓦官寺,这肯定是错的,因为该寺院直到公元363/364 年才建成。他南渡之后,可能去了一座新建的寺院,公元 365 年之后竺法汰也曾去过这座寺院,并在那里与两位法师有过一番辩论。就像当时所有出色的义学僧(gentry-monks)一样,他精通《般若经》(《放光经》和《道行经》),并以对这些佛经的阐释在京城佛教界深孚众望。一位名叫道嵩的僧人给当时可能远在北方的道安写信说:"敷公研微秀发,非吾等所及也。"⑪

竺僧敷主要勤于义学研究。他注释了上述佛经,对当时弘扬佛法起了积极作用。据说当时在建康佛教界流行着一种理论(在其他地方未曾见过),认为"心神有形,但妙于万物"。为了反对这个观点,竺僧敷写了一篇《神无形论》,认为神完全是无形无质的,是恒常的本体,在有限实体(limited entities)之域之外,亦与之迥然不同。⑫京城中那些持"唯物论"倾向的异端据说就此都被他说服了。

竺僧敷似乎对竺法汰产生了深刻的印象，后者在公元 365 年后不久 *148* 带着自己的一批弟子来到建康。竺法汰提出的"本无义"（theory of fundamental non-being，我们已无从了解其中的细节），可能就受到了他们在京城时彼此讨论的影响，甚或竟肇始于他在给道安写信时提到过的那些讨论。⑱而更为可能的是，竺法汰受到了竺僧敷思想（根据现存其著作残篇，"神"这个概念至为重要）的影响，因为据说竺法汰在给道安的信中屡屡谈及竺僧敷的理论。不过这些材料已在公元 6 世纪初佚失。⑲

竺法汰（320—387）⑳生于东莞（现山东中部沂水）。他青年时期曾在邺与道安同在著名的神僧佛图澄门下，后者是胡族（可能是粟特族）统治者石勒、石虎的国师。公元 349 年或稍后，他离开邺，追随当时已有盛名的道安游历北方和中原地区。后来道安一行避难至襄阳（365 年），他在为法汰及其弟子四十余人送行去京城时，说了一句甚为关键的话："彼多君子，好尚风流。"㉑

竺法汰病倒于荆州（靠近湖北江陵），受到刺史桓温㉒的悉心照顾，慧远亦受道安之托从襄阳赶去服侍。有位僧人名叫道恒，信奉"心无义"，他和法汰的得意弟子昙一发生了一场热烈的争论，这使其羁留荆州的日子变得趣味盎然。争论的次日，道恒被昙一和也参与进来的慧远说服。㉓根据《高僧传》的有关记载，"心无义"在荆州特别流行。荆州是桓氏世代根据地，桓温嗣子桓玄似乎也是这个理论的支持者。㉔

公元 365 年后不久，法汰及其弟子住到了建康新建的瓦官寺内。在此他必定见过竺僧敷（见上文），后者对他产生了深刻的印象。法汰在京城和皇宫备受欢迎。他讲述《般若经》时（显然是当众讲法），皇帝（简文帝，371—373 在位）亲临法席，王侯公卿以及东部地区数以千计的信徒也来听法。后世文献也把竺法汰说成是发展了一种特殊"理论"的法师，他的这一派被称作"本无异宗"（the Variant School of Fundmental Non-being）。就此问题他确与郗超有过书信往来㉕，但对他在这方面的活动情况我们没有更多的资料。对于他收集僧尼戒行清规的情况（《出三藏记集》中两篇同代人的题记对此有所暗示）⑧，我们也无从了解其中的详细内容。他和以前的同学道安都对寺院组织饶有兴趣，此种关注还体现在这件事情上：他抵达京城以后不久，便把瓦官寺从一座小寺扩建成建康最重要的寺院之一。汝南王之子司马综的府邸恰与寺院相邻，他为此蓄意阻挠扩建工程，而竺法汰需以极大的勇气抵制他的反对。⑧

这个学派除了研究佛学以外，世俗学问的研究也很兴盛。他的弟子昙一、昙二是《老子》和《易经》的专家，他们在这方面堪与慧远比肩。⑧我们发现在其弟子中有当时年纪尚轻的道生，在公元 5 世纪前几十年间，他曾师从鸠摩罗什，并成为那个时代主要的佛学思想家之一。⑧

在公元 350—375 年间，佛教开始成了建康皇宫生活的特色。这无疑是何充及其同党褚氏家族在该世纪中叶支持佛教的结果（参见上文第109 页）。这一时期，邀请名僧到皇宫给王室或权贵讲经（尤其是讲《般若经》）已成为一种时尚。而皇帝以个人身份列席开讲仪式也并不鲜见。

晋哀帝（362—366 在位）年间，王室佛教获得了长足的发展，几位东部地区的名僧都曾被邀回京城。公元 362 年，支遁在东安寺开讲小品《般若经》，并羁留了三年之久（参见第 119 页），当他返回东部时，哀帝降旨赐予一切需用什物。⑧也在公元 362 年左右，哀帝令竺道潜进京入宫讲解大品《般若经》（朱士行译《放光经》）⑧；同时，僧人医师于法开虽然四年前未能使晋穆帝起死回生，但此番仍被召入皇宫，开讲《八千颂般若经》，哀帝还赐给他大量的钱绢、车舆和冬夏之服。⑧

朝廷征召名僧进京多少有些强制性。这种朝廷"命令"和僧人免于所有世俗责任的自由相抵触，这里再次出现了宗教生活的自主性和儒家政权的大一统之间的张力！竺道壹的故事颇为典型（参见第 144 页）。公元 387 年后的某一天，丹阳尹奉旨召请当时住在吴的竺道壹进京。这使道壹心中不悦，他写就抗议信向当局力陈：出色的隐士必须享有完全的行动自由，那些选择了过宗教生活的人必须享有安谧的环境；朝廷当时正在积极地促进佛教的繁荣，故而更应如此。他说："今若责其属籍，同役编户,恐游方之士,望崖于圣世,轻举之徒,长往而不反。"这封信之后,官方取消了行政命令。[61]

京城内一些著名的寺院建于这一时期。公元 364 年前后,慧力奏请皇帝允许他在京城一旧窑址上建造一座寺庙,这就是著名的瓦官寺的前身,它后经竺法汰扩建,成为东南地区主要的佛教中心之一。[62]

150

另一座寺院安乐寺,缘起于慧受法师的一场梦。当他抵达京城时(约 365 年),他一再梦见自己在王坦之位于建康的私人花园里建寺,几经犹豫后,他成功地向花园的主人说清了他梦中的事。王坦之准允他在园内造一座小寺。慧受继续活动,那些预言式的梦最终使安乐寺的范围囊括了王坦之整座花园,并且依次增加了毗邻的丹阳尹王稚、东燕大守刘斗、豫章太守范宁的宅地。公元 6 世纪初期,当慧皎编撰《高僧传》时,它还是京城里最壮观的寺院之一。[63]

简文帝(司马昱,320—372)在登基前后对佛教很感兴趣。我们已提到他跟尸梨蜜罗(参见第 104 页)、竺道潜* 和支遁(参见第 106、117、118、130 页)的交谊,以及他对他们的景仰之情。他也是竺法汰的朋友,法汰常应邀赴宫中讲解《放光经》。——译注[64]

我们发现:在他短暂的执政期间,中国朝廷首次借助僧人的修行功德去禳灾祈福(佛教修行和古代中国人神灵物信仰[belief in portents]的另一种可能的结合,参见下文第五章所谓"阿育王舍利"的有关材料)。公元 372 年,这位皇帝诏令堂邑(现南京附近六合)太守曲安远去若耶山向竺法旷(参见第 144 页)问安,并咨询禳除"妖星"灾难性影响的方法。"荧惑** 逆行入太微"[65]的现象发生于二月十八日。这位皇帝对这一不吉祥的征兆深感不安,对他来说,这是当时权势臻于顶峰的桓温将要篡夺王位的明显迹象。他去和郗超商议,可能是这位虔诚的佛教徒建议他

---

* 有的版本亦作竺法潜。参见汤用彤校注《高僧传》,中华书局 1992 年版。——译注
** 古代火星之别名。——译注

向法旷咨询。⑧我们知道,几年以后的孝武帝年间(373—397),善于斋忏禳灾的竺昙猷(参见第 146 页)也曾接到过类似的请求。与此同时,哀帝和简文帝同时也利用道士的法术(前者的死因可能是过量服用了道教"长生药")。这里两种教义再次并生共存。⑧然而,简文帝对佛教的兴趣主要集中在哲理性的内容,他是位通解玄学的著名清谈学者。⑧

根据法琳的说法⑧,简文帝命令在"长干寺"旧址上建造一座壮丽的大殿。长干是建康南郊数里外的地名。《广弘明集》提到过,在比简文帝约早 40 年的咸和年间(326—335),在旧长干寺发现了一尊神像。⑧法琳提及的这座新寺,和《高僧传》中提到的慧达发现数粒佛舍利的三级浮屠⑧肯定是一回事。

然而,孝武帝年间,佛教在宫廷取得了极大的成功。这位皇帝登基时年仅 10 岁。直到公元 376 年,(支持佛教的)褚皇太后(参见第 109 页)还充当着摄政者。孝武帝的贵妃王皇后(360—380)显然有个法名叫"法慧"⑧,她是王恭将军(卒于 398 年)的妹妹,后者在孝武帝时权势显赫,据说:

> (他)尤信佛道,凋役百姓,修营佛寺,务在壮丽,士庶怨嗟,临刑,犹诵佛经。⑧

公元 374 年竺道潜死时,这位皇帝(实为褚皇太后)下令赠钱十万以作丧葬费。⑧在类似的情况下,赠送钱财在当时已成惯例。公元 380 年竺法义(参见第 99 页)死时,这位皇帝以十万巨资购下新亭岗为之修坟入葬,并修建三级浮屠⑧;公元 387 年他又捐资十万用于竺法汰的葬礼。⑧另外,孝武帝还做过几件有益于佛教徒和佛教的善事:公元 375 年他邀请竺法汰进京⑧,并致信嘉奖道安和比丘尼令宗⑧;公元 391 年他下诏在长干寺附近的一座小寺旧址上修建三级浮屠。⑧

不过,王室佛教取得的最大成功发生在公元 381 年。

> 春正月(公元 381 年 2、3 月间),帝初奉佛法,立精舍于殿内,引

诸沙门以居之。⑤

《高僧传》印证了有关孝武帝皈依佛法的这段叙述,该书称孝武帝在执政之初便邀请汉化了的月支人支昙龠(参见第 144 页)进京,并"从受五戒,敬以师礼"。⑥中国法师竺法旷(327—402,参见上文,同上)被召入京后,孝武帝也同样曾"事以师礼"。⑦

在宫内建立精舍以后,一些佛典就可能藏在皇家图书馆。《七录》是由阮孝绪编撰的早期图书目录专著(约编于公元 523 年,佚文现存于《广弘明集》的引文中),作者在其中给出了更早的目录所提及的图书卷数,我们在《七录》中发现有(约编于公元 4 世纪的)《晋中经簿》,其中记载在晋代皇家图书馆中仅有的 16 卷佛经,这与 20935 卷的总数相比简直微不足道! 即便是在公元 5 世纪上半叶,佛教也已完全渗透到朝廷中士大夫的生活里;但在编于公元 431 年的《秘阁四部书目录》(亦为该书载录)里,我们竟发现皇家图书馆所藏的佛经不超过 438 卷,而总数却为 15074 ¹⁵²卷。⑧这反映了一个事实:中国有教养的上层社会虽然爱好佛教思想和理论,但他们却从未认真地研究过佛教的权威经典。而像殷浩、郗超和谢敷这样的人,至少在公元 4、5 世纪是罕见的例外。当竺法汰、支遁讲法时,法席上那数以百计的佛法爱好者甚或是虔信的听众中间,究竟有没有人曾经精心读过或研究过那些正在讲解的佛经,这实在大有疑问。

孝武帝的虔信最终巩固了佛教(既作为一种教义,也作为一个宗教组织)在中国朝廷的地位。其间尽管有过一些中断和短暂的排佛运动,但至少在公元 4 世纪,佛教已成功地保持了它的地位。

根据各自独立的史料以及确凿无疑的史实,有一件不寻常的事足以说明,孝武帝作为"法王"(dharmarāja)的名声早已远播到中国人所能了解的世界边缘。公元 395 年或稍后,锡兰国王显然是感佩于这位中国皇帝的宗教热情,而派遣沙门昙摩抑(Dharmayukta?)⑨出使中国,并为了表示诚意,携带一尊四尺二寸的玉佛献给孝武帝。⑩但不知缘于何故,这次长途跋涉持续了十余年,以致这件珍贵的礼物最终于义熙年间(405—

418)献给了晋安帝,而此时孝武帝已驾崩数年了。此番出使也标志了中国与锡兰交通的开始。

我们如今已难以知道这位皇帝皈依佛法的消息是如何传到锡兰的。第一位去这个岛国的中国人是法显,他在锡兰这个漫长旅行的终点羁留了一年多时间(412—413),并最终请到了梵文本《弥沙塞律》(？ *Mahīsāsakavinaya*,《大正藏》№ 1421)。⑩他在阿耨罗陀城(Anuradhapura)发现有商人出售中国的素绢扇,但这件事并不足以证明在公元 395—405 年之前两国曾有官方接触。而且,法显是在这位锡兰大使启程多年之后才抵达锡兰的。然而,即使是在公元 4 世纪,从锡兰到建康花了十年时间(无疑是走海路),也还是太长了。⑪这个数字很可能是中国史家计算年号的结果,而在孝武帝(礼物是赠送给他的)的卒年(396 年)与大使抵达的确切时间义熙元年(405 年)之间的最小年限正好为十年(按照中国的习惯,应当从公元 396 年算起)。因此,这些史家明显忽视了一个因素:锡兰朝廷没有便捷的途径及时获悉中国皇帝的死讯。所以,此番出使极可能始于公元 396 年之后的相当一段时间。⑫

在本书的历史概述部分(第 113 页),我们已经说过,在孝武帝最后
153 十年和安帝(397—418 在位)最初几年内,朝政完全落于晋安帝的叔父司马道子(364—402)集团之手,而与之抗争的则是由桓玄(369—404)所领导的军事联盟,它最终于公元 402 年成功地诛灭了司马道子及其党羽。

司马道子是位虔诚的佛教徒。他热衷于佛教,也热衷于让僧人参与派系之间各种尔虞我诈的阴谋,这在很大程度上能够说明桓玄何以后来明显地排斥佛教。

> 于时孝武帝不亲万机,但与道子酣歌为务,姏姆⑬尼僧,尤为亲昵……又崇信浮屠之学,用度奢侈,下不堪命……⑭

公元 389 年,将军许荣上疏指摘朝政积弊,并用刺激性的语言谴责僧尼的作用:

僧尼乳母⑧,竞进亲党……臣闻佛者清远玄虚之神,以五戒为教,绝酒不淫。而今之奉者,秽慢阿尼,酒色是耽……尼僧成群,依傍法服。五戒粗法,尚不能遵,况精妙乎!而流惑之徒,竞加敬事,又侵渔百姓,取财为惠,亦未合布施之道也。⑧

这些文字一再说及尼姑的影响。我们知道,公元 4 世纪中叶京城里的第一批尼姑受到了何充及其同党的供养,而第一批尼姑庵则由何、褚两皇后建造(参见上文第 109 页)。这表明:从一开始,京城尼姑庵就与朝廷尤其是后宫有着密切的联系。

在公元 4 世纪的最后几十年间,僧尼对晋代朝政的影响,其最明显的例子是妙音。这位身世不明的尼姑,在孝武帝和安帝两朝的派系斗争中起了重要的作用。她的传记说她:

博学内外,善为文章……每与帝及太傅(即司马道子)中朝学士谈论属文……⑧

公元 385 年司马道子请妙音出任专为她修造的有尼姑百余名的简静寺住持⑧。从此

才义者因之以自达,供亲无穷,富倾都邑,贵贱宗事,门有车马,日百余乘。⑧

154

公元 398 年,权势显赫的将军王恭有望成为荆州刺史,而桓玄担心这位政敌可能有碍自己的仕途,遂遣使请妙音说服皇帝(或者就是司马道子)任命懦弱而缺乏经验的殷仲堪(?—399)。这个阴谋成功了。公元 398年 11 月,殷仲堪任荆州刺史,他不久便横遭打击,并被吞并其封邑的桓玄杀害。⑧

同属于司马道子集团的王国宝(?—387)感觉他在朝中的地位岌岌可危,于是派其同党袁悦之致信妙音,请她在太子母前美言王国宝对皇帝的忠诚。这事最终也取得了成功,尽管袁悦之为此丢了脑袋。⑧

四、最后阶段:桓玄篡权与刘裕的崛起(公元 402—420 年)

孙恩

公元 399 年,发生于司马道子的宫廷集团和桓玄领导下的中原省份军事联盟之间的战事,为司马道子所瓦解,这部分是由于军事力量的对比不平衡,部分是由于朝廷承认了桓玄在这些省份的合法地位(参见上文第 155 页)。但与此同时,在帝国仍有管辖权的京城东部和东南地区,却出现了另一个敌人,并日益侵蚀中央政府的势力,这就是"妖人"孙恩所纠集的海盗兵和农民军。

这场风波肇始于 80 年代的孙泰。不仅在杭州地区的农民而且在当地大族中,这位琅琊道士在短时间内招收了大批信徒。孙泰甚至还被王雅引荐给孝武帝。王雅和皇帝一样,都对佛道备感兴趣。皇帝封孙泰为新安(今在浙江淳安西侧)太守,他在那里建立了半宗教半军事化的组织,与二百余年前曾摧毁东汉政权的"黄巾军"不无相似之处。公元 393 年,他以征讨王恭(司马道子的政敌)为名向西调动军队。司马道子猜忌他这个独特的组织的真实目的,于是便诱杀了孙泰及其儿子。孙泰的侄子孙恩遂领军逃往舟山群岛,并从长江下游进入,攻击大陆。公元 399 年他攻占会稽,当地农民也反叛朝廷,杀死守官,并加入孙恩的"长生人"军队,而在几天内迅速发展到数万人。孙恩自封为"征东将军",引军向京城进发。这引发了一场真正的"持久战"。在与官军短兵相接时,孙恩频频得胜,他的军队还常常及时地撤离到近海的岛屿上,成功地避开官军的所有反攻。在这场战争中,作为晋军刘牢之将军的部将,首次出现了"刘裕"这个名字。20 年之后,他登上了皇帝宝座,成为刘宋王朝的开国皇帝。

这里暴露了王朝衰亡时期的典型特征。正如汉代的最后几十年一样,在最重要的一些地区,大规模的有组织的起义此起彼伏,导致了王朝的最后崩溃,随之而来的便是官僚体制的瓦解。就像当年一样,开国的新皇帝总是些军事野心家,他们在征讨所谓"叛军"的战斗中飞黄腾达。就像公元 189 年董卓那场流产的政变为曹操夺取最后的胜利铺平了道路一样,桓玄企图篡夺晋朝的阴谋败露,也同样有利于刘裕的得势,并间接地导致刘裕掌权乃至建立新王朝。所有这些事均发生在公元 402—404 年间。

桓玄篡权

公元 401 年 6 月 28 日,孙恩带领大军及约千艘"楼船"突然出现在会稽*并溯江而上,在京城附近与刘裕的军队相遇。桓玄自公元 400 年起已是荆州刺史、八州军事都督,他从中发现了自己的时机。他统领大军声称前往建康"勤王"(意为保护皇帝),尽管孙恩此时已经败北并被逐回海岛。东晋唯一善战的将军刘牢之前往迎战桓玄,后率军向桓玄投降(公元 402 年 3 月 31 日),而此时桓玄胜券在握。他成功地进入京城,处死了司马元显,稍后又处死了司马道子(4 月 27 日)。他委命他的亲族或心腹如王谧、殷仲文、卞范之去最为关键的部门任职,自己则在姑孰即现在安徽东部的当涂深居简出。他在那里任意行使权力,独裁军政要事,而日常的朝政则全落于他在京城的心腹之手。

桓玄起初被皇族及京城士大夫视为大救星,然而,不久就声名狼藉,主要是由于他无力控制时局的动荡。一方面,由于跟孙恩连年作战,并在公元 402 年以后,跟其不断袭击大陆的后继者卢循作战,大族们变穷了;另一方面,他们也深受各种阴谋、派系斗争以及桓氏同党的腐化之害。桓玄也试图改进政府组织,在一些琐碎之事上屡发文告、诏书,为一些小错苛责官员,把他们降级削职,可自己却又纵情享受(他是中国历史上最早一批艺术收藏家之一)。凡此种种使他在篡权之前已不太受人欢

---

* 疑为丹徒,今镇江市东丹徒镇。——译注

迎,而许多士大夫也预见到了他的野心,转而支持当时还忙于征讨海盗卢循的刘裕。

156　　桓玄不能继续等待。公元 403 年 10 月 16 日,他自封为相国、楚王;12 月 20 日安帝退位,将玉玺由王谧转交给桓玄;公元 404 年 1 月 2 日桓玄抵达建康登上王位,成为楚朝的第一位皇帝。他追封他那著名的父亲桓温为宣武皇帝,但仍苦于凑不足所需的祖宗人数去装点太庙。废帝晋安帝则被赶至寻阳(今湖北东南黄梅之北)。

　　桓氏楚朝持续了不到三个月。刘裕感觉到了众人对他的厚望,不久便领头密谋剪除独裁者,恢复晋室。当主要是些家兵的一小股义军冲进建康时,桓玄带着一些至亲、心腹仓皇出逃,先去寻阳挟制当年的皇帝,后又转赴江陵(湖北),逼迫软弱的小皇帝跟随着他。他在被刘裕的一位部将击败之后,便丢弃小皇帝逃往东部。刚离江陵不远,他就被自己一位部将所害,年仅 35 岁(公元 404 年 6 月 20 日)。他的许多同党纷纷逃往中国西北部的"羌族"帝国后秦,并在这个朝廷中谋得高官。其他的人则继续转战中原,致使在这些地区只能缓慢地重建朝廷(从此便掌握在刘裕手中)的权威性。桓氏残部的抵抗一直持续到公元 406 年。

　　尽管有武力的冲突和多变的事端,所有这些事无非是表面上的变换,使权力从这个集团转移到另一个类似的集团。中古社会的基础和大族的权势丝毫没有动摇。这可以从下述事件明显地看出来:刘裕班师回京,竟对桓玄手下最得势的同党和心腹王谧毫无办法,不久还任命他为录尚书事、扬州刺史等要职。王谧的祖父是王导(参见第 95 页),后者的余荫仍在。尽管政局时有短暂的变化和动荡,但琅琊王氏家族曾经缔造了东晋王朝,曾经扶植桓温独断专行,曾经帮助他的儿子桓玄废弃安帝,而现在又参与重建晋王朝业已倾圮的大厦,并为新王朝做好准备。

公元 403/404 年僧团与国家的冲突

　　因此,桓玄政变这段插曲很难说与某种政治观点有关。我们所以详细说明这段历史,其原因在于他是明确实施排佛政策的少数独裁者之一。这使他既和教内领袖(主要是慧远),又和同党内同情佛教的成员发生了冲突。这形成了世俗阶层和僧人阶层之间第二次著名的冲突(第一次发生在公元 340 年,参见上文第 106 页)。在这两次冲突中,根本问题是相通的。尽管这一次有关"沙门不敬王者"的争论较之于公元 340 年更为激烈,而且当时还有一系列明显在反对僧权的措施,但是僧人阶层再次取得了这场决斗的胜利。有文献证明:为了防止僧人卷入政治阴谋,杜绝腐化,桓玄试图淘汰一批僧人,最终也不了了之。在《弘明集》卷6,我们发现了一篇题为《释驳论》的护教文章,是由释道恒编辑的,其主旨在于反驳建康两位官员写于公元 405 年的另一篇文章,这两位作者把僧人形容为社会上的"五横"之一。⑩道恒文章中虚设的问难者给我们勾画了那个时代都市僧人的所作所为,我们从中发现他们参与经商、敛财、卖药、占卜和相面等事(参见下文第五章)。

　　鉴于其间主要的反对者慧远的生平和思想已经超出本章论述的范围,我们将在下一章讲述公元 402—404 年间这场论战的全过程。

东晋末年(公元 405—420 年)

　　"兴复晋室"的刘裕不可避免地成了桓玄的后继者。他并没有像桓玄那样直接在建康觊觎王位,而是效法桓温,即在实现最终的抱负之前,通过大规模的北伐,致力于提高自己已有的声望,扩大他已有的军功。北方的时局有利于采取这些军事行动。那众多自封的王朝和帝国由鲜卑族、匈奴族和羌族的贵族建立,彼此之间经常陷于一片混战,并在风雨飘摇中延续国祚。在(北方)东部地区,势力迅速增长的魏国,自公元 398 年在鲜卑族拓跋氏的一位皇帝的治理下,削弱了燕国后继者(由鲜卑族慕容氏统治)的实力;而在西部地区,姚兴这位后秦国的能干的羌族君主,正和匈奴首领赫连勃勃酣战不休,这位赫连勃勃在陕西北部建立了大夏国,还雄心勃勃地想吞并魏国。

公元408—410年间,刘裕成功地进攻了后燕国,有效地摧毁了慕容氏的统治。不过,他必须火速班师回朝,因为卢循(参见上文第155页)从其广东的根据地出发取道江西北上进犯,业已抵达长江下游危及京城。公元416年,刘裕的时机到来了,因为姚兴之死导致了长安时局动荡,使他得以大举兴兵进攻后秦。这场战争持续到公元418年。此时,刘裕的战功甚至已经盖过了当年的桓温,他接连攻克了长安和洛阳,但不久又因主力后撤和防线溃退,重又把这两座城市落于赫连勃勃的匈奴族军队之手,赫连勃勃实际上填充了后秦所留下的真空。

因此,当刘裕于公元418年以胜利者的姿态返回京城时,其大规模军事行动所取得的战绩已荡然无存。但是我们说过,对刘裕来说,取得这些战绩后震慑人心的效果,可能要比长期稳固地占领整个北方这种不切实际的想法更有价值。

一回到京城,刘裕马上采取一些最后的措施。公元419年,他谋杀了安帝,并拥立安帝的胞弟为恭帝,而后者于公元420年交出了玉玺,并将王位禅让给刘裕,他因此成了后来刘宋王朝的武皇帝(420—422在位)。

有迹象表明:刘裕和僧人有所接触。他似乎尊重慧严和僧导这两位僧人[68];《高僧传》也提到他赞扬慧远的话[69];在他登基前编写"劝请书"的作者中,有一位来自冀州的沙门释法称。[70]没有更多的资料反映他对佛教的态度,也没有材料说及他诸如建寺立庙之类的信仰活动。晋安帝的情况也与此类似,在《高僧传》中这位意志薄弱的"君主"赞扬过慧远,可除此之外,也就没有其他材料说及他在公元404—419年间与佛教有关的任何行为。

恭帝这位东晋王朝的末代皇帝,仅统治了17个月(公元419年2月2日至公元420年7月6日)。

> (帝)深信浮屠道,铸货千万,造丈六金像,亲于瓦官寺迎之,步从十里许。[71]

公元 421 年 11 月 13 日,刘裕废除恭帝才过一年,就下令杀死了这位末代皇帝。晋王朝气数已尽,而那最后戏剧性的一幕再次例证了司马家族深受佛教的影响:

> (兵人)进药于恭帝。帝不肯饮,曰:"佛教自杀者不得复人身。"
> 乃以被掩杀之。⑱

五、结论

我们就此结束对佛教在晋朝京城及东部地区之发展的考察。只要涉及帝国对佛教的资助,就可能有助于我们总结以下的发现。

在早期的可信资料中,我们难以找到公元 300 年以前僧人和皇族之间接触的证据。公元 300 年之后,一批为数不多的有教养的中国僧人(其中有的本来就出身士大夫家庭)最终成功地把佛法传播到皇宫。元帝和明帝都曾促进了弘法事业。后者据说还受了五戒。弘法事业曾停顿了约 40 年,而与皇族有关的支持佛教的活动,现在只有极少数还有案可稽,在此期间南方士大夫佛教的中心迁移到了会稽。此后,在哀帝执政之初(362 年),王室佛教开始灿然复兴。佛教的法事活动以后成了宫 ¹⁵⁹ 廷生活中不可或缺的一部分。公元 381 年,孝武帝皈依佛法,在宫内设立精舍。寺院对朝政日益施加政治影响,妇女(包括皈依的皇后、宫妃和尼姑)明显地干涉朝政,成了晋王朝最后 40 年统治(380—420)的鲜明特点。

总之,我们发现这一时期在皇族与僧人之间存在如下几种联系:

(1) 儒雅的交谈、争论和辩驳,清谈聚会和文学活动;

(2) 在皇宫内倾听法师讲经说法(主要是《般若经》);

(3) 与僧尼书信往来;

(4) 赐赠钱币佛像,建造佛塔寺院;

(5) 受戒皈依佛法,参拜庙宇寺庵;

（6）如遇疾病凶兆，咨询僧人。

注　释

① 江统（310 年卒）《徙戎论》，《晋书》卷 56，第 1 页右起。

②《晋书》卷 97，第 10 页右。对于极为复杂的早期游牧民族史，他们的分布和迁入路线，见唐长孺两项精深的研究：《魏晋杂胡考》和《晋代北境各族变乱的性质及五胡政权在中国的统治》，收在《魏晋南北朝史论丛》，北京，1955 年，第 127—142 页和第 382—450 页。

③ 关于刘渊的谱系，见卜德伯（Peter A. Boodberg），《中国边疆史札记二则》(Two Notes on the History of the Chinese Frontier)，《哈佛亚洲研究学报》(HJAS)，1936 年，第 283—307 页，尤其是第 291—294 页。

④ 一个典型的例子是张昌起义，见《晋书》卷 100，第 2 页左起。在公元 303 年江夏地区（现湖北安陆）获得大丰收，因此成千上万的流民云集于此。一位地方冒险者张昌发动一场革命运动，他改名为李辰（大概是想使自己成为老子的后代？），打败所有官军，把江夏作为总部。他宣布"将有圣人出而驭民"，为此利用一位地方官员，把他改名为刘尼，把他称作预言中的圣人和汉皇族后代。他获得了极大的成功，组建了"不死的"精兵三万，均戴红帽，留络腮胡子。几个月内起义遍及五个州县。但同年晋将军陶侃打败张昌部队，杀死所有的头领，整个起义如同开始一样突然失败。

⑤ 亨宁（W. B. Henning）译《康居古信之年代》(The Date of the Sogdian Ancient Letters)，《东方和非洲研究院学报》(BSOAS) 卷 12，1948，第 605—606 页。（译者附上原文：… And, Sir, the last Emperor – so they say – fled from Saraγ (Loyang) because of the famine. And his fortified residence burned down and the town was (destroyed). So Saraγ is no more, (ǝ) Ngap (a) (Yeh) is no more! … (They) pillaged the (land) up to N'yn'ymh and up to (ǝ) Ngap(a), these Huns who yesterday had been the Emperor's property! … And, Sir, if I wrote (and told) you all the details of how China fared, it would be (a story of) debts and woe; you will have no wealth from it…)

⑥ 关于王导的生卒年，大多数材料为公元 267—330 年，这是依据《晋书》卷 65，第 5 页左。据《王导传》，他死于咸和五年（330 年），时年 64 岁（按中国算法实为 63 周岁）。但在年表中，他在公元 330 年后几次被提到（《晋书》卷 7，第 5 页右标号［335 年］，第 6 页右标号［338 年］），同时提到他确切的卒年（同上，第 6 页右）为公元 339 年（七月庚申日，即 9 月 8 日），及其死后葬礼、追封的详细描述。传记中"咸和"显然是"咸康"之误，五年即公元 339 年。

⑦ 顾荣、记瞻和贺循等人传记均在《晋书》卷 68。

⑧《资治通鉴》卷 90，第 1065 页左。这里明显指当年所建立的整个官僚机构，下至普通公职人员和文书；此外许多数目仍不清楚。在《晋书》卷 6（元帝纪年）或卷

24(有关官员的章节)中,我没有发现相应的段落。

⑨ 参见汤用彤《魏晋玄学论稿》中的《言意之辩》,北京,1957,第 26—47 页,尤其是第 34 页。

⑩ 在玄学创始人中,钟会与何晏(参见下文)是高官大臣;王弼死得太早,以致无法官至高位,但在死前他已开始了仕宦生涯。此外,何晏是一名礼学专家。关于他们理论中更实用的,即政治、社会方面的,见萧公权《中国政治思想史》第 11 章(1954,台北修订版),和汤用彤、任继愈有倾向性的论著《魏晋玄学中的社会政治思想》,上海,1956。

⑪ 参见《抱朴子》外篇,第 25 篇《疾谬》,第 146—150 页;第 27 篇《刺骄》,第151—154 页。关于葛洪在中古中国思想上的地位,见唐长孺《读抱朴子推论南北学风的异同》,《魏晋南北朝史论丛》第 351—381 页,和侯外庐等编《中国思想通史》卷3,第 263—306 页。通过将道教和传统儒家学说之间的奇异调和,葛洪处于中国中古思想主流之外。在上面所提到的《抱朴子》两卷中,他严厉地抨击了那些不顾礼法和道德的行为,以及在错引老庄的嘈杂聚会中浪费时间的、闲散的上层社会。他在"社会批判"的原义上使用"清谈"一语。

⑫ 关于早期玄学史,通常见汤用彤《魏晋玄学论稿》中的 9 篇文章(北京,1957);冯友兰《中国哲学史》(普林斯顿,1953,卜德译)卷 2,第 168—236 页;唐长孺,所引上书,第 311—350 页(《魏晋玄学之形成与发展》);侯外庐,所引上书,第 38—62 页和第95—122 页;贺昌群《魏晋清谈思想初论》(1947,上海第二版)。由于我们主要关注公元 3 世纪末、4 世纪初玄学的发展,这里我们不论及可以追溯至汉末的这种思想流派的最初形成。玄学的最早阶段与刘表驻地即公元 2 世纪末、3 世纪初的荆州古文研究中心,无疑存在着历史渊源,参见汤用彤《王弼之周易论语新义》(载于《图书季刊》卷 4,1943)第 28—40 页,《魏晋玄学论稿》重印本第 84—102 页,李华德译本,载于《哈佛亚洲学报》卷 10,1947,第 124—161 页和王瑶《中古文学史论》卷 1《中古文学思想》,北京第 6 版,1953,第 44—79 页,尤其在第 51 页起。把《易经》和老子研究结合起来也始于后汉时代,著名学者马融(79—166)是我们所了解的第一位为《道德经》作注(无疑是儒家的解释)的儒家注释者;参见贺昌群,所引上书,第 14 页起。

⑬《易经》卷 1,乾卦文言;李雅各译本第 417 页。

⑭《易经·系辞传》(注疏本第 28 页左):"易有太极,是生两仪。"李雅各译本第373 页。

⑮ 韩伯(约卒于 385 年)在《系辞上》注中引王弼(注疏本第 20 页右,正文为:"大衍之数五十,其用四十有九。"),参见汤用彤《王弼大衍义略释》,载于《魏晋玄学论稿》第 62—71 页,和冯友兰/卜德译卷 2,第 182 页起。

⑯《易经·系辞上》(注疏本第 26 页左):"开物成务。"李雅各译本第 371 页。

⑰《晋书》卷 43,第 8 页右(王衍传)。

⑱《易经·系辞上注》(注疏本第 11 页右):"一阴一阳之谓道。"参见冯友兰/卜德译卷 2,第183 页。

⑲ 王弼《周易注》,第 24 卦复卦,注疏本卷 3,第 19 页左。

⑳ "冥"（黑暗、潜藏、隐晦、遣除）是玄学基本术语之一。它指现象本身和所有现象"不可名状的"根源，即"体"和"用"，并被用于圣人之心，他内在的无为状态以及与自然过程的直接合一。参见侯外庐所举诸例，所引上书，第 232—233 页。

㉑《易经·系辞上》（注疏本第 30 页左）："子曰：书不尽言，言不尽意，然则圣人之意，其不可见乎？"李雅各译本第 376 页。

㉒ 同上，第 31 页右。关于两派的争论，见欧阳建《言尽意论》（《艺文类聚》卷 19，第 7 页左和《世说新语》卷 1 之下第 15 页左引文）。

㉓ 参见王弼著名的话（"圣人体无，无又不可以训，故不说也"），见何劭（死于 301 年）《王弼传》，该文为《高僧传》《魏略》卷 28，第 337 页左和郭象《庄子注序》所引用："庄生虽未体之，言则至矣。"中古中国思想中的言意关系问题，见注⑨所提到的汤用彤的文章。

㉔ 例如，该段说"子之言性与天道，未之闻也"（《论语》V.12）。孔子说："吾何言"和"天何言哉"，见《论语》XVII.19，他的话"吾道一以贯之"，见《论语》IV.15 和 XV.2。同样，孔子的"方便"设教，可以从《论语》I.5—8 中孔子针对不同的人对"孝"（filial piety）作出不同解释，以及在第 11 章第 21 中他给子路和冉有作出相反的回答，他说："求也退，故进之；由也兼人，故退之。"由此推出最后的结论是"中人以上，可以语上也；而中人起"则不可以（《论语》VI.19）。

㉕ 参见《晋书》卷 35，第 5 页左起，《裴頠传》中所引《崇有论》。

㉖ 关于向秀和郭象哲学以及《庄子注》著作权，这些复杂问题，见冯友兰《庄子新译》附录中《郭象哲学的一些特征》，上海，1933，第 145—147 页；冯友兰／卜德译卷 2，第 205—236 页，尤其是侯外庐所引上书，第 208—262 页。

㉗ 参见阮籍《达庄论》（《全三国文》卷 45，第 9 页右），嵇康对比老庄学说的方法，见其《卜疑》："宁如老聃之清净微妙，守玄抱一乎？将如庄周之齐物变化，洞达而放逸乎？"（鲁迅版《嵇康集》第三章，第 2 页右，原稿影印版，北京，1956），也见嵇康和《庄子注》的实际作者向秀之间的争论，侯思孟（D. Holzman）译，*La Vie et la Pensée de Hi K'ang*，莱顿，1957，第 92 页起。

㉘ "分"的特殊用法已在《庄子》原文中偶尔出现，如 V.1a："以道观分而君臣之义明。"参见戴密微译，载于 *Annuaire du College de France*，48me Année，第 159 页，和侯外庐所举例子，所引上书，第 244 页起。

㉙ 例如，《庄子注》I.5a（故乘天地之正者……）；同上，3a（遗彼忘我……）；同上，19a：圣人是"万物性分之表"。以上参照《庄子注》四部备要本。有关各种版本的考证，见王叔岷《郭象庄子注校记》，中央研究院历史语言研究所专刊影印本第 33 号，上海，1950。

㉚《庄子注》I.15a。

㉛ "遣之又遣以至于无遣"，参见《道德经》第 48 章："损之又损，以至于无为。"

㉜《庄子注》I.18a。

㉝《庄子注》I.6a。

㉞ 这个"所以"的使用，尤其是"迹"和"所以迹"的广泛讨论，见侯外庐所引上书，

第 230 页起。像"分"一样,"迹"和"所以迹"已在庄子文本中出现,V.26b。

㉟《庄子注》I.11b(无既无矣则不能生有……),同上,25a(请问夫造物者有邪无邪……),VII.29a(非唯无不能化而为有也……)。这种推理形式为后来中国僧人热衷于研究中观著作铺平了道路。

㊱《庄子注》III.6b。

㊲《庄子注》VII.27b:"物物者无物。""物物"一词也出自《庄子》IV.21b。

㊳《庄子注》I.5a:"天地者万物之总名也,天地以万物为体。"参见同上,11b:"故天也者,万物之总名也。"

㊴《庄子注》I.12a—b(物各自然……),参见同上,3a(夫趣之所以异……)。

㊵ 如《庄子注》I.6a,I.21b 和 IV.11b;侯外庐所举诸例,所引上书,第 232—233 页。

㊶ 如《庄子注》I.5b,6a,6b,8a;II.15a;III.11b;IV.15b;V.12b;IX.17b。

㊷《庄子注》II.3b。

㊸《庄子注》I.13a。

㊹《庄子注》II.21a,参见 VIII.29b(夫物皆前有其命)和 III.1b(物无非天也)。

㊺《庄子注》II.7b(至于自然之报……)注,作为命定的自然进程完全可以任意运作。参见殷浩(? —356)在某次清谈上争论的主题:"自然无心于禀受,何以正善人少,恶人多?"(《世说新语》卷 1 之下第 22 页左)。戴逵(? —396)在《释疑论》中,质疑业报轮回的现实性:"贤愚、善恶、修短、穷达各有分命,非积行之所致也。"(《广弘明集》卷 18,第 222 页上第 21 列)

㊻ 我们在此仍然不谈清谈的早期历史及其与汉末"清议"(pure judgements)等,并且,我们尽可能简略地讨论"清谈",限制在我们当前考查的年代即 4 世纪期间所进行的清谈。有关这一主题的总体研究,见刘大杰《魏晋思想论》,尤其在第 167—220 页;陈寅恪《陶渊明之思想与清谈之关系》,北京,1945;白乐日(ET. Balazs)Entre Révolte Nihiliste et Évasion Mystique,载于 Etudes Asiatiques,1948,第 27—55 页;上注⑫中所提到的贺昌群和王瑶的研究;唐长孺,所引上书,第 289—298 页(清谈与清议);侯外庐,所引上书,卷 3,第 26—45 页。

㊼《世说新语》,刘义庆(403—444)撰;刘峻(以"刘孝标"著名,462—521)注。原名为《世说》或《世说新书》;古本分为 8 或 10 卷。现书名可能始于宋代。它由 36 个标题 950 个轶闻组成。今本(可能始自公元 1138 年董弅版)分为 3 卷,每卷由两部分组成,在注释中用 IA(卷 1 之上)、IB(卷 1 之下)等表示。我们采用《四部丛刊》影印复制的公元 1535 年袁褧版。进一步的文献研究,参见《哈佛燕京〈世说新语〉引得》洪业(W. Hung)序(引得卷 12,北京,1933)和 V. T. Yang《关于〈世说新语〉》(About Shi Shuo Xin Yu),载于《东方研究》(Journal of Oriental Studies)第二卷(1955),第 309—315 页。关于此书的历史背景,见宇都宫清吉《汉代社会经济史研究》,东京,1955,第 12 章(第 473 页起),艾克洪(W. Eichhorn)《公元 3—4 世纪中国文化史》(Zur Chinesischen Kulturgeschichte des 3. und 4. Jahrhunderts),《东方社会杂志》(ZDMG) XCI,1937,第 452—483 页,上注㊻所提到的白乐日的研究和吉川幸次郎

《〈世说新语〉及其风格》,《东方学报》卷10,1939,第86—110页。《世说新语》原文没有很好地得以传世,很多章节后来经过改动和加工,通过与唐代不完整的抄本(文学古籍刊行社第二卷,北京,1956)和保存在早期作品中的引文(参见袁褧序和洪业同上引文)的比较,这一点很明显地表现了出来。尽管如此,《世说新语》及其注释仍然是中古中国文化史上最为重要的史料。不幸的是,相当数量的轶闻(主要是些妙语、简短而故弄玄虚的格言以及谈话片断中间接提到的同时代人物和事件)很难理解和解释,而且,这种困难因偶有所见的方言表达及其句法结构更有所增加。我们应该承认,西方汉学家对此书至少有三分之一在某种程度上无法理解,由中国学者运用大量史实和训诂知识编纂出来的一个全新的《世说新语》注本,将是中古中国史研究的巨大贡献。

㊽ 关于清谈中"人物品评"的作用,见唐长孺,所引上书,第289—297页和侯外庐,所引上书,卷3第86页起。作为影响"公众"(即士大夫)意见的方式,它仍然是重要的。在中古时代的仕宦生涯中,这种"公众意见"的至关重要性,参见赵翼《廿二史札记》卷8(九品中正),第6页右起所举诸例(《广雅丛书》版)。

㊾《世说新语》卷2之下第3页右。

㊿ 同上,卷2之下,第4页左。

51 同上,卷2之下,第6页右。

52 同上,卷2之下,第16页左。

53 同上,卷2之下,第16页左。

54 同上,卷2之下,第36页左。

55 同上,卷1之上,第44页左。

56《世说新语》卷1之上,第45页右。

57 "林无静树,川无停流。"这两行没有出现在收于《汉魏六朝百三名家集》的郭璞诗中。

58《世说新语》卷1之下,第32页左。

59 同上,卷3之下,第11页左。

60 "麈尾"作为驱除"尘垢"的工具,是清谈家的特征;参见王伊同,所引上书,卷1,第93—95页;侯外庐,所引上书,第66页起。

61《世说新语》卷1之下第15页左—16页右。

62《世说新语》卷1之下第25页左—26页右。

63《晋书》卷98,第1页左(王敦传)。

64《晋书》卷73,第2页左(庾亮传),参见《资治通鉴》卷93,第1097页左。

65《晋书》卷73,第4页左(庾亮传)。

66《晋书》卷77,第4页右(何充传)。

67 为了把他与中古史上也是最有权力的家族之一的太原(山西)王氏集团相区别;参见守屋美都雄对从后汉到唐代太原王氏兴衰的专题研究《六朝门阀的研究》(东京,1951)。

68《高僧传》卷4,第350页下第11列。

⑥ 除了高丽版作"竺潜"外,他的名字在《高僧传》所有版本中都作"竺道潜";下面提到的《世说新语》段落称他为"僧法深""竺法深"和"深公"。关于他生平的主要史料,见《高僧传》卷 4,第 347 页下第 14 列;此外《世说新语》卷 1 之上第 10 页左注引(没有提及史料,但很可能是《高逸沙门传》,参见下注㊈—㊉),该传也引用了《世说新语》卷 1 之上第 34 页左、卷 2 之上第 18 页左中与竺道潜有关的内容)。据《高僧传》,他生活于公元 286—374 年间,因而他的年龄达到 88 岁(根据中国算法应是 89岁)。《世说新语》卷 1 之上第 10 页左注引中给出他的卒年是 79 岁,但这几乎不可能是正确的。据《高僧传》(卷 4,第 348 页上第 9 列),孝武帝(373—397)为他的葬礼赐金十万,并且引用了皇帝的诏书,这样可以确信竺道潜卒于公元 373 年或稍晚。另一方面,据说他在 24 岁仍居住在北方时(即不晚于约公元 307—310 年,即永嘉初年),便已经解释经义,由此可以推出他生于公元 284—287 年间。这与《高僧传》传记中给出的公元 286—374 年间完全一致。

⑦ 《高僧传》卷 4,第 347 页下第 17 列。

⑦ 参见《世说新语》卷 1 之上,第 10 页左,桓彝谈及其父桓颖和竺道潜之间的友谊。实际上并不知名的桓彝父亲,他的名字在《晋书》卷 74 第 1 页右中作"桓颢"。

⑦ 《高僧传》卷 4,第 347 页下第 22 列。

⑦ 《世说新语》卷 2 之上,第 18 页左。

⑦ 《高僧传》卷 4,第 350 页下第 17 列;参见《名僧传抄》,第 7 页左—8 页右。在公元 363—365 年间,他离开都城与一百多弟子定居于始宁(今浙江东北上虞南部)的保山,在那里于公元 375 年他再次被孝武帝召到都城(参见下文第 151 页)。

⑦ 《高僧传》卷 4,第 347 页上第 2 列。

⑦ 《世说新语》卷 1 之上,第 35 页左—36 页右。

⑦ 《世说新语》卷 1 之上,第 36 页右、卷 1 之下第 36 页右—左注引,两次均为《人物论》;在第二段中作者名作"庾法畅","庾"显然是"康"字之误。此书未被陆澄提到,但它仍出现在公元 664 年的《大唐内典录》(《大正藏》№2149 卷 3,第 248 页下第 21 列;卷 10,第 330 页上第 13 列)中。另一部同名且可能是同一类型的著作是在《高僧传》卷 5(第 354 页中第 26 列)中所提到的,作为公元 4 世纪下半叶居于泰山(山东)的北方僧人支昙敦的作品。

⑦ 《高僧传》关于他的内容只提到几个字(卷 4,第 347 页上第 6 列);此外,在《世说新语》中有颇为可疑的一段,卷 3 之下第 27 页左,参见注㊺。这些赞颂性的注文(同上所引)均引自孙绰(参见下注㊽)《名德沙门题目》和《愍度赞》,以及另一篇作者不详的作品。关于他的经录和学说,见下文,注⑦和㊄。这个名字或作"敏度"(《高僧传》和《出三藏记集》)、"慜度"(《世说新语》)和"愍度"(高丽版《出三藏记集》卷 7,第 49 页上第 17 列)。"慜"字是可能的,"敏"和"慜"是唐讳"愍"的替代,见汤用彤《佛教史》,第 266 页。

⑦ 参见林屋友次郎《经录研究》,第 305—325 页,和《支敏度录》(小野玄妙《佛书解说大辞典》卷 4,第 168 页)。

⑧ 《出三藏记集》卷 7,第 49 页上第 16 列《合首楞严经记》;卷 8,第 58 页中第 21

列《合维摩诘经记》。他所作的这些经典的简本,也被僧祐在《出三藏记集》卷2(第10页上第11列)中提到,认为它们分别有8卷和5卷。根据支愍度自己的话,《维摩诘经》简本基于三个版本(支谦、法护和竺叔兰),《首楞严三昧经》简本基于四个版本(支娄迦谶本、支谦本[实际上是支谶版的润色本]、法护本和竺叔兰本)。

㉛ 我们所知最早的是支谦对三种陀罗尼(dhāraṇī)文本所作的合本,它的序言被保存在《出三藏记集》卷7,第51页下第18列起(《合微密持陀邻尼总持三本》),参见汤用彤《佛教史》,第132页。

㉜ 支愍度在《首楞严经》简本后记中说:"今以越(即支谦)所定者为母,护(即法护)所出为子。兰(即竺叔兰)所译系之。"(《出三藏记集》卷7,第49页中第10列)

㉝ 公元4世纪的其他例子是道安《合放光光赞略解》(序言收在《出三藏记集》卷7,第49页上第1列)和支遁《大小品对比要抄》(序言收在《出三藏记集》卷8,第55页上第13列)。

㉞ 关于这些不同的版本,见孔泽(Edward Conze)《般若文献史》(*Literary History of the Prajñāpāramitā*)私人打印本,伦敦,1954,但他考查汉译本及注释部分(第109—115页)相当不精确而且过于简短;参见 Matsumoto Tokumyo《般若学文献》(*Die Prajñāpāramitā-Literatur*, Bonner Orientalistische Studien, Heft I, Stuttgart 1932)同样也可以。也可参见干潟龙祥在《善勇猛般若波罗蜜多经》(*Suvikrāntavikrāmi-pariprcchā-prajñāpāramitā-sūtra*,福冈,1958)导读中对般若文献及其演变的精湛研究,第13—51页。佛教研究者对汉译本的主要兴趣通常在于把它作为建立文本史和印度文本演化的第二手材料;迄今为止,没有人试图把汉译本作为研究早期中国佛教史最重要的文献。

㉟ 陈寅恪《支愍度学说考》,载于《中央研究院蔡元培纪念集》(北京,1933),第一部分;汤用彤《佛教史》,第266—272页;李华德《肇论》(*The Book of Chao*),北京,1948,第149—152页;冯友兰/卜德译卷2,第252—256页;汤用彤《魏晋玄学论稿》,第48—61页,尤其是第57—58页。

㊱《放光经》,《大正藏》No221,卷1(第二部分),第4页下第18列。

㊲ 必须说明,支愍度的学说与佛教的"无我"(anātmya)无关。他并不否认灵魂或神的存在,只是否认"静"和"豁如太虚"的圣人之"心"。支愍度的学说更接近三摩提(samatha),而不是"无我义";关于这一点,在汤用彤《魏晋玄学论稿》(第58页)中有些混淆。

㊳ 据《世说新语》卷3之下第27页左及其注引:"愍度道人始欲过江,与一伧道人为侣。谋曰:'用旧义往江东,恐不办得食。'便共立心无义(theory of non-existence of 〈conscious〉 thought)。"后来两位法师生活安适时,另一僧人派人告诉支愍度说,他们现在食物充足,继续从事这种行为是可鄙的,甚至是亵渎的,但支愍度继续宣扬他的新学说。当然,这个说法很可能根本没有历史依据,而且出于对支愍度理论的反对。关于其他反驳形式,参见昙一和"心无义"支持者荆州道恒之间的激烈讨论(约公元365年;《高僧传》卷5,第354页下第13列),以及构成今本《肇论》的刘遗民(即刘程之)和僧肇于公元409年的通信(参见李华德《肇论》,第90页起;塚本善隆

等《肇论研究》,第 36 页起。

⑧《高僧传》卷 4,第 346 页下第 28 列,传记的注释;还可见《世说新语》卷 1 之下第 23 页右、卷 3 之上第 17 页右和卷 3 之下第 6 页左。

⑨《世说新语》卷 1 之下,第 23 页右,仅提到争论,未提及《高僧传》卷 4(第 347 页上第 9 列)所提到的内外典。

⑨《世说新语》卷 3 之下,第 6 页左;《高僧传》卷 4,第 347 页上第 11 列。

⑫ 可能是公元 345 年被赶出豫章的庾爱之和庾方之(见下文第 110 页);参见汤用彤《佛教史》第 170 页。

⑬《世说新语》卷 3 之上,第 17 页右,参见《高僧传》卷 4,第 347 页上第 13 列。

⑭ 有关竺道潜的弟子参见下文第 139 页。

⑮《高僧传》卷 1,第 327 页下第 12 列,和《出三藏记集》卷 13,第 98 页下第 17列中的传记;还可见《世说新语》卷 2 之下,第 5 页右、卷 3 之上第 50 页左注引的《高座传》,以及卷 1 之上第 32 页右注引的《高座别传》;汤用彤《佛教史》,第 171 页。这个名字有多种写法,在《高僧传》《出三藏记集》和《高座别传》中分别作"帛尸梨蜜多罗""尸梨蜜"和"尸黎蜜";《高僧传》中译作"吉友";《世说新语》正文中常称"高座(道人)"。《塔寺记》(《世说新语》卷 1 之上,第 32 页右注引)说"高座"是(也是?)对尸梨蜜罗(Śrīmitra)墓的称呼;说此墓是由元帝用刹蒙所(caitya)装饰,而不是像《高僧传》中所说的是由成帝所建,显然是错误的。

⑯《太平御览》卷 653,第 3 页右中所引《尸梨蜜罗传》,可能与《世说新语》注(参见注⑮)引的《高座传》和《高僧传》卷 1(第 327 页下第 14 列)中提到的"传"是同一部作品。

⑰ 参见《世说新语》卷 1 之上,第 32 页右:"高坐道人不作汉语。或问此意。简文曰:'以简应对之烦。'"

⑱《高僧传》卷 1,第 328 页上第 11 列。参见《高僧传》卷 1,第 328 页上第 3 列中一段奇怪的文字,说尸梨蜜罗在自己的崇拜者周顗死时(即公元 322 年),亲自去他家看望遗孤,唱颂"胡呗三契",然后高声念诵数以千言的"经咒",拭泪而去。同样的故事记载在《出三藏记集》卷 13(第 99 页上第 5 列);《世说新语》卷 1 之上第 32 页右注引的《高座别传》中也有记载,但比较简短。

⑲ 据《出三藏记集》卷 2(第 10 页上第 16 列),他翻译了《大孔雀王神咒》和《孔雀王杂神咒》两种版本。两书早已佚失,参见《开元释教录》卷 3(《大正藏》№ 2154,第503 页上第 5 列)。后来成为密宗(Tantrism)基本经典的《大孔雀王神咒》(Mahāmāyūrī-vidyā-rājñī,参见望月《佛教大辞典》,第 688 页起的《孔雀明王经法》),在中国密宗形成以前早就已在中国佛教界流行。在《大正藏》中,我们发现这部著作(《大正藏》№982—988)在公元 4 世纪—8 世纪间的译本不少于 7 个。最早没有匿名的,大致有个年代可依的版本是鸠摩罗什的译本(《大正藏》№988),但必须注意此经未出现在《出三藏记集》卷 2(第 10 页下—11 页上)所列的罗什 35 部译经中。在后来的经录中(《历代三宝纪》《开元释教录》等),现存第三种咒语集的译本《灌顶经》(《大正藏》№1331?《大灌顶经》)归在他的名下,但这个归属显然是错误的,参见

下文第 316—317 页。

⑩⑩《高僧传》卷 1，第 328 页上第 12 列。

⑩①参见《出三藏记集》卷 11，第 81 页中第 27 列（无名氏题记）；觅历的伪戒本在公元 594 年法经《众经目录》中仍被提到。《大正藏》No 2146，卷 5，第 141 页上第 5 列。

⑩②《世说新语》卷 1 之下，第 5 页右。也参见《法苑珠林》38（第 585 页下）中王导和 Methusalem 的故事（出处不详）。

⑩③《出三藏记集》卷 8，99 页上第 8 列："（王导）外国正当有君一人耳，（尸梨蜜罗）若使我如诸君，今日岂得在此。"《高僧传》卷 1（第 328 页上第 6 列）中在某种程度上被缩短和加工过了："（王导）外国有君一人而已，（尸梨蜜罗）我如诸君岂得在此。"《大唐内典录》（《大正藏》No 2149）卷 3（第 244 页下第 8 列）中有与此略有不同的内容。

⑩④《高僧传》卷 1，第 328 页上第 15 列起（在《出三藏记集》中未见）。

⑩⑤《辩正论》（《大正藏》No 2110）卷 3，第 502 页下第 15 列。法琳（同上，第 504 页中第 8 列）也列举了据他说支持佛教的八王（受封的皇帝近亲）。其中六人无法证实，因为法琳只提他们为"……王"，而未标明他们的名字。剩下的两人是司马攸（248—283，《晋书》卷 38，第 6 页左—9 页左的传记）和司马柬（262—291，《晋书》卷 64，第 1 页右的传记），但无论是他俩的传记，还是其他早期司马诸王的传记，都未包括任何可以支持法琳论点的内容。

⑩⑥《高僧传》卷 5，第 354 页下第 25 列，参见卷 13，第 410 页上第 18 列。

⑩⑦《辩正论》（《大正藏》No 2110）卷 3，502 页下第 16 列。

⑩⑧《出三藏记集》卷 2，第 11 页下第 9 列，和《高僧传》卷 2，第 335 页中第 29 列。

⑩⑨《出三藏记集》卷 2，第 11 页下第 26 列。

⑩⑩《比丘尼传》卷 1，第 936 页中第 13 列。

⑪①《法苑珠林》（《大正藏》No 2122）卷 42，第 616 页中第 5 列；在卷 31，第 526 页中实际上有同样的说法（作为《南京寺记》的引文）。

⑪②暗指《庄子》卷 2《齐物论》第 6 页。

⑪③《弘明集》卷 12，第 76 页下第 23 列，参见《高僧传》卷 5（道安传）第 352 页中第 24 列。

⑪④《古画品录》，《美术丛书》版卷 3/6，第 109 页，阿克（W. Acker）《中国唐及唐前绘画史》（*Some Tang and Pre-Tang Texts on Chinese Painting*，Leiden 1954），第 29 页。

⑪⑤张彦远《历代名画记》（公元 847 年完成）卷 5（阿克译文中没有），丛书集成本。

⑪⑥裴孝源《贞观公私画史》（主要描述隋以前宫藏画，序的日期是公元 639 年），《美术丛书》版 II/3，第 7 页。

⑪⑦《晋书》卷 77 第 7 页左—8 页右。

⑪⑧《艺文类聚》卷 63；《全晋文》卷 38，第 6 页左。

⑲ 据法琳的说法,成帝也在都城建两座寺院(兴中寺和鹿野寺),并召来一百(另说为一千)僧人专门从事译经和注释(《辩正论》,《大正藏》№2110,卷 3,第 502 页下第 18 列)。这个中兴寺可能是禅师法友(Dharmamitra,347—443)在初到南方都城期间(约 425 年;《高僧传》卷 3,第 343 页上第 1 列)所居的寺庙。另一方面,我们发现(另一个?)中兴寺由刘宋孝武帝(454—465,《出三藏记集》卷 14,第 106 页上第 22列,参见《开元释教录》,《大正藏》№2154,卷 5,第 529 页下第 4 列)建成。据我所知,鹿野寺在公元 457 年末被提到(《出三藏记集》卷 5,第 39 页上第 23 列,参见《大唐内典录》,《大正藏》№2149,卷 4,第 261 页上第 20 列,和《众经目录》,《大正藏》№2146,卷 4,第 138 页下第 25 列)。

⑳《高僧传》卷 4,第 347 页下第 24 列。

㉑《高僧传》卷 4,第 348 页中第 24 列,参见下文第 117 页。

㉒ 保存在《弘明集》卷 12,第 79 页中第 12 列起,和《集沙门不能拜俗等事》(《大正藏》№2108)卷 1,第 443 页下第 18 列起。他们包括一个不知名编者的简短序言、何充及其同党的第一封奏书、庾冰为回应这篇奏书而代发的诏令、庾冰代发的第二个诏令和何充的第三个奏书,共 6 篇。

㉓《蔡谟传》,《晋书》卷 77,第 7 页右—9 页左。

㉔《广弘明集》卷 6,第 126 页下第 7 列《历代王臣滞惑解》。

㉕ 读作"翣"是正确的;《弘明集》各处均作"翌"。

㉖ 字"谋远",传记在《晋书》卷 77,第 5 页左—6 页左。他是何充同党褚裒的叔叔(参见下文第 109 页)。

㉗ 字"道名",传记在《晋书》卷 77,第 2 页右—12 页左;参见《世说新语》卷 2 之上第 39 页右和卷 2 之下第 5 页右。

㉘《世说新语》卷 1 之下,第 19 页右。

㉙《晋书》卷 77,第 5 页右(何充传)。

㉚《世说新语》卷 3 之下,第 12 页左注。

㉛ 一个年代错误,参见第 150 页。

㉜《世说新语》卷 3 之下,第 6 页左。

㉝ 同上,卷 3 之下第 12 页左。也参见《晋书》卷 76 第 11 页右,《顾众(274—346)传》中何充皈依和经常参访佛寺的说法。

㉞《晋书》卷 93,第 5 页左。

㉟《比丘尼传》卷 1,第 935 页下第 16 列。

㊱《比丘尼传》卷 1,第 936 页上第 6 列。

㊲《比丘尼传》卷 1,第 935 页下第 28 列。

㊳《高僧传》卷 4,第 350 页上第 19 列。公元 361 年穆帝将死,法开被召来诊病,"开视脉,知不起,不肯复入"(与对无可救药的病人放弃治疗的通常作法一致,参见《法宝义林》(*Hōbōgirin*)"byō 病"条,第 232 页上和戴密微文,载于《法兰西远东学院院刊》(*BEFEO*)卷 44,1954,第 401 页注③)。暴怒的皇帝下令:"帝小不佳,昨呼于公视脉,直到门不前,种种辞惮,宜收付廷尉。"之后,皇帝确实死了,于法开脱壳逃

走,退隐到剡山的石城山(浙江)。

⑬ 《比丘尼传》卷1,第936页上第23列。据其传记,僧基生活在公元330—397年间,但我们几乎无法断定此寺是为一个15岁的沙弥而建。这一定是在某处出现了错误:或者僧基生的更早,或者建寺晚于公元345年,或者不是为这个尼姑而建。

⑭ 《高僧传》卷7,第366页下第6列。

⑭ 《高僧传》卷7,第367页上第1列。

⑭ 《辩正论》(《大正藏》№2110)卷3,第502页下第18列。

⑭ 《晋书》卷32第3页左=《资治通鉴》卷103,第1215页;《太平御览》卷99,第4页左引《续晋阳秋》。

⑭ 汤用彤《佛教史》,第349页引《建康实录》。

⑮ 桓氏来自龙亢(今安徽怀远)。这个家族自称是汉末地方官桓荣(《晋书》卷74,第1页右桓彝传)的后代,但这个说法可能极不可靠。事实上,对于桓荣和桓彝的父亲桓颖(或"颢",参见上注⑦)之间八代的情况,我们一无可知。当公元402年桓玄篡位时,他因"曾祖以上名位不显"(《晋书》卷99,第8页右桓玄传),无法用要求的牌位数填充太庙。

⑭ 《晋书》卷73,第12页左《庾翼传》,参见《资治通鉴》卷97,第1146页左。

⑭ 在公元371年,和庾氏企图重新赢得权力后的372年,《晋书》卷73,第9页左《庾希传》。

⑭ 《晋书》卷98,第11页右《桓温传》。

⑭ 《晋书》同上;《资治通鉴》卷99,第1175页右。

⑮ 关于这场著名战役的详细说明,见李希平《淝水之战》,上海,1955。

⑮ 《高僧传》卷4《支遁传》,第348页中第10列;支遁被王濛描述为"造微之功,不减辅嗣(即王弼)";同上所引,《世说新语》卷2之下第12页;《世说新语》同上注引《支遁别传》(参见注⑭):"王仲祖(即王濛)称其造微之功不异王弼。"同样,在支遁听讲席上的僧人也被王濛称作"钵盂后王何人也",《世说新语》卷2之下第13页左—14页右注引的《高逸沙门传》(参见注⑳);《高僧传》卷4(第349页上第4列)中有某种程度上存在差异的版本。

⑮ 《世说新语》卷3之下第22页右注引的《支遁传》=《高僧传》卷4,第348页中第16列。但据《世说新语》卷3之下第22页右,谢安本人坚决否认曾经说过这样的话,并且宣称裴启(《语林》的作者,此书是像《世说新语》一样的轶闻集,公元362年著,现已散佚)首创此说。不加章句地阅读经典,这种草率的方法或观念在公元4世纪更为流行;它与当时流行的玄学观点是一致的。写出来的文本仅是圣人隐秘的智慧不完或方便的表达,这要求研究者必须在字里行间领会根本的"理",而不是沉溺于细抠文本的字词。有关这种风气,参见汤用彤《魏晋玄学论稿》,第30—31页。

⑮ 因此,在此处提到的作为他初居都城(约340年)的朋友中,我们发现郗超(生于336年)和王坦之(生于330年),但这显然不可能。同样,据说在竺道潜的传记(《高僧传》卷4,第348页上第6列)中,何充于哀帝在位期间(362—366,即在何充死后至少17年),与竺道潜交往甚密。

⑭ 以支遁为例,《世说新语》作为传记史料至少与《高僧传》一样重要。在 28 个与《高僧传》(卷 4,第 348 页中第 8 列—第 349 页下第 20 列)密不可分的短故事中,仅有 8 个未出现在《世说新语》或注引的书中。另一方面,《世说新语》中不少于 82 段文字写到或提及支遁,其中大部分在《高僧传》中没有相应的文字。《世说新语》注引的史料是《支遁别传》(卷 2 之下,第 11 页右注;卷 2 之下,第 12 页);《支遁传》(卷 2 之下,第 33 页右;卷 3 之上,第 11 页;同上,第 12 页右;同上,第 22 页右)和《支法师传》(卷 1 之下第 20 页右);其中之一可能与郗超在支遁死后所写的《支遁传》一致(参见《高僧传》卷 4,第 349 页下第 7 列)。此外,我们发现从《高逸沙门传》(卷 1 之上,第 38 页左、39 页右;卷 1 之下,第 21 页右—28 页右;同上,第 21 页左;同上,第 22 页右;卷 2 之上,第 32 页;卷 2 之下,第 13 页左—14 页;卷 3 之下,第 8 页右)、《语林》(卷 1 之下,第 22 页右;卷 3 之上,第 5 页左—6 页右;卷 3 之下,第 21 页左)和支遁自己著作的一些片断中(卷 1 之上,第 42 页左;卷 1 之下,第 18 页左—19 页右;同上,第 19 页左)来的引文。汤用彤《佛教史》,第 177—181 页。

⑮ 《广弘明集》卷 30,第 350 页上第 17 列。

⑯ 参见汤用彤《佛教史》,第 178 页。

⑰ 先在沃州山(浙江新昌东部),为了警诫和鼓励几百名弟子,他写了一篇座右铭(正文收在《高僧传》卷 4,第 348 页下第 10 列起),后在石城山建栖光寺。根据他的传记,就是在这里他写下了他最重要的著作(同上,第 348 页下第 12 列)。

⑱ 《太平御览》卷 653,第 7 页右所引《建康实录》,说许询将他在山阴和永兴的两座豪宅改为寺院。两者均规模宏大,金碧辉煌(对照他处所说作为隐者的许询很"贫穷",这显得奇怪)。当重建完工时,他正式将这项功绩上报孝武帝(373—397 间在位)。我无法参阅现仍存在但很稀少的《建康实录》(许嵩著,30 卷)原文。

⑲ 《世说新语》卷 2 之下第 15 页左:"王敬人是超悟人。""超悟"一词参见羌族首领姚兴对鸠摩罗什所说的话(《高僧传》卷 2,第 332 页中第 11 列):"大师聪明超悟,天下莫二……"王修是王濛之子,尽管年轻,却是一位有才华的书法家和"清谈"高手,他死时 23 岁(《晋书》卷 93 第 6 页左)。与佛教有关的是:《世说新语》卷 1 之下第 20 页左—21 页右,记载他在支遁住持的会稽西寺中与许询展开了一场激烈争论,《世说新语》卷 1 之下第 26 页,记载他在建康瓦官寺与一位叫僧意的僧人探讨著名的玄学问题"圣人有情不"。

⑳ 《世说新语》卷 1 之下,第 16 页左。

㉑ 同上,第 32 页右。

㉒ 同上,第 11 页右。

㉓ 《世说新语》卷 1 之上,第 38 页左—39 页右;《高僧传》卷 4,第 348 页中第 23 列。

㉔ 《世说新语》卷 1 之上,第 42 页左;《高僧传》卷 4,第 348 页中,第 25 列。

㉕ 支遁用几个字描写东阳长山(《世说新语》卷 1 之上,第 45 页右);通过一个机智的比喻道出了南北学术的本质差别(卷 1 之下,第 17 页右);关于他与谢奕之间无休止争论的有趣评论(卷 1 之下,第 21 页左);同上所引,关于下棋(卷 3 之上,第 34

页右);可笑的王坦之(卷3之下,第21页左);对王徽之和王献之的辛辣批评(卷3之下,第23页左),对王濛的品评(卷1之下,第21页左,参见卷2之下,第11页左和《高僧传》卷4,第349页上第2列)。

⑯ 关于"都讲"一词,参见汤用彤《佛教史》第117页。

⑰《世说新语》卷1之下,第21页;《高僧传》卷4,第348页下,第25列。

⑱《世说新语》卷1之下,第20页;参见《高僧传》同上引文,那里这篇文章已与上面的一篇译文混在一起。为《首楞严三昧经注》写序的支遁一位不知名的弟子也谈到了"三乘"是支遁学说的基本主题之一。我们对此可能还会有更多的内容可以了解。《世说新语》注(同上所引)中给出了一个相当长的出自《法华经》的"三乘"之间区别的讨论。但这当然不是问题的根源,它显然是某个由中国人所写的早期论文或注释的残片,并且它出现于此的事实,表明了它是由支遁自己写的。首字"法华经曰"很可能是"法华注曰"或"法华[经]论曰"之误。现在,我们在陆澄《法论目录》(《出三藏记集》卷12,第83页上第4列起)中发现一个支遁著述目录表(参见本书第183页注⑥),而且其中有一篇《辩三乘论》(同上,第83页下第12列)。此外,此书作于《法华经论》稍前,没有作者姓名,但附有支遁的五部系列著作。《世说新语》注引的残篇可能是这些论文的一部分。在理论上讲,这些残篇不是很有意义,它主要试图解释声闻、缘觉和菩萨的意义。在某种意义上,更为详尽和有意义的对三乘的描述,也许可以在同期也是支遁学派的佛教学者谢敷所作的《安般守意经注序》中发现(参见下文第136页注㉘);《出三藏记集》卷6,第44页上第14列起。关于对早期中国佛教中三乘和菩萨次第的考查,见横超慧日《肇论研究》,第184—186页。

⑲ "才""性"关系问题有四种不同的观点("四本"),这是公元3世纪最重要的讨论和思考主题;公元4世纪它仍然以更为抽象和理论的方式构成了最为流行的清谈话题之一(见《世说新语》卷1之下,第19页右;同上,第23页左—24页右;同上,第27页右)。见唐长孺,所引上书,第298—310页和侯思孟(D. Holzman)La vie et la Pensée de Hi K'ang,第8—9页。

⑰⑩《世说新语》卷1之下,第23页左—24页右。

⑰⑪《庄子》第31。

⑰⑫《世说新语》卷1之下,第25页。

⑰⑬ 同上,卷1之下,第20页左—21页右。

⑰⑭《世说新语》卷1之下,第22页;卷3之下,第12页左—13页右。

⑰⑮《世说新语》卷3之上,第5页左—6页右注引《语林》。

⑰⑯ "七尺之躯":字面意思是"我的身高七尺"(在汉代1尺仅约23厘米);此语首次出现于《荀子》卷1,第7—8页。

⑰⑰《世说新语》卷3之下,第11页右。

⑰⑱ 同上,第23页左。

⑰⑲ "缊布单衣":我在任何字典上无法找到"缊"字的含义。

⑱⑩ 郑康成,即著名的儒者和注释家郑玄(127—200)。

⑱⑪《世说新语》卷3之上,第21页左,及其注引《语林》;在注⑲中提到的话在这

里没有出现。

⑱《世说新语》卷 3 之下,第 22 页左。

⑱《世说新语》卷 2 之下,第 32 页左。

⑱《废庄论》,在《晋书》卷 75,第 4 页右—5 页右中他的传记中有引文。

⑱《世说新语》卷 1 之下,第 18 页左—19 页右。

⑱《世说新语》卷 1 之下,第 20 页右;《高僧传》卷 4,第 348 页下第 4 列。

⑱《晋书》卷 80,第 4 页右。

⑱《晋书》同上。

⑱《兰亭集序》是典型的玄学产物,以体现一切情感的变化无常作为主题,被录入王羲之传中(《晋书》卷 80,第 4 页);一个节略了的且有一些不同的版本在《世说新语》(卷 3 之上,第 8 页右)注中以《临河序》为题被引用。《晋书》本是所有古文选中的一个。译本有:Zottoli,*Cursus Litteraturae Sinicae* (上海,1880),vol. IV,pp. 295 - 297;W. Grube,*Geschichte der Chinesischen Literatur*,pp. 253 - 254;G. Margouliès,*Le kou-wen chinois* (巴黎,1926),pp. 126 - 128。

⑲《高僧传》卷 4,第 349 页上第 2 列。

⑲《高僧传》卷 4,第 349 页上第 12 列起。

⑲ 支遁声称,作为一位僧人在对皇帝说话时有特殊的权利使用他个人的名字,而不必称臣,而所有其他的人则很难有这种例外。这种"不称臣"的习惯,象征了在与世俗统治者的关系上僧人的独立和非世俗的地位。

⑲"雕纯"(即指装饰,去修饰原本纯朴的东西?)并没有什么意味,尤其不是与下面的"反朴"相对。原文可能有脱落。

⑲"内圣外王"。统治者的理想,一方面是圣人向内秉赋最高的智慧,一方面向外在世界上实行完满的统治。参见《庄子》第 33 篇《天下》第 216 页和郭象《庄子注序》;参见冯友兰/卜德译,卷 2,第 172—173 页。

⑲《高僧传》卷 4,第 348 页中第 25 列(引谢安的一封信,他竭力劝支遁不要离开,不要去剡山),同上,第 349 页下第 1 列(晚年支遁珍爱他们的友谊);《世说新语》卷 1 之下第 25 页(他们一起出现在王濛家中的清谈会上);《世说新语》卷 2 之下第 32 页左—33 页右,参见《高僧传》卷 4,第 349 页上第 6 列,《世说新语》卷 2 之下第 33 页左、34 页左、36 页右(谢安品评支遁)。

⑲ 显然是附会《左传·襄公二十七年》(注疏本,卷 38 第 12 页右):"其祝陈信于鬼神无愧辞"(Couvreur vol. II p. 488)。据孔颖达注,此句必须解释为"他(即范武)的巫师向鬼神解释真情,并且在他的祷告中没有他(范武)惭愧的话"。支遁写"去陈信之妖诬",就我的理解,可被翻译成"去除陈信恶毒的诅咒"。因而支遁认为陈信是个人名,而且他把《左传》的文字解释成"他的巫师陈信对鬼神说没有惭愧的话"。这也许是支遁"研究经典方式草率"的一个例子(本书第 174 页注②)。

⑲ 参见《论语》VII.34:"子曰:丘之祷久矣。"

⑲ 参见《道德经》第 39 章:"神得一以灵……王侯得一以为天下贞。"

⑲ 圆丘,或圆坛。皇帝于冬至在此祭天,参见《广雅·释天》。

⑳ 元亨,参见《易经·乾卦》首句:"乾,元亨利贞。"乾,代表力量和至高权力的纯阳卦,此处被用作晋朝中兴的象征。

㉑《高僧传》卷9,第385页上第16列;芮沃寿(A. F. Wright)译本,载于《哈佛亚洲学报》卷11,1948,第351页。

㉒《高僧传》卷4,第385页中第13列;此处给出的译文是芮沃寿的,第352页。

㉓《高僧传》卷3,第431页上第1列起。也见戴密微 Le Bouddhisme et la Guerre,载于 *Mélanges publiés par l'Institut des Hautes Etudes Chinoises I*,1957,pp. 347-385。

㉔ 参见《道德经》第35章:"执大象,天下往。"

㉕《论语》XVII. 19:"天何言哉,四时行焉。"

㉖《高僧传》卷4,349页中第20列作"栈";《世说新语》作"送"。

㉗ 关于此亭,见《世说新语》卷2之上第32页注。

㉘《世说新语》同上引文;《高僧传》卷4,第349页中第19列。

㉙《高僧传》卷4,第349页中第22列。

㉚ 关于他卒世之地,见注㉜。

㉛《高僧传》卷4,第349页下第8列。

㉜《世说新语》卷3之上第12页右=《高僧传》卷4,第349页下第12列。公元374年拜谒支遁墓的王珣(王导的孙子,生活于350—401年)在《法师墓下诗序》中有类似的话(《世说新语》注同上引文)。据《高僧传》,关于支遁死亡之地有不同的说法。慧皎本人与那些在会稽余姚附近的坞山建墓人意见一致。根据其他人的说法,他死于剡,这也是《世说新语》卷3之上第12页右注引《支遁传》的说法。后一说法被王珣序证实(支遁死后仅8年所写):"我来到剡的石城山,这里是法师的墓地……"

㉝《高僧传》卷4,第349页下第18列,提到十卷本《支遁集》;《沙门支遁集》仍出现《隋书》和两《唐书》的文献目录中。《隋书》卷35,第5页左:"八卷"附解;据《梁》(目录,可能是阮孝绪所作,523年)有13卷。两《唐书》目录与《高僧传》一样作10卷(《唐书经籍艺文合志》,第337页)。支遁的著作集无疑包括所有那些论文、诗和我们目前所能发现的像《广弘明集》和《弘明集》等集子,或散布在《高僧传》《世说新语注》和其他著作引文等一些残篇断简。

所有现存的这些断片已被严可均收集起来(《全晋文》卷157第3页—左15页右)。由徐干于1886年和1888年为这些残存的佚文所编辑的《徐氏丛书》(芮沃寿在《哈佛亚洲学报》卷11,1948,第326页注⑯),我无法弄到。前北京国立图书馆有明版《支遁集》(缩微胶卷500/592—618)抄本,既不完全也不精确。当公元5世纪下叶前半期陆澄编纂大型中国佛教论文集《法论》时,他从支遁著作中收集了18篇带有理论性质的文章和书信。书名如下(《出三藏记集》卷12,第83页上第4列起):

(1)《即色游玄论》(后附王洽信),参见下文第134页和支遁的复信。《世说新语》卷1之下,第19页左注引的《支道林集妙观章》,似乎不可能是同一著作(参见汤用彤《佛教史》,第259页)。

(2)《辩著论》。

(3)《释即色本无义》(后附一封名叫王幼恭的信和支遁的复信。我无法弄清王幼恭的身份;可能是死于公元 398 年的,并据《世说新语》卷 2 之下第 34 页左、36 页右,认识了支遁的王濛之孙王恭的笔误)。

(4)《郗与支法师书》。

(5)《支书与郗嘉宾》。

(6)有何敬和支遁问答的《道行指归》。"何敬"可能是"敬和"即王洽之误,王洽在信中(参见下文第 134 页)确实谈及此文和法师的解释。

(7)《法华经论》(无作者名,但可能也是支遁所作,参见上注⑱)。

(8)《辩三乘论》。

(9)《座右铭》,参见上注⑯;正文保存在《高僧传》卷 4,第 348 页下第 10 列起。

(10)《学道诫》。

(11)《切悟章》,约写于公元 365 年他的朋友法度死时,参见下文第 140 页。

(12)《支遁复谢长遐(身份不详)书》。

(13)《般若台众僧集议节度序》(主旨不详;明显的是些支遁参加或主持的戒律讨论)。

(14)《本起四禅序并注》,可能是对《修行本起经》(《大正藏》No184 卷 2,京都版,XIV.3,p.231.A1)或《太子瑞应本起经》(《大正藏》No185 卷 1,京都版,同上,p.237.A1)中有关四禅的解释,这些章节成为支遁在描述释迦牟尼生平时概述安那般那(ānāpāna)的材料源,参见附录三第 178 页;同上,注释⑮。

(15)《本业略例》。注意此文的标题明显类似于王弼的名著《周易略例》。这里谈到的经典可能是支谦的《菩萨本业经》(《大正藏》No281),或者是某种聂道真后来的版本《诸菩萨求佛本业经》(《大正藏》No282)。

(16)《本业经注序》。

(17)《支法护像赞》。此传的某些内容在《高僧传》卷 1,第 326 页下第 21 列(法护传)中被引用。

(18)《与高〈句〉丽道人书》(《高僧传》和《世说新语》注引,参见下注⑳)。《高僧传·支遁传》进一步提到:

(19)《圣不辩智论》,在《大正藏》No2149(《大唐内典录》)卷 3 第 244 页下、第 25 列中也被提到("智"这里写作"知")。

(20)《释矇论》,《大正藏》No2149,同上,也有引用。

(21)《安般经注》。

(22)支遁公元 365 年的奏书,参见上文第 120 页起。

在这些著作中仅有两篇被保留了下来(第 9 和 22);其中有五篇多少有些残篇可以了解(标号[1]中所提到的两篇论文,其他还有第 7 或 8、17、18)。另外,我们发现还有未列入陆澄目录或支遁传记的残篇或完整的正文。

(23)《于法兰像颂》(于法兰传中被引用,《高僧传》卷 4,第 350 页上第 8 列)。

(24)《于道邃像铭》(《高僧传》第 350 页中第 22 列有引用)。

(25)《逍遥论》(《世说新语》卷 1 之下,第 19 页右注引)。

(26)《大小品对比要抄序》(保存在《出三藏记集》卷 8,第 55 页上—56 页下,参见下文第 124 页起)。

(27)《释迦文佛像赞并序》,同上所引,阿弥陀佛像赞,文殊师利、弥勒、维摩诘和其他菩萨赞;全部 13 首,见《广弘明集》卷 15,第 195 页下—196 页中。

(28) 关于佛诞、斋戒、山居和入定禅师像的组诗,总计 17 首,收于《广弘明集》卷 30,第 349 页中—351 页中。

(29)《天台山铭》,《文选》卷 11(万有文库本第 224 页)李善注;孙绰《游天台山赋》引用了铭文的序言。《弘明集》卷 12,第 85 页下中所谓《支道林法师与桓玄论州府求沙门名籍书》,署期是公元 399 年,因而不可能是支遁所作,参见上文第 16 页和第四章注⑰。

最后,我们要提到在一些不甚知名的佛教目录中有两部经的翻译(《阿佛刹诸菩萨学成品》和《方等法华经》)归于支道林:《大正藏》№2151(《古今译经图记》)卷 2,第 356 页上第 7 列和《大正藏》№2153(《大周刊定众经目录》)卷 2,第 385 页下第 1 列和卷 4,第 392 页中第 14 列(除高丽版外的所有版本)。显然,这里支道林是"支道根"之误,"道根"是一位身份很不清楚的僧人,据《大正藏》№2149(《大唐内典录》)卷 3,第 244 页下第 13 列,他于公元 326—343 年间翻译了这些书。两经在《大正藏》№2154(《开元释教录》,730 年)编纂时均已佚失,参见同上卷 14,第 626 页下第 19 列和第 628 页下第 27 列。

⑭《妙观章》(参见上注第 1,《世说新语》卷 1 之下第 19 页左注引)。关于支遁学说,见更详细的汤用彤《佛教史》第 254—263 页;李华德译《肇论》第 152—157 页;冯友兰/卜德译,卷 2,第 248—252 页。

⑮ "即色是空,非色灭空。"这里典出《维摩经》(支谦译本,《大正藏》№474,卷 2,第 531 页中第 7 列)一段经文:"爱观菩萨曰(当维摩诘问何谓不二法门时):'世间空耳作之为二,色空不色败空,色之性空。如是痛想行识空而作之为二。识空不识败空,识之性空。彼于五阴知其性者,是不二人。'"关于"色空",此处的说法是"色空不色败空"。注意在罗什本的相关章节中此句作"色即是空,非色灭空",实际上与支遁的说法一样,是很有意义的。罗什译经的中国助手和修订者,像僧肇等人对当时的中国佛教义学著作完全可能非常熟悉,也就很可能提出这种译法。

⑯ "色不自色":我同意汤用彤(《佛教史》第 259 页)的读法,即在上引第一个片断的首句中加入"不自色"三个字。

⑰ 惠达《肇论疏》引《妙观章》(公元 6 世纪下半叶),《续藏经》II. 1. 1 p. 53 B2 (京都)。

⑱ 这一理论的支持者的出发点,如僧肇在《肇论》中提出的(不真空论),《大正藏》№1858,第 152 页上;李华德译《肇论》第 58—59 页;《肇论研究》第 15 页。

⑲《庄子注》卷 7,《应帝王》,第 27 页右;参见上文第 92 页。

⑳《肇论》同上引文:"此真语(元康注读"悟")色不自色,未领色之非色也。"元康对此段的评论(《肇论疏》卷 1,《大正藏》№1859,第 171 页下)。

㉑《出三藏记集》卷 8,第 55 页上—56 页下。

㉒ 参见《道德经》第 1 章:"玄之又玄,众妙之门。"

㉓《出三藏记集》卷 8,第 55 页上第 14 列。

㉔ 正文是:"十住之称兴乎未足定号,般若之智生乎教迹之名。"从对仗的角度看,"定"明显是"之"的笔误。

㉕ "名生于彼":字面意思是"'那一个'或'他者'是与'这一个'或'我'相对"。参见《庄子》第 2《齐物论》,第 8 页:"非彼无我,非我无所取",和同上第 10 页:"是亦彼也,彼亦是也……果且有彼是乎哉,果且有彼是乎哉,彼是莫得其偶,谓之道枢。"

㉖ 参见《庄子》,同上第 10 页:"物固有所然,物固有所可,无物不然,无物不可。"

㉗《出三藏记集》卷 8,第 55 页上第 24 列。

㉘《出三藏记集》卷 8,第 55 页上第 29 列。

㉙ 同上,第 55 页中第 3 列。

㉚ 关于这一术语的演变,参见戴密微,La Pénétration du Boddhidme dans la Tradition Philosophique Chinoise,载于 *Cahiers d'Histoire Mondiale*,卷 3,第 1 号 (Neuchatel 1956),尤其是第 28 页起。

㉛《出三藏记集》卷 8,第 55 页中第 22 列。

㉜ 同上,第 56 页上第 2 列。

㉝ 同上,第 55 页下第 20 列。

㉞ 同上,第 55 页中第 9 列。

㉟《善思菩萨赞》,收在《广弘明集》卷 15,第 197 页上第 29 列。

㊱《喻道论》,收在《弘明集》卷 3,第 16 页中第 18 列。

㊲ 王弼在《道德经注》第 14、6 章。

㊳《高僧传》卷 4,第 348 页下第 22 列《支遁传》(别处未提及)。

㊴《弘明集》卷 13,第 89 页上第 21 列,参见附录二第 175 页。

㊵《广弘明集》卷 15,第 197 页中第 1 列(《善思菩萨赞》)。

㊶ 同上,第 196 页中第 28 列。

㊷ 多数版本作"五末",但对我来说没有意义。殿本作"五味",但不是在佛教意义上被解释(pañcarasa,参见望月《佛教大辞典》,p. 1299b),而相当于《道德经》第 12 章感官快乐之意(五味令人口爽)。

㊸《阿弥陀经》:可能是支谦译本《阿弥陀三耶三佛萨楼佛坛过度人道经》,《大正藏》№362。

㊹《广弘明集》卷 15,第 196 页下第 9 列。

㊺ 据《法苑珠林》(《大正藏》№2122)卷 42,第 616 页中第 15 列所引很不可靠的王琰(5 世纪末)《冥祥记》,卫士度及其师阙公则(他处不详)及其母都可能是念阿弥陀佛的信徒。《高僧传》(卷 1,第 327 页下第 7 列)未曾提及这点。无论如何,经典全部或部分是属于自公元 2 世纪以来就存在于中国的对阿弥陀佛及其极乐世界的崇拜和观想的一派(参见塚本善隆《支那佛教史研究·北魏篇》,东京,1942,第 619 页起)。

㉔《高僧传》卷 6，第 358 页下第 21 列，错误地认为发生在长安，参见汤用彤《佛教史》，第 217—218 页。

㉕《出三藏记集》卷 15，第 109 页下第 16 列；《高僧传》卷 6，第 358 页中第 12 列。

㉖《高僧传》卷 4，第 348 页中第 21 列。《逍遥篇》支遁注的要旨保存于《世说新语》卷 1 之下第 18 页左—19 页右注引的一长段《逍遥论》引文，他的这种思想可能使他赢得了王羲之的友谊和崇拜（同上，第 20 页右）。它与《逍遥章注》不一致，关于这一点，见下注。由于他在解释《庄子》方面的权威性，孙绰在《道贤论》中把他比作向秀（《世说新语》卷 1 之下第 20 页右注引和《高僧传》卷 4，第 349 页下第 8 列）。关于支遁对此章的注解及其与向秀、郭象的关系，见陈寅恪发表于《清华学报》卷 13 之二（1937 年）的《逍遥游向郭义及支遁义探源》，和侯外庐等，所引上书，卷 3，第 260—262 页。

㉗《四部备要本》卷 1，第 2 页右（支遁云：谓有坳垤形也）；第 2 页左（支遁云：枪突也）；第 3 页右（支遁云：冢间也）；第 3 页左（支遁云：一名舜英，朝生暮落）；第 4 页左（崔、支云：成也）；第 5 页右（支云：天地四时之气）；第 9 页左（支云：伺彼怠散）。从这些句子来看，支遁的解释不仅是从哲学上讲，而且还从语言学的角度来解释单个的字句。

㉘《世说新语》卷 1 之下，第 22 页右。"佛经所以为祛炼神明，则圣人可致。简文云：'不知便可登峰造极否？然陶炼之功，尚不可诬。'"

㉙《广弘明集》卷 15，第 195 页下第 11 列—196 页中第 3 列。

㉚《牟子》第一部分，《弘明集》卷 1，第 1 页下第 2 列—2 页上第 1 列（伯希和译，载于《通报》卷 19，1920 年，第 289 页起）；孙绰《喻道论》最后一部分，《弘明集》卷 3，第 17 页中第 24 列—17 页下第 13 列。

㉛桓温曾"品评"过尸梨蜜多罗（《世说新语》卷 2 之下，第 5 页右，参见《高僧传》卷 1，第 327 页下第 15 列）。根据《冥祥记》中一个很可能是杜撰的故事（见《法苑珠林》卷 33，第 545 页上第 22 列；在《晋书》卷 98，第 14 页右他的传记中，这个故事篇幅很短），他晚年成了一位虔诚的佛教徒，并供养了一位尼姑，她以神迹警告他放弃谋反和篡夺王位的阴谋。

㉜《世说新语》卷 1 之下，第 22 页右，殷浩所使用的抄本《道行般若》《小品》在刘义庆时代即公元 5 世纪上半叶仍还存在。在《世说新语》（同上）注引的《高逸沙门传》（参见第 138 页）中有那则故事，内容实际上是一样的：殷浩想和支遁讨论一些疑义，但他总是犹豫不决，从未实现他的计划。"其为名识赏重，如此之至焉。"但在裴启《语林》（编于公元 362 年，出处同上；这个时间参见《世说新语》卷 3 之下，第 22 页左注）中，这则故事就完全不一样，对支遁也就不那么尊敬。根据这一说法，殷浩派人去请支遁来给他答疑。支遁想去，但为王右军所阻："渊源思致渊富，既未易为敌，且已所不解，上人未必能通。纵复服从，亦名不益高。若佻脱不合，便丧十年所存。可不须往！""林公亦以为然，遂止。"

㉝《世说新语》卷 1 之下，第 26 页左。

㉖《世说新语》卷 1 之下,第 16 页右:"理亦应阿堵上。""阿堵"这个双音节单词是个典型的俗语,当时偶尔也会出现在中古文学作品中。似乎它和"彼"意义大体相同,但有贬义。参见裴学海《古书虚字集释》(上海,1934),第 9 章,第 764 页,他把"阿"当作词缀,把"堵"当作"者"(是"此"的意思)的异体;朱起凤《辞通》(上海,1934)2060.3(把它和"这个"等同);《辞通》1416.5 把《世说新语》这段话错引为"理应在阿堵上",这意思恰好相反:"理必须包含于此。"

㉗《世说新语》卷 1 之下,第 23 页左。在早期士大夫佛教中,《维摩诘经》所起的重要作用,可以参见塚本善隆《支那佛教史研究》第 6 章,第 35—42 页。

㉘例如,公元 5 世纪初鸠摩罗什在《注维摩经》卷 1,第 13 品(僧肇、鸠摩罗什和道生的集注,《大正藏》№1775,第 414 页上第 1 列)中说:"此经略叙众经要义明简易了。"

㉙《世说新语》卷 1 之下,第 21 页注引《高逸沙门传》。

㉚《世说新语》卷 1 之下,第 19 页左,支遁和王坦之的交谈。

㉛参见张彦远《历代名画记》卷 5,第 180、183 页,参见"顾恺之"条,他引用《京师寺记》,讲了一个不太可能的故事来说明这画的最初意图(即通过收取来寺参观者的门票筹集钱款),也可参见喜龙士(O. Siren)《中国绘画》(Chinese Painting,London,1956)卷 1,第 28 页。这是一幅画于瓦官寺内北部小堂的壁画。

㉜有关孙绰及其著作,见威尔海姆(M. H. Wilhelm)文,载于《中印研究:李华德纪念专辑》(Liebenthal Festschrift, Sino-Indian Studies vol. V),Visvabhrati,Santiniketan,1957,第 261—271 页,以及芮沃寿文,载于 Silver Jubilee Volume of the Zinbun-Kagaku-Kenkyusyo,京都,1954 年,第 428 页注⑥。他现存的著作收于《全晋文》卷 62,第 1 页右、10 页右。根据《世说新语》卷 1 之下,第 34 页右注引的檀道鸾《续晋阳秋》(5 世纪中期),他和许询最早把佛教的话题援引入诗,就像当年郭璞最早把玄学术语化入诗中。参见王瑶《玄言、山水、田园——论东晋诗》,收于他的《中古文学风貌》(《中古文学史论》卷 3,北京,1953 年第 6 版),第 47—83 页。

㉝《弘明集》卷 3,第 16 页中—17 页下;威尔海姆(M. H. Wilhelm)对其内容作了概述,所引上书,第 269—271 页。现存的文本似乎不完整,并没有包括《高僧传》中所引的段落。

㉞《弘明集》卷 3,第 16 页中第 12 列。多数版本作"寰中",英译为"within the world"或"within the imperial domain"。高丽本中作"冥中",英译为"in the dark",这个意思较为准确。我认为"寰中"是"环中"之误,参见《庄子》第二(《齐物论》)第 10 页:"始得其环中以应无穷。"

㉟《老子赞》,《初学记》卷 23,第 3 页左中有引文。

㊱《广弘明集》卷 28,第 323 页上。根据《世说新语》卷 2 之下第 14 页左和《高僧传》卷 5 第 335 页上第 6 列,他是竺法汰(320—387)的一位崇拜者,后者曾是北方著名的传教者,曾与道安同学,并于公元 365 年稍后抵达建康。这肯定是错的。根据《晋书》卷 65,第 6 页左《王洽传》,他死于公元 358 年,死时仅 35 岁,而根据《中兴书》(郗绍所著的公元 5 世纪东晋史,《世说新语》卷 2 之下第 14 页左注引),他死时年仅

25 岁。根据《晋书》中他的传记，他先后出任多种官职，故而后一种说法更不可信。况且，他的长子王珣生于公元 350 年(《晋书》卷 65，第 7 页左)，此时他年仅 17 岁，而不是 27 岁，这虽说不是完全不可能，但确是不太可能。

㉗ 在《晋书》中没有他的传记。一些传记材料出自《续晋阳秋》(《世说新语》卷 1 之上，第 40 页右注引)。

㉘《世说新语》卷 1 之下，第 33 页左—34 页右及其注引。

㉙ 在《世说新语》卷 3 之上，第 17 页左，我们读到他住在山洞里，接受当地贵族的馈赠。郗超有几个"受资助的隐士"：他一听说有人要做"隐士"，就供给一大笔钱并给他建房一所；他给做了隐士的画家戴逵提供了这些帮助(《世说新语》卷 3 之上，第 17 页左—18 页右)。他的父亲郗愔是佛教"隐士"谢敷(参见下文第 136 页)的施主。这种世外桃源般的"隐士生活"，在公元 4 世纪成了一种时尚，参见王瑶《论希企隐逸之风》，收于《中古文人生活》(北京，1953 年第 6 版)，第 77—109 页。像支遁这样的义学僧受到有远识的士大夫的资助，无疑也是得益于当时流行的这种风尚。即便是在异族统治下的北方，也存在这种独特的风尚。怪异的隐士、《易经》专家杨轲屡征不应，石虎(333—349)为之气恼，释道进(佛图澄的一位弟子)据说为杨轲的行为辩护，对石虎说："岂可令赵史遂无隐遁之传？"这位胡族统治者为之心动，让杨轲安于归隐，甚至还给他一笔薪俸维持他的隐逸生活(《高僧传》卷 4，第 386 页上第 17 列，芮沃寿译，载于《哈佛亚洲学报》卷 11，1948 年，第 360 页；杨轲传，见《晋书》卷 94 第 14 页右)。

㉗⓪《世说新语》卷 1 之下，第 20 页左—21 页右；卷 1 之下，第 21 页 ＝《高僧传》卷 4，第 348 页下，第 25 列；卷 1 之下，第 25 页。

㉗①《晋书》卷 67，第 12 页左。

㉗②《高僧传》卷 4，第 349 页上第 9 列。

㉗③《世说新语》卷 1 之上，第 42 页左。

㉗④《世说新语》卷 3 之下，第 32 页左；《晋书》卷 67，第 10 页左。

㉗⑤《世说新语》卷 3 之上，第 3 页左。他内心可能不无些许快意，因为这位僧人医师发现他这位病人患有严重的便秘，原因是他服食了大量的道教符箓(paper charms)！

㉗⑥《世说新语》卷 3 之下，第 21 页左。

㉗⑦《晋书》卷 67，第 12 页左。

㉗⑧《高僧传》卷 1《昙摩难提传》，第 328 页下第 20 列。

㉗⑨ 参见汤用彤《佛教史》，第 257—258 页列举的 16 个标题，大多数是关于佛法问题。在这些中间，现存有《奉法要》全文(参见下文)，其余的都已佚失，只有给谢敷的信中的几句话现存于孙绰《游天台山赋》李善注中，《文选》卷 11 第 227 页(万有文库本把"郗"错写成"邰")。我们还可以提及郗超给无名氏的信(谈论支遁，《高僧传》卷 4，第 349 页上第 9 列中有引文)，以及给道安的一封长信，《世说新语》卷 2 之上，第 32 页左 ＝《高僧传》卷 5，第 352 页下第 8 列中有所提及但没有引文。

㉘⓪《三国志·魏志》卷 28，第 337 页左(钟会传)注引。

㉘《世说新语》卷 3 之上,第 18 页右。参见《法苑珠林》18(第 418 页上)引用《冥祥记》。

㉒ 早在公元 5 世纪初期,谢敷和戴逵已是著名的信徒,远在长安的后秦朝廷亦闻其名。参见姚兴的书信,收于《广弘明集》卷 11,第 74 页中。

㉓《出三藏记集》卷 6,第 43 页下第 25 列起。谢敷自己在序言中说,他的注释包括对这部禅经一些"名数"的解释;他从其他同类经典,诸如《大安般(经)》《修行(道地经)》等(同上,第 44 页中第 22 列),摘录了相应的一些段落。根据僧祐《出三藏记集》卷 7(第 49 页上第 17 列)的一个注释,谢敷也对支愍度综合三个译本而成的《合首楞严经》作过注释。

㉔ 王俭《褚渊碑文》李善注引,见《文选》卷 58,第 1266 页。

㉕《后汉纪》卷 10,第 5 页右(该段系《后汉书》卷 42,第 4 页左李贤注引)。

㉖《高僧传》卷 4,第 348 页下第 26 列。

㉗ 参见汤用彤《佛教史》,第 251—252 页;李华德译《肇论》,第 157—162 页;冯友兰/卜德译卷 2,第 246—247 页。

㉘《高僧传》卷 4,第 348 页中第 5 列。可能就是那个来自太阳的竺法济,他曾于公元 4 世纪中叶给道安讲授过《阴持入经》,当时道安在濩泽(山西),参见《高僧传》卷 5(《道安传》),第 351 页下第 25 列和《出三藏记集》卷 6,第 45 页上第 8 列(道安《阴持入经序》)。汤用彤(《佛教史》,第 198 页)假设"太阳"应作"大阳","大阳"(现在山西南部平陆境内)相当靠近濩泽。公元 4 世纪下半叶,法济可能从山西迁到了东南方,并在那里编撰了《高逸沙门传》,该书主要讲述"江东"名僧的生平(参见下注)。

㉙《大正藏》No.2149(《大唐内典录》)卷 3(第 248 页下第 24 列)和卷 10(第 330 页中第 5 列)也有提及。《世说新语》注引中也屡屡提及竺道潜、支遁和于法开。这些段落中所提及的最后一件事是支遁的圆寂(366 年),但误以为卒于洛阳(卷 1 之上第 38 页左—39 页右)。在公元 4 世纪,这种理想化的传记文集非常流行,《高逸沙门传》可能参考了以下著作:皇甫谧《高士传》、虞左《高士传》、孙绰《至人高士传赞》、习凿齿《逸人高士传》、葛洪《隐逸传》以及袁宏《名士传》等。

㉚《世说新语》卷 1 之上,第 10 页左和 39 页右注。甚至还说竺道潜死于 79 岁(中国算法)而不是 89 岁,参见上文注㉙,但这可能是传抄的笔误。

㉛《高僧传》卷 4,第 348 页中第 2 列。

㉜ 张彦远《法书要录》(《丛书集成》本),卷 1 第 7 页左、10 页右。

㉝ 所引上书,第 10 页右。

㉞《高僧传》卷 4,第 348 页中第 5 列。我们发现,差不多同时北方洛阳还有一位僧人名叫安慧则,既是书法家又是医师,他擅于抄写佛经的缩微本,为此深得时评。他曾把整部《二万五千颂般若经》写在一卷内(《高僧传》卷 5,第 389 页中第 14 列)。根据他法名的姓(安),他恰好也是最后一位可考的安息僧人,他们的弘法事业曾为中国佛教奠定了基础。

㉟《法书要录》卷 1 第 10 页右。有一个关于谢敷所写的佛经的故事,见《法苑珠

林》卷18（第418页上）引用《冥祥记》。

㉖《高僧传》卷4，第348页上第25列。这里并没有说及他的身世。从他曾是竺道潜的弟子来看，大概是在公元4世纪中叶，不太可能和洛阳的竺法友是同一个人，后者出现在一份署期为公元300年的失译经题记上（《出三藏记集》卷7，第48页下第5列，《贤劫经记》）。

㉗《高僧传》，同上。

㉘ 在《高僧传》卷4（第348页上第2列）《法蕴传》中，只有一句话跟他有关。而且，在吉藏《中观论疏》（《大正藏》No.1824）卷2之下第29页中和安澄《中观疏记》（《大正藏》No.2225）卷3第94页中，作"法温"。把"法蕴"和"法温"视为同一人，是有一定的依据的。此外，宗性《名僧传抄》（京都版II.2.7.1）第2页A1的目录上，我们发现了一种"中间的"形态"竺法蕴"。

㉙ 参见汤用彤《佛教史》，第267页；李华德，第151页；冯友兰/卜德译，卷2，第252—253页。

㉚《高僧传》卷4，第348页上第10列；《世说新语》卷3之下第8页右注引《高逸沙门传》。

㉛《高僧传》卷4，第348页上第12列，《世说新语》卷1之上第10页左注（没有提及出处，但可能是引自《高逸沙门传》）。

㉜《世说新语》卷1之下，第18页。

㉝ 支遁的祭文在《世说新语》卷3之上，第11页和《高僧传》卷4，第349页下第14列。竺法汰纪念他的学生昙二的悼文在《高僧传》卷5，第335页上第14列。

㉞《出三藏记集》卷7，第48页下第17列。

㉟《出三藏记集》卷7，第49页上第11列。

㊱《高僧传》卷4，第350页中第13列。孙绰《喻道论》中有一段话（《高僧传》第350页中第26列引用，但在通行本《弘明集》的《喻道论》中没有这段话），于道邃和北方洛阳僧人竺法行被誉为当时最著名的法师，这显然写在于道邃启程去南方之前。

㊲ 参见戴密微的论文《byō 病》，载于《法宝义林》（Hōbōgirin），第224—265页，尤其是第244页。陈寅恪《三国志曹冲华佗传与印度故事》，载于《清华学报》卷6.1；贺昌群《魏晋清谈思想初论》（上海，1947），第2—4页。支遁本人似乎也对医术感兴趣。在给支遁的一封信中（《高僧传》卷4，第348页中第29列中有引文），谢安对吴山地区的药草赞不绝口；而支遁在一篇序中描写了吴县的斋仪（《八关斋诗序》，《广弘明集》卷30，第350页上第20列）："至四日朝，众贤各去，余既乐野室之寂，又有掘药之杯，遂便独住……"根据《高逸沙门传》（《世说新语》卷1之下，第22页左注引），支遁研究医术含有与于法开学派作对的意思："后（于法开）与支遁有竞，故遁居剡县，更学医术。"更有意思的可能是：出身于最上层士族的殷浩（参见第130页起）属于最初的虔诚信徒，他也精于医术，尽管在他以后的一生中间从未行过医（《世说新语》卷3之上，第32页右）。

㊳《世说新语》卷3之上，第31页左；同处注引《晋书》（没有注明同名的数部著作中的哪一部）；《高僧传》卷4，第350页上第15列。

㉛《高僧传》卷 4,第 350 页中第 9 列。

㉚《高僧传》卷 4,第 388 页上第 16 列。其中《耆域传》的资料无疑来自《冥祥记》,参见《法苑珠林》卷 28,第 491 页中。

㉛引自吉藏《中观疏记》(《大正藏》№1824)卷 2 之下第 29 页;参见汤用彤《佛教史》,第 263—265 页;李华德,第 162—165 页;冯友兰／卜德译,卷 2,第 256 页。最后一句引自法护译《普曜经》(京都版 I.8,卷 4 第 13 品,第 725 页 A2)。

㉜无叉罗译《二万五千颂般若经》(《大正藏》№221,卷 1,第 1 页上第 17 列)中的译文。这些汉语译文和现存梵文本第一卷内容并不完全相符。梵文原本所用的词为:māyā、svapna、pratirutkā、pratibhāsa、chāyā、nirmāṇa、budbuda、pratibimba、marīci、(u)dakacandra。其他的比喻还包括诸如 khapuṣpa(空中华)、gandharvanagara(犍陀罗城)、ākāsa(虚空)等。

㉝《庄子》第二《齐物论》,第 16 页。在向、郭注中(I.23b),圣人被称为是"大觉者"。

㉞"识含"这个词后世一般指于法开的理论,似乎是根据宗炳《明佛论》的一段话,见《弘明集》卷 2,第 10 页中第 11 列,参见汤用彤《佛教史》第 265 页。

㉟《弘明集》卷 2,第 10 页下第 9 列:"无身而有神,法身之谓也。"

㊱《世说新语》卷 1 之下,第 22 页;《高僧传》卷 4,第 350 页上第 22 列。支遁似乎和于法兰也有一些接触;根据《高僧传》卷 4,第 350 页上第 8 列,他曾在于法兰死后,请人画像并作赞语(《高僧传》卷 4 中有引文),以示悼念。支遁也曾在郗超命人作的于道邃画像上撰写铭赞(《高僧传》卷 4 中有引文,第 350 页中第 21 列)。

㊲《世说新语》卷 1 之下,第 22 页;《高僧传》卷 4,第 360 页上第 25 列。

㊳《出三藏记集》卷 12,第 83 页上第 10 列。

㊴《高僧传》卷 4,第 350 页中第 29 列。

㉟《宋书》卷 93,第 5 页左孔淳之传;《南史》卷 75,第 5 页左。

㊶《高僧传》卷 4,第 350 页下第 11 列;但在经录中没有提及。

㊷《高僧传》卷 5,第 357 页上第 8 列。

㊸《高僧传》中有"千像"之语,其中"千"字疑为"十"字之误。

㊴参见汤用彤《佛教史》,第 265—266 页;李华德,第 165—166;冯友兰／卜德译,卷 2,第 257 页。

㊵《高僧传》卷 13,第 413 页下第 5 列。

㊶《高僧传》同上。参见上文第 56 页(曹植)。

㊷《高僧传》卷 5《竺法旷传》,第 356 页下第 7 列。

㊸《高僧传》卷 5《竺法旷传》,第 357 页下第 29 列。

㊹《高僧传》卷 5,第 357 页中第 5 列。在最后一句中,我把汉语"上皇民"译为 people from primeval times,原意为"那位最早的皇帝时的人民",即在传说的皇帝伏羲(一般认为是在公元前 3000 年初)治理下,原始、纯朴、幸福时代的人民。

㉛《高僧传》卷 11,第 395 页下第 5 列;也叫"昙光"。

㉛《高僧传》卷 11,第 385 页中第 27 列。根据另一个也是慧皎记载的传说,这颗

妖星是由帛僧光禳除的,而不是竺昙猷。竺昙猷和《法苑珠林》卷39(第594页下)中的帛昙猷可能是同一个人?

㉜《高僧传》卷11,第396页下第10列。

㉝《高僧传》卷5,第355页中第5列。

㉞《高僧传》卷5,第355页中第17列。

㉟同上,第355页中第21列:"有形便有数,有数便有尽。神既无尽,故知无形矣。"这种精神本体与变化不定的有限实体(数)相对立,保留了玄学思维的特点。参见韩伯注《易经·系辞上》"阴阳不测之谓神"句(《注疏》本,卷7第13页左),在这重要的段落里,"神"被解释成"无质而永恒的本体,其本性是有序和自生的"。

㊱同上,第355页中第21列。

㊲《高僧传》卷5,第355页下第1列。竺僧敷的论文《神无形论》并没有出现在陆澄《法论》目录上(《出三藏记集》卷12,第82页下起),但在《大正藏》No2149(《大唐内典录》,664年)卷3第248页下第2列和卷5第330页上第11列中有所提及。

㊳《高僧传》卷5《竺法汰传》,第354页中第29列;同上(道安传),第351页下第26列。《安法师传》为《世说新语》卷1之下第24页左—25页右注引;在《渐备经十住胡名并书叙》(《出三藏记集》卷9,第62页下第9列)中作"扬州道人竺法汰",公元376年有人把这部《十住经》抄本从襄阳寄至建康,该文与此经历有关。

㊴《高僧传》卷5《道安传》,第352页上第13列;与《世说新语》卷2之下第14页左注引车频《秦书》(前秦"羌族"皇帝的历史,车频完成于公元451年,该书以赵整一部未完成的史书为蓝本;参见吴士鉴《补晋书经籍志》卷3,第3862页c)略有不同。

㊵《高僧传》有"时温镇荆州",但据汤用彤(《佛教史》第204页)认为这肯定有误,因为他从公元365年才任此职。

㊶《高僧传》卷5,第354页下第13列。

㊷陆澄《法论》目录(《出三藏记集》卷12,第83页上第11列)上有桓玄关于"心无义"的一篇文章,同时有王谧(360—407)的反驳以及桓玄的回复。

㊸《高僧传》卷5(第355页上第15列)中提及了这些书信。我们现只有《世说新语》卷1之下第24页左—25页右一小段文字涉及竺法汰的说教内容:他认为"六神通"(six abhijñā)和"三明"(three vidyā)不过是同一种事的两种表达。但是,单单这一孤立的表达并不足以告诉我们他的其他想法,似乎和他的"理论"也没有关系——这是个纯学理性的话题。竺法汰可能是说六神通就像三明一样,是在三世(过去、现在和未来)中获得完全的智慧:天耳智证通(divyaśrotra)、天眼智证通(divyacakṣus)、神足通(ṛddhi)、他心智证通(paracittajñāna)和漏尽智证通(āsravakṣaya)与现在世有关,与漏尽明(vidyā of āsravakṣaya)一致。天眼通与未来有关,因为暗示着有预知未来的能力,而第六通和第三明,即宿命通(或宿命明)指称了过去。竺法汰这一说法的来源,我不甚清楚。在《俱舍论》VII 108中,"三明"对应于后三通,即宿命通、天眼通和漏尽通,因为它们能分别消除过去、未来和现在三世的种种妄念。

㊹《出三藏记集》卷11,第80页上第7列(无名氏《比丘尼戒本所出本末序》);同上,第81页中第13列(竺昙无兰《比丘大戒二百六十事》,署期公元381年)。

㉞《高僧传》卷 5,第 355 页上第 2 列。

㉟《高僧传》卷 5,第 355 页上第 13 列。

㉞《高僧传》卷 7,第 366 页中第 24 列;《出三藏记集》卷 15,第 110 页下第 13 列。

㉞《高僧传》卷 4,第 349 页中第 19 列。

㉞《高僧传》卷 4,第 347 页下第 28 列。竺道潜第二次羁留京城和高层人士相往来,可能招人非议。大臣刘惔(明帝的女婿)曾问他:"道士何以游朱门?"道潜作了一个著名的回答:"君自睹其为朱门,贫道见为蓬户。"(《世说新语》卷 1 之上第 34 页左=《高僧传》卷 4,第 348 页上第 4 列)。《世说新语》(同上)讲了另一个故事,据此竺道潜的反对者可能不是刘惔而是卞壶。但这是不可能的,因为卞壶是一位高官且是王导的亲信,已于公元 328 年死去,当时会稽王司马昱(在这个故事里他也在谈话的现场)年仅 8 岁。

㉟《高僧传》卷 4,第 350 页下第 5 列。

㉟《高僧传》卷 5,第 357 页上第 24 列。

㉟《高僧传》卷 5,第 354 页下第 25 列,和卷 13,第 410 页上第 18 列。《高僧传》说竺僧敷(参见第 147 页)于"西晋末年"即公元 315 年左右居住在瓦官寺(《高僧传》卷 5,第 355 页中第 16 列),这肯定是错误的。后来法琳说这座寺院于元帝时已建(参见上文第 104 页),可能即本此说。

㉟《高僧传》卷 13《慧受传》,第 410 页中第 11 列。

㉟《高僧传》卷 5,第 354 页下第 21 列。

㉟《晋书》卷 13《天文志》,第 12 页右。

㉟《世说新语》卷 1 之上第 37 页左,参见《资治通鉴》卷 103,第 1217 页右。这位皇帝向法旷咨询,参见《高僧传》卷 5,第 356 页下第 29 列。曲安远是堂邑太守,似乎也精于神异和禳灾之术,因为也在简文帝时只只乌鸦在太极殿下筑巢,他就被召来解释这一迹象的意思(《比丘尼传》卷 1,第 936 页中第 22 列)。

㉟哀帝的道教倾向,参见《晋书》卷 8《哀帝纪》,第 8 页右。在他退位以前,简文帝跟从著名的"清水道士",在京城内名叫王濮阳,并把他安置在自己会稽的府内(《比丘尼传》卷 1,第 936 页中第 12 列)。他也采纳一位名叫许迈的著名道士的建议(《晋书》卷 31,第 6 页左,孝武文李太后传),和王羲之过从甚密,两人曾一起采药研制(《晋书》卷 80,第 5 页左,《王羲之传》同上第 8 页右,《许迈传》)。

㉟根据《晋书》卷 9(纪)第 1 页右,《资治通鉴》卷 103,第 1217 页右以及《世说新语》各处注释,许多清谈聚会是在他会稽府邸内举行的。

㉟《辩正论》(《大正藏》No 2110)卷 3,第 502 页下第 19 列。

㉟《广弘明集》卷 5,第 202 页中第 13 列。

㉟《高僧传》卷 13,第 409 页中第 17 列。

㉟《晋书》卷 32 第 7 页右。根据《比丘尼传》卷 2,第 938 页上第 9 列,尼姑道琼在太元年间(376—396)备受皇后尊敬;这可能指王皇后。

㉟《晋书》卷 84 第 3 页右。早在公元 324 年已有周嵩(《晋书》卷 61,第 3 页左)

临刑前念诵佛经。这里并没有说明：是想通过念诵佛名或三自归（trisaraṇa）这种祈请来获得解脱，还是想为死亡作好精神上的准备。

㉞ 诏书内容，见《高僧传》卷 4，第 348 页上第 19 列。

㉟ 《高僧传》卷 4，第 350 页下第 28 列。

㊱ 《高僧传》卷 5，第 355 页上第 9 列。参见《世说新语》卷 2 之下第 14 页左注引《太元起居注》，其中有因竺法汰之死而发的诏书。

㊲ 《高僧传》卷 4，第 350 页下第 26 列。

㊳ 致道安书，见《高僧传》卷 5，第 352 页下第 20 列，写于襄阳被围、道安被劫至长安去的公元 379 年之前；《致令宗书》，见《比丘尼传》卷 1，第 936 页下第 10 列。

㊴ 《高僧传》卷 13，第 409 页中第 27 列。

㊵ 《晋书》卷 9 第 6 页左。根据《资治通鉴》卷 104，第 1233 页，"尚书左丞王雅表谏，不从"。

㊶ 《高僧传》卷 13，第 413 页下第 3 列。

㊷ 《高僧传》卷 5，第 357 页上第 5 列。

㊸ 《广弘明集》卷 3，第 110 页上第 7 列起。

㊹ 又作"昙摩撮"，《辩正论》（《大正藏》№2110）卷 3，第 502 页下第 21 列。

㊺ 《高僧传》卷 13，第 410 页中第 3 列（慧力传）中说这尊佛安置在建康瓦官寺；《梁书》卷 54 第 11 页右（海南诸国）或《南史》卷 78 第 11 页右；烈维，Les Missios de Wang Hiuen-tse dans l'Inde，载于《亚细亚学报》，1900 年，第 316 页起，第 411 页（这里把锡兰僧人的名字误作"昙抑远"，"远"字显然属于下一个句子"远献此佛"），第 414 页（把《梁书》中的一段误作 section de Ou ti），和第 422—423 页；法琳《辩正论》（《大正藏》№2110）卷 3，第 502 页下第 21 列。关于这次锡兰遣使的故事，最早的文献（已佚）可能是无名氏《晋孝武世师子国献白玉像记》，在僧祐《法苑杂缘原始集》目录中有所提及，见《出三藏记集》卷 12，第 92 页下第 2 列。从《杂图像集》部分中的这个标题来看，这个文献一定是图文并茂的作品，或是一幅有文字说明赠送玉佛的过程或玉佛本身的图画。

㊻ 《高僧法显传》（《大正藏》№2085）第 865 页下第 24 列；《出三藏记集》卷 4，第 21 页上第 14 列。

㊼ 法显的旅行花了不到一年时间，其中在爪洼停留了 5 个多月。公元 5 世纪上半叶从爪洼到广东正常的旅程需要 50 天（《大正藏》№2085，第 866 页上第 29 列；译本：Beal，*Records*，vol. I，p. LXXX；Giles，p. 79）。

㊽ 值得注意的是：在《晋书》纪中并没有提及义熙元年"海南诸国"的进贡。不过，在公元 413 年，我们发现有如下一条："是岁，高句丽、倭国及西南夷铜头大师并献方物。"（《晋书》卷 10，第 7 页左）据我所知，"大师"在其他文献中并没有出现过，看来把"大师"等同于"锡兰"也不无理由。这样，公元 413 年的进贡可能就是指沙门昙摩抑的到达。如若果真如此，他从锡兰启程一定要大大晚于公元 400 年。这个假说可以从如下事实得以印证：最早的文献（《高僧传》卷 13）说这位大使是在义熙年间到达的，而不像《梁书》所说的是在义熙初年。

因此,就不可能确定是哪位国王赠送佛像。烈维(所引上书第 423 页)把他当作 Upstissa II,但这位统治者(根据盖格[Geiger]的编年,《小史》(Cūlavamsa)译序第 11 页,他在公元 522—524 年间在位)无论如何要晚于 Mahānāma,一般认为他就是刹利摩诃南(Kṣa-triya Mahānāma),后者曾于公元 428 年遣使致书刘宋文帝(《宋书》卷 97,第 4 页左)。盖格的编年主要依据汉语文献中一些难得的材料(上述 Mahānāma 的信,《法苑珠林》卷 39 引用王玄策《行传》),包括了公元 362—389 年间 Meghavanna 统治期间的各种传说,如果我们对此信以为真的话,那么他的三位后继者即 Jett hatissa II、Buddhadasa 和 Upatissa I 中任何一位 (他们据说在公元 389—409 年间在位),都可能是这位送玉佛的国王。

㉗ "姆姆"是个少见的双声词,意为"老妇人"(《辞通》第 1321 页,《辞海》第 383 页 2)。这些在皇宫里有影响的妇人,在《晋书》卷 27(《五行志》上),第 5 页左页也有所提及(出于同一种原因)。毫无疑问,她们就是一些乳母,按照许荣的上疏(下文有引用),她们和僧尼一起"竞进亲党"。这些能影响帝国朝廷的乳母并非没有先例:根据《后汉书》卷 5,第 19 页左和卷 10 之下,第 1 页左—2 页右(参见何四维[Hulsewé] Han Law, p.165, nr.9),乳母王圣曾因参与谋反以"大不道"罪于公元 125 年被逐出皇宫。我无法——考查这些乳母的名字,也没有发现其他有关她们的活动的记载。

㉚《晋书》卷 64 第 8 页右。司马道子为精通陀罗尼的竺僧法(《高僧传》卷 12,第 406 页下第 19 列)建立治城寺,并为妙音建立简静寺,参见下文。他在公元 380 年已在建康建立了中寺(即"宫寺"?),参见王僧孺(465—522)的敕铭 ,见《艺文类聚》卷 77,第 4 页左。

㉛ 参见注㉗。

㉜《晋书》卷 64,第 8 页左。

㉝《比丘尼传》卷 1,第 936 页下第 20 列。

㉞ 同上,第 936 页下第 24 列。

㉟ 同上,第 936 页下第 27 列。最后一句是套话;在《宋书》卷 97,第 8 页左慧琳的传记中,他也被说成是"黑衣宰相"(因为他于公元 424—453 年间在宫中有巨大影响,参见《资治通鉴》卷 120,第 1418 页右"元嘉三年[426]"条)。在《汉书》中,这句话常被用作套话,表示名声之大和威望之高。

㊱《比丘尼传》卷 1,第 936 页下第 27 列。

㊲《晋书》卷 64,第 8 页左。

㊳《弘明集》卷 6,第 35 页上起。从时间来看,《释驳论》的作者和上文第 148 页所提及的那个同名的人很难是同一个人。根据他的传记(《高僧传》卷 6,第 364 页中第 23 列起),他生活在公元 346—417 年间,所以公元 365 年他才 19 岁。根据同一份文献,他于此年出家为僧(在母亲死后),可能是在北方。

㊴《高僧传》卷 7,第 367 页中第 22 列。

㊵《高僧传》卷 7,第 371 页中第 3 列。

㊶《南史》卷 1,第 13 页右。

㊷《晋书》卷 10,第 10 页右。

㊴《宋书》卷 52,第 8 页左。参见《宋书》卷 68,第 5 页左,彭城王刘义康(409—451 在位),据说以同样的原因拒绝喝毒药,也以同样的方法被杀。

附录一:公元 340 年论争的有关文献

《弘明集》卷 12,第 79 页中第 12 列起

《集沙门不应拜俗等事》卷 1

《大正藏》№2108,第 443 页下第 18 列起*

导言

晋咸康六年,成帝幼冲,庾冰辅政,谓沙门应尽敬王者;尚书令何充等议不应敬。下礼官详议,博士议与充同,门下承冰旨为驳。尚书令何充及仆射褚翌、诸葛恢、尚书冯怀①、谢广等奏沙门不应尽敬。

初奏

尚书令冠军抚军都乡侯②臣充。

散骑常侍左仆射长平伯臣翌,散骑常侍右仆射建安伯臣恢,尚书关中侯臣怀守,尚书昌安子臣广等言:

世祖武皇帝以盛明革命,肃祖明皇帝聪圣玄览③,岂于时沙门不易屈膝④?顾以不变其修善之法,所以通天下之志也。愚谓宜遵承先帝故事,于义为长。

庾冰为晋成帝作诏

夫万方殊俗,神道难辨⑤,有自来矣。达观旁通,诚当无怪,况阿跪拜之礼,何必尚然?

---

* 这两个文本内容有所不同,此据《弘明集》(《大正藏》卷 52)本。读者可参见后者。——译注

当复原先王所以尚之之意。岂直好此屈折而坐迳槃辟哉⑥？固不然矣。

因父子之敬，建君臣之序，制法度崇礼秩，岂徒然哉？良有以矣。既其有以，将何以易之？然则名礼之设，其无情乎？

且今果有佛耶，将无有佛耶？有佛耶，其道固弘；无佛耶，义将何取？继其信然，将是方外之事。方外之事，岂方内所体？而当矫形骸违常务，易礼典弃名教，是吾所甚疑也。名教有由来，百代所不废。昧旦丕显，后世犹殆；殆之为弊，其故难寻。而今当远慕芒昧，依稀未分。弃礼于一朝，废教于当世。使夫凡流傲逸宪度，又是吾之所甚疑也。

纵其信然，纵其有之，吾将通之于神明，得之于胸怀耳。轨宪宏模，固不可废之于正朝⑦矣，凡此等类皆晋民也。论其才智，又常人也。而当因所说之难辨，假服饰以凌度，抗殊俗之傲礼，直形骸于万乘，又是吾所弗取也。

诸君并国器也，悟言则当测幽微，论治则当重国典。苟其不然，吾将何述焉？

何充、褚翌、诸葛恢、冯怀和谢广等二奏

诏书如右，臣等暗短，不足以赞扬圣旨，宣畅大义。伏省明诏，震惧屏营。辄共寻详。

有佛无佛，固非臣等所能定也。然寻其遗文，研其要旨，五戒之禁，实助王化。贱昭昭之名行，贵冥冥之潜操。行德在于忘身，抱一心之清妙。

且兴自汉世，迄于今日，虽法有隆衰，而弊无妖妄。神道经久，未有比也。夫诅有损也，祝必有益。臣之愚诚，实愿尘露之微增润嵩岱，区区之祝⑧上裨⑨皇极。

今一令其拜，遂坏其法，令修善之俗废于圣世，习俗⑩生常，必致愁惧隐之。臣心窃所未安。

臣虽蒙蔽，岂敢以偏见疑误圣听⑪？直谓世经三代，人更明圣，今不为之制，无亏王法，而幽冥之路，可无壅滞。是以复陈愚诚，乞垂省察。谨启。

庾冰为成帝重诏

省所陈具情旨。

幽昧之事，诚非寓言所尽。然其较略，及大人神常度⑫，粗复有分例耳。

大都百王制法，虽质文随时，然未有以殊俗，参治恢诞杂化者也。岂曩圣之不达，末圣⑬之宏通哉？

且五戒之才善⑭，粗拟似人伦，而更于世主略其礼敬耶？礼重矣，敬大矣，为治之纲，尽于此矣。万乘之君，非好尊也。区域之民，非好卑也。而卑尊不陈，王教不得不一，二之则乱⑮。

斯曩圣所以宪章体国，所宜不惑也。通才博采，往备其事⑯。修之家可矣，修之国及朝则不可。斯岂不远也？

省所陈，果亦未能了有之与无矣。纵其了，犹谓不可以参治；而况都无，而当以两行⑰耶？

何充等三奏

臣等虽诚，暗蔽不通远旨。至于乾乾夙愿，思循⑱王度，宁苟执偏管而乱大伦？直以汉魏逮晋，不闻异议，尊卑宪章，无或暂亏也。

今沙门之慎戒专专然⑲，及为其礼一而已矣。至于守戒之笃者，亡身不吝，何敢以形骸而慢礼敬哉？每见烧香祝愿，必先国家，欲福佑之隆，情无极已。

奉上崇顺，出于自然。礼仪之简，盖是专一守法。是以先圣御世，因而弗革也。

天网恢恢，疏而不失⑳。臣等屡屡以为不令致拜，于法无亏，因其所利而惠之,使贤愚莫敢不用情,则上有天覆地载之施,下有守一修善之人。

谨复陈其愚浅,愿蒙省察。谨启。

附录二:郗超《奉法要》

164

《弘明集》卷 13,第 86 页上起

三皈依

三自归者,归佛归十二部经归比丘僧⑩,过去现在当来三世十方佛,三世十方经法,三世十方僧,每礼拜忏悔,皆当至心归命⑪,并慈念一切众生,愿令悉得度脱。外国音称南无⑫,汉曰归命。佛者,汉音曰觉。⑬僧者,汉音曰众。

五戒和业报

五戒:一者不杀,不得教人杀,常当坚持尽形寿⑭;二者不盗,不得教人盗,常当坚持尽形寿;三者不淫,不得教人淫,常当……四者不欺,不得教人欺,常当……五者不饮酒,不得以酒为惠施,常当……若以酒为药,当权其轻重,要于不可致醉。醉有三十六失⑮,经教以为深戒。不杀则长寿,不盗则常泰,不淫则清静,不欺则人常敬信,不醉则神理明治。

斋期⑯

已行五戒,便修岁三月六斋。岁三斋者,正月一日至十五日,五月一日至十五日,九月一日至十五日。月六斋者,月八日、十四日、十五日、二十三日、二十九日、三十日。

凡斋日皆当鱼肉不御,迎中而食;既中之后,甘香美味,一不得尝。洗心念道,归命三尊,悔过自责,行四等心⑰。远离房室,不著六欲,不得

165

鞭挞骂詈、乘驾牛马、带持兵仗。

妇人则兼去香花脂粉之饰,端心正意,务存柔顺。

斋者普为先亡,见在知识亲属,并及一切众生,皆当因此至诚,玄想感发㉙。心既感发,则终免罪苦。是以忠孝之士,务加勉励,良以兼拯之功,非徒在己故也。

斋日惟得专,惟玄观,讲颂法言。若不能行空,当习六思念。

六思念和十善行

六思念者㉚,念佛念经念僧念施念戒念天㉛。

何谓念天? 十善四等为应天行,又要当称力所及,勉济众生。

十善者㉜,身不犯杀盗淫,意不嫉恚痴,口不妄言绮语两舌恶口。

何谓不杀? 常当矜愍一切蠕动之类。虽在困急,终不害彼;凡众生厄难,皆当尽心营救,随其水陆,各令得所。疑有为己杀者,皆不当受。

何谓为盗? 凡取非己有,不问小大,及莅官不清,皆谓之盗。

何谓为淫? 一切诸著普谓之淫㉝,施之色欲,非正匹偶皆不得犯。[又私窃不公,亦兼盗罪。]*

所谓嫉者,谓妒忌也。见人之善,见人有德,皆当代之欢喜,不得有争竞憎嫉之心。

所谓恚者,心怀忿恨,藏结于内。

所谓痴者,不信大法,疑昧经道。

何谓妄言? 以无为有,虚造无端。

何谓绮语? 文饰巧言,华而不实。

何谓两舌? 背向异辞,对此说彼。

166 何谓恶口? 谓骂詈也。或云口说不善之事,令人承以为罪,亦为恶口。

---

* 原书英译漏去了此句。——译注

凡此十事,皆不得暂起心念,是为十善,亦谓十戒。五戒检形,十善防心。

五道

事有疏密,故报有轻重。凡在有方之境③,总谓三界⑤。三界之内,凡有五道。一曰天,二曰人,三曰畜生,四曰饿鬼③,五曰地狱。全五戒则人相备,具十善则生天堂。全一戒者则亦得为人,人有高卑,或寿夭不同,皆由戒有多少③。

反十善者,谓之十恶。十恶毕犯,则入地狱。抵揆强梁,不受忠谏,及毒心内盛,徇私欺殆③,则或堕畜生,或生蛇虺。悭贪专利,常苦不足,则堕饿鬼。其罪若转少而多阴。

私情不公亮,皆堕鬼神。虽受微福,不免苦痛。此谓三涂,亦谓三恶道③。

五阴④

色、痛痒、思想、生死、识,谓之五阴④。

凡一切外物有形可见者为色。

失之则忧恼为痛,得之则欢喜为痒。

未至逆念为思,过去追忆为想④。

心念始起为生,想过意识灭为死。

曾关于心,戢而不忘为识。识者经历累劫,犹萌之于怀,虽昧其所由,而滞于根。潜结始自毫厘,终成渊岳。是以学者务慎所习。

五盖③

五盖,一曰贪淫,二曰瞋恚,三曰愚痴,四曰邪见,五曰调戏。

别而言之,求欲为贪,耽著为淫。

外发为瞋,内结为恚。

系于缚著、触理倒惑为愚痴,生死因缘痴为本,一切诸著,皆始于痴。

地狱苦酷,多由于恚。经云:

卒斗杀人,其罪尚轻,怀毒阴谋,则累劫弥结,无解脱之期㊽。

六情㊺

六情,一名六衰,亦曰六欲,谓:

目受色、耳受声、鼻受香、舌受味、身受细滑、心受识。识者,即上所谓识阴者也㊻。

五阴六欲,盖生死之原本,罪苦之所由。消御之方,皆具载众经。

心者惟危惟微

经云:心作天心,作人心,作地狱心,作畜生乃至得道者也,亦心也。㊼

凡虑发乎心,皆念念受报。虽事未及形而幽对冥构。夫情念员速,倏忽无间,机动毫端,遂充宇宙,罪福形道,靡不由之。吉凶悔吝定于俄顷。是以行道之人每慎独㊽,于心防微虑,始以至理为城池,常领本以御末,不以事形未著而轻起心念。岂惟言出乎室,千里应之㊾?莫见乎隐㊿所慎在形哉?

异出《十二门经》云:人有善恒当掩之,有恶宜令彰露㉛。夫君子之心,无适无莫㉜,过而无悔,当不自得,宜其任行,藏于所遇。岂有心于隐显。然则教之所施,其在常近乎?㉝

须隐善功坦白恶行

原夫天理之于罪福,外泄则愈轻,内结则弥重。既迹著于人事,必有损于冥应。

且伐善施劳,有生之大情,匿非文过,品物之所同。善著则迹彰,迹彰则誉集。苟情系沮劝㉞而誉集于外,藏吝之心,必盈乎内。

且人之君子,犹天之小人㉟。况乎仁德未至而名浮于实?获戾幽冥,

168

固必然矣。夫苟非备德,必有不周⑤。坦而公之,则与事而散。若乃负理之心,铭之怀抱,而外修情貌⑥,以免人尤,收集俗誉大诬天理,自然之衅,得不愈重乎? 是以庄生亦云:为不善于幽昧之中,鬼神得而诛之⑧。

且人之情也。不愧于理而愧乎物。愆著则毁至,毁至而耻生,情存近复则弊不至积。

恃其不彰则终莫悛革,加以天衅内充,而惧其外。显则幽虑万端。巧防弥密,穷年所存。

惟此之务天殃物累终必顿集。盖由不防萌谋始而匿非扬善故也。

说人之善

《正斋经》云:但得说人百善,不得说人一恶。⑨

说人之善,善心便生;说人之恶,便起忿意。意始虽微,渐相资积,是以一善生巨亿万善,一恶生巨亿万恶。

业报不及亲属

古人云:兵家之兴,不过三世⑩。陈平亦云:我多阴谋,子孙不昌⑪。引以为教,诚足以有弘。然齐楚享遗嗣于累叶,颜冉靡显报于后昆⑫。既已著之于事验,不俟推理而后明也。且鲧殛禹⑬兴,盱鮒异形⑭,四罪⑮不及百代通典,哲王御世,犹无淫滥。况乎自然玄应,不以情者,而令罪福错受,善恶无章? 其诬理也。固亦深矣。

且秦制收牧孥之刑⑯,犹以犯者为主,主婴其罚,然后责及其余。若衅不当身,而殃延亲属,以兹制法。岂惟圣典之所不容? 固亦申韩之所必去矣。是以《泥洹经》云:父作不善,子不代受,子作不善,父亦不受。⑰善自获福,恶自受殃。至矣哉! 斯言允心应理。

然原夫世教之兴,岂不以情受所存,不止乎已? 所及弥广则诚惧愈深。是以韬理实于韫韬,每申近以敛粗进,无亏于惩劝,而有适于物,宜有怀之流,宜略其事而喻深领幽旨。若乃守文而不通其变,徇教而不达

247

教情，以之处心循理，不亦外乎！

业报必应无差

夫罪福之于逆顺，固必应而无差者也。苟昧斯道，则邪正无位，寄心无准矣。至于考之当年，信漫而少征，理无愆违，而事不恒著。岂得不归诸宿缘，推之来世耶？是以有心于理者，审影响⑩之难诬，废事证而冥寄，达天纲之宏疏⑪，故期之于靡漏，悟运往之无间，混万劫于一朝，括三世而玄同，要终归于必至，岂以显昧改心，淹速革虑哉？此最始信之根至，而业心所深期也。

对治贪瞋痴

《十二门经》云：有时自计我端正好，便当自念身中无所有，但有肝肠胃肺骨血屎溺，有何等好？复观他人身中，恶露皆如是。⑪

若悭贪意起，当念财物珍宝，生不持来，死不惧去，而流迁变化，朝夕难保，身不取久存，物无常主，宜及当年，施恩行惠，赡乏以财，救疾以药，终日欣欣，务存营济。

若恚意起，当深生平等，兼护十戒。

忍辱之德

《差摩竭》云：菩萨所行忍辱为大。若骂詈者，默而不报；若挝捶者受而不校；若瞋怒者慈心向之；若谤毁者不念其恶。《法句》⑪又云：受辱心如地，行忍如门阃。地及门阃⑫。盖取其藏垢纳污，终日受践也。

《成具经》曰：彼以四过加己，则觉知口之失也。报以善言和语，至诚不饰⑬。四过者，上之所谓两舌恶口妄言绮语也。

夫彼以恶来我以善应。苟心非木石，理无不感。但患处之不恒，弘之不积耳。苟能每事思忍，则悔吝消于现世，福报显于将来。《贤者德经》云：心所不安，未常加物。⑭即近而言，则忠恕⑮之道，推而极之四等之义。

四等⑦

　　四等者何？慈悲喜护也。

　　何谓为慈？愍伤众生等一物我，推己恕彼，愿令普安，爱及昆虫，情无同异。

　　何谓为悲？博爱兼拯，雨泪恻心，要令实功，潜著不直，有心而已。

　　何谓为喜？欢悦柔软，施而无悔。

　　何谓为爱护？随其方便，触类善救，津梁会通，务存弘济。

不求往生天道，但以涅槃为尊

　　能行四等三界极尊，但未能冥心无兆，则有数⑦必终。是以《本起经》云：诸天虽乐福尽亦丧；贵极而天道与地狱对门。⑧《成具》又云：福者有苦有尽有烦劳有往还。⑨《泥洹经》曰：五道无安，惟无为快。⑩

无思无虑，洞明因果，涅槃之预

　　经称行道者，先当舍世八事：利衰毁誉称讥苦乐。闻善不喜，闻恶不惧，信心天固，沮劝无以动其志，埋根于中，外物不能干其虑。⑪

　　且当年所遇，必由宿缘，宿缘玄运，信同四时。其来不可御，其去不可止，固当顺而安之，悦而毕之，勤增道习，期诸忘心⑫，形报既废，乃获大安耳。

　　夫理本于心而报彰于事，犹形正则影直，声和则响顺，此自然玄应。孰有为之者哉？⑬

　　然则契心神道，固宜期之通，理务存远太虚中正己而无希外助，不可接以卑渎，要以情求。此乃厝怀之关键，学者所宜思也。

心念

　　或谓心念必报，理同影响。但当求己而已，固无事于幽冥。原经教之设,盖所以悟夫求己。然求己之方,非教莫悟,悟因乎教,则功由神道,欣感发中必形于事,亦由咏歌不足系以手舞㉛,然则奉而尊之。盖理所不必须而情所不能废。

宜纵己深体教旨,忘怀欣想,将以己引物,自同乎众,所以固新涉之志,而令寄怀有拟。

苦与坏

经云:生苦老苦病苦死苦怨憎会苦恩爱别离苦所求不得苦。㉟

遇此诸苦则宜深惟缘对㊱,兼觉魔伪,开以达观,弘以等心。

且区区一生有同过隙㊲,所遇虽殊终归枯朽㊳。得失少多,固不足计,该以数涂㊴,则此心自息。

又苟未入道,则戚迭用,聚散去来,贤愚同致。是以经云:安则有危,得则有丧,合会有离,生则有死。㊵盖自然之常势,必至之定期。推而安之㊶,则无往不夷。

《维摩诘》云:一切诸法从意生形。㊷然则兆动于始,事应乎末,念起而有虑息则无。

意之所安,则触遇而夷。情之所碍,则无往不滞㊸。

因此而言,通滞之所由,在我而不在物也。若乃惧生于心,则衅乘㊹于外,外衅既乘。

内惧愈结,苟患失之,无所不至矣。是以经称丈夫畏时,非人得其便㊺。诚能住心,以理天关内固,则人鬼罔间缘对自息。万有无以缨,众邪不能袭。

无常

四非常㊻,一曰无常,二曰苦,三曰空,四曰非身。

少长殊形,陵谷易处,谓之无常。

盛衰相袭,欣极必悲,谓之为苦。

一切万有终归于无，谓之为空。

神无常宅，迁化靡停，谓之非身。

经称处惑乐之地，觉必苦之对。盖推代谢于往复，审乐往则哀来，故居安虑危，夕惕⑰荣观⑱。若夫深于苦者，谓之见谛。达有心则有滞，有滞则苦存。虽贵极人天地兼崇高，所乘愈重，矜著弥深。情之所乐于理愈苦。

故经云：三界皆苦，无可乐者。又云：五道众生共在一大狱中。⑲苟心系乎有，则罪福同贯。故总谓三界为一大狱。

佛问诸弟子：何谓无常？一人曰：一日不可保，是为无常。佛言：非佛弟子。一人曰：食顷不可保⑳，是为无常。佛言非佛弟子。一人曰：出息不报㉑，便就后世，是为无常。佛言真佛弟子。㉒

夫无常显证，日陈于前，而万代同归终莫之悟。无瞬息之安，保永世之计，惧不在交㉓则每事殆懈，以之进德则功无覆匮㉔，以之治心则堕其所习。

是以有道之士，指寸阴㉕而惜逝，恒自强于鞭后，业与时竞，惟日不足则乱念，无因而生，缘对靡由而起。

六度

六度㉖，一曰施，二曰戒，三曰忍辱，四曰精进，五曰一心，六曰智慧。

积而能散，润济众生，施也；

谨守十善，闲邪以诚，戒也；

犯而不校，常善下人，忍辱也；

勤行所习，夙夜匪懈，精进也；

专心守意，以约敛众，一心也。

凡此五事，行以有心，谓之俗度，领以兼忘㉗，谓之道慧。

由般若智获解脱

《本起经》㉘云：九十六种道术㉙各信所事，皆乐安生㉚，孰知其惑㉛？

夫欣得恶失,乐存哀亡。盖弱丧之常滞⑪,有生所感同。然冥力潜谢,非务恋所留。

对至而应,岂智用所制?

是以学者必归心化本,领观玄宗,玩之珍之,则众念自废,废则有忘,有忘则缘绝。

缘报既绝,然后入于无生,既不受生,故能不死⑫。

是以《普曜经》云:无所从生,靡所不生,于诸所生而无所生。⑬《泥洹经》云:心识静休则不生不死。心为种本,行为其地。报为结实,犹如种殖,各以其类,时至而生,不可遏也⑭。种十善戒⑮,善则受生之报,具于上章。加种禅等、四空⑯,则贵极天道。

四空及禅,数经具载其义。

罗汉、佛的涅槃

从第一天至二十八天⑰,随其事行,福转倍增种非常禅谛,皆背有著无,则得罗汉泥洹。

不忌有为⑱,不系空观,遇理而冥,无执无寄,为无所种。既无所种,故不受报,廓然玄废则佛之泥洹。泥洹者,汉曰无为,亦曰灭度。

外道义

维摩诘曰:彼六师者说倚为道。从是师者为住诸见,为堕边际,为归八难,不得离生死道也。⑲虽玄心屡习,而介然微动,犹均彼六师,同滞一有。况贪生倚想执我捍化?虽复福逾山河,贵极三界,倚伏旋还,终坠罪苦,岂获宁神大造泊然玄夷哉?

空:超越有无的内在体验

夫生必有情,天势率至。不定于善,必在于恶。是以始行道者,要必有寄。寄之所因,必因乎有,有之所资,必资乎烦。是以经云:欲于空中造立宫室,终不能成⑩。取佛国者,非于空也。然则五度四等,未始可废,但当即其事用而去其伎心,归于佛则无解于佛,归于戒则无功于戒⑪。

则禅谛与五阴俱冥,末用与本观同尽。虽复众行兼陈,固是空中行空耳。

或以为空则无行,行则非空,既已有行,无乃失空乎?

夫空者,忘怀之称,非府宅之谓也。无诚无矣。存无则滞封,有诚有矣,两忘则玄解。

然则有无由乎方寸⑫,而无系于外物,器象虽陈于事用,感绝则理冥。岂灭有而后无,阶损以至尽哉?

由此言之,有固非滞。滞有则背宗,反流归根,任本则自畅。

是以开士⑬深行,统以一贯,达万象之常冥,乘所寓而玄领,知来理之先空,恒得之于同致,悟四色之无朕⑭,顺本际⑮而偕废,审众观之自然,故虽行而靡迹。 *176*

方等⑯深经每泯一三世,而未尝谓见在为有,则空中行空⑰,旨斯见矣。

附录三:支遁《释迦文佛像赞并序》 *177*

《广弘明集》卷 15,第 195 页下—196 页中

佛诞及其早年

夫立人之道⑱曰:仁与义。然则仁义有本,道德之谓也。

昔姬周之末⑲有大圣号佛,天竺释王白净之太子也。俗世母族,厥姓裘昙⑳焉。

仰灵胄以丕承㉑,藉隽哲之遗芳。

吸中和之诞化㉒,禀白净之浩㉓然。

生自右胁,弱而能言㉔。

谅天爵⑬以不加为贵,诚逸禄以靡须为足,故常夕惕⑬上位,逆旅紫庭⑬。

纤轸⑬储宫拟翩区外⑭。

辞亲求道

俄而高逝,周览郊野。

四辟皇扉,三鉴疾苦。

风人⑭厉辞以激兴,乃甘心受而莫逆。

讯大猷⑭于有道⑯,慨在兹之⑪致淹。

遂乃明发⑯退征,栖迟幽闲。

脱皇储之重宝,希无待⑬以轻举,褫龙章之盛饰,贺穷岩之莅褐。

资送之俦自崖而反矣:尔乃抗志匪石⑬,安仁以山⑩。

斑卉匡居,摧心立盟⑭。

鳌安般之气绪,运十算以质心。

俪运⑭四筹之八记,从二随而简巡。绝送迎之两际,缘妙一于鼻端,发三止之蒙秀,洞四观而合泯。⑭

五阴⑬迁于还府⑮,六情⑬虚于静林。

凉五内⑮之欲火,廓太素⑯之浩心。

濯般若以进德,潜七住⑮而挹玄。

搜冥鱼⑬于六绝⑭,齿既立⑯而废筌蹄。

成道

万劫之积习⑯,同生知⑯于当年。

掩五浊⑬以擅曜,嗣六佛⑯而微⑯传。

伟准丈六⑱,全佩圆光,启度黄中⑮,色艳紫金⑯。

运动凌虚,悠往倏忽⑱,八音⑪流芳,逸豫扬彩⑪。

造化之力

妙览未兆^⑫,则卓绝六位^⑬,曲成已著^⑭,则化隆三五^⑮。

冲量弘乎太虚^⑯,神盖宏于二仪^⑰。

易简^⑱待以成体,太和^⑲拟而称邵。

圆著者象其神寂,方卦者法其智周。

教化

照积佑之留详,元宿命以制作。

或绸之以德义,或疏之以冲风。

亮形摇于日新^⑳,期妙主于不尽。

美既青而青蓝^㉑,逞百练以就粹。

导庶物以归宗,拔尧孔之外键。

属八亿^㉒以语极,罩坟素以兴典。

掇道行之三无^㉓,络聃周以曾玄^㉔。

神化著于西域。若朝晖升于旸谷^㉕。

民望景而兴行,犹曲调谐于宫商^㉖。

当是时也。希夷^㉗缅邈于义风,神奇卓绝于皇轩^㉘。

蔚彩冲漠于周唐,颂味有余于邹鲁^㉙。

信可谓神化之都领,皇王之宗谟也。

泥洹

年逾从心^㉚泯迹泥洹。

夫至人时行而时止,或隐此而显彼。

迹绝于忍土^㉛,冥归于维卫^㉜。

俗徇常以骇奇,固以存亡^㉝而统之。

至于灵觉之性,三界殆悴。

179

豁若川倾，颓如戟坠。

黔首与永夜同幽，冥流与涸津并遗，六度⑭与崩岑俱褫，三乘⑮与绝轴解辔⑯。

门徒泣血而心丧，百灵衔哀而情悸。

夫道高者应卑，因巡者亲誉，故不祈哭而哭。岂非兼忘天下易，使天下兼忘难？⑱

注　释

① 《弘明集》作"凭"，应是"馮"之误。

② "都乡侯"是一种没有领地的贵族头衔，始于汉代。此类头衔在公元3、4世纪名目繁多，参见 Maspero-Escarra, *Institutions de la Chine*，第 78—79 页，秦锡田《补晋异姓封爵表》，载于《二十五史补编》卷 3（第 3355—3372 页）及其序言（第 3355 页）。

③ 这里无疑指汉明帝信佛，参见上文第 105 页。

④ "岂于时沙门不易屈膝"。

⑤ 在《弘明集》多数版本中，通常作"辨"而不是"辩"。

⑥ "槃辟"，参见 A. Waley, *Analects*, *Textual Notes* XVI. 4。

⑦ "正朝"在殿本中作"王朝"。

⑧ 《大正藏》No. 2108 中作"祝"，而不是"况"。

⑨ 《大正藏》No. 2108 中作"裨"，而不是"卑"或"俾"。

⑩ 在《弘明集》多数版本中作"俗"，而不是"实"。

⑪ "圣听"可能是"圣聪"之误。

⑫ 《大正藏》No. 2108 中作"乃"而不是"及"。

⑬ 《大正藏》No. 2108 中作"末圣"而不是"来圣"。

⑭ 《大正藏》No. 2108 中作"小"而不是"才"。

⑮ 此处《弘明集》和《大正藏》No. 2108 都有讹误。

《大正藏》No. 2108 作："王教○○○○○○则乱。"

《弘明集》作："王教不得不一二之则乱。"

此处显然应作："王教，不得不一，二之则乱。"

⑯ 《大正藏》No. 2108 中作"往往备修之"，而不是"往备其事"。在下一段里，我也采用《大正藏》No. 2108 的说法作"修之身修之家可矣"，而不是"修之家可以（'矣'之误）"。

⑰ 我采用《弘明集》中"两行"的说法，《大正藏》No. 2108 中作"南行"。

⑱ 在《弘明集》多数版本中作"循"，而不是"修"。

⑲《大正藏》No2108 作"专然",而不是"专专然"。

⑳ "天网恢恢,疏而不失",参见《道德经》第 73 章,戴闻达译本第 151 页。这里指理想的君主宽宏大量,允许他的臣民各遂其愿。

㉑ 第一部分描述了要成为优婆塞(upāsaka)应作的正式申明。根据说一切有部更为复杂的程序,这应包括申明三归(triśaraṇa)的程式、接受五戒(pañcaśila)。这里的程式与巴利文经典中所记载的内容有所不同,后者只包括申明三归的程式。这后来成了各宗派争论的焦点之一。

参见《俱舍论》IV 71—76;拉摩(Lamotte),《大智度论》(*Traité*),第 829 页注③。"三归"的典型形式包括:

(1) Buddhaṃ śaraṇam gacchāmi (dvipādānām agryam) 归命佛(两足尊);

(2) dharmaṃ śar. g. (virāgāṇām agryam) 归命法(离欲尊);

(3) saṅghaṃ śar. g. (gaṇānām agryam) 归命僧(众中尊)。

郗超给出了大乘佛教的三归程式,他的"三世十方佛"有多种含义,并把"法"直接当作"十二部经",把它理解为"十二部经"所包含的"法"(dharma)。

㉒ "归命"无疑是指"把自己的生命舍弃给某种更高的权威"。在汉语佛教文献中,这个词有时指"遵从命令(佛的旨意)"(法藏《大乘起信论义记》,《大正藏》No 1846,卷 1,第 246 页下第 27 列)。

㉓ "南无"(A. C. * nām. miu):namas (意为"归敬……"),或者指 namo…,通常是发语词。在中国疑伪经中,对"南无"常有一种想当然的理解("在南方没有"),见下文第 301 页。

㉔ 参见孙绰《喻道论》(上文第 133 页)及于法开(上文第 142 页)。

㉕ "五戒"和"三归"形成了在家信徒(upāsaka-pañcaśila-samvara)的宗教内涵。这五戒分别是戒:(1) 杀生 (prāṇātipāta);(2) 偷盗 (adattādāna);(3) 邪淫 (kāmamithyācāra);(4) 妄语(mrṣāvāda);(5) 饮酒(surāmaireyapramāda)。

㉖ 醉有三十六失,见《大智度论》(《大正藏》No1509) 卷 13,第 158 页中,拉摩 (Lamotte),《大智度论》(*Traité*),第 817—819 页,以及那里所提及的资料。在中国道教徒中,禁酒不会早于公元 3 世纪,这无疑受到了佛教的影响(参见福井康顺《道教的基础的研究》,第 91,130 页)。

㉗ "斋"字古义指祭祀者需在献祭前完成的净化仪礼,以及自净其意的时期,在这一期间他"防其邪物,讫其耆欲,耳不听乐"(《礼记》"祭统第二十五",《注疏》本卷 49,第 4 页左,Couvreur 译本,卷 2 第 324 页)。在佛教文献中,这是 uposatha (upavasatha,[u]poṣadha)的汉译,指在家信徒每月六天的斋期(每月初八、十四、十五、二十三、二十九和三十日)以及每年三个月的长斋,最初是指印度三个季节的头一个月即每年一、五和九月。参见《俱舍论》IV 65—69。斋戒期间,在家信徒要坚守八戒(aṣṭ-āṅga śila)而不仅仅是五戒。至于为何要选择这六天的原因,在《大智度论》(《大正藏》No1509,卷 13,第 160 页上)注引的《大地本起经》中有所解释(该经现已佚失),Lamotte, *Traité*, p. 835 起:据说这几天里魔鬼尤为猖獗。有关 [u]poṣadha 这些词,参见烈维(S. Lévi),Observations sur une langue précanonique du Bouddhisme,载

于《亚细亚学报》，1912.2，第 501 页起。

㉘ "四等心"，也作"四无量"。参见下文注㊲。

㉙ 多数版本作"玄想感发"。

㉚ "六思念"（anusmṛti）主要是在家信徒的宗教活动（望月《佛教大辞典》，p. 5073.3 起），包括：(1) 念佛（buddhānusmṛti）；(2) 念法（dharmānusmṛti）；(3) 念僧（saṅghānusmṛti）；(4) 念戒（śīlānusmṛti）；(5) 念施（tyāgānusmṛti）；(6) 念天（devānusmṛti 或 devatānusmṛti）。参见 Mvy. 1148—1154；其他还有所谓"八念"或"十念"，参见望月 p. 4223.1 和 2346.2。《大智度论》卷 21 对此有详细的解释，整个第 36 品即是用于解释思念（这里是八念，就像《二万五千颂般若经》第一品中所讲的）。郗超此处以"念经"代替"念法"，参见注㉓。

㉛ "念天"（devatānusmṛti）指凝神观想诸天之快乐，并通过精修戒规争取往生诸天处。参见《大智度论》所引上述章节。对于不太熟悉汉语的人来说，"天"是个很含糊的词，可以是"诸神"（gods），可以是诸神居住的"天宫"（heaven），也可以是代表一种非人格的理或自然的"苍天"（Heaven）。

㉜ "十善"（kuśala-karmāṇi）指否定身口意十恶的戒规，包括（按通常的次序，鸠摩罗什汉译）：避免身业的 (1) 杀生（prāṇātighāta），(2) 偷盗（adattādāna），(3) 邪淫（kāmamithyācāra）；口业的 (4) 妄语（mṛṣāvāda），(5) 恶口（pāruṣya），(6) 两舌（paisunya），(7) 绮语（saṃ bhinna-pralāpa）；意业的 (8) 贪欲（abhidhyā），(9) 瞋恚（vyāpāda），(10) 邪见（mithyādṛṣti）。当然，郗超并不知道这些词所对应的梵语词，我给出这些词的原文，是因为这些词在他的时代很可能已经是中国人解释过后的结果。郗超把意业放在口业前面。嫉＝贪欲，恚＝瞋恚，痴＝邪见。

㉝ 这句话的意思不甚清楚。"淫"包括所有罪恶的性行为（《俱舍论》IV.146 起）。

㉞ "有方"，参见慧远《沙门不敬王者论》第二部分（《弘明集》卷 5，第 30 页下第 1 列）："凡在有方同禀生于大化。"

㉟ "三界"（trailokya）包括：欲界（kāmadhātu）、色界（rūpadhātu）和无色界（ārūpyadhātu）。

㊱ 饿鬼（preta）。

㊲ 关于部分遵守戒律的问题，参见望月，p. 1118.3 起，拉摩（Lamotte），《大智度论》（Traité），第 821 页，《俱舍论》IV.73 起。（如果不同的在家信徒只遵守一戒、二戒等，经量部[Sautrāntikas]反对这样做，但毗婆沙师[Vaibhāṣikas]则允许这么做。）

㊳ 明版中作"绐"，而不是"殆"。

㊴ 三恶道（durgati）包括畜生、饿鬼和地狱。

㊵ "阴"是 skandha 的旧译，指虚设的"我"（personality）的五种成分。为何要把 skandha 译成"阴"，理由不甚清楚。在汉语佛教文献中，从未出现过它的反义词"阳"。可不可能是由于"阴"指代束缚灵魂的"黑色、影子和黑色成分"？参见汤用彤《佛教史》第 139 页，以及《阴持入经》（《大正藏》No 1694）卷 1，第 9 页下第 8 列）公元 3 世纪初的注释，这里"阴"用于说明"识"（vijñāna，五蕴之一），被解释为"不可见的"。

㊶ "五阴"指:(1) 色(rūpa);(2) 受(vedanā);(3) 想(saṃjñā);(4) 识(saṃskāra);(5) 行(vijñāna)。这些译名是由鸠摩罗什译的。郗超所用的译名出现在支谶《道行经》(Aṣṭasāhasrikā p'p';《大正藏》№224),这部很有影响的佛经可能在公元 4 世纪初已经非常流行。

㊷ 不言而喻,把"受"(vedanā)和"想"(saṃjñā)的汉译名拆开解释,这纯属于中国人的发明;在这种凭空的解释里,我们可能会在支谶《道行经》和其他佛经的义学研究中找出类似的例子。

㊸ "五盖"(nīvaraṇa)指:(1)贪欲(kāmacchanda);(2)瞋恚(vyāpāda);(3)昏沉睡眼(styānamiddha);(4)掉戏,调戏(auddhatyakaukṛtya);(5) 疑(vicikitsā)。参见《俱舍论》V.98。郗超把"贪欲"作"贪淫",并把第五放在第四之前,把 styānamiddha 和 vicikitsā 译作"愚痴"和"邪见",这不太确切。

㊹ 我没有找到这段引文的出处。佛法的"业"分"善"、"恶"和"无记"三类。每一种恶的"身业"(kāyakarman)或"口业"(vākkarman)以及(根据经量部[the Sautrāntikas]说法)"无表业"(avijñāpti)都是末那识造作(manaskarman)的结果,后者构成了所有行为的基础。参见《俱舍论》(Abh. Kośa) IV.2 起,和 Et. Lamotte, Le Traité de l'Acte de Vasubandhu, Karmasiddhiprakaraṇa, MCB IV,第 151—288 页,关于"业"及业报轮回的问题;关于说一切有部(Sarvastivada)就此问题的说法,参见第 154—160 页。在佛教传入之前,中国儒家知识分子对何者应受惩罚这个重要的问题意见不一:或认为是身体的行为,或认为是意念的状态。后一种立场——当然这里没有后来佛教的宗教论证——在《盐铁论》(第 55 章《刑德》,《四部备要》本卷 10 第 3 页右)中表述得非常清楚;参见何四维(Hulsewé), Remnants of Han Law, I,第 251 页起。

㊺ "六(或十二)入"(āyatana)包括五种感官及其各自的对象(眼与色 rupa,耳与声 sabda,鼻与香 gandha,舌与味 rasa,身与触 sparsa 或 spraṣtavya),以及第六种感官"意"(manas,这里译作"心")与作为客体的心所"法"(dharma)。

㊻ 郗超被这个汉语译名误导了:"识"意思是"知道"(或"记住"),作为第六种感官,实际上代表末那识或意(manas),而五蕴的第五种蕴(才译为"识")。

㊼ 这段引文出自失译的《般泥洹经》,《大正藏》№6 卷 1,第 181 页上第 26 列:"心作天,心作人,心作鬼神畜生地狱,皆心所为也。"参见《大正藏》№5,另一个版本《摩诃般若涅槃经》,被认为帛远所译(公元 3 世纪后期),卷 1,第 165 页下第 10 列:"心取罗汉,心取天,心取人,心取畜生虫蚁鸟兽,心取地狱,心取饿鬼,作形貌者,皆心所为……"

㊽ 暗引《中庸》第一章第 2:"故君子慎其独也。"

㊾ 参见《易经·系辞上》(注疏本卷 7,第 17 页左):"君子居其室出其言善,则千里之外应之。"

㊿ 参见《中庸》第一章第 2:"莫见乎隐,莫显乎微。"

○51 道安在他的《经录》中提到了两个版本的《十二门经》,一本为大品,一本为小品,均为一卷本,并被认为安世高译(《出三藏记集》卷 2,第 5 页下第 26—27 列);他对这两个版本都作过注,在公元6世纪仍还存世(《出三藏记集》卷5,第39页下第8列)。这两个版本在公元602年《众经目录》(《大正藏》№2147,卷5,第178页上第12列)中被列入"佚失"部。道安注释大品的序言现有保存(《出三藏记集》卷6,第45页中第26列起,宇井伯寿日译校注本,《释道安研究》,东京,1956年,第94页起);根据这篇序言,这部经主要讲述"禅那"(dhyana)。郗超在其他地方(下文第170页)引用《十二门经》并没有区分大品或小品,他在此提到"异出",说明他知道这部经有两个版本,极可能就是道安所提到的两部。

(52) 暗引《论语》Ⅳ.10:"子曰:子君于天下也,无适也,无莫也,义之与比。"

(53) 这句话的含义不甚明白。作者在下文说:根据佛法,我们必须经常意识到心中的妄念,并克制危险的行为。这意味佛教徒与孔子所践行的儒家理想相对,有意识地"行善"和"去恶"。如果像我这样解释这最后一段,郗超似乎得出结论:佛教思想上的戒规作为自我修炼的初级阶段,要低于儒家圣人思想上的自由和无意识的"自然的"德行。

(54) "沮劝"字面意思是"阻止(无价值之物)和鼓励(有天赋之人)"。

(55) "且人之君子,犹天之小人",这像是一句引文,但我没有查到出处。

(56) 高丽本作"必"而不是"安"。

(57) 高丽本作"貌"而不是"懇"。

(58) 参见《庄子》第23篇《庚桑楚》第150页:"为不善乎显明之中者,人得而诛之,为不善乎幽闲之中者,鬼得而诛之。"

(59) 有几种经都叫《正斋经》。这里所引的可能是指安世高译的那部,在《大唐内典录》卷1(《大正藏》№2149,第222页下第28列)及以后的经录(在《开元释教录》中列为"佚失"部,《大正藏》№2154,卷1,第480页下第12列)。另一方面,也有两个版本《菩萨斋[法][经]》,法护(Dharmarakṣa)译,是《[菩萨]正斋经》诸多经名中的一个。

(60) 这像是一段引文,但我没有找到出处。

(61) 陈平(卒于前178年),汉朝开国皇帝的将军和谋士,以"善谋"著称(《史记》卷56第1页右;《汉书》卷40第12页右)。郗超所引陈平的话,见《史记》卷56第8页左。

(62) 颜回(相传为公元前514—483年),孔子最喜欢的学生,英年早逝(《论语》VI.2,IX.20,21; XI.6,8,9,10;《史记》卷67,第2页右)。冉耕,孔子的另一位学生,也夭亡于疾病(《论语》VI.8;《史记》卷67,第3页右)。有关儒家反对齐晋"霸权",譬如参见《论语》XIV.16和《孟子》IB.7.1。

(63) 参见《书经》I.ii.12(《舜典》):"殛鲧于羽山"(注疏本卷3,第14页左),同上II.17:"帝曰:俞,咨禹,汝平水土,惟时懋哉……"(注疏本卷3第21页右);《书经》IV.iv.3(《洪范》):"鲧则殛死,禹乃嗣兴"(注疏本卷20,第2页左);《史记》卷2,第1页左。

(64) 多数版本作"鲟",是"鱮"的异体。高丽本作"盻"而不是"鲟",在此没有什么意思。

(65) "四罪",是舜对四种主要罪行所规定的四种惩罚。参见《书经》I.ii.12。

⑥⑥ "牧孥之刑"通常认为是商鞅制定的,他是法家的创始人,公元前 4 世纪中期曾任秦相(大良造)。参见蒲立本(E. G. Pulleyblank), The Origins and Nature of Chattel Slavery in China,载于 *Journal of Economic and Social History of the Orient* , I (1958), pp. 185 – 220。

⑥⑦ 引自失译的《般泥洹经》,《大正藏》№6,卷 1,第 181 页中第 1 列。

⑥⑧ 暗引《书经》I. III. 5(《大禹谟》):"惠迪吉,从逆凶,惟影响。"(注疏本卷 4,第 3 页左)

⑥⑨ 暗引《道德经》第 73 章:"天网恢恢,疏而不失。""天网恢恢"在此指业报轮回的无所不在和不可逃避。

⑦⑩ 有关这部佚失的经典,参见本书第 247 页注③。这部分的主题是对身体的冲动本性的(九种)沉思,即"不净观"(aśubhabhāvanā)。

⑦⑪ 《差摩竭经》(《大正藏》№533,? kṣemaṃkāraparipṛcchā),亦作《菩萨生地经》,是讨论忍辱(kṣānti)的美德的一部小经,支谦译,道安(《出三藏记集》卷 2,第 7 页上第 2 列)也曾提及过。这段引文出现于《大正藏》№533(第 814 页上第 17 列起),但在那里作"忍辱为本"(而不是"大")。

⑦⑫ 引自《法句经》(*Dharmapada*, Udānavarga)《大正藏》№210,卷 2,《泥洹品》,第 573 页下第 8 列:受辱心如地,行忍如门阈(亦作"城")。郗超作"闻"而不是"阈",这两词意指"门槛"。在藏文本 Udānavarga 中没有这段话(《泥洹品》第二句,柔克义[W. W. Rockhill]译本 Udānavarga 第 116 页,也谈及"忍",但很不一样);《大正藏》№210 日本编辑认为指 *Dhammapada* 95 (ed. Fausboell, p. 18: Pathavisamo no virujjhati/indakhīlūpamo tādi subbato…),用了同一个比喻,但形容虔诚的僧人而不是指"忍辱"(kṣānti)。

⑦⑬ 《成具经》即《成具光明定意(亦作"三昧")经》,公元 3 世纪初支曜译(《大正藏》№630)。道安(《出三藏记集》卷 2,第 6 页下第 1 列)也曾提过,看来在公元 4 世纪还相当流行。根据道安传(《出三藏记集》卷 15,第 108 页上第 8 列;《高僧传》卷 5,第 351 页下第 12 列),这是道安成为沙门(śramaṇera)之后提到的最初一批经之一。此外,还有另外一个译本,由支谶译(《出三藏记集》卷 2,第 6 页中第 15 列),道安未曾提到;同上,第 15 页上第 8 列;在《大正藏》№2148 卷 5,第 213 页中第 15 列被认为已佚失)。郗超所引这段内容,见《大正藏》№630,453 页上第 12 列。

⑦⑭ 《出三藏记集》(卷 2,第 7 页上第 13 列)以及后来的经录(《大正藏》№2149,《大唐内典录》卷 2,第 228 页中第 7 列;《大正藏》№2151,《古今译经图记》卷 1,第 351 页下第 6 列)把《贤者德经》一卷列入支谦译著;在《大正藏》№2154(《开元释教录》)卷 2,第 489 页上第 14 列。这段引文与孔子对"恕"的定义极为相似,《论语》XV. 13. 1:"己所不欲,勿施于人。"

⑦⑮ 参见《论语》IV. 15:"夫子之道,忠恕而已矣。"

⑦⑯ "四无量心"(apramāṇa)或"四梵行"(brahmavihāra)是指修行(bhāvanā)的四种形式,对治怨恨、冷酷、贪婪和执著:(1)慈(maitrī);(2)瞋悲(Karuṇā);(3)喜(muditā);(4)舍(upekṣā)。

我不清楚郗超这里对四无量心的奇怪解释本于何说。

(77) 关于“数”,参见上文第147页及注(337)。

(78) 引自支谦《太子瑞应本起经》,京都版,ch. I p. 236. A. 1。参见《法句经》,《大正藏》№210卷1,第566页中第3列:“世皆有死,三界无安,诸天虽乐,福尽亦丧。”(在 *Lokavagga of the Dhammapada* 中没有这段话)

(79)《大正藏》№630(参见注(75)),第457页上第4列:“夫福者有尽有苦有往来有烦劳有食饮。”

(80)《大正藏》№6卷2,第189页中第21列的意译,摩诃迦叶在佛陀逝世以后说:“有生辄死,死则有生,五道无安,唯泥洹乐。”郗超的读法显然是正确的。引文中最后一字(“快”而不是“乐”)可能是由于郗超与该经中另一段话混起来了(《大正藏》№6卷2第187页上第22列):“无生不死,死而不灭,唯泥洹快。”

(81) 引自《太子瑞应本起记》(参见注(75)),京都版,卷1,p. 236. A2。

(82) “习期诸妄心”,或高丽本“期诸妄心”。

(83) 参见向秀(或郭象)几乎用同样的术语谈及自然的自发性,它所有的运作没有任何潜在的、原创性的动力(上文第92页)。早期中国佛教用汉语中不可逃脱的“自然过程”(course of nature)认同“业报”(karman),这是一个明证。

(84) “咏歌不足,系心手舞”是《诗经》序中的一段话的意译(注疏本 I. i, p. 5a)。

(85) 这是四谛(ārya-satyāni)第一谛即苦谛最初的表述。

(86) 据我所知,“缘对”这个词并不属于汉译佛经中通常的佛教用语。这里似乎是说明业报的因果过程。在道安《十法句经序》(《出三藏记集》卷10,第70页上第13列)中出现过“缘对”,他说佛陀“从俗故缘对而授药”,但这显然是“缘对”的另外一种用法。

(87) 暗引《庄子》第29篇《盗跖》,第198页中著名的比喻:“忽然无异骐骥之驰过隙也。”(指与天地相比,人生过于短暂)

(88) 参见《列子》第7《杨朱》第78页:“生则尧舜,死则腐骨,生则桀纣,死则腐骨,腐骨一矣,孰知其异?”

(89) “该以数涂”,“该”指“备”“傅”或“兼”;注疏本作“殊途”,通常解作达到同一个目标可以经过几种不同的道路(参见《易经·系辞下》第3页左:“天下同归而殊途”),此处讲“同归”于死亡和腐坏。

(90) 可能是《太子瑞应本起经》一段话的意译,京都版,ch. I, p. 236. B1:“物生有死,事成有败,安则有危,得则有亡,万物纷扰,皆当归空。”

(91) 或译作“by investigating (its nature) to find rest in it”。

(92) 引自支谦译《维摩诘经》(*Vimalakīrti-nirdeśa*)《大正藏》№474卷1,第523页上第25列:“又一切法可知见者如水月形,一切诸法从意生形”;参见鸠摩罗什译本《大正藏》№475卷1,第541页中第26列;玄奘译本内容上有所扩充(或许是有所“发展”?),《大正藏》№476卷1,第563页下第9列。

(93) “无往不滞”可能是错的,这应与前面“触遇而夷”意思相应,这可能是与上文“无往不夷”混淆了。“不”字可能是“而”字之误。

㉚ "衅乘"字面的意思是"争吵的原因,冒犯"。

㉟ 支谦译《维摩诘经》,《大正藏》No474 卷 2,第 528 页下第 1 列作"譬如大丈夫畏时,非人得其便";与鸠摩罗什本《大正藏》No475 卷 2(第 548 页上第 3 列)和玄奘译本《大正藏》No476 卷 4(第 573 页下第 8 列)相同。"非人"是 kimnara 的标准汉译。

㊱ 在早期佛教文献中"非常"有时可以与"无常"(anitya)混用。"四非常"并不属于常见的古代佛教词语;不过曾出现在康僧会《六度集经》(《大正藏》No152)。这里罗列的"四非常"实际上指苦谛(duḥkhasatya)的四个方面:非常(anitya)、苦(duḥkha)、空(śūnya)和非我(anātmaka)。参见《俱舍论》LVP Ⅶ.31。

㊲ "夕惕",参见《易经》对乾卦的解释:"君子终日乾乾,夕惕若万。"

㊳ "荣观",参见《道德经》第 26 章,可能应解释为"在军营了望塔上"("荣"应作"营",参见高亨《老子正诂》,上海,1948 年第 2 版,第 62—63 页;戴闻达译本第 65 页)。但从上下文来看,这个译本似乎体现了中古时期的汉语解释。伪河上公注解释为"宫阙";王弼对此并没有作注。

㊴ 可能是指《太子瑞应本起经》,京都版,ch.Ⅰ,p.234.B1:"三界皆苦,何可乐者。"

⑩ 参见《论语》Ⅳ5.3 的表述"终食之间"。

⑩ "报"在此意义不明,可能是"保"(Arch. * pōg＞AC * pāu)之误。

⑩ 这段引文无疑出自《四十二章经》,该经可能是最早的汉语佛经(见上文第 29 页)。实际上与该经第 38 章(Hackmann 译本,第 234 页;《大正藏》No784,第 724 页上)一致,但在字面上有很大的不同:

(郗超引文)佛问诸弟子:何谓无常？一人曰:一日不可保,是为无常。佛言:非佛弟子。一人曰:食顷不可保,是为无常。佛言:非佛弟子。一人曰:出息不报,便就后世,是为常。佛言:真佛弟子。

(该经高丽本)佛问沙门:人命在几间？对曰:数日间。佛言:子未能为道。复问一沙门:人命在几间？对曰:饭食间。佛言:子未能为道。复问一沙门:人命在几间？对曰:呼吸间。佛言善哉,子可谓为道者矣。

⑩ 此处英译不甚确切。(限于篇幅,未附英译——译注)

⑩ 暗引《论语》Ⅸ.18:"譬如平地虽覆一篑,进吾往也。"

⑩ 暗引《淮南子》卷 1《原道》,第 5 页:"圣人不贵尺之璧而重寸之阴。"

⑩ "度"是 pāramitā 的译名,见第二章注⑭。

⑩ "兼忘",暗引《庄子》第 14(天运)第 88 页:"兼忘天下易,使天下兼忘我难。"

⑩ 通常所谓九十六种外道,包括六师外道,各自又有 15 个宗派。

⑩ 《本起经》中作"皆乐生求安"(参见下注)。

⑩ 引自《太子瑞应本起经》,京都版,ch.Ⅱ,p.239.B1。

⑪ 暗引《庄子》第 2 篇《齐物论》,第 16 页:"子恶乎知恶死之非弱丧而不知归者邪。"

⑫ 此为中国式结论:生命的终结是获得永生的途径。

⑬ 见法护(Dharmarakṣa)译《普曜经》(*Lalitavistara*),京都版(Ⅸ.8),卷 4,第 13

品,p.725. A2,在梵语、藏语本 *Lalitavistara* 中没有这一段话:"不处生死,不住泥洹,便不退转菩萨决,无所从生,靡所不生,于诸所生悉无所生。"对中国佛教徒来说,这些话几乎成了成佛理想的经典描述,于法开《惑识二谛论》(参见上文第 142 页),以及慧远《达摩多罗禅经序》(《出三藏记集》卷 4,第 66 页上第 9 列)都(间接地)引用了这段话。

⑭ 参见《大正藏》№6 卷 1,第 181 页上第 21 列:"心识情休则不死不复生。"

⑮ "种十善戒善则受生之报",这第二个"善"应是衍文。

⑯ "四空"或"四空定"是禅定十二门中最后和最高级的四个阶段,对应于无色界(immaterial spheres,ārūpyadhātu)四空天:(1) 空无边处(ākāsānantyāyatana);(2) 识无边处(vijñānānantyāyatana);(3) 无所有处(ākimcanyāyatana);(4) 非有想非无想处(naivasaṃjñānāsaṃjñāyatana)。

⑰ 十八天(rūpadhātu)。

⑱ "有为"是道教术语,在佛教文献中通常指"有为法"(saṃskṛta)。这里不甚明了该作"道教"还是"佛教"讲。我认为该作第一种理解,首先因为《奉法要》作者似乎并不能熟练运用佛教术语,其次他可能从未对此作过区分,仅仅是把"有为"相对于"无为"(Nirvāṇa)。

⑲ 参见支谦译《维摩诘经》,《大正藏》№474 卷 1,第 522 页中第 12 列:"又贤者彼师说猗为道……边际,不及佛处,为归八难,为在众劳不信之垢,不得离生死之道。"鸠摩罗什译本和玄奘译本略显复杂,《大正藏》№475 卷 1,第 540 页下第 4 列,《大正藏》№476 卷 1,第 562 页中第 17 列。

⑳ 亦引自支谦译《维摩诘经》,《大正藏》№474 卷 1,第 520 页上第 14 列:"譬如有人欲度空中造立宫室,终不能成,如是童子菩萨欲度人民故愿取佛国,愿取佛国者非于空也。"鸠摩罗什译本和玄奘译本更为详细,《大正藏》№475 卷 1,第 538 页上第 26 列;《大正藏》№476 卷 1,第 559 页上第 23 列。

㉑ 前四度(pāramitās)经由般若(prajñā)"净化",在绝对真理(absolute truth)的高度上让人领悟到所有业行实乃彻底不真实,这包括宗教修行中的"布施"(dāna)、"持戒"(śīla)等,以此让修行者摆脱对自身修行及修行对象的执著。

㉒ "方寸"字面意思是"方圆一寸大小"。

㉓ "开士"指"开示(真理)的人",是"菩萨"一词的古代汉译。

㉔ 暗引《论语》IV. 15. 1:吾道一以贯之。

㉕ "四色""无朕"显然是"四大"(mahābhūta)和"无我"(nairātmya)这两词形式上的变化。

㉖ "本际"可能是"实际"(bhūtakoṭi)之误。

㉗ "方等"(vaipulya)通常指《般若波罗蜜多经》(*prajñā pāramitā*)。

㉘ 我认为最后一句的理据不甚明了了。作者是否是说,在《般若波罗蜜多经》中"现在"与"将来""过去"同样是虚幻的?

㉙ "立人",暗引《论语》VI. 28. 2:"夫仁者己欲立而立人,己欲达而达人。"这里用于借指菩萨境界(the ideal of Bodhisattvahood)。

⑬⓪ "姬周"字面意思指"姬姓周"。相传周代始祖后稷别姓姬氏，参见《史记》卷 4，第 1 页左。支遁并未明确日期，但"周之末"无疑指西周末年（相传前 1122—前 771）。有关中国人对佛陀生年的考辨，参见下文第 271 页起。

⑬① "摩耶"(Māyā)属于"释迦"(Sākya)族(Oldenberg, *Buddha*, p. 118)，"乔达磨" (Gautama)是这一种姓(gotra)中常见的名字，同一个始祖传下的后裔都有这个名字 (参见 E. J. Thomas, *Life of Buddha*, p. 22)。支遁认为佛陀的名字来自母亲，这是 错误的；而且，"乔达磨"这个名称通常不是指"摩耶"，而是指佛陀的姑 姑 Mahāprajāpatī。

⑬② "丕承"，参见《书经》IV. 16. 18（君奭）："惟文王德，丕承无疆之恤。" (Couvreur, p. 305: "magnopere suscipias")；同上，IV. 25. 6（君牙）："丕承哉武王烈。" (Couvreur, p. 371: "late subsecuta sunt ou regis opera")。

⑬③ "吸中和之诞化"。参见《中庸》I. 4："喜怒哀乐未发谓之中，发而皆中节谓之 和。"这里用以说明印度即 Madhyadeśa（中国），参见《牟子》第一部分（《弘明集》卷 1， 第 1 页下第 26 列），伯希和译本第 291, 343 页，注⑰；也见下文第 266 页。这一句与 下一句描述了这位菩萨投胎前在兜率天宫（Tuṣita）的四方面调查（catvāri-mahāvilokitāni）：时(kāla)、洲(dvīpa)、国(deśa)、家(kula)。

⑬④ 多数版本作"颢然"。高丽本作"浩"，显然是异体字"皓"之误。

⑬⑤ "弱而能言"，在《史记》卷 1，第 2 页右用来形容黄帝（参见下文第 270 页，宗炳 引用同一段话证明黄帝与其他文化圣人实际上是菩萨）。当然，这里暗指佛陀最初 的话，指他在降生之后立刻发出的"狮子吼"。

⑬⑥ 参见《孟子》VI. A. 16. 1。

⑬⑦ 参见上文注⑨⓪。

⑬⑧ "逆旅"是旅馆或小酒馆的古称，参见《左传·僖公二年》（注疏本卷 12 第 6 页 左，Couvreur, vol. I, p. 235）："保于逆旅。"

⑬⑨ "纤轸"，参见《楚辞·九章·措诵》"心郁诘而纤轸"；王逸释为"屈"和"隐"。

⑭⓪ "区外"，字面意思是"区域之外"，可能是"方外"的另一种说法，如《庄子》第 6 《大宗师》第 44 页："彼游方之外者也。"

⑭① "风人"通常指"诗人"。我不明白这里指哪一种诗人。这里是否指提婆 (deva)，根据《太子瑞应本起经》卷 2（京都版，p. 235. B2）这部有关佛陀早年生活最流 通的材料，他曾敦促悉达多(Siddhārtha)离开宫殿？

⑭② "大猷"，参见《诗经》第 198 首（II. V. 4. 4 巧言）："秩秩大猷，圣人莫之。"

⑭③ "有道"字面意思是"占有道路的人"。

⑭④ 暗指佛陀在六年孤独的苦修之前与阿罗陀伽兰（Ārāḍa [巴利文作 Ālāra] Kālāma）和郁陀兰子（Udraka Rāmaputra [巴利文作 Uddaka Rāmaputta]）相处。

⑭⑤ "明发"，参见《诗经》第 196 首（II. V. 2. 1《小宛》）："明发不寐，有怀二人。"

⑭⑥ "无待"，参见《庄子》第 1《逍遥游》第 3 页："犹有所待者也……""轻举"意思 是"轻轻兴起"，通常用来讲道教仙人；另一种意思用在佛教上，参见上文第 149 页 （道壹的信）。

⑭ "抗志匪石",参见《诗经》第 26 首(I. III. 1.3《柏舟》):"我心匪石,不可转也。"

⑭ 暗引《论语》两段话,IV. 2:"仁者安仁,知者利仁";VI. 23:"知者乐水,仁者乐山"。

⑭ 立誓在证悟佛道之前不离开座位。在讲述时我们已入"道场"(bodhimaṇḍa)。

⑮ 元明本中"并……运"是衍文,而且破坏了语句的平衡。

⑮ 这段显然描述"数息观"(ānāpānasmṛti),但没有说明细节。"四筹"可能指僧伽罗刹(Saṅgharakṣa)所译《道地经》(Yogācārabhūmi)中叙述的四种呼吸技巧(参见戴密微,《法兰西远东学院院刊》(BEFEO)卷 44,1954,第 414 页);这实际上相当于其他地方所讲的六种技巧中的五种(譬如《大正藏》№618 卷 1,第 306 页上第 26 列起;《俱舍论》VI 154—155),分别相当于下列六种中的 1、2、4、5 和 6 的综合:(1) 数(gaṇanā);(2) 随(anugama);(3) 止(sthāna);(4) 观(upalakṣaṇā);(5) 转(vivartanā);(6)净(pariśuddhi)。在早期通常的佛传中,《修行本起经》(京都版,ch. II, p. 231. A1)和《太子瑞应本起经》(京都版,ch. II, p. 237. A1)中也有六种方法:"一数二随三止四观五还六净。"这可能是支遁所谓"二随三止"的源头。但从这些术语是以平行的风格与"四筹""五阴""六情""五内"等词相配使用来看,支遁认为应是指"二种随""三种止""四种观"。这里"送迎"与"二随"相应。"简巡"可以英译为"easily tracing its circuit"。"随"可以包括体内体外的两种呼吸。"八记"其义不明。

⑮ "五阴"。"阴"指 skandha,参见上文注⑩。

⑮ "还府"显然是以官场生活中的例子作比喻。

⑮ "六情",参见上文注⑰。

⑮ "五内"似乎亦作"五根"(pañcendriyāṇi),指五种感觉器官:眼耳鼻舌身("身"作为触摸的器官)。此处讲"五内"似乎不很合适。

⑮ "太素",参见《列子》第 1《天瑞》第 2 页:"太初者气之始也;太始者形之始也;太素者质之始也。"

⑮ "七住"指菩萨的第七地(bhūmi),根据一些说法,这是在菩萨达到"无生法忍"(anutpattikadharmakṣānti)前"关键"的阶位,也是摆脱"肉身"(māṃsakāya)证得"法性生身"(dharmadhātujakāya)"关键"的阶位。这与《般若经》的教义相符(参见《放光经》,《大正藏》№221 卷 14,第 27 页下第 9 列;鸠摩罗什译《二万五千颂般若经》,《大正藏》№223 卷 6,第 257 页中第 14 列;《大智度论》,《大正藏》№1509 卷 10,第 132 页上第 25 列,拉摩(Lamotte)译本见《大智度论》(Traité),第 588 页;同上,卷 29,第 273 页中第 17 列;僧肇《注维摩诘经》,《大正藏》№1775 卷 6,第 382 页中第 15 列)。支遁当然也持相同的意见。按他的说法,觉悟实际上发生在第七地,在《支法师传》(可能由郗超作,《世说新语》卷 1 之上第 20 页右注引)中对此有所记载;这里有意思的是提到了"顿悟":"法师研十地则知顿悟于七住,寻庄周则辩圣人之逍遥。"这里从句子的对应关系来看,"十地"可能是指一部经名,但也未必一定。当然不可能指"十住"(Daśabhūmika),这不仅因为据我们所知支遁的时代中国人还尚未接受这种思想,而且也因为在这部经里"关键"的阶位是第八地,称作"不动"(Acalā)(参见 Daśabhūmika VIII B, p. 64,鸠摩罗什译《大正藏》№286 卷 3,第 521 页中到第 522

页上；*Bodhisattvabhūmi* 第 348 页上第 8 列；布桑（L. de la Vallée Poussin），*Carrière du Bodhisattva*（app. *Siddhi*），第 736 页；烈维（S. Lévi），*Sūtrālaṃkāra*, vol. II, p. 123, note.

⑱ 暗引《庄子》第 26 篇《外物》第 181 页中著名的比喻,常为中国佛教文献用来解释佛法方便的特点:"筌者所以在鱼,得鱼而忘筌……言者所以在意,得意而忘言。"

⑲ "六绝"似乎指六度（six pāramitā）。

⑳ "齿既立",暗引《论语》II. 4. 2:"三十而立";这里指三十岁。

㉑ "习"（vāsanā）,作为一个佛教术语。

㉒ "生知"暗引《论语》XVI. 9:"生而知之者上也。"

㉓ "五浊"（five kaṣāya）通常指"劫"（kalpa）中的罪恶:命浊（āyuḥ-kaṣāya）、见浊（dṛṣṭi-kaṣāya）、烦恼浊（kleśa-kaṣāya）、众生浊（sattva-kaṣāya）和劫浊（kalpa-kaṣaya）;参见 *Mvy* 2335—2340。

㉔ 七佛的前六佛,释迦牟尼佛是最后一尊佛,他们是:毗婆尸佛（Vipaśyin）,尸弃佛（Śikhin）,毗舍浮佛（Viśvabhū）,拘留子小佛（Krakucchanda）,拘那念牟尼佛（Kanakamuni）,迦叶佛（Kāśyapa）。前三佛并不属于现在贤劫（bhadrakalpa）,生活在过去庄严劫（Vyūhakalpa）;参见《法宝义林》（*Hōbōgirin*）"Butsu"条,第 195—196 页。

㉕ 或作"徵"而不作"微"。

㉖ "丈六"通常指佛化身（nirmāṇakāya）的高度。

㉗ "启度黄中",从上下文来看,指佛的肉身。《易经》第二卦中说:"君子黄中通理。"此处"黄中"似无意义,也不是"中黄"的误写。我们可以假设"黄中"是"黄钟"的误写,相传这是其他一切量度标准产生的基本依据,参见《汉书》卷 21 之上第 15 页左:"the measures of length… arose originally from the length of the huang-chung…; The measures of capacity… arose originally from（the contents of）the huang-chong…; the weights… arose originally from the weight of the huang-chung"（trsl. H. H. Dubs, *HFHD* I, pp. 276 - 277）。如果这是确实的,这句话应译作:"he displayed the proportions（of the Buddhakāya which was in accordance with）the huang-chung"。不过,从音韵角度考虑,"中"和"钟"古音很不相像。

㉘ 佛的"金色"（suvarṇa-varṇa）是佛三十二种相（lakṣaṇa）之一。

㉙ "倏忽",参见《楚辞·天问》:"倏忽焉在。"王逸解释为"闪电"（实际上是指"一种快的东西"）。也参见《楚辞·九歌·少司命》:"倏而来兮忽而逝。"《庄子》第 7 篇《应帝王》第 51 页:"倏"指 the fast one,"忽"指 the quick one,被想象成两位统治者。

㉚ "八音",指佛的八种音声（极好音、柔软音、和适音、尊慧音等）。其他的说法,参见《法宝义林》（*Hōbōgirin*）"Bonnon"条,第 133—135 页,以及望月《佛教大辞典》p. 4204。另外,"梵音"（brahmasvaraḥ）也是佛的三十二种相之一。

㉛ 暗指萦绕佛的"丈光"（vyāmaprabhā）,这也是佛的三十二种相之一;或指一种炫光,每每出现在佛一生中重要的时刻（诞生、成道、开示佛法等）,且能照彻全宇。

㉜ "未兆",参见《道德经》第 20 章:"我独怕兮其未兆。"

㉝ 参见《易经》第一卦:"六明终始,六位时成。"

⑭ "曲成",参见《易经·系辞上》第 3 页右:"曲成万物而不遗。"韩伯注:"曲成者,乘变以应物,不系一方者也。"

⑮ "三五",指"三皇五帝",传说中远古时代的统治者。

⑯ "太虚",出现在《庄子》第 22 篇《知北游》第 143 页:"是以不过乎昆仑,不游乎太虚";参见孙绰《游天台山赋》(《文选》卷 11 第 224 页):"太虚辽廓而无阂。"李善注:"太虚,天也。"

⑰ "二仪"指"阴、阳"。

⑱ "易简",参见《易经·系辞上》第 1 页左:"乾以易和,坤以简能。"

⑲ "太和",参见《易经》第一卦象辞:"保合太和乃利贞。"

⑳ 参见《易经》第 26 卦象辞:"日新其德";《大学》II. 1:"苟日新,日日新。"这里用意不同,指万物方生方灭。

㉑ "美既青而青蓝",典出于名句"青出于蓝(而胜于蓝)",主要指学生超出他的老师。这句话有其《荀子》的语源,《荀子》卷 1 第 1 页:"青取之于蓝而青于蓝,冰水为之而寒于水。"H. H. Dubs 译本,第 31 页。

㉒ 这可能与《牟子》中讲佛经"八亿四千万卷"犯了同样的错误。参见伯希和《通报》卷 19 (1920),第 343 页注㊽。这两种说法都基于佛法三藏有八万四千部的传说,参见 H. Kern 译《法华经》(*Saddharmapuṇḍarīka*, Oxford 1909),第 241 页注。

㉓ "三无"。我没有在《道行经》(《大正藏》№224)中找到这种表达。我假定支通在此暗指三世万法的空无,这是《般若经》的基本思想,反复出现在这类经典中。

㉔ "曾玄","曾"字通"增"。

㉕ "旸谷",参见《书经·尧典》:分命义和宅嵎夷曰旸谷。

㉖ 中国古代音乐的前二个记音符。

㉗ "希夷",暗引《道德经》第 14 章:"视之不见名曰夷,听之不闻名曰希。"伏羲在此被认为是八卦的发明人。

㉘ "皇轩",亦作"轩辕",黄帝的名字。

㉙ "邹鲁",孔子、孟子出生的地方。

㉚ "从心",表示 70 岁。语出《论语》II. 4.6:"七十而从心所欲不逾矩。"

㉛ "忍土"(sahā-lokadhātu),指我们所生活的这个世界。

㉜ "维卫"(Kapilavastu),参见下文第 301 页。

㉝ 可能是暗引了佛陀最后的遗教:"会必有离。"

㉞ "六度",六种渡口比喻六种波罗蜜(pāramitā)。

㉟ 三乘指声闻(Hinayāna)、缘觉(Pratyekabuddhayāna)、大乘(Mahāyāna)。

㊱ 有关佛陀逝世的这些比喻,无论在精神还是风格上都不是中国式的。另一方面,这与印度对此事件所作如下常见的叙述不相符合:法灯(dharmapradīpa)熄灭,世界之眼(lokacakṣus)合闭,法树(dharmavṛkṣa)凋零等。

㊲ "岂非兼忘天下易,使天下兼忘难",参见上文注⑩。这实际上是支通描写佛陀生平的结束语。他这个序言的最后几行字在此没有译出,支通痛诉自己无法亲见佛陀,表明他颂赞佛陀的崇敬心情。这篇颂赞本身并没有什么信息量,但也很难读懂。

第四章　襄阳、江陵和庐山的佛教中心 及北方佛教的影响

　　考察完晋代士大夫佛教和王室佛教在东部地区的兴起之后,我们将要追踪当时其他三个主要的佛教中心:在襄阳(湖北北部汉水之滨)有由道安主持的教团,兴盛于公元 365—379 年;在江陵(湖北南部长江之滨)有相对逊色但在当时仍属重要的佛教中心;在庐山(江西北部)也有一个中心,约于公元 380 年建立,持续到开山祖师慧远(337—417)圆寂为止。这样,我们便可结束当前这一研究的历史部分。

　　最重要的是这些中心的北方学统。它们有些共同的特征,迥异于我们在上一章描述的典型的南方玄学化佛教。在襄阳以及稍后另外两个与襄阳有密切历史渊源的中心,我们发现了一种浓厚的依赖佛像的信仰倾向,以及注重东南方士大夫佛教所缺乏的禅修,还有其他一些为了理解真正的佛法并使之摆脱中国传统思想的羁绊而作的大胆尝试。依据这些教团中最杰出的一些僧人的北方学统以及他们与北方的密切联系,在很大程度上便能说明这些特征。同时,这些中心又是北方佛教迁移到中原大地后的支脉,它们融合了南方佛教僧俗普遍注重文学研究、高雅艺术和哲学思辨的特色。它们的教义基本上综合了北方禅数学与南方般若学,而明显有别于在建康和会稽的清谈聚会及学者书房里的产物。

为了理解这些地区流行的信仰与修行的背景,我们必须依次关注公元 3 世纪和 4 世纪早期北方佛教的发展,这可能会有损于本章内容的完整性,也可能会因分散读者注意力而显得凌乱。然而,只有联系道安求学于邺并游学于北方的早年生活,才能理解他在襄阳的活动。在襄阳时期之后,道安居住在北方都城长安,他参与筹划一个译经和义学研究的学派,它不久以后成了鸠摩罗什展开史无前例的工作的场所。这个北方学派站在自己的立场上不断对庐山慧远及其追随者施加深刻的影响。这样,尽管我们想尽可能简洁地介绍北方佛教,还是要屡屡被迫游离我们的主题,去考察当时这个学派在北方被占地区的发展。

181

我们在这一章里对北方历史事件的描述要比前面一章简略。因为这在很大程度上仍属未知之域,需要作仔细的考察与说明。关于道安和慧远,我们已有可靠的研究成果。芮沃寿(Arthur F. Wright)有关佛图澄[①]的出色研究,给我们描绘了当时奇特的思想氛围,而道安那时作为这位神僧的弟子在邺度过了他宗教生涯的早年时期。道安的传记资料已由汤用彤[②]作了出色的整理,近来它已成了各项研究工作的重要工具[③];慧远的生平也已得到充分的整理[④],当然,这位大师的专论还值得继续撰写。对这些迷人而又极度复杂的专题,专家们虽已做了出色的研究,但我们还是乐于拓展他们的研究,并尽可能指导读者了解他们研究中的细节问题,进一步处理他们没有强调的或没有注意的一些方面或事实。

襄国和邺的佛教(约公元 312—349 年)

公元 4 世纪上半叶,正如我们所料想的那样,我们发现佛教在襄国(河北南部邢台西南)以及在邺(河北南部靠近临漳)极为兴盛,这两地相继成为羯族首领石勒和石虎所建立的强大的帝国后赵的都城(参见第 85 页)。公元 4 世纪初期北方最优秀的法师如竺法雅、竺法汰和道安等,都是高僧佛图澄(可能是龟兹人,卒于公元 349 年)的弟子。

不幸的是,我们对公元 320—380 年间北方寺院的变迁所知甚少,此一时期北方被"蛮族"侵占。对于长安和洛阳佛教的突然兴盛，我们几乎一无所知。实际上现有材料大多是关于河北的佛教中心的，也有一些涉及山西和山东。

　　佛图澄是那两个羯族统治者的国师，也是中国早期佛教中最有意思和最为神奇的法师之一。他在刘聪的军队攻陷这座城市（参见第 84 页）前不久，于公元 310 年抵达洛阳。不久他就离开了这座荒芜的城市，去投靠强大的反抗者也就是后来的皇帝石勒。通过一位将军（他早期的重要信徒和保护人），他被引见给这位"蛮族"首领，这个聪明但又不识字的出身奴隶的首领，则被佛图澄的神力和占卜术深深打动，尤其是他预测战斗结果的能力。他把佛图澄留在身边，并在公元 330 年取得最终胜利并篡夺王位以后，与家人一起积极参加佛教仪式。石虎这位精神变态者（psychopath），是历史上罕见的暴君之一，在他统治期间，佛图澄的地位日见上升，尤其是在迁都邺（335 年）之后，各种荣誉更纷至沓来。⑤在此期间他与统治家族、众多朝臣有着密切的联系，数以百计的信徒围着他，其中有的来自中亚甚至印度。⑥

　　这里最明显的事实是佛教在这个半汉化的"蛮人"和汉人杂居的世界中的迅速发展，如果我们把它和佛法在南方士族和皇族中缓慢而又痛苦的发展过程相比较，就看得更清楚。石勒及其身边的人第一次接触佛教大约是在公元 312 年，而在约二十年之后，事态已发展到"勒诸稚子多在佛寺中养之"，而且"每至四月八日，勒躬自诣寺灌佛（参见第二章注㊸）为儿发愿"⑦。几年以后，佛图澄被封为"国之大宝"，在襄国已建起几所寺院。⑧在邺数以百计的僧人居住在城里；遵照皇帝的旨意，那些佛像被装饰得富丽堂皇。⑨这些说明显然取自他的传记资料：一方面，这位古怪的老人受到盲目崇拜和敬畏，他能了知前世、预知死亡，他能从木碗中变出青莲花，从枯竭的河中唤出神龙，从胸前小洞里拉出自己的肠子；另一方面，这样做又有功利主义的目的，因为这位沙门的实际价值是能预知军事行动的结果，探知密谋，治疗疾病。佛图澄绝不是唯一能这样做的人,我们发现在他周围还有其他这种类型的法师。有一位来自敦煌的中国法师单道开("单"与"善"谐音)⑩,他狂热地修炼各种道术,诸如辟谷、疾行、通灵。像佛图澄一样,他是一位高明的医生,擅长于治疗眼疾。公元346年他出现在邺,之后定居在临漳附近。他受到石虎的敬重,并医治了这位皇帝的一个儿子的眼病。单道开在这个王朝覆灭前不久去了南边的许昌(河南中部),以后(359年)又去了建康,最后在广东附近罗浮山做隐士度过了余生,因此他从西北端直到东南端游遍了整个中国。另一位纯属道教类型的神僧是竺佛调(尽管据称他是印度人)⑪,他是佛图澄的弟子,据说他力过猛兽,死后成了仙人,在他居住过的常山(河北西部)漫游。人们开棺检查,没有发现他的肉躯,而只有他的衣冠,这显然附会了道教的理想。⑫在正史里,我们发现有一个沙门名叫吴进,他在石虎朝中似乎是个先知人物,充任政治顾问。公元348年前后,他提醒这位胡族首领说胡族的气数将尽,并建议他"宜苦役晋人以压其气"⑬。

183   鉴于他的传记中充斥了神迹和奇迹,我们发现佛图澄只是一位弘法大师,他既没有机会也未曾努力(可能也没有能力)去从事义学研究或译经工作。尽管他的传记宣称,佛图澄以其无边的智慧,有意回避讲述深奥的佛法,只想借助道术使这位统治者皈依佛教,借此救拔众生的苦难,而且有些现代作者似乎同意这样的观点⑭,但却没有迹象表明,在佛图澄的内心世界中或在他的弟子中,他是另一类能阐发《般若经》的大师。他的伟大在于他不屈不挠的弘法工作,这位身体力行的弘法者用最简单易行的方法向没有文化的人弘扬佛法。他的工作是让大众信仰佛教。有文献记载,在他鼓动下建造了893所寺院,而此前从未接触过佛教的戎、貊两族全都改信佛教,并有将近万名弟子跟从学习。他在石勒手下工作之初,据说已使中州的胡人和汉人几乎全部信仰佛教。佛法在百姓中间的大面积传播,无疑成了两位御用文人王度和王波在那篇著名的上书中主张禁断佛教的原因(参见下一章);他们把佛教仪式认定为"淫祀"(这类仪式通常暗含了对皇帝的诅咒以及其他的不轨之举),这是可以理解的,因为在反对石虎的叛军首领中有人宣称自己身为"佛子",来自大秦国(大意是"最西方"),要成为小秦国(中国)的皇帝。⑮虽然我们在此无意说是佛教徒领导了叛乱,但选择这个奇怪的名字显然是希望迎合社会大众。

佛图澄很可能创设了一套更完整的寺规⑯,也似乎为中国尼姑创设了一套规矩⑰。

我们仅了解佛图澄的一小部分弟子。我们发现,他们中有的后来成了那个时代最优秀的弘法者和义学研究者,上文(第 181 页)已经提及他们的名字。他们中有的出身于有教养的中国家庭(据说道安出身儒学世家)⑱,至少也已经受过一定的文化教育。基于上述理由,他们后来借以成名的解释方法和哲学理论基本上与佛图澄的传教无关,尽管道安在他后来的作品中屡屡以极度尊敬的口吻提及这位导师。

我们不清楚在邺还有没有其他佛学传统。当时很可能还有法护那个学派的残余影响。像佛图澄一样,法护在两座都城遭受胡族军队洗劫之后去过邺城。事实上,佛图澄传记中曾提及他的一位学生名叫法首,而有一个名叫竺法首的人在公元 294 年的一篇题记中被认为是法护的弟子。⑲道安本人也声称自己在邺城见过义学僧帛法巨,后者的名字在公元 308 年法护所译《普曜经》题记中出现过。

格义

我们对佛图澄弟子中注重学理的僧人在邺城的活动及其观念所知甚少。主要的资料是《高僧传》卷 4 中竺法雅的传记,其中有这么一段著名但又晦涩的话:

> 法雅,河间人(河北)⑳……少善外学,长通佛义,衣冠士子,咸附咨禀,时依门徒,并世典有功,未善佛理。雅乃与康法朗㉑等,以经中事数,拟配外书,为生解之例,谓之格义……外典佛经,递互讲说。

184

与道安、法汰每披释凑疑,共尽经要。[22]

问题在于:佛典与外典"格义",这里是什么意思？这不能被说成是些"等式",诸如菩提＝道、阿罗汉＝真人、涅槃＝无为,这只是一种翻译策略,是早期汉译佛典的特色,即便在像竺法雅这类不太精通原典的译者那里也没被认为是"等式"。另一方面,用中国哲学术语(主要取自《老子》《庄子》和《易经》)来表述佛教观念,这是"格义"常见的解释,却又很难指称一种普通的方法。道安后来自己也反对格义,据说他摒弃格义是由于"于义多违"[23];鸠摩罗什的弟子慧叡则认为格义是对佛法作了"恢之""迂之"的解释[24];百年之后这个被称为"格义"的过程彻底结束了,而《出三藏记集》的编撰者僧祐显然没有明白这个词的意思。[25]但是尽管如此,这个被称作"格义"的现象,即用《老子》《庄子》和《易经》的术语来表现佛教,不仅在道安后期作品中,而且还常常在慧叡以及鸠摩罗什学派其他成员的作品中出现。我们很难断言这些作者不清楚他们所谈论的内容,所以只能认为他们是以"格义"来指称某种特定的义学研究方式。我们必须强调这个事实:格义是为了阐释"名数"(numerical categories),那些名数出现于现已不再通行的有关禅修和阿毗达磨的论文或经典中,此类文献在当时的北方则极为流行,道安在其早期生涯中曾富于热情地研究过它们。

道安及其北方信众(约公元 349—365 年)

石虎死于公元 349 年,随之而来的权力之争导致了举国混乱,在中国史书上称为"石氏之乱"。

公元 349 年,有四个皇帝先后登基并被谋杀。次年(350 年),石虎收养的汉族孙子石闵(原名冉良)改名为冉闵,他下令杀死邺城包括石氏成员在内的所有羯族人(参见上文第 111 页)。他先与襄国石氏的幸存者、后与燕国为敌作战,并及时地把疆域拓展到中国西北部。连续两年作战

185

之后,在公元 352 年,冉闵和他的王朝为燕国所灭,留下一片荒芜和人烟稀少之地。

当这场灾难性的事件(佛图澄临死前已预知了这件事)来临之际,那些最优秀的僧人开始纷纷逃离这座陷于厄运的城市及其毗邻地区。我们在上文中(第 182 页)见到,竺佛调去了常山,单道开去了建康。竺僧朗(约 315—400)生于长安,也曾在佛图澄门下学习[⑳],他此时去了山东,并于公元 351 年在泰山建立了一座重要的寺院,该寺的建立通常被认为是标志了这一地区佛教传入的开始。他似乎在山上至少住了 50 年。[㉗]

佛图澄先前一些最重要的弟子现在成了难民,他们在泽(山西阳城县西)组成了一个教团。我们发现,约在公元 350 年,那里涌现了一批未来的僧团领袖:道安、竺法汰(参见第 148 页)、后来入川弘法的法和、后来把道安的弥勒信仰引进荆州的竺僧辅(与第 147 页提及的竺僧敷不是同一人),以及稍后的也可能是来自其他佛教中心的支昙讲和竺法济(可能与《高逸沙门传》的作者是同一人,参见第 138 页)。[㉘]

道安不久成了这个僧团无可争议的领袖。他在泽施展了自己在宗教、学术以及寺院组织方面的非凡才能,这为他此后在襄阳开展工作奠定了基础。

濩泽只是一个临时的藏身之地,公元 349 年后他可能在濩泽安居,但现已无从知道他在那里住过多久。我们不拟讨论道安在该时期的纪年问题,因为《出三藏记集》和《高僧传》的道安传内容极度混乱,对如何划定他的游学经历已有多种说法。[㉙]在以后的 16 年间,他带着不断增多的弟子以及邺城的旧同伴行踪不定。根据汤用彤的纪年(仍是目前最可信的说明),他先从濩泽去了附近的王屋山(洛阳之北),然后去了飞龙山(湖北麻城县北侧),他在那里建造寺院,频频参加佛事活动。[㉚]他又从那里迁移到恒山(山西北部),并于公元 354 年在那里以佛法感化了一位姓贾的儒生,此人随后与胞弟一起出家,做了沙门,其法名叫慧远,后来成了南方佛教的领袖。应武邑太守之邀,道安又从恒山迁到武邑(河北)。

随后可能又回到了邺（357年），住在该城西北的牵口山，后又去了陆浑（接近河南北部现在的嵩山）。

186 公元365年，陆浑遭受燕国侵略军的威胁，他因此亲率弟子逃往南方。在去襄阳的半路上，他在新野决定把他的一些随从派往各地弘法，并分给他们一定数量的弟子（尤其是他们自己的弟子），以便互相照顾。这件事对佛教在东南或西南地区的传播产生了重大影响。竺法汰带了40人去扬州③，他在晋京城建康地区成了一位弘法大师（参见第148页）；法和入蜀（四川）②，并在那里一直住到公元379年，当时他应召回到长安，参加道安主持下（参见下文）的浩大的译经工作。然后道安重又率领四百多名弟子（将近五百）抵达襄阳，度过了此后的14年时间。尽管在他来襄阳以前已是位著名的法师，但在当地营建一个欣欣向荣的佛教中心以后，他在南北方的名声得到了同样的传播。

我们已经说过，道安传中有关公元349—365年的事件说得简短而又含混。然而，还是有些材料告诉了我们他在"江北"的一些情况：道安在濩泽撰写了一些序言（有些也可能写于北方其他的地方），这是为他自己那一时期撰写的一些注疏作序。只有一篇注疏尚存，其他的都已佚失。③从后来道安在襄阳的活动来看，这些早期文献反映了他的三点特殊兴趣，并在一定程度上预示了他后来的活动。

首先，对于早期经典，尤其是对安世高及其学派（2世纪）所译的那些简要却通常是晦涩难解的著作，道安有着浓厚的兴趣并进行深入研究。我们已说过（上文第33页），这些论文和经典主要描述了作为各个禅定阶段之准备的身心修行，这被认为可以把修行者引向存在的更高境界，从色界（rūpadhātu）进入色究竟天（bhavāgra）。这一时期道安的兴趣集中在对禅定的研究上（无疑他也身体力行），这表现在他所选择注释的经典上：《道地经》（僧伽罗刹［Saṅgharakṣa］著，安世高译，《大正藏》№607），《阴持入经》（《大正藏》№603），大、小《十二门经》（已佚），《人本欲生经》（《大正藏》№14）以及极为流行的《安般守意经》（《大正藏》№602）。这些经典主要是对所谓"禅数"这些术语、概念的分门别类,还有一些修行方法。至少在北方地区,研究、阐释这些"禅数",自汉代以来就是学佛的基本任务之一。在道安《十法句义》㉞(可能也是写于早年"北方"时期)的序言中,他把研究"禅数"作为佛学研究之最基本的工作,称其为"众经之喉襟,为道之枢极"㉟。他在这篇序言中用繁复的词汇进一步展示了其"禅数"知识,这使他的这篇序言除了自传部分略显简洁以外,其他部分均属于中国早期佛教文献中最难懂的一类。㊱道安对禅修的兴趣在襄阳时期似乎有所消减,对《般若经》的比较研究、义学研究分散了他的注意力。但正如汤用彤在《汉魏两晋南北朝佛教史》中所指出的㊲,道安对《般若经》的注释仍带有他早年修习禅定的痕迹;另一方面,在汤用彤所提及的(同上书)道安早年的那些序言中,他对禅定的描述显然受到了般若学(当然是玄学化的)的影响。㊳事实上有迹象表明:道安在其早年时期就已对《般若经》有所研究。㊴

第二,这一时期的文献证明:道安在佛典搜集和编目方面还是一位自觉的天才。他最先开始对一些经典的源流作出详细的说明,记录抄本的出处,编录题记㊵,并相当谨慎地说明佛经的译者。㊶甚至有可能早在公元 365 年以前,道安便已开始搜集有关佛经翻译、译者等书目文献方面的资料,这表现在后来他所编辑的那本著名的经录上。

最后,献身学术的精神即搜集材料予以详细论证的内驱力,促使他撰写了大量的注疏。如果我们相信道安的传记,他便是对佛经逐字逐句地作详细义理研究的第一人,且并未局限于对主要内容作出概要说明,或局限于复述原文,而后两种情况在当时较为普遍。"条贯既序,文理会通,经义克明,自安公始。"对早期佛典作出条理清楚的解释,并逐段注上释义性的或语言学的简短注释,看来在道安时代还是件新鲜事。现在仅存的一部注疏(参见注㉝)印证了这一叙述,事实上也可能是他那种义学研究方式的最好例证。但对那些未曾保留下来的注疏,我们仍无从判断它们究竟与现代人的注释有多大差距。

187

　　他的传记记载:道安经常担心他的注疏与佛典最初的用意不完全相符,这说明他已有意识地试图挖掘这些佛典的原义。这些原义由于早期翻译不够完善而变得模糊不清,并由于受中国传统思想的影响而有所走样。当然,他也不能完全摆脱后者的影响,但在飞龙山时,他即已明确反对以格义的方式来解释佛教,而在后来的一篇序言中,他认为《般若经》在中国的极度流行是由于它和道家哲学具有相似之处。[⑩]道安这种批判反省精神在中国早期佛教史上堪称独树一帜。

道安在襄阳的寺院生活及寺院组织

　　道安和他的弟子们先是住进了白马寺(众多同名寺院中的一座),但在它相对于僧团规模显得太小时,他马上(可能在公元 365 年,即到达的当年[⑩])决定迁往他处,住进了一位来自清河(河北)的名叫张殷的施主的府宅。这位捐赠者可能是位当地的地方官,他的名字没有出现在其他材料中。把家宅捐给僧人当作寺院,在当时已司空见惯,我们已经说过(参见第二章注⑰),这在很早以前就有。大概是考虑到寺内的花园,道安把它命名为檀溪寺[⑭]。随后在那些大富长者的支持与资助下,该寺得以扩建、装修,道安因此造了一座五级多宝塔和 400 套僧房。道安似乎委托过他以前的友人竺法汰在江陵(湖北)为建造铜"承露台"(置于塔端的圆盘)筹集资金,因为当凉州(甘肃)刺史杨弘忠(在其他材料中未曾提及)送铜万斤,想用于建"承露台"时,道安曾提及竺法汰的工作,并建议用这些铜另造一座丈六佛像。[⑮]这以后,檀溪寺的这座大铜佛成为当时最为著名、最受崇拜的佛像之一。慧远曾为之作赞[⑯],因为这尊佛像有"变化"与"神步"的奇迹。另一尊佛像则因为有一颗舍利而使僧众大为诧异,这是道安在检查佛像头部时发现的。其他的一些法器是由前秦统治者符坚捐赠的,而道安传中列举的东西有一定的考古价值:"外国金箔倚像[⑰],高七尺,又金坐像、结珠弥勒像、金缕绣像、织成像,各一张。"每次举行法会,道安都要摆设这些佛像,并饰以幢幡。这种壮观的场面使参加法会的人深受感动。

公元 365 年道安到达襄阳时,他的弟子人数已相当可观:《高僧传》说是 400 人,《出三藏记集》说是 500 人,同时代的文献说至少也有几百人[⑩]。供养这个僧团的经济问题是通过大量慈善性捐助得以解决的。事实上,我们知道大施主郗超(我们已经说过他是支遁的信徒、《奉法要》的作者)从江东送给他一千斛(等于一万斗)大米,孝武帝也供给他一份俸禄,"一同王公,物出所在"[⑪]。

大量僧人的出现也引发了另一个组织上的问题。戒律方面当时还很不完善,尽管道安曾努力搜求更多更完整的律藏文献。这似乎就是道安创制大量戒规制度的动机。这些戒规被分为三个部分,据说为全国各大寺院纷纷采用。在《高僧传》的传记中对这三方面戒规的叙述非常简短也相当含糊。前两条涉及焚香、讲经、行道、饮食等方面,似乎用以指导讲经与礼拜的日常活动,而后一方面主要涉及每隔半月的斋戒与忏悔仪式。[⑫]道安在其寺院中保持严格的纪律,据说他有一次惩罚了自己以前的一位学生,而后者当时已离开了襄阳。[⑬]道安还在襄阳引入了另一种习惯:把"释"字作为僧人法名的姓,以此取代先前用于标记血统的姓,如"竺""支""康"等。道安这一改革措施后被广泛采用并沿用至今,我们将在下一章叙述其中的意识形态背景。

在这位卓越的法师、学者和组织者的领导下,襄阳在短时间内成了一个香火旺盛、远近闻名的佛教中心。从上述相当详细和具体的材料来看,襄阳作为最早的实例,能使我们对中国佛教僧团的日常生活及其行为有所了解,虽说还有些含糊。在一个同时代人的报告中,我们可以发现,当时有教养的俗家信徒十分尊崇这个僧团及其领袖。这就是习凿齿写给名士谢安(上文第 112 页)的一封信,它可能写于后者掌权(373 年)之后。有意思的是习凿齿强调了襄阳在佛事活动及整体氛围上跟他所了解的其他佛教中心之间的显著差别:

> 来此见释道安,故是远胜,非常道士,师徒数百,齐讲不倦。无

变化伎术，可以惑常人之耳目；无重威大势，可以整群小之参差。而师徒肃肃，自相尊敬，洋洋济济，乃是吾由来所未见。其人理怀简衷，多所博涉，内外群书，略皆遍睹，阴阳算数②，亦皆能通，佛经妙义，故所游刃。作义乃似法兰③、法道④，恨足下不同日而见，其亦每言思得一叙。⑤

在襄阳与士大夫、王室的联系

我们已经看到，佛教在东南地区（京城建康和吴、会稽地区）渗透到上层社会，是一个缓慢而渐进的过程。公元 370—380 年间，道安住在襄阳，其时佛教已在皇宫成功地取得了稳固的地位。在这段时间内，简文帝听支遁、竺法汰讲法，那位居士皇帝孝武帝也在宫内建造精舍（参见上文第 151 页起）。另一方面，在王室佛教和皇族支持的环境中，道安也在邺度过了历时数年的发展时期。他确信在这种风雨如晦的时代，只有在统治者及上层社会的支持下，佛法才能弘扬光大。据称，公元 365 年他在为一批学生送行时说："今遭凶年，不依国主，则法事难立。"同样，在竺法汰去建康地区时，他也说："彼多君子，好尚风流。"⑥

因此，道安必然会鼓励襄阳及其他地区寺院和政府之间的接触。我们发现在他到后不久，他便成功地从当地大族那里募集到了扩建新寺院所需的资金。习凿齿（卒于 390 年）是襄阳的精英人物、著名的史学家，曾充当桓温（上文第 110 页）的亲信，也是位清谈高手，公元 365 年他致书道安⑦，两人不久便成了好友。据传他们之间曾以清谈方式说过一些很有名的妙语。⑧最后，朱序这位凉州刺史自公元 377 年驻扎在襄阳，似亦与道安有着密切的联系，并极为尊敬他，以致在公元 377 年将其从江陵召回襄阳（参见下文），两年以后即当公元 379 年这座城市将被前秦军队攻陷时，他仍强迫道安留在襄阳。⑨

道安与襄阳以外的政界显要也有接触，包括曾为建寺（参见上文）赠

送铜钱(可能是某种现金)的凉州刺史、荆州刺史、将军桓豁®,公元
373—377 年间曾一度邀请道安去他在江陵(湖北)的府宅,而当时住在建
康的著名的信徒郗超,以及长沙(湖南)太守滕含,后者曾捐出江陵的府
宅作为寺院,名为长沙寺(长沙太守的寺庙),并请道安派一位弟子出任
方丈。®我们也已提及襄阳时期的道安与晋朝皇帝和前秦皇帝均有接触。

　　尽管有如许接触,道安与他的僧团却似乎游离于政治阴谋和艰难时
局之外。襄阳距京城路途遥远,而且可以说该地区大部分时间被控制在
桓温这个独裁者手里,直到他于公元 373 年死去为止。这以后,苻坚的
领土扩张才成了时局关注的焦点,而面对北方不断突起的危险,集团之
间的仇隙才被暂时搁置淡忘。

襄阳的宗教活动

　　道安在襄阳时注意力似已从禅修转移到了般若学研究。大致说来,
也即从小乘佛教转向大乘佛教,从掺杂了道教内容的佛教瑜伽转向带有
中国玄学色彩的佛教智慧学(gnosticism)。在道安新的兴趣中,我们不
难发现南方玄学化佛教的玄想及其互争不休的各种理论(义)对他所产
生的影响。

　　事实上,有迹象表明:南方的注释者与道安保持着某种联系,而他以 *191*
前的朋友竺法汰(320—387)充当了中间人。上文(第 147 页)我们已经
介绍过竺僧敷的一些生平和理论,他是位般若学专家,也是《神无形论》
的作者。我们曾提及如下几件事:一、有一个名叫道嵩的僧人(可能以前
是道安的学生,后来去了京城)写信给道安谈及竺僧敷的理论,其中的一
段文字为《高僧传》引用;二、竺法汰本人对竺僧敷的理论印象十分深刻,
他曾几次写信给道安解释竺僧敷的理论,这些在编撰《高僧传》时已全都
散失(公元 6 世纪初期)。法汰去京城以后,道安与他有过关于佛学方面
的通信,《出三藏记集》道安作品栏中的《答法汰难》可以证实这一点。®而
且,在公元 365 年或稍后,当时已是道安最得意的弟子之一的慧远,被从

襄阳派往江陵,去照顾赴京途中病倒的竺法汰,据说他参加了那场和"心无义"支持者之间的激辩(参见上文第 148 页)。

所有这些都可证明:道安和他的学生十分熟悉前几十年间东南地区流行的各种理论与玄想。这些理论主要用于解释"空"和"色"这两个概念,换言之,是解释在《般若经》中所阐发的真谛与俗谛之间的关系。

由此看来,在道安的活动中,解释《般若经》具有十分重要的地位,这是相当自然的。在 15 年内,他每年讲两遍《放光经》(朱士行译《二万五千颂般若波罗蜜经》)),这成了公元 379 年以后他在长安的习惯。[⑥]他针对各种《般若经》译本写了许多注疏和研究文章[⑥],还成功地搜集到一份法护《光赞经》的不完整抄本,这个译本在中原已经失传,而在公元 376 年有人把它从凉州送给他,该译本当时在那里还有流传。[⑥]

道安是早期安立某种特殊义学理论的中国法师。他的理论在后期研究文献中被称作"本无义"[⑥]。正如汤用彤所说(《佛教史》第 238 页起),这个术语实际上有着更宽泛的意义,概要地表示了般若学"一切皆空"(universal emptiness)的思想。他用这个术语来替代出现在最早两部《般若经》译本中的 tathatā 的译名(其他译法有"如""真如")。[⑥]支遁在给这两个汉译本的合本作序时曾多次想这么做(参见上文第 124 页)。尽管"本无"作为一个术语最早出现在佛典中,但其特殊的形式却似乎说明它多少有其道家或玄学的来源。[⑥]

我们对道安"本无"理论所知甚少,这是早期学派的常例。他的论文中有一段文字(曾为后来的各种文献所引用,而《名僧传抄》第 9 页 B1 引得最为全面)似乎能表明,道安假定了在"本无"与"末有"之间有一种暂时的关联:"无在元化之先,空为众形之始。"这个原初状态被认为是"自然",为各种"权化"(provisional transformation)的根本。通过"宅心本无",人们可以从能使其存在束缚于"末有"的"累"中解脱出来。

宇宙从原初无形的状态演化为多样的现象世界,这一假定与道家哲学的一些概念极为相似[⑥];道安观想"本无"先于可见的有形世界,这也与道家诸如"守一"的玄想类似。很可能正像汤用彤所指出的,道安先前对禅定的修习影响了他对般若学的解释。

另一方面,我们又不能过于强调与道家观念的这种相似性。道安的"本无"与道家的"混沌"有着本质的差别,后者是变动不居的世界中的恒常之物。而道安在同一段内则说:"非谓虚豁之中能生万有也。"换言之,"本无"是所有现象的真实本质,是潜存于世界中的绝对。后来的注释者强调,道安的义学和由鸠摩罗什揭示的般若学真义非常接近,而道安的弟子慧远则道出了"本无"与"末有"的同一性:"因缘之所有,本无之所无。"⑩道安的思想似乎是道家思想与大乘思想的结合,而道家的理想是"有物混成,先天地生"(《道德经》第 25 章)的混沌,大乘"诸法实相"的思想却是自其本性而言万法是"无"。他仍把"本无"与"末有"相对立,并试图通过观想摒除"末有",以期认识根本。因此,他并没有实现空与色、涅槃与轮回的绝对统一,直到鸠摩罗什及其学派介绍中观学以后,后来的注释者才明白这个道理。

参照他在襄阳、长安时为各种《般若经》译本所作的序言,道安对《般若经》的解释就显得更为清楚。从义学的观点来看,最有意思的文献是他的《合放光光赞略解序》。⑪在叙述了这两个汉译本的流传过程之后,他阐释了《般若经》的基本意思,使之成为大乘佛教与玄学相结合的典范。

按照道安的理解,般若有三方面的含义:如(tathatā)、法身 193 (dharmakāya)、真际(bhūtakoṭi)。这三者构成了般若,它是最完善的智慧,是无上正真道(anuttara-samyaksaṃbodhi)。这三方面如何界定呢?

一、如者,尔也,本末等尔,无能令不尔。佛之兴灭,绵绵常存(《道德经》第 6、32 章),悠悠无寄,故曰如也。

二、法身者,一也,常净也。有无均净,未始有名(《道德经》第 1 章),故于戒则无戒无犯,在定则无定无乱,处智则无智无愚,泯而都忘,二三尽息,皎然不缁,故曰净也,常道也(《道德经》第 1 章)。

三、真际者,无所著也,泊然不动(《道德经》第 20 章),湛尔玄齐,无为也,无不为也(《道德经》第 37 章)。万法有为[12],而此法渊默,故曰无所有者,是法之真也。

这里,在真理的方便开示与真理本身之间有一种区别。就佛经而言,这种区别发生在文本的语词与它的深层含义之间,或在说教的多样性与摒除多样性的单一性之间;就菩萨而言,这种区别发生在他所显现的法慧与他超验的智慧之间。道安对后者的形容甚是有趣,可使我们窥见公元 4 世纪时以佛学语言解释《道德经》开篇几句话的情况:

> 诸五阴至萨云若,则是菩萨来往所现法慧,可道之道也。诸一相无相,则是菩萨来往所现真慧,明乎常道也……此两者同谓之智(参见《道德经》第 1 章"同谓之玄"),而不可相无也……

自公元 379 年起,道安在长安每年讲解两遍《放光经》。公元 382 年,他从高昌(Turfan)获得梵文本《八千颂般若经》,该经的汉译本使他对许多问题产生更完整、更正确的理解。我们可以假定:道安对《般若经》的义学研究在长安是有权威性的。而直到公元 402 年,鸠摩罗什方以其精确的翻译与解释,使他的弟子们真正了解这些经典的含义。

194 净土信仰

道安对"空"的阐释,沿袭了相对传统的理路。让人惊讶的是他襄阳时期宗教生活的另一面:他非常强调佛教虔信活动,尤其是对未来佛弥勒的崇拜。在道安看来,这种仪式是与他的义学研究诸如口头讲解、大量注疏等活动紧密相关的。根据他的传记,我们知道他经常担心自己歪曲了佛经的原义,只是在他亲见宾度罗(Arhat Piṇḍola)后始坚信不疑。[13]弥勒(Maitreya)被认为居住在兜率天宫(Tuṣita heaven),并在某个时候将会降生到这娑婆世界(Sahā-world)成为佛。他被认为是义学研究者的良师、佛教学者的导师,好多故事谈及著名的阿阇梨请他解决他们的佛学难题。[14]在道安时代,许多完全或部分地宣扬弥勒信仰的经典都已译成汉语⑥,所以对弥勒他力解脱的信仰并不完全限于道安及其弟子们。然而,显然是道安最先把这种信仰仪式化的。

　　根据他的传记以及他的一位弟子的传记中更详细的资料⑥,道安齐集了七个人,在弥勒像前集体发愿往生兜率天宫,期望这位超人的义学大师给予永远的引导与开示。

　　大约 30 年以后(402 年),慧远和一百多位居士效仿这种奇特的仪式,在阿弥陀佛(Amitābha)像前发愿(参见下文),这是一个确凿无疑的事实。这里,也同样是在某一尊佛像前集体发愿(在道安而言是弥勒这尊未来佛),同样是发愿往生某个幸福无忧的世界。在道安及其弟子发愿的同时,还伴随一些观想佛像的仪式,试图在今生能亲见弥勒佛及其天宫。据《高僧传》记载,公元 385 年 2 月 22 日,他们目睹了兜率天宫⑦,尽管这个故事带有夸张神通的痕迹,但也许仍能说明他们这方面的倾向。无论如何,慧远的发愿与某种禅修方式紧密相关,他和他的教团成员都希望能在定境中使阿弥陀佛显现,并亲见佛相。

　　然而,在襄阳的八位弥勒信徒和庐山的阿弥陀佛信徒之间,除了人数多寡有别,还有一个重要的区别:道安的发愿是在寺院内的一种相对私密的仪式,是一种纯粹的佛事活动;而慧远的教团内既有僧人也有俗人(包括一些重要的知识分子),他们聚集在庐山,在慧远的主持下和这位法师一起发愿。在后一种情况里,寺院的幽隐生活有所改变,而有教养的居士开始积极参与这种宗教生活。这种仪式已经和它的宗教的学术背景相脱离(弥勒的开示是为了解决义学问题),并已经扩展到了包括非僧人在内的大规模的异质团体(heterogeneous group)。慧远可能是当初的八位弥勒信徒之一,但是文献中并没有提到他的名字。

195

　　但无论如何,慧远的独立性和独创性(这些特点与他的老师是共通的),却使他能够替代由道安创设的弥勒信仰仪式。不过,这在一定程度上也改变了它的目标和适用范围,使之成为居士佛教(lay Buddhism)最具影响力的表现方式之一。同时,我们发现道安的另一位稍欠独创性的学生继续虔诚地礼拜弥勒佛，而当其他僧人问他为什么不为来生善缘而礼拜阿弥陀佛时，他只是回答以前他跟着道安老师就是这么做的。(78)

总之，我们可以说道安在襄阳时期的宗教活动，即般若学研究与弥勒信仰，标志了他的一个特定人生阶段：既和东南地区的玄学佛教有关，也和他以前的禅修经验有关。这两方面对其弟子们产生了深刻的影响，尤其是对慧远，他在以后的几十年里接替道安成为南方佛教界的领袖。

襄阳的学术活动

我们必须恳请读者理解这个标题所暗含的意思。道安确曾致力于获得完好无损的佛经，并在编辑那部著名的汉译佛典经录时，显示了卓越的学术才华。然而，在这些活动背后隐藏的最初动机，绝不仅仅是历史学的或文献学的兴趣。这些活动内含着一种宗教热情：去获得最完整、最纯正的佛陀说教，去把已有的汉译佛典进行分类整理，以便估价各部佛经的佛学价值。这里他借鉴采纳了外典的写作方式，使之具有新的用途和内容。道安无疑是按照世俗文献编目的方式进行编辑，可能就是参照《汉书·艺文志》。(79)根据道安的传记，他出身于儒家知识分子家庭，对这些史籍肯定非常熟悉。

我们已经讲述过道安的《综理众经目录》(参见上文第 30 页及第二章注(65))，此处不再重复已经说过的各种细节。这个目录编于公元 374 年；它包容了六百来个条目。在道安之前可能已经有过其他不完整的经录，如公元 4 世纪上半叶南方有过支愍度编撰的经录(参见上文第 99 页)，但道安显然没有参考这个目录。道安在编辑这部经录时所表现出来的严谨和博学，要比他编辑《综理众经目录》这件事本身更让人惊讶。道安逐条考查了所有的条目，因此略去了“佚失”这一部分，而在后出的经录中则经常出现这一部分；另一方面，道安记录了他所能查到的所有经典，即便是不完整的经典也罢。这些文献的题记中如果有译经日期和背景介绍，道安也会实录这些材料。道安或者依据写有译者名字的题记、标题，或者依据译本的风格、措词，把某部译经归于某位译者。然而，道安不像后来那些不太严谨的编目作者，他果断地把许多经典标为"失译"，并在《古异经录》《凉土（甘肃）异经录》《关中（长安）异经录》之外专门增设这一部分。最后，他还列出专门一项"疑经"，所列经典经过考查均属于疑伪经。⁸⁹他创立了自己的、不同于世俗文献的分类编目方式。他因此创设了一个新体例，广为后世经录作者采纳运用。

道安始终致力于搜集更好、更全的佛经，有些译典甚至是从遥远的凉州搜集来的。在这方面最有意义的一份材料是他的一封长信，尽管《出三藏记集》云其"未详作者"，但这显然是道安亲自写的一封信。⁹⁰这封信清晰地反映了道安多方面的活动和兴趣。他注重校勘同一主题的不同佛经；他对当时译经的残缺不全颇不满意，并努力改善这种情况；从历史学、目录学的角度，他对一些佛经的翻译及其流传作了谨慎而细致的描述；他与中国各地的僧人均有所接触，并强调戒律（vinaya）在佛教生活中的重要性。鉴于这封信枝蔓冗长，其间诸多细节颇为繁琐，我们无法提供该信的全部内容，但底下的概要可能会使读者对它的内容有所了解。

这封信开始就根据《渐备经》（Daśabhūmikasūtra，《大正藏》No. 285《渐备[一切智德]经》，道安有法护译本的抄本）罗列了菩萨修行的十个阶段即十住（bhūmi）：1. 悦豫（Pramuditā），2. 离垢（Vimalā），3. 兴光（Prabhākarī），4. 辉耀（Arciṣmatī），5. 难胜（[Su]durjayā），6. 目前（Abhimukhī），7. 玄妙（Dūraṅgamā），8. 不动（Acalā），9. 善哉意（Sādhumatī），10. 法雨（Dharmameghā）。

道安显然应收信人的要求或利益而写下了这些名称。当时还有关于这部佛经的卷数和翻译日期的记载，可惜第一卷已佚失，但是道安希望有朝一日能弥补这个缺憾。他说：《渐备经》中对"十住"的说明要比《本业经》（支谦译，《大正藏》No. 281；或者聂道真译《诸菩萨求佛本业经》，《大正藏》No. 282）和《大品般若经》更为宽泛，甚至可以说是迥然不同。这部佛经很有价值，但在凉州却长期不为人所知，他不明白其中的原因。以前有几个和尚像释教道、竺法彦等，出于个人的崇敬和虔诚，试图整理它的各个抄本，但他们从没有提及这个译本的存在。由于这是部极为重要的佛经，道安还特意提到：以前他在邺时常就此与博学的帛法巨讨论，但后者显然也不甚了解。

197　　道安抄录了《渐备经》译者的题记，赞扬法护是最了不起的大乘经典译家之一。但是，法护译的《二万五千颂般若经》（即《光赞经》，《大正藏》№222）为什么在过去的学佛者中间不能流行，对他来说这仍是一个疑问。现在通过道安的努力，可能会在一定程度上弥补这个缺憾。另一个不幸是《渐备经》第一卷的佚失，道安试图彻底研究这部经，因为该经系统整理了菩萨的所作所为，也与其他经典不完全一致，但他因第一部分的丢失而感到困难。

　　法护译的大品《般若经》即《光赞经》有着漫长而又复杂的流传过程。它仅比竺法兰译《放光经》（《大正藏》№221）早八九年时间，自公元286年起，这部经消失了，只在凉州有所流传。道安早年在北方时，只看过其中一卷，上面写有法护合译者的部分名字，而这些人都是凉州人，所以他断定这部经译于凉州。法护也可能带着译经去了凉州，在长安普遍了解这部经之前，该经已在那里流传。上述题记的内容完全符合《光赞经》的题记：这部经是慧常等人从凉州送给道安的。⑳慧常总共带了四部佛经：《光赞经》、《渐备经》、后在凉州新出的《首楞严经》(*Sūraṃgamasamādhi-sūtra*，参见注㉒)、法护译的《须赖经》(*Surataparipṛcchā*)。所有这些佛经均被认为非常有益于理解佛教，因为它们比道安已知的那些译本都更为详备。道安详细叙述了这些佛经从凉州到襄阳的流传过程，注明了这些佛经先后送达襄阳的日期。《光赞经》到襄阳时，有三百僧人在场，释僧显被叫来抄写一份副本，以送给远在京城的竺法汰。道安在信末强调说：必须要有完整的五百戒文本，但不知为何当时还没有送达襄阳，所以亟需这些文献。只要对四众（比丘、比丘尼、优婆塞、优婆夷）的戒规还不完整,修持佛法就是有缺陷的。寺规是他们佛教生活的根本,是般若思想的基础。道安常为戒本的不完备而苦恼,他力图抓住每个机会去创建这些戒规。

所以,这封简单而又略显晦涩的信充分表现了道安的主要活动和兴趣,以及他对新经典的搜集、目录学知识和对寺规的关注、强调。事实上,这封信要比那些辞藻优美的传记或者习凿齿儒雅的赞誉说得更清楚。

襄阳沦陷及分张徒众

公元 357 年,苻坚在北方成了羌族前秦的统治者,同时跟他最信赖的汉族合作者王猛依照汉人的模式建立了中央集权政府,组建了强大的军队,其中也有从汉族中招募来的士兵,也有非汉族部族首领的军队。公元 370 年,经过十余年的秣马厉兵,苻坚突然实行全方位扩张的政策,结果在短短几年内就统治了整个北方以及那个偏安东南的王朝的许多领土。当时战争接二连三:公元 370 年,征服前燕(它占有从山西、河南到辽宁的整个东北方);三年后攻陷成都,占领四川北部;公元 376 年秦军摧毁了凉州(甘肃)首领张天锡的势力,因此联通了通往中亚的商路;同年他消灭了鲜卑族代国,挫败了拓跋氏建立独立王朝的首次图谋。

取得这些战绩以后,苻坚准备进逼南方的晋朝,为建立统一的王国跨出最后一步。但如上所述(上文第 112 页),在公元 383 年惨遭"淝水之战"失败以后,苻坚的扩张政策被迫中止,他的王朝也随之迅速崩溃。

公元 378 年 3、4 月间,四路大军在苻坚之子苻丕统领下分兵南下,直逼襄阳。襄阳因其在汉水流域的战略地位而被选为进攻的第一关。

在那个战火频仍的年代,襄阳之围是一段颇具英雄意味的插曲。由于守军统帅朱序的轻敌,秦军渡过了汉水,攻破了外城,并包围了内城,切断了这座城池的水陆交通。其他的东晋将领尽管有驰援襄阳的命令,但对是否出击苻丕始终迟疑不决,致使襄阳在孤立无援的情况下抗击敌

198

军,一直坚持了足足一年,并最终于公元 379 年 4 月 7 日失陷。守将朱序沦为俘虏,并被解往长安,不久转而效力苻丕。

早在公元 378 年秦军兵临城下的消息传来之际,道安就有意带着众多弟子重新开始游方。然而,他的避难计划受到了朱序的阻拦,后者强迫他留在襄阳(参见上文注㊾)。朱序这样做的理由并不奇特:他试图利用这位大法师的神力来御敌卫城。这显然是不切实际的。

在这危急的时刻,道安首先考虑的是其学生们的安危。他意识到自己只能滞留下去,于是召集众弟子,把他们遣散到各地去。他"乃分张徒众,各随所之。临路,诸长德皆被诲约,远不蒙一言,远乃跪曰:'独无训勖,惧非人例。'安曰:'如公者岂复相忧。'"㊿在敌军到来之前,大多数学生业已跟着他们各自的老师疏散。我们只知道其中十来个突出的学生,他们基本上是在道安门下求学多年的北方学生。

江陵的佛教中心

我们已经提及道安与江陵之间的关系,当时他住在荆州刺史的府宅(参见上文第 190 页)。昙翼㉒这位有羌族血统的道安弟子,成了江陵那儿重要的长沙寺的方丈,这可能就是道安的几位学生逃离襄阳后避难江陵的原因。

来自邺的竺僧辅㊿,这位道安的老朋友去了江陵上明寺。他在那里仍然坚持道安主倡的弥勒信仰。他受到了当地长官王忱的尊敬,后者要求他担当精神上的导师。僧辅还使他全家皈依了佛教。

释法遇(参见注㊿)在襄阳时已受到义阳(河南南部)长官阮保的尊重。襄阳失陷之后,他去了江陵长沙寺,其故交昙翼是该寺的方丈。他在那里以讲经著名,并聚集了四百多弟子。有一次,法遇主动接受了道安下达的违戒惩罚的指示,因为道安在长安听说他不能维护寺规。当时他似乎还与庐山慧远有书信往来。㊿像其他提到过的僧人一样,他在江陵度过了余生。

据我们所知,公元 378 年去江陵的第四位道安的弟子是昙徽⑳,他可能属于道安的最早一批追随者。⑱像竺僧辅一样,他住在上明寺,可能也参加弥勒信仰活动。这座寺院最终成了"道安崇拜"的中心。昙徽在寺里悬挂道安法师的法像,并且经常对之礼拜,江陵的善男信女也随之跪向西方,礼拜"印手菩萨"(即道安)。⑳昙徽是位出色的学者,文笔优美,其传记中记载了他写的学术论文的标题。⑳公元 395 年他死于江陵,享年 72 岁。还有其他的弟子去了东部地区。慧永⑳最初答应慧远及其胞弟慧持一起去广东附近的罗浮山居住,后却因慧远为道安挽留(可能在公元 367 年前一段时间),他独自启程。行至浔阳(现在江西北部九江),他为崇拜者劝留,因此住在一座小寺,即后来的庐山西林寺,并在公元 414 年死于该寺。慧远及其胞弟先在江陵上明寺住了一段时间,此后他们前往罗浮山去追慧永。在途经浔阳时,他们被庐山的秀美深深打动,并在那里遇上了老朋友慧永。慧永当时要求地方官为他们及其弟子建造一所新的 *200* 寺院。

其他弟子

部分弟子和这位法师继续留在襄阳,后又带着自己的学生跟随道安去了长安。释道立⑳以擅长大品《般若经》和"三玄"(《老子》《庄子》和《易经》)而著名,据说和道安一起去了长安。另据记载,他和弟子们曾在覆舟山一起修禅。但是这座山却位于建康东北方。如果这个山名并不指在其他文献上未曾出现过的长安附近的某座山,我们只能假定他后来(在前秦覆灭之后)回到了南方,并在京城附近居住。另一位弟子释昙戒(参见注⑦)直到道安死后还一直留在长安。他出生于南阳(河南南部),是当地一位官员卓潜的幼弟,并受到临川王司马宝(约 373—420 在位)⑳的保护。这里,我们再次发现对"善行"和弥勒信仰的重视:昙戒每天在佛像前跪拜五百下,念诵弥勒名号从不间断。他死时 69 岁,葬于长安道安墓侧。

因此,公元 378/379 年间襄阳僧团的疏散,导致了或刺激了其他三个佛教中心的发育。在公元 3 世纪后期、4 世纪前期,它们成了南方东晋京城以外重要的佛教中心,即江陵(除了上述内容,我们并不知道太多其他的材料)、长安和庐山。其中,江陵和长安早已是佛教中心。慧永是我们知道的第一位住在庐山的僧人,他所居住的寺院据说是公元 367 年专为他建造的[®],所以在他之前当地似乎还没有僧团存在。

道安在长安(公元 379—385 年)

道安的最后一个生活阶段是在北方羌族苻坚统治下的都城长安度过的。严格地说,这已经超出了我们研究南方佛教的范围。我们在此仅提及道安这一时期生活中的一些主要事件。

根据道安所处的新环境的特点,我们可以理解他迁至长安后在其生活中所发生的根本变化。首先,长安不像襄阳,它是帝国的京都和前秦宫廷所在地。自此以后,道安便生活在支持佛教的统治者身边,他的地位因此也从多少具有独立性的法师变为备受尊敬的"国宝",就像他的老师佛图澄过去的样子:他现在生活在强有力的统治者的监护之下,跟他们有着亲密的私人关系。其次,长安作为东亚最强盛的国家的首都,在空间上它的影响面已经波及中亚的一些绿洲上的王国,在时间上它与末代贵霜族(last Kuṣāṇas)统治下的西北印度笈多王朝(Gupta empire)的佛教鼎盛时期大致相当,在笈多王朝这块佛教圣地上不久之后出现了著名的那烂陀寺(Nālandā)。因此,这一时期具有如下特点:各种国际性的联系,对西域的战争,从中亚、北印度源源而来的传教者,随之而起的大量译经活动,佛教首次获得宫廷支持并首次由中国法师领导。

与长安王室的联系

道安与王室的联系非常密切。他的传记表明:苻坚亲自命令苻丕,一旦攻克襄阳,就把道安带到长安;他还因道安及习凿齿最终落入他手下而十分欣慰。⑧这也可能是传记作者的编造。

然而,传记中还记载了道安与苻坚同乘舆辇的殊荣。当仆射权翼劝谏不能给僧人如此殊荣时,这位皇帝反而要求这位不幸的仆射扶道安上车。这段故事在讲述晋代历史的《晋书》中也有记载⑱,而且把苻坚的言论和权翼的反对记载得更为详细。《晋书》的记载显然并非取自《高僧传》。⑰与此相似,《高僧传》中的另一则故事,也在教外的《晋书》中有更为详细的记载:道安在一群反对苻坚扩张政策的大臣的请求下,努力劝说这位皇帝不要向南方发动毁灭性的战争。⑱《晋书》甚至还记载了道安参与朝廷辩论的情景,这大约发生在公元 383 年,而《高僧传》没有记载这个故事的细节。⑲因此,我们可以接受这个历史事实:道安除了他的宗教活动外,在政治问题上也是深受苻坚信赖的一位谋臣。他一再反对这位统治者征服南方的计划,并不能归结为他的"爱国主义"(就像汤用彤所说的)。正像朝廷中其他大臣(大多数有外国血统)所想的,他觉得采取类似行动的时机还未成熟。他建议暂时迁都洛阳,待完成战略部署以后,再向建康发出最后通牒,而如果东晋拒不投降就发动进攻。⑩这很难说是出自他热忱的爱国主义。

道安因其文学才华、历史知识、金石研究而备受尊重。在苻坚和他的汉族辅臣王猛的主持下,秦国彻底"儒家化"了。在宫内设学,由"博士"教授学生学习儒家经典;儒家的权威地位与佛教的蓬勃发展并行不悖(这与公元 14 世纪初蒙古皇帝的态度极为相似),这一独特的趋向导致了禁止研究《老子》《庄子》以及有道教色彩的图谶。⑩在复苏对世俗学问的研究方面,道安似乎起了重要的作用。根据他的传记,"长安中,衣冠子弟为诗赋者,皆依附致誉"⑩,而苻坚则下令所有的学者均应向道安请教佛学问题或文章学问。⑱《高僧传》还记载了道安识别古代铭文和文物的掌故⑩,并摘引了当时人们称颂道安博学的话,从这些例子来看,那些话在王室和长安士大夫中间已经广为人知。

译经活动

如上所述,在公元 380—385 年间,大量的外国传教者来到中国,并翻译了数部重要的经典。其中有些外国僧人直接来自罽宾,这是小乘佛教说一切有部的重镇。这个学派在整理阿毗达磨方面享有盛名,但他们所作的大量学术整理工作还不为中国同行所了解。我们发现,在最初来华弘法的僧人中间,最先把这些经典介绍给中国人的是阿毗达磨专家僧伽提婆(Saṅghadeva)和僧伽跋澄(Saṅghabhadra)⑨,他们于约公元 381 年抵达长安。其他人则来自中亚的一些佛国,如律师昙摩侍(Dharmadhī?)来自西域,阿含经专家昙摩难提(Dharmanandin)来自吐火罗(Tukhāra);阿毗达磨专家鸠摩罗菩提(Kumārabodhi)曾是弥第(Mi-ti)的国师(purohita)和高昌(Turfan)的国王,并曾于公元 382 年作为进贡使团成员到过长安。大多数法师抵达中国时,不懂汉语或知之甚少。他们只能复述自己早已背熟的或自己拥有稿本的梵文佛经,而以这种方式由中国人译就的最初一些佛经后来被迫不断地修正。据我们所知,译经的主要工作并不是由多少已汉化的外国僧人完成的,而是由通晓几种语言的中国人完成的。在许多年内竺佛念是其中的佼佼者。⑩这位僧人来自凉州,世代居住在边远地区,因而借助于其游历,他通晓了梵语和几种中亚语言。在义学研究领域,据说他的才资显得平庸无奇,但其外语知识却使他成了难得的人才(在历代中国僧人中他也是极为罕见的)。实际上那个时代所有的译经都出自他的译笔,而外国僧人的作用仅仅是背出或写出佛经原文。由于翻译这些复杂而又高度学术化的佛经需要涉及许多重要的问题,也由于他译经的数量(超过 200 卷),竺佛念被认为是最重要的早期译家之一,是鸠摩罗什之前的一位重要先驱。公元 402 年鸠摩罗什来华时可能还见过竺佛念。

道安在译场中的角色是"译主"和导师。他请外国僧人复述他们能"出"的佛经,然后与他的合作者探讨翻译问题,否决一些明显的翻译错

误,并在译文"笔受"之后进行文字润色,为之作序。这些序在今天已成
了研究当时北方寺院历史的最重要资料。在此过程中,他不仅受到了僧
人合作者如老朋友法和、高足慧叡的大力支持,还受到了一位出众的居
士、朝廷命官赵整的支持。后者是深受苻坚信赖的一位谋臣,又是位虔
诚的佛教徒,曾想出家为僧,但为苻坚所阻。公元 385 年苻坚暴亡以后,
他得以遂愿,取法名为道整,并受了戒。有关文献证实了他的宗教热情,
如在众多译场工作人员中,他的法名出现在四篇题记和序言中,在《高僧
传·昙摩难提传》中还有他的一小段生平资料。⑩

　　尽管道安本人没有参加翻译工作,也无力参与其中,但他似乎意识
到了从梵语译成汉语会出现种种问题。在他撰写的序言中,他提到自己
和赵整、慧常讨论佛经翻译中的两难困境:要么按照汉语的习惯意译,在
内容上有所增删;要么按照原文忠实地直译,译文却往往难以卒读。⑩更
有甚者,在他为《般若经》新译本(署期为公元 382 年)所写的序言中有一
段很有意思的话,这为后世译者确立了一些翻译规则:有些译文可以不
同于原文,所谓"五失本";有些则需要忠实地保留梵文原意,所谓"三不
易"。⑩这些规则似乎在长安很有权威性,因为我们发现它们出现在一些
同时代的佚名题记里,这些题记的作者谈到了道安解释这些规则的那篇
序言。⑪直至公元 5 世纪的最初几年时间里,这些规则在鸠摩罗什学派中
还有相当的影响。⑪

　　由于出现了大量的新译佛经,道安在迟暮之年接触到了许多新信
息。我们在此无法一一罗列当时的各种佛经或论。有关这些经论的内
容、来源、文本历史及其翻译方式、汉语注疏需要单独予以论述,其中也
包含了一系列的问题。总之,我们可以说它们揭示了佛教经典或准经典
的三个重要组成部分。

　　首先,道安终于获得了较令人满意的戒律文本,尤其是在说一切有
部校订的比丘—比丘尼戒中有关念诵和礼拜仪式的内容。这些文本都
不超过 4 卷。公元 5 世纪初,中国的任何一个宗派都没有完整的戒律文

本。但道安仍然表现出特有的喜悦和满足:以经典上的戒规来规范寺院生活,这一直是他的夙愿。不像在襄阳时仅有数百名僧人,现在长安有数以千计的僧人,亟需更完备的组织制度(organization),这种需求在当时已变得十分迫切。⑪

其次,出现了大量小乘阿毗达磨文献,也主要出自说一切有部。这对于佛学研究来说至为重要。其中有僧伽跋澄译 12 卷《毗婆沙论》(一说是 14 卷)⑫、僧伽提婆译《阿毗昙心论》⑬和其他一些小论。然而,最重要的是译出了这一宗派的一部根本经典,即《阿毗昙八犍度论》。⑭研究贯通佛理的"数"和"名相",这在当时较为普遍,尤其在北方。但这些研究往往依赖既简短又相当基本的文本,而这些文本有时只是一些术语的堆砌,既不完整又含糊不清。现在道安接触到了印度佛教哲学中一部里程碑式的巨著,它以其庞大的体系包容了整个佛教世界观,标志着佛学理论的一个巅峰。这部巨著远远超出了当时已知的其他任何一部佛教经典,事实上也超出了中国世俗经典中类似的著作。

第三,我们必须提及两部《阿含经》(āgamas,字面意思是"传统"〔the tradition〕,这四部《阿含经》是小乘经典的集成,大体与巴利文的 nikāya 相同)的完整译本:《中阿含经》和《增一阿含经》,均由昙摩难提(Dharmanandin)翻译。这些现在收于《大藏经》的昙摩难提翻译的佛经⑮,在公元 4 世纪末已由僧伽提婆重新修订过。

这位年迈的法师(公元 382 年道安年届七十)无疑为这些发现所倾倒。他在序言中反复谈到这些经典的重要性,自豪地罗列了一年内翻译的佛典卷数,并一再叹惜自己只到迟暮之年才有幸读到这些经典:"但恨八九之年始遇此经……"⑯甚或引用《论语》说:"但恨年暮'不得其门而入',吾将'不见宗庙之美,百官之富'。"⑰他全身心地投入于所有这些活动,难怪人们会忽略他以前对《般若经》的专心研究。他坚持每年讲述两遍《放光经》;而公元 382 年又出了一部新译的《般若经》⑱,他把它和旧译本作了一番比较,并写了一篇序言。在这篇序言中,道安深入探讨了翻译时会遇到的一些普遍问题(参见上文第 203 页),这表明在长安时期他的注意力集中在这些方面。

公元 384/385 年间,在灾难性的淝水之战之后,长安地区毁于战火。鲜卑族军队已兵临城下,而译场仍在继续工作,道安也精进不已。公元 385 年初[⑩],这位法师比资助他的皇帝早六个月谢世,享年 73 岁。他对中国佛教的发展所做出的贡献,超过了他以前的任何一位先辈。

释慧远(公元 334—417 年)[⑪]

我们以公元 4 世纪末、5 世纪初慧远及其僧团的活动情况来结束我在历史方面的考察,这并不是没有理由的。慧远及其僧俗追随者的生活,代表了中国早期士大夫佛教充分发展了的形态。这是同化过程(the process of assimilation)的最后阶段,而我们已试图从源头开始探究这个同化过程。在我们的考察过程中,我们发现了部分吸收佛教的几种类型:佛教化的道教实践,掺杂了佛教的玄学沉思,醉心寺院之幽静而归隐的文人,关注清净而慈悲的佛教伦理的儒家道学家。这种零零碎碎地吸收消化佛教的理论或生活方式,并没有从根本上改变中国南方知识分子的世界观;但由于道安在襄阳建立了北方佛教的飞地,而中止了这种消化方式,而且这块飞地的影响也波及了全国各地。我们很难说道安倡导了哪种具体的教义,因为他的兴趣和信仰跟他的生活一样在不断地变迁,在邺城他是个苦行僧,在河北他勤于修禅,在襄阳则作神秘的沉思并创立弥勒信仰,在长安他专心于阿毗达磨研究。然而,最重要的是,道安基于自身的血统和学养,意识到了佛教这种外来宗教和中国文化传承之间的根本差异,并在意识到之后终生致力于探索佛法最原初的含义。清醒地意识到佛教与中国传统思想之间的差异,致力于使佛学契合于有教养的中国人的根器,这在道安最具天资的学生慧远身上表现得更为明显。在庐山这个由僧俗两方面组成的佛教中心,我们发现,不仅南方士大夫佛教那些最具特点的因素,而且那种相当别致的信仰仪式(虽然也为有教养的俗家弟子践行），全都是地地道道的佛教方式。也就是说，这里未与中国固有的观念、习惯直接有关或掺杂不清。这是个开风气之先的极为重要的现象，似乎预示了一个中国佛教宗派的发展，这个宗派后来备负盛名。

另一方面，慧远的活动也证明了僧人阶层已进入一个新的时代。鉴于历史上统治阶层或王室成员曾就僧人地位及存在理由发生过争论，慧远法师曾两次被独裁者桓玄召请讨论这些问题，并因此成了中国早期佛教史上最杰出的护教者。桓玄在他僭称楚国皇帝的短暂执政期间，曾发诏书保障僧人的独立性，也即保留"沙门不敬王"的权力。这一事件印证了慧远的巨大影响和威望，也意味着在公元 5 世纪初僧人阶层已获得了特权地位。

最后，慧远在庐山的活动，在一定程度上也和大翻译家、义学僧鸠摩罗什及其弟子们在长安的活动遥相呼应。当时长安出现的新理念、新佛典事实上导致了中国佛教的转向（reorientation）。慧远亲历了这一转向的第一阶段：他和鸠摩罗什有着密切的联系，并研读和阐释他的译著，由此成了在中国南方传播这些新知识的始作俑者。

所以，慧远在诸多方面均成了启动下一个阶段中国佛教的关键，同时也是我们所要研究的第一阶段中国佛教的最为彻底的终结者。

206 慧远在襄阳的青壮年时期（公元 334—378 年）

慧远俗姓贾，公元 334 年生于雁门（今山西北部）的一户贫寒知识分子家庭。[12]他的孩童时代正值后赵（319—352）统一北方和中原地区时期，也恰逢石虎主张复兴儒家经典研究之时。因此，这个有上进心的男孩在公元 345 年或 346 年跟着他的叔叔去了许昌、洛阳，在"太学"这个古代学术研究中心学习儒学。在有关他早年学习世俗学问的记载中，并没有说及他的佛教兴趣，但在后来的一封信中他叙述了自己思想的各个形成阶段。[13]他说最初他把儒家经典当作"当年之华苑"，但当读过《老子》《庄子》以后,却感到"名教是应变之虚谈"。这种兴趣的变化一定是在其青年时代早期。他真切地喜爱玄学(在他出生的边远地区,当时在那里玄学可能还不太为人所知),这为他后来皈依佛教铺平了道路,类似的情况在他的同时代人中较为普遍。尽管玄学研究为他后来研究神秘的般若学提供了智力上的准备,但真正促使他倾心于"隐逸生活"的,则是公元349—354 年间那场不幸的战乱。石虎死了,后赵也随之覆灭。中原地区毁于几场战火:公元 352 年晋将张遇叛乱,和姚襄激战于许昌[⑬];公元 353年 11 月殷浩北伐失利,为姚襄击溃[⑮];公元 354 年 2/3 月间将军周成袭击洛阳[⑯];同年 3 月 22 日桓温发动声势浩大的北伐(参见上文第 111页)。在这种形势下,在该地区从事学术研究实在难以为继。

　　公元 354 年,慧远时年 22 岁,他决定渡过长江,去豫章(江西)和范宣结伴过隐逸的生活。范宣是个正统的儒生,当时隐居在那里的一个小农庄里。虽然他还很年轻(可能还比慧远年幼),但在当时似乎已颇有名声。[⑰]然而,这个计划终因公元 354 年的政治动乱而被迫中止。他回到北方,可能是要去自己的家乡雁门。在路过河北西部时,他一生中决定性的时刻来到了:他遇到了当时在恒山建寺弘法的道安法师。根据他的传记,这位年轻的学者立刻对道安的气度敬服不已,并在他"闻安讲《般若经》"后,和胞弟一起受戒,成了道安的弟子。他们的法名分别为慧远和慧持。[⑱]慧远不久便被道安认为是他最出色的学生[⑲],他的弟弟后来陪伴这位法师达 24 年之久,跟随他先后去过牵口山、陆浑和襄阳。

　　实际上,我们对慧远在襄阳檀溪寺的 13 年毫无所知。在《高僧传》他的传记中仅记载了一则发生在这个城外的小故事。公元 365 年,道安 207的老朋友竺法汰带着自己的学生奉道安之命前往东南地区,但行至江陵这座荆州首府和佛教重镇时,法汰却病倒了。道安于是派慧远从襄阳奔赴江陵照顾这位病人。此外(参见上文第 148 页),我们还提到过道恒(持"心无义")和一位竺法汰的学生之间的争论,慧远当时也参加了这场争论。这件事说明慧远当时熟悉南方的各种义学理论。道安和竺法汰非常热衷于这种玄学-般若学的沉思,这似乎也成了慧远的全部兴趣。同时必须说明:慧远对佛教化玄学的派系争论的兴趣到后来似乎有所消减——他并没有被认为是早期义学理论的奠基者,这是个很值得关注的事实。

法师与山林

在大城市(在晋代襄阳辖下有 22700 个纳税户)里的僧团⑨恐怕不太会赞同慧远去追求那种隐逸的生活理想。他却习惯了和道安一起生活在太行山的寺庙里,在静谧的山林中过着理想的佛教生活,远遁纷扰、污秽的尘世。刚到襄阳不久(365 年),他似乎就同意和另一位道安的弟子慧永辞别老师,远去南方的佛道教中心罗浮山(广东附近)。当时慧远因道安的挽留未能成行,由慧永独自前去。⑩这里必须说明:寺庙与山林(尤其是名山)之间的密切关系是中国佛教的一大特色。我们提到,自公元 3世纪中叶起已有住在山里的僧人。在前几章讲述历史时,我们已经讲过几个典型的例子。这种风气无疑源自道家,此外也有道安的影响。在《抱朴子》里⑪,我们发现了一个包括 27 座山的名单。根据《仙经》的说法,这些山非常适合于守一和炼丹。道安在去襄阳之前相继住过王屋山、女几山和恒山,这些山都在这份名单上。⑫另一个例子是罗浮山,慧远和慧永最初想去那里居住,佛道教的神人单道开也曾定居于此(参见上文第 182 页);此外还有四川峨眉山,后来慧持想去那里过隐逸生活⑬;当然还有山东境内倍受尊崇的泰山,竺僧朗在那里住了 50 多年(参见上文第 185 页)。这种风气有时也被认为有其印度佛教的原型,而暗含了某种佛教动机。譬如谢灵运(385—433)在一篇赞中就把庐山上的慧远的寺庙的重要作用比作王舍城(相传佛在该地开示了许多佛经)附近的灵鹫山的作用。⑭实际上在中国境内有好几座山被叫作灵鹫山,这是 Gṛdhrakūṭa 的传统汉译⑮,其中有一座是在公元 5 世纪初才改为现名。⑯

当初慧永抵达浔阳(现江西北部的九江)后,应当地官员之邀,住在庐山西侧专为他而设的精舍，这是在约公元 367 年（参见上文第 199 页）。这座古代道教隐士经常出没的名山，因此又成了佛教的中心。慧远约在公元 380 年来到庐山，从他的《庐山记》佚文来看，他体验到了这座山"神秘的"气氛，该文描述了这座山的殊胜之处，记载了多少有些神秘的与他有关的事件⑱。一方面，从慧远对秀丽、清净的山景的描写来看，他显然已陶醉于自然的秀色之中，自公元 4 世纪以来，这种陶醉一直是士大夫文化的特点。但另一方面，他又说在这座山里有远古时候的仙人，当时还能找到他的住处。在这山上有一个汉代方士，他在年届三百时羽化而登仙，其相貌看上去不超过 30 岁。但这个道教的传说还带有佛教的色彩："有野夫见一人衣沙门服，立于云端，行至峰顶，蹲坐于上。半晌复化云间，冥而不见。斯人为得道者。是时山上善文者皆为叹服。"在《高僧传》中还有个更早的传说⑲：安世高南游庐山时感化了一条巨蛇（此蛇的前身是他的一位朋友），这条蛇成了当地寺院的神物。公元 4 世纪已经流传这个传说了，而因佛教的影响这尊山神被改成了安世高。慧远住在这山上时，显然还对他进行祭祀。在他的《庐山记》中他提到庐山南侧有座神庙，叫作宫亭⑳，庙中供奉"安公"即安世高。这样庐山就成为佛道两教共同的圣地，神圣的、超自然的魅力附丽于秀美的山色。最后，庐山靠近一座重要城市浔阳（慧远的一位姨父在那里担任高官）㉑，可能也对慧远决定长住庐山产生了一定的影响。在慧远传中有一条简短的说明，说他因"见庐峰清静，足以息心"而决定留在庐山，但在我们读到这些文字时必须留意上述内容。

慧远的教团：同学、弟子和俗家信众

慧远何时初到浔阳，现已无从查考。在其他地方，我们已经说过（上文第 199 页），公元 378 年在秦军即将攻占襄阳时，他和胞弟慧持带着数十名学生离开那座城市，并在江陵名刹上明寺住了一段时间。

按照慧远的初衷，这兄弟俩后来是继续往东南方（罗浮山）巡游，但行至浔阳时,他们为庐山的神奇景色所吸引,并可能是在慧永邀请之下,和弟子们驻在龙泉精舍。《高僧传》记载了慧远上山后不久即表现神通的两则故事,它们显然都能说明精舍命名的由来。然而,更为合理的解释却是他自己对庐山的描写:在精舍附近,有一块龙形的怪石,并从"龙口"里流出一条小溪。

除了这些传说,无法知道慧远及其追随者在龙泉精舍的活动情况。大概几年过后,住在西林寺的慧永,当时显然和浔阳最高官员有所联系,他劝说荆州刺史桓伊给慧远新建一座大寺,这就是东林寺的起源。在慧远主持下,它成了中国南方著名的佛教中心,并在慧远死后几个世纪内继续扮演了重要的角色。早期文献中并没有记载建寺的准确时间,但从桓伊的生平(自公元 384 年起成为荆州刺史,直到他公元 392 年死去)来看[44],建于公元 384 年这一后来的传说有一定的真实性[45],这也正是道安死于长安的第二年。事实上,慧远的地位不久就被比作襄阳时的道安,而成为南方僧人非正式的领袖,他和其他几个佛教中心有着联系,也和高层官员、建康朝廷以及长安朝廷保持联系。

早期文献并没有提供有关僧人数目、组织及寺院数量等细节内容。同时代人对东林寺有限的记述并没有提供这方面的资料,那里面主要是赞扬慧远的智慧和热情,赞颂这个教团的纯净风气和精进气氛[46]。

慧远似乎引进了讲经说法的新方法,据说后来广为采用。令人遗憾的是,唯一提到这项创新的一份资料对此仍语焉不详。根据慧皎《高僧传·唱导》总论部分(卷 13,第 417 页下第 7 列),在中国佛教发轫之初,这种讲经方式在法会上还不普遍。当时礼拜仪式主要包括宣唱佛名,依文致礼。当大家精疲力竭时,一些年长的僧人被请来升座说法,或杂叙因缘,或旁引譬喻。慧远改变了这种局面:

> 每至斋集,辄自升高座,躬为导首。先明三世因果,却辩一斋大意,后代传受,遂成永则。

在其他文献里对此没有说明。慧皎的说法本于何处现已无从查考，所以慧远的讲经说法在多大程度上和哪些方面与传统的做法有所区别，仍是含混不清的。

慧远在东林寺的弟子，在人数上不少于襄阳时道安的弟子，但似乎从来不曾超过 100 人。[⑩]另一方面，许多人在去其他佛教中心之前，先要在庐山至少住过几年，当时这种"游学"方式在僧人中间较为普遍，如果算上这些在东林寺来来去去的人，那么总数估计在 3000 人左右。[⑩]

西林寺和东林寺并不是山上仅有的两个宗教中心，在慧远时代山上还建有其他佛教寺院。公元 5 世纪初，博学的慧安及一大批信徒住在凌云寺[⑩]，据《高僧传》说这座精舍是由命运多舛的昙邕建造的，约在公元 386 年，符坚的这位旧部成了慧远的弟子。由于他体魄强健、勇气过人，慧远经常叫他作信差，带着慧远或鸠摩罗什的信来回穿梭于庐山与长安之间。如此为这个教团效力多年之后，他因一些过失被慧远逐出山门，但他和自己的一些学生仍住在庐山的一座小寺里潜心修禅，并暗中追随东林寺的所作所为。[⑩]另一位弟子法安是位精于禅修的神僧，后住在新阳附近的一座庙里。此庙原是为当地的一尊神修建的，后因法安除灭了危害当地的老虎，遂改作佛寺。法安在那里挖出了两口古代的铜钟，其中一口后来送给慧远熔铸成一尊佛像。[⑩]

有些庐山上的优秀僧人偶尔也去其他地方短期参加一些法事活动。在慧远胞弟慧持的传记中记载了一则有趣的故事：公元 397 年或稍后，慧持带着他的姑姑比丘尼道仪从长沙赶到京城。道仪显然是慧远和慧持父亲的妹妹，她曾是浔阳尹的妻子，年仅 21 岁便丧夫守寡。这位年轻的寡妇弃绝俗务，并受了戒（很可能是受了这两位非常出色的侄子的影响）。[⑩]

在听说佛教在建康非常盛行之后，她想去那里亲睹佛法的隆盛。我们在这方面必须记住当时京城几位地位显赫的尼姑。我们已在上文中说过，当时大名鼎鼎的妙音在宫廷阴谋中起了重要的作用（参见第 153 [211]

页）。慧持带道仪去建康以后，她在那里度过了余生，而慧持自己也一度住在京城的东安寺内。他和王珣（350—401，王导之孙）私交甚笃，后者是当时最有名的施主之一⑭。公元397—398年间，僧伽跋澄和僧伽提婆应王珣之邀翻译了《中阿含经》，而慧持回庐山后对译文作了一些润色。⑮这段经历无疑会提升慧持在上层士大夫中的声望，这些人惯以清谈的方式把他和更有名的哥哥相比，发现兄弟俩各有长处。⑯两年以后（399年），慧持再度离开庐山，但这次是往西走。在成都（四川），他受到了当地官员和一些新出现的僧团首领的礼敬，遂驻足不再前行。公元412年他死在当地的龙渊寺。⑰不像他的弟弟或其他更不安稳的朋友和学生，慧远在生命的最后几十年里从未离开过庐山，他"常以虎溪为界"，在所有其传记中总会强调这个特点。即使是公元399年有权势的桓玄访问庐山，以及公元404年晋安帝途经浔阳，他都拒绝破例。⑱传记中并没有说明慧远为何要如此自律，我们在这一时期其他僧人的生平中也没有发现类似的情况。不过，我们可以假定这是一种象征性的举动，它表明了寺院生活的一个重要方面：即通过与外界的隔绝来保持自身的清净，或者如慧远自己所说那样，沙门是"方外之宾"⑲。

与王室、士大夫的联系

尽管慧远从未离开庐山，也无意卷入世事，但这俗世依然包围着他，而且有理由假设他也接受了这个俗世。我们发现在他的学生中间，除了许多不知身世的僧人之外，也有些来自最高层士大夫家庭。僧彻（383—452）出身于太原王氏⑳，熟谙音乐和书法的道温（约397—465）是著名学者皇甫谧（215—282）的后人㉑，而这两人都在15岁时成了慧远的弟子。有迹象表明，慧远十分欢迎大族子弟削发为僧。

像道安一样，慧远和汉族的建康朝廷以及北方胡族的长安朝廷都有联系。在苻坚失败、前秦国覆灭之后不久，公元384年，羌族将领姚苌定都长安，建立了自己的王朝后秦国（384—417），自此陆续统一了前秦的主要辖域。整个东北方(大致为现在的山西、河北和山东)仍在鲜卑族手里;而西北方直到公元403年还属于后凉国,由一位以前征服西部的苻坚旧部吕光割据为王。统治者姚氏家族内好几位成员都对佛教怀有强烈的同情,这可能是城市僧人与苻坚朝廷间已经存在着密切联系的结果。在姚苌的继位人姚兴(394—416执政)治下,该王朝对佛教的支持达到了高潮,公元401年他召请当时被吕光拘留在凉州的鸠摩罗什。在姚兴的主持和监督下,这位著名的法师和他的中国合作者从事了翻译和义学研究。

这个羌族统治家族的成员极为尊重慧远。姚兴的弟弟"姚左军"姚嵩致信慧远,告诉他鸠摩罗什来到了长安[63];这位皇帝也非常器重慧远,经常"致信殷勤,信饷连接"。据说这些羌族统治者还把当年苻坚送给道安的法器转赠给慧远,这在北方似乎习以为常:"(姚兴)赠以龟兹国细缕杂变像,以申款心,又令姚嵩献其珠像。"[64]姚兴要慧远为《大智度论》作序,也反映出他对慧远的敬重。《大智度论》是龙树(当然不可能是他亲撰的)中观学的一部里程碑式的论典,公元406年译就。从另一件事还可以进一步证实慧远对这位皇帝的影响:他曾以个人名义要求姚兴取消公元410年驱逐禅师佛陀跋陀罗这一不公正的判决(参见下文)。

佛教在南方都城从未如此兴盛过(参见上文第153页起)。佛教受到独裁者司马道子以及其他王室成员的支持,同时也得到了城里几位士大夫领袖的支持。在那里琅琊王氏家族成了佛教界的大护法。我们发现在王导之后的两代子孙里至少有五个人是僧团的资助者,其中有些显然还对佛理很感兴趣。[65]

虽然庐山上的个别僧人和京城里的士大夫有私人联系[66],但慧远本人直到公元402年似乎与东晋王室、建康大施主(dānapatis)之间仍没有直接的联系。公元402年桓玄前去京城,自拥为主宰一切的首领。这无疑是某种政治形势的结果。我们已在上文中说过(第113页),公元4世纪末这个朝廷的势力范围不超过"江东"地区,即京城及其以东地区。

晋朝的中原省份当时已成了桓玄领导下的反对联盟的重镇。慧远自愿归隐在这山上,但他首先得和这些握有实权的将军、官员保持联系,僧团的命运取决于他们对佛教的同情态度。我们在下文还会讲到,这些关系并非始终是友好的。

在慧远的传记中(原文附于本章之后)清楚地反映了这种情况。一方面,在公元 404 年之前他和王室没有什么联系,也未接到皇帝的赞扬信,更没有像襄阳时的道安那样收受礼物或俸禄;另一方面,他却已和当地望族频频来往。一位桓姓的人为慧远建立东林寺(参见上文第 209 页)。殷仲堪,这位桓玄的盟友,在他被桓玄谋害(399 年)前不久曾去庐山拜访过慧远。公元 399 年桓玄自己又亲往拜访。这两人据说都对慧远的胞弟慧持极为尊重,他们劝说他不要西去四川,而和他们一起留在江陵。⑩王恭(?—398),也是一位军事联盟的领导人,他似乎和慧远、慧持有联系⑩;慧远和桓玄的心腹王谧也时有书信往来,后者在几年之后(402 年)为争取僧人阶层的特权起了重要作用。⑯

当然,这些关系也是有疏有密。公元 398 年,时任荆州刺史的殷仲堪曾拜访过慧远。他是位清谈和玄学的名士,在这方面被人说成是"三日不读《道德经》,便觉舌本闲强"⑯。他和慧远讨论的主题是"易体",这是个典型的玄学题目,现在我们仍能在《世说新语》里发现他们讨论的片言只语⑯,而其中并没有任何受佛教影响的痕迹。在他看来,慧远是位玄学名士、大学者,在其他人看来也同样如此。他因机智而玄奥的回答或优雅脱俗的举止受到人们的尊敬,如同上一代在这座京城里的支遁。

另一方面,王谧(360—407)是当时最优秀的优婆塞之一。他出身于佛教家庭,其父将军王劭可能是建康枳园寺的创建人⑯,其侄王珉和王珣也都是著名的信徒。⑱除了在慧远传中引用过王谧给慧远的信,他和庐山之间的接触并没有留下其他特别的东西。根据王谧尽力保护僧人、反对桓玄的限制措施来看,他很可能是慧远的一位弟子。但无论如何,王谧确乎深深地迷恋佛学,而事实上,我们在南方俗家信徒中还找不出其他人能像他那样致力于寻找宗教问题的答案。鸠摩罗什抵达长安（402 年）以后，王谧接连不断地给他写信，提出了许多义学问题，在《法论目录》中至少罗列了 27 封他的信⑩以及鸠摩罗什的回信。这些信虽没能幸存下来，但单是这些题目（暗示了王谧所要问的主题）已很能说明问题，它们能让我们了解王谧的佛教兴趣、佛学知识的范围及性质。⑪

　　就像当时许多其他士大夫信徒一样，王谧似乎主要是对超验的智慧即般若智感兴趣。然而，导源于鸠摩罗什的佛学思想的转向，已能从这些信件的题目中清楚地感受到。不像郗超、孙绰和支遁那样用玄学术语解释般若，并在世俗学问中寻找与之对应的概念，王谧试图在鸠摩罗什所揭示的整个佛学新体系中，界定这个概念的功能。我们发现他在询问何谓般若法（the method[?] of prajñā），询问这个词的意义，询问它与"权"（方便）、一切智、无生法忍以及诸法实相的关系（信件第 6、7、9、10、11、14 封，参见本书注⑰）。其他的主题颇类似于慧远和鸠摩罗什通信的一些主题（参见下文）：有关菩萨成佛的方法，有关法身，有关三乘之间关系（信件第 5、16、17、18、20 封），而有一个题目似乎针对当时庐山上所谓亲见佛身的修行问题。最后，我们发现有三封信涉及著名的"神"的话题，然而这里它是和涅槃、末那识、心、识一起出现的（信件第 2、25、27封）。所以，尽管这些信不幸佚失，但这些标题已足以让我们体会到鸠摩罗什（甚至在他有生之年）对南方都城的巨大影响，甚至还能让我们了解到在中国佛教新纪元到来之初，佛学新知识在一位出色的俗世文人身上所引发的冲突。

　　在公元 399—402 年间，桓玄曾是慧远的反对者，但在佛理上他对佛教并不冷漠。就像他的合作者同时也是受害人殷仲堪那样，他虽然首先是个军阀，却又是个有学养的人，热心于收藏绘画和书法艺术品，他还是一位玄学学者。他除了有 20 卷的文选外，史料中还提及他作过《易经·系辞注》。⑫他似对当时流行的玄学化的佛教义学理论很感兴趣⑬；事实上，《世说新语》中说，他曾和一位名叫道曜的僧人讨论《道德经》，这位道曜现已无从查考,从他的名字来看,应是一位法师。[⑮]出于纯粹的理论爱好,慧远、慧持和道祖(347—419)的传记都说桓玄很尊重法师[⑯],这可能是实情。但另一方面,桓玄这位实权人物也对前几十年间僧人在政治阴谋、宫廷斗争中所扮演的暧昧不清的角色深有了解。我们已经说过(参见上文第154页),他自己也曾充分利用京城里那些与朝廷牵涉颇深的僧人的影响力,以达到个人的企图。当他的势力异军突起时——先作为中原省份最有实力的地方要员(399—402),后在姑熟(402—404)自拥为独裁者——他提出或颁布了各种措施以表明他的反佛姿态:试图让一些杰出的僧人还俗,并委以官职[⑰],为自己效力;"沙汰"僧团;重新讨论沙门该不该敬王这个老问题;可能也在扬州地区开始对僧人实行登记造册。[⑱]为了维护僧人的利益,慧远奋起反对这些措施,并发挥了重要的作用。如上所述,鉴于僧团的权势和威望日益提升,统治者如桓玄需要亲自拜访慧远,以使之成为佛教界的代言人。有关僧人阶层和世俗政权之间关系的问题,将在下面展开讨论。

215　　桓玄败亡之后,重建的晋朝(404年)不仅意味着新的统治者,还意味着新的施主。显而易见,慧远和他的同仁欢迎司马氏的复兴,因为他们在桓玄手下朝不保夕的地位无疑增进了其对王室的忠诚。[⑲]首先,我们知道在公元405年晋帝回京途经庐山时,慧远和这位皇帝有所接触。不过,这种接触仅限于满是溢美之词的书信往来(原文收于他的传记中,详见本章附录)。慧远坚决保持他"方外之宾"的角色,拒绝离开寺院去晋见皇上,尽管新独裁者刘裕的一位同党要求他这样做。我们知道他和新政权的部分领导人有所接触,如著名的诗人、佛教信徒谢灵运[⑳],以及年轻但很杰出的刘遵。[㉑]

　　刘裕本人并未明确表示过同情佛教的态度(参见上文第158页),但公元410年当他与叛军首领卢循最后一次作战而路经庐山时,却派遣使者给慧远送去钱米什物。慧远传记中的这件事很有意思,因为这可以说明慧远及其僧团的一些活动被时人忽视的部分原因。

　　与人们对"叛贼"的想象不同,卢循出身于名门望族。他是卢植(卒于 192 年,后汉时官居高位)的直系后裔、卢谌(284—350)的曾孙,而卢谌是位玄学学者,在石虎手下官拜中书侍郎。卢循本人也是位很出色的书法家。他和"妖人"、叛军首领孙恩(参见上文第 154 页)的妹妹结婚,并成了孙恩的继承人。公元 410 年他为刘裕击溃,并在毒死全家之后自杀身亡。根据《高僧传·慧远传》,慧远早年曾和卢循的父亲卢嘏同学。在卢循年幼的时候,慧远即预知他日后的反叛。据《晋书·卢循传》称:"沙门慧远有监裁,见而谓之曰:'君虽体涉风素,而志存不轨。'"慧远写给卢循的信的部分内容现尚保存,主要内容是答谢卢循馈赠粮食之事,这说明慧远和中央政府最危险的敌人也保持密切的联系。卢循北伐时曾驻军浔阳,便上山拜访慧远,与之晤谈良久。这对慧远来说无疑是件危险的事。自汉唐以后为罪犯或逃犯提供任何帮助都要受到严惩;而且卢循当时已和官军屡次交锋,在其侵袭京城失利之后,溃败已指日可待。一些僧人便提醒他:"循为国寇,与之交厚,得不疑乎?"慧远回答:"我佛法中情无取舍,岂不为识者所察。此不足惧。"实际上,不久之后刘裕杀赴浔阳,他的谋士也提及,慧远曾与叛贼有旧,刘裕答曰:"远公世表之人,必无彼此。"并略备礼物,修书致敬。这在上文已经说过。 216

　　无独有偶。公元 399 年桓玄拜访慧远,对他甚为尊敬,而据说在他上山之前,其谋士也提醒他:政敌殷仲堪曾是慧远的访客。虽然慧远与桓玄有旧,刘裕的同党也还是尊敬他。后来,慧远也跟姚兴交谊颇深,即使是在南方的刘裕准备出兵征服这位统治者的非常时期。

　　慧远终生没有改变这种平等、无为的态度,这是极为重要的一点。在战事频仍、动荡不安的时局中,上层士大夫深为派系、集团之间的内部倾轧所苦,并为之丧命。因此,庐山上的僧团需要超然于或假装超然于当时的政治漩涡之外。从上述内容来看,这实际上被认为是一种保持中立和不入俗世的态度。慧远在其护教文章中反复强调了这一点,这也许可能就是桓玄为什么把庐山排除在"沙汰"之外的原因,而他对其余所有的寺院及可能会滋长不满或反叛情绪的地区都实行了"沙汰"(参见下文第五章)。

官宦生涯危如累卵。误入某个集团往往意味着咎由自取,甚至会送命,个人的命运在很大程度上依赖于见风使舵的能力:在儒家思想里,这种机会主义被理想化为君子对天命的直观领悟。一种无为和中立的态度于是成了最好的全身之术,这些官宦之人到一定程度便可能会退出仕途,也即去过一种没有任何官职的"隐士"生活。在吸收了一整套异质文化因素之后,"归隐"成了在中古社会初期的士大夫中间最为普遍的理想,这并不是没有原因的。《老子》《庄子》之脱俗的特点和古代巫术的宗教背景相脱离,并转而成为士大夫的语言,这构成了"归隐"的哲学基础;"清净""守一"和小国寡民的"纯朴"则为它提供了道德依据;文学研究和艺术追求如诗歌、绘画、音乐及书法也都成了"归隐"的分内之事。我们已经看到,自公元4世纪初开始,这个情结已和理想的寺院生活联系在一起,且所有这些因素最终都在寺院里找到了自己的归宿:隐士般的生活现在以集体的方式实践,并获得了一种新的宗教意义和更为深刻的意识形态论证,虽则其中掺杂了许多世俗理想的成分在内。

所有这些因素均以一种高度发展的方式体现在庐山僧人身上:佛教哲学和玄学,禅定和超自然力崇拜,自然之美和禁欲生活、清谈,学术研究和艺术活动,与世无争和政治中立。许多有教养阶层的成员也多少了解佛教,并倾向于脱离宦海。对他们来说,庐山肯定代表了一种退身隐逸的理想,这里不仅是智慧之田,而且也是养心与安身的福田。其中许多人以俗家弟子的身份上庐山跟随慧远,参与法事活动。庐山上涌现了大量有教养的俗家弟子,慧远传出于宗教的虔诚把这归因于一尊神奇佛像的影响。而如果我们考虑到庐山既是一个宗教中心,又是佛教化了的知识分子的集体归隐之地,就完全可以理解这一现象。

庐山慧远的俗家信众

现已无法统计定居在庐山上的优婆塞人数。在早期文献中⑯提到过 8 个人的名字,对于其中有 5 人可以从各种材料中搜集到一些相关的历史素材。这里我们不必过于关注后来各种颇为可疑的传说,譬如无名氏的《十八贤传》,这部称年代不详的无名氏作品后来在公元 11 世纪被陈舜俞并入他的《庐山记》中。⑰

刘程之(354—410)通常被称作刘遗民,据说是汉朝开国皇帝幼弟的后裔,也是彭城刘氏家族成员。《晋书》没有为他立传,但可以根据《广弘明集》里没有署期却可能很早的材料找到一些信息,其中主要是慧远写给庐山上其俗家信众的一封信,信的前后有些内容主要与刘程之的生平有关。⑱他曾历任宜昌(湖北南部)、柴桑(现在九江南部,庐山附近)的地方官,不过当时已结束宦途。弃官离职以后,他在西林寺(慧永居住的地方)附近建了一座"禅坊",而沉浸于宗教生活,"养志闲处,安食不营货利"。他在庐山度过了余下的 15 年。这封信似乎暗示了他是第一位上山来的士大夫"隐士";如果他确实死于公元 410 年(这个日期只出现在后来的材料中)⑲,那么他肯定是在公元 396 年上庐山的。关于刘程之的宗教热情,我们将在下面和庐山的阿弥陀佛信仰一起讨论。从我们所能了解到的有限的材料来分析,他是一位虔诚的、真正的佛教徒,他在写给鸠摩罗什著名的学生僧肇的信中,说自己在庐山实现了所有的愿望。⑳除了这封信之外,另有一些他写的著作幸存了下来。他还是公元 402 年慧远及其教团成员的集体发愿文(现存于《出三藏记集》和《高僧传》的慧远传中)的起草人。

慧远的其他一些可考的俗家同仁全都属于所谓"隐逸"类(实际上我们在正史这一部分里能找到他们的传记)。他们终生拒绝为官,而青年时代有几年时间在庐山学习。我们必须特别留意这一事实:他们中有些当时还不过是孩子。当他们于公元 402 年在阿弥陀佛像前集体发愿时,周续之时年 25 岁,宗炳 27 岁,雷次宗则年仅 16 岁。但他们似乎一般是从早年就开始过士大夫的隐逸生活,而慧远本人想和儒家隐士范宣结伴归隐时也不过 20 岁。

从雷次宗(386—448)[⑮]本人写给家人的信来看,他在孩提时代就有出世的想法。[⑯]我们已经说过,他一定在很小的时候便结识了慧远。不像刘程之和宗炳,他在庐山似乎是潜心于儒家学说的研究,这件事反映在慧远传的一段怪异文字里(详见本章附录)。

他记录了慧远的《三礼》讲义(如果我们相信这篇传记,那么后来他也以自己的名义讲述《三礼》),这使他成为此一领域的著名专家,并在其余生中一直借此闻名于世。在慧远死后,他开了一个学馆,有百余人入学,他在晚年还应征为王太子讲解《丧服经》。慧远曾给他讲述过这个主题,其讲述(可能还是慧远讲的那些内容)可能搜集了当时还存在的一些资料。[⑰]然而,更有意思的是上面提到的那封信,其中有一段说及他早年在庐山的情况,并清楚地说明了这个佛教中心之所以吸引这位儒生的诸多方面:

> ……逮事释和尚,于时师友渊源,务训弘道,外慕等夷,内怀俳发[⑱]。于是洗气神明,玩心坟典,勉志勤躬,夜以继日,爰有山水之好,悟言之欢,实足以通理辅性……[⑲]

周续之(377—423)[⑳]是另一位出色的儒家学者,他"通《五经》并《纬候》《老子》和《易经》"。他的一些佚文证明,他对《丧服经》也同样有特殊的兴趣。我们已经说过雷次宗在这方面的兴趣,这可能是受学于慧远的缘故。[㉑]但另一方面,他显然比雷次宗更具佛教禁欲的特点:终身未婚,衣着朴素,坚持素食,这成了佛教戒规影响士大夫"隐士"生活的明证。不知他在庐山住了多久,但似乎至少在山上度过了从公元 396 年[㉒]到 402 年的六年时间,公元 402 年他参加了在阿弥陀佛像前的发愿。

宗炳(375—423)[㉓]代表了艺术的一面。他是一位学者,来自一个高

官家庭,是当时最负盛名的书法家之一,也是一位著名的音乐家和清谈
名士。像这里提及的其他信徒一样,他从未任过公职,最初和慧远一起
住在庐山,后来(在他兄弟敦请劝归之下)住在江陵,仍和当地僧人保持 *219*
联系。我们也不清楚宗炳在庐山住过多久。但不管怎样他是一位虔诚
的佛教徒,并在后半生成了最雄辩的护法之一,他的一些佚文可以印证
这一点。他的《明佛论》写于公元 433 年,是早期士大夫佛教最有价值的
材料之一。[80]

　　至于其他被提到的俗家追随者,在早期文献中材料甚为罕见。据说
张野(根据后来的文献,他生活于公元 350—418 年间)[81]是浔阳的一位赤
贫的学者和诗人。他的部分著作内容幸存于世,其中最重要的是他为慧
远而写的铭文,因为这是最早的慧远生平资料[82];我们对张铨(在公元 11
世纪的同一份材料里被认作张野的亲戚)所知更少,他也回避仕途,在自
己的农庄过着无忧无虑的简朴生活[83];至于新蔡的毕颖之,在《出三藏记
集》和《高僧传》里被认为是慧远的同仁,但并没有被列入后世所谓"莲
社"成员。毫无疑问,他出身于一个有教养的家庭:我们在《晋书》里发现
了这个家族的另一位成员新蔡毕卓的传记,他在公元 3 世纪末和 4 世纪
初是当时最有名的饮酒高手之一,也是当时最古怪的知识分子之一。[84]最
后,我们还要提及一个名叫王齐之的人[85],他是琅琊王氏成员,在庐山时
写过几首有趣的诗,现存于《广弘明集》,但我们对该作者实际上毫无
所知。

"禅那"与阿弥陀佛信仰

　　公元 402 年 9 月 11 日,慧远把教团里的僧俗信徒召集到山北一座精
舍的阿弥陀佛前,和他们一起发愿往生净土,据说这片净土是阿弥陀佛
居住的西方极乐世界(Sukhāvatī)。《出三藏记集》和《高僧传》的慧远传
都记载了这件事,也引用了应慧远之请由刘程之撰写的发愿文。

　　后世把"在阿弥陀佛前发愿"当作净土宗创宗的标志,并把净土宗当

作慧远所创的"白莲社"的延续,而慧远也因此被认作这一宗派的始祖。在一定程度上,这一观点还无法证实,因为从"祖师谱系"来看,慧远与以后的净土宗祖师没有直接的传承关系。尽管如此,这个仪式仍是中国早期佛教史上的重要里程碑。这里出现了一种特别注重信仰的教义,而庐山的僧俗信徒全都践履这种信仰,它也显然契合了俗家追随者的需要及其生活方式。正是这种信仰构成了慧远佛事活动中最有意思的一面。

有关这种仪式的最早资料当然应属那份发愿文,这份资料因把佛教和道教的观念奇特地混杂在一起而变得含义模糊。尽管如此,如果我们从华丽的辞藻中辨识出实质性的内容,这份资料仍能提供一些有用的信息:参与者据说有 123 人,而从其他资料记载的慧远教团的规模来看(参见注⑭),这个数字意味着所有弟子都参加了这项活动;发愿仪式在阿弥陀佛像前举行,同时还供奉"香华"(焚香与供花);参与者表示要往生"西方"(即西方净土极乐世界),并要一起实现这个目标。然而,每个人的业报又不同,今生缘聚一堂的同伴到了来生可能会缘散飘零。有鉴于此,这种集体发愿并不是一种誓愿(praṇidhāna,指菩萨表白要实践菩萨精神的发愿),而是参加者为彼此共勉往生西方净土所订立的一种严肃的盟约(covenant)。如果其中有人先登西方净土,他将不能"独善于云峤,忘兼全于幽谷,先进之与后升,勉思策征之道,然复妙观大仪,启心贞照"。这种互相帮助往生净土的"形而上联盟"(metaphysical association),这种脱俗的"互助组"(mutual help group),这种垄断了官僚体系之高层职能的士族政治集团(在我们看来,与此盟约同样怪异)的宗教对应物,这是很有意思的一个现象:这种由慧远及其弟子,尤其是俗家信众所倡导的教义具有简单而具体的特点。

需要一个具体的、能用感官感知的崇拜对象,这形成了庐山佛教的特点。在其他地方,或在传记资料中或在慧远自己的撰著中,我们发现都强调了某种可见物的显现:观想佛像,幻见阿弥陀佛,赞颂"佛影"、佛的法身或菩萨法身等。虽然这个奇怪的特点可能部分归因于慧远的北方学统,因为他受到道安弥勒信仰(参见上文第194页)的影响,但在更大程度上却是由慧远教团内的世俗性因素造成的:人们需要简单易行的方法,而观想或小乘所谓的"在家习定法"(亦即陆澄提及的那封信的主题)则显得程序繁复。⑱

这个方法就是《般舟三昧经》所讲的念诵阿弥陀佛。⑲这部重要佛经的主题是观想的方法,以便使信仰者能"现在佛悉在前立三昧"。尽管这种"神通"通常只有在个人拥有超自然力时才能出现,但这里却明确地说这种观佛并不通过"天眼"或"天耳",也不通过死后而往生阿弥陀佛净土,而是通过这位佛的"威神",通过他的"定力"和"救助力"。⑳这种"易行道"并不需要任何复杂的准备性修持;但信徒必须在三个月内彻底保持灵魂的清净,在此期间甚至一刻也不能想到饮食、服饰等物质享受,这就可以为他获得"观佛"的能力创造有利条件。㉑在该经第二部分,我们发现了观想的方法。僧尼或优婆塞、优婆夷必须严格遵守所有的戒律,然后去一个清静的地方,一天一夜或七天七夜观想阿弥陀佛。七天后这位佛便会自己显现在他眼前,宛如幻化人或镜中像,向他开示佛法。㉒

慧远在《念佛三昧诗集序》中用玄学的语言渲染了这种三昧的优点,同时说明虽然有许多种观想的方法,但"功高易进,念佛为先"㉓。不过,这些影像显现的真实性很不明确,尤其是在把它们和梦相提并论的时候。慧远在一封写给鸠摩罗什的信(参见下文)中就曾问及这些影像的缘起,追问它们是否不单是意识的产物。

早期的传记资料里有许多颇有意思的材料,讲述慧远的追随者如何修持阿弥陀佛信仰。刘程之在这方面的热情特别高:

> 专念禅坐,始涉半年,定中见佛,行路遇像,佛于空现,光照天地,皆作金色,又披袈裟,在宝池浴,出定已请僧读经㉔,愿速舍命……自知亡日,与众别已,都无疾苦,至期西面端坐,敛手气绝,年五十有七。㉕

221

有关刘程之归西的词句暗示了他可能在临终前见到了阿弥陀佛,对此还可根据对慧远的其他一些弟子死亡时的描述作进一步的说明。这种信念并不源出于《般舟三昧经》,而是出自一部早期汉译佛经《无量寿经》或《阿弥陀经》,它很可能是支谦在公元 3 世纪初翻译的㉛。

在这部著名的佛经里,法藏比丘(阿弥陀佛前生)主要凭他的愿力创造了一个幸福无忧、法相庄严的理想世界。据说阿弥陀佛的信徒在行将死亡之际,应当观想这尊为众多侍从簇拥的如来。如能观想到,那他一定能往生极乐世界;或者在梦境中出现阿弥陀佛,也能导致相同的结果。㉜下面这段诡谲的话讲述了慧远弟子僧济圆寂于庐山的情况,其中谈到了这种临终前的显现影像以及与此相关的宗教仪式:

> 后停山少时,忽感笃疾,于是要诚西国,想像弥陀,远遗济一烛曰:"汝可以建心安养㉝,竟诸漏刻。"济执烛凭机,停想无乱,又请众僧夜集,为转《无量寿经》。至五更中,济以烛授同学,令于僧中行之,于是暂卧,因梦见自秉一烛,乘虚而行,睹无量寿佛,接置于掌,遍至十方,不觉欻然而觉,具为侍疾者说之,且悲且慰,自省四大了无疾苦。㉞至于明夕,忽索履起立,目逆虚空,如有所见。㉟须臾还卧,颜色更悦,因谓傍人云:"吾其去矣。"于是转身右胁,言气俱尽。

在《高僧传·慧永传》里对公元 414 年慧永的圆寂(参见上文第 199 页)也有类似的描述:

> 遇疾绵笃,而专谨戒律……未尽少时,忽敛衣㊱合掌,求屣欲起,如有所见,众咸惊问,答云佛来,言终而卒,春秋八十有三。㊲

值得注意的是,至少在早期资料里没有对慧远本人的圆寂作过类似的描写,而只在其传记里给以简短的叙述(参见本章附录)。

僧俗都热衷于阿弥陀佛信仰,并观想这尊佛,以便能往生西方净土:"君诸人并为如来贤弟子也。"慧远也在给其俗家追随者的信中说:"策名神府为日已久。"对这些俗家信众来说,在庐山念佛可能是希望有把握地

222

往生善缘,而念佛无非是一种在梦中或幻觉中亲见如来的方法,以便能预知未来的幸福。

对慧远来说,禅定远胜于念佛。在他后来的一篇序言里,他把"禅定"和超验的智慧即"般若智"相对应。"禅"即是"寂",没有任何意识的妄念,并借助"般若智"便可达到"寂"的极致;"般若智"是直观的"照",无需推论便能直接体认佛法真理,而借助"禅"可以扩展"照"的视域。只有在"照不离寂,寂不离照"的前提下,才能获得真实的智慧。[⑳]在其他的地方,他说:"夫称三昧者何?专思寂想之谓也。思专则志一不分,想寂则气虚神朗,气虚则智恬,其照神朗则无幽不彻。"[㉑]禅定和观想能使狂乱而迷惑的妄念安顿下来(在早期中国佛教史上这是个常见的主题)[㉒],并能净化"神"。"神"作为智慧和觉悟的真常之理(eternal principle),受累于肉身的束缚,而通过上述方法始能从生死轮回中解脱出来。三昧是"尸居坐忘,冥怀至极"[㉓],它是一种暂时达到解脱之境的方法,也是一个"不以生累其神"[㉔]的阶段。相对于对阿弥陀佛信仰和念诵佛名方面的一些基本的和"通俗化"的技巧的兴趣之外,慧远对禅法(dhyana disciplines)更感兴趣。根据他的传记,由于当时存世的禅法和律藏很不完备,慧远便派遣一些弟子前去西方取经。在一篇序言里,他本人曾抱怨禅经的匮乏,并对鸠摩罗什译出这方面的经典表示了喜悦。[㉕]

公元410年,佛陀跋陀罗来到庐山,这无疑刺激了他们对小乘禅定的严格修持。就像公元4世纪末、5世纪初大多数外来弘法者一样,佛陀跋陀罗属于说一切有部,它当时在罽宾和西域各地非常盛行。他曾是著名的禅师佛陀斯那的弟子,后者曾于公元409年左右到过长安,故而其思想广为流行。后来佛陀跋陀罗与"官方的"鸠摩罗什一系僧人产生了矛盾,而对方受到了后秦朝廷的保护,他因此被逐出长安。公元410年,他带着四十来个弟子来到庐山,慧远请他翻译一部他所擅长的经典,这是一部小乘禅法的短论(其中也有部分大乘内容),一般认为是达摩多罗(Dharmatrāta)所著。[㉖]公元412年他又去了建康,在那里一直生活到公元 429 年他死去为止。慧远及其追随者对佛陀跋陀罗所译的禅经究竟理解和接受了多少，委实难以说清。但正如我们上面所说，这种纯属僧人的法事，这种瑜伽，最终也能让幽居在寺院里的名士修习，并让"在家"的信徒修持。尽管他们对佛理也有着浓厚的兴趣，但对我们目前的研究来说，这方面的技巧和经典比起上述虔诚的信仰与修持来说显得并不重要，这种信仰之具体形象、简单易行的特点，成了中古时期士大夫文化的有机组成部分。

"佛身"

庐山的佛教生活最引人注目之处在于经常使用佛像，并强调它的重要性。这里又可以发现道安的影响：道安曾在弥勒像前发愿，在寺院里摆列所有的佛像，并在襄阳塑造了神奇的佛像（慧远还为之作赞，参见上文第 188 页）。我们在庐山也发现了一座神奇的佛像，《慧远传》还似乎把东林寺佛法的兴盛归因于佛像的瑞应。他们在公元 402 年发愿之前，还造了一尊阿弥陀佛像，以及萨陀波岺（Sadāprarudita）菩萨像（无疑是与"观想"佛有关）㉒，又画了"佛影"（我们马上讲到这一点）。

224 　　很少有人会怀疑这些佛像的功能，至少其中有些是观想沉思的对象。慧远和俗家信徒王齐之（参见注㉒㉘）所作的赞对此有所说明，不过它在刘程之那段虔诚的描述文字里似乎表达得最为清楚：据说这尊佛曾在他"行路"时显现于空中。

"佛影"这段故事是慧远一生中最后一件有案可稽的事（412 年）。当慧远还是道安的弟子时，他就听说了这件在许多经典中都提到过的著名文物。西行求法者法显、宋云和玄奘分别约在公元 399、520 和 630 年见过并描写过这件文物，而现代考古调查也已发现其遗址㉓：在那竭呵城（现在的 Jelālābād*）南的一座石室内。当年佛陀感化毒龙以后，应后者

---

* 经查，Jelālābād 疑为 Jalālābād，古称 Nagarahāra，位于今阿富汗边境。——译注

之请在墙上留下了自己的影子（可能是他全身的一个影像，包括相好[lakṣaṇa、anuvyañjana]和佛光）。所有的描述都特别强调了一个现象：从远处看这个像非常清楚，但当接近墙壁时它会逐渐淡化并最终消失。慧远传似乎也含蓄地提到了这一情况。现已不清楚道安是怎么知道这件文物的，所有材料都不能说明他了解这些情况的途径，但我们知道他曾收集整理过西域的口述史料（毫无疑问主要是从游方僧人以及外来传教者那里了解到的），而这些材料可能就收录在他那部已经丢失的《西域志》中。㊿

慧远在他《万佛影铭》中说他自己有幸和"罽宾禅师、南国律学道士"相识，他们向他详细描述了佛影，他还在他们指导下画了佛影。㊿根据这些佛赞的结语，公元 412 年 5 月 27 日，挂有这幅佛影（似乎是画在丝上而非墙上）㊿的精舍（台）庄严落成。这个日期意味着，所谓"罽宾禅师"除了佛陀跋陀罗之外，不可能再是其他人。后者约于公元 411 年住在庐山，这个事实可以说明这幅画的确切作用。

佛陀跋陀罗正是《观佛三昧经》（《大正藏》№ 643）的译者，这部经的内容有如题目所说，主要是"观佛"，此种意念专注的方式当时在慧远的追随者中间相当盛行。根据后来一些不甚可靠的资料㊿，这部经译于刘宋时期，即公元 420 年以后。即便这一说法属实，佛陀跋陀罗仍有可能在他逗留庐山期间，把这部经的部分内容口译给慧远听。我们在《观佛三昧海经》卷 7㊿发现其中有一长段谈及佛影的神奇，接着还有一段对"观佛影"进行了有趣的描写，这原本是为那些佛弟子们准备的，他们希望在佛逝世以后还能见到佛的坐相。这里详细说明了如何用超自然的符号、象征来观想佛身，而这种意念专注的方式能"除百千劫生死之罪"㊿。根据一个传说，还应补充一个重要的事实：佛陀跋陀罗本人来自那竭呵城㊿，所以，当地有关佛影的传说、当地人崇拜或观想佛影的方式，所有这些他一定非常熟悉。由此，我们可以断言：公元 412 年慧远叫人描摹佛影，不仅仅是为了再现佛影（对谢灵运可能确是如此，他在公元

225

413 年写了一篇"佛影铭")⑧,还有一个非常具体的作用,即与观想佛的修持密切有关。

如果说慧远对佛的应化身的影子感兴趣,那么他更想探究神秘的佛的真身、佛的法身,即这个恒常的佛陀作为超验真理(dharmatā,法性,英译为 transcedent truth)的具体体现(embodiment)或人格化身(personification)。借此大乘"佛学"(Buddhology)的基本概念,最终形成了著名的佛陀三身观。这个概念脱胎于小乘法身观,最初是在佛法(包含在各经典中)之"体"(corpus,肢体、总体)的意义上说的;后经应化身和法身这种相对简单的中观学阐释方式,譬如我们在《大智度论》(慧远和鸠摩罗什在这一领域的主要参考资料)中所发现的那样,最终演变为其结构之复杂足让人吃惊的三身观,而后来的大乘佛学对此作了种种区别 * 。在此我们无意追溯这一概念的发展过程。

在公元 4 世纪末之前的早期中国佛教中,我们没有发现对"法身"的玄思。道安在他的一篇序言(第 193 页内引文)中首次就此问题有所评论,但并没有阐释这个概念。对大乘佛法此一方面的突如其来的研究兴趣,无疑是鸠摩罗什在长安活动的结果:有关这一主题的材料基本上是些学理性的文献,属于一些观念或概念的系统化和条理化,而这些观念或概念在经典中的意义还需进一步阐释。鸠摩罗什对中国佛教的最大贡献是他译介了大乘佛教的学理性文献,尤其是中观学派(the Mādhyamika〔Śūnyavāda〕school)的著作,这些作品被认为应回溯到具有传说色彩的龙树那里。在他《二万五千颂般若经注》的译文中,也即《大智度论》(参见下文附录注㉟)这部中观学最为庞大的著作和佛教文献最为重要的经典之一中,中国人首次发现了对法身的本性问题的详细讨论,并发现了与此有关的整部"佛学"。另一方面,《大智度论》使他们

---

* 大乘佛学中对此有多种区分,主要有:法报应三身、自性受用变化三身、法应化三身和法报化三身。此外,还有四身、五身、六身和十身等说法,这里不作展开。——译注

熟悉了另一个概念,这可能更刺激了他们的兴趣和好奇心:对菩萨妙身(the glorified body of the Bodhisattva,在《大智度论》中亦称"法身")的玄思,而菩萨意味着位于成佛第八地,他一定能取得最后的果位并彻底解脱生死轮回与种种欲望。

如果对可以借助现代学术资源的西方读者来讲,掌握这些理论已经够难的了,那么对于公元 5 世纪初的中国人来说,他们更难理解这些内容。在每一个环节上,他们都可能遇到引起误解和迷惑的观念。菩萨的"法身"与道教真人、玄学至人的"妙身"(the glorified body,这些真人或至人能够"体道"并与自然即整个宇宙同体合一),"神"这旧有的观念与"涅槃"这个代表"神"最后彻底净化状态的概念,凡此种种准佛教的或对佛教一知半解的观念纠缠在一起,妨碍了他们理解这种新出现的佛法。而且这种高度抽象和精微的思辨哲学,相对于他们具象的和经验的传统思维模式来说,仍然是格格不入的。如果我们能体认这一点,就不应苛责慧远没有完全理解佛法。相反,他给鸠摩罗什的信证明了他对一些佛法问题的知见,至少其中所反映的批判精神与敏锐观察能力是非常值得关注的。

有关慧远这方面的主要资料见于他约在公元 405—409 年间写给鸠摩罗什的 18 封信,它们大致在公元 5 世纪末至 6 世纪末间连同鸠摩罗什的回信一起被编成现在的《大乘大义章》。⑱

公元 350 年,鸠摩罗什生于龟兹的显赫家庭(母亲一系与龟兹王族有关)。还是孩童时他就在罽宾学佛,非常熟悉那里说一切有部的思想。三年之后他在疏勒国(Kashgar)因受佛陀耶舍(Buddhayasas)的影响而改宗大乘,这位佛陀耶舍后来在长安加盟了鸠摩罗什的译场。作为一位法师和多才(包括吠陀文献和占卦)的学者,他的名声远播中国。公元 384 年,苻坚的将军吕光占领龟兹以后,把这位不幸的阿阇梨当作一件珍贵的战利品劫掠回来,并在以后的战事中常常采纳他的建议,但又不友好地戏弄他。鸠摩罗什在凉州(甘肃)的 17 年经历,现在已经鲜为人知,当时吕光在那里建立了独立的政权。公元401年,羌族首领姚兴征服了这个"后凉"国,鸠摩罗什也就去了长安,成了后秦的国师(purohita),受到王族成员的高度尊敬,并成了来自该帝国各地的数千沙门的领袖。⑱

　　根据慧远传,后秦国王弟姚嵩最早把鸠摩罗什抵达长安的消息告诉了慧远(参见下文附录注⑦⑤)。一年之后慧远和鸠摩罗什互相通信问好,这可能是公元405—406年间的事。⑳在第二封信中,慧远说他曾听到鸠摩罗什要回国的传言,然后冒昧地"略问数十条事,冀有余暇一二为释,此虽非经中之大难,欲取决于君耳"。

　　他们之间就这样开始了通信。大多数信件得以幸存,只有一封出现在公元5世纪中期《法论目录》中的信件,在现存的《大乘大义章》里没有保存。㉑这些都是弥足珍贵的材料,不仅因为它们涉及了中国佛教的早期历史,而且更主要的是有助于研究印度佛教和中观学。我们已经说过,鸠摩罗什讲经说法主要依据《大智度论》,而他的回信(这是他们通信的主要部分)也可以被视作对这部著作的一种阐发。在有些问题上,如关于菩萨的"法身"(或说"法界身"dharma-dhātujakāya,是生于法界的"身",即法性生身)这样的难题,据我所知在其他地方尚未出现过如此之多的解答。遗憾的是,我们在此不能分析通信内容:这个高度"专业化"的主题需要单独的研究,而这已超出了我们现在考察的范围。㉒然而,考察慧远所提的问题将是很有意思的事,因为这既可以反映出他的兴趣范围,也可以反映出他在理解佛法时擅长的地方或薄弱的环节。因此我们将依次概要介绍现存于《大乘大义章》中的慧远写给鸠摩罗什的信。由于我们对慧远的法身观(佛陀的法身和菩萨的法身,他似乎经常混用)特别感兴趣,故在那些全部或部分涉及这一主题的信前打上星号。

　　*1. 据说佛陀是以法身向菩萨说经㉓,这意味着法身必须是可见的;另一方面,它又被说成是永恒的、不变的、与涅槃同一的。这如何可能呢?

　　*2. 觉(Enlightenment)暗示了要灭除所有过去带来的不净的

"习",是业报过程的终结。这发生在菩萨第八地,此时他已有"法性生身"。但是如果所有的因果都已终结,如果四大的作用都已绝灭,这个"[法性生]身"将如何出现? 还能否"感而成化",超出"阴阳之表"? 这种佛身和影像(a reflected image)之间的比较不再有效,因为出现每一种影像都是有其物质的原因。

　　＊3. 佛形(manifested body)与转轮圣王身相一致,有三十二种相:这原是为了引导凡夫的方便说法。为什么佛在给最高果位的菩萨说法时同样还要显现这些身相(lakṣaṇa)? 佛给谁说法时将不再需要这些身相?

　　＊4. 关于菩萨法身的寿量,尤其是在十住这个最后阶段。这最后一生的动力是什么? 菩萨将在不超过"千生"(a thousand times)的时间里成佛,这种说法如何与菩萨永不证涅槃的发愿相一致?

　　＊5. 色身(仍然是业报轮回的主体)或法身如何显现三十二相呢? 如果第一种情况属实,这里就有个问题:在低的果位上就不应有这些相;如果第二种情况属实,既然对法身来说所有的业报均已终结,这些身相(lakṣaṇas)怎么可能就是过去的业报呢?

　　＊6. 有关菩萨获得未来成佛的受记(vyākarṇa)的问题。如果佛陀 228 已经作出许诺,达到这一最后的果位还有什么意义呢?

　　＊7. 施展神通和感觉能力(天眼等)有关,必须要有一定的物质基础,而法身却没有这样的物质基础。那么,为了显示自身的存在,在一定意义上法身必然有其物质性的一面。这种物质可能非常精微,也许就是果位较低的菩萨看不到法身的原因,因为他们的感受能力还没有得到充分开发。

　　＊8. 菩萨和阿罗汉的"烦恼残气"(the lingering traces of defilement [vāsanā])有何区别? 因为如果《法华经》的说法属实,那么在菩萨与阿罗汉之间就不应有所区别。而且,我们如何想象涅槃时"真法身佛"灭除了所有的烦恼?

9. 再谈影像(the reflected image):它是不是一种"色"(rūpa)? 它是"造色"(bhautika rūpa)的一种特殊形式,取决于四种基本元素(四大)。因为这里有一个"逻辑上"的原则:色必然有象,象必然有色。㊹

10. 关于《法华经》所讲的阿罗汉受记为佛的问题。这如何可能? 由于他们像焦种那样已不可能发育生长,已彻底摆脱了因果律的束缚,因此这一说法不可信。"吾虽有信,慧因理出。既不明理,何以有信?"

11. 当我们修持念佛三昧时(参见上文第 220 页起),"见佛"常以梦为喻,例如在《般舟三昧经》里。这些是不是我们意念(mind)的产物? 另一方面,如果见佛并不是回应我们的愿心,这是不是信徒神通力(abhijñā)的结果?

12. 大段解释万法四相(生、住、异、灭)的本性,以及由此理论(中观学驳斥这一理论)而引发的一些问题。

*13. 首先,像法性、如、真际这些实际上一样的概念为什么通常会有不同的解释呢(参见上文第 193 页所引的道安的定义)? 第二,有关法身的常住。我们如何解释这种常住:这是不是指某种"有"或"无"? 这两种情况都是异端(常见和断见)。这样就必须要有第三种情况,既不同于"有"(存在)也不同于"无"(非存在)。

14. 有关"色"的四个基本方面(色、香、味、触)与"造色"之间的关系问题。

15. 极微(paramāṇu)说如何与万法皆空相一致? 如何通过分析现存的实体达到最终的"无"(非存在)? "然则有无之际,其安在乎?"

16. 批评万法的瞬间性。如果念念相生有如喷水那样从不间断,那么追忆又将如何可能?㊺

17. 询问有关菩萨与其他二乘的关系。

18. 佛和菩萨有所谓"恒沙劫"的"住寿"(long life),这是不是指法身或变化身? 如属第一种情况,就不能说是"住寿",因为法身是永恒的;如属第二种情况,"住寿"总要适应世俗情况,因此不应超出常人的寿限。

这个印度术语是否在翻译上有错误呢？最后一个问题涉及在灭尽定中"经劫不变"的"命根"（suspended animation）。

在这 18 封信中，至少有 10 封信部分或全部涉及法身。有趣的是，这两位法师彼此不断地误解对方。鸠摩罗什并不能抓住慧远问题的关键，在回答时总是大量地引经据典，还罗列了相互冲突的理论和学术观点，这益发让人糊涂。而慧远对这些抽象的解释并不满意，总是追问：法身最终应由某种"要素"（stuff）构成，尽管这种要素可能非常精微；由于人们能看见、听见，所以法身一定具有感觉能力，等等。追求某种具体的东西，这是慧远及其倡导的教义的典型风格。这也许正是这一支派的南方佛教与流行于京城、东南地区的另一派佛教之间最为根本的差别，而后者是一种假借推理的准佛教玄想。我们不得不简短地概述慧远的信件，其中确切的意义还需进一步的详细研究才能揭示。同时，读者从中可能对慧远所关注的佛法的性质和范围有了初步印象，并对这位年逾七十的求道者那种非凡的敏锐性有所体认。

其他宗教活动：毗奈耶和阿毗达磨

我们不可能对慧远在戒律方面的活动说得太多。从他的传记来看，他苦于缺乏充足的律藏，为此曾派遣弟子去西方寻找律藏和禅经。可能他还在沿用道安在襄阳创设的三套戒规（参见上文第 188 页）。但无论如何，慧远似乎对当时在中国南方流行的一些基本戒律甚为关注，那是些来历不甚清楚的戒律，如《节度》《外寺僧节度》《法社节度》和《比丘尼节度》等。遗憾的是，他为这些戒本撰写的序言早已全部佚失。[⑩]他似乎对持戒的要求非常严格，其弟子们在一起诵经时必须尽力奉行遵守。[⑩]他自己则持戒精严，《高僧传》在叙述他临终圆寂时对此有所描写（详见本章附录）。在其他许多情况下，长安的译经工作满足了他想获得更好的戒律的愿望。《十诵律》曾因一位口述者亡故而中断翻译，在慧远的请求下得以继续完成这一未竟的事业。

230

说一切有部大师僧伽提婆(参见上文第 202 页)的到来,很大地推动了庐山的阿毗达磨研究。僧伽提婆在长安首次让中国人了解到说一切有部的那些博大精深的经典。在苻坚败亡之后(385 年)他四处云游,余生的全部时间都在巡访各个最重要的佛教中心:洛阳(385—391)、庐山(391—397)和建康(397—?)。他死于何时何地现已不可考。在暂住庐山期间(在山南侧有自己的精舍)[30],他特地译出了四卷《阿毗昙心》。这部论著可能还包括僧伽提婆的口述内容,在当时庐山的僧人中间似乎影响很大。慧远在他后来的一篇文章《三报论》[31]中,解释了无疑是源自《阿毗昙心》的一些观念。更有迹象表明:他的一些弟子比老师对说一切有部的学理更感兴趣,以致经常流连于这些大乘的"魔书"中。[32]后来可能是由于鸠摩罗什的影响,慧远放弃了阿毗达磨研究,在以后的文章或信里都不再提及这些内容。

学术活动

慧远的文章,更确切说是现存的一小部分材料,突出了慧远从事纯粹宗教活动的一面:这也就是我们所谓"通俗化"(popularization)的内容,当然这里指面向有教养的士大夫的佛教通俗化。不像道安,他并未写"内部流通"的注疏,而是写了大量弘法或护教性质的文章、书信。毫无疑问,慧远有意识地以"消化了"的形式弘法,力图使之通俗化,因为在其内容、措词和文风上,这跟与鸠摩罗什之间纯粹的佛学通信迥然不同(关于这个问题,参见上文第 12 页)。在这些论文里,他解释了那些在士大夫里最能引起争议和热烈讨论的概念:在意识形态的层面上,诸如三世因果、神不灭、业报轮回;在社会的层面上,诸如僧伽有不敬世俗王者的特权,我们将在下面详细讨论这一问题。

值得注意的是世俗的研究和学问在这里面所起的显著作用,这无疑也与庐山上有教养的俗家信徒有关,并与慧远致力于这些方面有关。实际上,从他与俗世文人的接触来看,我们发现他也从事非佛教内容的研究。他从年轻的时候起就已被认为是《老子》和《庄子》的专家。如上所述,道安允许他借助世俗学问来解释佛学概念的意义(上文第 12 页)。他的文章里充满了典出于玄学经典、尤其是作为"三玄"之一的《易经》的表达方式,公元 399 年他似乎曾与殷仲堪就此作过讨论(上文第213 页)。

但另一方面,儒学在他的学术活动中扮演了重要角色。在这方面, ²³¹我们不应忘记他在早年最初曾想游离俗世去跟范宣潜心学习儒家的"礼"。实际上他向俗家弟子雷次宗讲授的《丧服经》(《礼记》的一部分),恰好也是范宣擅长的领域。似乎他还向周续之和雷次宗讲授过《诗经》。[⑤]

在结合佛教信仰和世俗学问方面,他是一位名副其实的道安继承人。道安其他一些有代表性的著述和经录在庐山也很流行,所以这是顺理成章的。慧远的弟子道流着手编辑一部有关译经的重要经录,该录涉及历代各地的一些目录(包括魏、吴、晋、河西[即甘肃]),在他早逝之后,又由其弟子道祖续成。公元 419 年,即慧远亡故不久,该书最终完稿。这部著作现已佚失,但经常被其他早期经录提及或引用。[⑤]

公元 402 年僧伽地位的论争

公元 402 年 4、5 月间,桓玄在姑孰(安徽东部)充当了独裁者,并最终于公元 404 年 1 月 2 日篡夺了皇位,在这一时期他的反佛教政策也达到了顶峰。公元 399—402 年间尝试出台了各项措施:企图让一些名僧还俗,要求僧人登记入册,彻底调查僧伽组织并进行遴选淘汰。公元 402 年初,他想参照庾冰而要求僧人服从世俗权威,当年庾冰摄政时期(公元 340 年,参见上文第 106 页起)提出过沙门"敬王者"的奏议。这项建议一方面导致了桓玄和自己部分合作者之间的争论,另一方面也导致了他和慧远之间的争论。我们可以详细说明这场争论,因为至少有 22 份材料幸存于世。[⑤]这是公元 340 年那场争论的延续,但此番争论的范围扩大了,而正反双方的论点也更为复杂和有趣。公元 404 年,慧远参与了这场争论,他在那篇著名的《沙门不敬王者论》中提出了自己的观点,使整场论战别开生面。我们在此不拟关注僧伽与世俗政权之关系的普遍性问题,这将在下一章专门讨论。我们只想概述这些材料的主要内容,也许这足以说出此番争论最有意思的地方。我们将会看到:这场争论就像公元340年那样,并没有严格讨论这个问题中纯属社会的一面,而是经常游离主题,转而对纯理论或纯学理主题展开清谈式的讨论。

桓玄认为这个问题意义重大,他在一封信中称之为"一代之大事"。他在姑熟建立自己的势力后,马上展开了这场讨论,而最初的9份材料似乎是从公元402年春开始的。㉝他的第一项举措是致信"八座"(六个部门的首脑以及皇宫的正副主管,参见下文附录注⑯,即六曹尚书和左右仆射*)。在这封信里,他提到了公元340年支持佛教的大臣何充与反对佛教的摄政者庾冰之间的那场争论,并对参与辩论的双方评论道:"庾意在尊主,而理踬未尽,何出于偏信,遂沦名体。"㉟桓接着争辩说,佛法虽然广大深奥,但"以敬为本",因此这里并没有把"敬"和"恭"全都废除。现在王者是世界上最高的原则,而《老子》把王放在道、天、地之后,形成"四大"。㊱既然"天地之大德曰生",王者的任务就是要"通生理物"。然后他总结说,僧人的存在也有赖于王者仁义之举,怎么可以"受其德而遣其礼,沾其惠而废其敬"? 由此便引发了这场讨论,士大夫需要发表他们的意见。回信㊲由"中军将军、尚书令、宜阳开国侯"桓谦㊳执笔,显然代表诸位大臣,且无疑故意写得含糊其词。但作者还是非常谨慎地强调:佛教不同于,甚至对立于通常的行为模式,因此人们可以为僧人辩解,并应该允许他们在这一特殊方面和通常的习惯不太一致。"佛法与老孔殊趣,礼教正乖。人以发肤为重,而髡削不疑,出家弃亲,不以色养为孝。土木形骸,绝欲止竞。不期一生,要福万劫。世之所贵,已皆落之,礼教所重,意悉绝之。资父事君,天属之至。犹离其亲爱,岂得致礼万乘?"但

---

* 此处疑原书有误,东晋官制"八座"应为五曹尚书、二仆射和一令。——译注

这位作者不想因此而犯下死罪，所以说："下官等不谙佛理，率情以言，愧不足览。"还有其他一些更有资格回答的人，如王谧（参见上文第 213 页）单独作了回答，孔国⑧和张敞⑧口头表述了他们的意见，道宝⑧和其他一些僧人也表达了类似的意思。

这些资料的主要部分是桓玄与王谧的通信（7 封信）。在一封信中给出了几个论点（ABCDE），在下一封信中全被驳回（A'B'C'D'E'），而在第三封信中又对这些反驳作出批驳（A"B"C"）等等。为了行文的方便，我们不按照这个顺序，以免阅读上的枯燥乏味。我们在概述时把各个论点和它的驳论放在一起，并以主题讨论的方式来说明这些通信的内容。不过，我们先要提出王谧的五个论点作为这场讨论的开始，因为在他给桓玄的第一封信中就提出了这些论点⑧：

（1）"沙门虽意深于敬，不以形屈为礼，迹充率土⑧而趣超方内者矣。"

（2）外国的君主都礼敬和尚，因为"道在则贵"。

（3）佛教在中国流传已有四百多年历史⑧，在三个朝代都很兴盛，从未受到限制。

（4）个中原因是佛教属于一种清净法，有益于陶冶世风，无害于国家的和平与繁荣。

（5）最后，"功高者不赏，惠深者忘谢，虽复一拜一起，亦岂足答济通之德哉"？

（1）桓玄在给王谧的第一封回信中⑧反驳了下述观点：僧人以内在的深意为由放弃所有礼敬的外在表示。礼拜揖跪也是佛教仪式的一部分，特别是在表示忏悔的时候，僧人更常常以此礼敬他们的老师。为什么在那里要以此表现"敬"，而在这里却忽略"礼"呢？而且法师虽因其能帮助别人悟法而获得师尊的地位，但君主"通生"的任务却更为根本。王者作为"四大"之一，应是一切之中最高的理。

王谧⑧承认，"敬"实际上应是寺院生活的主要原则。但僧人所选择的道路和我们俗世完全不同,因此他们也可以不遵守俗世"敬"的表现方式。他们尊敬师长的原因,实际上缘于其"内部事务":他们组成一个观念相似的群体,对达到"宗致"(最高的理)有着同样的热情,故在这样的群体内区别年龄和资历上的差异也很自然。至于世俗王者的德行,因为君道是要"通生",他应与良善而博大的"造化"比肩争胜。那么,我们为什么不向这个"造化"("理本",所有自然之理的根本)表达感激之情呢?这是因为"冥本幽绝,非物象之所举";这种造化运行的妙理不能靠我们的"粗迹"(粗鄙地表达感谢和尊敬的行为)来回敬。这也就是孔夫子要说"民可使由之,不可使知之"这话的原因。[89]

桓玄[90]顺着王谧的论点说:如果王者的地位形同于造化,如果这确实"功玄理深",那么,"佛之为化复何以过"? 进一步说,因想学得"宗致",弟子便须向法师及其老师表示尊敬,这也是不对的。什么叫"宗致"呢?它不能等同于佛教的"学业":学生只能发展他们内在的自然本能,而法师始终只能像擦亮珠玉那样做些启发性的末事。为什么他们要尊敬这些法师,而不是尊敬这种造化之源及其赖以维系的力量(作为人与天之间最高的祭司的王者)?

王谧[91]同意在修持宗教生活与这背后的"宗致"之间存在着区别。但是,"学习"作为逐渐通向真理(真谛)的唯一手段却是必需的。

最后,桓玄[92]在他后一封信中就此问题作了总结:佛教是以"神"为贵,这种"神"的品质构成了师徒之间相互尊敬的基础。然而,每个个体都有悟性(理解力)的"本分",这种"本分"本于天性自然(能生发这些"本分"的主体,参见上文第 90 页)。法师只能对自然所提供的这种"本分"进行加工,尽最大可能地去琢磨修整,但如果质地本来就不是美玉,那么所有的努力就全都枉然白费。王者滋养众生万有的角色则更为重要:"君道兼师,而师不兼君,教以弘之,法以齐之[93],君之道也。"

(2) 第二点更为具体。王谧认为僧人受到外国君主的尊敬,这一论点遭到了桓玄的反对[94]:"外国之君非所宜喻。"佛教的真正性质与此很不一致，它其实是一种适用于蛮荒不化的、无法用通常办法"驯服"的原始野蛮人的宗教；基于对鬼神的畏惧、对来生幸福的希求，佛教正是这种粗鄙的迷信。王认为僧人应受尊敬是因为"道在则贵"，而桓回答说僧人的法服并不能保证"道在其中"。无论如何，"圣人之道，道之极也"。王谧[⑩]愤愤地辩护：被桓认作粗鄙的迷信部分，实际上恰好是佛教的精华。如果认为三世（过去、现在、未来）轮回的道理是"虚诞"，罪福报应是"畏惧"，那么整个佛教的根基就不复存在。这些因素在世俗教化中尚付阙如，这并不是毫无理由的。圣人所讲的儒家教化旨在救治他当时的积弊，所以能毕生限制于世俗事务。不过，在他的教化中还是有迹象表明，他体会到了更高的真理。因此，我们可以说王者的地位是最高的，但只在世俗的领域内。尊敬王者的礼仪局限于儒家范围内，应允许僧人免去这些礼敬的俗套。

　　桓玄[⑪]坚持他先前的立场。有人认为儒家是一种容易践行的学说，是一种直接用于俗世的简单道理，这种观点是不正确的。恰恰相反："夫以神奇为化，则其教易行，异于督以仁义尽于人事也，是以黄巾妖惑之徒皆赴者如云。若此为实理，行之又易，圣人何缘舍所易之实道，而为难行之末事哉？"有人认为礼敬之理独属于儒家名教，这是错误的；对君主的尊敬是人人天生的自然情感，并不是名教内的事。

　　王谧[⑫]认为佛教与儒家名教事实上存在明显的区别，但如果从这些教化背后的基本动机——"宗"来看，我们仍可以发现一些相似性，如儒家的仁善之行与佛教的不杀生。但桓玄认为佛教因为神奇的缘故而易被接受，这是错误的。相反，根据儒家思想，"善""恶"是属于今生的概念，故在今生就可以看到善行和恶行的结果，但还是有许多人作恶犯乱。佛教讲我们的行为要在很远的未来才能显现报应，而我们现在短暂的一生其结果要一直持续到时间的尽头，如果相信这些佛法，将是何其困难！"取之能信，不亦难乎？"（这句话很有意思地说出了这一点：儒家理性主义与宗教信仰主义之间冲突的结果是"信仰之争"。在早期士大夫信徒的作品中似乎很少出现这样的话。）所以，"化及中国悟之者其少"。

（3）王谧认为佛教在中国兴盛了四百多年，未曾遭到抵制。桓玄反驳说[⑥]，时势已经发生变化。以前没有这么多中国人崇拜佛陀，其大多数信徒是胡人，而且和王者没什么联系。现在连皇帝也拜佛，参加法事，事情已迥异于往昔了。

王表示同意。[⑦] 胡人与王者没有联系，而"前代之不论或在于此耶"？——这种历史考察有力地回击了桓的论点。

（4）王强调了佛教对国家的有益影响。但桓玄[⑧]要在佛法与僧人之间作出区别。如果"清约"的佛法有益于教化，这也只是佛法的作用，而与"傲诞"的僧人无关。如果现在让他们礼敬王者，不就更有助于教化吗？

王谧争辩说[⑨]：沙门之道可以说是怪异，但不是"傲诞"。在佛灭一千年后，原本纯洁的佛教风气已经不净，而许多僧人已不配他们身穿的僧服，这也是自然的事。但我们不应只留意个别僧人，而应关注佛法和佛理。

（5）桓[⑩]当然承认王谧最后关于"惠深者忘谢"以及沙门不敬王者的机智的辩护。首先，"谢"和"敬"是不能自觉度量的自发情感。其次，佛陀的功德是什么？如果功德浅，就不应因其缘故扰乱大伦（包括君臣关系）；如果功德深（像世俗的君主那样），又为什么只敬一方而忽视另一方呢？

王[⑪]解释说沙门对佛陀的尊敬是必须的，是积累"行功"最好的方式方法，是来世结果受报的关键所在。

桓[⑫]反对说：对佛陀和佛法的尊敬并不能被认为是"行功"，因为"行功"应当根据为此而付出的努力和辛劳来计算，怎么可以仅因尊敬释迦牟尼就认作是"行功"的最高形式呢？更进一步说，臣民对君主的尊敬并非对某一种恩惠的感激，而是像前面所说的那样乃是自然情感的流露。

王[⑬]承认尊敬佛陀仅是积累行功许多方法中的一种，而非最高的。

臣民对君主的态度确实是基于自然情感,但正因为这样,恰可免去这些情感的外在表现。在上古时期的理想社会中,君臣之间彼此自然相爱,并不需要表示敬意的礼节。形式上的尊敬并不能与内在情感一致,而后来圣人创设礼节,正是为了挽救礼崩乐坏的时代。

桓玄对王谧多少有些混乱的、摇摆不定的论点感到不满意,遂决定把这整件事交给慧远来裁定。他把他和"八座"的通信附寄给了慧远,请慧远给出自己的意见,并将回信通过荆州刺史转给他。⑩

在此不久之前,慧远已就桓玄决定"沙汰"僧伽一事进行过干预,也多少成功地缓和了这一事态的严重程度。桓玄似乎非常尊敬慧远及其僧团。官方明文规定庐山不在搜检之列,这件事正表明了这一点。另一方面,慧远此时肯定已充分意识到了这位独裁者的反佛教政策。他写给桓玄的回信现存于《弘明集》⑪,另外在他的传记里还发现了一个篇幅稍短、内容差别很大的版本。这里包含了一些观点,在他后来的《沙门不敬王者论》中还有进一步的发挥及详细说明,我们将在下文具体展开。这两份材料首先表明,佛教由两个完全不同的门类组成:第一类是生活在俗世中并遵守俗世法律及权威的俗家信徒,故桓玄所说的内容就其自身而言是正确的,但这只对这一类信徒有效;第二类是那些"出家"的信徒,他们在此俗世就像过客一样,其愿望直接就是出世,即解脱生死轮回,体悟最高的理("宗")。这第二类不必遵守俗世的权威,他们已和这俗世断绝了所有的联系。僧人生活在俗世之外,却有益于俗世。他们的德行将会在此俗世流行,他们的行为符合于圣明之世的理想。

根据《出三藏记集》的《慧远传》⑫,他"惧大法将坠,报书恳切"。实际上,在这封信里他对桓玄展示了他非同寻常的人格魅力。施主(dānapati)啊!您,已经净化和沙汰了僧伽,所有的僧人比任何时候都更为真诚和专注。您的努力,已经大大促进了佛教的兴盛。但是,佛教的习俗,也就是组成僧人之礼的东西,必须要保持完整无损。"贫道西垂之年,假日月以待尽情之所惜,岂存一己,苟吝所执?盖欲令三宝中兴于命世之运,明德流芳于百代之下耳。若一旦行此,佛教长沦,如来大法于兹泯灭,天下感叹,道俗革心矣! 贫道幽诚,所期复将安寄? 缘眷遇之隆故,坦其所怀。执笔悲潢,不觉涕泗横流!"

桓玄为何最终屈服了,现已不清楚。根据慧远的传记,他在接到慧远的回信后曾"迟疑不决"。慧远的观点,以及王谧这位他最得力的合作者的争辩,可能导致他改变了计划。无论如何,他在登上王位之后,或甚至可能在这之前数天里⑧,也就是大约在公元 404 年 1 月初,发布了诏书,同意僧人享有不向王者致敬的特权。⑧

两位朝臣即黄门侍中卞嗣之和袁恪之上了一系列奏书,以反对这项突然改变的政策,尽管桓玄一再强调这事已经结束,要求他们遵守执行而不再论议。⑧这场上书与朝廷批复之间的往来,从公元 404 年 1 月 1 日持续到 1 月 22 日。

这些抗议的朝臣的名字在其他地方并没有出现。然而,桓玄有同党(唯一一直到桓玄死时还忠诚于他的人)叫卞范之⑧,从这个名字的形式以 238 及这个姓氏的相对少见来看,卞嗣之可能就是这位出色的大臣和武将的兄弟(或堂兄弟)。袁恪之的情况也与此类似。司马道子有位同党叫袁悦之,我们已在讲述尼姑妙音及其宫廷阴谋时提到过他(参见上文第 154 页)。他在桓玄夺权之前已遭杀害,从"悦"和"恪"的相似性(无论是拼写还是意义)来看,我们大概可以说这两袁是兄弟或堂兄弟。桓玄最初受到心腹王谧的反对,而另两位重要的同党后来又反对取消原先的计划,这种情况表明,当时在这个重要问题上,即使在京城的同一派系内也存在着分歧的意见。

在桓玄僭称"楚国"皇帝的三个月内(参见上文第 156 页),晋安帝被软禁在浔阳。此时,慧远撰写了那篇著名的护教文章《沙门不敬王者论》。有关这篇文章的详细研究,我们向读者推荐一个新近出版的胡维之(L. Hurvitz)出色的译本。⑧我们将在下一章反复提到或引用这篇论文,而在这里只是粗线条地描述论点展开的主线。这篇文章包括五个部分(参见本章附录《慧远传》)。前两个部分实际上与上述慧远写给桓玄的信的内容相同,谈论了在家信徒与出家信徒在祈求、生活方式和社会地位方面的差异。其他三部分涉及理论性更强的话题,并按惯例假想了讨论双方,而以争论的方式彼此展开讨论。在第三部分,慧远驳斥了桓玄认为王者是至高无上的、统摄一切的和应受尊敬的观点;桓玄把王者看作是天人之间的仲裁者,认为他体现了众生都应当遵从的天道自然。慧远作为这场假想的对话的主人,在回答时用很风趣的话描述了"神"摆脱贪欲和情感枷锁得以净化和解脱的过程,并最终达到涅槃。这是世俗王侯所不能做到的,甚至天地也不能做到,因为天地"虽以生生为大,而未能令生者不死"。第四部分的主题是顺着上一部分来说的,因为假想的"对方"认为没有证据能说明确实存在着神秘的业报:事实上,在理智能理解的范围之外并没有东西可供理解,在中国的先圣所揭示的道理之外并没有东西可供揭示。为此,慧远提出了他的独特理论,认为这些圣人与佛陀实际上是一样的,他们只是方便显现罢了(我们将在下一章详细讨论这个理论)。而且,这个理论假设了轮回的存在,假设了被中国佛教称作"神不灭"的东西的存在,这一点构成了这篇论文最后一部分的,也就是在义理上最有趣的一部分的主题。慧远把"神"定义为人身上极度精微,不朽而永远存在的"灵"。它不能被规定,在言说它时只能说"夫不可言"。它的特性是能"应于外物",同时这也证明它依稀为"情"所累;"情"以"神"为根,"神"为"化"之母。但它又不能被消除,因为它"感物而非物故,物化而不化"。只要还有"情",它就可以从一个身体移到另一个身体,就像火从一块薪木移到另一块薪木。在这篇论文的结束语中,作者又强调那些求道僧人的大功德,及其受俗世尊敬的权利。

　　"佛影"这件事是慧远生活中最后一件可考的事(412/413 年)。三年之前(即 409 年)鸠摩罗什业已圆寂,其虔诚的追随者王谧死得更早(407年)。在早期文献中,有说慧远死于公元 416 年的,也有说死于公元 417年的[⑫]。在《高僧传》里并没有对他的死作传奇般的渲染,这给后来的传记作家提供了发挥的余地。⑧慧远被安葬在他曾度过最后几十年生涯的庐山东林寺侧,那里至今还有印度风格的"远公塔"。

慧远之死仅比东晋灭亡(420 年)早了几年。本书把东晋灭亡的时间作为讨论的下限。但本章以慧远作为结束,并非出于时间序列上的考虑,而是由于他的生活(毋宁说是他的死)开启了中国佛教的新时代,我们已在本章导言中说明了这一点。在这一时代,佛教最终渗透到了社会的各个阶层,从刘宋朝王室到信佛的朝臣,直到没有文化的社会大众,并最终成为中国文化不可分割的组成部分。在教义研究领域,中国传统的概念术语在此之前的那种影响力现已大为减弱。这个时代展开了专门性的研究,出现了更好的译本,也有了更多的佛学知识,因此对佛法少了几分猜测。在这种新佛教的形成阶段,慧远是把士大夫佛教的所有特质融入个人生活与讲经说法的最后一位法师。因此,我们这样非常概要地叙述慧远的一生,可能有助于我们总结对这四百年历程的考察。贯穿其间的是一种奇特而又迷人的现象:一个伟大的宗教征服了一个伟大的文化。

注 释

① 芮沃寿(A. F. Wright)《佛图澄传》(Fo-t'u-teng,a Biography),载于《哈佛亚洲学报》(*HJAS*)卷Ⅱ,1948,第 321—371 页。

②《佛教史》第 187—228、242—251 页。

③ 宇井伯寿《释道安研究》,东京,1956。作者曾发表林克(Arthur E. Link,University of Michigan)对道安多角度的专题研究报告(《通报》卷 46,1958,第 2 页);《高僧传》卷 5《道安传》(他生平的主要资料)的重要译本,发表在《通报》卷 46,1958,第 1—48 页。《高僧传》和《出三藏记集》中道安传的比较,见林克(A. E. Link)《对释僧祐〈出三藏记集〉与慧皎〈高僧传〉两个道安传版本的评论》(Remarks on Shih Seng-yu's Ch'u san-tsang chi chi),载于《荷兰东方学报》(*Oriens*)卷 10(1957),第 292—295 页。

④ 参见下注⑫。

⑤《高僧传》卷 9,第 384 页中;芮沃寿(Wright)译本第 346 页。

⑥ 除了道安、竺法雅在《出三藏记集》和《高僧传》中有他们自己的传记,在佛图

澄的传记中还提到了下列中国学生:法首(芮沃寿译本第 341 页"其他不著名的",参见下文第 183 页)、法佐、法祚(参见第二章注㉗)、法常和僧慧(其他地方不曾提及)。竺佛调(Buddhadeva)和须菩提(Subhūti)作为来自印度和康居的僧人被提到。竺佛调在《高僧传》卷 9(第 387 页下)有一小段传记,但没有说及他所谓的非中国血统。参见下文第 182 页。

⑦《高僧传》卷 9,第 384 页中第 25 列;芮沃寿译本第 346 页。此处和其他地方有关佛图澄的引文,我采用芮沃涛出色的译本。

⑧ 佛图澄传记中提到"官寺"(官方的或政府的寺庙? 参见芮沃寿译本第 343 页注㉑)以及"中寺"。公元 335 年后,佛图澄和他的弟子住在中寺(《高僧传》卷 9,第 384 页下第 8 列;芮沃寿译本第 343 页注㊸),林克(A. E. Link)在《释道安传》(Biography of Shih Tao-an,《通报》卷 46,1958,第 7 页)中把"中寺"译为 Central Temple,但似乎更应译为 The Temple (or Monastery) inside,即"皇宫的寺庙"。我们甚至可以进一步假设"官寺"(邺中一所寺庙名称)是"宫寺"的误写,"官"和"宫"当然容易混淆。据我们对襄国和邺佛教的了解,主要由羯族王族成员资助的"宫寺"要比由官府资助的"官寺"可能得多。确实,《法苑珠林》卷 14(《大正藏》№2122,第 388 页上第 14 列)记载:有一尊铜佛上的铭文为"建武六年(340 年)岁去庚子官寺道人法新、僧行所造",但作者显然没有见过这尊在公元 437 年奇迹般再现的佛像,而且,总的说来,早期佛教作者有关佛像等方面的记载是不可靠的。

⑨ 见石虎他那狂妄的建筑构想及其奢侈的摆饰,《邺中记》第 10 页右。佛像周围绕以代表沙门的活动玩偶,这些奇怪的描述,见同书第 10 页右,《武英殿聚珍版丛书》本。

⑩《高僧传》卷 9(第 387 页中),和《晋书》卷 97 有他的传记,后者有苏远鸣(M. Soymier)译文 Biographie de Chan Tao-k'ai,载于 *Mélanges publiés par l'Institut des Hautes Etudes Chinoises*,I (1957),pp. 414 – 422。

⑪ 参见上注⑥。

⑫ 有关道教"尸解"的内容,见《抱朴子》卷 2 第 6 页,以及马伯乐(H. Maspero) Les procé des de 'nourrir le principe vital' dans la religion taoiste ancienne,载于《亚细亚学报》(*J. As.*),1937,第 177—152、353—430 页,尤其是第 178 页起,和 *Le Taoisme*,第 84、85、196、218 页。

⑬《晋书》卷 107 第 1 页左:"胡运将衰,晋当复兴,宜苦役晋人以压其气。"

⑭ 参见芮沃寿(A. E. Wright),所引上书,第 325 页:"……如果他处在一个不那么动荡的时代,无疑也是一个译经和义学大师。"林克(Arthur E. Link)所引上书,第 7 页注⑥:"根据佛图澄弟子们的研究理路,佛图澄的专长似乎是在《般若波罗蜜多经》。"

⑮《晋书》卷 106 第 4 页。

⑯ 参见道安《比丘大戒序》(《出三藏记集》卷 11,第 80 页中第 1 列):"至澄和上(即佛图澄)多所正焉,余昔在邺少习其□。"

⑰ 参见比丘尼净检和安令首传,《比丘尼传》卷 1,第 934 页下—第 935 页上;芮

沃寿(A. E. Wright)《尼姑安令首传》(Biography of the Nun An Ling-shou),《哈佛亚洲学报》(HJAS)卷 15,1952,第 193—197 页。

⑱《高僧传》卷 5,第 351 页下第 3 列。

⑲《圣法印经》,《出三藏记集》卷 7,第 50 页中第 4 列,第 51 页上第 27 列。在《晋书》卷 107,第 9 页右(冉闵传)记载:有位名叫法饶的僧人,错误估测了冉闵公元 352 年在邺的一场对燕国的决定性战役(实际上佛图澄之前对此已有过预测)。"法饶"与汉语音译的"弗如檀"是同一个名字,与此同名的一位弟子在公元 282 年把一批梵文经典从于阗运到洛阳(参见第二章注⑳)。但从日期来看,这指同一个僧人是极不可能的,尽管"法饶"这名字并不太多见。马伯乐(Maspero)假设(在我们看来也是不可靠的),佛图澄的弟子法祚就是帛远的兄弟帛法祚(参见第二章注㉑)。

⑳ 在《高僧传》卷 9,第 387 页上(芮沃寿译本第 367 页)佛图澄传中,他生于中山(现在河北定县)。

㉑ 生于中山,传记见《高僧传》卷 4,第 347 页上,参见第二章注㉔。

㉒《高僧传》卷 4(竺法雅传),第 347 页上;参见汤用彤《佛教史》,第 235 页起,以及塚本善隆《支那佛教史研究》(东京,1942),第 25 页起。

㉓《高僧传》卷 5《释僧光传》("僧光"亦作"僧先"),第 355 页上第 25 列;林克(A. E. Link)译本,载于《通报》卷 46(1958),第 43 页。

㉔《喻疑论》,《出三藏记集》卷 5,第 41 页中第 12 列,李华德译本第 90 页。"格义"只在明版中出现,其他的版本则作"裕义"。

㉕《出三藏记集》卷 14(鸠摩罗什传),第 101 页中第 15 列作"支竺所出多滞文格义"。参见汤用彤《佛教史》第 273—238 页。

㉖ 在《高僧传》卷 5(第 354 页中)僧朗的传记或佛图澄传记中,并没有说他曾就学于佛图澄门下,但在《水经注》(王先谦编,卷 8 第 13 页)中,他被说成是后者的学生。另外参见宫川尚志《晋代泰山竺僧朗事迹》,《东洋史研究》卷 3,第 184—209 页;另参见下注。

㉗ 在他的传记中只有一个日期是公元 351 年,该年他住在泰山。然而,有关僧朗的其他资料能让我们大致界定他的年谱。在《广弘明集》卷 35,我们发现了 10 封互相恭维的信件,包括僧朗很机智的回信。从内容上判断,当时南北方各国的一些统治者还同时向僧朗赠送礼物。如果这些信件可靠的话(这些信件在风格和措词上的高度一致,颇让人起疑),这些信件成了一个很有趣的例子:为什么这位名僧会被几个统治者召请,显然他们都想赢得他的支持并且委以官职(他的传记印证了这个事实)? 这些信件包括下列统治者的名字:(1) 拓跋珪,公元 386 年起成为魏王,公元 398 年成为皇帝,死于公元 409 年;(2) 司马曜,即晋孝武帝,公元 376—396 年在位(他仅以个人的名字被提到,这个事实说明这些实际上是在北方编辑并出版,这位西晋统治者在北方被认为是非法的);(3) 符坚,前秦皇帝,公元 357—384 年在位;(4) 慕容熙,后燕皇帝,公元 400—405 年在位;(5) 姚兴,后秦皇帝,公元 394—416 年在位。慕容熙的信件附有僧朗的回信,显然可以作为他死年的下限,他肯定死于公元 400 年之后,当时他还住在泰山,在他初次抵达那里 50 年之后。另外,据说他享年

84 岁,所以,他的生年大致为公元 315—400 年,也可能要晚几年。

㉘《高僧传》卷 5《释法和传》,第 354 页上;同上,《竺僧辅传》,第 355 页中;释昙讲在道安《阴持入经》序中被提到(《出三藏记集》卷 6,第 45 页上第 8 列),也在《高僧传》卷 5,《道安传》,第 351 页下中被提到("讲"这里是"讲讲"的抄写错误,这是常见的错误,在慧皎看来这是不必要的误解;参见林克[A. E. Link],所引上书,第 11 页注④)。

㉙ 在石虎败亡之后,在应石遵之邀去华林苑(由石遵扩建并已可能改为寺院)之前,《高僧传》记载了他在濩泽、飞龙山、恒山、武邑的活动。这意味着所有这些活动要发生在不到一年的时间内(349 年),这显然是不可能的,汤用彤在他的《佛教史》第 194 页中明确地说明了这一点。宇井伯寿(所引上书,第 6 页)假定,整个濩泽时期在他做佛图澄弟子之前,即在他受戒(按照宇井伯寿的说法,约在公元 331 年)和抵达邺(在公元 335 年或稍后)之间。《高僧传》中他的传记说及他的第一位老师(已不详)"为受具戒,恣其游学"。因为他约在 19 岁时受具足戒,所以在传记中大约有五年时间没有记载。但是,我们没有理由为了填补这段时间,把濩泽时期从约公元 349 年更改到公元 330 年。事实上,关于道安的青年时期,除了他传记开头那些普通的资料(俗名、家世和出生地),我们几乎毫无所知。在纪念文章中有关他非凡能力的轶事,当然缺乏历史的真实性。另一方面,这始终模糊不清:为什么石遵要请道安去邺城华林苑中新建的寺院?这似乎暗示了道安在公元 349 年并不在邺城,而隐身于更安全的地方,除非这一文献仅仅是说道安从邺城的一座寺院被请到另一座由这位皇帝修建或扩建的寺院。有关石遵大兴土木的活动,还没有进一步的资料。华林苑本身是石遵庞大的建设项目的一项成果。它建成于公元 347 年后不久,16 万民工被征募去搬运土木(《邺中记》第 5 页右,《晋书》卷 107 第 1 页左)。在这些道安早年生活的简介中,我们采用了汤用彤的纪年(《佛教史》第 195、197—200 页),目前这仍是最令人满意的。

㉚《高僧传》卷 5,第 351 页下第 28 列(林克,所引上书,第 12—13 页):"于太行恒山创立寺塔,改服从化者中分河北。"

㉛《高僧传》卷 5,《竺法汰传》,第 354 页下第 5 列;在《高僧传》和车频《秦书》(约公元 440 年,《世说新语》卷 2 之下第 14 页左注引)中的道安传里没有提及法汰弟子的数目。

㉜ 根据《高僧传》卷 5(第 354 页上第 19 列)他的传记,"石氏之乱"时他率领弟子入蜀,也就是说这是公元 349 年,此处见《高僧传》卷 5,第 352 页上第 14 列道安传(Link 译本,第 15 页)。

㉝ 道安对安世高《人本欲生经》的注释,现还保存(《大正藏》№1693,一卷,上述经典的序言在《出三藏记集》卷 6,第 45 页上)。《出三藏记集》中还有其他一些早期注疏的序言:《道地经序》(卷 10,第 69 页上)、《阴持入经序》(同上,卷 6,第 44 页中)、《安般注序》(同上,第 43 页下)、《了本生死经序》(同上,第 45 页中)、《十二门经序》(同上,第 45 页中)、《大十二门经序》(同上,第 46 页上)、《十法句义经序》(同上,卷 10,第 70 页上)。道安的著述,见宇井伯寿,所引上书,第 52—63 页;宇井伯寿并没有

把《渐备经十住梵名并书序》包括在内，《出三藏记集》卷9(第6页中第1列)说是"失译"，但从内容来看，这无疑是道安在襄阳时的作品，参见下文第196页。

㉞《出三藏记集》卷10，第70页上第20列起。有关这篇文章，参见宇井伯寿所引上书第102页。

㉟ 英译"喉襟"为"The throat and bosom"。

㊱ 有关道安文风的样本，参见林克(Arthur E. Link)《释道安〈道地经序〉与中国早期佛道教术语问题》(Shy Daw-an's Preface to the Yogācārabhūmi-sūtra and the Problem of Buddho-Taoist Terminology in Early Chinese Buddhism)，《美国东方学会学报》77(1957)，第1—14页。用"名数"作修辞，最好的例子是他的《人本欲生经序》，《出三藏记集》卷6，第45页上。

㊲《佛教史》，第247—249页。

㊳ 以《安般守意经》为例(《出三藏记集》卷6，第43页下第8列起)："阶差者，损之又损之，以至于无为(《道德经》第48章)；级别者，忘之又忘之，以至于无欲也(《道德经》第1章)。无为故无形而不因，无欲故无事而不适。无形而不因，故能开物(《易经·系辞上》第26页左)；无事而不适，故能成物(同上)。成物者，即万有而自彼；开物者，使天下兼忘我也(《庄子》第14，第88页)。"另见《人本欲生经》(《大正藏》№1693，第9页上第20列)中，他对灭尽定(nirodha-samāpatti)所作的玄学化描述。

㊴ 道安在《合放光光赞略解序》(《出三藏记集》卷7，第48页上第19列)中说：他以前在赵魏(大致在山西和河南北部)时曾有过法护本《二万五千颂般若经》的一部分。据说道安公元354年在恒山讲解《般若经》，慧远听后便皈依佛教(《高僧传》慧远传，第358页上第2列)。

㊵ 例如，他的《大十二门经序》，《出三藏记集》卷6，第46页中第8列。

㊶ 见他的《人本欲生经序》(《出三藏记集》卷6，第45页上)和《十二门经》(同上，第45页中)。

㊷ 见道安《〈戒因缘经〉鼻奈耶序》(《大正藏》№1464，序言，第815页上第9列)："经流秦土有自来矣，随天竺沙门所持来之经，遇而便出，于十二部昆罗部(即指般若部)最多，以斯邦人庄老教行，与方等经兼忘相似，故因风易行也。"

㊸ 参见汤用彤对《名僧传抄》中一段的校勘：原书认为道安在52岁(中国的计算方式，即公元364年)时建立檀溪寺，汤用彤认为应是53岁(即公元365年)，正是这一年道安抵达襄阳(《佛教史》，第196页)。

㊹ 参见《名僧传抄》卷5第5页右。因为"檀"就是"花梨木"，参见林克(A. E. Link)文，载于《通报》卷46(1958)，第19页注④。然而，沙弗(E. H. Schafer)在该注中被引用的观点是错误的，他认为"栴檀"在公元454年时只出现在文学作品中，意思是"檀香木"：这个词已经出现在《世说新语》卷1之下第18页左支遁在建康对竺道潜说的一句妙语中，后者在公元362年稍后不久(参见上文第149页)留在京城。在汉译佛经中，这个词出现得更早，在公元2世纪后期《般舟三昧经》中已有(《大正藏》№417，第900页上第19列或者《大正藏》№418，第907页上第19列)。

㊺《高僧传》卷5，第352页中第8列；林克(Link)，所引上书，第20页，"丈六"英

译为"sixteen feet"，参见第三章附录注⑯。

㊻《广弘明集》卷15，第198页中。有关这尊不可思议的佛像，也可以参见《广弘明集》卷15，第202页中第27列，以及《法苑珠林》(《大正藏》№2122，卷13，第384页中)。按照后者的叙述(很大程度上带有传说性质)，这尊佛像代表阿弥陀佛。

㊼根据林克(Link)的说法，这座"金箔倚像"很可能是卧佛，代表佛的"般涅槃"。据我们所知，这在汉语文献中第二次提及类似的佛像，第一次是在《世说新语》卷1之上第32页左，庾亮在庙中看见"卧佛"时说："此子疲于津梁"，这是在公元4世纪中期表现"般涅槃"的另一尊佛像。参见《世说新语》卷1之上第35页左。

㊽参见习凿齿的信"师徒数百"，以及道安《渐备经十住梵名并书叙》(《出三藏记集》卷9，第62页下第8列："襄阳时齐僧有三百人……")。

㊾《高僧传》卷5，第352页下第22列；林克(Link)，所引上书，第27页。

㊿有关这些戒规的内容的讨论，见汤用彤《佛教史》第213—217页，以及宇井伯寿，所引上书，第24—27页。

○51 释法遇于公元379年定居在江陵，由于他疏忽忘了惩罚寺内一个犯戒的弟子，他收到了当时住在长安的道安寄来的一个内盛"荆子"的竹筒，以示他应该受罚，据说法遇虔诚地领受了惩罚。见《高僧传》中他的传记，卷5，第356页上，林克(Link)译，所引上书(附录二)，第45—47页。

○52 "阴阳"包括了多个伪科学分支，译作 soothsaying 是(占卜)狭义的理解。林克(Link)，所引上书，第26页。

○53 许多本子中作"法简"。如果确是高丽本子上的"法蘭"(这由《出三藏记集》勘正，卷15，第108页中)，这个法兰无疑是指竺法兰(见上文第140页)，不可能指公元1世纪时有传奇色彩的竺法兰(参见林克，所引上书，第26页注②)。

○54 其他的文献没有说及。《出三藏记集》同上引文作"法祖"，可能指的是帛远(字法祖)，参见上文第76页。

○55 《高僧传》卷5，第352页下第10列起；《出三藏记集》卷15，第108页中第12列；林克(Link)译，所引上书，第25—26页。

○56 《高僧传》卷5，第352页上第14列，作"彼多君子，好尚风流"；《世说新语》卷2之下第14页左注引车频《秦书》，作"彼多君子，上胜可投"。

○57 《高僧传》卷5，第352页中第3列道安传中有引用(林克译本，第22—24页)；完整的信见《弘明集》卷12，第76页下。

○58 《高僧传》卷5，第352页下第5列；《出三藏记集》卷15，第108页中第8列，记载："既坐，称言：'四海习凿齿。'安曰：'弥天释道安。'"汤用彤认为这个故事有误(《佛教史》第206页)，但他的评论不令人信服(他说"弥天"这个词出现在习凿齿的信中，参见上注，因此整个故事可能是这件事的讹传)。首先，道安收到习凿齿的信以后，他巧妙的回答可能有意暗示那封信；其次，这种通过妙语对答来自我介绍，早在公元3世纪清谈圈里已经出现。譬如，《世说新语》卷3之下第4页左记载，著名的清谈名士陆云(字士龙，262—303)在张华(232—300)家里遇见年轻的荀隐(字鸣鹤)时说道："云间陆士龙。"荀隐回答："日下荀鸣鹤。"之后这两位就彼此的名字继续说些俏皮话。在《晋书》卷54,第9页右陆云传中,用同样的句子记载了这个故事。

○59 参见《高僧传》卷6,第358页上第17列,慧远传中说:"道安为朱序所拘,不能得去。"

○60 《高僧传》卷5,第352页中第4列(林克译本,第18—19页)。在《高僧传》中桓豁被称作"征西将军",这个头衔是在公元373年获得的(《晋书》卷9,第4页右),他死于公元377年(《晋书》卷9第5页左)。

○61 《高僧传》卷5《释昙翼传》,第355页下第8列;参见下文第199页。根据汤用彤《佛教史》第203页,这位地方官的名字在不同的文献中有不同的说法。我们说是"滕含",见《晋书》卷57第2页左,高丽本《高僧传》,以及《法苑珠林》卷13,第385页上第15列。在后一本书中,这件事被认为发生在"永和二年"(346年),但这无疑是"太和二年"(367年)之误。

○62 《出三藏记集》卷5,第40页上,道安的著作中有《答沙汰难二卷》《答竺法汰难一卷》,这里"沙"显是"法"之误。在陆澄《法论》目录中(《出三藏记集》卷12,第83页中和第84页下),我们进一步知道竺法汰写给道安的三封信的目录(分别询问"三乘""六度""神")。同时也提到了伏玄度(即伏滔)写给道安的信,伏是一代名臣和史学家,太元年间(376—396)在建康朝廷中许多方面都很活跃。但他与道安的接触可能在公元373—377年间,当时他在江陵作桓豁的幕僚(参见注○60),见《晋书》卷92第18页左他的传记。

○63 见他的《摩诃钵罗若波罗蜜经抄序》(公元382年写于长安,《出三藏记集》卷8,第52页中第10列):"昔在汉阴,十有五载,讲放光经,岁常两遍,及至京师,渐四岁矣,亦恒岁二,未敢堕息";《高僧传》卷5,第352页下第18列(林克译本第26页):"安在樊沔十五载,每岁常再讲放光波若,未尝废阙。"

○64 最早的目录是道安自己作的,现收于《出三藏记集》卷5,第39页中起,包括九部注疏、研究论文以及五部其他方面的著作,其中有《三界诸天录》、著名的《综理众经目录》、一些信件(参见上注○63)和一部地理著作《西域志》。这个目录中提到了对不同的《般若经》的六个注疏:两部关于法护《光赞经》,三部关于无叉罗《放光经》,一部关于支谶《道行经》。有意思的是,道安把这些《般若经》注疏放在目录前面,放在他早期评注禅修的一些注疏诸如《十二门经》的前面。因为道安显然是根据这些著作的理论重要性排列的,所以这可证明他在襄阳编辑这个目录时,他的兴趣已从禅修转到了般若学。以后的目录包含了上述作品以外更多的内容;参见宇井伯寿,所引上书,第52—63页,汤用彤《佛教史》,第242—243页。

○65 见道安《合放光光赞略解序》(《出三藏记集》卷7,第48页上起;写于公元376年或稍后),以及他的《渐备经十住梵名并书叙》(《出三藏记集》卷9,第62页上起;写于大致同一时间,参见下文第196页起)。

○66 有关道安的"本无论"或"本无宗",见汤用彤《佛教史》,第242—251页;李华德(W. Liebenthal)译,《肇论》(The Book of Chao),第157—161页;冯友兰/卜德译《中国哲学史》,卷2,第244—246页。

○67 这成了支谶《道行经》(《大正藏》No.224)十四品、无叉罗《放光经》十一品(《大正藏》№221)中翻译 Tathatā 的标题;同样,这在公元 3 世纪初的《中本起经》(《大正藏》№196,卷 1,第 155 页中第 14 列)中被译为"今己人本无,无忧无喜想"。

⑱ 关于"本无"这个词的出处及其早期使用,见汤用彤《中国佛教史零篇》,载于《燕京学报》,1937 年,第 8 页起;《魏晋玄学流别略论》(收于他的《魏晋玄学论稿》)第 50—52 页,以及他的《佛教史》第 240—241 页。

⑲ 譬如《道德经》第 25 章:"有物混成,先天地生……"第 42 章:"道生一,一生二,二生三,三生万物……"《列子》第 1 章"天瑞篇"第 2 页:"有太易,有太初,有太始……"尤其是《庄子》"天地篇"第 73 页:"泰初有无,无有无名,一之所起,有一而未形……"

⑳ 出自慧远的一篇论文(可能是在他传记中提到的《法性论》,参见下文第 249 页),后为惠达(公元 6 世纪下半叶)《肇论疏》(京都 Suppl. IIB/23.4)。

㉑《出三藏记集》卷 7,第 48 页上起。

㉒ "有为"是佛教的一个术语 saṃskṛta,这里取其"有为"的中国原初的含义,是与"无为"相对的一个概念。

㉓《高僧传》卷 5,第 351 页上(林克译本第 35 页)。宾度罗(Piṇḍola)被认为是一个阿阇梨,他自愿留在世间护持佛法,直到弥勒佛降生。这种信仰似乎预示了菩萨理论的发展,在汉语佛教文献中这是最早的记载之一。参见烈维(Sylvain Lévi)和沙畹(Ed. Chavannes)文,《亚细亚学报》II,1916,第 205—275 页,以及戴密微(P. Demiéville)文,载于《法兰西远东学院院刊》(BEFEO)卷 44,1954,第 373 页起。

㉔ 这种信仰在罽宾小乘佛教圈得以发展,参见戴密微(Demiéville), La Yogācārabhūmi de Saṅgharakṣa,载于《法兰西远东学院院刊》(BEFEO)卷 44,1954,第 339—436 页,尤其是第 376 页起。

㉕ 参见汤用彤的说明,《佛教史》第 218 页。但伊藤义贤在他的《支那佛教正史》(东京,1923),第 192—193 页中认为,道安的弥勒信仰并不奠基于这些经典,而是在这一时期中国口述的传统中间。有关弥勒信仰的文献调查,参见拉摩(Et. Lamotte),《大智度论》(Traité),第 4 页注③。

㉖《高僧传》卷 5《道安传》,第 353 页上第 27 列(林克译本,第 36 页);参见《名僧传抄》第 5 页右;《高僧传·昙戒传》第 356 页下第 3 列;汤用彤《佛教史》第 217—219 页;戴密微(P. Demiéville)文,载于《法兰西远东学院院刊》(BEFEO)卷 44,1954,第 377 页。

㉗《高僧传》卷 5,第 353 页中(林克译本,第 36—37 页);戴密微(P. Demiéville,所引上书,第 370—380 页)举了几个例子说明:"三摩地"被认为是通往兜率天宫的一种手段。

㉘《昙戒传》,参见本书第 288 页注④。

㉙《汉书》卷 30,在《七略》基础上,对皇家图书馆藏书进行目录整理,由当时光禄大夫刘向(卒于前 8 年)编辑,死后又由他儿子刘歆(卒于 23 年)完成。编辑这些文献的目录的想法是中国人自己的,并不源自印度或中亚,并不是佛教渗透进这个官僚制国家的副产品。在世俗的文献目录中,我们并不能发现任何意识形态的动

机。这里只有单纯的实用的目的,去把历代各种类型的不同学派的典籍进行搜集、整理、分类。从一开始,中国文献书目的实用性就表现在这件事上:在刘向之前可考的最初一批目录是关于兵书。参见姚名达《中国目录学史》(《中国文化史丛书》第二辑,上海,1938)第 23 页起。诸如"心无义""本无义"等。

⑧ 参见汤用彤《佛教史》,第 208—210 页。

㉛《出三藏记集》卷 9,第 62 页上起。"昔邺中亦与周旋……"等句子能说明这些信件的作者是道安;他极为注重译经过程中书目文献和历史方面的细节;这位作者曾住在北方("吾往在河北惟见一卷……"),而当时显然住在襄阳;他坚持戒律的重要性,甚至说"此乃最急",参见道安《增一阿含经序》(《出三藏记集》卷 9,第 64 页中),他认为毗奈耶为"此乃此邦之急者也";根据道安《合放光光赞略解序》,可以确定作者与凉州释慧常有联系,见《出三藏记集》卷 7,第 48 页上第 21 列起。

㉜ 慧常、进行和慧辩这三位僧人可能是道安的学生(慧常被冠以法姓"释",之前不曾有过这种做法,几年以前始由道安在襄阳倡议),根据道安《合放光光赞略解序》(《出三藏记集》卷 7,第 48 页上第 21 列)记载,他们曾去印度求法,公元 373 年从凉州给他带来《光赞经》的复本,而凉州是通往中亚的必经之路。慧常似乎从未去过印度,因为他被认为是译场成员,公元 379 年他在长安译出《比丘尼戒本》(*Bhikuṣuṇī-prātimokṣa*,《出三藏记集》卷 11,第 81 页中第 24 列)。在龟兹僧人帛延公元 373 年在凉州所译的《首楞严经》的题记(《出三藏记集》卷 7,第 49 页中第 27 列)中,也提到了慧常和进行,正如这封信中所说的,他们给襄阳道安寄送文献,是在这部经译完之后不久。

㉝《高僧传》卷 6《慧远传》,第 358 页上第 17 列;参见下文第 241 页。

㉞《高僧传》卷 5 中有传,第 355 页下第 2 列;也参见下文第 240 页。

㉟《高僧传》卷 5 中有传,第 355 页中第 5 列起。

㊱ 在《高僧传·法遇传》结尾处引用了这封写给慧远的信,在信中作者感念道安的德行。

㊲《高僧传》卷 5 中有传,第 356 页中第 3 列起。

㊳ 参见上文第一章注㉜。

㊴ [宝]印手[菩萨](Ratnamudrāhasta),在《维摩诘经》开头部分就曾提到这一菩萨名(鸠摩罗什译,《大正藏》№475,卷 1,第 537 页中第 5 列;支谦译,《大正藏》№474,卷 1,第 519 页中第 8 列)。据说,道安左前臂肌肉松弛,无法上下活动,因这一特点(并不是"畸形",而是身体的独特之处,中国史家常以此来形容非凡之人,参见佛图澄,上文 182 页),他被称作"印手菩萨"。Mudrā 在此当然并不意指印章的"印",这个名字也许可以解释成"作产生宝物的手势的菩萨",这是鸠摩罗什注《维摩经》(《大正藏》№1775,卷 1,第 330 页下第 5 列)中第一个解释:他把"印"解释为"相","印者相也,手有出宝之相,亦曰手中有宝印也"。鸠摩罗什据说也称道安为"东方圣人"(《高僧传》卷 5,第 354 页上第 2 列)。参见塚本善隆注《释老志》,胡维之(L. Hurvitz)译,载于《云冈》(*Yün-kang*) vol. XVI, suppl. 第 50 页(§36)。

㊵《高僧传》卷 5,第 356 页中第 15 列:"立本论九篇,六识旨归十三首。"陆澄并

没有提及这些论文，除了《大唐内典录》(《大正藏》№2149)卷 2，第 248 页下第 26 列，和卷 10，第 330 页中第 8 列两处有所提及，其他的经录则一概没有提及。

(91)《高僧传》卷 6 中有传，第 362 页上第 11 列。

(92)《高僧传》卷 5 中有传，第 356 页中第 17 列。

(93) 参见《晋书》卷 64 第 7 页左。

(94) 参见汤用彤《佛教史》，第 346 页。

(95)《高僧传》卷 5，第 352 页下第 26 列(林克译，第 27—28 页)。

(96)《晋书》卷 114，第 3 页左。

(97) 这个故事更为详尽的版本可能是在道安传的早期单行本中，如为《世说新语》卷 1 之下第 24 页左和卷 2 之上第 32 页左注引的《安和尚传》或《安法师传》；《高僧传》的记叙可能是这一版本的缩略，而全文可能为《晋书》转录。我们也可以假定前秦的编年史为《晋书》这一部分内容提供了素材。

(98)《高僧传》卷 5，第 353 页上(林克译，第 32 页起)；《晋书》卷 114，第 3 页左。

(99)《晋书》卷 114，第 5 页右。

(100)《晋书》卷 114，第 4 页右；《高僧传》卷 5，第 253 页上(林克译，第 34 页)。《晋书》中作："可暂幸洛阳，明授胜略，驰纸檄于丹阳，开其改迷之路，如其不庭，伐之可也。"

(101)《晋书》卷 113 第 9 页左。禁止图谶无疑有其政治目的，因为这类杜撰的文字通常是因动乱因素而起，甚至会引发动乱。

(102)《高僧传》卷 5，第 353 页上第 5 列(林克译，第 29 页)。

(103)《高僧传》卷 5，第 353 页上第 14 列(林克译，第 31 页)。

(104)《高僧传》卷 5，第 353 页上第 6 列(林克译，第 30 页)。

(105) 把僧伽跋澄的梵文名字还原为 Saṅghabhadra 的理由，见戴密微(P. Demiéville)，《法兰西远东学院院刊》(*BEFEO*) 卷 44，1954，第 364 页注⑧。

(106) 传记见《出三藏记集》卷 13 (第 99 页中)，和《高僧传》卷 1(第 329 页上)。

(107) 参见下文第 296 页。

(108) 见道安《摩诃钵罗若波罗蜜经抄序》，《出三藏记集》卷 8 第 52 页中第 23 列起；无名氏《僧伽罗刹经(*Yogācārabhūmi*)序后记》(同上，卷 10，第 71 页下第 2 列)；赵整的言论载录于道安《毗婆沙论序》，同上卷 10，第 73 页下第 15 列；慧常的言论载录于道安《比丘大戒序》，同上卷 11，第 80 页中第 10 列起；竺佛念的言论载录于他的《王子法益坏目因缘经序》，同上卷 7，第 51 页下第 12 列。

(109) 见注(108)中所提及的第一份材料。

(110)《出三藏记集》卷 10，第 71 页下第 2 列：(道安)"许其五失胡本。出此以外，毫不可差。"参见横超慧日《释道安の翻论》，载于《印度学佛教学研究》V. 2 (Mar. 1957)，第 120—130 页。

(111) 参见慧叡《大品经序》，《出三藏记集》卷 8，第 53 页上第 29 列。有关作者名字问题，参见芮沃寿(A. F. Wright)《僧叡系慧叡别名：〈高僧传〉中两个相同的传记》(Seng-jui alias Hui-jui：a biographical bisection in the Kao-seng chuan)，载于《中印研

究:李华德纪念专辑》(*Sino-Indian Studies, Liebenthal Festschrift*),第 272—294 页;以及横超慧日《僧叡と慧叡は同人たり》,载于《东洋学报》卷 13,1942,第 203—231 页。

⑫《高僧传》卷 5,第 353 页下第 26 列(林克译,第 28 页)。

⑬《大正藏》№1547,这是一部大乘论的节本,原作者尚不能断定,其汉语名字为尸陀槃尼。

⑭《大正藏》№1550,是说一切有部的一部对法,其作者为(?)Dharmottara 或(?)Dharmaśrī(法胜)。

⑮《大正藏》№1543,30 卷,也由僧伽提婆(Saṅghadeva)复述;作者为年高德劭的迦旃延子(Kātyāyana 或 Kātyāyanīputra)。

⑯《大正藏》№26,60 卷;《大正藏》№125,51 卷。

⑰《出三藏记集》卷 9,第 64 页下第 17 列:"但恨八九之年始遇此经";参见同上卷 10,第 73 页下第 25 列:"恨八九之年方窥其牖耳。"

⑱ 参见《论语》XIX. 23. 3:"夫子之墙数仞,不得其门而入,不见宗庙之美,百官之富。"

⑲ 可能就是《大正藏》№226。

⑳ 根据《高僧传·道安传》,他应死于公元 385 年 3 月 5 日,但这是错误的。参见汤用彤《佛教史》,第 196—197 页。

㉑ 最早的传记资料有:公元 5 世纪初的张野(系慧远的俗家追随者,参见第 219 页)《远法师铭》,后为《世说新语》卷 1 之下第 27 页注引;《出三藏记集》卷 15(第 109 页中)以及《高僧传》卷 6(第 357 页下)的《慧远传》(见本章附录)。他现存的著作由严可均辑录于《全晋文》卷 161—162 中(并不包括慧远与鸠摩罗什的通信,见《大正藏》№1856);有关他的生平和说教,见汤用彤《佛教史》第 341—373 页;常盘大定《支那に於ける佛教と儒教道教》,东京,1937,第 56—57 页;塚本善隆《支那佛教史研究》,第 613 页起(关于早期阿弥陀佛信仰),尤其是第 630 页后(关于慧远与念佛);井上以智为《庐山文化——慧远》,载于《史渊》卷 9,1934 年,第 1—34 页;斯库斯基(J. Ščuckij)《中国佛教中的道教徒》(Ein Dauist im chinesischen Buddhismus,由 W. A. Unkrig 译自俄文),载于《汉学》(*Sinica*)卷 15,1940,第 114—129 页;李华德(W. Liebenthal)《释慧远著作及其佛学》(Shih Hui-yüan's Buddhism as set forth in his writings),载于《美国东方学会学报》(*JAOS*) LXX,1950,第 243—259 页;有关慧远"神不灭论"的资料在上文已有提及,参见第一章注㊵;《沙门不敬王者论》译文,见胡维之(Leon Hurvitz) "Render unto Caesar" in Early Chinese Buddhism,载于《中印研究:李华德纪念专辑》(*Liebenthal Festschrift, Sino-Indian Studies V*),Santiniketan,1957,第 80—114 页。

㉒ 参见张野《远法师铭》(《世说新语》卷 1 之下第 27 页右注引):"世为冠族";关于他的"贫寒",参见他传记中说他买不起蜡烛这一故事(见本章附录第 240 页)。雁门贾姓并不是大族;作为名门望族的贾姓出自平原(山东),参见王伊同,所引上书,卷 2,表 30。

(123)《广弘明集》卷 27，第 304 页上第 25 列起；部分译文见下文第 311 页。

(124)《晋书》卷 8，第 3 页左。

(125)《晋书》卷 8，第 4 页右，参见上文第 111 页。

(126)《晋书》卷 8，第 4 页左。

(127) 见下文附录注⑥。

(128) 生活于公元 337—412 年间；传记见《高僧传》卷 6 第 361 页中。

(129) 慧远 23 岁时已是公元 357 年，道安允许他借助世俗文献解释佛经（参见上文第 12 页）；也可参见道安对慧远的评价："使道流东国共在远乎。"见《慧远传》（《出三藏记集》卷 15，第 109 页中第 23 列；《高僧传》卷 6，第 358 页中第 9 列）。

(130)《晋书》卷 15，第 4 页右（地理志）。

(131)《高僧传》卷 6《慧永传》，第 362 页上第 13 列。

(132)《抱朴子》卷 4《金丹》第 20—21 页；Eugene Feifel 译本，载于《华裔学志》（*Mon. Ser.*）卷 9(1944)，第 30—31 页。

(133) 有趣的是葛洪在此强调会稽的重要地位（该地自公元 4 世纪初就是士大夫佛教的重镇），他认为这是适合修炼的山林，特别是"由于难上中国之名山（当时为胡人霸占）"。

(134)《高僧传》卷 6《慧永传》，第 362 页上第 13 列。

(135) 谢灵运《庐山慧法师诔》，《广弘明集》卷 23，第 267 页上第 17 列。

(136) 例如在《中国古今地名大辞典》中，至少有 6 座同名的山。

(137) 位于广东曲江之北，最初叫虎市山；义熙年间(405—418)释僧律居住在那里，这座山始改为灵鹫山。参见《水经注》，王先谦编，卷 38，第 21 页右。

(138) 以下文献均有引用：《世说新语》卷 2 之下第 44 页左（这里作《游庐山记》）；《太平御览》卷 41，第 3 页左和卷 41，第 6 页右；《水经注》（王先谦编）卷 39，第 19 页右；陈舜俞《庐山记》（《大正藏》№2095）卷 1，第 1027 页下和第 1031 页下；《全晋文》卷 162，第 6 页左；《艺文类聚》卷 7，第 20 页左；《文选注》卷 12，第 256 页，卷 22，第 480 页，卷 26，第 583 页。

(139)《高僧传》卷 1，第 323 页中第 26 列起。

(140)《高僧传》（同上引文）说是"𨛬亭湖庙"似是正确的读法。参见支昙谛（死于公元 411 年，为《艺文类聚》卷 7 第 22 页右所引）《庐山赋》残篇："世高重化于𨛬亭。"

(141) 名叫解直，系慧远姑父，慧远姑姑后出家为尼，是为道仪，参见《比丘尼传》卷 1，第 937 页上第 9 列，以及下文第 210 页。

(142)《晋书》卷 81，第 6 页左《桓伊传》。

(143) 也即《大正藏》№2095（《庐山记》，公元 11 世纪），卷 1，第 1027 页下第 19 列。

(144) 参见刘遗民（即刘程之）致僧肇书，及僧肇致刘遗民书，两信均写于公元 409 年（《肇论》第四部分"涅槃无名论"，第 36 页起；李华德译本，第 87 页起），另雷次宗的信（见下文第 218 页）。

(145) 参见《高僧传》卷 6《道祖传》，第 363 页上第 26 列："又有法幽、道恒、道授等百有余人……"同上《慧永传》："从者百余……"公元 402 年参加"发愿"的 123 人（参见第 219 页)可能包括在庐山上慧远所有的僧俗弟子;根据无名氏《阿毗昙心》的题记(《出三藏记集》卷 10,第 72 页中第 23 列),公元 391 年在僧伽提婆译著此经时仅有 8 个和尚在一起。

⑭⑥ 参见《高僧传》卷 6《慧持传》,第 361 页中第 21 列。

⑭⑦ 传记见《高僧传》卷 7,第 370 页上第 19 列。

⑭⑧ 传记见《高僧传》卷 6,第 361 页中第 14 列,及《名僧传抄》第 11 页左。

⑭⑨《高僧传》卷 6《法安传》,第 362 页中。

⑮⓪《比丘尼传》卷 1,第 937 页上第 10 列,及《高僧传》卷 6《慧持传》,第 361 页中第 21 列。

⑮① 王珣(350—401,传记见《晋书》卷 65,第 7 页右),系王导之孙,属于桓温和孝武帝的亲信。根据《晋书》卷 65,第 8 页左《王珉传》,他的"小字"是佛教的名字"法护"(Dharmarakṣa)。我们发现他所资助的僧人中有道壹(参见《高僧传》卷 5,第 357 页上第 10 列;《世说新语》卷 1 之上第 46 页右注引王珣《游严陵濑诗序》对此有所提及)、僧伽提婆、僧伽跋澄(《出三藏记集》卷 9 第 64 页上第 7 列,《高僧传》卷 1,第 329 页上第 15、卷 6,第 361 页中第 24 列)和慧持(《高僧传》卷 6,第 361 页中第 24 列)。他和弟弟王珉一起听僧伽提婆讲《阿毗昙》(《世说新语》卷 1 之下第 28 页,《高僧传》卷 1,第 329 页上第 19 列,《晋书》卷 65,第 7 页左—8 页右);他写给范宁(337—401)的两封信赞誉慧远和慧持,后为《高僧传》卷 6,第 361 页中第 28 列所引;还可见他的《法师(即支遁)墓下诗序》,为《世说新语》卷 3 之上第 12 页右注引(他于公元 374 年拜谒支遁墓),及其公元 397 年《孝武帝哀策文》(为《艺文类聚》卷 13,第 20 页左所引)中的佛教术语。

⑮②《高僧传》卷 6,第 361 页中第 25 列;道慈《中阿含经(Madhyamāgama)序》,见《出三藏记集》卷 9,第 64 页上第 9 列。

⑮③ 王珣给范宁的两封信和范宁的一封回信,见上注⑮①;王恭(? —398)给僧俭的信为《高僧传》卷 6 引用,第 361 页下第 2 列。

⑮④ 公元 399 年前,道安同仁法和在蜀地(现四川)弘法,约在公元 365—379 年间(《高僧传》卷 5,第 354 页上第 20 列),但对他在那里的活动所知甚少。慧持的传记表明:约公元 400 年,佛教已在这些边远地区流传,这在《道汪传》中更为明显,这位慧远的弟子约在相同的时间定居在成都,并与当地权贵有密切联系(《高僧传》卷 7,第 371 页下)。

⑮⑤ 参见《慧远传》,见下文第 249 页和第 252 页。

⑮⑥ "方外之宾",参见《沙门不敬王者论》第二部分,《弘明集》卷 5,第 30 页中第 6 列。

⑮⑦《高僧传》卷 7,第 370 页下第 3 列。

⑮⑧《高僧传》卷 7,第 372 页中第 28 列。

⑮⑨ 参见《慧远传》,见下文第 246 页。

⑯⓪ 参见下面附录第 249 页。在后秦覆灭之后姚兴的一位侄子做了和尚,参见《出三藏记集》卷 9,第 68 页中第 1 列(《无量义经序》)。

⑩ 王珣（350—401，参见注⑮）及其弟王珉（351—398，传记见《晋书》卷 65，第 7
页左；"僧弥"写了一篇有关尸梨蜜［Srimitra］的文章，《高僧传》卷 1，第 328 页上第 15
列；道壹的崇拜者，见《高僧传》卷 5，第 357 页上第 10 列；在阿毗昙方面知识广博，并
跟从僧伽提婆学习，见《世说新语》卷 1 之下第 28 页，《高僧传》卷 1，第 329 页上第 19
列，《晋书》卷 65，第 7 页左—8 页右；王谧（360—407，参见下文第 213 页）；王默（传
记见《晋书》卷 65，第 8 页左，他与慧远的接触见《高僧传》卷 6，第 359 页中第 1 列＝
《出三藏记集》卷 15，第 110 页上第 9 列）；王穆（传记见《晋书》卷 65，第 8 页左注；根
据《佛祖统纪》卷 26［《大正藏》№2035］第 261 页中第 26 列，他约于公元 402 年拜访
庐山慧远，并写就《念佛三昧（buddhānusmṛti）诗》）。

⑫ 慧持于公元 397/398 年间去过京城，除此之外，《高僧传》提及慧远弟子道祖
在公元 5 世纪初在建康著名的瓦官寺住过（《高僧传》卷 6，第 363 页上），道汪也曾在
京城住过，并从那里出发上庐山成为慧远弟子，时间上可能大体一致（《高僧传》卷 7，
第 371 页下）。

⑬《高僧传》卷 6，第 361 页下第 11 列起。

⑭ 参见上注⑪。

⑮ 参见《慧远传》，见下文第 246 页。

⑯《世说新语》卷 1 之下，第 27 页左—28 页右。

⑰《世说新语》卷 1 之下，第 27 页右。

⑱ 参见《广弘明集》卷 16，第 211 页上第 22 列（沈约《南齐仆射王奂枳园寺刹下
石记》，署期为公元 488 年）。根据这份材料，该寺由王劭所建，并由王劭曾孙王奂于
公元 488 年扩建。然而，《高僧传》卷 3，第 339 页中第 22 列和《出三藏记集》卷 15，第
112 下第 17 列（参见《开元释教录》卷 5，《大正藏》№2154，第 525 页中第 2 列）中都
说：该寺由王劭幼子（王谧之弟）王恢稍后于公元 420 年在京城东郊为禅师知严而
建。王恢的传记（军旅生涯），见《晋书》卷 65，第 8 页左。

⑲ 参见上注⑮和⑯。

⑰《出三藏记集》卷 12，第 83 页上至第 84 页下。

⑰ 在《法论目录》上有如下标题：
(1) 问实相；(2) 问涅槃有神不；(3) 问灭度权实；(4) 问清净国；(5) 问佛成道时何
用；(6) 问般若法；(7) 问般若称；(8) 问般若知；(9) 问般若是实相智非；(10) 问般若
萨婆若同异；(11) 问无生法忍般若同异；(12) 问礼事般若；(13) 问佛慧；(14) 问
权智同异；(15) 问菩萨发意成佛；(16) 问法身；(17) 问成佛时断何累；(18) 问得三
乘；(19) 问三归；(20) 问辟支佛；(21) 问菩萨生五道中；(22) 问七佛；(23) 问不见弥
勒不见千佛；(24) 问佛法不老；(25) 问精（亦作"释"）神心意识；(26) 问十数法；(27)
问神识。

⑰ 2 卷或 3 卷；参见文廷式《补晋书艺文志》，载于《二十五史补编》卷 3，p. 3705.
1，以及秦荣光同名著作（同上，p. 3802.1）、吴士鉴同名著作（同上，p. 3852.1）、黄逢
元同名著作（同上，p. 3897.3）。

⑰ 参见上文第 148 页。

⑭ 《世说新语》卷 3 之下，第 15 页左。

⑮ 慧持:《高僧传》卷 6，第 361 页下第 14 列;道祖:同上，第 363 页上第 13 列。

⑯ 他试图劝说慧远放弃佛教生活，参见《慧远传》，见《高僧传》卷 6，第 360 页中第 16 列(见下文第 250 页;桓玄的信和慧远的复信收于《弘明集》卷 11，第 75 页上第 6 列);公元 404 年他也曾劝说过道祖(《高僧传》卷 6，第 363 页上第 16 列)。

⑰ 在《弘明集》卷 12，第 85 页下第 6 列，我们发现一封支道林(支遁)给桓玄的信，前者抗议僧人登记造册的建议，《支道林法师与桓玄州符("府"之误?)求沙门名籍书》，署期为隆安三年四月五日，即公元 399 年 5 月 25 日。如上所述(参见上文第 17 页)，这个标题是不对的(支遁已死于公元 366 年!)，但这并不是把这封信认作伪作的理由;事实上，作者在信文开头便说他们是"京邑沙门等……"。然而，很难说清在这次登记风波中桓玄起了什么作用。公元 399 年 5 月，作为反对司马道子的军事联盟的首领，他驻扎在江陵，尽管当时他已是中原省份最具实力的人物，但他对京城的僧人还不至于有多大的威慑力。难道这些僧人仅是为中原地区他们的同仁抗议?这封信的内容过于含糊，以至于我们无法判定真伪。但无论如何，如果这封信是真实的而且这次登记确曾酝酿或实施于公元 399 年，那么可以肯定:这一举措出自桓玄。

⑱ 参见慧远《沙门不敬王者论》题记(《弘明集》卷 5，第 32 页中第 9 列)，即:他和他庐山同仁深为安帝的卑微而痛心，并为此而撰写这篇文章(也是对桓玄的一种抗议)。

⑲ 参见下文附录注⑫。

⑳ 生活于公元 392—473 年，刘宋王室中最杰出的成员之一;传记见《宋书》卷 51，第 11 页左。他与慧远的弟子昙顺有所接触，并为他在江陵建造寺院，参见《高僧传》卷 6，第 363 页上第 23 列。

㉑ 卢循传记见《晋书》卷 100，第 15 页左起;卢谌传记见同上卷 44，第 6 页右。

㉒ 《晋书》卷 100，第 16 页左《卢循传》末对此有所提及。

㉓ 《艺文类聚》卷 87，第 20 页和《太平御览》卷 972，第 7 页左中有引用。

㉔ 汉律见《后汉书》卷 60，第 7 页右(参见《汉书》卷 72，第 25 页右)，及有关"匿藏逃犯"的案例(即《汉书》卷 60，第 3 页左;何四维[A. F. P. Hulsewé], *Remnants of Han Law I*, p. 261 nr. 9 and note20, and p. 266)。

㉕ 公元 410—411 年间，慧远写信给姚兴为佛陀跋陀罗驱逐之罪开脱(参见下文第 223 页)，见《出三藏记集》卷 14(佛陀跋陀罗传)，第 104 页上第 1 列;《高僧传》卷 2，第 335 页中第 15 列。

㉖ 《慧远传》，见《出三藏记集》卷 15 和《高僧传》卷 6，王齐之的诗收于《广弘明集》卷 30，第 351 页下第 8 列起;慧远一些俗家弟子的传记，见《宋书》卷 93。

㉗ 《大正藏》No 2095。这些后来的传说见汤用彤《佛教史》，第 366—371 页。

㉘ 《广弘明集》卷 27，第 304 页上《与隐士刘遗民等书》。

㉙ 《十八贤传》，《大正藏》No 2095(《庐山记》卷 3)，第 1039 页下第 18 列，更晚的(公元 13 世纪)还有《佛祖统纪》卷 26(《大正藏》No 2035)，第 268 页上，但是说他在山

上住了 12 年。根据这些材料,他于公元 399 年上庐山。

⑩　参见上注⑭。

⑪　传记见《宋书》卷 93,第 3 页左,《南史》卷 75,第 7 页右;参见《庐山记》卷 3,第 1039 页下;他的著作残篇收于《全晋文》卷 29,第 9 页右起。

⑫《宋书》同上引文。

⑬　他回答袁悠所提出的丧服问题(《通典》卷 92,第 501 页上),及他回答蔡廓所提出的丧礼问题(《通典》卷 103,第 546 页下)。

⑭　"俳发"典出《论语》VII.8:"不俳不发。"

⑮《宋书》卷 93,第 3 页左。

⑯　传记见《宋书》卷 93,第 3 页在,《南史》卷 75,第 6 页右;《庐山记》卷 3,第 1039 页下;他的著作残篇收于《全晋文》卷 142,第 7 页右。

⑰　各种残篇为《通典》卷 97 所引用,参见《全晋文》卷 142,第 7 页和《玉函山房辑佚书》卷 79。

⑱　应慧远之请他撰文批驳戴逵《释疑论》(《广弘明集》卷 17,第 222 页中起),他显然已在庐山,期间的通信一定发生在戴逵亡殁的公元 396 年之前。

⑲　传记见《宋书》卷 93,第 2 页左,《南史》卷 75,第 3 页左;《庐山记》卷 3,第 1040 页上;著作残篇收于《全晋文》卷 20、21。

⑳《明佛论》(《弘明集》卷 2,第 9 页中至和 16 页上),见上文第 15 页。

㉑《十八贤传》,《庐山记》卷 3,《大正藏》No 2095 第 1040 页下。

㉒《远法师铭》,《世说新语》卷 1 之下,第 27 页注引。

㉓《十八贤传》,《庐山记》卷 3,《大正藏》No 2095 第 1042 页中。

㉔　毕卓的传记见《晋书》卷 49,第 2 页左。

㉕《广弘明集》卷 30,第 351 页下第 8 列起:琅琊王齐之《念佛三昧诗》四首,尔后另有四首赞,分别为《萨陀波岑赞》《昙无竭菩萨赞》和《诸佛赞》。前四首诗有李华德(W. Liebenthal)《肇论》(The Book of Chao),第 193—195 页。《庐山记》卷 4,第 1042 页下第 9 列和《佛祖统纪》卷 26(《大正藏》No 2035),第 261 页下第 17 列,他被当作临贺地方官王乔之。从他的名字来看,他应是王正的第三代后人,不像这一家族其他分支的成员,他们的名字几乎毫无例外地在两个字外加"之"。王齐之一定死于公元 417 年之前,因为道恒死于这一年,而他据说在王齐之死时写过"诔"(《高僧传》卷 6,第 365 页上第 7 列)。

㉖《出三藏记集》卷 12,第 84 页中第 5 列。

㉗《大正藏》No 417/418,参见上文第 35 页;戴密微(P. Demiéville)文,载于《法兰西远东学院院刊》(BEFEO)卷 44)1954,第 355 页起,尤其是第 351 页注⑧。

㉘《大正藏》No 418,卷 1,第 2 品(行品),第 905 页上第 6 列起;《大正藏》No 417,第 899 页上第 11 列。

㉙　同上,第 3 品(四事品),第 906 页上第 17 列起;《大正藏》No 417 第 899 页下第 12 列。

㉚　同上,第 2 品(行品),第 905 页上第 23 列起,参见《大正藏》No 417,第 899 页

中第 18 列。

㉑《广弘明集》卷 30，第 351 页中第 21 列。

㉒ 根据后一说法，应为《法华经》(参见戴密微，同上引文)；也可能是《大阿弥陀经》(Sukhāvatīvyūha)，参见下文中有关僧济之死的记叙。

㉓《广弘明集》卷 32，第 304 页中第 8 列起。

㉔《大正藏》No.362，《阿弥陀三耶三佛萨楼檀过度人道经》(亦称《大阿弥陀经》)，两卷。

㉕《大正藏》No.362，卷 2，第 310 页上第 3 列起；《大阿弥陀经》卷 27—28，缪勒 (F. Max Müller) 译本，载于 *Buddhist Mahāyāna Texts*（《东方圣书》[SBE] 卷 49，Oxford, 1894），Part 2, pp. 45 - 46。

㉖ 或根据高丽本作"建心"，而不是"运心"。

㉗ "四大"(mahābhūta) 在这里字面意思是物质实体？可能是"四支"(即四肢)之误，也就是身体。我们在此读到的解释很富于哲理性："自省四大了无疾苦"，但参见有关刘程之(见上文)离世的记叙，他也是无疾而终，黯然离众僧而逝。

㉘《高僧传》卷 6，第 362 页中第 17 列起。

㉙ 多数版本中作"歆"字而不是"欲"字。

㉚《高僧传》卷 6，第 362 页中第 5 列起。

㉑ 语出慧远《庐山出修行方便禅经统序》，《出三藏记集》卷 9，第 65 页中第 28 列。

㉒ 慧远《念佛三昧诗集序》，《广弘明集》卷 30，第 351 页中第 11 列。

㉓ 如康僧会《安般守意经序》(作于公元 3 世纪中)，《出三藏记集》卷 6，第 43 页上第 6 列起；谢敷《安般守意经序》，同上第 43 页下第 26 列起(有关谢敷，参见上文第 136 页)。

㉔ 慧远《念佛三昧诗集序》，《广弘明集》卷 30，第 351 页中第 16 列。

㉕ "不以生累其神"，参见他的《沙门不敬王者论》第三部分，《弘明集》卷 5，第 30 页下第 14 列。

㉖《禅经序》，《出三藏记集》卷 9，第 65 页下第 18 列。

㉗《大正藏》No.618，《达磨多罗禅经》(Yogācārabhūmi) 2 卷 17 品。在这部经的结束部分有一段关于大乘念佛(buddhanusmṛti)的说明，参见戴密微，所引上书，第 363 页。

㉘ 萨陀波岑证得般若智和寻访昙无竭菩萨的故事，均可见于小品、大品《般若经》最后部分。叙事上活泼的风格与其他各品难以容忍的枯燥形成了明显对比，显然自古以来它便是《八千颂般若经》和《二万五千颂般若经》的一部分，因为在这两部佛经最早的汉译本中都已出现这个故事(支谶译《道行经》第 28—29 品，《大正藏》No.224；无叉罗译《放光经》第 88—89 品，《大正藏》No.221；鸠摩罗什译《小品般若波罗蜜经》第 27—28 品，《大正藏》No.227；《摩诃般若波罗蜜经》第 88—89 品，《大正藏》No.223；梵文本 Aṣṭasāhasrikā 第 30—31 品，孔泽 [E. Conze] 译，第 327 页起)。萨陀波岑菩萨为空中音所召发愿证得般若智，并赴东土还愿。在他获悉应得如此大法时，过

于兴奋，以致忘记问清应往何方求法；此时声音业已消失，他刹时万分懊丧。七天七夜他专心冥想如何、应去何方证得般若智。七天过后，佛应化在眼前，佛相庄严，赞扬他的求法热情，告诉他应去犍陀越（Gandhavati）城拜访昙无竭菩萨，这位菩萨会告诉该怎么做。但当他出定时，沮丧地发现佛已离去。为此他又不断地思考这些幻影如何出现的、后又去了何处。他向昙无竭提了第一个问题，后者解释了超验的佛身即法身的绝对本性（实相）。这个故事和通过念佛亲见佛陀之间的关系是很明显的；事实上，昙无竭的问题（即：这些幻影的真实本性及其因缘）也就是慧远本人在给鸠摩罗什信中许多问题中的一个（参见下文第 228 页标号[11]）！因为他还有萨陀波岑影赞和昙无竭影赞，参见上注⑳。

㉒ 有关那竭呵城的"佛影"，见 J. Przyluski, Le Nord-Ouest de l'Inde dans le Vinaya des Mūla-Sarvāstivādin et les textes apparentés，载于《亚细亚学报》（J. As），1914，第 565—568 页；拉摩（Et. Lamotte），《大智度论》（Traité），第 551—553 页及其所提及的材料；有关庐山"佛影"，见注⑫中所提及的井上以智为的论文，汤用彤《佛教史》第 346—347 页。这一故事主要的材料是慧远《佛影铭》（有序和题记），收于《广弘明集》卷 15，第 197 页下至 198 页下；《佛影铭》中的五首诗与《高僧传・慧远传》中内容稍有不同（下文附录第 242 页，据《广弘明集》本）。而且还有谢灵运的"铭"（参见下注㉚）。除了高丽本，在所有版本中慧远的铭的标题是《万佛影铭》。这"万"字无疑是衍文：上文是支遁《月光童子赞》，结语是"凌风振奇芳"，由于抄写上的疏忽，这"芳"字被重写，并误作"万"，被移作下一标题。

㉚ 列在道安著作中，见《出三藏记集》卷 5，第 40 页上第 6、8 列。

㉛《广弘明集》卷 15，第 198 页上第 10 列起。这位律师究竟是何人，现已不可知；但不可能是法显，他于公元 413 年才回来，也未听说他曾拜访庐山。

㉜ 参见慧远第四首诗的第六行："运微轻素。"（"轻素"无疑指画的质地，因为它和上一行的"毫端"相应。）

㉝《历代三宝纪》卷 7，《大正藏》№2034，第 71 页上第 10 列。

㉞《大正藏》№643，卷 7，第 680 页下起；培其尔斯基（J. Przyluski）已有节译，参见上注㉒。

㉟ 同上，第 681 页下第 3 列。

㊱ 根据《出三藏记集》卷 14，第 103 页中第 28 列，佛陀跋陀罗来自"北天竺"（并不专指出生地）；《高僧传》卷 2，第 334 页中下提到两种说法：在传记开头（第 334 页中第 27 列）说他生于迦维罗卫（Kapilavastu），是释迦族成员，甘露饭王（king Amṛtodana）的后裔。这听来像是传奇，试图通过他和创教人的私人关系来突出他的神圣性。根据另一种说法，也在《高僧传》（第 334 页下第 17 列），他来自那呵利城一户世代信佛的贵族家庭。

㊲《广弘明集》卷 15，第 199 页中下，在序中提及法显，显然是在他回来后编写的。陆澄也提到颜延年（公元 5 世纪初）写有另一篇有关"佛影"的文章（《出三藏记集》卷 12 第 83 页下第 3 列）。

㊳《大正藏》№1856，三卷。陆澄《法论目录》分别提到了慧远给鸠摩罗什的信

（《出三藏记集》卷 12，第 83 页上第 1 列起），表明在公元 465 年前后编辑《法论》时还未曾想形成单行本。这些信结集成册，首次出现在公元 594 年的《众经目录》（《大正藏》No 2146 卷 6，第 147 页上第 26 列；《答问论》2 卷，罗什答，慧远问）。

㉓⑨ 这很少的文字并不足以说明鸠摩罗什的生平，基本的材料是《高僧传》中他的传记，卷 2 第 330 页上—331 页上（J. Nobel 译本，载于 *Sitzungsberichte der Preusischen Akademie der Wissenschaften*, Phil. -hist, Klasse, 1937）。最近讨论他的生平活动的，有塚本善隆《肇论研究》，第 130—146 页，有力地说明鸠摩罗什一定生活于公元 350—409 年间；也参见汤用彤《佛教史》，第 278—340 页，境野黄洋《支那佛教精史》（东京 1935），第 341—417 页。

㉔⓪ 最早的信件收于《高僧传·慧远传》，见下面译文第 246 页起。在《大正藏》No 1856 中没有这些信，《法论目录》对此也没有提及，可能由于从义学角度被认为不甚重要。

㉔① 《法论目录》提到一封题为《问论神》的信（《出三藏记集》卷 12，第 84 页下第 27 列，没有列上鸠摩罗什的复信），但在《大正藏》No 1856 中没有提及。另一方面，《大正藏》No 1856 有一封信（标号[6]，题为《次问受决法》），陆澄则没有提及。《大正藏》No 1856 中的第 17 封信显然是经后人编辑的，因为其中的内容超出一封信可能包容的范围。事实上，陆澄提到了两份同名的材料：《问遍学》和《重问遍学》（第 84 页中第 24 列）。陆澄"问法身非色"条（第 83 页中第 29 列）应当是指《大正藏》No 1856 中的第九封信（"问造色法"）。

㉔② 东京大学人文研究院有一个塚本善隆领导下的联合研究小组，准备出版《大乘大义章》日语校注本。这部珍贵的《肇论研究》的对应文献，不久有望付梓印行（参见《肇论研究》导言，第 2 页）。

㉔③ 《大智度论》认为只有化身（nirmāṇakāya）和法身，后者指佛陀的"法之身"（dharmakāya），也可指能为菩萨觉知的佛的报身（his glorified body）（其他的地方作"报身"[saṃbhogakāya]，指"body of enjoyment"）。这一情况更加混淆了慧远对此问题的认识。

㉔④ 慧远对这些玄思感兴趣，可能与他对三摩提（samādhi）中所见之相的本性的认识有关（参见第十一封信）。

㉔⑤ 有趣的是慧远在这封信中用中观学的推论方式论证他的观点。

㉔⑥ 见下文，附录注㉜标号(6)—(9)。

㉔⑦ 参见《世说新语》卷 2 之下第 44 页左—45 页右。

㉔⑧ 根据《出三藏记集》卷 5，第 72 页中第 26 列（《阿毗昙心序》，无名氏作于公元 391 年），由王凝之（？—399）建，他是王羲之的次子，跟他父亲一样也是位著名的书法家，同时也上五斗米道的信徒；《晋书》卷 80 第 6 页右。

㉔⑨ 《弘明集》卷 5 第 34 页中下。有关"三报"，参见本书第 360 页注③。

㉕⓪ 范泰（355—427）《与生观二法师书》，《弘明集》卷 12，第 78 页中第 18 列，参见汤用彤《佛教史》第 355 页。

㉕① 陆德明（陆元朗，550—626）《毛诗音义》（《诗经注疏》本，ch. I A, p. 3a）："又案

周续之与雷次宗同受慧远法师诗义。"参见汤用彤《佛教史》,第360页。有关雷次宗《诗经》注文辑佚本,见《玉函山房拾遗书》卷16。

㉒《魏世录》《吴世录》《晋世杂录》和《河西录》。有关这个时间,参见伯希和《通报》卷22,1923年,第102页;道流和道祖的传记在《高僧传》卷6,第363页上。

㉓(a)桓玄与八座书,《弘明集》卷12,第80页中;《大正藏》№2108《集沙门不应拜欲等事》卷1,第444页下;(b)八座的回信,《弘明集》卷12,第80页中;《大正藏》№2108,第445页上;(c—k)王谧与桓玄之间的书信(九封),《弘明集》卷12,第80页下—83页中;《大正藏》№2108,第445页上—447页下;(l—n)桓玄致慧远书,慧远复信及桓玄的第二封信,《弘明集》卷12,第83页中—84页上;《大正藏》№2108第447页下—448页下;(o)桓玄诏令僧人有"不敬王者"之特权,《弘明集》卷12,第84页中;(p—v)反对这一诏令,及桓玄答(七份文书),《弘明集》卷12,第84页中至95页上。

㉔在这些信中桓玄被称作"太尉",他被授予这一头衔是在公元402年5月—403年2月间(《晋书》卷10,第3页左)。另一方面,朝臣们最后一次上表(文件五)时,这些作者并没有意识到由于他写作时远离京城而使这场讨论已是"去春"的事。因为这份文件上署期为公元403/404年间的第12月,故而一定是指公元402/403年的春季,可能是公元402年5月。

㉕《弘明集》卷12,第80页中第14列;《大正藏》№2108卷1,第444下第19列。

㉖参见《道德经》第25章:"道大、天大、地大、王亦大,域中有四大而王居其一焉。"

㉗《弘明集》卷12,第80页中第28列;《大正藏》№2108卷1,第445页上第3列。

㉘桓玄的大臣、同党;传记在《晋书》卷74,第9页右;根据《晋书》卷10,第3页左,他曾于公元402年4、5月间官拜"尚书令""吏部尚书"和"领军将军"。

㉙在其他地方未曾被提及。可能是孔安国(死于公元408年,短传见《晋书》卷78,第2页左),司马道子的同党之一?

㉚在《宋书》卷53,第1页右,他儿子张裕的传记中提及他曾官拜"侍中""尚书"和"吴国内史"。

㉛在其他地方未曾提及。当然与上文第97页所提及的释道宝不应是同一人。

㉜《弘明集》卷12,第80页下第19列;《大正藏》№2108卷1,第445页上第25列。

㉝"率土"语出《诗经》第209首(Ⅲ. vi. 1北山):"率土之滨,莫非王臣。"参见下文第256页。

㉞这里指的是什么呢?难道王谧指的是佛教于公元前2世纪月氏国使者传进来的(参见上文第24页)?

㉟《弘明集》卷12,第81页上第16列;《大正藏》№2108卷1,第445页中第18列。

㊱《弘明集》卷12,第81页中第22列;《大正藏》№2108卷1,第445页下第21列。

㉖⃝ 《论语》VIII. 9:"民可使由之,不可使知之。"

㉖⃝ 《弘明集》卷 12,第 82 页上第 25 列;《大正藏》№2108,卷 1,第 446 页中第 17 列。

㉖⃝ 《弘明集》卷 12,第 82 页下第 1 列;《大正藏》№2108,卷 1,第 446 页下第 21 列。

㉗⃝ 《弘明集》卷 12,第 83 页中第 1 列;《大正藏》№2108,卷 1,第 447 页中第 20 列。

㉗⃝ 参见《论语》II. 3:"道之以政,齐之以刑,则民免而无耻。"

㉗⃝ 《弘明集》卷 12,第 81 页上第 25 列;《大正藏》№2108,卷 1,第 445 页中第 26 列。

㉗⃝ 《弘明集》卷 12,第 81 页下第 12 列;《大正藏》№2108,卷 1,第 446 页上第 8 列。

㉗⃝ 《弘明集》卷 12,第 82 页中第 9 列;《大正藏》№2108,卷 1,第 446 页中第 29 列。

㉗⃝ 《弘明集》卷 12,第 82 页下第 13 列;《大正藏》№2108,卷 1,第 447 页上第 3 列。

㉗⃝ 《弘明集》卷 12,第 81 页中第 4 列;《大正藏》№2108,卷 1,第 445 页下第 5 列。

㉗⃝ 《弘明集》卷 12,第 82 页上第 1 列;《大正藏》№2108,卷 1,第 446 页上第 26 列。

㉗⃝ 《弘明集》卷 12,第 81 页中第 10 列;《大正藏》№2108,卷 1,第 445 页下第 11 列。

㉗⃝ 《弘明集》卷 12,第 82 页上第 10 列;《大正藏》№2108,卷 1,第 446 页中第 1 列。

㉘⃝ 《弘明集》卷 12,第 81 页中第 14 列;《大正藏》№2108,卷 1,第 445 页下第 14 列。

㉘⃝ 《弘明集》卷 12,第 82 页上第 18 列;《大正藏》№2108,卷 1,第 446 页中第 10 列。

㉘⃝ 《弘明集》卷 12,第 82 页中第 24 列;《大正藏》№2108,卷 1,第 446 页中第 15 列。

㉘⃝ 《弘明集》卷 12,第 83 页上第 2 列;《大正藏》№2108,卷 1,第 447 页上第 21 列。

㉘⃝ 《弘明集》卷 12,第 83 页下第 2 列;《大正藏》№2108,卷 1,第 447 页下第 19 列;《高僧传·慧远传》中略短且稍有不同,见下文第 250 页。

㉘⃝ 《弘明集》卷 12,第 83 页下第 10 列;《大正藏》№2108,卷 1,第 447 页下第 28 列。

㉘⃝ 《出三藏记集》卷 15,第 110 页中第 26 列。

㉘⃝ 朝臣们第一份上表是在桓玄诏令之后不久,写着一个奇怪的日期"太亨二年

十二月三日"。这个年号在其他历史文献中未曾出现过；《晋书》卷10第3页左仅说元兴二年十一月（十二月？）壬辰（公元403年12月21日），安帝将玉玺移交给王谧，后者又把它转交桓玄，桓玄于那年十二月四日（公元404年1月2日）篡夺王位，以"永始"为年号。"太享"莫非是桓玄独裁期间私下取的年号？但无论如何第一次上表的时间（十二月三日）应是公元404年1月1日，即在他登上王位之前一天，但还是有些给皇帝上书时才用的礼节用语。最后一份上表署期为"始元元年十二年二十四日"，这里出现同样的问题！"始元"可能是"元始"或"永始"之误，但无论如何这时间应是公元404年1月22日，桓玄篡权20天后。

㉘《弘明集》卷12，《大正藏》No第84页中第25列。

㉙《弘明集》卷12，第84页下第1列—85页上第1列。

㉚ 传记在《晋书》卷99，第12页右。

㉛ 见上注⑫。

㉜ 张野的"铭"（《世说新语》卷1之下第27页右注引）中说是"83岁"，没有记载卒年；谢灵运的"诔"（《广弘明集》卷23，第267页上第20列）中说死于公元417年，时年84岁；《出三藏记集》卷15，第110页下第3列说是在"义熙末年"（419年），时年83岁；《高僧传》卷6，第361页中第1列说死于公元416年，时年83岁。

㉝ 参见后世阿弥陀佛信徒关于他死亡的记叙，如《大正藏》No2070，《往生西方净土瑞应传》，第104页上第16列；《大正藏》No2071净土往生传》，第110页中第8列起；《大正藏》No2072，《往生集》卷1，第127页中第6列，等等。

附录：释慧远传

《高僧传》卷6，第357页下至第361页中。带方括号的内容并没有出现在《出三藏记集》卷15，第109页中至第110页下。

释慧远，本姓贾氏，雁门①娄烦人也。弱而好书，珪璋秀发，年十三②随舅令狐氏游学许③洛。故少为诸生，博综六经，尤善《庄》《老》。性度弘博，风览朗拔，虽宿儒英达，莫不服其深致。

年二十一④，欲渡江东⑤，就范宣子⑥共契嘉遁⑦。值石虎已死，中原寇乱，南路阻塞，志不获从⑧。

[时沙门释⑨道安立寺于太行恒山⑩，弘赞像法⑪，声甚著闻。]远遂往归之。一面尽敬，以为真吾师也。[后闻安讲《波若经》，豁然而悟，乃叹曰："儒道九流，皆糠秕耳。"⑫便与弟慧持，投簪落彩⑬，委命⑭受业。]

357

既入乎道，厉然不群，常欲总摄纲维，以大法为己任。精思讽持，以夜续昼，贫旅无资⑮，缊纩常阙，而昆弟恪恭，终始不懈。有沙门昙翼⑯，每给以灯烛之费，安公闻而喜曰："道士诚知人矣。"

远藉解于前因，发胜心于旷劫，故能神明英越，机鉴遐深。安公常叹曰："使道流东国，其在远乎？"

[年二十四，便就讲说。尝有客听讲，难实相义⑰，往复移时，弥增疑昧。远乃引《庄子》义为连类，于是惑者晓然，是后安公特听慧远不废俗书。⑱安有弟子法遇、昙徽⑲，皆风才照灼，志业清敏，并推伏焉。]

后随安公南游樊沔。⑳伪秦建元九年（373 年）㉑，秦将苻丕寇斥襄阳，[道安为朱序所拘，不能得去，乃分张徒众，各随所之。临路，诸长德皆被诲约，远不蒙一言，远乃跪曰："独无训勖，惧非人例。"]

安曰："如公者岂复相忧？"远于是与弟子数十人，南适荆州，住上明寺。后欲往罗浮山，及届浔阳，见庐峰清静，足以息心。

[始住龙泉精舍。此处去水大远，远乃以杖扣地曰："若此中可得栖立，当使朽坏抽泉。"言毕清流涌出，后卒成溪。

其后少时，浔阳亢旱，远诣池侧读《海龙王经》㉒，忽有巨蛇从池上空，须臾大雨。岁以有年，因号精舍为龙泉寺焉。

时有沙门慧永㉓，居在西林，与远同门旧好，遂要远同止。永谓刺史桓伊㉔曰："远公方当弘道，今徒属已广，而来者方多。贫道所栖褊狭，不足相处，如何？"]桓乃为远复于山东更立房殿，即东林是也。

远创造精舍，洞尽山美，却负香炉之峰，傍带瀑布之壑。㉕仍石垒基，即松栽构，清泉环阶，白云满室。复于寺内别置禅林，森树烟凝，石筵苔合。凡在瞻履，皆神清而气肃焉。

远闻天竺有佛影，[是佛昔化毒龙所留之影，在北天竺月氏国那竭呵城南古仙人石室中，经道取流沙西一万五千八百五十里㉖，]每欣感交怀，[志欲瞻睹。会有西域道士叙其光相，远]乃背山临流，营筑龛室，妙算画工，淡彩图写，色疑积空，望似烟雾，晖相炳烁，若隐而显。

远乃著铭曰^㉗：

其一

廓矣大象^㉘，

理玄无名。

体神入化，

落影离形。

回晖层岩，

凝映虚亭。

在阴不昧，

处暗逾明^㉙。

婉步蝉蜕，

朝宗百灵。

应不同方，

迹绝杳冥^㉚。

其二

茫茫荒宇，

靡劝靡奖。

淡虚^㉛写容，

拂空传像。

相具体微，

冲姿^㉜自朗。

白毫吐曜^㉝，

昏夜中爽。

感彻乃应，

扣诚发响。

留音停岫，

津悟冥赏。

抚之有会，

功弗由曩。

其三

旋踵忘敬，

罔虑罔识。

三光掩晖，

万像一色。

庭宇幽蔼，

归途莫测。

悟之以靖㉞，

开㉟之以力。

慧风虽退，

维尘攸息。

匪圣玄览㊱，

孰扇其极。

243　　**其四**

希音㊲远流，

乃眷东顾。

欣风慕道，

仰规玄度。

妙尽毫端，

运微轻素。

托彩虚凝，

殆映霄雾。

迹以㊳像真，

理深其趣。

奇兴开衿，

祥风引路。

清气回轩，

昏交未曙。

仿佛神容，

依稀钦遇⑲。

其五

铭之图之，

曷营曷求。

神之听之，

鉴尔所修。

庶兹尘轨，

映彼玄流。

漱情灵沼，

饮和至柔⑳。

照虚应简，

智落乃周。

深怀冥托，

宵想神游。

毕命一对，

长谢百忧。

又昔浔阳陶侃经镇广州㉑。有渔人于海中见神光，每夕艳发，经旬弥盛。怪以白侃，侃往详视，乃是阿育王像㉒，即接归，以送武昌寒溪寺。寺主僧珍尝往夏口，夜梦寺遭火，而此像屋独有龙神围绕。珍觉驰还寺，寺既焚尽，惟像屋存焉。侃后移镇，以像有威灵，遣使迎接，数十人举之至水，及上船，船又覆没，使者惧而反之，竟不能获。侃幼出雄武，素薄信情。故荆楚之间，为之谣曰：

陶惟剑雄，

像以神标。

云翔泥宿，

邈何遥遥。

可以诚致，

难以力招。

及远创寺既成，祈心奉请，乃飘然自轻，往还无梗。方知远之神感，证在风谚矣[⑤]。[于是率众行道，昏晓不绝，释迦余化，于斯复兴。]

既而谨律息心之士，绝尘清信之宾，并不期而至，望风遥集。彭城刘遗民、[豫章雷次宗、]雁门周续之、新蔡毕颖之、南阳宗炳、[张莱民、张季硕等[⑥]，并弃世遗荣，]依远游止。

远乃于精舍无量寿像[⑤]前，建斋立誓，共期西方。乃令刘遗民著其文曰：

惟岁在摄提格[⑥]，七月戊辰朔，二十八日乙未。

法师释慧远，贞感幽奥，宿怀特发。乃延命同志息心贞信之士，百有二十三人，集于庐山之阴，般若台精舍阿弥陀像前，率以香华敬荐而誓焉。惟斯一会之众。

夫缘化之理既明，则三世之传显矣，迁感之数既符，则善恶之报必矣。

推交臂之潜沦，悟无常之期切，审三报[⑤]之相催，知险趣之难拔。此其同志诸贤，所以夕惕宵勤，仰思攸济者也。

盖神者可以感涉，而不可以迹求。[⑧]必感之有物[⑧]，则幽路咫尺；苟求之无主，则眇茫河津。今幸以不谋而金心西境，叩篇开信[⑤]，亮情天发，乃机象通于寝梦[⑤]，欣欢百于子来[⑤]。于是云图表晖，影侔神造。[⑤]功由理谐，事非人运。兹实天启其诚，冥运来萃者矣，可不克心重精叠思以凝其虑哉？

然其景绩参差，功德不一，虽晨祈云同，夕归攸隔。即我师友之眷，良可悲矣，是以慨焉。胥命整衿法堂，等施一心，亭怀幽极。誓兹同人，俱游绝域。

其有惊出绝伦，首登神界，则无独善于云峤㊿，忘兼全于幽谷，先进之与后升，勉思汇征之道㊿。然复㊿妙觌大仪，启心贞照，识以悟新，形由化革。藉芙蓉于中流，荫琼柯㊿以咏言。飘云衣于八极，泛香风以穷年。体忘安而弥穆，心超乐以自怡。临三涂㊿而缅谢，傲天宫而长辞。绍众灵以继轨，指太息以为期。究兹道也，岂不弘哉？

[远神韵严肃，容止方棱，凡预瞻睹，莫不心形战栗。曾有沙门持竹如意㊿，欲以奉献，入山信宿，竟不敢陈，窃留席隅，默然而去。有慧义㊿法师，强正少惮，将欲造山，谓远弟子慧宝㊿曰："诸君庸才，望风推服，今试观我如何？"至山，值远讲《法华》，每欲难问，辄心悸汗流，竟不敢语。出谓慧宝曰："此公定可讶。"其伏物盖众如此。

殷仲堪之荆州㊿，过山展敬，与远共临北涧论《易》体，移景㊿不倦。见而叹曰："识信深明，实难为庶。"㊿]司徒王谧㊿、护军王默㊿等，并钦慕风德，遥致师敬。谧修书曰："年始四十，而衰同耳顺㊿。"远答曰："古人不爱尺璧，而重寸阴，观其所存，似不在长年耳。檀越履顺而游性，乘佛理以御心，因此而推，复何羡于遐龄，聊想斯理，久已得之，为复酬来信耳。"

246

[卢循初下据江州城㊿，入山诣远。远少与循父嘏同为书生，及见循欢然道旧，因朝夕音问㊿。僧有谏远者曰："循为国寇，与之交厚，得不疑乎？"远曰："我佛法中情无取舍，岂不为识者所察，此不足惧。"及宋武追讨卢循，设帐桑尾㊿，左右曰："远公素王庐山，与循交厚。"宋武曰："远公世表之人，必无彼此。"乃遣使赍书致敬，并遗钱米，于是远近方服其明见。]

初经流江东，多有未备，禅法无闻，律藏残阙。远慨其道缺，乃令弟子法净、[法领]等，远寻众经。逾越沙雪，旷岁方反，皆获梵本，得以传译。㊿

[昔安法师在关，请昙摩难提出《阿毗昙心》，其人未善晋言，颇多疑

363

滞。^⑦后有罽宾沙门僧伽提婆,博识众典,以晋太元十六年(391 年),来至浔阳。远请重译《阿毗昙心》及《三法度论》^⑦。于是二学乃兴,并制序标宗,贻于学者^⑦。]

247 孜孜为道,务在弘法,每逢西域一宾,辄恳恻咨访。[闻罗什入关,]即遣书通好曰:"释慧远顿首。去岁得姚左军书^⑤,具承德问。仁者囊绝殊域,越自外境,于时音译未交,闻风而悦,但江湖难冥,以形乖为叹耳。顷知承否通之会^⑥,怀宝来游^⑦至止。有问则一日九驰,徒情欣雅味,而无由造尽,寓目望途,固已增其劳伫。每欣大法宣流,三方同遇^⑧,虽运钟其末,而趣均在昔。诚未能扣津妙门,感彻遗灵,至于虚衿遗契,亦无日不怀。夫旃檀移植,则异物同熏;摩尼吐曜,则众珍自积。是惟教合之道^⑦,犹虚往实归,况宗一无像,而应不以情者乎。是故负荷大法者,必以无报为心。会友以仁者,使功不自己。若令法轮不停辖于八正之路^⑥,三宝不辍音于将尽之期,则满愿^⑧不专美于绝代,龙树岂独善于前踪?今往比量衣裁,愿登高座为著之,并天漉之器^⑥。此既法物,聊以示怀。"

什答书曰:"鸠摩罗耆婆和南^⑧。既未言面,又文辞殊隔,导心之路不通,得意之缘圮绝。传驿来况,粗承风德,比复如何?必备闻一途,可以蔽百。经言,末后东方当有护法菩萨^⑥。勖哉仁者,善弘其事。夫财有五备,福、戒、博闻、辩才、深智,兼之者道隆,未具者疑滞,仁者备之矣。所以寄心通好,因译传意^⑥,岂其能尽,粗酬来意耳。损所致比量衣裁,欲令登法座时著,当如来意,但人不称物以为愧耳。今往常所用输石双口澡灌 248 灌^⑥,可备法物之数也。并遗偈一章曰:

既已舍染乐,

心得善摄不。

若得不驰散,

深入实相不。

毕竟空相中,

其心无所乐。

　　　　若悦禅智慧，

　　　　是法性无照。

　　　　虚诳等无实，

　　　　亦非停心处。

　　　　仁者所得法，

　　　　幸愿示其要。"

　　远重与罗什书曰："日有凉气，比复何如？去月法识道人至，闻君欲还本国⑰。情以怅然。先闻君方当大出诸经，故来欲便相咨求。若此传不虚，众恨可言。今辄略问数十条事，冀有余暇一二为释，此虽非经中之大难，欲取决于君耳。并报偈一章曰：

　　　　本端竟何从，

　　　　起灭有无际。

　　　　一微涉动境，

　　　　成此颓山势。

　　　　惑想更相乘，

　　　　触理自生滞。

　　　　因缘虽无主，

　　　　开途非一世。

　　　　时无悟宗匠，

　　　　谁将握玄契。

　　　　来问尚悠悠，

　　　　相与期暮岁。"

　　后有弗若多罗来适关中，诵出《十诵》梵本，罗什译为晋文，三分始二，而多罗弃世，远常慨其未备。及闻昙摩流支入秦，复善诵此部，乃遣［弟子昙邕⑱致］书祈请，令于关中更出余分。故《十诵》一部具足无阙⑲，晋地获本，相传至今。葱外妙典，关中胜说，所以来集兹土者，远之力也。

外国众僧,咸称汉地有大乘道士,每至烧香礼拜,辄东向稽首,献心
249 庐岳^⑪。其神理之迹,故未可测也。

[先是中土未有泥洹常住之说^⑫,但言寿命长远而已。远乃叹曰:"佛
是至极,至极则无变,无变之理,岂有穷耶?"]因著《法性论》[曰:"至极以
不变为性,得性以体极为宗。"]

罗什见论而叹曰:"边国人未有经,便暗与理合,岂不妙哉。"^⑫

秦主姚兴^⑬钦德风名,叹其才思,致书殷勤,信饷连接,赠以龟兹国细
缕杂变像,以申款心,又令姚嵩献其珠像^⑭。

释论^⑮新出,兴送论并遗书曰:"《大智论》新译讫,此既龙树所作,又
是方等旨归,宜为一序,以申作者之意。然此诸道士,咸相推谢,无敢动
手,法师可为作序,以贻后之学者。"

远答书云:"欲令作《大智论序》,以申作者之意。贫道闻,怀大非小
褚所容,汲深非短绠所测。^⑯披省之日,有愧高命,又体羸多疾,触事有废,
不复属意。已来其日亦久,缘来告之重,辄粗缀所怀。至于研究之美,当
复期诸明德。"其名高远固如此。

远常谓《大智论》文句繁广,初学难寻,乃抄其要文,撰为二十卷。序
致渊雅,使夫学者息过半之功矣。^⑰

后桓玄征殷仲堪,军经庐山,要远出虎溪。远称疾不堪,玄自入山。
左右谓玄曰:"昔殷仲堪入山礼远,愿公勿敬之。"玄答:"何有此理,仲堪
本死人耳。"及至见远,不觉致敬。玄问:"不敢毁伤,何以剪削?"远答云:
250 "立身行道。"^⑱玄称善。所怀问难,不敢复言,乃说征讨之意,远不答。玄
又问:"何以见愿?"远云:"愿檀越安稳,使彼亦无他。"玄出山谓左右曰:
"实乃生所未见。"

玄后以震主之威,苦相延致,乃贻书骋说,劝令登仕^⑲。远答辞坚正,
确乎不拔,志逾丹石^⑳,终莫能回。

俄而玄欲沙汰众僧,教僚属曰:"沙门有能申述经诰,畅说义理,或禁
行修整,足以宣寄大化,其有违于此者,悉皆罢遣,唯庐山道德所居,不在

搜简之例。⑱"[远与玄书曰:"佛教凌迟,秽杂日久,每一寻至,慨愤盈怀。常恐运出非意,沦湑将及⑱。窃见清澄诸道人教,实应其本心。夫泾以渭分⑱,则清浊殊势;枉以直正,则不仁自远。此命既行,必一理斯得,然后令饰伪者绝假通之路,怀直者无负俗之嫌。道世交兴,三宝复隆矣。"因广立条制,玄从之。⑱]

昔成帝幼冲,庾冰辅正,以为沙门应敬王者,尚书令何充、仆射褚昱、诸葛恢等,奏不应敬礼,官议悉同充等,门下承冰旨为驳,同异纷然,竟莫能定。及玄在姑熟⑱,欲令尽敬,乃与远书曰:["沙门不敬王者,既是情所未了,于理又是所未喻。一代大事,不可令其体不允。近八座书⑱,今以呈君,君可述所以不敬意也。此便当行之事一二⑱,令详尽想,必有以释其所疑耳。"]

远答书曰⑱:"[夫称沙门者何耶?谓能发曚俗之幽昏,启化表之玄 路,方将以兼忘之道,与天下同往。使希高者挹其遗风,漱流⑱者味其余津。若然,虽大业未就,观其超步之迹,所悟固已弘矣。又]袈裟非朝宗之服,钵盂非廊庙之器。[沙门尘外之人,不应致敬王者。"

玄虽苟执先志,耻即外从,而睹远辞旨,趑趄未决。有顷玄篡位⑱,即下书⑱曰:"佛法宏大,所不能测,推奉主之情,故兴其敬⑱。今事既在己,宜尽谦光⑱,诸道人勿复致礼也。"]

远乃著《沙门不敬王者论》,[凡有五篇:一曰在家:谓在家奉法,则是顺化之民,情未变俗,迹同方内,故有天属之爱,奉主之礼,礼敬有本⑱,遂因之以成教;二曰出家:谓出家者能遁世以求其志,变俗以达其道。变俗则服章不得与世典同礼,遁世则宜高尚其迹。大德故能拯溺俗于沈流⑱,拔玄根于重劫。远通三乘之津,近开⑱人天之路。如令一夫全德,则道洽六亲,泽流天下。虽不处王侯之位,固已协契皇极,在宥生民矣⑱。是故内乖天属之重,而不逆其孝;外阙奉主之恭,而不失其敬也;三曰求宗不顺化:谓反本求宗者,不以生累其神,超落尘封者,不以情累其生。不以情累其生,则其生可灭;不以生累其神,则其神可冥。冥神绝境,故谓之泥洹。故沙门虽抗礼万乘,高尚其事,不爵王侯,而沾其惠者也;四曰:体极不兼应:谓如来之与周孔,发致虽殊,潜相影响;出处咸异,终期必同。故虽曰道殊,所归一也。不兼应者,物不能兼受也⑪;五曰形尽神不灭:谓识神驰骛,随行东西也。⑫

此是论之大意。自是沙门得全方外之迹矣。

及桓玄西奔,晋安帝自江陵旋于京师⑬,辅国何无忌⑭劝远候觐,远称疾不行。帝遣使劳问,远修书曰:

"释慧远顿首。阳月⑮和暖,愿御膳顺宜。贫道先婴重疾,年衰益甚,狠蒙慈诏,曲垂光慰,咸惧之深,实百于怀。幸遇庆会,而形不自运,此情此慨,良无以喻。"

诏答:"阳中感怀,知所患未佳,其情耿耿。去月发江陵⑯,在道多诸恶,情迟兼常,本冀经过相见。法师既养素山林,又所患未痊,邈无复因,增其叹恨。"]

陈郡谢灵运⑰负才傲俗,少所推崇,及一相见,肃然心服。

[远内通佛理,外善群书,夫预学徒,莫不依拟。时远讲《丧服经》⑱,雷次宗、宗炳等,并执卷承旨。次宗后别著义疏,首称雷氏,宗炳因寄书嘲之曰:"昔与足下共于释和上间,面受此义,今便题卷首雷氏乎?"其化兼道俗,斯类非一⑲。]

自远卜居庐峰阜三十余年,影不出山⑳,迹不入俗。每送客游履,常以虎溪为界焉。[以晋义熙十二年(416 年)八月初动散,至六日困笃,大德耆年,皆稽颡请饮豉酒,不许,又请饮米汁,不许,又请以蜜和水为浆。乃命律师,令披卷寻文,得饮与不,卷未半而]终,春秋八十三矣㉑。[门徒号恸,若丧考妣,道俗奔赴,縠继肩随。远以凡夫之情难割,乃制七日展哀。]遗命使露骸松下,既而弟子收葬。[浔阳太守阮保㉒,于山西岭凿圹开隧,]谢灵运为造碑文,铭其遗德㉓。[南阳宗炳又立碑寺门。]

初远善属文章,辞气清雅,席上谈吐,精义简要。[加以容仪端整,风采洒落,故图像于寺,遐迩式瞻。]

　所著论序铭赞诗书集为十卷,五十余篇,见重于世⑬。

注　释

　① 位于现在山西省代县西北。

　② 公元 346 年。张野的"铭文"(《世说新语》卷 1 之下第 27 页,参见上文注⑫)记载该事发生于慧远 12 岁(根据我们的计算方式应是 11 周岁),即公元 345 年。

　③ 许昌,现在河南中部的许昌县。

　④ 公元 354 年,根据我们的计算方式应是 20 周岁。

　⑤ 指长江下游南部地区。

　⑥ 即"范宣",一位精于《礼经》的隐士。根据他的传记(《晋书》卷 91,第 8 页左至第 9 页右)他属于正统的儒家,反对研究《老子》和《庄子》,并反对当时士大夫中间排斥名教的倾向。值得注意的是,慧远这位玄学专家想去豫章(现在江西南昌)这座小农庄师从这位重礼教的学者,并在这个领域研讨了很长一段时间。他备受一些高级士大夫的称赞,得到他们物质上的资助。公元 376 年以后,他和范宁(另一位保守的儒家人物,当年他成为许昌地方官)在江西地区致力于复兴儒学经典。范宣死于 53 岁。他的儿子范辑(《晋书》传记注)在义熙年间(405—418)之前曾任多种职务,范宣一定死于公元 4 世纪末以前。慧远于公元 354 年前后想去跟随他时,他也还不过是与慧远年龄相仿的年轻人。慧远想跟随他,记载于张野的"铭文"中(《世说新语》卷 1 之下第 27 页右注引)。

　⑦ "共契"。《出三藏记集》卷 15,第 109 页中第 15 列有"共契嘉遁"。高丽本《高僧传》有后两字。"嘉逾"是"嘉遁"的异体,参见《易经》第 33 卦"象曰:嘉遁贞吉,以正志也"。

　⑧《出三藏记集》卷 15,第 109 页中第 15 列:"值王路屯阻。""王路",参见《书经》IV.4(洪范):"无有作恶,遵王之路"(Karlgren 译本第 32 页)。《高僧传》误把石虎死后"石氏之乱"当作慧远不能去南方的原因。战乱实际上持续到公元 352 年,直到北方恢复往日的平静为止。公元 354 年左右,许昌和洛阳又成了战火纷飞之地,参见上文第 206 页。张野的"铭文"(《世说新语》卷 1 之下第 27 页右)只说:"道阻不通。"

　⑨ 这是一个时代错误:道安在襄阳时才建议以"释"作法名的姓,即公元 365 年之后。参见上文第 189 页。

　⑩ 根据《高僧传》卷 6(慧远弟弟慧持的传记)第 362 页中第 16 列,这发生在公元 354 年。关于这个年代,参见汤用彤《佛教史》第 344 页。慧远放弃渡江南下计划后似乎回到了北方,可能是回家乡雁门,他在归途中于河北西部遇见道安。《出三藏记集》说"于关左遇见道安",但没有点明地点。

　⑪ 像法(pratirūpaka-dharma)。参见沙畹(E. Chavannes)和烈维(S. Lévi)文,载

于《亚细亚学报》(*J. As*),1916,第 194 页,以及伯希和(P. Pelliot)文,载于《通报》卷 25,第 92—94 页,以及卷 26,第 51—52 页。实际上,像法指佛法逐渐堕落的第二个阶段,处于一千年"正法"和佛法行将从俗世消失的"末法"之间。这里就统称佛教。

⑫ 慧皎认为慧远说的这句话并没有出现在《出三藏记集》或张野"铭文"里。"九流"曾在《汉书·艺文志》(卷 30)用以描述各种"哲学学派"。

⑬ 即"剃度受戒"。

⑭ "委命",《出三藏记集》作"委质"。

⑮ "贫旅",我认为是"贫族"之误。

⑯ 参见上文第 199 页。

⑰ "实相"为 bhūtalakṣaṇa(?)或 satyalakṣaṇa(?)的汉译,见拉摩(Et. Lamotte),《大智度论》(*Traité*)及其注释,但对这种还原我没有发现任何证据。鸠摩罗什经常把 dharmatā 或 dharmadhātu 译成"实相"或"法性",尤其是译为"诸法实相"。参见白土わか《印度佛教史研究》IV. 2(Mar. 1956),第 466—467 页。

⑱ 这暗示了其他弟子不允许这么做:可能暗示了道安对"格义"态度的改变(参见上文第 184 页)?

⑲ 有关这些弟子,参见上文第 199 页。这段故事也记载在张野"铭文"里(《世说新语》卷 1 之下第 27 页右)。

⑳ 参见《高僧传》卷 5《道安传》第 352 页下第 18 列:"安在樊沔十五载……"以及林克(Link)译本第 26 页及注④。

㉑ 这有错误:苻丕围攻襄阳是在公元 378 年,并于公元 379 年攻陷城池,参见上文第 198 页。《出三藏记集》作"晋太元之初……"。

㉒《大正藏》№598。法护(Dharmarakṣa)译《佛说海龙王经》Sāgaranāgarājaparipṛcchā(译于公元 285 年,参见《出三藏记集》卷 2,第 7 页中第 24 列)。这部经除了讲到"龙"(nāgas)的重要作用,并没有符咒或求雨的内容。用《海龙王经》来求雨的早期另一个例子,参见《法苑珠林》卷 63,第 764 页中引用《冥祥记》。根据《法苑珠林》(同上,第 764 页下),慧远所作的这两个神迹也出现在这本灵异故事集中,慧皎无疑抄录了这些故事。

㉓《高僧传》卷 6,第 362 页上第 11 列传记,参见上文第 199 页。他所居住的西林寺由陶范专为他建于公元 367 年,参见汤用彤《佛教史》,第 346 页。陶范是陶侃的一个儿子(参见下文注㊶);他的名字出现在后者的传记中(《晋书》卷 66,第 6 页左),但没有说及他的生平。

㉔ 桓伊是在淝水之战中起过重要作用的将军,公元 384 年成为荆州刺史(驻于浔阳),直到约公元 392 年死去为止。参见《晋书》卷 81,第 5 页左—第 7 页右他的传记。汤用彤认为(《佛教史》,第 346 页),根据西林寺建于公元 386 年来看,这种说法可能是正确的。

㉕ "香炉峰"是庐山的北高峰,始终为雾环绕,参见慧远《庐山记》残篇,《文选》卷 12,第 256 页李善注引:"香炉山孤峰独秀,气笼其上,则氤氲若香烟。"

㉖ 作"径道去"而不是"经(亦作"住")道取",参见慧远《佛影铭》小标题,《广弘明

集》卷 15，第 197 页下第 9 列："度流沙从径道去此一万八千五十里……"参见上文第四章注㉔。

㉗ 有关这个佛影及其功能，参见上文第 224 页。从《广弘明集》卷 15，第 197 页下起，下面这些诗略有不同，我们主要按照这个版本，因为这可能是直接依据原稿本，《广弘明集》的编撰者是在慧远著作集中发现这些诗的。尽管晦涩又有些匠气，这些佛影颂歌作为早期佛教中"玄学诗歌"的代表作还是很有意思的。

㉘ "大象"，参见《道德经》第 35 章："执大象，天下往。"同上第 41 章："大象无形，道隐无名。"

㉙ 多数版本作"愈"而不是"逾"。

㉚《广弘明集》多数版本作"两冥"。高丽本《广弘明集》及多数版本《高僧传》作"迹绝而冥"；高丽本《高僧传》作"杳冥"而不是"而冥"。

㉛《高僧传》及高丽本《广弘明集》作"淡虚"；在《广弘明集》其他版本中作"谈虚"显然是抄写上的笔误。

㉜《高僧传》作"冲姿"，而不是"中姿"。

㉝ "白毫"（ūrṇā[keśa]）是佛三十二相之一，在佛双眉之间的白色卷毛，代表佛或是永久性地或是特定情况下发出光芒。参见《法宝义林》（Hōbōgirin）"byakugō"条。

㉞《高僧传》作"靖"而不是"静"。

㉟《广弘明集》作"震"而不是"开"。

㊱《广弘明集》作"伊"而不是"圣"。

㊲ 参见《道德经》第 14 章："听之不闻名曰希"；同上，第 41 章："大音希声。"

㊳《广弘明集》及高丽本《高僧传》作"以"而不是"似"。

㊴ 在《广弘明集》中这首诗通篇是四言诗，但在此处后四行包括了六言和五言。在《高僧传》中此处与其他地方保持了风格上的一致，每行删节了一至二字，也就是说我们在此必须迁就于这份二手材料。

《广弘明集》	《高僧传》
清气回于轩宇	清气回轩
昏明交而未曙	昏交未曙
仿佛镜神仪	仿佛神容
依稀若真遇	依稀钦遇

㊵ "饮和至柔"，参见《道德经》第 78 章："天下莫柔弱于水。"

㊶ 这段插曲——存疑的史实——把我们带回到慧远上山之前至少 60 年。陶侃（259—334）是西晋末年和东晋初年著名的将军、大臣，公元 315 年成为广州的军事首领（参见《晋书》卷 66，第 4 页右起他的传记，尤其是第 6 页左等）。这些材料中并没有提及他与佛教界的交涉，但他的一位儿子后来资助浔阳慧永（参见上文注㉓）。这尊佛像的故事在《法苑珠林》中更为详细，更具传说性（卷 13，第 386 页下），该书把它认作文殊师利菩萨像（Mañjuśrī）；没有材料可以佐证。见道宣《广弘明集》较少传说色彩的叙述（卷 15，第 203 页上第 22 列起），以及下文第 279 页。

㊷ 关于中古时期中国的"阿育王像",参见下文第 277 页。

㊸ 一些俗谚和民谣事后常被当作预言。这些歌谣集,见杜文澜《古谣谚》(1861 年初版,1958 年北京重版)。

㊹ 有关这些人,参见上文第 217 页起。

㊺ "无量寿"是 Amitāyus"无限生命"的汉译,这个译名要比"无量光"(Amitābha "无限光辉")更符合中国人的口味,这后一个名字强调了这尊佛发散出来的无可比拟的光亮,而不是强调他本人及其佛国内居民的寿命。Amitāyus 这个名字偶而出现在《无量寿经》(Sukhāvatīvyūha)(第 31,缪勒[Max Müller]译本第 47 页)中,但更多的是说阿弥陀佛是光明普照(all-pervading light)的主尊,参见《无量寿经》(Sukhāvatīvyūha)第 12 中(缪勒译本第 29—30 页)有关他的一长串名号,所有的都包含有"光"字(Amitābha,Amitaprabha,Amitaprabhāsa,Asamāptaprabha 等)。

㊻ "摄提"这个黄道记号表明该年纪年首字为"寅",在这段时间里应为公元 390、402 和 414 年。这里一定指公元 402 年(参见汤用彤《佛教史》,第 342 页)。

㊼ "三报"指业报业报的三种方式,即"现报"(dṛṣṭadharmavedanīya-karman)、"生报"(upapadya-vedanīya-karman)和"后报"(aparaparyāyavedanīya-karman),参见《俱舍论》IV.115 和 V.216。慧远对业报过程作了学理上的探讨;他的资料来源可能是《阿毗昙心论》(? Abhidharmahṛdaya),是僧伽提婆(Saṅghadeva)于公元 391/392 年间住在庐山时应慧远之请译出的说一切有部(Sarvāstivādin)论纲(《大正藏》No.1550 卷 4),该论后由慧远修订。慧远就此话题写了一篇论文《三报论》,现有保存(《弘明集》卷 5,第 34 页中,参见上文第 16 页小标题[10])。

㊽ 参见慧远《沙门不敬王者论》第四部分中的话(《弘明集》卷 5,第 31 页上第 4 列,胡维之译本,第 25 页):"夫幽宗旷邈,神道精微,可以理寻,难以事诘。"

㊾ "必感之有物"。(原书英译,系作者个人的理解。——译注)

㊿ "叩篇"字面意思是"研读经文"?

(51) 可能指观想念佛之后阿弥陀佛的显现,这在信徒来说可能出现在思虑集中时,也可能是在睡眠中。

(52) "子来",参见《诗经》第 242 首(大雅 I.8.1 灵台):"经始勿亟,庶民子来。"

(53) "影俦神造"。我读作"云图",但在《出三藏记集》卷 15,第 109 页下第 25 列中作"灵图",这里不可能指该事过后约九年才出现的"佛影"(参见上文)。

(54) 《出三藏记集》多数版本作"灵峤"而不是"云峤"(卷 15 第 110 页上第 2 列)。

(55) "汇征",暗引《易经》第 11 卦(泰)第一爻:"拨茅茹以其汇征吉。"

(56) 《出三藏记集》卷 15,第 110 页上第 4 列作"然后"而不是"然复"。

(57) "琼柯"是昆仑山顶上神奇的玉树,能结出包含长生不老药的珍珠,能覆盖 300 英寻,高 10 万英尺,参见《楚辞·离骚》,《四部备要》卷 1,第 31 页左和第 44 页右。这种中国古老的信念与佛教中传说在极乐世界(Sukhāvatī)出现神奇之树非常相像,在 Sukhāvatīvyūha 卷 16(缪勒译本,第 33 页起)中对此有详细说明:有由金、银、琉璃、玻璃、砗磲、赤珠、玛瑙构成的树以及各种合成的树等。关于极乐世界与道教仙境(相传也在很远的西方)之间的相似性,参见马伯乐(H. Maspero),Les

religions chinoises，第 72 页。汤用彤（《佛教史》，第 368 页）认为这一段关于莲花宝座的话只是文辞上的修饰，但他也指出后来建立所谓"莲社"可能受此启发。

(58) "三涂"（ three durgati）即地狱、饿鬼或畜生等三道。

(59) "如意"是一种常见的象征佛法的节杖，其起源相当平凡无奇：是用于搔手够不着的背脊上痛痒的器具（因此名为"如意"）。这种器具最初出现在世俗文献中：根据《世说新语》卷 2 之下第 5 页左王敦（266—324）用金属如意；《晋书》卷 33，第 12 页右说石崇（249—300）手持一个如意。在一份较早但不甚可靠的材料《拾遗记》（现在通行本是王嘉根据公元 4 世纪后期的著作原本辑佚的）中，我们发现在孙权（181—252）和孙和（224—252）时期如意是由贵重物品做的，参见《拾遗记》，《汉魏丛书》卷 8，第 3 页左和第 6 页左。在任何场合下，如意并不用于搔痒，而是在聚会时被当作"玩物"，如歌唱时打节拍，去敲击各种物品等等，形同"清谈"时所用的麈尾（参见上文第 95 页）。像麈尾一样，中国的如意在公元 4 世纪时一定被有教养的僧人吸收。另一方面，一种搔背的器具也曾是僧人所发明的物品之一：如竺佛念公元 4 世纪末译《四分律》（？ *Dharmaguptakavinaya*，《大正藏》№1428）中，如意被列在这些物品中间（《大正藏》№1428，卷 19，第 694 页上第 6 列），以及公元 11 世纪早期《释氏要览》（《大正藏》№2127，道诚撰于公元 1019 年）说这种物品的梵文名字叫"阿那律"（anuruddha），意为"搔""使宁静"，参见 anurodha 意为"与人方便的""实现愿望"（在字典中并没有"搔"的意思），其真正的意思就是"如意"（《大正藏》№2127，卷 2，第 279 页中第 28 列）。我们不甚明白：这种如此卑微之物如何、为什么会成为僧人备为尊崇的法器，除非我们把它与"如意宝"（cintāmaṇi）联系起来，后者在印度佛教和非佛教神话中扮演了重要的角色。

(60) 其他地方未出现过。

(61) 其他地方未出现过。

(62) 殷仲堪成为荆州刺史是在公元 398 年（参见上文第 113 页）。

(63) "移景"即"移影"（参见"移晷"），暗示他们谈话过了相当长的时间。

(64) 参见《世说新语》卷 1 之下，第 27 页右到左，及上文第 213 页。

(65) 生活于公元 360—407 年。王谧及其"护法"的作用，参见上文第 213 页和第 232 页起。

(66) 其他地方未出现过。

(67) "耳顺"，暗引《论语》II. 4. 5："六十而耳顺。"因为王谧生于公元 360 年，因此这封信一定写于公元 399 页，稍早于桓玄执掌大权。

(68) 即浔阳。卢循于公元 409/410 年间发兵进攻荆州和京城，参见上文第 157 页。

(69) "音问"即指"通信"。除了高丽本，所有的版本都作"音介"，"介"显然是"问"之误。

(70) 这看似一个村名，但我不知位于何地。

(71)《出三藏记集》卷 15，第 110 页上第 16 列只提到法净，但没有任何其他材料。法领去了于阗，收集了大量经文，其中有梵文本三万六千颂《华严经》（*Avataṃ sakasūtra*),后(418—420)由佛陀跋陀罗(Buddhabhadra)在南方都城译出(《出三藏记集》卷 9,第 6 页上第 1 列《华严经记》,以及《高僧传》卷 2,《佛陀跋陀罗传》第 335 页下第 3 列起)。他约于公元 408 年从中亚回到长安,可能是与鸠摩罗什的老师佛陀耶舍(Buddhayaśas)一起回来的。参见境野黄洋《支那佛教精史》(东京,1935),第 537—540 页;汤用彤《佛教史》,第 306 页;塚本善隆《肇论研究》,第 43 页;李华德(W. Liebenthal),《肇论》(*The Book of Chao*),第 98 页,注⑧和⑧。

⑫ 关于昙摩难提(Dharmanandin)误译该经,从其他材料中无法得知。现行本《阿毗昙心》(*Abhidharmahṛdaya*)是说一切有部对法不完整的节译本,由法胜(?Dharmottara 或? Dharmaśrī)译。僧伽提婆(Saṅghadeva)首先在洛阳约于公元 384 年译出全本(参见《出三藏记集》卷 2,第 10 页下第 10 列);这个十六卷(亦作十三卷)本在唐代已佚。这里所说的是应慧远之请在庐山上于公元 391/392 年间译出《阿毗昙心》第二个译本,但这实际上是原本的节译本,仅是三卷本,还收藏在藏经里(《大正藏》№1550)。

⑬《三法度论》,是山贤(Vasubhadra)和僧伽先(Saṅghasena)译的说一切有部论集,三(亦作"二")卷本,《大正藏》№1506。

⑭《出三藏记集》卷 10,包括两篇僧伽提婆译《阿毗昙心》(*Abhidharmahṛdaya*)的序言,作于公元 391/392 年间:一篇无名氏作(第 62 页中第 16 列起),一篇慧远作(第 62 页下第 1 列起),以及慧远《三法度论序》(同上,第 63 页上第 1 列起)。

⑮ 姚嵩是姚兴的弟弟,一位虔诚的佛教徒,热衷于长安的译经活动。他的头衔是"司隶校尉""左将军"和"安城侯",参见《出三藏记集》卷 8,第 57 页下第 12 列(僧叡《法华经后序》,作于公元 406 年);在《出三藏记集》卷 11,第 77 页下第 2 列(僧肇《百论序》,作于公元 404 年),他仅被称作"司隶校尉安城侯",所以他写给慧远的信可能写于公元 404 年之后,当时他已有慧远提到的"左将军"头衔。他与姚兴之间关于佛法的通信保存于《广弘明集》卷 18,第 228 页上到第 230 页上。

⑯ "承否通之会"。"否"替代通常的"不"字,可能暗引《易经》第 12 卦(否),代表 4。

⑰ "怀宝来游至止"译为"(the monk) Huai-pao came to this region to stay(here)"不甚准确。我把它当作一个人名,但也可能是指"你鸠摩罗什怀揣着宝物来到此地",当然这后一种说法与上下文不甚相契。

⑱ "三方同遇",我不明白这"三方"究竟是什么意思。

⑲ "教合之道"含义不清,我无法提供十分准确的译文。

⑳ "八正之路"亦作"八正道"(āryāṣṭāṅgamārga)。

㉑ "满愿"(Purna),这里可能指佛弟子 Pūrṇa Maitrāyaṇīputra,相传他是精于般若学的一位弟子。

㉒ "天漉之器"似乎指一种盛水器(通常称"漉水袋"),僧人常用此"放生"(水族)。"天"在此毫无意义,可能是指"水"。

㉓ "和南"(vandanam),是一种尊称,中国僧人通信时常用此称呼。

㉔ 我不知道鸠摩罗什意指哪部经或哪位菩萨。在藏经里我们发现许多菩萨、诸

神、夜叉等通常(或在某些佛经里)被认为是护法。或者鸠摩罗什认为慧远印证了对那位菩萨的描述? 这种情况下,我们可以把这些话与慧远传里奇怪的一段(下文第248页)相联系。这段话也出现在张野的铭文里:外国(中亚)僧人在各种宗教场合都对这位庐山法师备加尊敬。当鸠摩罗什写这封信时(可能在公元405年前后),慧远已因抨击桓玄的排佛政策而作为护法者远近闻名,因此"护法菩萨"这个称号对他来说是名副其实的。关于用"菩萨"来指称法师,参见上文第32页;用于道安,参见上文第199页。

⑧⑤ "因译传意,岂其能尽",这是一个重要的评论,说明鸠摩罗什尽管尽其所能,但在译成汉语时还是存在相当的困难,在与慧远、王谧这些中国人通信时还常常需要中间人解释。

⑧⑥ kuṇḍi (或 kuṇḍika)是一种在西域常见的印度盛水器,可英译为 sprinkler bottle,这种容器有一个圆肚及两口:一个在肩上的侧口用于往里注水,一个在颈上的细长曲口用于倒水或直接用嘴喝。参见《法宝义林》(Hōbōgirin)第265页起"Byō (瓶)"条,以及 A. K. Coomaraswamy 和 F. S. Kershaw, A Chinese Buddhist water vessel and its India prototype, Artibus Asiae 1928/1929, pp. 122–141。在后一篇文章中,作者认为 kuṇḍi 在印度始自孔雀王朝或前孔雀王朝,在公元8世纪的远东艺术与考古发现中没有出现过。然而,这个通行本清楚地表明这个容器从中亚或北印度由外国僧人传入,至迟在公元5世纪初已在中国流传。

⑧⑦ 这件事在鸠摩罗什传或其他材料中没有提及。

⑧⑧ 关于昙邕,参见上文第210页。慧远给昙摩流支(Dharmaruci)的信保存在后者的传记里,《高僧传》卷2,第333页中第1列起,《出三藏记集》卷3,第20页中第5列起。

⑧⑨ 参见《出三藏记集》同上部分;《高僧传》卷2《弗若多罗传》第333页上第14列起;同上,《昙摩流支传》第333页中第14列起;同上,《卑摩罗叉传》,第333页中第26列起。《十诵律》(Sarvāstivāda-vinaya,《大正藏》№1435,61卷)的第一部分由弗若多罗口述,鸠摩罗什译成汉语;翻译该经始自公元404年12月3日。当完成三分之二内容时,弗若多罗辞世,因为鸠摩罗什显然无法"复述"其余部分,这项工作就此中断。公元405年秋天昙摩流支抵达长安,接到慧远的信后,接着复述经文,鸠摩罗什便当译者。六十一卷中只译出五十八卷,鸠摩罗什在译文修订前便与世长辞。最后,卑摩罗叉,另一位来自罽宾的律师于公元406年抵达长安,就在鸠摩罗什死后不久补上了其余三卷。

⑨⑩ 这段故事也出现在张野的"铭文"中,《世说新语》卷1之下第27页右。

⑨① 是否指众生皆有常住之"佛性"的教义,这种教义出现在《摩诃大般涅槃经》(Mahāparinirvāṇasūtra)中?

⑨② 如果鸠摩罗什所指的这部经确是《摩诃大般涅槃经》(Mahāparinirvāṇa-sūtra,从慧远的回答来看极有可能),这段话就很难有历史真实性,因为有理由认为鸠摩罗什当时对这种"革命性的"佛经还不甚了解。

⑨③ 关于慧远与姚兴的交往,参见上文第212页。

⑭ 关于姚兴，参见上文注⑦；关于40年前苻坚送给道安的礼物，参见上文第188页。《出三藏记集》卷15，第110页中第4列记载姚兴的礼物是"龟兹国细缕杂变石像"。

⑮ 《释论》指 *Mahāprajñāpāramitāśāstra*？相传是龙树（Nāgārjuna）著的对《二万五千颂般若经》的长篇注释，由鸠摩罗什译；汉译本一百卷，完成于公元406年2月1日（参见《出三藏记集》卷10，第74页下僧叡《大智释论序》，以及同上第75页中无名氏《大智论记》。这部著作现有保存（《大正藏》№1509）；约五分之一（卷1—18）已有译文，并由拉摩（Et. Lamotte）详注，*Le Traité de la Grande Vertu de Sagesse de Nāgārjuna*，Louvain，1944—1949。印度原本（如果确曾存在的话）已全部佚失，连标题都已不可能准确还原。该书在印度佛教文献中未曾被引用过，也没有被译成藏文，尽管它对于大乘佛教极为重要，是名副其实的资料宝藏。而且，之后再也没有被重译过，所以鸠摩罗什的译本成为这部著作唯一的版本。这位作者无疑是说一切有部的，对兴起于西北印度的对法颇为精通，他后来转为皈依大乘佛法，该论是这种思想的重要组成部分。鸠摩罗什在思想也有如此的转变，在他住在龟兹或西域其他地方时可能对此已相当熟悉。凡此种种多少有些迷乱的事实实际上可能是：《大智度论》很可能有其中亚的背景。有关这部论的特点和翻译背景，参见戴密微（P. Demiéville）在 *Traité* 第二卷中的详细评论，载于《亚细亚学报》（*J. As.*），1950，第375—395页。关于《大智度论》的作者，干潟龙祥在 *Suvikrāntavikrāmi-paripṛcchā* 序言（福冈，1958，p. LII 起）中作了详细讨论；这位作者试图区分后来增加的部分（为鸠摩罗什和他人增加）与在他看来应是龙树原作的核心部分。

⑯ 《庄子》第18（至乐）第111页："褚小者不可以怀大，绠短者不可以汲深。"《出三藏记集》作"渚"而不是"褚"。

⑰ 慧远应姚兴之请所作《大智度论序》现没有保存，也没有收录在陆澄《法论》慧远著作目录中（《出三藏记集》卷12，第83页上起），但在《大唐内典录》卷3中提到了该文（《大正藏》№2149，第248页上第23列）。他的《大智度论抄》现存于《出三藏记集》卷10，第75页中。二十卷的《般若经问论集》《大智论要略》《释论要抄》，在《出三藏记集》卷2，第13页下第12列和卷5第38页上第18列提到过，后来更大的经录也都提到过，如：法称《众经目录》（504年），《大正藏》№2146，卷6，第145页上第1列；《大唐内典录》（664年），《大正藏》№2149，卷3，第248页上第15列和卷10第330页上第25列；《开元释教录》（730年），《大正藏》№2154，卷4，第515页下第9列；《贞元新定释教目录》（800年），《大正藏》№2157，卷6，第812页下第1列。在这以后的文献学材料中再也没有提到过慧远这份摘抄。

⑱ "立身行道"，引自《孝经》卷1（注疏本卷1第3页右，Legge 译本，第466页），认为最完美的行孝是"立身行道，扬名于后世，以显父母，孝之终也"。从佛教的观点来看，寺院生活事实上是孝道最终极的实现，这个观点在后来的护教文章中反复出现，参见下文第283页。

⑲ 桓玄劝说慧远还俗的信，与慧远的回信现在都有保存，《弘明集》卷11，第75页上起。

⑩ 暗引"丹可磨而不可夺其赤,石可破而不可夺其坚"。最初出现在《吕氏春秋》XII. 4,第119页(Wilhelm译本,第149页)。

⑪ 桓玄给大臣们的信现收于《弘明集》卷12,第85页上第12列起。关于他对庐山僧团的赞许,参见苻坚(337—384在位)对泰山竺僧朗的寺院所采取的类似的赦免措施,《高僧传》卷5,第354页中第14列。

⑫ 《高僧传》在此作"沧湑将及";慧远的信收于《弘明集》卷12,第85页中第2列,作"混然沧"。这两个本子都作"沧湑",是"沧胥"之误。参见《诗经》第194首(II. iv. 10.1雨无正):"若此无罪,沦胥以铺。"

⑬ 暗引《诗经》第35首(I. iii. 10.3谷风):"泾以渭浊。"

⑭ 慧远的全信收于《弘明集》卷12,第85页上第29列起。有关慧远所订的条例,参见下文第260页。

⑮ 自公元402年4/5月至公元404年1月2日;参见上文第155页。

⑯ "八座":自后汉设立的"六曹"、尚书令和仆射。

⑰ 高丽本《高僧传》和《弘明集》卷12,第83页下第5列作:"此便当行之事。"

⑱ 此处引用的慧远信的内容与《弘明集》中的文本不一致,卷12第83页下第19列起,参见上文第237页。

⑲ "漱流",用以表示"隐居生活"的常用词。

⑳ 公元404年1月2日,参见上文第156页。

㉑ 桓玄的命令自从他篡权起就称作"诏"。在《高僧传》中称作"书",可能是由于他的统治是不合法的缘故,不过,在《弘明集》卷12,第84页中第25列中他被称作"桓楚",有所谓"许道人不致礼诏"。

㉒ 桓玄这道诏书另一个很不同的版本,见《弘明集》卷12,同上引文。

㉓ 《高僧传》作"故兴其敬",令人不知其义。《弘明集》作"故宁与其敬耳"。

㉔ "谦光",暗引《易经》第15卦:"谦尊而光。"

㉕ "礼敬有本"(Hurvitz译本第20页,误译为"Propriety and reverence have their foundation herein"),暗引《礼记·曲礼上》的篇首:"曲礼曰:毋不敬。"

㉖ 元明版及《弘明集》作"夫然故……",而不是"大德故……"。

㉗ 《弘明集》卷5,第30页中第15列《沙门不敬王者论》作"广开"。

㉘ "在宥",参见《庄子》第11《在宥》第62页:"闻在宥天下,不闻治天下也。"意思是要善待百姓,要让他们自由安居。

㉙ "不兼应者,物不能兼受也",此处意思不明。指佛教还是儒家?

㉚ "识神驰骛,随行东西。"收在《弘明集》中的慧远论文的第五部分并没有出现这些话,卷5(第31页中第10列起)。

㉛ 公元404年3/4月间,参见下文注㉜。

㉜ 何无忌是刘裕的同党,在后者于公元404年反桓玄的战斗中起了重要作用,之后被封为"辅国将军"。他死于后来公元410年讨伐卢循的战斗。参见《晋书》卷85,第6页右起他的传记。他似乎并不是佛教徒;《弘明集》卷5,第32页下收有一封他质难慧远《沙门袒服论》的信。

⑫ "阳月"通常指阴历的十月,但这与安帝过浔阳的时间不符,他于公元 405 年 3 月 22 日离开江陵,于 4 月 29 日抵达建康(参见《晋书》卷 10,第 5 页右),也就是他在春天经过浔阳。"阳月"应是"春月"的意思,自公元 371 年起,"春"是个讳字,因为与简文帝皇后郑氏名字相同。同样,在东晋末年编撰的一些史书名称也作相应改动,如《阳秋》应作《春秋》,譬如孙盛《晋阳秋》、习凿齿《汉晋阳秋》和檀道鸾《续晋阳秋》。

⑭ 公元 405 年 3 月 22 日,参见上注。

⑮ 谢灵运(385—433,传记在《宋书》卷 67,第 1 页右)是当时一位著名的诗人与书法家。他在刘裕手下发迹,在宋朝初年担任各种高官,公元 433 年因涉嫌谋反而被处死。谢灵运是位虔诚而博学的佛教徒,经常参与公元 5 世纪初佛教界一些义理上的争论,著名的有所谓"顿悟"之争。他在译经(如润色译文)和义学领域也颇为积极。尽管所有这些属于中国僧人的事,超出了我们的研究范围,我们列出下列材料,让读者了解他对佛教的浓厚兴趣:

(1) 谢灵运与几位法师的交谊。他与竺道生的交往,体现在他解释后者"顿悟"说的《辨宗论》中,见《广弘明集》卷 18,第 224 页下第 25 列起。

(2) 同上,就同一话题与其他僧人的往来书信。

(3) 他写了赞颂慧远与昙隆的诔,见《广弘明集》卷 23,第 226 页中第 3 列起。

(4)《无量寿佛颂》,为《艺文类聚》卷 76,第 11 页右所引。

(5)《和范光录祇洹像赞》《维摩经十譬赞》,见《广弘明集》卷 15,第 200 页上第 12 列起。

(6)《佛影铭》,见《广弘明集》卷 15,第 199 页中第 6 列。

(7) 与慧严、慧观一起修治昙无谶(Dharmakṣema)译的《大般涅槃经》为三十六卷本,世称"南本"(《大正藏》№375)。

(8) 他写了《金刚般若经注》,李善注释王巾《头陀寺碑文》时引用他的注文,见《文选》卷 59,第 271 页。

(9) 与慧叡一起写《十四音训序》(这本梵语术语词典虽是汉译本,但按照梵语的十四个元音排序),参见《高僧传》卷 7,第 367 页中第 14 列;汤用彤《佛教史》下册第 339 页;马瑞志(Richard Mather),《公元 5 世纪诗人谢灵运的山水佛教》(The Landscape Buddhism of the Fifth-Century Poet Hsieh Ling-yün),载于 *Journal of Asian Studies* XVIII. 1 (Nov. 1958),第 67—79 页,尤其是第 72 页;芮沃寿(A. F. Wright),*Sino-Indian Studies* V (1957),第 279 页;戴密微(P. Demiéville),《通报》 XLV (1957),第 243 页。

⑯ 即《丧服大记》,《礼记》中的一章(注疏本卷 45)。

⑰ 关于庐山上研习世俗学问,参见上文第 230 页。

⑱ 张野在"铭文"中说慧远自 60 岁后即最后 23 年间从未下过山。

⑲ 根据谢灵运《庐山慧远法师诔》(《广弘明集》卷 23,第 267 页上第 20 列),慧远死于 84 岁,在义熙十三年八月六日,即公元 417 年 9 月 2 日。另一方面,张野在"铭文"中说他死时 83 岁。

⑬ 在其他地方未曾出现过。慧远的墓在《庐山记》卷 1 里有所描述,《大正藏》No
2095 第 29 页上第 25 列起。

⑬ 陈舜俞《庐山记》卷 5 说张野荐举谢灵运作墓志铭(《大正藏》No 2095,第 1048
页中第 9 列)。

⑬ 除了慧远与鸠摩罗什的通信已收入《大乘大义章》(参见上文第 226 页),陆澄
《法论目录》(《出三藏记集》卷 12,第 83 页上起)还提到慧远其他 21 篇论文或书信,
(有星号的)9 篇还有保存:(1)《法性论》上下;(2) 慧远的回信《论真人至极》,没有提
及收信人;(3)《妙法莲华经序》;(4)《无三乘统略》;(5) ＊《三法度经序》;(6)《法社
节度序》;(7)《外寺僧节度序》;(8)《节度序》;(9)《比丘尼节度序》;(10) ＊与桓玄
三信(无疑讨论礼的问题);(11) ＊答复桓玄沙汰僧人;(12) ＊《沙门不敬王者论》五
个部分;(13) ＊《沙门袒服论》;(14) ＊《禅经序》;(15)《释神足》;(16) ＊《阿毗昙心
序》;(17) ＊《释三报论》;(18) ＊《明报应论》;(19)《辩心意识》;(20)《释神名》;
(21)《验寄名》。慧远的传记中还提及他的《大智度论抄》(参见上注),以及他给鸠摩
罗什的两段信文(参见上文第 246-248 页),和他的《佛影铭》全诗(参见上文 242—243
页和注);在《弘明集》卷 11,第 75 页上,我们还发现慧远写有《答桓玄劝罢道书》;在
《广弘明集》卷 15,第 198 页中他赞颂襄阳的佛像;同上,卷 18,第 222 页中,他给戴逵
回信;同上,卷 27,第 304 页上,他给刘遗民及其他俗家信徒写信;同上,卷 30,第 351
页中他作《念佛三昧诗序》;慧远《庐山记》残卷,为《世说新语》卷 2 之下第 44 页左、
《文选》卷 12,第 256 页、卷 22,第 480 页、卷 26,第 583 页、《艺文类聚》卷 7,第 20 页
左、《水经注》卷 39,第 19 页右、《大正藏》No 2095 卷 1,第 1027 页下、第 1031 页、《太
平御览》卷 41,第 3 页左、卷 41,第 6 页右注引或引用,他给卢循的信件残篇也收在
《艺文类聚》卷 87,第 20 页左或《太平御览》卷 972,第 7 页左。

＊ 英文原为 anti-clericalism,直译应为"反教权主义",该词系基督教用语。此处论述佛教在中国
　社会的地位及影响,可以译为"反僧权主义"。但考虑到中国士大夫排斥佛教往往有其特定
　的历史因素,即便是历史上最负盛名的排佛论者如韩愈等人也往往有同情佛教、与佛教暗合
　的一面,如果译为"反僧权主义"则把历史上这种反佛倾向绝对化了。因此译者在此译为动
　宾结构的词组"反对僧权"(在正文里有时也略作"反僧权")。——译注

第五章　"信仰的辩护"：公元 4 世纪及 5 世纪初的反对僧权和护持佛教

士大夫排斥佛教：反对僧权的种类

如上所述，佛教在中国并不是一种思想模式或哲学体系，而首先是一种生活方式，一种高度纪律化的行为方式，它被认为能借此解脱生死轮回，适合于封闭而独立的宗教组织即僧团（saṅgha，僧伽）的成员信受奉行。唯其如此，人们必然会对清幽的寺院生活产生浓厚兴趣，而这种生活就其本性而言，注定要遭遇中国统治阶层的强烈抵触。

在"清净梵行生活"长期以来早已成为风俗的地方，在存在着不受世俗统治者权势影响的僧团的地方，在皇帝礼敬僧人（即便他是在逃的奴仆）的地方，佛教产生并发展出了一套独具特色的形式。①佛教在中国还需寻找一种社会认同，因为在那里政府的（在理论上应是"帝国的"）权威这个概念与在国家之内存在着反社会的、不事生产的和自治的团体这个事实不相容，也因为在中国评价某个思想体系通常是根据它的实际功效而不是它的宗教的或形而上的价值。②

更进一步说，中国的宗教徒从未形成一个明确的社会群体。③人们可能会把著名的"黄巾军"这个半宗教、半政治的群众运动说成是"教权"组织(clerical organization)。"黄巾军"是在道教领袖张角领导下从公元184 年开始的一场革命,它导致了汉朝的覆灭。

尽管有如下习俗或修行:建义舍、焚香、饮符水(prosternation)、叩头思过、思道请祷、禁酒和全体诵习老子(都习)④,但我们是否能把"黄巾军"的领袖们当作教权群体或阶层(clerical group or class),仍是很有问题的。因为这些领袖的责任既有宗教的一面也有世俗的一面,从其头衔来看,在此一宗派复杂的教阶(hierarchical)与地方行政部门里,许多这类显要人物似乎在军事和行政两方面都发挥了积极的作用。⑤ 必须说明的是,后来的佛教作者以最刺眼的词句责骂"黄巾军"及类似的运动。这并不是没有原因的:"黄巾军"的活动直接反对政府的权威,而"黄巾军"和僧人阶层之间的任何相似都可能煽起上层社会反对僧权的情绪。⑥

这一章所讲的反对僧权在没有文化的大众中间很难出现,这种新的教义在他们中间迅速蔓延:根据后来的材料(当时的文献并不能提供具体的信息),公元 265—316 年间在两座京城(洛阳和长安)有 180(亦作182)座寺院,有 3700 名僧尼。⑦ 洛阳在公元 316 年的寺院数目为 42 或32⑧,对此说法不一,而东晋在公元 317—420 年间的寺院和僧尼数目分别为 1768 和 2.4 万⑨。

然而,让士大夫皈依则是一件艰辛的工作。士大夫较诸其他社会群体受到更多的传统束缚,在精神上也更易局限在中国古典文化的狭隘视域中,总想反对(如有必要还想消除)所有可能威胁在其阶层中由来已久的理想及其特权利益的东西。从公元 4 世纪开始,我们发现了一条强烈反对僧权的轨迹:僧伽作为国家之内有组织的团体(body),其活动及其弘法目的遭到直接的反对,而个体僧人的生活方式也遭反对。

这一事实至为重要,标志了早期中国佛教的特点。在印度僧伽主要是和其他类似的宗教团体竞争,但在中国,僧人阶层却注定要和士大夫阶层,即和帝国的官僚阶层、政府本身发生冲突。在下面几页中,我们将围绕僧人阶层和世俗政权之间的意识形态冲突,处理其中的部分问题,

255

即上层社会流行的几种反对僧权的形式和佛教徒中常见的几种抗辩观点。大致说来,我们注意到下列四种反对僧权的论点:

(1) 僧团的活动以各种方式危害政府的权威,危及国家的稳定和繁荣(政治的及经济的论点);

(2) 寺院生活并不能给这个俗世带来任何具体的成效,因此是无用的和没有生产价值的(功利主义的论点);

(3) 佛教是一种"夷狄"之教,适合于未开化的外国人的需要。在以前的盛世记载中没有提及佛教,古代圣人既不知道也不需要佛教(文化优越感的论点);

(4) 寺院生活意味着是对注重社会行为的圣典不合情理的违背,因此是反社会的和极不道德的(道德的论点)。

另一方面,佛教徒的护教也引出了各种论点,以期能证明:

(1) 即便僧人不遵从世俗政府的权力,也不意味着他们不忠诚。事实上,僧人阶层有益于保障长治久安和繁荣昌盛。僧人阶层作为一个整体不应受到责骂,因为该受责骂的仅是其中的一小部分成员;

256
(2) 寺院生活并不是没有意义的,尽管它所产生的益处并不在这个俗世;

(3) 佛教源自外国不应是受排斥的理由:中国经常从国外引进一些东西并带来很好的结果;或许(一个更具想象力的、很有意思的解决办法)佛教根本不是一种新的发明,最迟在阿育王(Asoka)时期,中国人已经了解佛教;

(4) 僧人所力倡的德行与儒家名教的基本原则并没有根本区别;佛教是儒家与道家思想之最完美的结合。

(一) 反对僧权:政治经济的论点

"沙门不敬王者"⑩,因其"出家则是方外之宾"⑪。僧伽是有其自身利益的团体,削发和僧服标志了他们彻底出家弃世。[12]换言之,僧伽要求成为独立自主的组织,免除对世俗政府的义务,不受国家的监护。毋庸讳言,这种态度威胁着儒家国家理论中最基本的一些概念的有效性。公元 4 世纪,汉族的王朝被外族赶到南方,而皇帝本人降到了完全不重要的地位。即便如此,儒家政治家、学者和将领(这三方高度一致)继续维护着想象中的帝国权威,完全不顾实际时势地反复说:"普天之下,莫非王土;率土之滨,莫非王臣。"[13]无论是由于某种政治权谋,还是由于当时仍是中国主流思想的大一统和等级制这种传统理想,总之这种态度不断地引发了公元 4 世纪至 5 世纪初僧人阶层和国家政权之间的冲突。在前面几章里我们已经讲过,公元 340 年在摄政者庾冰和支持佛教的大臣何充及其各自的同党之间引发了一场争论,而 60 年之后在独裁者桓玄和王谧之间再次就此展开争论。[14]我们已经分析过这些争论的内容,以及被证明在公元 340 年那场争论中起过作用的政治因素,在此无须重复。公元 340 年和 402 年的事件标志了有关僧人地位论战的开始,这场论战间歇性地重复出现,并持续了几个世纪。追求自治的僧人阶层和基本上大一统的儒家政权之间存在着持久的张力(这种张力间断地表现在这些争论中),这形成了中国佛教最基本的面貌之一。

如上所述,在争论中,问题还不仅在于世俗权力出于实际目的而反对在社会内部存在反社会、不事生产的"飞地",首要的还在于意识形态方面的因素。这场争论似乎首先是宗教社团的精神理想与没有宗教情绪的一批政治家所持的犬儒式唯物主义之间的冲突。尽管如此,我们必须说明:这些政治家同样力图证明自己是在阐释某种被传统神圣化了[257]的、含义明晰的世界观,是在支持某种除了政治和道德之外还有不少宗教因素的意识形态。国家政权作为一种极度有序的社会,包括了相当多的群体和个体、阶层和身份,它们的生成如同宇宙的基本组成部分,同时它们的吉凶也反映在自然过程中。君主沉浸在一种宗教气氛之中,他向所有的臣民提供了生活的可能性(参见上文第 232 页),是"造化"(参见上文第233页)的人格化表现,其任务就是"化",该术语原来用于自然过程本身。不服从或逃离权威的影响不仅是非法或反社会的,而且还有亵渎圣人的成分在内,在关于僧伽自主性的讨论中明显表现了这一点。就像我们在前几章中所描述的,当我们解释这些讨论时,这些学理性因素必须记在头脑里。这场争论表明僧人阶层和国家政权之间除了纯粹政治的和社会的冲突之外,无疑还有其他更为关键的冲突,即两种意识形态的冲突。这种观点有助于解释这些争论中的一种独特现象:争论常常发生在两个不同的层面上,常常陷于理论玄谈,而与具体情况没有切实的关系,这种倾向不仅在佛教徒里有所发现,而且在儒家对手中也有所发现。如果把这些论战文章仅仅看作是虚饰的或似是而非的,认为它们不过是用于权力斗争的工具,那就过于简单和肤浅了。

君主即政府,它规定和控制所有臣民的一切社会行为方式。某种教义只有在对传统的社会行为模式不引发任何改变时,才可能被人接受。争论很少直接针对作为一种教义和宗教信仰的佛教;相反,他们经常要在"佛教"与佛教生活之间、在就其本身而言是可以接受的"纯洁的"佛法与让人无法接受的僧人态度之间作出区别,原因就在于此。明显的例证是公元404年1月两位朝臣卞嗣之和袁恪之屡次反对桓玄改变他的佛教政策,他们说:

> 率土之民,莫非王臣,而以向化,法服便抗礼万乘之主,愚情所未安,拜起之礼岂亏其道?尊卑大伦,不宜都废……[15]

又说:

> 沙门所乘虽异,迹不超世,岂得不同乎天民?[16]

如上所述,未能见出这类区别,再加上反对僧权的中国官方的观点,均意味着未能真正理解佛法。

在第一次争论中,奋起护教的俗家信众不可能提出这一点。他们的论点无助于达成某种妥协,也没有触及问题的核心,而仅是讨论历史上

的各种先例,讲述外国君主支持佛教的态度、僧人"内在的顺从",以及 *258*
"敬"在外在形式上的不重要,还特别讲到了佛法有助于国泰民安。

慧远在他的书信和论文里第一次对佛教生活的目的作出了清楚而断然的陈述。在这些文章中,他对僧团的和在家的影响范围作了清楚的界定和区别,这并非出于历史的或功利主义的动机,而是缘于佛法自身基本理论的一些不可避免的结论。由于这个原因,而不是因为其护教活动取得了成功(这可能是由其他全然不同的原因造成的),我们有充足的理由认为慧远是早期中国佛教史上最伟大的护教者。

慧远的观点虽然隐藏在大量华丽的辞藻和极度谦逊的措辞之中,但还是表述得坚决而果断:僧伽是而且必定是并不属于这个俗世的方外的道友组织,是有着自身理想和行为模式的群体。

> 佛经所明凡有二科:一者处俗弘教,二者出家修道。处俗则奉上之礼、尊亲之敬、忠孝之义,表于经文。在三之训⑰,彰于圣典。斯与王制同命⑱,有若符契……出家则是方外之宾,迹绝于物,其为教也。达患缘于有身⑲,不存身以息患;知生生⑳由于禀化,不顺化以求宗……此理之与世乖,道之与俗反者也。是故凡在出家皆隐居以求其志,变俗以达其道。变俗服章不得与世典同礼,隐居则宜高尚其迹。夫然故能拯溺族于沉流,拔幽根于重劫,远通三乘之津,广开人天之路。㉑是故内乖天属之重而不违其孝,外阙奉主之恭而不失其敬。㉒

僧人必须保持身心自由,服从世俗权威将使其陷于俗务之中,无法自度度人。但在其他方面,慧远则走得更远,认为王者有供养僧伽的道德义务。沙门只是匆匆过客。他肩负着某种使命而来,这个暂住的俗世理应供给所有的旅资。他可以被比作使者,在行将奔赴边陲宣布 *259*
帝国政令时要有食物、车舆和衣物的供应。㉓跟他给这个俗世带来的巨大利益相比,王者所提供的任何东西都会相形见绌,这所谓"濡沫之惠复,焉足语哉"㉔。

最后,慧远(无疑借助了他作为中国南方佛教界无可争议之领袖这一崇高威望)在写给桓玄的一封信中讲了另一个结论(402年)——这个结论在当时有教养的中国人看来几近于亵渎圣人——僧人也有自己的礼:它不仅要出离中国的俗世,还必须出离俗世本身,因为混淆方外方内这两个世界既不足取也甚为有害。

> 虽无其道必宜存其礼㉕,礼存则法可弘,法可弘则道可寻……又袈裟非朝宗之服,钵盂非廊庙之器,军国异容,戎华不杂,剃发毁形之人,忽则诸夏之礼,则是异类相涉之象,亦窃所未安㉖。

另一个常见的反对僧权的论点,是针对在政府控制之外的自治群体的危险性,认为它很容易成为滋生诸如匪徒、逃税,特别是流民(参见上文第5页)等不安定因素的黑窝。因此,要不断地"沙汰"僧伽,对他们实行全面检查,并强制那些在知识或品行上达不到标准的僧人还俗。我们发现在公元4世纪及5世纪初官方有过五次类似的"沙汰"㉗。这里并不能说政府完全无意要借此来净化僧伽,使之具备宗教的纯洁性。但这里主要是指僧人数目的剧增(无疑主要来自农村人口)和税户、徭役相应减少,肯定对经济生活产生了明显的影响。中央政府持续不断地打击农村人口中日益加剧的逃税、逃役现象,而"沙汰"僧人只是其中的一项措施。当时北方早期非汉族统治者亦致力于净化僧伽(即减少它的人数),说明在北方也出现了类似南方的危险膨胀。匈奴统治者石虎沙汰僧人的诏书称:

> 今沙门甚众,或有奸宄避后,多非其人,可料简详议。㉘

²⁶⁰ 在同一份材料里这位胡族统治者问:

> 里间小无爵秩者,为应得事佛与否?㉙

桓玄的理由表达得更清楚:

京师竞其奢淫，荣观纷于朝市，天府以之倾匮，名器为之秽黩，避役钟于百里，逋逃盈于寺庙，乃至一县数千，猥成屯落，邑聚游食之群，境积不羁之众……⑩

公元 400 年前后，桓玄沙汰僧伽（参见上文第 214 页），诏令只有下列三类僧人获许继续佛教生活：

（1）对佛经有很深的理解，能解释其中的意思；

（2）持戒精严，或长期生活在阿练若（即阿兰若）；

（3）或"山居养志，不营流俗者"⑪。

慧远在给桓玄的有关"沙汰"（料简）的回信中，似乎完全同意后者"料简"（净化）沙门的初衷。他承认这些措施是必需的。然而，这里有许多似是而非的地方：有的僧人"内不毁禁"，虽则他们的行为看上去与此相反⑫；或者能勤于诵经，却不能理解佛经；或者还有一些僧人年事已高，有相当的经验，其品性诚实又未曾犯过大错，却又不属于桓玄所说的三类僧人。处理这些情况就需要慈悲为怀。慧远建议不要让这种决定权落在下层官员手里，而应直接掌握在桓玄本人手中。他在这封信中用一段有趣的话作为结束语，它表明了慧远（也代表了整个僧人阶层）试图吸收士大夫成员的苦心，他在信中保证下列人员出家不会有什么困难：

若有族姓子弟本非役门⑬，或世奉大法，或弱而天悟，欲弃俗入道，求作沙门⑭。

桓玄于约公元 399 年提出"僧人登记"这个设想时，肯定也是出于"沙汰"僧人的目的。许多沙门严格地讲乃是"流民"。读过那个时代最杰出的一批僧人的传记以后便能看到像游牧民族一样不断迁徙几乎是他们生活的共同特点，他们总是从一个佛教中心迁到帝国内的另一个中心。对桓玄来说，印度佛教中的"托钵苦行"传到中国以后似乎就成了一种游荡的方式。这道诏书在南方京城（建康）的僧人中间激起了强烈的反对。他们的信件都强调了僧人的所有活动必须是自由的和

不受阻碍的:

> 然沙门之于世也,犹虚舟之寄大壑耳。其来不以事,退亦乘闲,
> 四海之内竟自无宅,邦乱则振锡孤游,道洽则欣然俱萃……⑧

桓玄究竟在多大程度上有效地淘汰了僧人,现已不得而知。但不管怎样,仅隔三十多年(435年稍后),又进行了一次淘汰筛选。在刘宋孝武帝(454—465在位)的一份诏书中,寺院被形容为"专成逋薮,加以奸心频发"。寺主有责任监管寺内所有僧人的品行,凡后来被发现有罪的人(在寺院中避难者)都将受到严厉惩罚。⑨

由于政治和经济的原因,公元5世纪伴随着寺院经济的不断壮大,反对僧权的呼声也日见其高。公元435年6月丹阳尹萧摹之上书抱怨寺院不断增多,而务农劳力日趋紧张,耕地不断流失,铜材和建材也趋紧缺。他说:

> 请自今已后有欲铸铜像者,悉诣台;自闻兴造塔寺精舍,皆先诣
> 所在二千石,通发本末,依事列言,本州必须报许,然后就功。其有
> 辄铸铜制辄造寺舍者,皆以不承用诏书律论,铜宅材瓦悉没入官。⑩

首先作为一股经济力量的僧人阶层与国家官僚体制之间,就此展开了激烈的斗争。正像谢和耐(J. Gernet)所说的⑪,这场斗争的后期,已经超出了我们目前的研究范围。但可以说:这种反对僧权的类型早在公元4世纪便已出现。

其他的指责也主要属于经济的范围,基本上直接针对僧人的各种"恶行",尤其是反对僧人参与各类商业活动。《牟子》中虚设的"问者"说道:

> 今沙门耽好酒浆,或蓄妻子,取贱卖贵,专行诈绐,此乃世之伪,
> 而佛道谓之无为耶?⑫

公元389年将军许荣在一篇上书中说"僧尼乳母,竞进亲党",并抱

怨僧人"侵渔百姓,取财为惠"㊵。在道恒的《释驳论》(写于 405—417)中,那个问者对僧人行为提出了许多直截了当的严厉批评:

> 何栖托之高远,而业尚之鄙近?至于营求孜汲,无暂宁息;或垦殖田圃,与农夫齐流;或商旅博易,与众人竞利;或矜恃医道,轻作寒暑;或机巧异端,以济生业㊶;或占相孤虚,妄论吉凶;或诡道假权,要射时意;或聚畜委积,颐养有余;或指掌空谈,坐食百姓……此皆无益于时政,有损于治道,是执法者之所深疾,有国者之所大患;且世有五横㊷而沙门处其一焉……㊸

在任何情况下,佛教徒的反驳论调都是一样的:不能从整体上去责备僧伽(更不能对佛法有所批评),因为有恶行的僧人只占相对很小的一部分。难道我们可以仅仅因为出现一些腐化堕落的儒生就废除六经?㊹难道因为尧不能改变他儿子丹朱㊺的罪恶品行,就可以说他的话没有道理?或者有如慧远在写给桓玄的信中所说:

> 可以道废人,固不应以人废道。㊻

(二)反对僧权:功利主义的论点

佛教无助于国家的繁荣和个人的幸福,因而纯属毫无意义的浪费时间和靡费钱财。

> 沙门之在京洛者多矣,而未尝闻能令主上延年益寿。上不能调和阴阳,下不能休粮绝粒,呼吸清醇,扶命度厄,长生久视……㊼

并说(同上):

> 道人聚敛百姓,大构塔寺,华饰奢侈,靡费而无益……

功利主义在中国思想中根基很深。这种理论主张给今生此世带来具体可见的结果:创造秩序、和平与繁荣,心灵的和谐,形体的不朽。

在印度佛教中几乎不存在这个"功利性"问题。阿阇世王（king Ajātasattu）拜访佛陀时问及"修行的结果"（samaññaphala），佛陀的回答仅仅描述了宗教生活的内容：砺志进德，思虑精纯，得一切智。㉘弥兰陀王问那先比丘为什么要参与佛教生活，后者告诉他是为了解脱痛苦证得涅槃。㉙佛教生活并不需要任何外在的证实，不能期望从业已出世的僧伽那里获取世俗性利益。但这种思想很容易与当时中国流俗的态度发生冲突：

> 先圣有言："未知生焉知死。"㉚而令一生之中困苦形神，方求冥冥黄泉下福，皆是管见，未体大化。迷而知反，去道不远㉛，可不三思？㉜

佛法不仅无用和无法被证实，也是"人民的鸦片"：

> （僧人）要天堂以就善，曷若服义而蹈道，惧地狱以敕身，孰与从理以端心。礼拜以求免罪，不由祗肃之意，施一以邀百倍，弗乘无吝之情。美泥洹之乐，生耽逸之虑，赞法身之妙，肇好奇之心，近欲未弭，远利又兴，虽言菩萨无欲，群生固以有欲矣……㉝

如上所说，中国的每一个思想宗派都从治理社会的实际功效中抽绎存在的价值，也就是要能有益于"治"和"教化"。为了证明佛教存在的"功利性"和合理性，护教者必须迎合这种思想模式。何充在为僧人权益辩护的上书（见上文第 161 页）中说道：

> 五戒之禁，实助王化。㉞

慧远认为佛法和圣明之世具有同样的教化作用：

> 出家之人凡有四科㉟，其弘教通物则功侔帝王，化兼治道，至于感俗悟时，亦无世不有……如令一夫全德则道洽六亲㊱，泽流天下，虽不处王侯之位，亦已协契皇极，在宥生民矣。㊲

换言之，这两种教义的合流绝非没有可能。事实上，这两者殊途同

归。宗炳在《明佛论》中说:

> 今依周孔以养民味,佛法以养神,则生为明后,没为明神,而常
> 王矣……盖尊其道,信其教,悟无常,空色有,慈心整化,不以尊豪轻
> 绝物命,不使不肖窃假非服,岂非"导之以德,齐之以礼,天下归仁之
> 盛乎"?⑱

在道恒《释驳论》中也有同样的推理,他把佛法的诸多方面对应于世
俗模式。"五戒"相当于"六经","八难"(觉悟之路的迷障)⑲相当于"刑
法","三藏"相当于"律令","般若经"相当于"老庄"。然而,佛法超过了
所有这些世俗内容;如果和佛教的内容相比,这些世俗的风俗制度显得
毫无价值。⑳

公元435年,侍臣何尚之(382—460)在一场有关佛法功德的宫廷辩
论中,对佛教之于政府的实际价值作了最为有力的阐释。按他的说法,
佛法的传播、臣民的皈依将导致道德的普遍提高,恶行随之消失,刑罚因
之废除㉑,逐渐步入一个太平盛世。何尚之举例说明:西域许多小国佛法
兴盛,它们之间就没有互相侵凌而能和平相处,这是众所周知的事实。
自从它们被中国征服之后,其道德已被腐化,但那里的人还是爱好和平,
不爱侵犯别人,这无疑要归因于佛教的影响。另一个事实是:一百多年
前,蛮族蹂躏中国北方,大部分中国人惨遭屠戮。然而,即便是残暴如匈
奴首领石虎或如氐族苻健者,也在一定程度上改变了自己的做法,这无
疑也是法师们感化的结果。㉒

(三) 反对僧权:文化优越感的论点

民族主义在此也参与其中。在中国人中间有着很强烈的文化优越
感和自足感;而且,士大夫的排外情绪也在公元4世纪不断高涨,当时异
族正入侵中国领土,并实际上占领了整个中国北方。佛教有其外来的印
记,并在整体上被认为与中国文化的特质格格不入。牟子假设的(但无

疑是根据现实假设的)"问者"说：

> 孔子曰："夷狄之有君，不如诸夏之亡也。"⑤孟子讥陈相更学许
> 行之术，曰："吾闻用夏变夷，未闻用夷变夏者也。"⑥吾子弱冠⑥学尧
> 舜周孔之道，而今舍之更学夷狄之术，不亦惑乎？⑥

佛教之于中国毫无价值，否则古代的圣人一定已经用它教化，至少也已说过。但在所有的儒家经典中，谁都无法找出提及佛教之处：

> 佛道至尊至大，尧舜周孔曷不修之乎？七经⑥之中不见其辞。
> 子既耽诗书悦礼乐，奚为复好佛道喜异术？⑥

中国和夷狄的文化差别，意味着在自然素质（natural constitution）或"种族"上存在根本差异，这要比单纯文化体系上或教理上的优越感来得更深。《礼记》中说："中国戎夷五方之民皆有性也，不可推移。"⑥郑玄（127—200）注曰这是由于当地"地气"的缘故。

> 华戎自有不同，何者？中国之人禀气清和，合仁抱义，故周孔明
> 性习之教⑩，外国之徒受性刚强，贪欲忿戾，故释氏严五戒
> 之科……⑪

无论佛教的道德律令还是佛教的神通，远不能作为佛法殊胜的证据，但这两方面却可以说明佛法创生之初及其所要对治的原始环境。桓玄在给王谧的信中说：

> 佛教之兴亦其指可知。岂不以六夷⑫骄强，非常教所化，故大设
> 灵奇使其畏服？既畏服之，然后顺轨。此盖是本惧鬼神福报之事，
> 岂是宗玄妙之道耶？⑬

由于文化和种族的原因，最奇特的反佛教例子是中书著作郎王波、王度两人给胡族统治者石虎的那篇著名上书，他们用最刺眼的词句表达中国和"夷狄"在宗教、礼仪和风俗等方面不可调和的差异，并规劝这位（夷狄的）君主禁止所有赵国臣民祠奉佛法，如有犯禁，则应参照"淫祀"

判以重罪,他们甚至还要求所有的僧人还俗⑨。不过他们的建议未被采纳。

在持有中国中心论的士大夫中间,何承天(370—447)的话可以充分说明文化孤立主义(cultural isolationism)的传统论调:

> 外国之事或非中华所务。⑤

佛教所要面对的"民族主义"论点,概括起来不外乎下列三种: *266*

(1) 佛教是一种外国的宗教;

(2) 古代的圣人从没有提及,因此是一种异端;

(3) 它是一种僭越的、无法证实的宗教。

佛教的反驳

佛教徒对第一种指责并没有作太多的辩护:无人怀疑过佛法的非中国起源,至少佛教徒没有这么做。但他们指出,中国常从国外引进一些东西,大大地丰富了中国文化。事实上,过去一些伟大的圣人和政治家也有外国血统。大禹出生于东夷,秦穆公称霸则得力于狄国由余⑯的辅佐,文王生长于西戎,胡族金日磾曾拯救了汉朝。⑰我们难道可以仅仅因为拓跋氏的外国血统便拒绝他们强有力的统治?⑱

外国的风俗制度甚至可能要优于中国,因为原始纯朴的道德在堕落的时代已然消失,而在异域还可能有所残遗:

> 中国之所无,或得之于异俗,其民不移,故其道未亡。⑲

与当时普遍流行的文化优越感相对,我们在有教养的信徒中发现了一种把外国文化理想化的倾向,这在中国历史上确是件新鲜事。对他们来说,中国不再是为蛮荒之地包围的文化孤岛。他们获悉(并以此构筑相反的论点)真正的"中国"⑳应是印度,所谓"天地之中,处其中和也"㉑,他们获悉菩提伽耶(Buddhagaya)是过去诸佛觉悟的"金刚座",那里才是世界真正的中心。倘若缺乏"确凿的证据"否证这一点,他们就将不再是中国人。牟子根据北极星的位置推断,中国不可能位于天地的中心。㊿道宣指出中国只是位于大海之一隅,因为太阳照在这里会留下长长的影子,换言之,"三千大千世界"的中心不是中国而是印度。㊽

虽然圣人从未提及或提倡过佛教,佛教也绝非异端。为此出现了一种较为抽象的论点。在中古的中国思想中,儒家教化不仅是一种永远行之有效的千古不易的教义(这个观点在汉代非常流行),还是圣人应时而作的一套特定的规则。就像与之同体的自然之道一样,圣人是伟大的缔造者,他并非有意要提升这个人间世界,而仅是应一时之需而有所为。他与"道"同体,其内在的本性因此也是"寂静"和"虚空";他所表现的行为、他的"迹"无疑也是在回应天人之际的感应。如果他感而不动,则仍将寂然冥合于"自然"。在前几章中我们已留意了"圣人"概念,这在玄学和士大夫佛教中都是至为重要的概念(参见上文第 91 页起)。为了挽救当时分崩离析的社会,孔子建立了礼仪名教,阐释了无私和正义的基本原则,用以调节各种社会行为方式。严格地说,他对这种具体情况的"回应"有其局限性和实用性的特点。因此,把佛教摒斥为异端是不明智的,因为圣人从未提过诸如"业""轮回""觉悟"或"涅槃"这些主题:孔子要完成其他的任务,他既没有机会也没有愿望去阐释形而上问题。这种推理过程体现在如下格言般的论点里:

> 周孔之化救其甚弊,故言迹尽乎一生,而不开万物之涂。㊿

孔子为佛教的传入奠定了基础。孔佛两位圣人远不是对立的,而是相通的。尽管有各自不同的活动范围,但他们拯救人类的动机则是一样的。

> 周孔即佛,佛即周孔,盖内外名之耳……㊿应世轨物,盖亦随时。周孔救拯弊,佛教明其本耳,共为首尾,其致不殊。㊿

这种论调在早期和后来的佛教作者那里随处可见:对大多数有教养

的信徒来说,佛教尽管有其外国源头,却与古代圣人的教化一致,甚至有些内容已被预言。但下述观点更为丰富而深刻:佛教揭示了人们迄今为止认识甚少的真理。那些独尊儒家的人被认为是愚蠢的和片面的。这引出了佛教针对第三点所作的反驳:佛教理论中那些不可确证的"奢言",既不能证明佛教的起源是不开化的,也不能说是误导众生的圆滑伎俩。

不可确证的佛法教义在中国人看来纯属幻想,这一事实实际上构成了一系列误解的源头。僧人要么被认为是笨蛋,而"不悟文表之意"[⑳],要么被认为是鲜廉寡耻的骗子。[㉛]

今子说道虚无恍惚,不见其意,不指其事,何与圣人言异乎?[㉜]

印度人丰富的想象力的结果并没有受到高度重视:为什么佛陀的身体会有三十二种相和八十种好[㉝]?没有人会相信须弥山(Mount Sumeru)那惊人的高度,佛陀世界那无限的广度,宇宙时间那超乎想象的长度。[㉞]佛经的冗长和佛典的浩繁使人生厌。[㉟]没人曾见过一丁点儿佛光,也没人见过他的神迹,连最虔诚的信徒都不曾见过佛陀的面。[㊱]所以没有理由假设在可见的现象世界之外还有什么东西存在:

非智有所不照,自无外可照;非理有所不尽,自无理可尽。[㊲]

这里出现了一个同样常见的反驳论点:护教者指责其诘难者鼠目寸光、心胸狭隘和呆板平庸。他们只是井底之蛙[㊳],"君子明乎礼义而陋于知人心"[㊴]。无可否认,他们确实处于这种境地。佛教无疑拓展了有教养的信徒的心灵空间,这些人准确地理解了被责难为"怪诞的"那些概念,并在一定程度上成功地把中国人的思想从对社会哲学的偏嗜中解放出来。佛教向他们展示了一个令人惊异的宇宙,它在难以想象的时间长河中变动不居,向他们展示了智慧卓越、大慈大悲、纯属超人的圣人形象,这种形象超出了中国传说里所有的圣贤,佛教还对"一切皆苦"作出了道德的、表面上也合乎逻辑的解释,并给出了有关解脱的周详而系统的方

268

法。佛教激发了丰富的想象,拓展了广阔的视野。在早期佛教作者的护教文章里,率先展现了中国思想史上的这个崭新时代。人们通过下面一段近乎迷狂的文字不难体会到这一点,它节自宗炳的《明佛论》:

> 自抚踵至顶,以去陵虚,心往而勿已,则四方上下皆无穷也。生不独造,必传所资。仰追所传,则无始也,弈世相生而不已,则亦无竟也。是身也[87],既日用无垠之实亲,由无始而来,又将传于无,竟而去矣。然则无量无边之旷,无始无终之久,人固相与陵之,以自敷者也。是以居赤县[88],于八极[89]曾不疑焉。今布三千日月罗万二千天下[90],恒沙阅国界[91],飞尘纪积劫,普冥化之所容,俱眇末其未央,何独安我而疑彼哉?……

> 世之所大,道之所小。人之所退,天之所迩。所谓"轩辕[92]之前退哉,邈矣者!"体天道以高览,盖昨日之事耳。《书》[93]称知远不出唐虞,《春秋》属辞尽于王业,《礼》《乐》之良敬,《诗》《易》之温洁。今于无穷之中焕三千日月以列照,丽万二千天下以贞观[94],乃知周孔所述,盖于蛮触之域[95],应求治之粗感[96],且宁乏(疑为"之"之误写)于一生之内耳,逸乎生表者,存而不论也。[97]

然而,还有其他更直接的证据来说明佛教并非属于"外来异族"。在古代中国,为一场革新(innovation)正名的唯一有效的办法是说明它绝非"革新",远在三代早已存在。佛教界用历史上的先例来为佛教正名,引出了几种多少有些狂想色彩的论点。我们按其荒谬的程度,依次排列如下:

(1)实际上古人已经提到过佛教;

(2)佛教远在孔子之前已为人所知;

(3)在阿育王时已有中国人皈依佛教;

(4)孔子和老子是佛陀的弟子或化身。

早期的护教者提出了各种论点来说明,佛教远在中国古代早已为人所知,甚至已有人受持。至于佛法"东来"的时间,从传说中的黄帝时代直到秦始皇,即从约公元前2700年直到公元前3世纪末,各种说法不一。

汤用彤在他《佛教史》第一章中概述了其中绝大多数的传说,并详细论证了它们的荒谬性。我们在此按"编年的"顺序较为详细地论述这些观点,它们除了作为历史上佛教的反驳论点而有其重要性之外,还有助于揭示我们或可称之为"中国古代史的佛教阐释"的极有趣的现象。

① 宗炳的说法

从整体上来看,这一说法值得最先论述。这个论点在宗炳(375—443)的作品中反复出现,且确乎可以追溯到这位著名的画家、学者和护法。照他的观点来说,问者认为佛教在古代不为人所知,这种断言无异于废话。由于儒家经典主要涉及政府和社会生活的实际事务,它们本不应包含偏于出世和超验的内容。而在历史记载方面,现存关于中国历史最早时期的材料是如此残缺(由于史家的片面性,也由于过去一再大量毁坏文献),以致没有记载佛教,但这种现象并不能说明任何问题。事实 *270* 上,在古代历史和哲学文献中偶尔出现的一些辞句或表述(如果诠释是"正确的")指明,中国在很早的时候就已有佛教。宗炳在他公元433年撰写的《明佛论》中说:

> 史迁之述五帝也,皆云生而神灵,或弱而能言[⑯],或自言其名[⑲],懿渊疏通[⑰],其知如神,既以类夫大乘菩萨,化见而生者矣。居轩辕之丘[⑪],登崆峒,陟凡岱[⑫],幽陵蟠木之游[⑬],逸迹超浪,何以知其不由从如来之道哉?……广成之言曰:"至道之精窈窈冥冥"[⑱],即首楞严三昧矣。[⑲]得吾道者,上为皇,下为王[⑯],即以随化升降为飞行皇帝[⑰],转轮圣王之类也;失吾道者,上见光,下为土[⑱],亦生死于天人之界者矣。感大隗之风,称天师而退者[⑱],亦十号之称矣[⑲]……既闻于三五

之世也⑫,国典弗传,不足疑矣。凡三代之下及孔老之际,史策之外,竟何可量?

在同一篇文章中,他还说⑬:

> 且又坟典⑬已逸,俗儒所编,专在治迹,言有出于世表,或散没于史策,或绝灭于坑焚……而学者惟守救粗之阙文,以《书》《礼》为限,断闻穷神,积劫之远化,炫目前而永忽。⑭

因此,宗炳认为佛教完全有可能已由中国的先圣们倡导过。他在约于公元433年写给何承天的信中说:

> 此之精者,随时抱道情,佛事亦存。虽可有禀法性于伊洛,食真
> 际于洙泗。苟史佚⑮以非治而不书,卜商⑯以皆⑰儒术而弗编,纵复或存于复壁之外典,复为秦王所烧,周孔之无言,未必审也。⑱

_271_

宗炳似乎取得了很大的成功。尽管就其谈及的佛教而言,这个理论显得荒谬不堪,但我们必须承认,这一说法意识到了中国传统史官的片面性和局限性。他的论点在后来的几篇护教文章中一再出现⑲,并最终被列入《隋书·经籍志》。⑳

②《山海经》

佛教早在远古时代便已为中国人所知,对此一个常见的"证据"就是出自《山海经》的一段话。至少从公元前1世纪起,该书被认为是禹和伯益这位舜(前22世纪)的儿子所作,用以描述铭刻在著名的大禹"九鼎"上的地图。这里提到的段落出于该书的《海内经》(这部分内容肯定作于汉以后),其内容如下:

> 东海之内,北海之隅,有国曰朝鲜天毒。其人水居,偎人爱人。㉑

在郭璞(276—324)注疏中,天毒等同于天竺(印度),他笔锋一转马上谈及佛教,这说明他可能像后世的护教者那样把天毒人"爱人"的性格

理解为佛教的慈悲精神。不过,这种观点的正确性也并非完全不可能。⑬既然在公元 4、5 世纪,似已确认《山海经》是夏代初年(传统的说法是公元前 2205—前 1766 年)的作品,这段话就肯定会被搬来证明,最受尊敬的中国古代圣人对佛教多少有所了解。然而,即使是这些中国的护教者也意识到了其中的内容并不很有说服力,因为要把朝鲜和印度当作居住着仁爱的渔夫的东北海上的两座岛屿,实在有悖于地理位置的准确性。这也就是为什么佛教护法者从不逐字逐句引用这段话的原因,他们只明智地给读者一个简略的说法。譬如,宗炳在《明佛论》中说:

> 伯益述山海天毒之国偎人爱人,郭璞传古谓天毒即天竺,浮屠所兴⑬。偎爱之义亦如来大慈之训矣。⑭

道宣则只引用了原文的几个字,甚至还把"天毒"改为"身毒"⑮。

③ 周庄王

早在周代的早、中期,中国人便已对佛教有所了解,至少有所耳闻,这个说法与中国人有关佛诞日和佛涅槃日的传说密切相关。总的来说,对此有两种计算方法:一种认为释迦牟尼生于周庄王十年(前 686 年)四月初八,另一种则认为是周昭王二十四年(根据《竹书纪年》编年,应为前 272 958 年,参见下文)四月初八。前一种说法似较为早出。在《岁华记丽》这本由唐代名不见传的韩鄂⑯所撰写的不起眼的书里,我们发现有一段引文出自已佚的谢承(3 世纪前半叶)的《后汉书》,其中记载佛陀的诞日为公元前 686 年,其甲子纪年为甲寅(这个纪年不正确)。选定这个日期的原因在此不拟深究。《春秋》"鲁庄公七年"有如下记载:

> 夏四月辛卯夜,恒星不见,夜中星陨如雨。⑰

在《左传》中解释说:

> 夏恒星不见,夜明也。⑱

结论非常明显。根据印度的传说,佛陀的入胎(并非诞生)[⑬]是在农历四月初八。这件事(就像佛陀生平的其他大事那样)伴随着无数的祥瑞,其中之一便是光芒四射普照全宇,天地四方澄然通明。[⑭]早在公元2世纪末或3世纪初,一些有文学修养的佛教徒似乎已经注意到:佛经中所说的佛诞日及其祥瑞与《春秋》中的记载有暗合之处,所不同的仅是辛卯日应为四月初五而非初八。并非巧合的是支谦所译《太子瑞应本起经》(《大正藏》№185,京都版,P. 238. A1)作为中国最早的佛传之一,其中有言"四月初八夜明",译者在此已经引用了《左传》上述段落中的词句。

这个纪年到了公元5世纪后期或6世纪初期,似已为人普遍接受。我们发现在《魏书·释老志》[⑭]及道安《二教论》(写于公元570—571年)[⑭]中对此已有引述,不过,道安经过严密的纪年推算之后认为,《春秋》中所说的事件并不是佛的入胎而是他的开悟成道。谢承引以为据的那份现已不可考的文献,代表了最早一批用以解说佛教理论的中国经典。《春秋》的这段话适合于文学性的编排。围绕这件事而编造的传说无疑涉及周代的逸事,该传说现已佚失,但在公元6世纪时仍在流传,对此道安《二教论》有一条引文足以证明:

> 《庄王别传》曰:"王遂即易筮之云,西域铜色人出世,所以夜明,非中夏之灾也。"[⑭]

④ 昭王和穆王

与这一类伪佛教史籍相关,可能还要谈及佛诞日的第二种说法,尽管这种说法要晚出许多,且事实上也已超出我们的考察范围。《续高僧传》[⑭]有一条材料讲述了公元520年拓跋氏魏朝的佛老之争。昙谟最代表佛教徒被邀去讲述佛的生卒年,他声称佛降生于周昭王二十四年(根据《竹书纪年》编年,应为前958年)四月初八,并于周穆王五十二年(前

878 年)二月十五日圆寂涅槃。此种说法本于《周书异记》和《汉法本内
传》，这两本书都是著名的佛教护教小册子，从公元 6 世纪起广为佛教护
教文献引用。在公元 520 年拓跋氏魏朝的争论中它们首次被提到，这一
事实可能暗示了它们源自北方。[⑱]有段引自《周书异记》的话，讲到了周庄
王和周穆王的传说故事：

> 周昭王即位二十四年甲寅，岁四月八日，江河泉池，忽然泛涨，
> 井水并皆溢出。官殿人舍，山川大地，咸悉震动。其夜五色光气入
> 贯太微，遍于西方，尽作青红色。周昭王问太史苏由曰："是何祥
> 也？"苏由对曰："有大圣人生于西方，故现此瑞。"昭王曰："于天下何
> 如？"苏由曰："即时无他，一千年外声教被及此土。"昭王即遣人镌石
> 记之，埋在南郊天祠前，当此之时，佛初生王官也。穆王即位三十二
> 年，见西方数有光气，先闻苏由所记，知西方有圣人处世，穆王不达
> 其理，恐非周道所宜，即与相国吕侯西入。会诸侯于涂山，以攘光
> 变。当此之时，佛久已处世。[⑲]穆王五十二年壬申岁二月十五日平旦
> 暴风忽起，发损人舍，伤折树木，山川天地皆悉震动，午后天阴云黑。
> 西方有白虹十二道，南北通过连夜不灭。穆王问太史扈多曰："是何
> 征也？"扈多对曰："西方有圣人灭度，衰相现耳……"[⑳]

在这里，周穆王这位传奇人物（当时已是一位主要的神话英雄），已 *274*
染上了虔诚佛教徒和护法的色彩。在以后的故事里，我们又发现他被改
成焚香立寺的虔诚佛教徒。[㉑]

这第二种纪年及其借以编造传说的素材肯定出现在另一本史籍《竹
书纪年》里。当然，在此不宜讨论古本《竹书纪年》的发现及其成文
(Tekstgestalt)、佚失的年代和今本《竹书纪年》的特点。我们在本章附
录中把《周书异记》的这一段话和古本《竹书纪年》作了对勘。在这两种
情况中，都认定佛陀生卒年沿着同一个路向发展：中国古代编年史（一种
是《春秋》，另一种是《竹书纪年》）中的那条记载均被用来解释这些事件，

因此成了后来各种传说的素材。这些传说大谈佛陀在西方诞生和示寂时的超自然感应,以及中国皇帝对天空中各种迹象的反应,它们在《庄王别传》和《周书异记》这两本佛教护教著作中都有所体现。

⑤ 孔子和西方圣人

《列子》中有一段著名的话被用来证明,孔子本人知道佛教及其殊胜之处,他甚至还偶尔含蓄地提到过佛陀:

> 商太宰见孔子曰:"丘圣者与?"孔子曰:"圣者丘何敢? 然则丘博学多识者也。"(然后,太宰问及三王、五帝和三皇这些远古时候美德、智慧的典范是不是圣人,孔子都予以否认。)商太宰大骇,曰:"然则孰者为圣?"孔子动容有间,曰:"西方之人,有圣者焉。不治而不乱,不言而自信,不化而自行。荡荡乎民无能名焉。"⑭

在《广弘明集》开头⑮,道宣稍作改动后引用了这段话,并断言:

> 据斯以言,孔子深知佛为大圣也。时缘未升,故默而识之……

如何看待这些内容呢? 汤用彤⑯认为这些词句并非指佛陀,而是指"西行"后的老子。据称老子后来在西方传教,这一点我们将在下文讲述。尽管汤用彤把《列子》当作相当晚出的伪作,但他并没有关注其中受佛教影响或掺杂佛教内容的可能性。然而,《列子》一书中有佛教的成分在,这已不仅是可能性,而是一种既定的事实。

众所周知,现在的通行本《列子》虽声称作于公元前 5 世纪,但至少有一部分是公元 3 世纪或 4 世纪初的伪作。约于公元 4 世纪中期,该书由一个名叫张湛的人编辑,并由他本人注疏作序。我们对这位学者的了解,仅局限于他序言中所提及的内容。其中张湛讲到了有多少内容在约公元 311 年他祖父南逃时免于毁坏,并讲到他本人如何成功地从其他收藏者家中搜集到《列子》劫后余存的部分。

季羡林在他的论文《〈列子〉和佛经:〈列子〉作者及其成书年代考》中

(*Studia Serica* IX.1 pp. 18—32,北京/成都,1950 年),对唐以来中国学者的各种考证作了很有价值的整理。这位作者甚至想证明(不很有说服力)：该书的伪作者就是张湛本人。他进而让我们关注《列子》中的另一段话(第 5 篇第 61 节,穆王和巧夫的故事),这不仅清楚地表明佛教的影响或掺杂,还给出了这个故事的源头：这个化人的故事与《佛说国王五人经》第 24 品的内容几乎完全一样,该经收于《生经》卷 3(《大正藏》№154,第 88 页上第 13 列起,见沙畹 *Cinq centes et apologues* III. pp. 1666—175),而后者是公元 285 年由法护所译的本生故事集。

然而,还有一段话足资证明这个年代。从卷 3 第 32 页起,我们发现有一段话描述了穆王西游并访问神秘的"西天王母",而这段描述几乎逐字逐句地对应于《穆天子传》的几个段落。从当时和后来的各种材料来看(没有理由怀疑这个传说),公元 279/280 年在汲郡(河南)的魏襄王(约前 300 年)墓中发现了这部书,同时还发现了许多其他文献⑬。这些书仅有一些残卷得以保存,而《穆天子传》属于例外,它们经一群学者用"隶书"仔细誊抄后,在公元 281 年稍后不久便编辑成书,也就是在法护译完《生经》之前不到四年的时间内。

张湛本人在《列子序》中说,有许多段落与佛经的说教有关。倘若他自己杜撰了这些段落,他就不太会这么说。出自《穆天子传》的引文也与此类似。张湛在注释中说明这些引文出自《穆天子传》,这无疑暗示了《列子》引用这些引文要早于《穆天子传》被埋没的时间,即在约公元前 300 年。如果张湛本人剽窃了新发现的《穆天子传》而杜撰这些段落,他就不会自己点出资料的出处。这些事实(张湛在注释中加入这些内容,可能是为了表示其中没有佛教的影响)表明：季羡林关于《列子》作者的说法不再能站得住。但无论如何,有些段落长期以来已被认为是包含了佛教的观念或主题,譬如把人生、万物视为"幻"(这是 māyā 的标准汉译,这个字在汉以前的道家文献中从未出现过)⑭,再如我们上面引用的孔子赞美西方圣人的话,以及穆王和来自西方的"化人"(这也是 māyākāra 的标准汉译)的故事⑭。这后一个故事很有意思,据我所知,其主题最早出现于此,它在印度和伊斯兰文学中有好几个不同的版本。⑮

所有这些段落均可被确信是公元 3 世纪末或 4 世纪初的作品。倘说整部《列子》都是伪作或汉以后的作品,那就大错特错了。那里面包含着相当早的材料,譬如许多内容经常以同样的形式出现在《庄子》和其他早期的哲学著作里⑯,而且通行本《列子》也经常被一些汉代作品引用。⑰从这些事实来看,我们可以关注这种可能性:《列子》有关孔子和西方圣人的段落是佛教徒的窜改,它在最后编定以前被羼入了一些宣传佛教的内容。

⑥ 燕昭王

过了一段时间,但也还从公元 4 世纪开始,出现了一种关于燕昭王(前 311—前 279)及其神秘来客尸罗(Sila?)的传说。我们在王嘉(约卒于 390 年)的《拾遗记》里读到:燕昭王即位七年,

> 沐胥之国来朝,则申毒国之一名也。有道术人名尸罗,问其年云,百三十岁,荷锡持瓶云发其国五年乃至燕都,善炫惑之术,于其指端出浮屠,十层高三尺。⑱

《拾遗记》的全文早已亡佚,其通行本是在公元 6 世纪初由萧绮辑佚而成。汤用彤(参见上书第 5 页)怀疑这些段落从公元 6 世纪上半叶开始已被窜改,但实无理由作此怀疑。作者王嘉是一位著名的道家隐士。他练辟谷,穿一身破衣烂衫到处乱走,与几百弟子一起住在山洞里。后来他迁到长安附近,与羌族统治者苻坚(357—384)及其朝臣过从甚密。这种关系已足使他接触佛教,因为当时苻坚正大兴佛教。但我们还能从《晋书·萧绮传》⑲和《高僧传》有关他生平的段落中了解到⑳,他是道安(312—385)的密友,道安则是当时最重要的法师。因此,我们没有理由认为讨论中的这段话是公元 6 世纪时羼入的。像萧绮这样与虔信佛教

的朝廷有着密切联系的道士,自然会作一些让步。我们在符朗的道教思想里也同样发现了这种混杂,符朗是符坚的侄子,他写了一本道教著作《符子》。该书已经佚失,但从现存的少量残卷来看,它郑重说明"释迦牟尼是老子的老师"⑯。我们在此完整地讲述了燕昭王的故事,因为这里涉及一个看似神僧的人抵达了中国。然而,我们并不能进一步把《拾遗记》中的这一段话当作支持佛教的宣传材料。尽管表面上看来有些类似,但它与我们上文讨论的材料并不属于同一种性质。

277

⑦ 阿育王舍利

还有一个现象要比上述文献及其佛教解释更为离奇,而从我们的资料来看,这至少是从公元4世纪初开始的——这就是寻找"阿育王舍利"。尽管在这些活动背后,弘法并不是唯一的动机,但它们肯定首先是被下述目的驱使:试图证明在中国大地上早已存在佛教。

在佛经里被描绘成理想人物的阿育王,注定会对中国有文化的公众产生深刻的影响,这一点易于理解。中国人传统的圣王理想,在于仿效古代的圣王给人民带来和平与繁荣,而最终普天之下皆来归顺。这就与佛教中"法王"的概念非常接近,据说"法王"能以其宗教虔诚及其对众生的慈悲来统治整个赡部提洲(Jambudvīpa)。早在公元5世纪末之前,部分或全部讲述这位一生几乎全是传奇的统治者的佛经便已被大量翻译成汉语。其中的大部分已经佚失,且在绝大多数情况下,连翻译日期也只是猜测。⑰介绍阿育王生平的最重要的早期传奇故事是《阿育王传》7卷(《大正藏》№2042),根据相当晚的经录记载,它由安息国安法钦译于公元306年。⑱

这些著作提到的两件事对我们的主题非常重要:(1)阿育王统治了整个赡部提洲;(2)阿育王在众夜叉(yakṣas)的帮助下,在一天之内就在全洲至少建立了八万四千座塔,并把佛舍利分送各处供奉。⑲中国人自然地会得出结论:(1)中国是赡部提洲的一部分,过去曾属于阿育王的帝国,因此在阿育王时期也曾皈依佛教;(2)如果仔细勘探,在中国的土地里还可能找到这个佛教黄金时代的一些遗迹:塔的遗存甚或是神圣的舍利本身。大概是从公元4世纪上半叶开始,这些想法导致了一场非常奇特的田野考古工作。在两个世纪内至少发现了19处遗址,挖掘出来大量的文物,如塔的地宫、古代或有铭文或没有铭文的佛像,以及佛舍利。

在我们关注的这一段时期内,至少有9处这样的发现:

(1)根据后来的说法,在彭城这个楚国的都城和中国早期的佛教中心,在公元1世纪中期有一座"阿育王寺"[⑮]。这座寺院大概是由著名的楚王刘英(参见上文第26页)所建,而该寺名无疑暗示了寺院是在阿育王塔的遗址上建立的。在后来所谓"阿育王寺"的名单上对此有所介绍。[⑯]然而,没有理由把寺名及其建寺的传说追溯得如此之早。

278

(2)这一个发现也很可疑。根据《高僧传》[⑰],公元248年康僧会抵达了吴国的都城建业,之后不久便被带去晋见孙权。当后者想见佛法之超自然力的证据时,康僧会回答说:"遗骨舍利,神曜无方,昔阿育王起塔,乃八万四千……"而三周之后,光芒四射的、坚不可摧的舍利突然出现了。孙权被这神迹所感化,在建业兴造了建初寺。这里需要作一下说明:康僧会传(尤其是舍利的突然显现)属于传奇的范围(the realm of hagiography)。根据同一篇传记,吴国末代君主孙皓(264—280)曾获得一尊"阿育王金像"[⑱],也属于此一范围。这些故事反映出:搜寻"舍利"的风尚,其价值当然依赖于编辑康僧会传时所据材料的年代;有关孙权皈依佛教的现存最早的材料,出现在公元5世纪中期。[⑲]

(3)在定都于邺(靠近现在河南的临漳 *)的匈奴族石虎统治时期,历史上可能的确发现了几样东西。我们在《高僧传》佛图澄(? —348)传中读到:城中的僧人想建寺,却既没有材料也没有资金去造"承露台"(浮屠塔顶的金属圆盘),这位法师就告诉他们一座古阿育王塔的遗址,它位

---

* 临漳,现在河北省境内。——译注

于临淄(靠近现在山东的广饶)城墙内。他画了张地图标示了准确的方位,以便能找到残存。这些东西被深埋在地里,覆盖着厚厚的植被,可虔诚的挖掘者最终成功地找到了"承露台"和一尊佛像。[⑮]在公元 5 世纪中期的文献中,几乎以同样的词句提到这一处塔的遗址的发现。[⑯]临淄的遗址被道宣列入了《广弘明集》的"阿育王寺"中,他还概述了整个发现过程。[⑫]

(4)稍早一点,即在公元 313 年,有两尊石佛在松江口(靠近现在上海)被一位渔夫发现。根据这个故事,它们浮在水面上,后被一位名叫朱应的退休学者、佛教徒拉上了岸。这两尊佛像背面有铭文,一为"惟卫",一为"迦叶"。尽管并未明讲是阿育王时期,但从故事内容(从慧达的朝圣来看,参见下面第 6 种)来看,它显然已被当作这一时期的遗物。[⑱]这两尊石佛后被供在吴郡(现在苏州)通明寺。

(5)根据《高僧传》中的建陀勒(4 世纪早期)传(我们对这位法师的了解仅限于此),他曾向洛阳的僧人指出,洛阳城东南一百里槃鸱山[⑭]有 *279* 一座古寺遗址。僧人们在此挖掘,发现了塔的石室。寺院随后被重建,建陀勒也成了该寺方丈。[⑮]

(6)《高僧传》卷 8 有一篇慧达(4 世纪下半叶)传,他的俗名是刘萨阿(亦作"萨呵"或"诃",这个宛似印度的名字本身表明了佛教的影响)。他在皈依佛教后,决定将余生用于挖掘和礼拜阿育王寺遗址。[⑯]他在会稽吴郡见过"阿育王塔和佛像"(关于这些佛像请见上述第 4 种,在其他地方没有提到过这座塔)之后,便在公元 373 年后不久去了建康这座东晋的京城。他在长干寺(建于简文帝[371—373])塔地下十尺处发现了一个石函,其中有一个银函装着一个金函。他在里面发现了三枚舍利,并认为"周敬王(即约前 800 年)时阿育王起八万四千塔,此其一也"[⑰]。

长干寺地宫中的宝贝还没有穷尽。公元 538 年重建寺塔时,还发现了其他几枚舍利。梁武帝还专为这项发现郑重其事地下了一道诏书[⑱],此事距在浙江上虞意外地发现佛舍利仅隔一个月。

长干寺的铜像约于公元 330 年挖掘出土,上有一条重要的铭文"是育王第四女所造"⑥,慧达朝拜这尊佛像后便回到了会稽。人们在郧县(现在浙江鄞县东部)附近发现了阿育王塔的遗址⑧。慧达重建了这座塔,后又由郧县郡守孟颉扩建。

(7) 根据道宣的说法⑩,太元(376—396)初年有一尊金像突然出现在江陵(湖北)城墙之北。在其佛光环上有一句铭文"育王所造"。该像被送往江陵长沙寺,梁武帝(502—550)又把它运到建康。然而,道宣似乎把这件事错定到太元初年。如果这个奇迹没有以同样的方式出现过两次(尚不能排除出现奇迹这种可能性),那么这尊佛像与《高僧传·昙翼传》⑩中所说的是同一尊像。昙翼是道安的弟子,在公元 4 世纪末曾是长沙寺的方丈。公元 394 年 3 月 25 日,这尊佛像发现于江陵城墙北。上有梵文铭文,后由禅师僧伽难陀破译,告诉僧众说这尊像由阿育王所造。

(8) 公元 4 世纪上半叶,武昌寒溪寺有一尊像也被归于阿育王名下,它被发现于广州(广东)海岸边。地方长官陶侃(259—334)把它运到武昌,并置于寺内。不久寒溪寺毁于大火,但该像却安好无损。陶侃弃官后想携此归隐,但装这像的船覆没于水,无人能拉起。最终慧远成功地打捞了这尊佛像,并把它运回庐山东林寺,这事可能是在公元 4 世纪末。⑧在道宣时代即公元 7 世纪中叶还能见到这尊佛像。⑧

280

(9) 姚绪,这位羌族统治者姚兴的叔叔,在他镇守今山西蒲坂时(根据《资治通鉴》卷 108,第 1280 页左,即公元 396 年或稍后),在传说所谓"阿育王寺址"的地方发现了神光。在这里挖掘出一个石函,其中有一个盛有一枚佛舍利的银函。⑧该塔址也被列在道宣《广弘明集》的"阿育王寺"名单上。⑧这种搜寻仍在继续:道宣列出了 16 处阿育王寺,也讲述了发现它们的过程以及这些地方的神异之事。道世在《法苑珠林》卷 38 则罗列了 19 处遗存。⑩

若把弘法和迫切寻找历史先例视作这些活动背后的唯一动机,就大错特错了。首先,正像汤用彤所说的⑩,许多挖掘物可能并不是赝品,而确是古代建筑物的遗迹。如果在北方平原或浙江北部这些中国古文化中心进行挖掘，却一点东西也找不见，反倒是件困难的事。在有些情况下，迷信、无知和宗教热情，要比寻找可信的证据这种意念发挥着更大的作用。其次，这些文物的发现总被认为是朝廷的祥瑞，是昭示统治者的德行，因此我们也必须把这些发现和这种报导的习惯联系起来考虑。传统的信念认为，天能根据君主的行为而显示一些征兆来表明赞同或反对。这种习惯只是此种信念的一个方面，实际上最迟从汉代起就已开始有类似的"发现"。而发现古代玺印和其他代表王权的礼器，护身符，有铭文的石器、玉器或青铜器等，被认为是一种祥瑞，发现这些物品的地方也常被说成有神光或其他超自然的现象。⑱许多"阿育王舍利"通常是由与朝廷过从甚密的人发现的，这是个值得关注的事实。我们也许可以认为，"阿育王舍利"以及与此类发现相关的一些奇迹起着双重作用：它们表明在中国上古时期早已存在佛教，由此可以给僧人提供必要的谱系，提高佛教的地位；同时，这些发现被解释为因世俗君主的德行而显现的祥瑞。佛教的神迹这后一方面的作用在隋代相当突出。⑲

第四种佛教徒的反驳论点最为奇特，即：孔子、老子、颜回和其他中国古代的大圣贤其实都是佛陀的弟子或化身，他们是为了教化中国人而被派到或应化在东方。这种说法将在下一章讨论，把它和所谓"化胡之争"联系起来处理。

（四）反对僧权：道德的论点

281

家庭是中国古代社会的基础，也是所有社会伦理关系的基石。孝道至上，个体服从于家庭利益，婚姻作为保障父系传承的重要手段，所有这些都是天经地义的。为此在佛教传入以前，独身之于中国人还闻所未闻。有部儒家经典《孝经》专门讲述"孝"这种美德，而"不孝"成为一种首恶之罪⑳，"无后"乃是最大的不孝。㉑"受之于父母"的身体必须保持完好无损,因为这是孝道活生生的体现。⑱

　　毋庸讳言,一个社团成员声称要"辞亲出家",割绝所有的社会关系,终身过着独身生活,剃尽头发,甘于种种毁身方式,这种社团与中国人最基本的伦理精神格格不入。批评并不仅仅针对辞亲出家这种行为,还针对僧人弃绝亲人、摒除俗务以后的外在特征:古怪而显眼的服饰⑲、蹲踞用食的方式⑳,以及把原来的俗名改为法名。这后一种有趣的现象约始于公元3世纪初(参见上文第二章注㉑)。公元2世纪下半叶以前,加入僧伽的人通常把自己原来的俗姓改成他们老师的姓(如果老师是外国人,这实际上并不是姓,而是一个民族的称呼:"安"表示安息,"支"表示月支,"竺"表示印度,"于"表示和阗,"康"表示康居,"帛"表示龟兹)。是道安改变了这一习惯,当时他住在襄阳(365—378),把"释"("释迦"的缩写)统一作为所有僧人的姓氏。㉒数年以后(约385年),这一改革显然得到了《增一阿含》中一段话的印证㉓,以后遂成惯例。在我们所掌握的文献里,死于公元434年的竺道生是最后一批用旧方法取法名的僧人之一。㉔对我们﹡来说,改名可能是件相当细小的事,但在家庭以及与之相关的一切事物均为神圣不可侵犯的社会里,却肯定是至关重要的、具有象征意义的一幕。

　　佛教徒的"毁身",尽管不过是诸如削发之类,却明显违背了中国公众的道德标准,也引起了另一种常见的反对佛教的观点。对中国人来说,削发令人想起被判服重役的那些人,而对那些处罚稍轻的人,则明确说要保持"完好"㉕。前一种情况或者要剃去须髭,或者另外还要剃去头发。㉖在公元2世纪,通常不让刚刑满释放的犯人(实际上通常是些被判服重役的人)祭拜祖坟,其中原因便是"那些受过惩处的人剃去了头发,刮去了胡须,而且他们的身体还受过杖刑"㉗。

282　　不过,还有一些更严重的毁身情况,有时甚至是宗教性的自杀。当

﹡ 作者是站在西方人的立场上说的。——译注

然这后一种行为违背了佛教精神,佛教尤为反对这种极端的自残形式。有无数故事讲到,菩萨为了其他的众生舍弃自己的肉身。在本生故事中,也有一些最为著名的例子,它们均被用来赞颂最完美的"忍"(ksānti)的理想以及佛教圣人无量的慈悲精神。在印度佛教中,它们从未被解释为要求此岸僧人仿效的既定行为准则。⑳

然而在中国,我们知道多数情况下是对"毁身"作此解释的。在一份文学性的材料中能找出一些"遗身"习俗的痕迹,也就是在与《妙法莲华经》第 12 品有关的"一切众生喜见菩萨"的故事中⑳。这位菩萨后世成了药王菩萨,在无量劫以前他曾服侍"日月净明德如来",其虔敬的结果是获得了"现一切身三昧"。为了表达感激,他分担了大量的油和香,并把自己的身体当作天然的蜡烛燃烧。

公元 4 世纪,我们只发现一例提到了"舍身":法羽"常欲仰轨药王",遂决定自焚,并征求姚绪(羌族统治者姚兴的叔叔)的意见,后者当时镇守现在的山西蒲坂。⑳这位官员毫不犹豫地同意了他的愿望。法羽因此浑身绑着浸过油的布带,口诵《法华经·药王品》自焚而终。⑳

公元 5 世纪,自焚成了一种可怕的时尚。公元 425 年,慧绍为药王菩萨的事迹所感动,在一大群旁观者面前自焚。⑳公元 455 年,僧瑜依据同样的经典,在召集大量僧俗之后登上柴垛,口诵《法华经》,直到火焰燃及额头,他的声音方才止息。⑳平南长史张辩当时也在场,为此写了一篇赞,现存于《高僧传》。⑳公元 459 年,当年仅 22 岁的僧庆"于蜀城武担寺西,对其所造净名像前"自焚时,蜀的刺史也在拥挤的人群里。⑳四年之后,皇帝、王子、宫妃和许多其他的名流目睹了慧益的自焚,他把衣物浸以大量的油之后,点燃它们,口诵《药王品》,直至不能发声为止⑳,等等。这些令人生怖的描述以及许多其他的情况,都能在《高僧传》卷 12 和《续高僧传》卷 27 中找见。

道德上的异议成了反对者最有力的武器。他们一再地重申,而护教者却很难再有余力提出其他令人信服的反驳观点。

撮举一例便足以说明问题：

> 沙门之道，委离所生，弃亲即疏，刉剃须发，残其天貌，生废色养^㉑，终绝血食，骨肉之亲，等之行路，背理伤情，莫此之甚。^㉒

护持佛教的人援引了各种观点，试图把出家(pravrajya)和中国人理想的社会行为标准协调起来。中国人对寺院生活的赞美，最早是在康僧会的《法镜经序》(作于 3 世纪中期)里。在这篇有趣的材料里，世俗生活尤其是居家生活被说成是一切罪恶和污秽的渊薮。但在此之后，僧会又用中国传统的术语(主要是道家的)描绘了寺院生活的清静、素朴以及与自然的神秘合一：

> 默思遁迈，犹明哲之避无道矣。剔发毁容，法服为珍，靖处庙堂，练情禳秽，怀道宣德，闿导聋瞽。或有隐处山泽，枕石嗽流，专心涤垢，神与道俱。志寂齐乎无名，明化周乎群生。^㉓

这里并未涉及寺院生活与孝道之间不相容的问题：家庭仍然是一切罪恶的源头，只有弃绝家庭才能真正实现目的。

在以后的护教论文中出现了其他观点。慧远在他那篇著名的《沙门不敬王者论》(参见上文第 238 页)的第一部分中，强调了这两个概念之间的联系：

> 是故悦释迦之风者，辄先奉亲而敬君，变俗投簪者，必待命而顺动。若君亲有疑，则退求其志，以俟同悟。^㉔

慧远的观点理由较为充分：按允许剃度的规矩，凡是尚在为朝廷效力的人，尤其是士兵，或者还没有征得父母同意加入僧伽的人，都不能受戒剃度。^㉕在印度可能有过这么一种戒律，但其解释和应用则完全是"中国式"的。当然，制定这些寺规的最初动机仅是为了减少僧伽和其他的利益方或原告方(这也就是不能接收在逃仆役的原因)之间冲突的可能性，而与孝道或忠君等想法肯定毫无关系。

孙绰（约 300—380）《喻道论》最为详细地讨论了这一问题，他认为佛教的解脱之道同时表现为最高的孝道（参见上文第 132 页）。这位作者提出了三个论点，分别概述如下：

第一点，有一种行孝的方式要比通常履行社会责任的方式更高明、更有效。父母与子女是一体的，他们有着同一种肌体，或如孙绰所说是"同气"。"父子一体，唯命同之。"儿子地位的改变能导致父亲地位的变化，反之亦然。达到极致状态（成佛），获得"为万物尊"的地位，同时也就是达到了行孝的极致。

第二点，作者指出儒家在不同的社会美德之间也有明显的对立：极端的例子是"忠"（意味着为了君王的利益而牺牲个人的生命）与"孝"（教育我们为了家庭的利益而保全个人的生命）不可两全。

第三点，孙绰提出了下述主要的观点：佛陀本人就是最完美的行孝典范，他使自己的父亲皈依佛法。在简述了释迦牟尼出离王宫、勤修苦行、林中沉思及其开悟成道之后，作者继续写道：

> 还照本国，广敷法音，父王感悟，亦升道场，以此荣亲，何孝如之？于是后进笃志之士，被服弘训，思齐高轨，皆由父老，不异所尚，承欢心而后动耳。若有昆弟之亲者，则服养不废。既得弘修大业，而恩纪不替，且今逝没者，得福报以生天，不复顾歆于世祀……佛有十二部经，其四部专以劝孝^㉛为事，殷勤之旨，可谓至矣。^㉜

牟子同样指出：被他的"问者"贬为非人之禽兽的须大拏（Sudāna）菩萨，布施了他父亲的全部财物，荒废田园，最终还离开了妻儿，但实际上在他（他的后世是释迦牟尼）开悟之后，马上便使全家皈依佛法，以此实现了最高的孝道。^㉝

康僧会强调了佛教生活"静寂的"方面。作为"归隐"理想的新形式， ²⁸⁵ 这肯定能迎合中国的公众。慧远把剃度受戒的规矩当作僧人忠君爱家的明证。孙绰和牟子用佛陀父母皈依佛法的主题来证明：寺院生活的最终目的即成佛与实现最高的社会美德相一致。[19]在所有这些例子中,他们的论点都基于下述因素:它们原本在印度佛教中不甚重要,而一经移植到一个新的文化环境之后,便获得了全新的重要作用。

总之,凡此种种都是公元 4 世纪、5 世纪初有教养的上层社会反对僧权的各种观点,以及佛教护教者的论点。在佛教最初传入中国的三百年间,士大夫们反对寺院生活方式及其蕴含的一切,这可能就是在公元 4 世纪初之前佛教在这个阶层中传播得相当缓慢和不甚明显的主要原因。

在这几个不断孕育的世纪里,佛教似乎为整个士大夫阶层忽略或鄙视。佛教只要还被隔绝在寺院内,或作为在中国城市里同样被隔离的外国人聚居区内的“蛮族”宗教,它就不可能受到中国知识分子的关注。极少数与上层社会有一定联系的外国阿阇梨,要么已被彻底汉化,要么在别人惊惑、猜疑和羡慕的复杂心态中,被当作异域的怪物。

佛教渗入士大夫的生活和思想,实际是从公元 4 世纪出现了杰出的中国法师后才开始的。换言之,当时僧人阶层的领袖已是纯粹的中国文人,他们能用修改过的、可被普遍理解和接受的观点护教和弘法。

注　释

① 《长部》(*Digha*)II. 36,第 60—61 页,《佛陀的对话》(*Dialogues*)I,第 77 页,《长阿含经》(《大正藏》No1)卷 27,第 109 页上第 24 列。

② 中国古典哲学和后古典哲学的每一学派基本上都关心同一个根本问题:如何把握(govern)这个世界? 对此的回答往往彼此泾渭分明,葛兰言(M. Granet)称之为 une certaine recette d'action civilisatrice(*La pensée chinoise*, p. 17)。

③ 参见马伯乐(H. Maspero)*La Chine antique*,第二版,第 163 页。祖先崇拜是每个家庭的私人化责任,且只祭祀已死的直系亲人。在儒家思想中统治者的宗教职能在一定程度上已经世俗化,最高祭司(他本人也是皇帝)在帝国官僚体系中处于最显贵的位置。

④ 这些仪式通常被认为是受佛教的影响,或被认为是有意识模仿佛教制度,参见福井康顺《道教の基础的研究》(东京,1952)第 112 页起。

⑤ 参见马伯乐(H. Maspero)*Le Taoïsme*，第 44、152 页起；福井康顺，同上引文，第 1—92 页。

⑥ 另一方面，也有人试图说明张道陵思想的"佛教起源"，参见下文第 319—320 页。

⑦ 法琳《辩正论》(写于公元 626 年)卷 3(《大正藏》No2110)第 502 页下第 9 列，及《释迦方志》卷 2，《大正藏》No2088 第 973 页下。这些数字现已无从查考。法琳的著作是护教文章，相当不可靠；在前面几章我们已经指出其中的一些明显错误。而且里面提及尼姑引起我们的怀疑。根据《比丘尼传》卷 1(《大正藏》No2063，第 934 页下第 2 列)，净检是中国第一个尼姑，距公元 313 年数年之后才剃度，公元 313 年即在法琳所讲内容的最后几年内。

⑧ 杨衒之《洛阳伽蓝记》(约 547)，序第 1 页右；卷 4，第 3 页左。"42"这个数字为魏收《魏书》卷 114，第 3 页右(释老志)所证实，Ware 译本第 123 页，Hurvitz 译本第 47 页。

⑨《辩正论》卷 3(《大正藏》No2110)，第 503 页中第 1 列。参见谢和耐(J. Gernet)，《中国五至十世纪的寺院经济》(*Aspects economiques*)，第 3 页。

⑩ 慧远所作论文的标题，参见上文第 15 页标号 6。

⑪ "出家则是方外之宾"；慧远《沙门不敬王者论》第二部分，《弘明集》卷 5，第 30 页中第 6 列。

⑫ 同上，第 30 页中第 11 列起。

⑬ "普天之下，莫非王土；率土之滨，莫非王臣"；《诗经》第 209 首(小雅 VI.1 北山)，Legge 译本第 360 页。

⑭ 见上文第 106 页起及第 231 页起。礼仪之争主要是南方的现象。在北方，受政府资助的寺院长老们对顺从世俗政权没有异议，甚至偶尔还倡导沙门应"敬王者"。最明显的例子是法果(死于 420 年)的话。他在拓跋魏国太祖朝任"道人统"，说："太祖明叡好道，即是当今如来，沙门宜应尽礼。"所以，他经常礼拜皇帝，并对他人说："能弘道者人主也，我非拜天子，乃是礼佛耳。"(《魏书》卷 114，第 3 页左；释老志，Ware 译本第 128 页，Hurvitz 译本第 53 页)

⑮《弘明集》卷 12，第 84 页下第 3 列；《大正藏》No2108 卷 2，第 451 页中第 21 列。

⑯《弘明集》卷 12，第 84 页下第 14 列；《大正藏》No2108，卷 2，第 451 页下第 1 列。

⑰ 参见《道德经》第 25 章："道大，天大，地大，王亦大。域中有四大，而王居其一焉。人法地，地法天，天法道，道法自然。"(Duyvendak 译本第 65 页)[译者注：英译本中"人法地"句"人"字直译为 the King。]

⑱ "王制"系《礼记》卷 3 的标题。

⑲ 参见《道德经》第 13 章："吾所以有大患者，为吾有身；及吾无身，吾有何患?"(Duyvendak 译本第 43 页)

⑳ "生生"这一术语意指宇宙间万法流转不已的过程，就像它在《易经》《系辞》

卷 7,第 13 页左，Legge 译本第 356 页)中意指宇宙间变化的过程,所谓"生生之谓易"。

㉑ 即:使他人能转生为天道或人道,避免转生为更低的"道"。

㉒《弘明集》卷 12,第 83 页下第 19 列;《大正藏》№2108《集沙门不应拜俗等事》卷 2,第 448 页上第 8 列。

㉓《弘明集》卷 5,第 32 页上第 25 列;《大正藏》№2108,卷 2,第 451 页上第 26 列。

㉔《弘明集》卷 5,第 32 页中第 6 列;《大正藏》№2108,卷 2,第 451 页中第 8 列。

㉕ 在这封信的前一段,慧远用《论语》III.17 例证了这一原则。子贡想省去祭祀用的羊而遭到孔子的责备,因为孔子认为这是"告朔"古礼仅有的残遗。

㉖《弘明集》卷 12,第 84 页上第 23 列。

㉗（1）石虎朝(335—349),《高僧传》卷 9,第 385 页中第 28 列;在王度上奏后不久即诏令检查僧众,即可能是在公元 335 年,参见下注㊐;(2) 苻坚朝(357—385),《高僧传》卷 5 第 354 页中第 14 列;(3) 桓玄朝,公元 402 年前不久,参见上文第 214 页和 250 页;(4) 刘宋孝武帝朝,公元 435 年或稍前(《宋书》卷 97 第 6 页右);(5) 地方性的沙汰,由扶柳(浙江)地方长官杜霸私下实行的,时间约在公元 4 世纪上半叶(《比丘尼传》卷 1,第 935 页上第 29 列)。

㉘《高僧传》卷 9,第 385 页下第 2 列。

㉙《高僧传》卷 9,第 385 页中第 29 列。

㉚《弘明集》卷 12,第 85 页上第 17 列;桓玄回信见同上书第 85 页上第 29 列。

㉛《弘明集》卷 12,第 85 页上第 14 列。

㉜ "内圣"在中国思想中是个传统的概念;大乘佛法所讲的圣人"方便法门"也可对此态度提供一种佐证。"Ce que traduit l'attitude générale des mOines chinois à l'égard des régles de la discipline, c'est cette idée:on ne sait jamais ou la sainteté peut se cacher. Ce peut-eêtre sous les formes les plus profanes et les plus contraires à la décence réligieuse."(谢和耐〈Gernet〉,《中国五至十世纪的寺院经济》[*Aspects Économiques du Bouddhisme*],第 241 页。)

㉝ "役门"字面意思是"出身于法定服劳役的家庭"(也就是出身下层阶级,因为有钱有势的社会上层可能会取得豁免权)。

㉞《弘明集》卷 12,第 85 页中第 1 列。

㉟《弘明集》卷 12,第 85 页下第 14 列。

㊱《广弘明集》卷 24,第 272 页第 8 列。参见《宋书》卷 97,第 6 页右。违反国家规定的法令,被认为是"不敬"之罪(至少是在汉代),将要受到严厉的惩罚,有课以"极刑"之虞。参见何四维〈Hulsewé〉,*Han Law*,第 187—189 页。

㊲《弘明集》卷 11,第 69 页上第 13 列,《宋书》卷 97,第 5 页左。有关约公元 420 年铜材短缺和禁用铸像的材料,参见《高僧传》卷 13,410 页下第 23 列和 411 页上第 4 列起。

㊳ 谢和耐,同上引文,第 227、13—24 页。

㊴《牟子》第16部分，《弘明集》卷1，第4页上第15列，伯希和(Pelliot)译本第306页。“无为”在佛教文章中一般用于说明“涅槃”；对中国读者来说，这个词无疑与“宁静淡泊”的想法有关，“无为”有悖于僧人那些受人非议的“行为”，有鉴于此，我在此给出字面上的直译。

㊵《晋书》卷64，第8页左。

㊶“或机巧异端以济生业”，在此不明究指何义。“异端”(《论语》II.16)通常指“不同的原则”，但也用作“小道”的同义词(何晏注《论语》XIX.4，注疏本卷19，第2页右)，这里可能即是此义。

㊷道恒在序言(《弘明集》卷6，第35页上第7列)说：在义熙年间(405—418)袁氏和何氏两人写了一篇论文，列举当时五种最大的罪恶，他仿效韩非子著名的论文《五蠹》，称之为“五横”。道恒发现僧人赫然列入其中，为了免使同时代人受人蛊惑，堕于邪见之中，他撰写了《释驳论》以证明那些推论是不确实的。袁氏、何氏究为何人，现已不可知。汤用彤认为(《佛教史》第350页)何氏应为将军何无忌(？—410)，他在临终前曾就僧服有悖礼俗的问题与慧远有过一番论战(见上文，第16页标号[8])。另一方面。也可以联想到何承天(370—447)也曾于义熙年间任太学博士(《宋书》卷64，第7页右)，随后在京城任职，据道恒叙述他曾发表过有关道德的论文。他是一位激烈的反佛教论者。参见《弘明集》卷3，第18页上第19列起，《广弘明集》卷18，第224页上第22列。

㊸《弘明集》卷6，第35页中第6列。

㊹《牟子》第16部分，《弘明集》卷1，第4页上第24列，Pelliot译本第306页。

㊺同上，第4页上第22列。

㊻《弘明集》卷12，第84页上第14列。

㊼《正诬论》(参见上文第15页标号[2])，《弘明集》卷2，第8页中第22列。最后一行指道教节食、调息方面的践行如辟谷(绝谷)、生气和行气等，如此修炼，据说能长生不老、羽化成仙。参见马伯乐(H. Maspero) Les Procédés de'nourrir le Principe Vital' dans la Religion Taoïste Ancienne，载于《亚细亚学报》(*J. As.*) CCXXIX，1937，第177—252、353—430页；同上，*Le Taoïsme*，第98页起。

㊽《长部》(*Digha*)II.40，第62页；《佛陀的对话》(*Dialogues*)I.，第78页；《长阿含经》，《大正藏》№1，卷27，第109页中第7列。

㊾《弥兰陀王问经》，Rhys Davids译本第49页，Finot译本第67页；汉文版本：《大正藏》№1670 A I，第597页上第4列；《大正藏》№1670 B I，第707页上第24列；戴密微(P. Demiéville)译本，载于《法兰西远东学院院刊》(*BEFEO*)卷24，1924，第94—95页。

㊿《论语》XI.11(Legge译本第104页)：“不知生焉知死。”

(51)“迷而知反去道不远”。这像是引文。但我没有查明出典。最为相近的表述是在《三国志·魏志》卷6，第26页左(袁术传：若迷而知反……)和《南史》卷61，第2页左(陈伯之传：迷途知反……)。

(52)《弘明集》卷11，第75页上第13列。

(53)《白黑论》(参见上文第15页标号5),《宋书》卷97,第7页左,Liebenthal译本第370页。

(54)《弘明集》卷11,第80页上第1列(《大正藏》№2108,卷1,第444页中第3列)。

(55) 佛(Buddha)、缘觉(pratyekabuddha)、菩萨(bodhisattva)、声闻(śrāvaka)。

(56)"六亲":父母兄弟(姐妹)妻子(《汉书》卷48,第6页左,颜师古注引应劭注)。不过"六亲"还有其他的解释,参见《辞海》第158页下"六亲"条。

(57)《弘明集》卷5,第30页上第11列和第30页中第15列,Hurvitz译本第19、22页。最后一个词"在宥",是《庄子》第11篇标题,郭象解释为"宥使自在则治";也可参见王先谦《庄子集解》卷3,第62页另两条解释:(1)"在"即"察";(2)"在"即"存"。

(58)《弘明集》卷2,第16页上第6列。最后一句话参见《论语》II.3。

(59)"八难"(aṣṭāvakṣaṇāḥ),指八种生不逢时的情况,诸如生不能见佛闻法,或者慧力不足以信受佛法。详细解释见《翻译名义大集》(*Mvy*)2299—2308。

(60)《弘明集》卷6,第36页中第10列。

(61)"刑错[而不用]",是理想社会的目标之一。这一套话的表述,参见德效骞(Dubs)及其合作者,《前汉史》(*History*),vol. II, p. 36, n. 5.1。

(62)《弘明集》卷11,第69页下第9列,部分收于《广弘明集》卷1,第100页上第17列和《高僧传》卷7第367页下第23列。何尚之是个虔诚的佛教徒,见法慈《胜经序》,署期为公元436年,《出三藏记集》卷9,第67页中第16列起。

(63)《论语》III.5(Legge译本第20页):"夷狄之有君不如诸夏之亡也。"理雅各按朱熹的解释译为:"The rude tribes of the East and North have their princes, and are not like the states of our great land which are without them."

(64)《孟子》IIIA/IV.12, Legge译本第129页。

(65)"弱冠"字面意思为"刚戴帽子的年轻人"。这一表达暗示年届20岁的年轻人,典出于《礼记》卷1《曲礼》7(27)(注疏本卷1,第12页右;Legge译本第65页;Couvreur译本第8页:"人生十年曰幼学,二十曰弱冠。"

(66)《牟子》第14部分,《弘明集》卷1,第3页下第10列;伯希和(Pelliot)译本,载于《通报》卷19,1920,第303页。

(67) 有关这一表达,见伯希和(Pelliot)的解释,载于《通报》卷19,1920,第350页注(90)。

(68)《牟子》第7部分,《弘明集》卷1,第2页中第26列,Pelliot译本第295页。

(69)《礼记》卷3《王制》3.14,注疏本卷12,第26页左;Couvreur译本第295页:"中国戎夷五方之民皆有性也,不可推移。"

(70)"性习之教",暗引儒家名言(《论语》第17章第2)"性相近习相远也"。根据这一段落作者何承天的理解,孔子并不是说包括夷狄在内的所有人都"性相近",这只对中国人适用,因为只有优秀的汉民族才能阐扬如此广博、富于人文精神的道理。我们并不难说明何承天违背了儒家精神。夷狄无疑是可鄙的、粗鲁的,也不值得效仿，但"君子居之，何陋之有"（《论语》IX.13.2）。一旦他们置身于中国文化氛围之中，即便有外国血统也能接受汉文化。

⑦ 何承天答宗炳书（参见上文第15页标号[5]），《弘明集》卷3，第19页下第27列。如果排除民族主义的偏见，中国人与其他民族人民的根本差异，被谢灵运（385—433）用来为道生"顿悟"说辩护，认为"顿悟"更适合中国人的脾性及其天赋，《广弘明集》卷18，第224页下第25列。

⑦ "六夷"字面意思是"六个东方野蛮民族"。最早资料作"四夷"（《孟子》IA.7.16，这里"四"指平常所讲的"四方"）或作"九夷"（《论语》IX.13，《尔雅》卷9，注疏本卷7，第8页左）。这里"夷"无疑是野蛮民族的总称。

⑦ 《弘明集》卷12，第81页上第25列。

⑦ 《高僧传》卷9，第385页下第4列；《晋书》卷95第12页左。有关这份上书时间的讨论（据《资治通鉴》本卷95第1122页左），见马伯乐（H. Maspero），Communautés et Moines Bouddhistes Chinois aux IIe et IIIe Siècles，《法兰西远东学院院刊》（*BEFEO*）卷10，1910，第223页注①。

⑦ 《弘明集》卷3，第21页下第5列。

⑦ 《牟子》第14部分，《弘明集》卷1，第3页下第19列；Pelliot译本第304页。有关由余（实际上背叛了他的祖国秦国），参见《韩非子》卷3，第49页；《史记》卷5，第12页右起（沙畹[Chavannes]，*Mém. Hist.* II，第39—43页）。

⑦ 金日磾是匈奴王休屠太子，他入汉宫以后深受武帝喜爱。公元前88年，他击倒为逆的朝臣马何罗（死后被迫改姓"莽"），救了这位皇帝的性命，后者当时拿着匕首想进入皇帝的卧房。公元前87年金日磾被封为侯，不久便谢世。传记见《汉书》卷68，第20页左起。

⑦ 道宣《列代王臣滞惑解》（664年），《广弘明集》卷6，第127页上第3列。

⑦ 慧远《沙门袒服论》（参见上文第16页标号[8]），《弘明集》卷5，第32页中第19列。

⑧ 这一译法在《四十二章经》中已经出现，《大正藏》No784，第723页下第26列。

⑧ 《牟子》第一部分，《弘明集》卷1，第1页下第25列；Pelliot译本第291页。

⑧ 《牟子》第十四部分，《弘明集》卷1，第3页下第21列；Pelliot译本第304页。

⑧ 道宣，所引上书，第126页下第18列。

⑧ 王谧答桓玄书，《弘明集》卷12，第81页下第15列。

⑧ "盖内外名之耳"：该作"……之名?""内"指佛教，"外"指所有的世俗说教。

⑧ 孙绰《喻道论》（参见上文第133页），《弘明集》卷3，第17页上第7列。

⑧ 慧远《沙门不敬王者论》中的"问者"（参见上文第238页）第四部分，《弘明集》卷5，第31页上第2列（《大正藏》No2108卷2，第350页上第3列），Hurtitz译本第25页。

⑧ 如《牟子》《释驳论》中的"问者"，参见上文第262页。

⑧ 《牟子》第四部分，《弘明集》卷1，第2页上第20列，Pelliot译本第293页。

⑨ 同上，第八部分，《弘明集》卷1，第2页下第9列，Pelliot译本第296页。

⑩ 宗炳《明佛论》(参见上文第 15 页标号[3]),《弘明集》卷 2,第 9 页中第 6 列。

⑪《牟子》第五部分,《弘明集》卷 1,第 2 页中第 3 列,Pelliot 译本第 293 页 (Pelliot 把"问者"的最后一句话"仆以为烦而不要矣"误译为"J'en éprouve de la répugnance et je n'en veux pas"。其中"要"译为现在的"需要";这句话应译为"I regard this as cumbersome and not(expressing) the essential",即"我认为这繁琐而不切要害")。

⑫《白黑论》,《宋书》卷 97 第 7 页左,Liebenthal 译本第 369 页。

⑬ 慧远《沙门不敬王者论》第 4 部分中的"问者",《弘明集》卷 5,第 30 页下第 27 列(《大正藏》No2108,卷 2,第 449 页下第 29 列),Hurvitz 译本第 25 页。

⑭《白黑论》(参见上文第 15 页标号[5]),《宋书》卷 97,第 7 页左;这里暗引《庄子》第 17 篇《秋水》。

⑮ 宗炳《明佛论》(参见上文第 15 页标号[3]),《弘明集》卷 2,第 9 页中第 13 列;Liebenthal 译本第 379 页;参见《庄子》第 21 篇《田子方》,第 129 页。

⑯"是身也"此处显然并不是指"肉身"(参见 Liebenthal 译本第 380 页)。

⑰ 赤县,即赤县神州。根据邹衍(公元前 4 世纪)对世界的划分,这是"中国"的名称,有时也以此代称中国。参见《史记》卷 74 第 2 页右。

⑱"八极",根据《淮南子》卷 4,第 58 页,指位于世界边缘的八座山,上有八扇风门。

Ⓜ 这些数字真是个谜。我认为李华德的观点(所引上书,第 380 页)是正确的,他说宗炳误解了"三千大千世界"(trisāhasramahāsāhasro lokadhātuḥ),通常要被这个吓人的表达弄糊涂。宗炳似把这个术语理解成三千个世界,又以此数字乘以四,即四方中每一方都有这三千个世界。印度佛教的宇宙观其想象力更为夸张。一千个世界,各有四洲:月、日、数天和地狱,构成一个"小大千世界"(sāhasras cūdiko lokadhātuḥ)。一千个这样的世界形成一个"中大千世界"(dvisāhasro madhyamo lokadhātuḥ),一千个这样的世界又形成一个"三千大千世界",其中包含了十亿个世界。参见《俱舍论》IV. p. 170。不过,必须说明的是:早在后汉《修行本起经》中已经出现"三千日月万三千天地"的表述(京都,XIV,3 p. 226. A. 1)。

Ⓝ 暗引佛教的表述"恒[河]沙世界"(Gaṅgānadivalukopamā lokadhātavah),我把"阅"理解成"数",和"计"同义。李华德(Liebenthal)的译法(第 38 页)肯定是错误的:这个句子中有两个独立的并列成分,一个指在这整个宇宙体系中数目惊人的世界,另一个则指业已流逝的数目同样惊人的宇宙时间。李华德正确地指出这个句子(实际上仅是最后一个词)似乎引用了《法华经》(Saddharmapuṇḍdarīka)的"化城喻品第七"(Pūrvayoga-parivarta)的开头部分。

Ⓞ"轩辕",根据《史记》卷 1,第 2 页右,是黄帝的名字。

Ⓟ 这个表达及以后几个表达用以概述几部经典的特点,典出于《礼记》(礼器),Couvreur 译本 vol. II,第 353 页。

Ⓠ"贞观"是《易经·系辞传下》(注疏本卷 8,第 3 页右,Legge 译本第 380 页)中一个难解的表述:"天地之道贞观者也,日月之道贞明者也,天下之动贞夫一者也。"Legge 意译为:"By the same rule, heaven and earth, in their course, continually give forth(their lessons); the sun and moon continually emit their light; all the movements under the sky are constantly subject to this one and the same rule."字面上直译应为"The(natural) way of Heaven and Earth consists of making firm-and-correct their(view:) appearance(?); the way of sun and moon consists of making firm-and-correct their brightness; (all) movements in the world(become) firm-and-correct by unity(or 'unification')."这仍然不甚清晰。主要的困难在于理解"贞"的确切意思,这里译为"firm-and-correct"(即"贞正",这是汉语注疏中标准的解释),在第269页中译为"true"(真实的)。这个词和其他几个古代占卜术语一起出现在乾卦象辞中,这些术语的意义都不甚清楚。根据我们现在对《易经》的了解(实际上近来所有严肃的学者谨慎地回避这个主题),似乎还不太可能有比我文中所给出的译文更清楚的译文。

⑩ 暗引《庄子》第25篇《则阳》中有关两个小王国的故事,每个王国居住在蜗牛角中,彼此陷于无休无止的战争之中,这个有趣的寓言是对战国时代的一种讽刺。

⑩ 在所有版本中这一段作"盖于蛮触之域应求治之粗感且宁乏于一生之内耳",这是很难理解的。Liebenthal 译为(第381页):"... but that it is insufficient to solve the problems of one life",省略了"宁"和"耳"。把"宁"当作一个插入成分或作为一个表示选择(宁可)的虚词,都没有多少意义。我把它理解为一个实词,意为"宁静、安谧"。如果这是正确的话,"乏"一定是"之"的误写,表示好战的小人国人(Liliputians)或总称"人"。"且"就是"姑且"的意思。

⑩ 宗炳《明佛论》,《弘明集》卷2,第9页中第29列起。最后一个词请见《庄子》第2篇《齐物论》,第13页。

⑩ "生而神灵弱而能言",《史记》卷1,第7页右(Mere. Hist. I p.26);相传黄帝生活于公元前2697—前2365年。

⑩ "自言其名",《史记》卷1,第7页右(Mere. Hist. I p.40);相传帝喾生活于公元前2435—前2365年。

⑩ "懿渊疏通",参见《史记》卷1,第7页右(Mem. Hist. I p.37):"静渊以有谋,疏通而知事。"相传颛顼生活于公元前2513—前2435年。

⑪ "居轩辕之丘",参见《史记》卷1,第6页右(Mem. Hist. I p.34),相传位于河南新郑县西北部,参见 Mem. Hist. I p.26 注②。

⑫ "崆峒",参见《史记》卷1,第4页右(Mem. Hist. I p.30)。凡(亦作"丸")和岱,参见《史记》卷1,第4页右(Mem. Hist. I p.29):"登丸(亦作"几""凡")山及岱宗。"崆峒山相传就是河南临汝县附近那座同名的山;丸山位于琅琊(山东);岱宗是山东泰山的东部最高峰。这里宗炳可能是讲《列子》第5篇(汤问)第54页中的故事。

⑬ 参见《史记》卷1,第7页右(Mem. Hist. I pp.37—38):"北至于幽陵,南至于交,西至于流沙,东至于蟠木。"相传这是颛顼的游历。据《列子》卷2第13页记载黄帝曾在梦中游历过华胥国,道宣认为这个寓言性的华胥国就是印度,《广弘明集》卷

1,第 98 页下第 1 列和卷 6,第 127 页上第 13 列,参考王劭(公元 6 世纪下半叶)的注释。

⑭ "至道之精窈窈冥冥",《庄子》第 11 篇《在宥》,第 65 页。

⑮ "首楞严三昧"(sūraṃgamasamādhi)被认为等同于佛性,这可能是宗炳把它和"至道之精"相提并论的原因所在。

⑯ "得吾道者上为皇下为王",《庄子》第 11 篇《在宥》,第 66 页。

⑰ "飞行皇帝"是 cakravartirāja 的早期汉译,在下一行中按通常情况译为"转轮圣王"。这一整段真让人联想起《修行本起经》(《大正藏》No184,公元 2 世纪末竺大力和康孟详译),京都版,XIV.3 p.255. B1:"从上来下,为转轮圣王。""飞行皇帝"这一个词,我们发现也反复出现在支谦译《太子瑞应本起经》(《大正藏》No185,译本第222—229 页)中,京都版,XIV.3。

⑱ "失吾道者上见光下为土",《庄子》第 11 篇《在宥》,第 66 页。

⑲ "感大隗之风称天师而退",参见《庄子》第 24 篇《徐无鬼》,第 157 页。只有后半句话是直接引语。据《庄子》记载,大隗是生活在具茨山上的一个神秘生命的名字,黄帝曾想去拜访他。他向正在牧马的男孩问路,这位孩子的回答对他印象如此之深以致他"再拜稽首称天师而退",并放弃寻访大隗的计划。宗炳显然是把"天师"解释成"天人师"的省略形式,"天人师"是佛的十个称号之一(见下注)。

⑳ "十号":指常见的佛的十种称号,是经常出现在佛经中用以赞扬佛陀的一系列专用名称(譬如《法华经》[Saddharmapuṇḍarīka] 及其注释;参见拉摩(E. Lamotte),《大智度论》(Le Traité de la Grande Vertu de Sagesse)第 115 页起):(1)如来(tathāgata);(2) 应供(arhat);(3) 正遍知(samyaksaṃbuddha);(4) 明行足(vidyācaraṇasaṃpanna);(5) 善逝(sugata);(6) 世间解(lokavid);(7) 无上士(anuttara);(8) 调御师(puruṣadamyasārathi);(9) 天人师(śāstādevamanuṣyāṇāṃ);(10) 佛世尊(Buddhobhagavat)。这里所列汉译依据公元 5 世纪初鸠摩罗什所用的译名。也可参见《法宝义林》(Hōbōgirin)第 192 页"Butsu"条。

㉑ 相传为公元前 2852—前 2205 年。

㉒《弘明集》卷 2,第 12 页中第 4 列起。

㉓ "坟典",即"三坟五典",指记载三皇五帝历史的史籍。

㉔《弘明集》卷 2,第 9 页下第 20 列起,Liebenthal 译本第 382 页。

㉕ "史佚",参见《史记》卷 4,第 10 页右(Mem. Hist. I p.328);相传为周朝初年成王时(相传约为公元前 1100 年)的史官。

㉖ 卜商,是孔子的学生,他的字"子夏"反而更为有名,在《论语》XI.2 中(参见XIX.4,5,6,13),因文学才华受到表扬。

㉗ 作"背"而不是"皆"。

㉘《弘明集》卷 3,第 20 页下第 16 列起。

㉙ 譬如,《广弘明集》卷 4,第 115 页上第 13 列;同上,卷 11,第 166 页上第 2 列。

㉚《宋书》卷 35,第 18 页左。

㉛ "东海之内,北海之隅,有国曰朝鲜天毒。其人水居,偎人爱人"(《山海经笺

疏》,《四部备要》卷 18,第 1 页右)。这里引文(据 1809 年版本)中作"爱人",注释者
郝懿行(1757—1825)在他的笺疏中以所有以前的引文证明应作"爱人"。

⑬ 事实上,"毒"也出现在"身毒"中,这是西北印度地名的汉语音译,见《史记》卷
123,第 5 页左,颜师古(581—645)注《汉书》卷 96 之上,第 10 页右,把"身毒"等同于
"天笃",即"天竺"。在司马贞(公元 8 世纪)索隐中他注释《史记》卷 123,第 5 页左,
认为"身毒"应读为"乾笃"。这显然是错误的。我们可以比较这些词的远古
(archaic)和近古(ancient)的发音:

天竺,Arch. t'ien. tiōk, Anch. t'ien. îiuk

天笃,Arch. t'ien-tōk, Anch. t'ien-tuok

身毒,读作 shen-tu, Arch. šiĕn. d'ōk, Anch. šiĕn. d'uok

读作 ch'ien-tu, Arch. kān. tōk, Anch. kān. tuok

显然,"身"应以通常的方式发音。

⑬ 郭璞的解释如下:天毒即天竺国,贵道德,有文书、金银、浮屠出此国中也……
(《山海经笺疏》,版本同上)。

⑭ 《弘明集》卷 2,第 12 页中第 27 列。

⑬ 《广弘明集》卷 1,第 98 页下第 5 列。

⑬ 《岁华记丽》卷 3,《说郛》(1647 年版)卷 69。

⑬ "夏四月辛卯夜恒星不见夜中星陨如雨"。Legge 译本第 79—80 页,
Couvreur 译本 vol. I,第 140 页。

⑬ "夏恒星不见,夜明也。"(此为英译所附汉语原文。——译注)

⑬ 参见伯希和(P. Pelliot),载于《通报》卷 19,1920,第 337 页注㊲。

⑭ 譬如《修行本起经》卷 1,京都版,p. 226. B. 1,《太子瑞应本起经》卷 1,京都版,
p. 234. B. 1。

⑭ 《魏书》卷 114,第 2 页右,Ware 译本第 117 页,Hurtitz 译本第 40 页。

⑭ 《广弘明集》卷 8,第 142 页上第 14 列。

⑭ 同上:《庄王别传》曰:"王遂即易筮之云,西域铜色人出世,所以夜明,非中夏
之灾也。"这里"铜色人"暗指"金色相"(suvarṇavrṇa),系佛陀三十二相(lakṣaṇa)之
一。也可参见王巾(卒于公元 505 年)《头陀(Dhūta)寺碑文》:"周鲁二庄,亲昭夜景
之鉴。"《文选》卷 59,第 1273 页及其李善注。

⑭ 《续高僧传》卷 23,第 624 页下第 26 列=《广弘明集》卷 1,第 100 页下第
10 列。

⑭ 参见上文第 22 页,以及该页注㉓。

⑭ 关于此次涂山之会,参见本章附录,第 286 页。

⑭ 《周书异记》,为法琳《破邪论》所引(写于公元 622 年,《大正藏》No 2109)第 478
页中第 6 列=《法苑珠林》卷 12(《大正藏》No 2122),第 378 页中以及卷 50,第 1028 页
上中。

⑭ 汤用彤在《佛教史》第 3—4 页中给出了这则故事的内容。《道宣律师感通
录》,也作《感通传》,这是些杜撰出来的故事的集成,被认为是著名律师道宣(596—

667)的作品,《大正藏》№2107 第 436 页中第 17 列起。故事梗概如下:秦穆公(前659—前 621)获得一尊佛像,想用他的马毁污佛像,不久他便病倒。他的谋士由余(参见上注⑦)告诉他在周穆王时佛教如何传入中国。古代的穆王受到"化人"的造访,后者被认为是"佛神"。这位王为他造了一座高台作为礼拜之所,并成为虔诚的佛教徒,做了许多善事。这些"化人"就是文殊师利(Mañjuśri)和目犍连(Maudgalyāyana),他们曾来东土教化这位皇帝。这则故事无疑参照了《列子》中那段著名的故事:有一位来自西方的化人拜访穆王(见下注⑮)。《感通传》在任何一部汉语目录中都没有记载,似乎在中国久已失传。不过,迟至公元 9 世纪初,我们发现它还被多种佛教作品目录提到,这些目录由圆仁(Ennin,794—864)带到了日本:公元 839 年《日本国承和五年入唐求法目录》(《大正藏》№2165,第 1075 页中第 27 列),公元 840 年《慈觉大师在唐送进录》(《大正藏》№2166,第 1077 页中第 28 列)和公元847 年《入唐新求圣教目录》(《大正藏》№2167,第 1086 页下第 18 列)。

⑭《列子》第 4 篇《仲尼》,第 41 页。

⑮《广弘明集》卷 1,第 98 页中第 16 列。

⑯ 汤用彤《佛教史》,第 4—5 页。

⑰ 有关出土的时间,见神田喜一郎《汲冢书出土始末考》,载于《支那学说林》p. 10.32(论文写作时间 1934 年)。有关《穆天子传》的研究评论和译文,见程德昆(Cheng Te-k'un)文,载于 *JNCBRAS LXIV*,1933,p. 124。

⑱《列子》第 3 篇《周穆王》,第 33 页。

⑲《列子》第 3 篇《周穆王》,第 31 页。

⑳ 如上所述(注⑭),这则故事进一步演变为纯粹的佛教传说。《列子》中的故事梗概如下:有一位来自西方的"化人"拜访穆王,他受到这位中国皇帝的款待,这位皇帝想为他造一所富丽堂皇的宫殿。这位"化人"为了告诉这位皇帝这种世俗的辉煌是不够完美的,他把这位皇帝带到"中天"仙宫游玩,这位皇帝似乎在那里度过了数十年神仙般的生活。然后,这位化人把他带到黑暗而寂静的地方,那里见不到太阳、月亮,也见不到海洋、河流。秦穆王惊惑不已,要这位神秘的同伴带他回到地上。正在此时,他已回到他的宫廷:"所坐犹向者之处,侍御犹向者之人,视其前,则酒未清,肴未晞。王问所从来,左右曰:'王默存耳。'"尔后这位化人向这位迷惑的皇帝解释:"吾与王神游也,形奚动哉?"

这则故事的一个特点表明它并不起源于中国:时间及其相对性从未引起中国思想家的注意。但是,我无法从佛教文献中找到相关的主题,尽管"神游"这个概念说不动身体移动很长的距离,与《弥兰陀王问经》III. 33(Rhys Davids 译本 vol. I pp. 126—127, Finot 译本第 136 页)有相似之处。这个主题出现于后来的印度文学中,譬如在 Kṣemendra 的 Bṛhatkathā(故事第 18 篇,U. Uhle 译,载于 *Vetala-Pantschavinsati, die fün fundzwanzig Erzählungen eines Däemons*,München 1924,第 175 页起)中,那个不成功的、把事情弄得一团糟的 Candrasvāmin 的故事,以及 Somadeva 的 Kathāsaritsāgara 第 92 章(Tawney-Penzer 译本 vol. VII., p. 71 起)。在 Kathāsaritsāgara 的 Tawney 译本卷 7 附录中,N. M. Penzer 指出了阿拉伯文学中各种相似的故事,尤其是《天方夜谭》中《四十大盗》(The Forty Vazirs),《魔术师传奇》(The Tale of Warlock),《巴格达的年轻厨师》(The Young cook of Baghdad)的一些故事内容,见 Penzer,所引上书,第 224 页注③。与《列子》中这则故事很相似的是伊斯兰教"登霄节"(mi'raj)的传说,讲述一位先知不可思议的升天的故事。公元 3 世纪后期这个相同的主题出现在汉语作品中,使得这种解释不太可靠,除非我们假设这些药物在那个时候早已在印度或近东广泛使用。也可见汤姆普逊(S. Thompson),*Motiv-index of Folk-literature*,第二版,哥本哈根,1955,vol. II. no. D2012。(译者注:限于学识,本条注释有删节。)

⑮ 参见王叔岷《列子补正》(北京,1947)vol. I p. 1a。

⑯ 譬如《淮南子》卷 7,第 106 页=《列子》第 2 篇《黄帝》,第 22 页;《淮南子》卷 5,第 164 页=《列子》第 8 篇《说符》,第 89 页;《淮南子》卷 20,第 348 页=《列子》第 8 篇《说符》,第 90 页。在著名的《杨朱》篇里,这位哲学家的"享乐主义"理论得以发展,广为《汉书》卷 20(《列子》第 7 篇《杨朱》,第 6 页右,《四部备要》)引用,参见何四维(Hulsewé)《汉律》(Han Law)第 351 页注⑤。尽管如此,冯友兰、季羡林、汤用彤一样认为通行本《列子》是后汉的伪书,在《中国哲学史》(卜德译本,卷 2,第 195—205 页)中花了十页详细论证《杨朱》篇是公元 3 世纪悲观主义、享乐主义的典范。

⑯ 《拾遗记》,《秘书二十八种》本,卷 4,第 2 页左。

⑯ 《晋书》卷 95,第 17 页右。

⑯ 《高僧传》卷 5《道安传》,第 353 页下第 12 列起。

⑯ 参见下文第 313 页。

⑯ 在公元 6 世纪初僧《出三藏记集》中提到了如下著作:

(1)《阿育王于佛所生大敬信经》一卷,译者不详,《出三藏记集》卷 4,第 25 页中第 3 列。

(2)《阿育王获果报经》一卷,译者不详,同上。在公元 695 年《大周刊定众经目录》(《大正藏》№2153 卷 9,第 428 页上第 14、19 列)中把这两部经的译者当作法护,当时这些业已佚失。

(3)《阿育王供养道场树经》一卷,《出三藏记集》第 25 页中第 4 列把它作"失译",但在《大唐内典录》(《大正藏》№2149)卷 3,第 245 页中第 27 列,把它归为竺昙无兰(? Dharmaratna,公元 4 世纪末)译。在编辑《大正藏》№2153 时(公元 695 年)这部经已经佚失。

(4)《阿育王作小儿时经》一卷,《出三藏记集》卷 4,第 33 页下第 27 列把它放在已佚的佛经中归为"失译"。

(5)《小阿育王经》一卷,同上。

(6)《阿育王舍施还赎取缘纪》一卷,在《出三藏记集》卷 4,第 25 页中第 5 列中归为"失译",但在《大正藏》№2153 卷 9,第 428 页上第 28 列中归为法护,参考了《道安录》。在《大正藏》№2153 编辑(公元 695 年)前该经已经佚失。

(7)《[阿育王]太子(亦作"息")[法益]坏目因缘经》一卷,公元 391 年竺佛念和昙摩难提(Dharmanandin)译于长安,竺佛念作序,参见《出三藏记集》卷 2,第 10 页下

第 4 列和卷 7,第 51 页中第 14 列。《大唐内典录》(《大正藏》No2149)卷 3,第 252 页上第 16 列以及《开元释教录》(《大正藏》No2154)卷 4,第 511 页中第 18 列和第 512 页上第 15 列错误地把两经的译者分别说成昙摩难提和竺佛念。这部著作还在《大正藏》No2054 中,根据竺佛念序,这部诗体译本包括 343 颂,其梵文原本包含 Kunāla 的故事(参见 Divyāvadāna,第 405 页起)。

(8)《阿育王传》,参见下注。

(9) 在《大唐内典录》(《大正藏》No2149)卷 50,第 224 页上第 1 列中,说公元 2 世纪末支谶译《阿育王太子坏目因缘经》(参见本注中(7)),这个目录参考了《出三藏记集》,而后者没有提及这个译本。

⑯ 安法钦在《高僧传》和《出三藏记集》中都没有传记。在《出三藏记集》卷 5,第 38 页下第 5 列僧祐提到了《大阿育王经》,道安把它归为"疑经",这部著作仅一卷。现在的《阿育王传》出现在《大唐内典录》(《大正藏》No2149)卷 2,第 236 页上第 12 列安法钦名下,标题为《大阿育王经》五卷;由于安法钦的缘故,这部经录参考了竺道祖《晋世杂录》,该录始于公元 5 世纪初(参见伯希和文,载于《通报》卷 22,1923,第 102 页)。现已有培其尔斯基(J. Przyluski)的《阿育王经》全译本(La Légende de l'Empereur Açoka),巴黎,1923 年,第 225 页起。现存第二种汉译本由僧伽婆罗于公元 512 年译,即《阿育王经》十卷,《大正藏》No2043。

⑭ 譬如《阿育王传》(《大正藏》No2042)卷 1,第 102 页上第 14 列起,Przyluski 译本第 242 页;《阿育王经》(《大正藏》No2043)卷 1,第 153 页上第 12 列起;《阿育王息坏目因缘经》(《大正藏》No2045)179 页中第 14 列;《善见律毗婆沙》(《大正藏》No1462, Samantapāsādikā,公元 488/489 年僧伽跋陀罗[Saṅghabhadra]译)卷 1,第 681 页中第 5 列起。

⑮《水经注》卷 23,第 20 页左。

⑯《魏书》卷 114《释老志》,第 2 页左(Ware 译本第 119 页;Hurvitz 译本第 42 页);《广弘明集》卷 2,第 101 页下第 6 列。

⑰《高僧传》卷 1,第 325 页中第 12 列 =《出三藏记集》卷 13,第 96 页中第 12 列。

⑱《冥祥记》,引文见《法苑珠林》卷 13,第 383 页中;《广弘明集》卷 15,第 202 页上第 27 列。根据《法苑珠林》卷 13,第 386 页中引自(不甚可靠的)《冥祥记》的引文,这尊金像于公元 405 年在建康宫门附近被重新发现,发现者应为王谧(参见上文第 213 页)。

⑲ 李淼和释法明、道高之间的通信,见《弘明集》卷 11,第 71 页下第 18 列。

⑳《高僧传》卷 9,第 385 页中第 22 列。

⑰《弘明集》卷 11,第 72 页上第 10 列(参见注⑲),宗炳《明佛论》,《弘明集》卷 2,第 12 页下第 11 列。

⑫《广弘明集》卷 15,第 202 页上第 9 列。

⑬《高僧传》卷 13,第 409 页下第 18 列,参见《广弘明集》卷 15,第 202 页中第 1 列和《法苑珠林》卷 12,第 379 页下、第 383 页中引用《冥祥记》。

⑭ 这座寺院在其他地方不见记载。

⑮《高僧传》卷 10,第 388 页下第 19 列,依据《冥祥记》而作(参见《法苑珠林》卷 28 第 492 页上)。

⑯《高僧传》卷 13,第 409 页中第 17 列起。在公元 5 世纪初刘萨阿的早年生活已成了一种传说。关于他有罪的一生,他堕于地狱,观音的拯救,他的皈依及复活,广为王琰《冥祥记》敷陈(约写于公元 479 年后不久,参见芮沃寿(Arthur F. Wright),*Huichiao's Lives of Eminent Monks*,p. 418),在《法苑珠林》卷 31,第 516 页下和卷 86 第 919 页中有《冥祥记》的大段引文,参见鲁迅《古小说钩沉》(《鲁迅全集》卷 8)第 596—598 页。在《高僧传·慧达传》开始部分仅有少量文字涉及这个故事,但他的生平资料似乎较少传说性质。也可参见大谷胜真《东洋学报》卷 11,1921,第 69—101 页,尤其是第 95 页起。

⑰《高僧传》卷 13,第 409 页中第 24 列。

⑱《广弘明集》卷 15,第 203 页下第 11 列。

⑲ 参见《法苑珠林》卷 13,第 383 页下和第 385 页上所引《冥祥记》。

⑳《高僧传》卷 13,第 410 页上第 1 列。

㉑《广弘明集》卷 15,第 202 页中第 4 列。

㉒《高僧传》卷 5,第 355 页下第 28 列。

㉓《高僧传》卷 6,第 358 页下第 3 列;参见上文第 243 页(慧远传)。

㉔《广弘明集》卷 15,第 203 页上第 22 列。

㉕《弘明集》卷 11,第 72 页上第 13 列。

㉖《广弘明集》卷 15,第 202 页上第 12 列。

㉗《法苑珠林》卷 38,第 584 页下至 585 页上。

㉘ 汤用彤《佛教史》,第 6 页。

㉙ 有关这些祥瑞(符应)的种类和用途,参见陈槃,On the fu-ying as Used during the Ch'in and Han Dynasties,《中央研究院历史语言研究所集刊》(1947 年),第 1—67 页。

㉚ 参见王劭《舍利感应记》(《广弘明集》卷 17,第 223 页中第 25 列起)和向朝廷汇报的一连串神迹,这些神迹发生在全国各地奉诏建造的 44 座舍利塔(同上,第 216 页下第 7 列)。在这一时期,似乎在一些最不可能的地方突然发现了一系列"舍利":公元 601 年皇帝和皇后在吃饭时竟然反复发现舍利(同上,第 216 页中第 28 列)!这些据称通过发掘出土的或神秘地在这些舍利塔里或附近自己显现的东西,我们发现既有佛教的器物如舍利、石佛或铜佛以及装有舍利或佛像的石函,也有中国传统的种种祥瑞如有铭文的碑石、发神光、甘露及圣兽(譬如鹤、龟、高丽雉)等。

㉛ 参见《孝经》卷 11(注疏本卷 6 第 3 页右;Legge 译本第 481 页):"五刑之属三千,而罪莫大于不孝。"与此相似,《周礼》卷 10,第 26 页右将"不孝之刑"列为"八刑"之首。

㉜ 参见《孟子》IVA/XXVI. 1(Legge 译本第 189 页)。"无后"意味着祭礼的终止,因此也就侵犯了祖宗的谱系。

⑬ 参见《孝经》卷 1（Legge 译本第 466 页），注疏本卷 1 第 3 页右。

⑭ 参见上文第 16 页标号（8），譬如《牟子》第十一部分（《弘明集》卷 1，第 3 页上第 23 列，Pelliot 译本第 300 页。按照规矩穿戴发服是儒家的一种行为模式。参见《孝经》卷 4（注疏本卷 2 第 3 页右），Legge 译本第 469 页。

⑮ 参见《弘明集》卷 12，第 77 页中—79 页中的文献。

⑯《高僧传》卷 5，第 352 页下第 29 列。以"释"为法名并不是完全没有先例：早在公元 4 世纪上半叶，我们已经知道有一个僧人名叫释道宝在健康非常活跃（《高僧传》卷 4，第 350 页下第 12 列，参见上文第 97 页）。

⑰《增一阿含》卷 21，《大正藏》№125 第 658 页下第 10 列："其如四大河……诸有四姓剃除须发，以信坚固出家学道者，彼当灭本名字，自称释迦弟子。"这段著名的话的最后一个词是"沙门释迦子"，实际是梵语 sramaṇa-Sākyaputrīyāḥ 的误译，原意并不是"和尚是释迦之子"，只是"属于释迦族儿子的僧人"，即追随佛陀的人。这里显然把它等同于常见的称号"佛子"（buddhaputra 或 jinaputra），参见《法宝义林》（Hōbōgirin）第 171 页，"Busshi"条。

⑱《高僧传》卷 7，第 366 页中；他跟老师竺法汰（320—387）的姓，后者也是位中国和尚。法汰据说曾与道安同学（《高僧传》卷 5，第 354 页中第 29 列），道安在他采用"释"姓前似乎也以"竺"为姓（同上，第 254 页上第 16 列）。

⑲ 何四维（Hulsewé），Remnants, p. 335。

⑳ 所引上书，第 138—130 页。

㉑ 同上引文。

㉒ 在印度发生过僧人宗教性自杀的事件，但是出于其他的考虑。这里可能不过是学理上的问题：正在修行成为阿罗汉的时候自杀，其业报（如果有的话）将会是什么？最著名的例子是 Godhika 的自杀（Saṃyutta I. 120；Rhys Davids 译本 I. 149—153；Samyuktāgama 的其他版本，《大正藏》№99，卷 39 第 109 页；《俱舍论》VI. 262），他曾六次进入"短暂的解脱状态"（sāmayikī vimukti），在他第七次进入时结束了自己的生命。法显《佛国记》《大正藏》№2085，第 863 页上第 17 列：Beal 译本第 LXI 页；Giles 译本第 52 页，讲述一位和尚为了摆脱"三盗"（贪、瞋、痴）而切断自己的喉咙，这则故事可能以 Godhika 为原型，法显曾去拜访过据说发生过这件事的地点：王舍城（Rājagṛha）老城东三里。在所有这些例子中，自杀是避免轮回的手段。在中国佛教中，因受大乘佛教舍身概念（devotional concepts）的影响，这基本上是一种自我牺牲，是为了表示尊奉佛陀的一种牺牲。有关印度佛教中的自杀概念，也可参见拉摩（Et. Lamotte），《大智度论》（Traité），下册，第 740—742 页。

㉓《药王菩萨本事品》（Bhaiṣajyarāja-pūrvayoga-parivarta），Dutt 译本第 271 页起；Burnouf 译本第 242 页；《大正藏》№262，卷 6（23），第 53 页上 =《大正藏》№263，卷 9（21），第 125 页上 =《大正藏》№264，卷 6（22），第 187 页下。

㉔ 即公元 396 年或稍后不久，参见《资治通鉴》卷 108，第 1280 页左。

㉕《高僧传》卷 12，第 404 页下第 11 列起。

㉖ 同上，第 404 页下第 22 列。

⑳ 同上,第 405 页上第 11 列。

⑳ 同上,第 405 页上第 25 列。

⑳ 同上,第 405 页下第 5 列。

⑳ 同上,第 405 页中第 3 列。宗教自杀行为一直持续到现代,参见 J. McGowan, Self-immolation by fire in China,载于 *Chinese Recorder*,1888 年 10/11 月(该年作者目睹数起实例),以及 J. J. Matignon, L'auto-crè-mation des Prètres Bouddhistes,载于 *Superstition*, *Crime et Misere en Chine*(Lyon 1899), pp. 161—176。

⑪ "色养",出自《论语》II. 8。

⑫ 《弘明集》卷 3,第 17 页上第 19 列;孙绰《喻道论》中假想的"问者"的话(参见上文第 133 页)。

⑬ 《出三藏记集》卷 6,第 46 页中第 27 列。

⑭ 《弘明集》卷 5,第 30 页上第 28 列,Hurvitz 译本第 21 页。

⑮ 例如 *Mahāvagga*, Oldenberg 译本 I 54, p. 83; I. B. Horner 译本(*SBB* XIV, *Book of the Discipline*)IV, p. 104;参见 Oldenberg, *Buddha*, p. 394; Renou-Filiozat, *Inde Classique*, p. 558, § 2369。

⑯ "十二部经"是梵语 dvādaśāṅgabuddhavacana 或 dvādaśadharmapravacana 的汉译,在梵语佛典指佛经的十二种门类,部分相当于巴利文《九分教》(*The Nine aṅgas*)。这些分类与实际的经典分类并不一致。梵语术语见《翻译名文大集》(*Mvy*)1266—1278;汉语对照,见望月《佛教大辞典》p. 2337. 3。孙绰断言这十二部经中的四部专门讲孝,这是很令人吃惊的。我们搞不懂他头脑里有什么样的分类。这"其四部"可以指"四部",也可以指"第四部"。但即使如此,我们也很难辨清这特殊的种类,因为对这十二部经的分类有不同的排列。更有甚者,这些梵语单词(sūtra, geya, vyākaraṇa 等)通常是音译成汉语,而不是意译的。孙绰很可能根本就不知道这些东西,他在论文中既没有重复,也没有解释这个词,只是为了欺骗他的对手。

⑰ 《弘明集》卷 3,第 17 页上第 27 列起。

⑱ 《牟子》第十五部分,《弘明集》卷 1,第 4 页上第 12 列;Pelliot 译本第 305 页。

⑲ 在《释老志》(《魏书》卷 114,第 1 页左;Ware 译本第 113;Hurvitz 译本第 33 页,和本所引上书的评论)里也有后一种论调。佛教的五戒被认为等同于儒家的五常(仁义礼智信)。

附录:《周书异记》和古本《竹书纪年》

(参见上文第 274 页)

286

写在竹简上的编年史《竹书纪年》,是一部自公元前 4 世纪末开始的魏国编年史,另外它还记载了大约与此同时的晋国编年史,以及帝国始自蛮荒时代的整部历史。这部作品从文学上来看,介乎《春秋》这种极其简约的文风和通行本《左传》那种高度发展的编年体叙事风格的中间状态。公元 279/280 年(参见上文第 275 页),在一座约公元前 300 年的汲郡(河南)古墓中,人们发掘出了这部作品和其他一些古代文献,这部编年史的古本在公元 12 世纪时还存在,罗泌在《路史》中曾大量地引用了这本书。但从那时起这本书佚失了,现在冠以《竹书纪年》这一书名的文本早已被认作伪书。不过,必须说明的是:古本中的一些内容还保留在通行本中(通常是以一种残损的形式,并羼入了后出的和不可靠的材料)。①

四百多段古本《竹书纪年》的内容(所有的引文都能在其他的史籍、注疏和类书中找见),曾由朱由曾辑佚成册,这个辑佚本后又由王国维(1877—1927)增补、修订和校注,最终以《古本竹书纪年辑校》为题发表于他的遗书第 3 卷中。②

在真实的《竹书纪年》残篇中,有一段现存于《太平御览》卷 674 第 4 页左③,它和上文所引的《周书异记》几乎连字句都相同:

> 昭王末年,夜清五色光贯紫微。④

唯一的不同是把《周书异记》原来的“紫微”改成了“太微”,但这只是另一个称呼罢了。根据佛教故事,这件事不应发生在昭王末年(根据传统的编年史和《竹书纪年》他曾在位 51 年),而应发生在他执政的第 24 年。⑤如果我们再看一下弘法故事的其他一些内容,就不难发现作此改动的原因。穆王(昭王继承人)三十二年后不久,据说由于这位统治者担心西方圣人的出现可能会有害于这个国家,便“会诸侯于涂山”以期能禳除灾患。今本《竹书纪年》(伪书)中有如下一条:

> 三十九年,王会诸侯于涂山。⑥

287   王国维指出《左传》昭公四年记载有“穆有涂山之会”⑦,因此他推测伪书《竹书纪年》编撰者是据此而编。然而,我们却在《周书异记》(至少成书于 6 世纪初）中准确地找见了这一段，因此，讨论中的这一段实际上出现于古本《竹书纪年》中，这个结论应该是公允的。是伪书《竹书纪年》摘录了这段话（或许有所增益），而不是根据《左传》上那段简短的、句法结构也不尽相同的话。

确立这一点以后，我们可以作进一步的探索。假设《周书异记》上的叙述实际上取自或根据古本《竹书纪年》上的一些段落，那么我们可以假定，"穆王五十二年"被当作佛陀涅槃的年代，是因为《竹书纪年》上的一些段落（主要可能根据十二条彩虹）并没有作为引文保存在其他文献中，也没有存在于今本伪书《竹书纪年》中。这里还有一个充足的理由把佛的涅槃年代放在穆王五十二年，由于各种佛教传说都说佛享年 80 岁，这位作者被迫倒推时日，把佛陀出生年代倒推 80 年，亦即把古本《竹书纪年》"昭王末年"改成了"穆王三十二年"，这正好距穆王五十二年相隔八十年。[⑧]

注 释

① 伪《竹书纪年》已有理雅各（J. Legge）译本，载于 *Chinese Classics* III, *The Shoo king*，序言第四部分，第 105—183 页；理雅各之前有过 Ed. Biot 的法译本，载于《亚细亚学报》(*J. As.*)，1841，第 537—578 页，以及 1842，第 381—431 页。

②《海宁王忠愨公遗书》第三卷，1928 年；最近已由范祥雍增补修订，《古本竹书纪年辑校订补》，北京，1957 年。

③ 尽管《太平御览》本身编撰得较晚（完成于公元 983 年），但这段引文很可能出自相当早的资料：《太平御览》的编辑几乎遍阅了唐以前一些百科类的图书，尤其是《华林遍略》，编于公元 516 年到 524 年间；参见索姆（Tjan Tjoe Som），*Po Hu T'ung*, vol. I(Leiden 1949)，第 60—61 页。

④ 王国维，所引上书，第 7 页右。

⑤ 今本（伪）《竹书纪年》中下面一段话，无疑是对这一条原文本的扩充："十九年春有孛于紫微。"（王国维《今本竹书纪年疏证》，《遗书》第三卷，第二章第 6 页右；Legge 译本第 149 页）因为在以古本《竹书纪年》为底本的《周书异记》里，以及在《太平御览》中古本《竹书纪年》的引文，都没有提及"十九年"作为发光这件事的日期，这足以说明这些字在原来的文本中是没有的。

⑥ 王国维《今本竹书纪年疏证》第二章，第 7 页左；Legge 译本第 151 页。

⑦《左传·昭公四年》，Legge 译本第 597 页；Couvreur 译本 vol. III，第 80 页。

⑧ 完整起见，我们必须提及早期汉语文献中第三种佛涅槃日的说法。法显留在锡兰（Ceylon）时，曾记载了一种（僧伽罗人［Singhalese?］的）传说，相传当时佛涅槃已有 1497 年（《大正藏》№2085，第 865 页上第 27 列；Beal 译本第 lxxv 页；Giles 译本第 71 页）。这个传说的出处不甚明了，在中国也从未流行过，我们发现在《法苑珠林》里还因缺乏经典依据而招致严厉批评《大正藏》№2122，第 1028 页下）。

第六章　"蛮族的皈依"：佛道冲突的早期历史

道教

在上一章里，我们梳理了公元 4 世纪和 5 世纪初在士大夫阶层流行的各种反对僧权的观点，并视之为一个整体。各种排佛的论调以及政治上或经济上反对僧权的举措，它们虽然各有不同的方式，但都可视为儒家对佛教的回应。我们在本章中将讨论一种非常奇特的理论的早期历史。如果不是从佛教传入之初，那么也至少从公元 4 世纪初开始，这种理论便弥漫着强烈的排佛、反对外来思想，以及民族主义的情绪；而且，一旦被装扮成某种反对外来教义的武器之后，它就逐渐在以后有关佛教的争论和论战中扮演了非常重要的角色，直到蒙元初期。

这种理论和上一章所讲的其他排佛论点有着根本的区别，它发源于一个特殊的知识阶层，并在其中传播，而士大夫中只有相当少的一部分人归属于这个阶层：这就是道教徒阶层。

如果没有对"道教"这个词给出进一步的定义，尤其是在研究中古时期中国文化的时候，那么这个词就往往是含糊不清的。①在字面上，这个词根本没有意义，因为"道"指"（正确的）道路"，实际上是中国哲学诸学派共同的研究对象,在内涵上有各自不同的侧面,广泛适用于国家、个体乃至宇宙整体。从狭义上说,它特指源于或关涉老庄之学的某种思维方式,而这仍然是一个非常复杂的现象,从公元 3 世纪哲学家的本体论沉思一直到各种炼丹术里的古怪法则,对此都有所体现;从神秘的隐士一直到公元 2、4 世纪那些窃取道教思想的"反贼",都有其信奉者。

在"哲学的"(philosophical)和"通俗的"(popular)道教之间作出简单而又便捷的区别,这很容易引人误入歧途。因为这些术语暗示了相应于社会阶层的差别而进行教义上的区分:"哲学的"道教作为一种纯粹的心智活动,在上层社会形成一股"道教"思潮;"通俗的"道教则被局限于在道教萨满或巫师领导下的缺乏文化的民众中间。这一观点的第一部分有一定的真实性:早期道教哲学研究和解释,所谓"哲学的"道教,这当然往往是专属那些有教养的士大夫们的事务。但是,如上所述,"玄学"在中古时代早期成为中国最有影响的思潮,它是否还有资格归属于"道教",这确实非常成问题。事实上,玄学乃是儒学对早期道教哲学 * 的反思,其中诸多古代教义的最基本原则都被重新诠释过,以至于"哲学的道教"或"新道教"② 这些名词都并不贴切。

我们在此以"道教"这个词来表述一种集宗教与养生于一体的实践或信仰,这种实践或信仰据称可以上溯至黄帝、彭祖、西王母、老子和数量众多的神性或半神性的人物,在当时的资料中常被冠以诸如"道术""仙道""黄老(之术)"或"道教"等名称。

道教作为一种有组织的宗教运动源起于后汉,其基本目的是追求肉体不死、羽化而登仙的境界。"仙"指的是生活在永远快乐之中的人,在其有生之年遵循一套预定的身体的和道德的修炼过程,最终修成一种轻盈而又不可毁坏的"星光体"(astral body)。在各种据称能达到这种状态的方法中,最重要的是服用药物(尤其是服用以朱砂为主要成分的化学

---

* 或译"早期道家哲学"。参见第二章中"楚王英"节脚注。——译注

混合物)、复杂的养生术(包括调息和房中术)、凝神玄想、忏悔、践履社会美德、慷慨布施和经常举办迷醉甚至有些狂欢的群众性法会。道教神殿中不可胜数的神灵构成了一个庞大的等级森严的组织,而这种组织据认为在每个个体身上都具有微观的精确摹本。③那些散见于各种经典的教义,被说成是师祖们偶然的启示,这些师祖通常被视作老子的化身(avatāras)。在古代的道教经典中只有《道德经》一直被当作至关重要的文献;然而,人们往往又以各种奇思怪想的方式来注释这部著作。④

如果我们把这种宗教完全看作"通俗的"运动,使之与有教养的上层社会的生活、宗教信仰和哲学相脱离,甚或与之对立,这将是相当错误的。道教既可作为一种宗教教义,又可作为一种社会现象,我们不应以其最壮观的副产品来评判它,这种副产品是指声势浩大的农民起义军,它往往由一个或几个道士或者"天师"领导(但并不意味永远由他们领导,甚至可以说在多数时候并非由他们领导)。道教在这些事件中的确切角色尚有待进一步考察⑤;如果考察显示出在这些起义中纯粹的道教因素并不比太平天国后期基督教因素更为重要,我并不会表示惊讶。⑥因此,我们有必要进一步关注道教社团所构建的一种自我维持(self-sustaining)的单位,其成员每年交纳五斗米"天租"以保证教团的存在。这种道教教团尽管没有主张宗教的独立性(如佛教徒所作的),但事实上却在相当大程度上获得了某种自治,因而在政局动荡的时代更易形成一个反叛运动的立足点,同时这种反叛运动一旦与道教教团相联系,就能够利用这种宗教(尤其是这种教义中"救世"观念)作为政治的幌子。然而事实上道教无论作为某种组织或者作为某种救世的教义,其本身都不 *290* 含有任何煽动性的甚或革命性的因素。

如果把道教本身与下层社会相联系,那就大错特错了。张陵,这位公认的黄巾起义军(2世纪中期)的创立者,出身于一个地方官家庭⑦;而张鲁作为这场运动的后期领导人,在其投降曹操之后,他和他的五个儿子都被封为将侯。⑧道教在魏晋王室(220—420)中有很强的影响,不止一位国王投身于道教修炼。我们在研究中发现,有几位士大夫出身显赫,他们后来成了虔诚的道教徒。我们甚至可以进一步说:严格奉行支配道教内部生活的复杂戒规,服食相当昂贵的药物,并经常参与相当铺张的斋戒和净化仪式——这类活动正如教外的人所指出的,只能局限在那些既有闲又有钱的少数幸运的阶层里,只有他们才可能实践道教所要求的生活方式。

正是在由这些道教领袖和有教养的信徒们所形成的圈子里,在公元3世纪末或4世纪初,我们发现了很有特色的有关佛道争论的最初一些征兆。我们在下文中将试图追踪这场争论的早期历史,但由于极度缺乏可信的早期原始资料,我们的探讨也只能是假设性的。

化胡说

这个说法源起于公元2世纪后半叶的道教圈子。依照这种理论,佛教不过是老子西去"化胡"后所传的教义。后来的排佛论者,尤其是道教徒,以这个传说作为武器攻击佛教教团。他们争论说,这种外来的宗教不过是为了满足未开化民族的需要,甚或是旨在毁灭他们,不过是道教的一种淡化了的和堕落了的形式。它并不适于输入中国,因为在中国一直完好无损地保存着老子的教义。我们对化胡说最古老的形式所知甚少,但是根据我们得到的一些资料片断,可以清晰地发现这个故事并不是作为辩论的工具而产生的。

(1) 这个传说最初当然是根据《史记》老子传中的一段著名故事:"见周之衰,乃遂去。至关,关令尹喜曰:'子将隐矣,强为我著书。'于是老子乃著书上下篇,言道德之意五千余言而去,莫知其所终。"[⑨]正如伯希和所指出的[⑩],这个传说可能不会早于司马迁的时代;庄子谈到过老子的死亡[⑪],《水经注》则提到老子的墓邻近现在陕西省槐里。[⑫]

(2) 第一次提到化胡说是在公元166年襄楷的那份著名上书里。如上所述(参见第37页),这也是中国文献中第一次提到佛教。这份上书里有句话是襄楷用来赞美佛教的:"或曰:老子入夷狄为浮屠。"⑬

(3)《列仙传》(通常误作为刘向所著,他生活于前77—76年间;该书现经考证作于2世纪早期)谈到了化胡说。在关令尹的"传记"中,这位圣人在得到《道德经》之后说:

> 与老子俱游流沙化胡。⑭

众所周知,通行本《列仙传》中有很多后来变更与篡改的痕迹;正如绝大多数道教经典一样,直到公元11世纪上半叶⑮,这个版本的语言才变得与道教教义密切相关。"化胡"这个词在这段话的各种早期版本里一次也没有出现过,显然这是到了相当晚的时候才由后人增添羼入的。⑯

(4)裴松之在他弥足珍贵的《三国志注》(撰于429年)中摘引了约撰于公元3世纪中期的鱼豢《魏略·西戎传》。⑰其中有一句话对印度作了神秘的描写⑱:

> 《浮屠》所载,与中国《老子经》相出入,盖以为西出关,过西域,之天竺教胡(为)浮屠。⑲

(5)法琳《辩正论》(《大正藏》№2110,撰于626年)以及陈子良注(可能也作于7世纪上半叶)里面均有《魏略·西域传》的引文。我们将在下文讨论是否可以把这部作品和裴松之(参见上文第4条)注引《魏略·西戎传》的内容看作一回事。其中有两段引文涉及我们现在展开的主题。

> 《西域传》云:老子至罽宾国见浮图,自伤不及,乃说偈供养,对像陈情云:
>
> 我生何以晚,
>
> (陈子良注:新本改云"佛生何以晚")
>
> 佛出一何早。
>
> (注:新本改云"泥洹一何早")
>
> 不见释迦文,

心中常懊恼。[20]

在谈论《化胡经》时，我们必须再回到这段引文以及陈子良注中所谓的"新本"问题。出自《西域传》的第二段引文，与裴松之注所引《魏略》的内容存在着一种非常有意思的平行关系。在较晚的版本里，这段话主要讲述佛诞生于蓝毗尼园。这两段引文已由沙畹翻译过来，并且烈维和伯希和对此都曾有过讨论。[21]陈子良注文：

> 《魏略·西域传》云：临倪国王无子，因在浮图，其妃莫邪梦白象而孕，及太子生，亦从右胁而生。自然有髻[22]，堕地能行七步，其形相似佛，以祀浮图得儿，故名太子为浮图也。国有神人名曰沙律[23]，年老发白状似老子，常教民为浮图。近世黄巾见其头白，改彼沙律，题此老聃。曲能安隐诳惑天下……浮图所载，略与道经相出入也……[24]

这个王子的形容举止和佛非常相似。这个神秘的传说——也许在很大程度上已被歪曲了——在《西域传》中有所描述，但我们在其他资料中从未发现过。

事实上，黄巾军把沙律（Sāriputra）* 说成老子，这就提出了新的疑问。在老子化胡这个传说的后起版本中，老子或是佛的老师或是佛自己或是迦叶，但他从未被说成是佛的其他弟子。[25]

（6）法琳《辩正论》中有两段引文出自皇甫谧（215—282）《高士传》。第一段是一种概述，好像是一段注释，而说它是引文，是因为这两部著作都把它引为佐证：

> 《魏书·外国传》（这部作品大体与《魏略·西戎传》内容一致）、皇甫谧《高士传》并曰：桑门浮图经，老子所作。[26]

---

* 沙律，后来通常译为舍利弗。——译注

第二段内容更丰富:

> 皇甫谧云:老子出关入天竺国,教胡王为浮图。[②]

这两段话并没有出现在通行本《高士传》中,而《高士传》也似乎主要是从《太平御览》以及其他资料中辑佚而成,其中的分类由最初的 72 部(约 12 世纪中期,李石在《续博物志》中有所提及[②])增至 96 部。[②]而且,早已废弃的"桑门""浮图"等词表明这两段话的写作年代比较早。

第二段引文非常有意思,因为我们发现这里首次提及教化胡人(印度)之王,这至少在化胡说的后出版本中是个中心主题。

根据这些早期资料,我们或许可以说,化胡说起初并非被用来作为一种排佛的策略。至少有一例(襄楷奏书)能明确说明这个故事并未被用来显示佛教的卑劣和荒谬,而是把它与中国古代圣人的名字相联系,借此强调佛法清净而又慈悲为怀的特点。事实上,化胡说不过是提供了一个把道教的思想和实践与一知半解的佛教相混合的佐证,而这种佛教明显带有汉代佛教的特征。因此,道教徒对这种外来教义跟他们自己的理论之间的相似性备感惊讶,并在老子"西去"的传说故事中找到了解释这种异乎寻常的对应关系的原因。而且,正如汤用彤所说[③],这个理论很可能受到了成长中的道教阶层以及最初的佛教僧团领袖的双重欢迎。因为一方面这能促使道教徒吸收佛教的实践与制度,尽管它似乎起源于外国但却能溯本于老子;另一方面,它又能通过把佛教说成"道教的外国分支"而使佛教对中国公众更具有亲和力。

在后汉时期,作为普遍的与永恒的老师的"老子"概念开始形成。我们在边韶的《老子铭》中清楚地看到了这一点,该铭文写于公元 165—166 年间,几乎与第一次提到化胡说的襄楷奏书同时。铭文中说老子:

> 自羲农已来……为圣人作师。[③]

此外,根据《后汉书·边韶传》,既然他在汉桓帝朝[③]曾出任过多种职务,那么我们把化胡说看成是反映边韶"铭文"所讲的老子化身的思想背景,

293

恐怕不算很牵强,甚至我们还可以进一步说:公元166年被奏请的桓帝,曾竭力提倡共祠浮图与老子(参见上文第37页),而且,他共祠二圣(根据化胡说这两者实为一人)的举动与所谓老子西去传教的活动有关,这也并非毫无可能。

《化胡经》

然而,在约公元300年,关于这个传说开始出现争论。根据5世纪初的一些最原始的资料,道教徒王浮(别名道士基公次),当时曾与中国著名僧人帛远③(字法祖,参见上文第76页)辩论而屡屡受挫,后来他伪造了一部经,题为《(老子)化胡经》。这件事有四种资料可以证实:

(1) 慧皎《高僧传》卷1,第327页中第16列:

> (远卒)后少时,有一人姓李名通,死而更苏,云见祖法师在阎罗王处为王讲《首楞严经》……又见祭酒④王浮,一云道士基公次,被锁械,求祖忏悔。昔祖平素之日与浮每争邪正,浮屡屈。既嗔不自忍,乃作《老子化胡经》,以诬谤佛法……

(2) 《晋世杂录》(5世纪早期)⑤:

> 道士王浮每与沙门帛远抗论。王浮屡屈焉。遂改换《西域传》为《化胡经》,言喜与老聃化胡作佛,佛起于此。⑥

(3) 裴子野(467—528)《高僧传》:

> 晋惠帝时沙门帛远字法祖,每与祭酒王浮,一云道士基公次,共诤邪正,浮屡屈焉。既嗔不自忍,乃托《西域传》为《化胡经》,以谤佛法,遂行于世。

(4) 刘义庆(403—444)⑦引自《幽明录》的注释。这段话几乎重复了(1)中的主要内容,并说复活的李通来自陕西蒲城。

我们因此对《化胡经》的起源有了四种相当一致的说法。这部奇特的著作在后世从未缓和的佛道争论中扮演了重要角色。然而，上文所引的资料显然并非完全独立于其他的资料，我们能找到的最古老且最少幻想的记载是《晋世杂录》(2)；裴子野(3)似乎扩充了这份资料，尤其是关于王浮利用《西域传》那一段。《幽明录》(4)（例证善恶因果报应的灵验故事集）也许应该对这个故事的传说性内容负有更多的责任，例如李通游历地狱、王浮遭受地狱之苦以及帛远作为冥王幕僚所享的快乐。这两段话似乎是从《高僧传》(1)摘录而成，而《高僧传》又抄自《名僧传》（参见 *295* 上文第 11 页第(4)条）。⑧

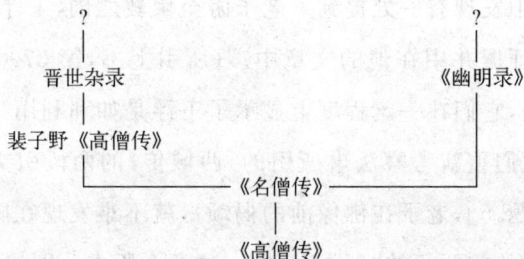

```
        ?                                    ?
        |                                    |
      晋世杂录                            《幽明录》
  裴子野 《高僧传》
        └──────────┬──────────────────────┘
                《名僧传》
                    |
                《高僧传》
```

如果我们把目光集中于《晋世杂录》和裴子野《高僧传》所记载的这些信息，那么尽管不很充分，也足以确定这一事件的年代和地点。据说这件事发生于惠帝（290—306 在位）年间，而帛远又死于公元 304 年，故伪造《化胡经》必然发生在公元 3 世纪的最后几年，抑或公元 4 世纪的最初几年内，且大概在帛远活跃于长安之际；我们发现，也正是在长安期间，大概在 8 年之后，化胡说出现了带有佛教色彩的重新解释。

无论是《晋世杂录》还是裴子野《高僧传》都讲到了这个事实：王浮"托"或"改"《西域传》的原始内容而编造了《化胡经》。我们已在上文译介了《西域传》的一些段落（第 291 页标号[5]）。毫无疑问，在这些段落（甚至被陈子良当作《魏略·西域传》）中至少有一段与裴松之注所引《魏略》的一些部分相似，而且如果这些内容确是同一件作品，那么我们就有足够的理由假设：陈子良的记载应是《魏略》的原始内容，裴松之仅仅给出了一个删节的、有时晦涩难解的摘要。

主要的难题是《魏略》的节选部分被标为《西戎传》，而不是《西域传》。为此，沙畹在两者之间作了明确区分，一个是法琳和陈子良注的《西域传》，并且按照《晋世杂录》的说法，这部分内容后来由王浮扩展成《化胡经》；另一个是裴松之⑧注所引的《魏略·西戎传》。沙畹的观点受到了伯希和的批评，他对这个问题已有详细的论述（《法兰西远东学院院刊》[BEFEO]卷6，1906，第377—379页），我们不必重复他那些令人信服的观点。我们完全同意他的立场，可以概述如下："王浮所用的《西域传》很可能不是摘自《魏略》，但这一点没有得到证实，事实上我们在《魏略·西戎传》中发现有一处提到了老子游至佛教之国，王浮因而'错误地利用了'这些证据并用在他的文章中。"（所引上书，第379页）其中有些段落颇为奇怪，它们在一定程度上显示了王浮是如和利用《西域传》的内容的。如果我们重新考察法琳所引的《西域传》的两段引文中的第一段（第291页标题[5]，老子在佛像前的偈颂），就不难发现在陈子良注中提到了这首偈颂的前两行的"新本"内容。这两个版本分别如下：

"旧本"：

> 我生何以晚，
>
> 佛出一何早。
>
> 不见释迦文，
>
> 心中常懊恼。

"新本"：

> 佛生何以晚，
>
> 泥洹一何早。

陈子良清楚地知道《西域传》的这两个版本，旧本为法琳所引用，而"新本"则有所改动。

甄鸾所著《笑道论》（570年）的原本已奉诏令毁没，其辑佚本现存于《广弘明集》卷9，该书是一本著名的驳斥"化胡说"以及其他各种道教起源说的论文集，其中保存了大量早期道教伪经如《化胡经》的引文。但这并不意味这些段落出自王浮的原本，因为这个版本已渐渐成为后来增加的、已经窜改了的各种道教起源说的大杂烩。然而，《笑道论》仍保留了以下记载：

> 《化胡经》……亦曰：
>
> 佛生何以晚，
>
> 泥洹何以早。
>
> 不见释迦文，
>
> 心中大懊恼。④

除去两个无关大体的区别（用疑问词"何以"代替感叹性的"一何"，并用"大"代替"常"），这与陈子良《西域传》注所讲的"新本"是一致的。上面提到的细微差别也许只能归因于抄写上的粗心。约 50 年后，我们在法琳《破邪论》(622 年)注所引的《化胡经》中发现了同样的偈颂，而这与"新本"《西域传》⑮的内容毫厘不爽。有鉴于以下事实，即(1)王浮据称改变了《西域传》的内容并以此为基础撰写了《化胡经》，(2)陈子良提到了《西域传》的两个版本，即旧本与新本，以及(3)"新本"出现于王浮《化胡经》中，我们也许可以得出这样的结论：王浮自己改动了这个偈颂的前两行内容。

现在，同样的这两行出现在更早的文本中，且以相当特殊的方式出现。在《高僧传》卷 1 的印度弘法大师、翻译家竺法度（昙摩难提[Dharmanandin]，4 世纪后半叶）传之后，附有当时活跃于氐族统治者苻坚(357—384)朝廷⑯的官员赵政（亦作"整"，字文业）的小传。此人是长安佛教的大护法，也是佛经翻译的赞助人；这些善行不仅记载于《高僧传》传记中，也保留在《出三藏记集》⑰所记载的各种佛经的题记和序跋里。在苻坚逝世及其帝国崩溃之后，即在公元 385 年或稍后不久，赵政决定出家为僧，法号道整，也为了表明投身宗教生活的心迹，因作颂曰：

佛生何以晚，

涅槃一何早。

归命释迦文，

今来投大道。㉔

纯属巧合是不太可能的：第一部分的前两行和第二部分的第三行与《化胡经》中的"老子偈"在字面上完全一致。

解释这几行内容就碰到了困难。如同出现于《西域传》中一样，"旧本"的意思是清楚的：老子到达印度时因佛早已涅槃而未能亲见佛陀，这位圣人就埋怨道："我生何以晚（或以其他方式），佛出一何早！"然而，《化胡经》这个版本的偈颂似乎没有什么确切意义。第一行显然是表达老子的遗憾，由于生活在远比佛的时代早得多的年代而不能亲见佛陀，老子备感遗憾。我们从早期道教伪经中对此有所了解，这个化胡故事有其一定的依据。如上所述，有一版本提及老子预见了佛陀降生，而至少有一个《化胡经》版本却讲到老子担心佛陀即将涅槃，就变为备受尊敬的迦叶，以便能在佛陀住世的最后时刻侍候佛陀，并向释尊提出最后一些问题。如果这些解释正确，《化胡经》的偈颂就应该今译为：

佛为什么要生得如此之晚（并且因为他将只有一段自然的生命）？他的涅槃又是如此之早！

但这不过是试译，且相当不能令人满意，目前我还没找到更好的方式来阐释这个问题。

更令人疑惑的是，这几行相同的内容（无论如何与化胡说有关）竟然出现在赵政的诗作之中，而他是苻坚朝廷中最虔诚的佛教徒之一。当然我们可以说"佛"乃"我"之误写。事实上，明本《高僧传》中确实有这种写法（《大正藏》№2059，第328页，脚注㉓），但这显然是由于后人试图改正原来的文本，并想厘清这些谜语一般的文字。毫无疑问，赵政是从佛教的角度来解释这些字的。有一种尝试性的解释也许是：

（未来）佛为什么生得如此之晚？

（并且，在另一方面）（释迦）涅槃又是如此之早*（因而我只得生活在没有佛出现的时期）！

不管这个偈颂到底是什么意思，这两行文字出现于约公元 385 年的一个文本中，总是很有价值的，它证明了《化胡经》当时在长安上层社会中已经非常有名并有相当的影响。同时我们还知道，正是在长安时期，王浮与帛远争辩不休并编撰了《化胡经》。而且，我们即将看到，也正是在北方出现了早期佛教回应道教的一些线索。

我们简略地说说《化胡经》后来的历史。在以后的几个世纪里，王浮撰写的一卷本《化胡经》原本逐渐得以扩展和修改。这个传说的有些版本可能是在佛教反驳理论的刺激下进一步扩展的。到了隋代（581— 618），这个文本已经扩展为 2 卷；公元 8 世纪初，它成了一部 10 卷或 11 卷的作品，里面汇编了不同时代和不同来源的各种故事，其中有些自相矛盾的内容还遭到了佛教作者的讽刺。当时，围绕"化胡"这个主题生发了一整套伪经文献。

公元 668 年即在唐高宗时代，《化胡经》遭禁。但在公元 696 年，道教徒力劝武后撤销了这项决定。9 年之后即公元 705 年，僧人惠澄上书请求禁断该经。同年，尽管几位支持道教的朝臣反对这项建议，但《化胡经》和其他同类作品仍再次遭到官方禁止。不过这次禁书也以失败告终，有关"化胡"的文献在宋代继续发展壮大。然而，僧人阶层取得了最终的胜利：公元 13 世纪中期，蒙元皇帝鉴于佛教的特权地位而下发一道诏书，禁断所有有关化胡说的文献并下令毁版销毁（公元 1258、1281 和 1285 年敕令）。这次禁书非常有效：除了部分零星散见于早期经论的引

298

---

* 兹列英文译文如下，以资参照："Why will (a future) Buddha be born so late? (And, on the other hand), how early has (Sākyamuni's) Nirvana come (so that I have to live at a period when no Buddha appears)!"——译注

文尤其是在佛教护教论文里，以及敦煌文书中版本较晚的、内容奇怪的《化胡经》残卷（其中有个版本有受摩尼教影响的痕迹）以外，各种版本的《化胡经》和其他同类作品全都消失了。⑮

公元 6 世纪以后的佛教护教论文大量引用了《化胡经》的内容，但基本上不可能搞清楚哪些段落属于该经在公元 4 世纪早期的核心部分；在某些情况下，我们显然还必须满足于那些相当晚才添加进去的内容。⑯

然而，有两段话很有可能属于王浮的原本。根据几种不同来源的资料，王浮本后来被称作《明威化胡经》。⑰在唐以前和初唐的佛教文献中，只有一篇引用过以此为题的佛经。不仅从题目而且从文风以及内容来看，这段佚文均与出自各种明显经"扩充了的"《化胡经》版本的诸多段落截然不同。这段佚文内容如下：

> 胡王不信老子，老子神力伏之，方求悔过⑱，自髡自翦，谢愆谢罪。老君大慈，愍其愚昧，为说权教，随机戒约，皆令头陀乞食，以制凶顽之心；赭服⑲偏衣⑳，用挫强梁之性；割毁形貌，示为剔劓之身，禁约妻房，绝其勃逆之种。所谓重病加于毒药，宜令刳腹洗肠；深罪约以严刑，必须诛宗灭嗣。㉑

从文风来看，这段话与引自《化胡经》及其他同类作品的引文有着明显差异。后者属于一种简朴甚至有些原始的风格，没有任何华丽辞藻的修饰，这种文风一般来说雷同于佛经中的散文部分；而我们在此发现这段话属于辞藻优美、高度文饰的"骈体文"，这恰好是写于约公元 4 世纪初的论文所应有的文风，此种烦难的文体当时相当流行。

我们现在尽可能逐字逐句地与早期道教的化胡类伪经残篇进行比较，以解释这一重要文本的含义。出现这些引文的作品，其撰写年代均不晚于公元 7 世纪末。它们只是说明"化胡说"的梗概（上面所说的内容只是其中的某个片断），并表明这个传说的其他版本中有哪些观点在何种程度上存在分歧。我必须再次说明，这里任何一段佚文并不一定明显早于某部我们发现首次引用这些佚文的作品，即便它被标以《化胡经》为题。

(1)"胡王不信老子……"

如上所述(第 292 页标题[6])，在公元 3 世纪理想化的传记集(已佚)中，已经出现了关于老子化胡(指印度)王的暗示。显然，其中早已有老子西去印度王宫活动的古老传说(在后来的资料，可能也在原本《化胡经》中，这个事件被说成发生在罽宾)。后来王浮把这些传说融入他写的《化胡经》中。

我们的节选始于这个故事的中间一段。老子已到达印度，或是单身一人或是由尹喜相伴，而按照另一传说(参见下文标题[4])他最终成了佛。所有文本一致认为胡王并不愿意接受老子的说教，在一些段落中他还试图烧、煮或淹死这位圣人。有一个文本(c)保留了一种本生说，说这位残忍的统治者前世曾是老子的妻子，他有一个印度名字叫愤陀力(Puṇḍarika)。下面三个文本讲述了老子离开中国、游化印度以及首次与印度君王接触。

(a)《初记》称："老子以周幽王(据传前 781—前 771)德衰，欲西度关，与尹喜期三年后于长安市青羊肝中相见。老子乃生皇后腹中。至期，喜见有卖青羊肝者，因访见老子……(此处似有文字脱落)……从母怀中起，头鬓皓首，身长丈六[32]；戴天冠，捉金杖。将尹喜化胡，隐首阳山，紫云覆之。胡王疑妖，镬煮而不热……"[33]

(b)《文始传》云："老子以上皇元年，下为周师。无极元年，乘青牛薄板车度关，为尹喜说五千文，曰：'吾游天地之间，汝未得道，不可相随。当诵五千文万遍，耳当洞听，目当洞视，身能飞行，六通[34]四达[35]。'期于成都，喜依言获之。既访相见，至罽宾檀特山中。乃至(表示叙述有所中断)王以水火烧沉……"[36]

(c)《广说品》云："始[37]，老国王闻天尊说法，与妻子俱得须陀洹果。清和国王闻之，与群臣造天尊所，皆白日升天，王为梵天之首，号玄中法师。其妻闻法同升,为妙梵天王,后生罽宾,号愤陀力王,杀害无道。玄中法师须化度之,乃化生李氏女之胎八十二年,剖左腋,生而白首。经三月,乘白鹿,与尹喜西游,隐檀特。三年,愤陀力王猎,见便烧沉,老子不死……"⑧

(2)"……老子神力服之。"

这两段佚文都讲到老子以显现神通使胡王皈依佛教,它们均出自《文始传》,这部作品可能作于公元6世纪后半叶以后(参见上文注㊿)。

(a)……老子乃坐莲花中,诵经如故。⑨

(b)老子在罽宾弹指,诸天王(devarājas)、罗汉、五通、飞天俱至。⑩

《初记》和《造立天地记》(可能是同一部疑伪经的两个名称)则说老子采用了更严厉的传教方式:

(c)老君大瞋,考杀⑪胡王七子及国人一分并死,胡王方伏……⑫

在《化胡经》另一个版本中,国王皈依佛教则是由于老子在南印度传教所取得的成功:

(d)《化胡经》云:"老子化胡,王不受其教。老子曰:'王若不信,吾南入天竺,教化诸国。其道大兴,自此已南无尊于佛者。'胡王犹不信受,曰:'若南化天竺,吾当稽首称南—无—佛。'"⑬

(3)"方求悔过,自髡自翦,谢愆谢罪。"

根据《初记》(a),失去儿子的国王命令他十分之一的百姓成为佛教徒。在《广说品》中,这个故事(b)则更为稀奇古怪,说愤陀力王前世曾是老子的妻子,后经教化而皈依尚未定型的佛教,其地位并不逊于释迦牟尼佛。

(a)胡王方伏,令国人受化,髡头不妻,受二百五十戒……⑭

（b）王伏，便剃发改衣，姓释，名法，号沙门，成果为释迦牟尼佛，至汉世法流东秦。[65]

(4)"老君大慈，愍其愚昧，为说权教……"

在这段文字中，老子自己明显扮演了佛的角色，并亲自向西域胡人传教。毫无疑问，这是化胡说的最初形式，因为它出现于上文我们讲到的早期各种参考资料（第 291 页起）。这也可由另一段早期道教作品的话来印证，即道教徒顾欢《夷夏论》[66]（约 470 年）中所引的《玄妙内篇》。这段话在早期化胡类经典中相当著名。内容如下：

老子入关之于天竺维卫国[67]，国王夫人名清妙[68]。老子因其昼寝，乘日之精入清妙口中[69]。后年四月八日夜半时剖右腋[70]而生，堕地即行七步举手指天曰：

天上天下，

唯我为尊。

三界皆苦，

何可乐者[71]。（于是乃有佛法）[72]

根据甄鸾《笑道论》（570 年）：

《化胡》《消冰经》[73]皆言，老子化罽宾，身自为佛。[74]

在相当早的时期已有另外两个传说出现。其中一个说尹喜陪同老子西游，成为或被老子选定为佛，名明光儒童（？Āloka-māṇava）。在可能不早于公元 6 世纪后半叶的《文始传》中，保留了这一说法后出的扩展形式。我们发现印度国王忏悔罪过之后：

（老子）推尹喜为师，语王曰："吾师号佛，佛事无上道。"王从受化，男妇髡发，不娶于妻，是无上道，承佛威神[75]，委尹喜为罽宾国佛，号明光儒童。[76]

然而，这个主题也许更为古老。从上文译介的《晋世杂录》佚文来看

302

（第 294 页小标题[2]），这部始撰于公元 5 世纪的作品描述了王浮对《化胡经》的伪造。根据王浮的说法：

> （尹）喜与（老）聃化胡作佛。

因此尹喜成佛的故事至少也应出现在公元 5 世纪初期，且当时已被收在《化胡经》里。但在早期作品中并没有出自《化胡经》的引文认为，尹喜被老子化成"金人"并留在西方成佛；它们出现在公元 1341 年的《佛祖历代通载》中。[⑦]然而，这个传说却出现于公元 8 世纪的《化胡经》中，这可以由敦煌的两个写本来证实，它们是巴黎国立图书馆伯希和藏本（The Fonds Pelliot in the Bibliothèque Nationale）[⑧]的一部分。

P. 3404：

> 老子曰：佛者是弟子尹喜托身，一时教化虽未至极，亦是圣人……[⑨]

P. 4502：

> 桓王之时，岁次甲子一阴之月，我令尹喜，乘彼月精，降中天竺国入乎白净夫人口中，托痫而生，号为悉达，舍太子位，入山修道，成无上道，号为佛陀……[⑩]

因此，我们认为存在着各种有关尹喜之角色的传说。其中那种认为尹喜与老子西游并成佛的说法，也许早在公元 4 世纪初已被写入《化胡经》。这个说法同样也出现在敦煌 P. 4502，该写本显示出它与上面译介的《玄妙内篇》文句（参见第 301 页）有着密切关系。然而，《内篇》中却说是老子自己而不是尹喜降生化作了释迦牟尼。在其他敦煌残卷（P. 3404）中，尹喜显然没有在迦毗罗卫降生成佛。但在后来《佛祖历代通载》里，他被老子就地变成了佛，为了百姓的利益留在当地。在《文始传》中情况与此类似，不过尹喜没有成为释迦牟尼，而是明光儒童佛。在P. 4502，这个情节演变成一个框架复杂的故事：地点转到和阗。在那里，

303

公元前 1028 年老子在一个叫毗摩的地方集合了八十多个中亚、印度诸国的神灵和国王。在这次集会上,他预言了他将来的八十一种化身(avatāras),包括上面所讲的尹喜化身的故事。这份写本包括了玄奘音译⑱的一些地理名词,所以这个故事的版本不应早于公元 7 世纪后半叶,当时这套音译系统已开始淘汰旧译。然而,我们发现至少在一个世纪以前已有说法,认为和阗与老子成佛有关,因为《魏书》(成书于 554 年)第九十涉及"和阗"的段落讲到了这次西游:

> 和阗西五百里有比摩寺院,云是老子化胡成佛之所⑲。

目前我们不能就尹喜在化胡说中所扮演的角色讲述更多的内容,唯寄希望于将来能基于所有现有的资料作一个系统研究,这将给我们指出一条穿越由歧义迭出、相互矛盾的版本和传说所组成的迷宫的道路。我们将在下文讲到《正诬论》时再次回到这个主题上来。

除了老子是佛或尹喜是释迦牟尼(或明光儒童)而老子相应地是佛的老师这两种说法之外,我们还发现有第三种说法,认为老子成为(大)迦叶,即一位佛的大弟子,他在释迦牟尼涅槃后成为僧众领袖。这个说法可能起源于佛教对道教主张的驳斥,因此我们把它和其他佛教的"反化胡"说一起处理。

(5)"……随机戒约,……,以制凶顽之心……用挫强梁之性……绝其勃逆之种。"

我们在此发现了一个非常特别的佛教观念:老子——释迦牟尼在西方胡人中传播教义并不是为了救度他们及解脱他们的生死沉沦,而是为了侮辱、削弱甚至灭绝他们。在早期佛道争论的论文中也引用和解释过一些类似的段落。

> 胡人无二⑳,刚强无礼,不异禽兽,不信虚无。老子入关,故作形像之教化之。㉑

> 胡人粗犷,欲断其恶种故,令男不娶妻,女不嫁夫,一国伏法,自

304

然灭尽。⑥

　　胡人凶犷，故化之为佛，令髡赭绝嗣。⑥

　　我们应特别注意下列出自无名氏《正诬论》(参见第 15 页标题[2])
的段落，该书很可能是现存最古老的中国佛教论文集，这篇短短的护教
文献是用来反驳一篇已经佚失的道教文章的。在对方每次争论之后(或
有时也在中间)便用"云云"，这说明我们必须满足于这些压缩了的引文，
而它们原出自一篇反佛教论文，后又被编入《正诬论》。《正诬论》可能结
集于公元 4 世纪中叶前后，因此这篇反佛教论文至少应该和它一样早，
也就是一定在王浮撰写《化胡经》之后的几十年内完成的。现在我们在
《正诬论》的第一部分中发现有三处引文出自对方的著作，其内容无疑直
接受到了上面译介的《化胡经》部分段落的影响。

　　尹文子，有神通者，愍彼胡狄，胡狄父子聚�№⑥贪婪，忍害、昧利、
无耻侵害不厌，屠裂群生……又：今得道弟子变化云云，又：禁其杀
生，断其婚姻，使无子孙。伐胡之术，孰良于此？云云。⑥

　　这些段落的细节还不很清楚，尤其在涉及尹文子这位公元前 4 世纪
后期的哲学家时，更令人迷惑。目前，如果从另一种角度来谈这段话，我
们将发现可靠的证据来证明"尹文子"就是"尹喜"之误。

　　无论如何，这与在《化胡经》的段落中所表达的观点之间存在联系，
却是确凿无疑的；同时这也说明后者可以被认为是王浮原本的一段
佚文。

　　汤用彤(《佛教史》第 464 页)已经注意到下述有趣的事实：公元 4、5
世纪的一些作者似乎已经受到了这个说法的影响，结果中国看待印度
"胡人"的传统态度和评价发生了显著变化。

　　在早期资料中，印度的居民被视作是友好的，尽管稍有些柔弱。他
们"偎人爱人"⑥，他们"修浮图道不杀伐"⑥，他们"以修善慈心为主，不杀
生"⑥，而《化胡经》的引文和已经译介的《正诬论》中的相应段落，却反映

出在公元 4 世纪上半叶这种观念已经有所变化。把印度人的性格及与之相似的佛法当作对其民族罪恶的一种意识形态上的解毒剂,这种态度出现于下列段落中,其中有些内容已在上一章里译介过。

当王谧试图以这个由早期中国史学家提出的有利于印度人的陈述来护卫佛法时,桓玄回答说:

> 岂不以六夷骄强,非常教所化,故大设灵奇使其畏服? 既畏服之,然后顺轨。(参见上文第 265 页)

约公元 433 年,何承天写信给宗炳:

> 外国之徒受性刚强,贪欲忿戾,故释氏严五戒之科。(参见上文第 265 页)

约四十年后道教徒顾欢说道:

> 佛起于戎,岂非戎俗素恶邪? 道出于华,岂非华风本善邪?[②]

从公元 4 世纪初期开始,强烈的民族主义、种族主义和排外情绪在化胡争论中扮演了重要的角色。这个事实促使我们关注《化胡经》的第二段佚文(为甄鸾《笑道论》所引),无论在文风还是在内容上,它都与我们在前几页中译介和解释的佚文完全一致,以致我们可以把它看作是原本的另一部分。这构成了另外一段中最后一些词句的逻辑延续:既然把由老子向西方胡人教化的"佛"法只看作一种遏制和灭绝的办法,那么还有什么比把这种致命的武器介绍给中国更蠢的呢?

> 《化胡经》云:"佛兴胡域,西方金气刚而无礼,神州之士效其仪法起立浮图,处处尊尚佛经,弃本趣末,言辞迂荡,不合妙法,饰雕经像,以诳王臣,致天下水旱,兵车相伐。不过十年,灾变普出,五星失度,山河崩竭,王化不平,皆由佛乱。帝王不事宗庙,庶人不享其先,所以神祇道气不可复理。"[③]

这段佚文与其他老子西行活动的故事之间的联系并不很清楚:说者

显然不是老子,而是公元 4 世纪早期其他《化胡经》的作者在描述他自己那个时代里令人伤心的事件。总的印象是,这段话属于某个前言或题记的片断。

我们在字里行间发现了另一个有趣的争论。由于佛教"不自然的"传入,这种源于西方的教义与女性原则(阴)相关,也与金这种坚硬而又致命的元素相关,宇宙的秩序和平衡遂遭破坏。这种理论(以一种更复杂的方式表述)也见于其他较晚的同类作品中。

> 《老子序》云:阴阳之道,化成万物,道生于东,为木,阳也;佛生于西,为金,阴也;道父,佛母;道天,佛地;道生,佛死;道因,佛缘,并一阴一阳不相离也。佛者,道之所生,大乘守善;道者自然无所从生。[64]佛会大坐,法地方也;道会小坐,法天圆也。

> 道人不兵者,乃是阴气女人像也,故不加兵役;道作兵者,可知。道人见天子王侯不拜,像女人深宫不干政也;道士见天子守令拜者,以干政为臣僚也。道会饮酒者无过也,佛会不饮,以女子饮酒犯七出也。[65]道会不斋以主生,生须食也;佛会持斋以主死,死不食,又以女人节食也。道人独卧,以女人等守一也[66];道士聚宿,故无制也。[67]

同一篇作品中还有另外一段:

> 道主生,佛主死;道忌秽,佛不忌;道属阳,生忌秽;佛则反之。据此,清浊天分,死生大判,何为不念清虚大道,而愿生死秽恶佛乎?[68]

最后,《文始传》也说:

> 道生东,木男也;佛生西,金女也。[69]

各种早期《化胡经》版本的形成,以及与这类比较特殊的文献的发展过程相关的问题,复杂得超出了本章的处理范围。它们应当在专门研究中进行更为细致的分析。

在这里,我们主要目的是吸引读者关注排佛论中的民族主义和排外的特质。这些特质在公元 4 世纪初的化胡说中扮演了非常重要的角色,而表现在《化胡经》自身的构成以及公元 4、5 世纪的反佛作者所写的一些作品之中。

一旦我们审视公元 300 年前后的历史背景,这些情绪就变得极易理解,也极为重要。匈奴和羌族逐渐入侵了中原领土,不久他们就征服了北部中国。这一定刺激了中国士大夫中间的排外情绪。人们只需读一下江统写于公元 299 年的《徙戎论》,就能感觉到其中的恐惧、不安以及危机意识。[⑧]这种气氛并不是毫无理由的:那时迁入的外来人占到陕西人口的一半;中国军队的兵员有一大部分来自非汉族的雇佣军;匈奴部族首领刘渊在北方组织并联合了五个部族,宣布自己是汉朝合法继承人,并开始进攻陕西,且在公元 307 年僭称皇帝。同年,最上层士大夫开始大规模迁移,把北方留给了胡族入侵者。

尽管事实上当时在士大夫中的排外情绪主要针对北方部族,而在那些部族中佛教一上来并没有任何明显的影响,然而我们可以假定(上文已译介的段落可以证实)这种感情很快就扩展到了针对着所有"胡人",包括中亚和印度的胡人。

在研究早期佛道冲突史时,还有另外两个因素须加考虑。首先,佛教在农村人口中的逐渐扩张势必会削弱道教教团的力量,同时也必然会激化道教领袖及其朝廷代言人的排佛态度;其次,大约在公元 300 年,佛教开始在士大夫及上层社会中、在朝廷权臣和王室成员中产生了影响。这必然导致两个集团之间冷酷的竞争:佛道间此后的冲突主要发生在朝廷内部。由此我们应该注意到:(1) 根据一种传说,《化胡经》作者王浮是道教教团的名流;(2) 导致创作这本书的争论发生在(临时的)都城;(3) 王浮的对手帛远至少与一名王室重要成员有着密切关系(参见上文第 76 页)。

佛教的回应

现在转而关注佛教徒如何反驳那些在他们眼里侮辱已极的说法,对此我们可以区分出两类回应。

第一种(按年代来说应是第二种)包括了对化胡说提出的多少有理论依据的各种反驳,亦即论证道教教义的明显荒谬之处。在公元 6 世纪前这种争论似乎还没有发生,在早期的文献目录如陆澄《法论》以及僧祐《法苑杂缘原始集》(《出三藏记集》卷 12)中,都没有提到任何有关反驳化胡说的文章,至少从题目判断确是如此。公元 6 世纪以后,当道教徒攻击佛教日益猛烈之时,佛教护教者才开始注意到这种说法之危险又侮辱的一面,并意识到必须进行系统而详尽的批驳。

佛教的第二种回应完全属于另一种性质。在相当早的时候,可能就在《化胡经》编撰之后不久,佛教徒已试图用对方的方式来调和道教徒的这些"污蔑性言论"。这把我们带入有关早期佛教疑伪经的一个有趣主题,可以说大量的佛教理论都涉及老子与佛的关系、道教和儒教的佛教源头,以及"三圣东来"的故事。

现在还不清楚何时出现了第一部佛教疑伪经。最早的经录——道安的《综理众经目录》(374 年)在其"疑经录"部分罗列了 26 部,总共 30 卷。⑩僧祐在公元 6 世纪初模仿道安编撰《出三藏记集》,在这一类中增加了 20 卷著作,达到 46 篇疑伪经,总共 56 卷。⑩过了不到一个世纪,在公元 594 年,《众经目录》(《大正藏》№2146)在"伪妄"部列举了 53 部共 93 卷,又在"疑惑"部列举了 29 部共 31 卷。⑩关于各类佛教疑伪经的概论,我们可以参看汤用彤所作的精彩归纳(《佛教史》,第 594—600 页)。

从各种佛教经录编撰者所作的评论、保存在后世作品中的佚文,以及从敦煌发现的一些写卷这三方面来看,早期佛教疑伪经是纷繁复杂的。据说一些疑伪经是在出神状态中获得灵感后写成的;一些"经"则成了包罗万象的伪佛教大杂烩,其中佛教的基本观念如五戒与五行、五方以及其他中国哲学概念相联系；另外还有一种"救世的"经典，它们仿佛在模仿中国的"谶书"。我们可以假定，所有这些著作最初实际上起到过一些宣传作用，尽管我们发现其中的大部分要被完全否定，被严肃的佛教学者认定是属于异端和误导的。

正是在这些边缘性的中国佛教文献里，根据不同版本、不同复杂程度的经典，我们可以梳理出佛教与道教化胡说相对应的关系：老子根本不是佛教的创始人，事实上或是释迦牟尼的化身或是佛弟子，由天帝派遣到东方传教，尽管所传之教在各方面都劣于佛法，但仍能为达到最终解脱作准备。有时，儒教也被包括了进来，老子、孔子、颜回甚至传说中的圣王都被看作菩萨。

为了研究这个课题，我们遵循以前的步骤，先从我们掌握的公元 3、4 世纪和 5 世纪早期非常有限的资料着手，然后试图通过稍后的较为丰富的信息来阐释这些早期资料的核心问题。

方便善巧

化胡说基于道教传说中已有的一个主题，所谓老子西去。同样，这个佛教理论也在大乘佛教的一些基本观念中找到了各自的证据，即佛无限的"方便法门"（upaya-kausalya）和诸佛菩萨在世间无量"化身"的神通。

大乘佛教对佛性的各种沉思促成了一些观念的延续和进一步发展，尽管这些观念在原始佛经中已有些萌芽，却主要起源于大众部中说出世部的佛性论。在大乘佛教注经者的作品中以及这类教义的经典中，佛已失去了一切属人的特性：他是终极实在的本质，他的本性是如性（tathatā），是万法不可捉摸的真实本性（dharmatā）；简而言之，他是绝对的体现者，非有非无，非常非断，非有为非无为，具足种种不可思议之力。佛陀在各个方面都是出世间的（lokottara），他应化世间的化身乃是一种幻相：他看似人间的导师，其实这只是人们心生的一种幻影；佛为了满足听者的各种需要，为了适合他们的各种根机，迎合俗世众生相（Lokanuvartana），同时超越人世束缚，而现生老病死相，但这实际上不过是佛陀应机说法的"治疗方法"（pratipoksa）。

菩萨法门则进一步发展了这种特征：在他那难以想象的漫长觉悟过程中，未来佛要有随意变换不同化身的能力，以此完成传播佛法救度众生的任务。通过这种"方便法门"，他能够随缘说法，以适应各种特殊环境和各种根机的众生。在中国佛教里，把中国历史上以及史前时期备受尊敬的圣人视作佛的化身或菩萨的化身，乃是非常自然的。这种观点似乎很早就有了。在现存最早的一本汉语佛经《太子瑞应本起经》（《大正藏》№185，译于 222—229 年）中，我们发现下面这段文字非常有趣，它在后来的护教论文中往往被佛教作者用来论证他们的观点：

310

> 及其变化随时而现或为圣帝，或作儒林之宗国师道士，在所变化不可称记。⑱

慧远的《沙门不敬王者论》还有一长段发展了这个主题，内容如下：

> 常以为道法之与名教，如来之与尧孔，发致虽殊，潜相影响；出处⑲诚异，终期则同。

> 详而解之，指归可见。理或有先合而后乖，有先乖而后合。先合而后乖者，诸佛如来则其人也；先乖而后合者，历代君王未体极之主，斯其流也，何以明之？

> 经云："佛有自然神妙之法，化物以权，广随所入，或为灵仙转轮圣帝，或为卿相国师道士。"⑳若此之伦，在所变现，诸王群子莫知为谁。此所谓"合而后乖者也"。（案：似乎是由同一个神者之不同化身的不同教化）

> 或有始创大业而功化未就，迹有参差，故所受不同，或期功于身后，或显应于当年。圣王则之而成教者，亦不可称数，虽抑引无言必归途有会，此所谓"乖而后合者也"。（案：不同菩萨尽管使用不同的

和不完全的方法,但他们所教化的不同法门却殊途同归……)⑩

正如这类文献中常有的情况一样,上文中的观点陈述得极为含混。如果我们试图从华丽的辞藻里面厘清其中隐含的基本内容,我们可以认为慧远区别了两个过程:一方面是佛所应变的圣帝、卿相、国师等化身,并通过这些方式引导道德进化的过程;另一方面是菩萨的善行,尽管他们还未达到至道,仍通过生死轮回来完成与佛同样的任务,成为"圣帝"的国师或典范。

慧远在释读《太子瑞应本起经》一些段落时,确实也提到过"道师"(通常指老子)亦在佛的化身之列,这可能表明他并不把道教排除在其理论之外。然而,在这里和在其他地方一样,他主要关心的却是证明佛教和儒教之间存在着内在的联系,他不是把它们作为两种思维方式(这两者或多或少有其相似性),而是作为同源的两种教义,且注定最终会相遇和融合。慧远是这种思想最杰出的拥护者,在他现存的著作段落中,我们看到多次出现了这种思想。

我们必须说明:为了做到这一点,他并没有仅仅重复前人的文字或 ³¹¹
观点。对他来说,这种洞见乃是他毕生不断思索凝练的结晶。在慧远写给他一位俗家弟子刘程之的信中,这篇中国早期佛教文献中最有个人情趣的文章以寥寥数语描述了这种进化:

> 每寻畴昔游心世典,以为当年之华苑也。及见老庄,便悟名教
> 是应变之虚谈耳。以今而观,则知沉冥之趣,岂得不以佛理为先?
> 苟会之有宗,则百家同致。⑱

所有这些言论均具有更加宽广的视野。将古代佛教圣人与儒教和道教的圣人等同起来,乃是极易理解的倾向,而作为此种倾向的征兆,这些言论有可能为更特殊的佛教理论提供了背景,尤其是为我们现在讨论的"反化胡说"提供了背景。

首先,我们发现这个理论可能始自公元 4 世纪中叶。《正诬论》的无

名氏作者(见上文第 304 页)回答其道教提问者(他认为哲学家尹文子与"化胡说"以及佛教的出现有关)说:

> 尹文子即老子弟子也,老子即佛弟子也。[18]

又说:

> 故其经云:"闻道竺乾有古先生,善入泥洹,不始不终,永存绵绵。"竺乾者天竺也……若佛不先老子,何得称先生? 老子不先尹文,何故请道德之经耶?

第二段后面的话证明,这里以及我们在第 304 页译介的段落中的"尹文"乃是"尹子"之误:"尹子"即"尹喜",是被老子授予《道德经》的关令尹。而根据一些化胡说的版本,他后来跟随老子去了西域。

这里有个重要的事实,即老子被称作一位西方圣人的弟子,而《正诬论》的作者又认为这位西方圣人即是佛。这里引用的神秘经典并不一定是佛教的疑伪经,它们也可能是用佛教观念来解释道教的作品。事实上,我们有充足的理由假定,所谓"其经"正是《西升经》的早期版本。《西升经》这部化胡类的道教作品,在后来的佛教论文集中经常被引用。[19]

312 不仅是在这里,而且在《化胡经》的众多佚文中,其基本的一点是老子是佛弟子,更具体地说,是弟子大迦叶。这些段落当然受到了佛教护教者的热烈欢迎,他们不断利用这些段落作为令人信服的证据来反驳道教徒的化胡说。

不言而喻,这些主题乃是偏离甚至违背其他化胡说的。即便假定我们必须满足于老子这两种明确的化身,其一是作为佛或佛的老师,其二是作为佛的大弟子(实际上,我们正在讨论的段落暗含了这些观点),老子在此仍被放在低于佛的位置上。而且,我们发现老子在这些段落中用最坦白的言辞赞颂佛陀。因此,我认为唯一的解决办法就是假定有一种佛教的回应,它认为老子在西方活动时化作迦叶,而无非是佛的一个弟子。这个主题一定被羼入了《化胡经》原本以及类似的著作中。举例来说，至少根据《笑道论》及其以后的佛教论著的作者，这个段落出现在他们那个时代的《化胡经》里。

（1）《化胡经》云："天下大术，佛术第一。"⑪

（2）《化胡经》云："老子化罽宾，一切奉佛。老曰：'却后⑫百年，兜率天上，更有真佛，托生舍卫白净王宫。⑬吾于尔时亦遣尹喜下生从佛，号曰阿难，造十二部经。'老子去后百年，舍卫国王果生太子，六年苦行成道，号佛，字释迦文。四十九年⑭欲入涅槃。老子复见于世，号迦叶，在双树间为诸大众⑮启请如来。三十六问讫，佛便涅槃。迦叶菩萨焚烧佛尸，收取舍利，分国造塔，阿育王又起八万四千塔……"⑯

（3）《化胡经》云："周庄本初三年，太岁丙辰，白净王子既得正觉，号佛释迦。老子见其去世，恐人懈怠，复下多罗聚落⑰，号曰迦叶，亲近于佛，焚尸取骨，起塔分布，若如上文。"⑱

（4）《化胡经》云：
愿将⑲优昙花⑯，
愿烧旃檀香。
供养千佛身，
稽首礼定光⑰。

（5）《化胡经》云：
佛生何以晚，
泥洹一何早。
不见释迦文，
心中常懊恼。

（有关这些诗文的各种版本及其训诂，参见上文第295页起。）

（6）《化胡经》云："老子知佛欲入涅槃，复回在世，号曰迦叶，于娑罗林为众发问。"⑱

313

（7）《升玄云》："吾师化游天竺（后入涅槃）。"⑬

（8）符子（即符朗，4世纪后半叶）⑭曰："老氏之师名释迦文。"⑮

　　如上所述，我们必须假定讨论中的主题涉及佛教的起源。首先，符朗是羌族前秦王朝那个虔诚的佛教徒统治家族的子孙，根据他的作品残卷（上文第8条）可以进一步澄清事实真相。其次，把老子当作摩诃迦叶一直是佛教"三圣"说及其相关理论的基本特征之一。我们这就讨论这些相关理论。

三圣东行说

　　上文译介的《太子瑞应本起经》（参见第309页）的一些著名段落已经基本上勾勒了这个主题，即中国古代圣人不过是佛的化身或菩萨，以完成他们"救度众生"的神圣使命。至少从公元4世纪末以来，这个主题在许多佛教疑伪经中曾以多种形式展开。

　　这些奇异的作品无一幸存。不过，它们常被公元6、7世纪的佛教文献引用。我们在许多作品中均发现了此类引文，如《清净法行经》《须弥四域经》《须弥像图山经》《老子大权菩萨经》《十二游经》《空寂所问经》等。

　　从现存的引文来看，这些著作都同意以一种或多或少扩展了的理论314 来阐释这一说法：老子、孔子，通常还包括颜回这位孔子最喜爱的学生，实际上乃是佛教圣人；同时这种说法也涉及一些神秘的"皇帝"，因为在传说中他们在历史之初奠定了人类文明的基础。

　　然而，这些故事并不是统一完整的：许多经典对这些事件都有各自的说法，在上面提到的疑伪经中最重要的一部是《清净法行经》，它似乎有不同的修订本，其中唯一固定的一点是把老子确认为迦叶，而这一点在所有这些著作中不断出现。当我们在下列四部疑伪经中比较它们彼此的关系时，这些传说之间如何缺乏统一性便昭然若揭了：

	孔子	颜回	老子
清净法行经	儒童菩萨	光净菩萨	迦叶
同上（其他版本）	光净菩萨	月光菩萨	迦叶
空寂所问经	儒童菩萨	光净菩萨	迦叶
阙名（下文标号[1]约470年被引用）	光净童子		迦叶

我们并不清楚为什么只是这些佛教圣人而非其他佛教圣者被说成老子、孔子和颜回。大迦叶是佛弟子中最为年长和最受尊敬的；根据佛教传说，正是他在释迦牟尼涅槃后成为僧伽的实际领导人，据说他还主持了"王舍城结集"（council at Rājagṛha）。他的高龄也许是人们把他与老子联系起来的唯一原因。据我所知，在长者迦叶和那些中国圣贤之间，在个性或生平方面没有任何明显的相似之处。

儒童菩萨与孔子间的等同关系，则建立在另一个原则之上。儒童是Māṇava(ka)（即"青年人"，尤其是来自婆罗门种族的）的汉文意译，一般指 Bodhisattva Sumedha（亦作 Sumati），他的生活是佛教传说中非常著名的一个主题。无量劫以前，婆罗门青年 Sumedha 用他所有的钱财买下七朵蓝莲花打算奉献给燃灯佛，但因无法穿过聚集在佛周围的信徒人群而无法接近佛，便扔出莲花。然而花没有落地，它们在空中继续飞行，奇迹般地附在燃灯佛身上。Sumedha 为此瑞相所感动，展开他的长发铺在地上，让佛从上面走过，然后燃灯佛授记（vyākaraṇa）他将来会成佛，号释迦牟尼。①

在这个著名的本生故事中，并未给出任何有关儒童与孔子之等同关系的线索。显然"儒"是 Māṇava 的汉译，在这里的意义很可能指"年轻的、懦弱的"，即"孺"的异体字，但"儒"也很容易理解成"儒学""儒家"，而这里恰恰用了这个字的一般意义。我们甚至也不能排除另一种可能性，即最初译为"儒童"是为了表达双重意义："年轻的/儒家的男孩"——梵语以该词来指称一个来自婆罗门家族的年轻人，而这对于中文编撰者

315

来说,只能指来自士大夫之家的男孩。在翻译印度名词时,"儒"这个词有一种特殊的用法,在译经僧支谦的一个注中曾把"释迦牟尼"这个名号译为"能儒",他认为"释迦"(sākya)意即"能",而"牟尼"(muni)意即"儒"[⑰]。

月光(童子)菩萨似乎与中国有特殊的联系,但并不仅限于颜回。他是一种救世主式的人物,有几部经都预言他将出现在中国。这几部经有的在僧祐《出三藏记集》的"疑惑"篇中提到过,它们是《观月光菩萨记》和《佛钵经》(或记)。根据僧祐的说法,其中有"甲申年洪水,月光菩萨出世"的记载。[⑬]在法经《众经目录》中,我们发现提到了《首罗比丘见月光童子经》,这部经在此也被列入"伪妄"部。[⑮]

在现存经典中,有三部经讲述了这个预言。在《申日经》(又称《月光童子经》,《大正藏》№535,相传竺法护译,但可能是支谦译)[⑱]中,我们读到月光王子如何阻止他那堕落的父亲,不让他图谋毒害佛,以及此后佛如何预言在佛涅槃后一千年、佛法退转即将消隐之时,月光王子降生于中国化作一代君主,复兴佛教,恢复其从前的辉煌,教化中国及其周围蛮荒之国的人民。[⑬]在《大正藏》№545《德护长者经》卷2中也发现了同样的预言,此经在约公元6世纪中期为竺那连提耶舍(Nairendrayśas)[⑬]所译。除了各种经典作品,月光降生于中国这个传说或预言,最早还出现在习凿齿给道安的信(公元365年,参见上文第189页)中。他在颂扬道安的智慧和虔诚之后写道:"(此)所谓月光将出,灵钵应降!"(《高僧传》卷5,第352页中第28列,Link译本第23页)。

因此,月光与中国之间的关系早就确定下来了。然而,我没有发现为什么要把这位菩萨与颜回等同起来。颜回是孔子最有才气的学生,跟随老师几年之后,英年早逝,时年33岁。

我也没有找到把孔子或颜回与光净菩萨(Vimalaprabha?)等同起来的原因。这个菩萨的名字出现在《大方广佛华严经》(Suzuki-Idzumi本,3.15)里。

在上文提到的众多佛教疑伪经中，最重要的也许应属《清净法行 ³¹⁶
经》。在法经《众经目录》(594 年)以及后来的一些"疑伪经"⑩目录中都
提到了它。在《出三藏记集》中，它被列入"失译杂经录"⑰中，因而这部著
作在公元 5 世纪末，即僧祐为其经录收集材料时已经存在。《清净法行
经》未在道安录 26 部伪经名单中被提到。在另外的作品中还有一句话
也许能证明：这部经典本身至少认同儒童即孔子，或者迦叶即老子，而这
种认同至少在僧祐之前便已存在了一个世纪。在《广弘明集》卷 24 中，
我们发现一封由禅师惠(亦作"慧")命写给著名画家、隐士戴逵(卒于 396
年)的感谢信，信的前面几句说了如下一句非常重要的话：

> 是以阙里儒童，阐礼经于洙济，苦县迦叶，迁妙道于流沙。⑱

如果该书的真实性未遭公开怀疑的话，那么有些不经意却准确无误
的暗示便可以让我们把这个佛教理论追溯至公元 4 世纪后半叶。然而
令人遗憾的是：在该信标题中出现的僧人惠命，乃是梁代最著名的禅师
之一，可根据《续高僧传》(卷 17，第 561 页上第 8 列)中他的传记，他生于
公元 529 年，即在戴逵死后 130 多年。惠命住在仙城山的一座寺院里，
而《广弘明集》所抄录的信中也注明是给"仙城山惠命"的，因此绝不可能
还有另一位同名的禅师。

我们尝试着进一步追溯。把这种类型的起源与《灌顶经》(《大正藏》
No1331,？ *Mahābhiṣekamantra*)中的一段文字联系起来；该经据说是由
著名的龟兹法师帛尸梨蜜多罗(Śrīmitra)翻译的一部陀罗尼咒语集，他
在公元 4 世纪的前几十年内在龟兹相当活跃。该经卷 6 有如下语句：

> 阎浮界内有震旦国，我遣三圣在中代道，人民慈哀，礼义具
> 足……⑲

不幸的是，把《灌顶经》的翻译归于帛尸梨蜜多罗并不属实。在早期
经录中根本没有这部经。公元 597 年《历代三宝纪》和公元 664 年《大唐
内典录》率先在帛尸梨蜜多罗名下提到这部经，而且两部经录在讲这一

点时都参照了《晋世杂录》(已佚,作于 5 世纪早期)。⑬然而,帛尸梨蜜多罗《灌顶经》却既不见于僧祐的《出三藏记集》(完成于约 515 年),也不见于法经的《众经目录》(约完成于 594 年)。另一方面僧祐和法经又都谈到一部两卷本的《灌顶经》,他们把它分在"疑惑"部中,认为这部经是在公元 457 年⑬由僧人慧简伪造的。考虑到这些因素,看来很有必要对《灌顶经》的成书年代持保留态度。因此,习凿齿信中那段关于佛教三圣东游的说法仍不失为最早的记录。

我们上面提到的佛教疑伪经出现年代较晚,可能是公元 5、6 世纪的产物。而任何其他经录中收集到的有关这些疑伪经的资料,我们将在下列段落的注释中陆续给出。实际上,这种佛教理论在任何场合下都被运用于两种对立的思想体系的鼻祖身上:孔子和老子;而且,我们发现还经常包括了孔子最喜爱的学生颜回,由此形成了有中国色彩的佛教三圣人。

(1) 故经云:"摩诃迦叶,彼称老子;光净童子,彼名仲尼。"……老子、仲尼佛之所遣。⑬

(2) 是以如来使普贤威行西路⑭,三贤并导东都。故经云:"大士迦叶者,老子其人也。"故以诡教五千翼匠周世。化缘既尽,回归天竺,故有背关西引之邈⑭,华人因之作《化胡经》也。⑭

(3)《清净法行经》云:"佛遣三弟子,震旦教化。儒童菩萨彼称孔丘,光净菩萨彼称颜渊,摩诃迦叶彼称老子。"⑯

(4)《(清净)法行(经)》云:"先遣三贤,渐诱俗教,后以佛经革邪从正。"⑭

(5)《空寂所问经》云:"迦叶为老子,儒童为孔子,光净为颜回。"⑯

(6)《内典天地经》曰:"佛遣三圣化彼东土。迦叶菩萨彼称老子。"⑯

(7)《老子大权菩萨经》云:"老子是迦叶菩萨,化游震旦。"⑯

据我所知,只在一种情况下,在此模式中颜回的位置曾被另一位儒家人物占领过,他便是著名的政治家周公。儒家传统认为他在公元前 12 世纪后半叶确立了周朝的礼仪制度。公元 504 年 5 月 2 日,梁武帝诏令:

> 老子、周公、孔子等虽是如来弟子,而化迹既邪,止是世间之善,不能革凡成圣。[14]

我们无法弄清这位虔诚的皇帝何以说出这番话,这也许只是对"孔子、老子、颜回"这个著名主题的自由发挥,而非引用或暗引某部特定的包括另外一种传说版本的佛教疑伪经。

伏羲和女娲的佛教诠释

疑伪经的作者们并没有满足于把儒家和道家的创始人纳入佛教的圣徒传记,他们还以同样的方法把另两位半神人物引入佛教。按照中国传说,这两位在远古时代奠定了人类文明的基础:伏羲是《易经》八卦的发明者,还教人耕种渔猎等技术;女娲是伏羲的妹妹,据说她建立了婚姻制度并发明了乐器。

> (1)《须弥四域经》云:"宝应声菩萨名曰伏羲,宝吉祥菩萨名曰女娲。"[16]
>
> (2)(同上经):"伏羲皇者应声大士;女娲后者吉祥菩萨。"[18]

佛教在此重新阐释了历史,最终认为不仅儒家和道家,而且中国文化的根本都要归因于远古时代佛教圣人的"教化影响"。

这些菩萨是谁呢?不言而喻,女娲必定要与一位菩萨的女性化身相应。事实也正是如此,因为(宝)吉祥(天)是吉祥天女(Śrīmahādevī),即拉克什米(Lakṣmī)女神,她在佛经中有时化作大势至菩萨(Mahāsthāmaprāpta)。[19] 现在这位大势至菩萨是西方极乐世界的阿弥陀佛的两位胁侍菩萨之一,另一位是观世音菩萨(Avalokiteśvara)。[13] 接下来,由于这两位化成伏羲和女娲的菩萨是受阿弥陀佛的派遣,因此我们也许可以说那个神秘的(宝)应声就是观音菩萨一种较随意的译法,而该译法在其他地方未曾出现过(在梵文中观世音菩萨读作 Avalokitasvara,汉译通常作"观音",现在这个梵语组合词的第一个字意译为"应",第二个字意译为"声",而不是"音")。此后的段落(很明显是从两部佛教疑伪经中摘录出来的)以一种更复杂的形式表现了同样的主题。这里可以提供一种极为有趣的例证,说明印度和中国的各种因素如何组合成全新的中国佛教传说。首先,我们要简介印度佛教关于宇宙形成之初的世界进化理论,因为在这个故事里此一进化阶段恰好适合伏羲和女娲的时代。

根据佛教宇宙观,进化的第一阶段大致如下:

在上一"劫灭"后的宇宙间歇期,除了梵天,别的什么都不存在。当这个阶段行将结束时,原始风开始吹动,而由于众生的业力不断积聚,形成越来越强的力量,最终形成了宇宙旋风(vāyumaṇḍala),此宇宙旋风乃是出现器世间(bhājanaloka)的基础。四处仍然是水和黑暗的混沌,来自高级世界的"光音天"(ābhāsvaradeva)降临这个世间。他们有耀亮而无形的身体,过着幸福的生活。过了很长一段时间,在某个时刻,海洋里开始产生可见的陆地,它像泡沫一样浮在水面。在太阳和月亮出现之后,众神开始依赖日月而生活,并失去他们的光亮。这标志着道德堕落过程的开始,因此需要出现社会组织。[19]

现在我们讨论如下一段文字,它以印度佛教的宇宙演化论的术语描述了应声大士化为伏羲,而吉祥菩萨化为女娲:

(3)(法琳《辩正论》):

伏羲皇者应声大士,女娲后者吉祥菩萨。

(陈子良注,作于 7 世纪上半叶)

依《须弥像图山经》及《十二游经》并云:"成劫(Vivartakalpa)已过入住劫(Vivṛttāvasthākalpa)来,经七小劫(antarakalpa)也,光音天(ābhāsvaradeva)等下食地肥,诸天项后自背光明,远近相照。因食地肥，欲心渐发，遂失光明，人民呼嗟。尔时，西方阿弥陀佛告宝应声、宝吉祥等二大菩萨：汝可往彼与造日月，开其眼目造作法度！宝应声者，示为伏羲，宝吉祥者化为女娲，后现命尽还归西方。"⑱

张道陵的佛教外衣

在本章结束之前，让我们再次回到《化胡经》。我们已经假定（参见上文第 312 页），《化胡经》中有些段落明确在"支持佛教"，并因此而经常被佛教护教者用来与化胡说对抗；这些段落事实上遭到了佛教徒的窜改。在这中间，我们发现有些段落非常强调道教教团的著名创立者张陵曾经礼佛，且与许多佛教圣人联系密切。这些内容显然起源于佛教，尤其下文译介的第四段更是如此。它简要地介绍了道教自大迦叶传承到汉代大师之后（对这些大师的描写完全不顾历史年代的真实性），迦叶曾预言公元 64 年汉明帝梦见金人的著名传说，以及佛教向中国的传入，佛教在此被明确说成是优于道教，最终还将取代道教这种堕落的宗教。

(1)《老子升玄经》曰："天尊告道陵，使往东方诣佛受法。"⑲　　　*319*

(2)（引自同经）："东方如来遣善胜大士诣太上（即老子）曰：'如来闻子为张陵说法，故遣我来看。'子语张陵曰：'卿随我往诣佛所，当令子得见所未见，闻所未闻！'陵即礼大士随往佛所。"⑳

(3)《道士张陵别传》云："陵在鹄鸣山㉑中，供养金像转读佛经。"㉒

(4)《化胡经》曰："迦叶菩萨云：如来灭后五百岁，吾来东游，以道授韩平子，白日升天，又二百年，以道授张陵。又二百年，以道授建平子。又二百年，以道授午宣㉓。尔后，汉末陵迟不奉吾道。至汉明永平七年（64 年）甲子岁，星昼现西方。夜，明帝梦神人长一丈六尺，项有日光。旦，问群臣。傅毅曰：'西方胡王太子成道佛号。'㉔明帝即遣张骞等穷河源，经三十六国，至舍卫。佛已涅槃，写经六十万五千言。至永平十八年（75 年）乃还。"⑩

注　释

① 参看克里尔（H. G. Creel）《什么是道教？》（What Is Taoism?），《哈佛亚洲学报》（*HJAS*）76（1956），第 137—152 页。

② 冯友兰正是在这个意义上使用"新道教"这个词，参看冯友兰《中国哲学简史》（*Short History of Chinese Philosophy*），New York 1948，第 211 页："道教的复兴，这儿我指的是道教哲学的复兴。我把这种复兴的道教哲学称作新道教。""新道教"这个词被伯希和用来指称恰恰相反的内容，他指的是黄巾军的道教起义（参看《通报》卷 19，1920，第 414 页注㊳）；参看第 45、87 页的解释。

③ 参见马伯乐（H. Maspero）《道教》（*Taoism*），第 116 页起。

④ 在大英博物馆的敦煌文书里发现了一本《道德经》的注释本，名为《想尔注》，这个书名非常神秘。毫无疑问，这部作品（S 6825）是现存关于早期道教教义的最广泛和最可信的资料，最近出版了一本《想尔注》校注本，即饶宗颐撰写的《敦煌六朝写本张天师道陵著老子想尔注校笺》（香港，1956），也可参考陈世骧《想尔老子道经敦煌残卷论证》，《清华学报》新版 I. 2（台北，1957 年 4 月），第 41—62 页。一般认为这个注释本是由张陵所作，他是道教的第一位天师（2 世纪中期）。和饶宗颐先生不同，我们很难接受这种说法，因为直到张陵死后约 5 个世纪才有这种归属关系。然而，这部作品的基本内容和其他资料中有关道教早期活动的信息完全一致，并且其中无论是教义还是术语都丝毫没有受到佛教的影响。这足以证明我们所面对的是一份非常古老而极有价值的文件。

⑤ 参看施友忠《中国人的反抗观念》（Some Chinese Rebel Ideologies），载于《通报》卷 44（1956），第 150—226 页，尤其是第 163—170 页。该文首次尝试对这些问题作出有益的考查，并从中国历史的角度比较研究几次重要的反抗运动。

⑥ 参见利维（Houiard S. Lévy）《汉末黄巾军宗教和起义》（Yellow Turban Religion and Rebellion at the end of Han），《美国东方学会学报》（*JAOS*）76（1956），第 214—227 页，尤其是第 215 页。

⑦ 同上，第 223 页。

⑧ 公元 215 年，参见《三国志·魏志》卷 1，第 24 页左。

⑨《史记》卷 63，第 2 页右。

⑩《法兰西远东学院院刊》（*BEFEO*）卷 6，1906，第 388 页注①。

⑪《庄子》第 3 篇《养生主》，第 20 页。

⑫《水经注》（王先谦本）卷 19，第 1 页左。

⑬《后汉书》卷 60 之下，第 18 页左："或曰：老子入夷狄为浮屠。"

⑭《列仙传》卷 5。卡滕马克（M. Kaltenmark），*Le Lie-sien Tchouan*（北京 1953），第 65 页。

⑮ 参见卡滕马克，所引上书，第 1—4 页。

⑯ 福井康顺，所引上书，第 200—261 页。

⑰ 裴松之《三国志》卷 30，第 366 页注；沙畹（Ed Chavannes），*Les Pays d'Occident d'ar près Le Wei lio*，《通报》卷 6(1905)，第 519—576 页。

⑱ 参见第二章注㉜。

⑲ "盖以为西出关，过西域，之天竺教胡（为）浮屠。"在此该在哪里句读并不很清楚；"……教胡"之后紧接有"浮屠属弟子别号为二十九"。沙畹将之译成"…et arriva dans le T'ientchou(Inde) ou il enseigna les Hou. Des autres noms des disciples qui dépendent du Bouddha, il y en a en tout vingt-neuf."我们既不同意他这种断章取义，也不同意他把"浮屠属弟子"强译成"les discipies qui dépendent du Bouddha"。如果那样的话，我们宁可理解成"属浮屠（之）弟子"。如果我们必须忠实文字上的内容，最好翻译成"……and the Buddha attached himself to(Lao-tzu as)a disciple"（……佛成为[老子之]弟子）。因为从化胡说后来的版本来看，老子的弟子尹喜后来成了佛，所以上述译文当然是合乎情理的。然而，正如汤用彤所指出的（所引上书，第 49—50、61 页），《魏略》的原文可能是"教胡为浮屠"。在沙畹以前一篇文章《蒙元时期中国碑文和文件》（Insriptions et Pièces de Chancellerie Chinoises de l'époque Mongole），《通报》V(1904)，第 357—447 页，其中部分是关于禁止《化胡经》和其他道教伪经的敕令，他把"为浮屠"和在以后资料中出现的与之相近的"成佛""为浮屠化"译为"les fit devenir Bouddhistes"，不过原文的意思应该是"devint le Bouddha"。后一种解释当然既适用于这里，也适用于襄楷上书里的一段译文：老子以化胡的面目出现，但没有证据说明尹喜是由老子遣送而成佛的。这个说法早在公元 3 世纪就已出现了。亦可参见柴田宣胜《老子化胡经伪作者传に就いて》，《史学杂志》卷 44，1933，第 59—81 以及 200—232 页，尤其是第 218 页起。

⑳《大正藏》№2110 卷 5，第 522 页中第 13 列起。

㉑ 沙畹（Ed Chavannes）文，载于《通报》卷 6(1905)，第 540 页起；烈维（S. Lévi）文，载于《亚细亚学报》（*J. As.*），1897，第 14—29 页；以及 1900，第 1451—463 页；伯希和（P. Pelliot）文，载于《法兰西远东学院院刊》（*BEFEO*）卷 6(1906)，第 377 页起。

㉒ "髻"字义为"高结"。

㉓ 烈维（S. Lévi，文载《亚细亚学报》[*J. As*]，1897，第 16 页，以及 1900，第 461—462 页）已证明这个沙律一定是 Sāriputra 某种相当古老的音译，或者是 Sariyut 这个俗语（prākrit）的对应词。

㉔《大正藏》卷 52，第 522 页中第 17 列。

㉕ 对《魏略》相应的部分以及沙畹所解释的那句晦涩的话，还可以有其他的评论。在谈及佛诞故事之后，裴松之注引的《魏略》继续说道："天竺又有神人名沙律。昔汉哀帝元寿元年，博士弟子景卢受大月氏（关于这个传说，参见上文第 24 页）王使伊存口受《浮屠经》，曰复立者其人也……《浮屠》所载与中国《老子经》相出入……"

（见上小标题[4]）

根据沙畹的解释，"曰复立者其人也"这句话意思是：佛被视作"老子的弟子出现"（réapparition de Lao-tseu ou d'un de ses disciples）。这与原意有差距：如果我们把这话与下面的话连起来读，那么我们一定会得到一种印象，即"复立者"就是那位在佛经中教化中国使者的王子。这同样也相当晦涩，但我们不应该忘记正在讨论的是一个失传了的传说中被歪曲的片段。然而，我们的解释可以由《西域传》陈子良注加以证实（如果这部作品确与《西戎传》一致），可能会同意这原始文本较之裴松之混杂的摘录更为接近：《西域传》讲到一位王子也是像佛一样从他母亲的右胁降生，他身上的标志以及他在蓝毗尼城的降生环境都与佛一样，因而被称作"佛"。这里所讲的并非是释迦牟尼（如裴松之注中所讲的），而是一种模仿，一种回归。简而言之，即讲到的是一个"复立者"。我们不甚清楚这个故事与景卢前往月氏国之间有无关系，但是把裴松之注引的内容和陈子良注中的附加信息合起来考虑，这之间必然有某种联系，并且没有理由把"复立者"的故事与化胡说相联系。

㉖《大正藏》№2110卷6，第534页下第17列＝《广弘明集》卷13，第185页中第2列："魏书外国传皇甫谧高士传并曰：桑门浮图经老子所作。"

㉗《大正藏》№2110卷6，第522页中第7列："皇甫谧云：老子出关入天竺国，教胡王为浮图。"

㉘《续博物志》（《秘书二十八种》本）卷7，第5页右。

㉙参见《四库全书总目》卷57，第6页左。

㉚汤用彤《佛教史》，第59页。

㉛有关《老子铭》，参见公元1762年赵明诚（12世纪中叶）著、卢见曾（1690—1768）编《金石录》卷15，第11页右，以及洪适（1117—1184）著（隶释），《四部丛刊》卷3，第1页右。郦道元（6世纪早期）《水经注》中已提到刻有铭文的柱子，并说这篇作品由边韶结集而成，他在皇帝诏令大臣管霸举行祭祀时撰写了这个铭文。赵明诚和洪适也把这个铭文归于边韶。因而尽管在这个铭文中没有提到作者的名字，归于边韶似乎是理所当然的。我们在《后汉书》卷7，第12页右中看到，桓帝在公元165年1月或2月诏令中常侍左悺在河南相传为老子出生地的苦县祭祀老子（参见《史记》卷63，第1页左），公元165年12月或166年1月，大臣管霸因同样的目的前往此地（同上，第13页右）。苦县乃陈国都城，然而，按照边韶的生平记载，他在当时或者可能是陈国之相（《后汉书》卷110上，第16页右）。这一材料，加上在边韶传中说他曾经编撰过东西，尤其是"铭"，这就有力地证明他很可能就是《老子铭》的真实作者。不过，其中仍有一个问题：欧阳修（1007—1072）一定曾见此铭此碑，他在《集古录》（《欧阳文忠公集》，《四部备要》卷135，第2页右）中详细描述过碑铭；然而他并没有提到边韶是铭文作者，与此相反，却说有人认为这是著名学者蔡邕（133—192）的作品。事实上，这个说法有一定根据：根据蔡邕的生平传记（《后汉书》卷90下，第10页左），有一位推举他的朝臣（蔡邕与他关系甚为紧密）乃是权势很大的太监左悺，这和公元165年奉命前往苦县祭祀老子的属于同一人。我们可以假定蔡邕做的是文案工作；他是那个时代最伟大的书法家，最著名的作品是以隶书誊写的五经或六经，

公元 166 年他受命用朱红书写在石碑上以备铭刻。然而,欧阳修果断地说有人认为蔡邕"撰写"了铭文,这意味着他编撰铭文而不是仅仅把它书写出来。

公元 2 世纪有关老子各种化身的说法,可能已经受到了佛教的影响；同时,自黄帝时代开始东方朔也有众多奇怪的化身,参见应劭(约 140—206)《风俗通义》(北京中法汉学研究所编[Centre Franco-Chinois],北京 1943,第 16 页)。

㉜《后汉书》卷 110 上,第 16 页右。

㉝ 根据《高僧传》卷 1(帛远传),第 327 页上第 13 列,他俗姓万,中原人,儒家学者万威达之子。我不明白伯希和为什么说他"姓帛,'万'不过是书写错误"(《法兰西远东学院院刊》[BEFEO]卷 6,1906,第 380 页注②)。有关帛远,参见上文第 76 页。

㉞ 祭酒最初是赋予聚会时最年长的客人的荣誉称号,由他负责斟酒祭祀,汉代时已成为半神性的封号,赐予那些杰出的人物(参见第二章注㉛)；晋代开始成为国子监官员的官衔,一直延续到 20 世纪晚清时期。唐代,祭酒也属于在朝廷上负责礼仪的官员(参见戴何都[des Rotours], *Traité des fon ctionnaires*, vol. I,第 442 页注⑤)。然而,"祭酒"这个词在公元 2 世纪后半叶有另外一层意义：它在张鲁领导的"东"黄巾军的宗教万神殿中成为最高的职务称号之一,在这个组织中"祭酒"乃是最高的地方官员,他们之间彼此信任并管辖大片的地区,他们的级别仅次于"天师君"张鲁一人。此后,这个称号用来指由道师领导的较低级别的教团中的成员。毫无疑问,这里是在后面这个意义上使用这个名词。参见马伯乐(Maspero)《道教》,第 153、45 页；福井康顺,所引上书,第 36、53、59、114 页；Kenneth K. S. Ch'en, Buddho-Taoist mixtures in the Pa-shihhua t'u,载于《哈佛亚洲学报》卷[HJAS]卷 9(①945—1947),第 1—12 页,尤其是第 4 页。

㉟ 道流著,并由竺道祖(卒于 419 年)最终完成；法琳《辩正论》卷 5 注引,《大正藏》№2110,第 522 页中第 24 列。

㊱ 亦作《众僧传》二十卷,参见《梁书》卷 30,第 3 页右；《辩正论》卷 5,陈子良注引(可能 7 世纪上半叶),№2110,第 522 页下第 1 列。

㊲ 有关这篇作品,参看芮沃寿(Arthur F. Wright),《慧皎〈高僧传〉》(*Hui-chiao's Lives of Eminent Monks*), p.417, VI。这段话后被陈子良《辩正论注》引用(同上所引)。

㊳ 应该申明《高僧传》并没有抄录《出三藏记集》卷 10(帛远传),第 107 页中第 29 列起：关于李通游地狱和王浮活动的记录只出现在高丽藏本《出三藏记集》中,而从字面上看,高丽藏本显然是抄自《高僧传》,在宋、元、明版本中根本没有提到这则故事。在上面提到的柴田宣胜(参见注⑲)的文章中,他认为(理由毫不充分),我们上面译出的裴子野《高僧传》《幽明录》和《晋世杂录》的引文都是不可靠的,它们都是后人在慧皎《高僧传》基础上伪造或窜改。他把《高僧传》作为王浮编写故事最初的材料,因而把这个故事看作纯粹虚构的。这当然走得太远了。我们不禁要想：柴田最初坚信王浮的整个故事乃是毫无历史价值的一个后来的传说,他把所有可能导致与此相反结论的文本斥责为伪书,以此来证明他的这个信念,其实用这种方式几乎什么也无法证明。

㊴《通报》卷 6,1905,第 539—544 页。

㊵《广弘明集》卷 9,第 152 页下第 1 列。

㊶《广弘明集》卷 11,第 162 页中第 13 列。

㊷《高僧传》卷 1,第 328 页下第 6 列起,上文第 202 页。

㊸《出三藏记集》卷 9,第 64 页中第 10 列;卷 10,第 71 页中第 18 列、第 72 页上第 1 列、第 73 页中第 29 列。

㊹《高僧传》卷 1,第 328 页下第 18 列。

㊺ 关于《化胡经》的后期历史,参见福井康顺,同上引书,第 267—324 页;沙畹文,载于《通报》卷 5,1904,第 375—385 页,以及卷 6,1905,第 539—542 页;伯希和(P. Pelliot)文,载于《法兰西远东学院院刊》(BEFEO)卷 3,1903,第 318—327 页;沙畹-伯希和(Chavannes-Pelliot),Traité Manichéen,第 116 页起。

㊻ 吉冈义丰在《道教经典史论》(东京 1955,第 407—422 页)中提供了一个有价值的道教经典目录提要(包括《化胡经》),这些经典常为佛教论文所引用。

㊼ 参见《大正藏》No2108,在《集沙门不应拜俗等事》卷 5,第 470 页上第 25 列,引用《晋代杂录》;《大正藏》No2110,卷 6,《辩正论》,第 534 页下第 28 列,以及《大正藏》No2051,卷 2,《法琳别传》,第 209 页中第 7 列。有关题目的意思,见福井康顺,所引上书,第 266 页。

㊽ "求"后加"哀",参见《广弘明集》卷 9,第 145 页下第 18 列(《笑道论》引用《文始传》):"王求哀悔过。"

㊾ "赭服"或"赭衣"指犯人所穿的褐色长衫。这个习俗自前汉开始,在《荀子》(《荀子》第 18 正论,第 218 页)中提到作为一种"惩罚记号"(象刑)。《太平御览》(Centre Franco-Chinois 编,北京 1943,第 110 页)引用《风俗通义》佚文说:秦始皇帝下令所有应征修筑长城的民夫都要穿上囚犯的红色衣服,以便更易辩认囚犯,参见沙畹(Chavannes),Mém. hist., vol. II., p. 156,注①。还可看德效骞(Dubs)《前汉史》(HFHD)vol. II. appendix II, p. 123 起:"改变衣服的惩罚";卡尔格兰(Karlgren)《敕令集注》(Glosses on the Book of Documents),BMFEA XX,1948, p. 87,注 1267;威尔伯(Wilbur)《西汉时期中国奴隶制》(Slavery in China during the Former Han Dynasty),第 273 页注⑤;何四维(Hulsewé)《汉律遗存》(Remnants of Han Law),第 347 页。

㊿ "偏衣"指"不完全的衣服",特指僧人的袈裟(kāṣāya),袒露左肩。

51《大正藏》No2110(《辩正论》)卷 6,第 535 上第 10 列,亦见于《广弘明集》卷 13,第 185 页中第 13 列。最后一句(从"所以谓重病……"开始)仅只出现于《广弘明集》本《辩正论》。

52 "丈六"形容佛化身(nirmāṇakāya)的高度。

53 被引用于《笑道论》,《广弘明集》卷 9,第 144 页中第 14 列起。

54 六(神)通(ṣaḍ-abhijñā)指证得最高果位之一的佛、阿罗汉或菩萨所获得的六种超自然力:(1) 如意(ṛddhi);(2) 天眼(divyacakṣus);(3) 天耳(divyaśrotra);(4) 他心智(paracittajñāna);(5) 自识宿命(pūrvanivāsānusmṛti);(6) 漏尽智(āsravakṣ-

ayajñāna）。更常见的是去掉最后一个的五神通，参见拉摩（Lamotte），*Traité*，第328—333页；戴耶尔（Har Dayal）罗列了这些名词的不同说法，并作详细讨论，参见他的《菩萨教义》（*Bodhisattva Doctrine*），第106—134页。道教高士所谓"洞视""洞听"和"飞行"的能力很自然地逐渐和佛教圣人五神通或六神通相混杂，尤其是"天眼""天耳"以及"如意"，后者实际包括天空飞行的能力，这是四种神奇运动（gamana）之一。事实上，我们在公元3世纪初支谦译《太子瑞应本起经》（京都版，p. 238 A1）卷2中，已发现这些内容，该经中"divyacakṣus"和"divyaśrotra"分别译成"彻视"和"洞听"。

⑤ "四达"可能是"三达"之误，即三种智（tisro vidyāh），指佛觉悟后达到的智慧，它与上注中所提到的三种神通相一致：天眼（divyacakṣus）、自识宿命（pūrvanivāsānusmṛti）和漏尽智（āśravakṣayajñāna）。戴耶尔（Har Dayal，所引上书，第108页）认为，"三达"是五神通或六神通演进的开始，但在繁复的第一个修学阶段设想这种佛教观念的演进过程纯属徒劳。僧人在修学过程中所获得的"神通"（uttarimanussa-dhamma）出现在最早的一些佛教经典（Pātimokkha）中，这些神通以及获得神通的方法毫无疑问属于早期佛教的核心内容，不论其数量或分类方法，并且它们甚至可能出现在佛教之前，属于瑜伽的范畴，即便不是它的本质，至少也是原始教义中的基本部分（参见布桑[L. de la Vallée Poussin]，《涅槃》[*Nirvāṇa*]，巴黎1925，第10页起）。在这段文本中"四达"可能是"三达"之误，意思可能是"洞察四种（来源）"，因为比如在《道德经》第10章中曾出现："明白四达，能无知呼？"（Duyvendak译本中训"知"为"为"，参见第36、39页）。在这段出自《文始传》的文本中"四达"（与六通相平行）很清楚只能理解成"四种达"。《周礼》卷15，第23页右提到"四达"（"凡为邑者以四达戒其功事"），当然不在讨论之列。

⑤ 引自《笑道论》，《广弘明集》卷9，第145页下第11列。《文始传》乃是一部道教伪经，其核心是尹喜圣徒式的传记，其中增添了公元6世纪下半叶起所作的内容。参见福井康顺，所引上书，第219页起，以及马伯乐（H. Maspero）《道教》（*Le Taoisme*），第176页注③。

⑤ 明本作"始者"而不是"始老"。

⑧ 引自《笑道论》，《广弘明集》卷9，第145页下第22列。

⑨ 引自《笑道论》，《广弘明集》卷9，第145页下第17列。

⑥ 同上，第151页上第17列。

⑥ 出自《初记》的引文作"考杀"，出自《造立天地记》（参见下文注⑫）的引文则作"打杀"。我认为"考"（也写作"攷"）是"打"字的误写。

⑫ 同上，第144页中第20列；同样出自《造立天地经》，同上，第150页上第4列。

⑬ 同上，第147页中第16列。应该注意到：对梵语词汇作如此荒谬的词源学解释在道教伪经中并不少见。"优婆塞"（upāsaka）这个词与这个故事有关：有个印度国王担忧他的儿子镇守要塞抵御劫匪（其中没有解释"婆"字，《笑道论》的作者讥笑"婆婆"从何而来）；此外对"优婆夷"（upāsikā）也作了类似的解释（见《笑道论》，《广弘明

集》卷 9,第 147 页中第 26 列)。因为佛教"屠害"人们的自然本性,所以"佛陀"古译为"浮屠",里面有个"屠"字;又如"沙门"被译作"丧门"(显然是古译"桑门"的一种变体,即梵语 sramaṇa),意思是"死灭之门",等等。(《三破论》是张融[卒于 497 年]所作的道教论文,为刘勰《灭惑论》所引,见《弘明集》第 50 页下第 5 列。)

㉔ 出自《笑道论》,《广弘明集》卷 9,第 144 页中第 21 列。

㉕ 同上,第 146 页上第 1 列。

㉖ 关于这部作品及其成书年代,参见汤用彤《佛教史》,第 462 页起。

㉗ "维卫"是 Vipaśyin 的音译。这里显然指佛的出生地 Kapilavastu,这主要被译作"迦毗罗卫""迦夷卫"以及"维耶"。参见赤沼智善《印度佛教固有名词辞典》(Nagoya,1931)vol. I, p. 281.1.

㉘ 出自《南齐书》卷 54,第 4 页右＝《南史》卷 75,第 11 页右。其中作"净妙"而不是"清妙"。这位皇后的名字乍一看似乎非常有"道教"味,而与乔达摩(Gautama)的母亲摩耶夫人无关。然而,必须说明在《太子瑞应本起经》(《大正藏》№1185,支谦译于公元 222—229 年)卷 1,京都版, p. 234. A2,我们发现摩耶的名字已被改成"妙",因此《玄妙内篇》的说法一定依据这部经中关于佛诞生的故事。这两部作品之间的对应关系非常明显:

《玄妙内篇》	《太子瑞应本起经》
[老子入关]之于天竺维卫国	托生天竺迦维罗卫国
国王夫人名清妙	夫人曰妙,节义温良
老子因其昼寝	菩萨初下,化乘白象冠日之精
乘日之精入清妙口中	因母昼寝而示梦焉,从右胁入
后年四月八日夜半时	至四月八日夜明星出时
剖右腋而生	从右胁生
堕地即行七步举手指天日	堕地即行七步举手住而言
天上天下,唯我为尊	天上天下,唯我为尊
三界皆苦,何可乐者	三界皆苦,何可乐者

㉙ 根据佛诞生的传说,当摩耶夫人在中夏节(the Midsummer Festival)午睡时,菩萨化为六牙白象进入她的腹中。在中国早期佛传(《大正藏》№184、185)中,未来佛乃是乘坐白象从兜率天(Tuṣita heaven)降生;在《牟子》和法显的游记中也发现了同样的传说(参见伯希和文,《通报》卷 19,1920,第 336 页注㉟)。然而,我们在此没有发现任何这个故事的痕迹,从最初的传说中唯一保存下的情节是皇后"昼寝"时出现了老子的化身。作为道教高士,老子自然有能力变化身体,显然他自己化作日光照射皇后的身体。在许多伟人诞生的故事中,由口怀孕得胎这种奇迹是一个常见的主题。在这些传说中怀孕是由于吞吃了某种东西,尤其是蛋。参见《诗经·大雅》第 245 篇("大雅"II. 1, Legge 译本 第 465 页, Couvreur 译本第 347 页, Karlgren 译本第 260 页),《史记》卷 3 第 1 页右(*Mém. hist.* I,173—174);《史记》卷 5 第 1 页右(*Mém. hist.* II,1—2)。

㉚ 《玄妙内篇》(或《玄妙经》)原本可能作"右腋",这样就与印度传说中菩萨在蓝

毗尼(Lumbinī)奇迹般的降生相一致。这段话最早(出现在《夷夏论》,约 470 年为《弘明集》所引,卷 6,第 37 页中第 17 列,以及《南齐书》卷 54,第 4 页右＝《南史》卷 75,第 11 页右)作"右",而根据这部作品后来的引文(为《笑道论》所引)老子是从清妙左边生的。这个从"右"到"左"的变化是可以理解的:一般说来,"左"是与"阳"相对应的方向(参见葛兰言[M. Granet],《中国人的思维》[Pensée Chinoise],第 369 页);老子是作为男人和导师而降生的,并用日精显现自身;而且按照其他伪经的说法(见下文第 306 页),道教也反对佛教重阴不重阳。但是,老子是从他的(中国)母亲左腋出生,这个传说要早于公元 6 世纪。在葛洪(4 世纪中叶)《神仙传·老子传》中已讲到他"剖母左腋而生"(《说郛》1.1a)。

⑰ 这几行当然是道教徒模仿未来佛据说诞生后立即念诵的名句。关于这个佛教传说以及佛诞生后最初所说的话,见穆斯(P. Mus),*Barabuḍur*,第 475 页起;其他资料尤其是汉语资料,见拉摩(Et. Lamotte),*Traité*,第 6 页注③。我们发现老子这里所口诵的诗文内容与支谦译《太子瑞应本起经》(参见上文注⑱)的一段诗文相同。应该注意到"是最末后身"这句话出现在其他所有版本里,而在这里以及《玄妙内篇》中却没有佛的这个短传。

⑫ 《玄妙内篇》(在《笑道论》中曾被引作《玄妙篇》,《广弘明集》卷 9,第 148 页下第 19 列),为顾欢《夷夏论》所引,并依次收入于:(1) 明僧绍(6 世纪早期)《正二教论》,《弘明集》卷 6,第 37 页中第 15 列;(2)《南齐书》卷 54,第 4 页右;(3)《南史》卷 75,第 11 页右;后又被甄鸾《笑道论》(570 年)所引,《广弘明集》卷 9,第 146 页上第 9 列、第 148 页中第 24 列、第 148 页下第 19 列。

⑬ 这部经仅见于《笑道论》中一段很短的引文。它的题目相当费解:除了《消冰经》外,还有一个别名《消水经》,这两个书名都出现于《唐书经籍艺文合志》(北京 1956,第 187 页)。福井康顺建议,尽管不太明确,应作"玄"字,而不是"冰"或"水"(所引上书,第 290 页)。

⑭ 引于《笑道论》,《广弘明集》卷 9,第 146 页上第 6 列。

⑮ "承佛威神",是 buddhasya(或 buddhānām)adhiṣṭhānena 的标准译文,意即"借助佛控制性的(或"维持性的")神力"。我不很清楚出于何意在这段话中引用这句名言。

⑯ 引于《笑道论》,《广弘明集》卷 9,第 145 页下第 18 列。

⑰ 《大正藏》No2036,卷 27,第 719 页上;参见沙畹文,《通报》卷 5,1904,第 376 页注①。

⑱ P. 3404(包括《老子化胡经受道卷第八》,收于《敦煌秘籍留真新编》卷 2,第 34—48 页)和 P. 4502(《大正藏》No2139,包括《老子西升化胡经序说》,参见沙畹-伯希和[Chavannes-Pelliot],*Traité Manichéen*,第 144 页注①;福井康顺,所引上书,第 267 页起)。

⑲ 《敦煌秘籍留真新编》,台北 1947,卷 2,第 45 页第 4 栏。

⑳ 《大正藏》No2139,第 1267 页中第 9 列起。

㉛ 参见福井康顺,所引上书,第 258 页;沙畹-伯希和(Chavannes-Pelliot),*Traité*

Manichéen，第 126 页。

㉒《魏书》卷 102，第 3 页右＝《北史》卷 97，第 3 页左。

㉓ 根据汤用彤的观点（所引上书，第 464 页），我在此作"无仁"而不是"无二"。

㉔ 张融（卒于 497 年）《三破论》，引于刘勰（6 世纪早期）《灭惑论》，《弘明集》卷 8，第 50 页下第 20 列。

㉕ 同上，第 50 页下第 23 列。

㉖《化胡经》，引于释神清（《大正藏》No 2113，公元 9 世纪早期）《北山录》卷 5，第 602 页上第 17 列。

㉗（元、明和殿本）作"聚麀"而不是"聚麀"。"聚麀"意思是"共享雌鹿"，参见《礼记》卷 1（曲礼，注疏本卷 1 第 11 页右，Couvreur 译本 I p.7)："夫惟禽兽无礼，故父子聚麀。"

㉘《正诬论》，《弘明集》卷 1，第 7 页上第 24 列起。

㉙《山海经》，参见上文第 271 页。

㉚ 汉代大将班勇的话，引自《后汉书》卷 88（《西域传》）；又由范晔复述，同上，第 10 页右："修浮图道不杀伐。"参见上文第 26 页。

㉛《后汉记》卷 10，第 5 页右。

㉜ 引自《南齐书》卷 54，第 5 页右＝《南史》卷 75，第 12 页左。

㉝ 引自《笑道论》，《广弘明集》卷 9，第 149 页上第 25 列。

㉞ "佛者道之所生，（大乘守善）道者自然无所从生。""大乘守善"这几个字在这里毫无意义，反倒破坏了这个句子的平行关系。它们可能因误抄而杂入原本之中。

㉟ "七出"，参见《孔子家语》（同文书局版）卷 6，第 11 页左；其内容对应于《大戴礼记》"七去"，卷 13（第 80"本命"）第 6 页右，卫理贤（R. Wilhelm），*Das Buch der Sitte*，第 248 页。无论"七出""七去"，其内容都不包括饮酒一项，可能归于"淫"这一项。

㊱ "守一"，原来是形容精神专一的道教名词；在早期中国佛教的翻译中，它也用来描述"禅定"。这个解释可能出自《庄子》第 11 篇《在宥》第 65 页："我守一以处其和"；或者是《道德经》第 10 章："载营魂抱一。"参见汤用彤的《佛教史》第 110—111 页，及饶宗颐《老子想尔注校笺》（香港 1956）第 63—65 页。然而，这里它一定不同于"精神专注，守护纯一"，而有着其他的含义。

㊲ 引自《笑道论》，《弘明集》卷 9，第 146 页下第 2 列。用中国传统宇宙论术语（阴阳、五行）解释佛教观念并不仅仅局限于道教范围。在现存佛教疑伪经残卷中，还有更进一步的发展，著名的有《提谓波利经》，这部疑伪经当时非常流行，由北方著名的僧人领袖昙曜撰于约公元 460 年。我们在此发现了一种稀奇古怪的分类系统，把佛教的五戒对应于五星、五山、五脏、五行、五帝和五色等等。参见塚本善隆《支那の在家佛教特に庶民佛教の一经典》，《东方学报》III，1941，第 313—369 页，尤其是第 331 页起。

㊳ 同上，第 152 页上第 6 列。

㊴ 同上，第 146 页下第 16 列。

⑩ 参见上文第 81 页注①。

⑩ 《出三藏记集》，卷 5，第 38 页中第 7 列起。

⑩ 同上，第 38 页下第 17 列起。

⑩ 《大正藏》№2146 卷 4，第 138 页上第 8 列起。

⑩ 《太子瑞应本起经》卷 1，东京，p. 234 A2："及其变化随时而现。或为圣帝，或作儒林之宗国师道士，在所现化不可称记。"相似的段落出现在《大般涅槃经》(*Mahāparinirvāṇasūtra*)公元 4 世纪失译本中，《大正藏》№6，卷 1，第 182 页中第 9 列。

⑩ "出处"这个词在此与上文中"发致"是相对应的，它不能被理解成意义相对的复合词（"出发和停留"），而是定语词组："出发的地方，出发的地点"。Hurvitz(p. 27)误译成："... that the departure from the private life and the remaining in it are truly different."

⑩ 慧远在此引用了我们上文已译介过的《太子瑞应本起经》段落（参见注⑭）。

⑩ 《沙门不敬王者论》第四部分，《弘明集》卷 5，第 31 页下第 18 列，Hurvitz 译本第 27—28 页。

⑩ 《广弘明集》卷 27，第 304 页上第 26 列。

⑩ 《弘明集》卷 1，第 7 页中第 1 列。

⑩ 参见福井康顺，所引上书，第 294—296 页，这部名为《西升经》的作品出现于道教经典（《道藏》卷 346—347、449—450）；它自称记载了在他们西去之前老子对尹喜所说的话。事实上这部作品开头便说："老子西升闻（是'开'而不是'闻'！）道竺乾，号古先生，善人无为，不终不始，永存绵绵。"但另一方面，《西升经》现存的残卷却没有任何能提供化胡说的依据，因此，这部作品与经常被佛教论文集引用的、作为主要鼓吹化胡说的古本《西升经》不是同一本。参见伯希和文，《法兰西远东学院院刊》(*BEFEO*)III pp. 322—327、IV p. 379、VIII pp. 515—519，以及陈观胜（Kenneth K. S. Ch'en）文，《哈佛亚洲学报》(*HJAS*)卷 9，第 2 页注④。

⑪ 引自《笑道论》，《广弘明集》卷 9，第 152 页上第 13 列；道安《二教论》从《老子西升经》中引用了同样一段话，《广弘明集》卷 8，第 139 页下第 6 列，以及法琳《辩正论》卷 5，《大正藏》№2110，第 524 上第 18 列。

⑫ 我作"去后"而不是"劫后"，参见下文中"老子去后百年"。

⑬ 舍卫（Śrāvasti）似乎是维卫（Kapilavastu）之误，参见 supra, p. 301 和注⑰。

⑭ 这个数目肯定有误。因为几乎所有的经典都说佛在 80 岁时入涅槃，我建议将"四十九"改作"七十九"。

⑮ 这段话一定是根据《大般涅槃经》卷 3 的内容（昙无谶[Dharmakṣema]译于公元 414—419 年间，《大正藏》№374，第 379 页下至 380 页上＝南方修订本，《大正藏》№375，第 619 中至第 620 页上）。我们在此发现这 22 行偈中，迦叶菩萨向佛提出三十多个问题。"36"这个数似乎不正确，在这一段话中问题不超过 32 个。应该注意的是，老子在这里并不是化为弟子大迦叶这位从沙揭黎（Sāgala）来的年长的声闻（srāvaka），而是化为一位名迦叶的菩萨，他似乎仅出现于《大般涅槃经》，在这部经中他

479

被描述成一个来自婆罗门家庭的青年人,诞生于多罗村(Tāla?)。

⑯ 引自《笑道论》,《广弘明集》卷9,第148页中第27列。

⑰ "多罗聚落"出现在《大般涅槃经》(所引上书),是迦叶菩萨的诞生地。参见上注⑯。

⑱ 引自《笑道论》,《广弘明集》卷9,第149页上第2列。

⑲ 在《大正藏》№2109,第162页中第12列中作"采"而不是"将"。

⑳ "优昙花"指 uḍumbara 树的花,以其极为稀有而象征佛应化世间(据说这种树不开花便能结果)。参见望月《佛教大辞典》,p.224.2。

㉑ 引自《笑道论》,《广弘明集》卷9,第151页下第28列;法琳《破邪论》卷1,《大正藏》№2109,第477页下第17列=《广弘明集》卷11,第162页中第12列。在《法苑珠林》卷55,第706页上,这些内容和下面四句("佛生何以晚……")没有分开而是作为连续的一首诗被引用。

㉒ 引自法琳《辩正论》卷5,《大正藏》№2110,第524页上第19列。

㉓ 引自甄鸾《笑道论》,《广弘明集》卷9,第152页上第14列;法琳《破邪论》第1部分,《大正藏》№2109,第477页下第9列=《广弘明集》卷11,第161页下第2列,以及道宣《广弘明集》卷1,第98页中第27列;参见《法苑珠林》卷55,第705页下。

㉔ 苻朗字元达,是前秦羌族统治者苻坚长兄之子;他在《晋书》卷114,第7页右有一则短短的传记。苻坚时代他是镇东将军和青州刺史。当羌族军队在著名的淝水之战(383年)全军覆灭后,他投降晋国(根据《晋书》卷9,第7页左,他于公元383年11月投降),然后遣往晋国建康,他在宫里担任一个名誉职位。他的学术才能、清谈风度以及烹饪师的美名,使他这位氐族王子在中国朝廷中备受欢迎;在他的朋友中,我们发现有佛教大师竺法汰(《世说新语》注,卷三之下,第14页右,以及《晋书》卷114,第7页右引用了裴景仁所著《秦书》)。不久,他招致握有军权的王国宝的忌恨,导致处斩。根据《晋书》卷114,第17页左,他死时王国宝之兄王忱被任命为青州刺史,根据《资治通鉴》卷107,第1266页右,这发生在公元390年8、9月间。苻朗是一本模仿《庄子》的哲学著作即《苻子》的作者,这部著作共30(亦作"20")卷,可能自唐代晚期就已丢失。严可均从早期各种类书文集中辑佚出50条佚文,收录于他那部巨著《全晋文》卷152(也可见他在此章序言中的评论)。除了我们在此译介的这句话,现存《苻子》佚文没有包括任何体现佛教思想或主题的内容。但在他的"绝命诗"头几行里,我们发现有明显的佛教影响,他说:"四大因何生?聚散无终期……。"在佛教著作中《苻子》这个书名常常变为《符子》,用"竹"字头的"符"代替"草"字头的"苻"。然而,这并不是说另有一部作品。事实上,我们在《隋书》(卷34,第2页左)、《旧唐书》(卷27,第3页右)和《新唐书》(卷49,第3页右)以及《资治通鉴》卷107,第1266页右的书目部分都作同一本书。在所有的书目中,《苻子》都列在"道教哲学家"的作品之中。

㉕ 引自《笑道论》,《广弘明集》卷9,第152页上第13列;法琳《破邪论》卷1,《大正藏》№2109,第478下第6列=《广弘明集》卷11,第161页下第3列,以及道宣《广弘明集》卷1,第98页中第27列;亦可参见《法苑珠林》卷55,第705页下。

⑫ 中国最早出现 Sumedha 的故事是在公元 2 世纪后期《修行本起经》(《大正藏》No 184，京都版，p. 224. B2 起)卷 1。对此更为详细的传记，见拉摩(Lamotte)，《大智度论》(*Traité*)，上册，第 248 页注②。

⑰ 《太子瑞应本起经》(《大正藏》No 185，译于 223—229 年)卷 1，京都版，p. 234. A1。把孔子与佛教圣人相对应，这种奇特的说法在后来的遗存或复兴，参见 Ferdinand D. Lessing，《孔子菩萨》(Bodhisattva Confucius，载于《荷兰东方学报》(*Oriens*)卷 10，1957，第 110—113 页，描述公元 18 世纪北京喇嘛教寺院中的仪式)。

⑱ 《出三藏记集》卷 5，第 39 页上第 15 列；在《大正藏》No 2146(法经《众经目录》卷 2，第 126 页下第 30 列)，《大正藏》No 2147，卷 4，第 173 页下第 4 列中提到了这些疑伪经。

⑲ 《大正藏》No 2146，卷 2，第 126 页下第 19 列，以及《大正藏》No 2147，卷 4，第 173 页中第 20 列。

⑳ 在现存经典中，我们发现这部经两个较早的版本：(A)《大正藏》No 534，《月光童子经》，毫无疑义是由竺法护翻译，这部经中没有月光降生中国的预言；(B)《大正藏》No 535，《申日经》，是同一部经的节略本(或许尚未扩充的版本)，在《大正藏》中与上一部一样被认为是由竺法护翻译的，但根据该经结尾的无名氏题记，实际上应该是支谦翻译的。后一种说法应该是正确的：首先，竺法护绝不可能把同一部经翻译两次；第二，因为早期经录都提到《月光童子经》(显然是同一部经的不同名称)由支谦翻译(《出三藏记集》卷 2，第 6 页下第 26 列；《大正藏》No 2146，卷 1，第 115 页下第 2 列等)。而且，(大正藏)No 535 里包括译者(或编辑者)对王子名字(译为"旃罗法")的注释中说："汉言月光童子。"考虑到佛经翻译中经常以"某某(朝代名称)言"借代中国语言，这个注说明讨论中的该经译者应该活跃于汉代或之后不久的一位大师，而不可能是竺法护，因为他活跃的年代与西晋(265—316)相平行。

如果这一说法正确，那么这意味着旃罗法将化生为中国君王的说法在公元 3 世纪上半叶已有流传。这并不一定是中国人的发明：震旦([Mahā]cina，即"中国")散见于印度佛教典籍，很可能早在公元前 2 世纪中国侵入亚洲内陆之后，此类"预言"已在印度或中亚佛教中有所出现。然而，在此我们肯定面对的是这个传说的中国版本，因为这部经里出现的外国国名和胡族名称毫无疑问都是中国的分类：鄯善、乌苌、龟兹、疏勒、大宛、于阗及诸羌虏夷狄。

对《申日经》早期不同版本的详细论证，见林屋友次郎《异译经类的研究》，东京 1945，卷 8，第 410—135 页。

㉛ 《大正藏》No 535，第 819 页中第 1 列。

㉜ 《大正藏》No 545，卷 2，第 849 页中第 20 列。

㉝ 一卷本《清净法行经》在僧祐《出三藏记集》卷 4(第 29 页上第 21 列)《失译杂经录》中被提到过；同样也被《大唐内典录》卷 1，《大正藏》No 2149，第 225 页下第 14 列，以及《古今译经图纪》卷 1，《大正藏》No 2151，第 351 页上第 4 列提及。它在《大正藏》No 2146(法经《众经目录》卷 2，第 126 页中第 17 列)中也被列入"疑伪"部；在《大正藏》No 2147(严遵《众经目录》卷 4，第 172 页下第 8 列)、《大正藏》No 2154(《开元释

教录》卷1,第485页上第21列;卷20,第669页下第6列)有同样的内容,在《大正藏》No2157(《贞元新定释教目录》卷28,第1015页下第20列)有"记说孔老颜回事"等说明。唯一谈到这部经译者的经录是《大正藏》No2153(《大周刊定众经目录》),卷7,第411页上第14列:在此这部经被说成是由竺法护翻译的,其依据是这部经录编撰者所参考的题为《达郁多罗录》(the Catalogue of Dha[rm]ottara?)另一部神秘的传记。这个经录仅从《大正藏》No2153中了解到,其中曾数次被引用或提到。关于编撰时间及其作者,我们没有更多的信息。当然,我们对这种说法不必过于重视。

⑬《出三藏记集》卷4,第29页上第21列。

⑬《广弘明集》卷24,第279页下第6列:"是以阙里儒童,阐礼经于洙济,苦县迦叶,迁妙道于流沙。"

⑬《大正藏》No1331,卷6,第512页中第4列:"阎浮界内有震旦国……我遣三圣在中化道,人民慈哀,礼义具足。"

⑬《历代三宝记》卷7,《大正藏》No2034,第69页上第10列;《大唐内典录》卷3,《大正藏》No2149,第244页中第26列。

⑬《出三藏记集》卷5,第39页上第21列;《大正藏》No2146(法经《众经目录》)卷4第138页下第25列。

⑬引自慧(亦作"惠")通(5世纪后期)《驳顾道士夷夏论》;《弘明集》卷7,第45页下第9列。

⑭"使普贤威行西路"。据我所知,普贤(Samantabhadra)在西方并没有任何使命活动;相反,他一般是在东方活动。

⑭应作"貌"而不是"邈"。

⑭僧敏(5世纪后期)《戎华论》,《弘明集》卷7,第47页中第11列。

⑭引自道安《二教论》,《广弘明集》卷8,第140页上第6列。该"经"的另一版本为天台大师智颤(547—606)《维摩经玄疏》(写于604年)卷1所引:这里月光菩萨据说化成颜回,光净菩萨化成孔子,迦叶化成老子(《大正藏》No1777,第523页上第16列)。(智颤生卒年应为538—598年,《玄疏》成书于597年。——译注)

⑭引自僧顺(公元5世纪后期)《析三破论》,《弘明集》卷8,第53页下第1列。

⑭引自法琳《辩正论》,《大正藏》No2110,第530页上第11列=《广弘明集》卷13,第181页上第8列。《空寂所问经》在法经经录"伪妄"部分中被提到(《大正藏》No2046,卷2,第126页下第16列),其中说到:"亦名《法灭尽(经)》。此经伪妄炳然,固非竺护所译。"以此别名与译者竺法护都被僧祐在《出三藏记集》中另加确认。在竺法护译作中提到一部《法没尽经》一卷,或云《空寂所问经》,在《出三藏记集》多数版本中后面还有:"太熙元年二月七日出。""太熙"可能是"光熙"之误,那么这个年代相应的时间可能就是公元306年三月八日。尽管法经认为这两个题目(《空寂所问经》和《法灭尽经》)指的是同一部经,但两个题目却被分列在他的"伪妄"部中(《大正藏》No2146,卷2,第126页下第16列和127页上第2列);在《大正藏》No2147(彦琮《众经目录》)卷4,第173页上第2列,及第173页中第15列也作同样的说明。而且,法经在竺法护译作中也把《出三藏记集》中提到的《法没尽经》包括在内;这里没

有翻译时间。我们可以说至少早在公元 5 世纪末这部经有两个题目，并都被归为竺法护翻译。因为在僧祐和法经的经录中都没有对竺法护的译作给出进一步的说明。我们可以假定它与法经在"伪妄"部中提到的同名的佛教疑伪经不同，法经告诫说这是一部伪经，而不是他在其他地方提到过的由竺法护翻译的同名佛经。

⑭ 引自法琳《破邪论》，《大正藏》No 2109，第 478 页下第 8 列。我没有发现任何有关《内典天地经》的文献资料。

⑭ 引自法琳《破邪论》，《大正藏》No 2109，第 477 页下第 22 列＝《广弘明集》卷 11，第 162 页中第 17 列和《法苑珠林》卷 55，第 706 页上。我没有发现有关《老子大权菩萨经》进一步的资料。

⑭ 这道诏令在《梁书》中没有出现，《广弘明集》卷 4，第 112 页上第 27 列："舍事李老道法诏。"

⑭ 引自道安《二教论》，《广弘明集》卷 8，第 140 页上第 18 列。《须弥四域经》在法经《众经目录》《大正藏》No 2146，卷 2，第 127 页上第 10 列）"伪妄"部中被提到，其中说到这部作品和其他 22 部"经"都是由"竟陵王萧子良"编造的，萧子良是南齐（483—494）武王次子。他生活于公元 460—494 年，酷爱文学并护持文学事业，也是一位虔诚的佛教徒，参见《南齐书》卷 40，第 1 页右和《南史》卷 44，第 3 页右。《须弥四域经》还在其他经典中提到，如《大正藏》No 2147（彦琮《众经目录》）卷 4，第 173 下第 12 列；《大正藏》No 2149（《大唐内典录》）卷 10，334 页下第 28 列；《大正藏》No 2153（《大周刊定众经目录》）卷 15，472 中第 28 列；《大正藏》No 2154（《开元释教录》）卷 18，675 页下第 24 列；《大正藏》No 2157（《贞元新定释教录》）卷 28，第 1020 页上第 13 列和第 1022 页上第 10 列。

⑮ 引自法琳《辩正论》卷 53，《大正藏》No 2110，第 521 页中第 3 列起＝《广弘明集》卷 13，第 181 页上第 7 列。参见《造立天地经》（上文注㉒），引自智顗《维摩玄疏》（卷 1，《大正藏》No 1777，第 523 页上第 14 列）："宝应声闻菩萨示号伏羲，以上皇之道来化此国。"

⑮ 参见望月《佛教大辞典》，p. 528. 2。

⑮ 参见《大阿弥陀经》，卷 34，F. Max Müller 译本 第 52 页；《大正藏》No 360。

⑮ 《阿含经》（Agañña-sūtra，Dīgha）III. 30；《佛陀的对话》（Dialogues）III p. 81 起；《俱舍论》III. 181 起。

⑮ 《辩正论》卷 5，《大正藏》No 2110，第 521 页中第 3 列。

⑮ 引自法琳《破邪论》第一部分，《大正藏》No 2109，第 477 页下第 3 列。参见《法苑珠林》卷 55，第 705 页下。

⑯ 同上，第 477 页下第 5 列。

⑰ 鹄（亦作"鹤"）鸣山是距（四川）成都约二百里的一座山名；据说张陵曾在那里生活"求道"。参见福井康顺，所引上书，第 16 页。

⑱ 《破邪论》第一部分，《大正藏》No 2109，第 477 页下第 4 列，参见《法苑珠林》卷 55，第 705 页下。

⑲ 我不知道韩平子和陈平子这些道士的身份，"午室"一定是"于（或'干'）室（或

‘吉’）”之误，他很可能是被称作“于吉”的道士，即道教早期分支太平道（2 世纪上半叶）的创立者；关于他的名字有各种不同的说法，参见福井康顺，所引上书，第 63 页。

⑩ 作“号佛”而不是“佛号”。

⑯ 引自《笑道论》，《广弘明集》卷 9，第 147 页下第 15 列。

参考书目

这里仅包括在正文或注释中提及或引用过的著作。凡与本书主题无关,在本书中只是偶尔被提及的著作概不列入书目。不过它们附在本书末尾的索引。本书只列文集(诸如《大正藏》、《长部尼柯耶》[*the Digha-nikaya*]、《文选》等),收在文集中的著作不再单独列出。

一、缩略语

Abh. Kośa＝Abhidharmakośa《阿毗达磨俱舍论》,参见 Vallée Poussin, L. de la

As. Maj. ＝Asia Major《大亚细亚学报》(亦称《泰东》)

BEFEO＝Bulletin de l'Ecole Française d'Extrême-Orient《法兰西远东学院院刊》

BMFEA＝Bulletin of the Museum of Far Eastern Antiquities《远东文物博物馆学报》

BSOAS＝Bulletin of the School of Oriental and African Studies《东方和非洲研究院学报》

CS＝Chin-shu《晋书》

CSKW＝Ch'üan San-kuo wen《全三国文》,参见 Yen K'o-chün

CSTCC＝Ch'ü san-tsang chi chi《出三藏记集》(《大正藏》№2145,参见第 10 页)

CSW/CCW＝Ch'üan Chin-wen《全晋文》,参见 Yen K'o-chün

CYYY＝Chung-yang yen-chiu-yüan li-shih yü-yen yen-chiu-so chi-k'an《中央研究院
历史语言研究所集刊》

Dialogues＝Dialogues of the Buddha《佛陀的对话》,参见 Rhys Davids

HFHD＝History of Former Han Dynasty《前汉史》,参见 Dubs 及其合作者

History＝《汉魏两晋南北朝佛教史》,参见 Tang Yung-t'ung 条

HJAS＝Harvard Journal of Asiatic Studies《哈佛亚洲学报》

HMC＝Hung-ming chi《弘明集》(《大正藏》№2103,参见第 13 页)

HS＝Han-shu《汉书》

Hsu KSC＝Hsü kao-seng chuan《续高僧传》,道宣(596—667),(《大正藏》№2062)

IWLC＝I-wen lei-chü《艺文类聚》

JAOS＝Journal of the American Oriental Society《美国东方学会学报》

J. As.＝Journal Asiatique《亚细亚学报》

KHMC＝Kuang hung-ming chi《广弘明集》(《大正藏》№2103,参见第 13 页)

KSC＝Kao-seng chuan《高僧传》(《大正藏》№2059,参见第 10 页)

Kyōto ed.＝《大日本校订大藏经》,318 卷,京都,1902—1905

LY＝Lun-yü《论语》

MCB＝Mélanges Chinois et Bouddhiques《中国和佛教论丛》

Mém. Hist.＝Mémoires Historiques《司马迁史记》,参见 Chavannes

MSOS＝Mitteilungen des Seminars für Orientalische Sprachen《东方语言学术通讯》

Mvst.＝Mahāvastu《大事记》

PCNC＝Pi-ch'iu-ni chuan《比丘尼传》,(《大正藏》№2063,参见第 10、11 页)

SC＝Shih-chi《史记》

SKC＝San-kuo chih《三国志》

SPPY＝Ssu-pu pei-yao《四部备要》

SPTK＝Ssu-pu ts'ung-k'an《四部丛刊》

SSHY＝Shih-shuo hsin-yü《世说新语》

T＝《大正新修大藏经》(《大正藏》)

TCTC＝Tzu-chih t'ung-chien《资治通鉴》

TP＝T'oung Pao《通报》

TPYL＝T'ai-p'ing yü-lan《太平御览》

TTC＝Tao te ching《道德经》

YCHP＝Yen-ching hsüeh-pao《燕京学报》

ZDMG＝Zeitschrift der Deutschen Morgenländischen Gesellschaft《东方社会杂志》

二、汉语著作

《抱朴子》,葛洪(约 250—330),北京,1954 年版《诸子集成》本

《北京大学学报》,北京,1954—

《曹集铨评》,丁晏辑评(1865 年),北京,1957 年重刊

《初学记》,《古香斋袖珍十种》本

《东观汉记》,《四部丛刊》本

《敦煌秘籍留真新编》,二卷,国立台湾大学,1947 年

《二十二史札记》,赵翼,《广雅丛书》本

《二十五史补编》六卷,上海,1935 年

《尔雅》,《十三经注疏》本(参照)

《法书要录》,张彦远(约 847 年),《丛书集成》本

《风俗通义》,应劭(2 世纪下半叶)撰,北京中法汉学研究所(Centre Franco-chinois
　　d'Etudes Sinologiques)编,北京,1943 年

《淝水之战》,李季平,上海,1955 年

《佛学研究十八篇》,梁启超,二卷,上海,1941 年第三版

《古本竹书记年辑校订补》,范祥雍,上海,1957 年

《古籍考辨丛刊》,顾颉刚,北京,1955 年

《郭象庄子注校记》,王叔岷,中央研究院历史语言研究所专刊第 33 号,上海,1950 年

《国学季刊》,北京,1923—

《汉书》,同文书局,1903 年

《汉魏六朝百三名家集》,1877 年

《汉魏两晋南北朝佛教史》(简称《佛教史》),汤用彤,二卷,上海,1938 年

《海宁王忠悫公遗书》,王国维(1877—1927),1928 年

《后汉纪》,袁宏(328—376),《四部丛刊》本

《后汉书》,《四部备要》本

《淮南子》,北京,1954 年版《诸子集成》本

《嵇康集》,鲁迅编,北京,1957 年影印本

《集古录》,欧阳修(1007—1072),《欧阳文忠公集》,《四部备要》本

《晋书》,《四部备要》本

《胡适论学近著》,胡适,上海,1935 年

《流沙坠简》,王国维、罗振玉(1935 年前不久第二次修订版,没有具体时间)

《老子想尔注校笺》(敦煌六朝写本张天师道陵著),饶宗颐校笺,香港,1956 年

《老子正诂》,高亨,上海,1948 年第二版

《礼记》,《十三经注疏》本(参照)

《隶释》,洪适(1117—1184),《四部丛刊》本

《列子》,《诸子集成》,北京,1954 年

《梁书》,《四部备要》本

《鲁迅全集》,鲁迅(周树人,1881—1936),二十卷,1938 年

《论语》,《十三经注疏》本(参照)

《吕氏春秋》,北京,1954 年版《诸子集成》本

《洛阳伽蓝记》,杨衒之(约 547 年),《四部备要》本

《孟子》,《十三经注疏》本(参照)

《南史》,《四部备要》本

《清华学报》,北京,1926—;台北,1956—

《庆祝蔡元培先生六十五岁论文集》,《中央研究院历史语言研究所集刊》,二卷,北平,1933 年

《全上古三代秦汉三国六朝文》,严可均(1762—1843),1900 年

《三辅故事》,无名氏(3 世纪末),1821 年《二酉堂丛书》本

《三国志》,《四部备要》本

《山海经》,《四部备要》本

《史记》,《四部备要》本

《诗经》,《十三经注疏》本(参照)

《拾遗记》,王嘉(4 世纪后期),《汉魏丛书》涵芬楼本

《十三经注疏》,八卷,台北,1955 年影印 1815 年南昌本

《世说新语》,刘义庆(403—444)撰,刘峻(462—521)注,《四部丛刊》本

《水经注》,王先谦,1892 年

《宋书》,《四部备要》本

《大戴礼记》,《汉魏丛书》,涵芬楼本

《太平御览》,1812 年宋版覆刻本

《道德经》,北京,1954 年版《诸子集成》本

《图书季刊》,北京,1934—

《陶渊明之思想与清谈之关系》,陈寅恪,北京,1945 年

《唐书经籍艺文合志》,北京,1956 年

《魏晋思想论》,刘大杰,上海,1939 年

《魏晋南北朝史论丛》,唐长孺,北京,1955 年

《魏晋玄学论稿》,汤用彤,北京,1957 年

《魏晋玄学中的社会政治思想略论》,汤用彤、任继愈,上海,1956 年

《魏晋清谈思想初论》,贺昌群,上海,1947 年第二版

《魏书》,《四部备要》本

《文选》,萧统(501—531)编,上海,1939 年《万有文库》本

《五朝门第》,王伊同,二卷,南京大学中国文化研究院,成都,1943 年

《孝经》,《十三经注疏》本(参照)

《荀子》,北京,1954 年《诸子集成》本

《周礼》,《十三经注疏》本(参照)

《易经》,《十三经注疏》本(参照)

《艺文类聚》,华阳宏达堂本,1882 年

《邺中记》,陆翙(4 世纪),《武英殿聚珍版丛书》本

《燕京学报》,北京,1927—

《颜氏家训》,颜之推(531—595),北京,1954 年版《诸子集成》本

《盐铁论》,桓宽(公元前 1 世纪下半叶),《四部丛刊》本

《玉函山房辑佚书》,马国翰(1794—1857)编,1883 年版

《庄子》,北京,1954 年版《诸子集成》本

《庄子注》,向秀、郭象注(参见第 90 页),《四部备要》本

《中国社会经济史集刊》,重庆,1944 年

《中央研究院历史语言研究所集刊》,北京,1928—

《中庸》,《十三经注疏》本(参照)

《中国思想通史》,侯外庐等,三卷,北京,1957 年

《中国政治思想史》,萧公权,台北,1954 年再版

《中古文学史论》,王瑶,北京,1953 年第六版

《左传》,《十三经注疏》本(参照)

《资治通鉴》,《四部备要》本,第 99—107

三、其他语言著作

Abhandlungen der Königlichen Preussischen Akademie der Wissenscha ften(《普鲁
  士皇家科学研究院论文集》), Berlin

Acker, W. , *Some T'ang and Pre-T'ang Texts on Chinese Painting* , Leiden, 1954

Acta Orientalia《东方学报》, Leiden, 1922—

Aṅ guttara = Aṅ guttaranikāya, ed. R. Morris 和 E. Hardy, 5 vols. (PTS),
  London,1885—1900

Artibus Asiae , Dresden,1925—;Ascona,1945—

Bagchi, P.C. , *Le Canon Bouddhique en Chine* , 2 vols. , Paris,1927—1938

Bareau, A. , *Les Sectes Bouddhiques du Petit Véhicule* , Paris,1955

Beal, S. , *Buddhist Records of the Western World*(《大唐西域记》), 2 vols. ,
  London,1884

——, *A Catena of Buddhist Scriptures* , London,1884

——, *Texts from the Buddhist Canon*(《法集论》),通常认为是法护(Dhammapada)
  撰,附有简评;London,1878

Biot, E. , *Le Tcheou-li* , 2 vols. , Paris,1951

Bodhisattvabhūmi, ed. U. Wogihara, Tōkyō, 1930

Bulletin de l'Ecole Française d'Extrême-Orient , Hanoï 1901—

Bulletin of the Museum of Far Eastern Antiquities , Stockholm, 1929—

Bulletin of the School of Oriental and African Studies, London, 1917—

Cahiers d'Historie Mondiale, Paris, 1953—

Canon,见 Bagchi

Chavannes, Ed., *Cinq Cents Contes et Apologues Extraits du Tripitaka Chinois*, 4 vols., Paris, 1910—1934

——, *Les Mémoires Historiques de Se-ma Ts'ien*, 5 Vols., Paris, 1895—1905

—— and Pelliot, P., *Un Traité Manichéen Retrouvé en Chine*, *Traduit et Annoté par*(J. As., 1911,1913)

Conrady, A, *Die Chinesischen Handschriften-und Kleinfunde Sven Hedins in Lou-lan*, Stockholm, 1920

Conze, Edward, *Literary History of the Prajñāpāramitā* (typed copy privately distributed), London, 1954

——, *The Perfection of Wisdom in Eight Thousand Lines*, translated by—(typed copy privately distributed), London, 1951

Couvreur, S., *Cheu-king*, *Texte Chinois avec une Double Traduction en Français et en Latin*; Sien Hsien, 1934

——, *La Chronique de la Principauté de Lòu*(*trsl. of the Ch'un-ch'iu and Tso-chuan*), 3 vols., (re-edition)Paris, 1951

——, *Mémoires sur les Bienséances et les Cerémonies*(trsl. of the *Li-chi*), 2 Vols., (re-edition)Paris, 1950

Daśabhūmika, ed. J. Rahder, Louvain, 1926

Dhammapada, ed. V. Fausboell, Leipzig,1855

Dīgha = *Dīghanikādya*, ed. T. W. Rhys Davids and E. J. Carpenter, 3 Vols. (PTS), London, 1890—1911

Dubs, H. H., *A Roman City in Ancient China*, the China Society, London, 1957

——与人合作撰著 *History of the Former Han Dynasty*, 3 vols., Baltimore, 1938, 1943,1955

Duyvendak, J. J. L, *Tao Te Ching*, *The Book of the Way and Its Virtue*, London, 1954

Edgerton, F. , *Buddhist Hybrid Sanskrit Dictionary*, New Haven, 1953

Etudes Asiatiques(Asiatische Studien), Bern, 1947—

Finot, L. , *Les questions de Milinda*, Traduit du Pali avec Introduction et notes
　　par—, Paris, 1923

Fung Yu-lan, *Chuang-tzu*, *a New Selected Translation*, Shanghai, 1933

——, *Short History of Chinese Philosophy*, ed. by Derk Bodde, New York, 1948

——, *History of Chinese Philosophy*, trsl. by Derk Bodde, 2 Vols. , Princeton,
　　1953

Geiger, W. , *Cūlavamsa*, *translated by*—, London(PTS, Translation Series, No.
　　20), 1930

Gernet, J. , *Les Aspects Économiques du Bouddhisme*, Paris, 1956

Giles, H. A. , *The Travels of Fa-hsien* (399—414 AD), *or Record of the
　　Buddhistic Kingdoms*, re-translated by—, Cambridge, 1923

Gradual Sayings,见 Woodward

Granet, M. , *La Pensée Chinoise*, Paris, 1934

Gulik, R. H. van—, *Siddham*, *an Essay on the History of Sanskrit Studies in
　　China and Japan*, Nagpur, 1956

Har Dayal, *The Bodhisattva Doctrine in Buddhist Sanskrit Literature*, London,
　　1932

Harvard Journal of Asiatic Studies, Cambridge, Mass. , 1936—

Hikata Ryusho, *Suvikrāntavikrāimiparipr c chā-prajñāpāramitā-sūtra*, Fukuoka,
　　1958

Hōbōgirin, *Dictionnaire Encyclopédique du Bouddhisme d'après les Sources
　　Chinoise et Japonaises*(Rédacteur en chef: P. Demiéville), Paris, since 1929

Holzman, D. , *La vie et la Pensée de Hi K'ang*, Leiden, 1957

Hulsewé, A. F. P. , *Remnants of Han Law*, *vol.* I, Leiden, 1955

Jones, J. J. , *The Mahāvastu*, *translated from the Buddhist Sanskrit by*—, 3vols. ,
　　London(SBB), 1949—1956

Journal Asiatique, Paris, 1822—

Journal of the American Oriental Society，New York，1849—

Journal of Asian Studies（《亚洲研究学报》，旧称 *Far Eastern Quarterly*《远东季刊》，1956 年 9 月起更为现名），Berkeley，1941—

Journal of Economic and Social History of the Orient（《东方经济和社会史学报》），Leiden，1958

Journal of Oriental Studies（《东方文化》），Hong Kong，1954—

Kaltenmark，M.，*Le Lie-sien tchoan*，Peking，1953

Karlgren，B.，*The Book of Songs*，Stockholm，1950

Lamotte，Et.，见 *Traité*

Legge，J.，*The Chinese Classics*，7 vols.，2nd ed.，Oxford，1893（reprinted in China，1939）

——，*The Yi king*，in *SBE* XVI，OXford，1882

Liebenthal，W.，*The Book of Chao*，Monumenta Serica，Monography XII，Peiping 1948

Mahāvyutpatti，ed. Sakaki Ryōsaburō，2 vols.，京都，1918

Maspero，H.，*La Chine Antique*，2nd ed.，Paris，1955

——，*Les Documents Chinois de la Troisieme Expédition de Sir Aurel Stein en Asie Centrale*，London，1953

——，*Le Taoïsme*，in *Mélanges Posthumes*，2 vols.，Paris，1950

——，and Escarra，J.，*Institutions de la Chine*，Essai Historique，Paris，1952

Matsumoto Tokumyō，*Die Prajñāpāramitā-literatur*（Bonner Orientalistische Studien no. 1），Stuttgart 1932

Mélanges chinois et bouddhiques，Bruxelles，1931—1951

Mélanges pubkiés par l'Institut des Hautes Etudes Chinoises，Paris，1957—

Milindapañha，ed. V. Trenckner，London，1880

Mitteilungen des Seminars für Orientalische Sprachen，Berlin，1898—1938

Mon. Nipp. ＝*Monumenta Nipponicc*（《日本学志》），东京，1938—

Mon. Ser. ＝*Monumenta Serica*（《华裔学志》），东京，1935—

Müller，F. Max，*The Large Sukhāvatī-vyūha and The Smaller，Sukhāvatīyūha*， trsl. by—, in *SBE* vol. XLIX, Oxford, 1894

Oldenberg, H., *Bubbha, sein Leben, seine Lehre, seine Gemeinde*, 7th ed.; Stuttgart-Berlin, 1920

Oriens(《荷兰东方学报》), Leiden, 1948—

Przyluski, J., *La Légende de l'Empereur Açoka*, Paris, 1923

Rhys Davids, C., and Woodward, F. L., *Kindred Sayings*, 5 vols. (PTS), London, 1917—1930

Rhys Davids, T. W., *Dialogues of the Buddha* (SBB no. 2,3,4), London, 1899—1921

——, *The Questions of King Milinda, translated from the Pali by*—, 2 vols. (SBE vol. 35 and 38), Oxford, 1890 and 1894

Rockhill, W. W., *The Life of Buddha*, London, 1884

——, *Udānavarga, ... being the Northern Buddhist version of Dhammapada*, translated from the Tibetan of the Bkah-hgyur by—, London, 1892

Rotours, R. des, *Traité des Foncitionnaires et Traité de l'armée*, 2 vols., Leiden, 1947

Samyuttanikāya, ed. L. Feer, 6 Vols., London(PTS), 1884—1904

Sinica(《汉学》),Frankfurt, 1927—

Sino-Indian Studies(《中印研究》), Santiniketan,1944—

silver Jubilee Volume of the Zinbun-Kagaku-Kenkyusyo, 2 vols.,京都,1954

Stein. M. Aurel, *Ancient Khotan*(《于阗古国》), Oxford, 1907

Sukhāvatīvyūha, F. Max Mueller and Bunjiu Nanjio, Oxford, 1883

Takakusu, J., *A Record of Buddhist Religion as Practised in India and the Malay Archipelago*(671—695), by I-tsing, translated by—; Oxford, 1896(高楠顺次郎译《南海寄归内法传》)

Thomas, E. J., *The History of Buddhist Thought*, 2 nd ed., London, 1933

——, *The Life of Buddha as Legend and History*, London,1950

Tjan Tjoe-som, *Po Hu T'ung, the Comprehensive Discussions in the White Tiger Hall*, 2 vols., Leiden, 1949,1952

T'oung Pao, Leiden, 1890

Traité=Et. Lamotte, *Le Traité de la Grande Vertu de Sagesse de Nāgārjuna*(《大

智度论》)2 vols. , Louvain, 1944,1949

Vallée Poussin, L. de La—, *Abhidharmakośa de Vasubandhu*, trad. et ann. par—, 6 vols. , Paris, 1923—1931

——, *L'Inde aux Temps des Mauryas et des Barbares, Grecs, Scythes, Parthes et Yue-tchi*, Paris, 1930

——, *Nirvāṇa*, Paris, 1925

Wilbur, M. , *Slavery in china during the Former Han Dynasty*, Chicago, 1943

Wilhelm, R. , *Die fruehlings-und Herbstannalen des Lue Bu We*, Jena, 1928

——, *Li Gi, das Buch der Sitte des Aeileren und Juengeren Dai*, Jena, 1930

Woodward, F. L. and Hare, E. M. , *Gradual Sayings*, 5 vols. (PTS), London, 1932—1936

Yün-kang, the Buddhist Cave-temples of the Fifth Century A. D. in North China, ed. by Prof. Seiichi Mizuno and Toshio Nagahiro, 京都（Jimbunkagaku kenkyusho),16 vols. , 1952—

Zach, E. von, *Uebersetzungen aus dem Wen-hsüan*, Batavia, 1935

Zeitschriftder Deutschen Morgenlaendicshen Gesellschaft, Wiesbaden, 1847—

伊藤义贤《支那佛教正史》,东京,1923 年。

《印度学佛教学研究》,东京,1952 年。

宇井伯寿《释道安研究》,东京,1956 年。

宇都宫清吉《汉代社会经济史研究》,东京,1955 年。

小野玄妙《佛书解说大辞典》第二版,十二卷,东京,1936 年。

境野黄洋《支那佛教史讲话》二卷,东京,1927 年。

——《支那佛教精史》,东京,1935 年。

《史渊》,福冈,1929 年。

《史学杂志》,东京,1889 年。

《史林》,京都,1916 年。

《大正新修大藏经》五十五卷,东京,1914—1929 年。

塚本善隆《支那佛教史研究》(北魏篇),东京,1942 年。

——《肇论研究》,京都,1935 年。

《东方学报》,东京,1911 年。

《东洋史研究》,京都,1935 年。

常盘大定《后汉より宋齐た至れ认经总录》,东京,1938 年。

——《支那た於けれ佛教と儒教道教》,东京,1937 年。

林屋友次郎《经录研究》,东京,1941 年。

福井康顺《道教の基础的研究》,东京,1952 年。

望月信亨《佛教大辞典》第二版,8 卷,京都,1954 年。

守屋美都雄《六朝门阀の一研究》,东京,1952 年。

吉冈义丰《道教经典史论》,东京,1955 年。

汉语人名和术语索引

（本索引中页码均为原书页码，即本书边码）

阿拉伯数字代表本书边码，罗马数字指本书章节，阿拉伯数字前有罗马数字则指注释（例：III.115＝第三章注115）。僧人名字中的法姓"释"均已省略。

非汉语人名和术语索引

historical precedent used as pro-Buddhist argument 历史先例用以支持佛教 108,133,
233,235,258

Holzman, D. 侯思孟 III. 27,169

"hordes" 部落 83

Hulsewé, A. F. P. 何四维 III. 379；附录 III. 44；V. 36,199；VI. 49,51

human relationships, the five sacred 五常（五伦）107—108

Huns 匈奴, 见 Hsiung-nu

Hurvitz, L., 胡维之 16,238；I. 40；II. 11,46,173；IV. 121；附录 IV. 115；V. 8,54,61；
VI. 105

hymns, Buddhist 偈颂, 见 fan-pai 梵呗

icons, iconograpny 佛像, 见 images

Illusion, School of phenomenal 见 huan-hua tsung 幻化宗

images, Buddhist 佛像 28,105,128,144,145,152,158,180,182,188,210,219,220,
223—225,242—243,243—244,277—280,282,303—304；III. 375；IV. 8；附录
IV. 94

immortality 长生（不死、不灭）73,87,136,143,230,239

Immortals(Taoist—)道教仙人 182,289；IV. 12

impersonality 非身 173

India, Indians 印度,印度人 23,30,32,51,55,65,66,67,68,69,78,98,114,141,182,
200—201,242,291,304—305；II. 241；V. 132,133

Indo-China 印度支那 26

Indo-scythia 印度-斯基泰, 见 Yüeh-chih 月氏

ineffability 言不尽意, 见 words

Inouye Ichii 井上以智为 IV. 121,228

interpreters 注释者 40,103；II. 112,113；附录 IV. 85

Itano Chōhachi 板野长八 I. 40

Itō Giken 伊藤义贤 IV. 75

Jao Tsung-i 饶宗颐 VI. 4,96

Japan, tribute from 倭国进贡 III. 378

Jīvaka 耆域 67,141

Jñānaprasthāna《阿毗昙八犍度论》203

kalpa 劫 11,20,229,319

Kaltenmark, M. 卡腾马克 VI. 14,15

Kāmamithyācārā 邪淫　附录 III. 33

Kapilavastu 迦毗罗卫 II. 99；维卫 VI. 67

Karlgren, B. 卡尔格兰 VI. 49

译后记

　　经过一年多时间,我们终于译完许理和先生这本汉学名著,掩卷之余,备感欣慰。粗粗一翻本书内容,读者亦不难发现本书的一个特色:资料丰富、语种繁多。在翻译过程中,我们曾不止一次有过撒手之意。然而,就在艰难地核查原文、翻译各语种术语时,不断地体会到作者当年梳理资料的艰辛。此外,作者对早期中国佛教史独特的审视角度,也一再激发起我们努力工作的决心。

　　本书主要介绍了庐山慧远大师以前的中国佛教史。对于这一段历史,汉语学术界经常引用的是汤用彤先生的《汉魏两晋南北朝佛教史》这本巨著。长期以来,汤先生这部力作不仅给予我们学识上的帮助,而且在治学方法上提供了一种近于完美的范例。"佛法亦宗教亦哲学。宗教情绪,深存人心,往往以莫须有之史实为象征,发挥神妙之作用。故如仅凭陈迹之搜讨,而无同情之默应,必不能得其真;哲学精微,悟入实相。古哲慧发天真,慎思明辨,往往言约旨远,取譬虽近而见道深弘。故如徒于文字考证上寻求,而乏心性之体会,则所获者其糟粕而已。"重读汤先生六十年前的这篇书跋,实是令人感佩不已。如今将宗教目为毒药者已不多见,然而,矫枉过正,市面上总有人把佛教打扮得神神鬼鬼,毫无半点史学精神,与佛法的初衷相去甚远。这种迷信之泛滥不仅毒害世道人心,愚昧众生,而且也毒害宗教本身。另一方面,学者一旦忽略了与信徒阶层的沟通,弄不好就会在术语堆里讨生活,在文稿纸上找自己的心灵之路。宗教是要传授一种有益人生的心法,这种人心内精微的情绪颇不易得,研究者也要以生活的阅历、学养的厚积来求得某种相通。汤先生之所以启迪人的地方,在我看来,也正是他能默应古哲的"心法",有一种平和的心态来还原保存在文献里的历史。

许理和先生这本名著,以一位西方人的视角,观察中国佛教的早期历史,着意于剖析佛教传播过程中的社会背景,尤其是当时的夷夏关系、政教关系和佛道关系,借此厘清佛教这种外来文化与中国本位文化的同化过程。借用一个佛教的术语,本书的成功在于能够细察当时佛教的"心所法",也就是在特殊背景下的佛教传播轨迹。在我看来,本书有两个地方很有启发性:

第一,"士大夫佛教"(gentry Buddhism)和"王室佛教"(court Buddhism)的区分。

在中国封建社会里,"士"为四民之首,他们是些读书人,或有资格做官或已做官的人。在魏晋时期,"士"这个阶层又衍化出了一个特殊阶层"士族"和各种名士。他们在社会上有着举足轻重的影响,有时连皇帝也奈何不了他们。这种情势下,他们对佛教的态度是至关重要的。中国佛教的发展形态也受制于他们的理解与需求,一些高僧有时被迫或故意讲些士大夫爱听的话。但是,他们的要求与代表最高利益阶层的王室又有很大不同,后者更多地关注政权的稳定。历史上不乏佞佛的皇帝,但从总体上说他们主要还是延续儒家"神道设教"的治国理路,更多地基于特定的形势对佛教采取灵活应变的政策。所以,"王室佛教"代表了早期中国佛教发展史上的政府行为,而"士大夫佛教"则代表早期中国佛教发展史上的社会行为。这两类与外来佛教的互动关系,构成了佛教得以扎根于中国社会的文化上的同化过程,其中士大夫佛教是早期中国佛教的主流,能代表当时中国社会的需要。由此也在一定程度上引导了民间普通百姓对佛教的理解,成为"民众佛教"(popular Buddhism)兴起与发展的增上缘(催生因素)。这种民众佛教到了宋、元、明、清,便大放异彩,成了中国晚期封建社会尤其是明、清时期社会生活的重要内容,也是构成现在中国诸多民俗事项的依据。后期的民众佛教不妨可以改名"民俗佛教"(folk Buddhism),因为与不甚景气的上层佛教相比,民俗佛教成了后来佛教发展的主流,也正是维持佛教在中国社会绵延传承至今的真正原因。当然,这个话题已经超出了本书范围。实际上,本书对"士大夫佛教"和"王室佛教"的区分,细化了我们对上层佛教的认识,同时也有助于我们反观民俗佛教的形成机制(佛教与民间社会的互动过程)。

第二,对政教关系的强调。政教间的矛盾除了历史上几次大的法难外,基本上不是很紧张,这也是我们中国学者有时忽略这层关系的原因之一。许理和先生基于一位西方人的敏感,在书中详细介绍了公元340年和403、404年间关于僧伽自治权的两次争论,并单列一章分析政教间对峙的一些观点。这一点对于我们深入了解中国佛教史是很有好处的。用这个方法研究佛教史,能让我们发前人之未见。举例来说,一般认为,天台智者大师与陈、隋两朝关系甚密。近年来,学术界有人从政教关系入手,认为智者大师可能是杨广赐死的。如果能弄清他的真实死因,无疑会对天台思想有新的理解。当然,作者对当时的佛道、夷夏关系也作了细致而精辟的分析。

所以,在我看来,汤先生的佛教史研究贵在传透佛教的"心法",而许理和先生本书的特色是能借用一些社会科学的观念参透佛教的"心所法"。这两种研究方式的精美之处在于能使"心法"与"心所法"互为表里、相得益彰,正像佛教所说的是一种"心相应行"。

在我个人来说,这种方式是我以后治学过程中所要不断加以实践、追求的东西。在这个意义上,我对能翻译此书备感荣幸。正是在译书过程中,我们实际上跟随许理和先生的思路学习了一遍,无声之间仿佛亲聆他的教诲。参加本书翻译的有裴勇师兄,是他促成了本书翻译的全部完成,他本人译出了本书原书的前 130 页(含该部分原注)。另外,韩剑英师妹译出了本书第六章初稿,对其中出现的资料作了核查工作,这大大加快了本书的翻译进程,在此我表示深挚的谢意。其余部分由我承担翻译工作,全书的统稿工作也由我负责。限于时间和学力,翻译中难免会有不妥之处,恳请教内外方家随时批评指正。

最后,我们非常感谢刘东、葛兆光两位先生,他们总是在我们翻译遇到难处的时候慷慨相助,一再放宽对我们的时间要求,鼓励我们以最大的责任心完成翻译工作。同时,我们也非常感谢江苏人民出版社能出版本书,他们的工作使我们能以自己的知识回报这个培养我们成长的国家。

李四龙

1997 年 8 月 25 日于北京大学

新版中译本跋

　　《佛教征服中国》中译本于 1998 年首次出版,后于 2003 年再版,若自接手翻译算起,整整 20 年过去了。在此期间,中国学术界发生了翻天覆地的变化,学术资讯之发达,远非当年可比;学术队伍之发展,也远超我们当年的想象。现在,这部译著还要出新版,确实说明这部著作具有历久弥新的典范意义。

　　这部译著出版以后,不仅被研究佛教与宗教史的学者广泛引用,也受到史学界特别是研究社会史的学者的关注。我国的佛教学者一直习惯于汤用彤先生、吕澂先生的研究传统,始终以高僧、经典与义理为核心,许理和先生给了我们一种新的学术视角:关注佛教在不同社会阶层的反应,揭示中国文化在遭遇佛教这种外来文化或宗教时的回应。在此初版"译后记"里,我强调区分"士大夫佛教"与"王室佛教",关注佛教对士大夫、帝王权贵阶层的渗透与影响,以及彼此之间的互动与妥协。在汉魏两晋复杂的社会变动中,佛教成功地在中国社会生根结果。这种成功是"众缘和合"的结果,既不单纯因为中国文化的主体形态儒家思想的宽容大度,也不单纯因为佛教这种外来信仰独具魅力,而是各种社会关系复杂运作的结果。

多年前有位法师问我"为什么要说佛教征服中国?"在大家的眼里,佛教是一个和平的宗教。其实,许理和讲的"征服",是指佛教对中国社会的适应,以及中国社会对这种外来宗教的接受,并没有"暴力征服"的意思。所以,葛兆光先生讲到这段历史的时候,通常把"征服"与"屈服"两个词并用,佛教扎根中国社会的过程,既是一种征服也是一种屈服。我很认同葛老师的说法。

值此再版之际,我想对佛教成功传入中国的原因,补充说明两方面的因素,一是十六国北朝佛教对中国社会的贡献,二是僧俗关系在中国社会的结构性调整。前者是说,佛教入华的关键因素有赖于当时中国社会对佛教的实际需求;后者是说,佛教入华的前提是尊重中国社会的自身结构。

一、异族统治的和解

《佛教征服中国》的叙述范围,主要集中在"东晋—十六国"时期,从公元 4 世纪初到公元 5 世纪初约 100 年时间。从后赵(319—351)开始,佛教在中国社会进入大规模发展的历史阶段;而到姚秦(384—417 年)时期,即南方的东晋末年,佛教在中国社会已有相当成熟的寺院制度、僧俗关系,意味着佛教已在中国扎根。从政治史的角度看,此一百年是中国南北方分治、北方沦为异族统治的开始。

从刘邦建立汉朝开始,汉魏西晋时期的中国,始终面对主要来自西北方的边患问题。国家的大一统,要以举国之力抵御外敌,或与那些游牧民族努力构建政治上的"朝贡体系",虽付出昂贵的经济代价,却能维持社会的稳定,以及中华文明的优越感,严于夷夏之防。面对危险的边疆,中国社会被迫开放,也在开放中苗壮成长:中国社会逐步适应在动荡之中维持旧有的政治秩序,更新自己的文化形态。

汉民族在军事上的弱势,迫使他们最终以长江为屏障退守江南,其社会结构主要表现为潮起潮落的门阀政治，大族之间的聚散纵横，甚至可以决定王朝的兴替。衣冠士子把握社会教化的知识话语权，尽管在形式上没有帝王的权力，但他们掌握了社会主流思想和人物评价机制，这使南方的社会结构变得相对平稳。而在北方，国土沦陷，异族执政，王权高于一切。佛教即是在这样的社会背景里流行中国。

许理和此书重在分析佛教在中国南方的发展，司马家族、两晋士族的奉佛，社会名流与名僧或高僧之间的交往。社会的主流思想依旧是儒家的名教，但佛学的玄远虚胜，成为南方上层社会人物品评的重要内容，名士与名僧的朋友圈成为重要的社会力量，甚至可以影响一时的政治秩序。留在北方的汉族大姓，很难形成这样的朋友圈，他们常以道教维系自己的民族认同。佛教直接得到异族帝王的皈依与推崇，几乎成了北方的国家宗教。虽在汉人眼里佛教是一种"夷狄之术"，但在这些异族看来，佛陀也是"戎神"，他们能认同、皈依佛教。僧团在北方的主要功能，既要给帝王贵族祈福，也要以佛教的思想教化民众，化解由于战争与仇杀所导致的民族矛盾，重建日常生活的社会秩序。

汉语与儒学，在当时的北方仍是必需的，但对执政未久的胡族帝王而言，同样是外来的佛教更容易让他们接受，与佛教徒的联盟能让他们得到更多的信心。他们逐渐借鉴或采用儒家所筹划的政治秩序，但这些外来的贵族并不想以此接受儒家的生活方式。事实上，外来的游牧民族也有自己的政治秩序与生活方式。即使到公元5世纪末，北魏孝文帝想要全面汉化，依旧困难重重。从十六国到北朝，佛教得到了帝王的直接推动，北方成了当时中国佛经翻译的主要地区，也是中国源源不断接受外来佛学新思想的主要中转站，以禅修为主的各种修行方法，在中国的北方得到全面的发展。北方佛教的这部分内容，并不是许理和此书的重点，但已被纳入他的思考范围，也足以让我们发现佛教在当时对中国北方社会的贡献。

与佛教同步进入中国北方的事物，还有外来民族在中国社会的自信,以及各种各样异域的珍宝、器物、生活方式等。一直到随后的南北朝、隋唐时期,佛教这种信仰始终在推动丝绸之路上的商业贸易、文化交流。

二、如何翻译 Buddhist Church?

在这次的修订过程中,我更多地关注到东晋末年佛教内部的僧俗关系。许理和经常用到以下几个词语:Buddhist church, Buddhist community, clergy, laymen, lay devotees, lay followers, lay adherents 等,究竟该怎么译?这看似简单,实际上隐藏着一个理解中国佛教的重要问题:如何界定僧团?俗家信众在不在僧团里?

在英文原著的第五章开始部分,许理和对 community 有一个夹注:sangha,众。前者是梵语,音译"僧伽",而按他标出的汉字,该词还可译成"僧众",其实,中国古代还会把它译成"众和会",指三人或四人以上的比丘和而为众。也就是说,作者笔下的 community,若论狭义,那就专指僧人群体。在英文原著的第一章,作者还以 monastic community(直译为"修行团体")对应 sangha。然而,我在翻译与统稿的过程中,很难把 Buddhist community 等同于僧人群体:这个群体包括俗家弟子,甚至还有谈不上是佛弟子的文人士大夫,他们仅仅是与僧人有交游、可能信佛也可能不信佛但不排斥佛教。这算是一个什么群体?我选用了"僧团"一词翻译。僧团,习惯上是指僧人群体,但在本书的翻译中用来表示所有的佛弟子。佛经里常讲"四众"(比丘、比丘尼、优婆塞、优婆夷),完整的僧团应该包括上述"四众"弟子。

在有些场合,许理和还会使用 Buddhist church 或 church,重点是讲述当地的僧人与寺院。Church 是基督教词汇,基本意思是教堂、教会,既指一个宗教活动场所,也指教内的行政体系或组织制度。在讲到佛教寺庙时,许理和更多是用 monastery。在以前的译本里,我有时以"佛寺"

译 church 或 monastery，但在这次的修订版里，Buddhist church 或 church 的译法主要有两种：僧团或僧人阶层。也就是说，这次的修订版并不首先关注 church 作为一种宗教场所，而是彰显寺院作为佛教的某种组织形态。这位汉学家的研究，采用了"阶级"（class）概念分析早期佛教与中国社会的互动，这个概念是"社会史"研究的常用术语，曾经相当流行。因此，我选用"阶层"这个比较相近的概念去表现新崛起的僧人群体，谓之"僧人阶层"。这是从社会的角度对僧人群体的称谓，而在佛教界内部，它就是僧团，有时也指寺院。在英文原著里，Buddhist church 与 Buddhist community 的内涵并没有鲜明的差别，有时给译者的感觉可以混用。寺院绝对是以僧人为主体的，然而，广义的僧团（有时也称"教团"），则还包含在家的信徒，后者在规模上远远超过僧众人数。那些在家的信徒，在英文原著里最常用的说法是 laymen，与 clergy（专门的教职人员，本书有时译为"僧职人员"）相对。lay 的含义，有时还与"世俗的"（secular）相通。此书提到的那些士大夫，能否算作佛教徒？在什么意义上可称之为佛教的"居士"？我认为，许理和对此并没有明确的界定。这也导致我在统稿时经常左右为难，不得已时只好根据上下文适当调整译法。

事实上，我们在读《梁高僧传》、《出三藏记集》时，想要确定里面一些人物的僧人或居士身份，有时也会犯难。在佛教传入中国的早期，僧俗身份并没有受到多少社会关注，这可能与当时佛教戒律制度尚不完备有关。随着寺院、戒律在中国社会的普遍化，僧俗的身份及其相互关系，开始引起重视。

佛教为何能征服中国，或者说，佛教为何能在中国扎根？我想这与僧俗关系的建构有关，在家信徒被认为需要优先考虑自己在国家体制中的身份认同，即承认王权高于教权。

三、僧俗的分立

　　僧团的社会影响力，来自僧人在信徒中的威望。东晋、南北朝时期，中国南北分治。佛教在北方的发展，主要受益于帝王的支持，而在南方，许理和此书让我们看到，士大夫阶层对佛教的接受与护持是佛教发展最主要的因素。俗家弟子的力量提升了僧人的地位与威望，在当时的门阀政治里，这会影响到帝王或朝廷的权威。公元 340 年、402 年，东晋社会两次围绕沙门"不拜王"、"不敬王"发生激烈的争论，表面上好像只是简单的礼仪之争，涉及儒家的纲常伦理，但在当时，高僧的社会影响力与世家大族之间的政治斗争有着密切的互动关系。在南北朝时期，由于依附于寺院的在家信徒享有一些经济特权，过度膨胀的寺院经济在当时甚至影响到国家的财政状况。只有僧俗之间维持适度的关系，佛教才能在中国社会健康发展。当然，难就难在这个所谓的"适度"，因人因时因地而异！

　　许理和突出了庐山慧远的里程碑式贡献，我在最早接触这部书稿的时候就对他的这个观点感到相当震惊，因为我们的佛教史通常更关注鸠摩罗什与僧肇。这些年我经常在想：慧远为什么会有如此突出的重要性？从我今天的角度来看，慧远的里程碑式贡献，首先是他理智地区分了出家众与在家众在中国社会不同的身份认同："在家奉法，则是顺化之民"，在家信佛，需要"奉亲而敬君"；"出家则是方外之宾，迹绝于物"，出家学佛，可以不守世俗的礼教。这些思想见于他的《沙门不敬王者论》，明确了在家信徒必须以世俗教化为重，王法高于佛法。慧远的这种区分，既为僧人赢得了社会的尊重，也使中国佛教的僧俗关系有了清晰的界线，僧俗分别成就各自的事业。历朝历代的僧人数目，从来并不很多，在家信徒的人数则在不断地增长。从历史上看，信徒的人数变多并不是问题的关键，重要的是：僧俗关系要保持在适度的范围内，俗家弟子首先要认同世俗的法律制度、伦理规范,这样的佛教发展就不会伤害王权的权威性,也不会对政治或社会秩序产生威胁,并能有效发挥佛教在社会教化方面的积极作用。慧远的这种做法,在制度层面上使外来的佛教适应了中国社会。佛教主动区分僧俗关系,没有去借在家信徒的力量使佛法凌驾于王法之上,甚至还有意使僧人的影响局限在山林、寺院之中,僧俗关系处于若即若离的状态,根本没有那种紧密无间的组织关系,居士们为了某件事情而临时组成的各种社邑,通常也是临时而松散的。这是佛教在传统中国取得成功的重要因素之一,也是佛教中国化的最宝贵经验之一。

一个宗教如果想要借助信徒的力量,使其凌驾于国家权力之上,这在中国社会是行不通的。宗教学把宗教(church)与国家(state)的这层关系称为"政教关系",而以中国佛教史上的经验来看,所谓的"政教关系",其核心是普通信徒的身份认同:教法优先还是国法优先?教职人员能否引导他们的信徒尊重国家法律、社会风尚,这关系到外来宗教能否在中国社会生根结果。我最初翻译此书的时候,对佛教内部的僧俗关系想得并不很多,对一些术语的把握经常犹豫不决,在"译后记"也只是简单提到了这部著作对政教关系的重视。这次修订,让我体会到僧俗关系之重要:佛教的中国化,主要表现为文化上的相互调适,而能使这一切成为可能的前提,是要在制度层面上使佛教不会成为中国政治秩序的障碍。中国佛教让在家信徒遵守儒家教化,僧人群体不去过问世间的政治事务,专注于诸如生死解脱等宗教信仰。如果僧人过多地参与权贵的活动,僧团的整体利益可能会有风险,因为传统的封建社会并不允许僧人借助信徒的力量去影响既定的政治秩序。正是有了多少已经脱节的僧俗关系,才使儒释道三教合流成为可能,佛教最后成为中国传统文化的主流形式之一。

因此,许理和关注僧人阶层的成长及其在士大夫与王室中的渗透,这种属于"社会史"的研究方法,在此书里很重要的表现是他关注到了

"僧俗分立"这个现象。佛教的成功入华,得益于在制度层面上的中国化或本土化,僧团的结构呼应了中国社会的政治秩序。当然,对汉魏两晋的佛学理论问题,许理和此书并没有太多的展开,佛教在东晋时期取得突破性的发展,这种"信仰的突破"到底怎么发生的,实际上还有待我们进一步研究。到底是佛教在南方士族社会的渗透重要,还是北方异族统治对佛教的扶持更重要?这个问题,我想借此次新版留给读者一起思考。

最后,我特别感谢江苏人民出版社"海外中国研究丛书"给我们提供的翻译出版机会,这部著作照亮了我的学术成长道路,让我不断地意识到自己的不足,督促我不断反思中国佛教史上那些复杂的问题。同时,我还要感谢江苏人民出版社王保顶、卞清波先生,他们的耐心与期待促成了此次的修订。

李四龙

2016 年 11 月

"海外中国研究丛书"书目

1. 中国的现代化 [美]吉尔伯特·罗兹曼 主编 国家社会科学基金"比较现代化"课题组 译 沈宗美 校
2. 寻求富强:严复与西方 [美]本杰明·史华兹 著 叶凤美 译
3. 中国现代思想中的唯科学主义(1900—1950) [美]郭颖颐 著 雷颐 译
4. 台湾:走向工业化社会 [美]吴元黎 著
5. 中国思想传统的现代诠释 余英时 著
6. 胡适与中国的文艺复兴:中国革命中的自由主义,1917—1937 [美]格里德 著 鲁奇 译
7. 德国思想家论中国 [德]夏瑞春 编 陈爱政 等译
8. 摆脱困境:新儒学与中国政治文化的演进 [美]墨子刻 著 颜世安 高华 黄东兰 译
9. 儒家思想新论:创造性转换的自我 [美]杜维明 著 曹幼华 单丁 译 周文彰 等校
10. 洪业:清朝开国史 [美]魏斐德 著 陈苏镇 薄小莹 包伟民 陈晓燕 牛朴 谭天星 译 阎步克 等校
11. 走向21世纪:中国经济的现状、问题和前景 [美]D.H.帕金斯 著 陈志标 编译
12. 中国:传统与变革 [美]费正清 赖肖尔 主编 陈仲丹 潘兴明 庞朝阳 译 吴世民 张子清 洪邮生 校
13. 中华帝国的法律 [美]D.布朗 C.莫里斯 著 朱勇 译 梁治平 校
14. 梁启超与中国思想的过渡(1890—1907) [美]张灏 著 崔志海 葛夫平 译
15. 儒教与道教 [德]马克斯·韦伯 著 洪天富 译
16. 中国政治 [美]詹姆斯·R.汤森 布兰特利·沃马克 著 顾速 董方 译
17. 文化、权力与国家:1900—1942年的华北农村 [美]杜赞奇 著 王福明 译
18. 义和团运动的起源 [美]周锡瑞 著 张俊义 王栋 译
19. 在传统与现代性之间:王韬与晚清革命 [美]柯文 著 雷颐 罗检秋 译
20. 最后的儒家:梁漱溟与中国现代化的两难 [美]艾恺 著 王宗昱 冀建中 译
21. 蒙元入侵前夜的中国日常生活 [法]谢和耐 著 刘东 译
22. 东亚之锋 [美]小R.霍夫亨兹 K.E.柯德尔 著 黎鸣 译
23. 中国社会史 [法]谢和耐 著 黄建华 黄迅余 译
24. 从理学到朴学:中华帝国晚期思想与社会变化面面观 [美]艾尔曼 著 赵刚 译
25. 孔子哲学思微 [美]郝大维 安乐哲 著 蒋弋为 李志林 译
26. 北美中国古典文学研究名家十年文选 乐黛云 陈珏 编选
27. 东亚文明:五个阶段的对话 [美]狄百瑞 著 何兆武 何冰 译
28. 五四运动:现代中国的思想革命 [美]周策纵 著 周子平 等译
29. 近代中国与新世界:康有为变法与大同思想研究 [美]萧公权 著 汪荣祖 译
30. 功利主义儒家:陈亮对朱熹的挑战 [美]田浩 著 姜长苏 译
31. 莱布尼兹和儒学 [美]孟德卫 著 张学智 译
32. 佛教征服中国:佛教在中国中古早期的传播与适应 [荷兰]许理和 著 李四龙 裴勇 等译
33. 新政革命与日本:中国,1898—1912 [美]任达 著 李仲贤 译
34. 经学、政治和宗族:中华帝国晚期常州今文学派研究 [美]艾尔曼 著 赵刚 译
35. 中国制度史研究 [美]杨联陞 著 彭刚 程钢 译